中国近现代音乐史教学参考文献

中国现代专业音乐的伟大先驱

萧友梅编年纪事稿

黄旭东　汪朴编著

中央音乐学院出版社出版

纪念蔡元培、萧友梅创设之国立北京大学附设音乐传习所成立八十五周年！纪念蔡元培、萧友梅创办之国立音乐院成立八十周年！

谨以此书敬献给中国现代美育史与音乐文化史上开基创业的一代宗师蔡元培先生与萧友梅博士！

谨以此书敬献给萧友梅先生以及为中国近现代音乐文化、教育事业的建设和发展，做出各种不同贡献的知名与无名、辞世与健在、华夏籍与外国籍的音乐家、音乐教育家及其教学辅助人员！

中央音乐学院萧友梅音乐教育促进会
于成立十周年（1997—2007）之际

弘扬萧友梅的爱国思想与敬业

精神、为建设富有民族特色和时代

气息的中国音乐而勤奋学习、工作。

贺《萧友梅编年纪事稿》出版

喻宜萱

2007年9月15日于北京

题词者：原中央音乐学院副院长兼声乐系主任、三十年代国立音专首届毕业生、现年九十八岁高龄。

建立具有時代精神的中國國樂

是先輩的早年心願

弘揚富有民族特色的先進文化

是今人的神聖使命

紀念蕭友梅誕辰一百二十周年

周巍峙

甲申年深秋

題詞者：原文化部代部長、時任中國文學藝術界聯合會主席。

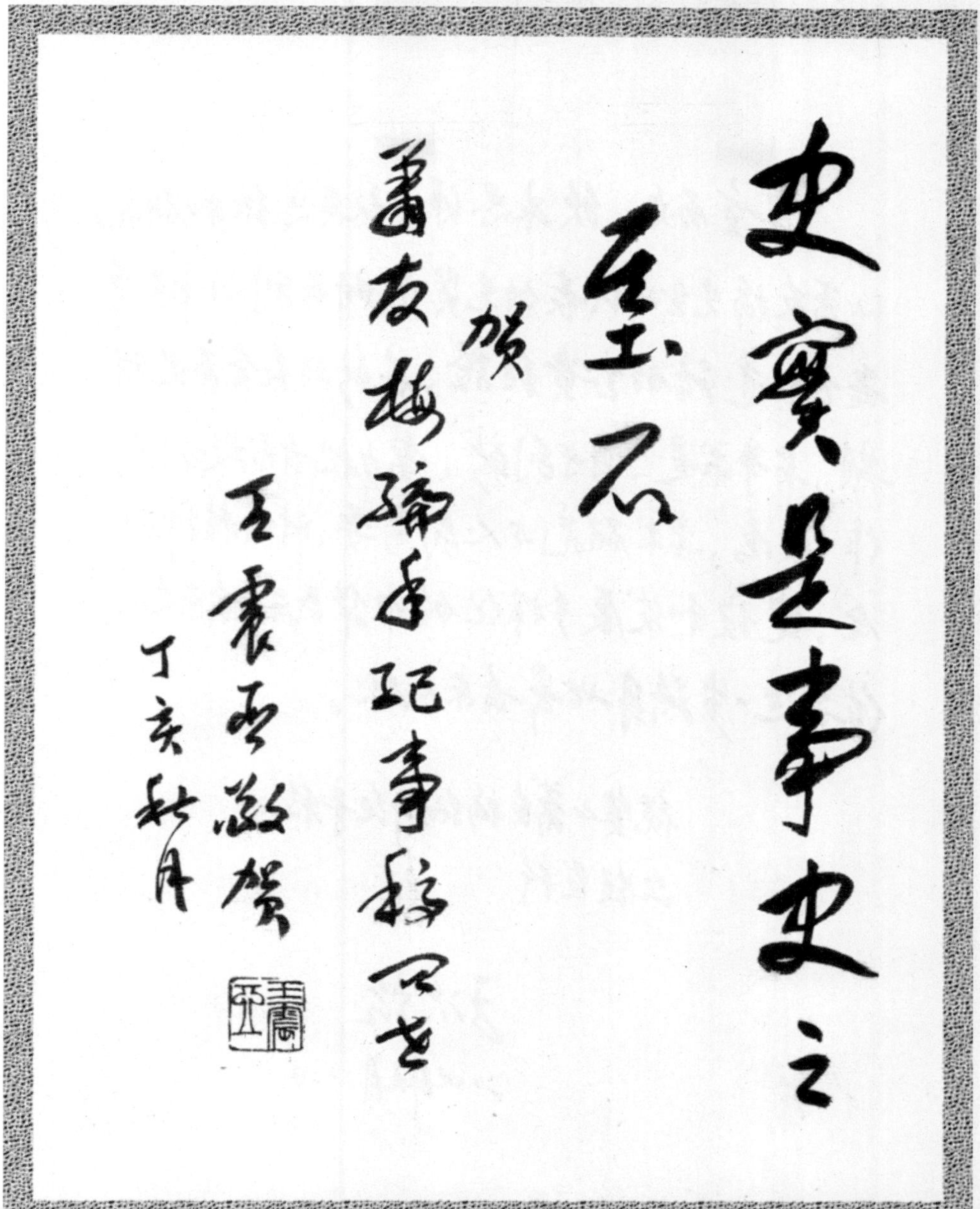

史实是事史之
至石

书友梅璿书兄
贺

王震西敬贺
丁亥秋月

記事稽考

题词者：原中央音乐学院副院长、中国音协常务理事兼音乐创作委员会副主任（常务）、《音乐创作》主编（现任顾问）。

尊重历史、饮水思源。认真总结和研究以萧友梅先生为代表的先贤们所开创的中西兼善音乐道路的宝贵经验，在新的社会历史时期，实事求是、勇于创新，努力把音乐教育、创作、表演、学术研究与人民需要、时代精神相结合，建设和发展多样化的中华民族音乐文化，使其进一步跻身世界音乐之林。

祝贺《萧友梅编年纪事稿》
出版发行

王次炤
二〇〇七年九月二十二日

题词者：中央音乐学院院长兼萧友梅音乐教育促进会会长、中国音协副主席兼理论委员会主任、全国政协文体卫委员会委员兼教科文卫委员会委员。

目　录

2

上：萧友梅与亲属们合影左右为其兄嫂
下右：萧友梅与夫人戚粹真
下左：萧友梅在灌木丛中

6

更好地展开对中国近现代音乐史的研究

—— 代　序

周　巍　峙

　　今天来参加中央音乐学院萧友梅音乐教育建设奖管理委员会成立典礼暨萧友梅音乐教育促进会首届会员大会开幕式，非常高兴。首先对会议的召开表示衷心的热烈的祝贺，并预祝会议开得完满成功。

　　最近我仔细阅读了廖辅叔教授所写的《萧友梅传》，受益很多，使我知道有关萧友梅先生以及和他同时代音乐家的许多历史事实，帮助我对萧先生的生平和他在音乐创作、理论研究和音乐教育等方面的突出成就，有了进一步的了解，对他的政治品德和音乐思想有了更深刻的认识。

　　萧友梅先生是一位非常关心祖国命运的进步知识分子。他早年追随中国反帝反封建革命斗争的先驱孙中山先生，参加了当时的种种政治活动，富有正义感，是一位坚定的民主主义者和爱国主义者。他对发展中国音乐事业有着很强的责任感。他有很深的民族文化修养，热爱中国民族传统音乐，同时十分重视对西洋音乐的学习、介绍和借鉴，以促进中国音乐艺术的发展和提高。萧先生是中国近代音乐事业的最早的开拓者，也是中国近代音乐教育的奠基者，是中国近代音乐发展过程中一位非常值得我们尊敬和学习的音乐界的老前辈。他在外国留学近 20 年，深入而全面地研究了西洋音乐文化的各方面成就和宝贵的经验。回国后的 20 年，他又全身心地投入到祖国音乐事业的开创、发展和提高的紧张而又十分艰巨的工作中去。他在中国音乐新创作的推动和鼓励上，在民族音乐的研究和推广上，在音乐演出的普及上，在音乐理论的建树上，特别是在建立正规的音乐院校与各类优秀人才的培养上，都做了大量的组织和业务工作，为中国音乐的发展贡献了非常大的力量。在中国近现代有不少有成就的音乐家，都曾求学于他的门下，这就是有力的证明。他给我们留下了许多的作品、教材、论文和译著，这更是一笔对今后音乐工作的发展很有价值的财富。

过去我们对萧友梅先生的情况介绍很少，对他在中国近代音乐发展上所起的重大作用的研究和学习更差。在音乐界当中对过去一些问题曾有过争论，现在已取得共识还很难说。我希望以成立萧友梅音乐教育促进会等组织为契机，更好地展开对中国近现代音乐史的研究，破掉一些旧框框或习惯看法，通过百家争鸣、民主讨论的方法，对中国近现代音乐发展过程中的一些代表性音乐家、有代表性的作品和一些重要的音乐史实，逐步求得共识，做出客观、公正和科学的评价，写出一篇篇好的研究论文，一本本好的人物传记，一部部好的近现代音乐史和专业史。这对全国音乐家和广大音乐工作者的团结，更进一步认真学习和贯彻邓小平建设有中国特色社会主义的理论，在以江泽民同志为核心的党中央的领导下，更好地执行党的文艺方向和双百方针，繁荣文艺创作，活跃理论研究，提高教育质量，建设社会主义精神文明，都将会起到很好的促进作用。

1997 年 4 月 19 日

（本文为时任中国文联主席周巍峙在中央音乐学院萧友梅音乐教育促进会首届会员大会上的讲话）

一份极具史料价值和学术价值的珍贵文献

——写在《萧友梅编年纪事稿》出版之际

居 其 宏

在 20 世纪中国新音乐史上，萧友梅作为先驱者、开拓者、奠基者的历史地位和杰出贡献无人能及。尽管在相当长的时间内，这一点曾受怀疑、被贬低、遭否定；时至今日，虽仍然有极少数人将百余年来中国新音乐史描绘成一团漆黑并将种种"罪责"归咎于萧友梅。但历史老人毕竟是公正无私的——20 世纪 70 年代末开创的新时期以来，随着有关萧友梅生平事迹、创作著述活动的文献、史料的出版和新史料的不断发现、披露以及相关研究、评论的愈益深入，音乐界对这位历史人物的评价渐趋公正和客观，一些暧昧不清的问题日益明朗化，由此而引起的诸多争论也渐渐平息下来。当然，不同意见的存在和交锋是极正常的，有比较才能做出鉴别，有争论才能明辨是非；而这种鉴别与明辨，都必须以确凿的史实、可靠的史料为依据。

由是观之，文献与史料的发掘对于学术研究的基础性意义和极端重要性不能忽视。然而，令人汗颜的是，包括我本人在内的一些中国新音乐史研究者，往往只满足于从现有文献和史料中讨生活，却疏于或不屑于从历史尘封中发掘新史料以不断充实我们的史料积累、拓展我们的历史视野，当然也不可能为新的历史认知提供确凿史实和可靠史料的坚实支撑。而中国近现代音乐史研究之所以长期不能有较大突破与成就，史料建设的薄弱，恐怕也是其中的一个重要原因。正如前辈学者傅斯年（1896~1950）曾说："史料的发现，足以促成史学的进步。而史料的进步，最赖史料之增加。"[1]胡适（1891~1962）也说过："有一份史料说一份话。"[2]完全可以说，史学是依靠史料来立论的，史料建设是史学发展的原动力。

有鉴于此，上海音乐学院戴鹏海、山东艺术学院孙济南、中国音乐学院张静蔚和中央音乐学院俞玉姿等教授以及黄旭东、汪朴等学者，多年来从事新史料的发掘、整理与编纂，且多又有令人惊喜的发现，论其成果之丰硕、影响之深远，令我辈及后辈学人受惠不尽，对于推进中国近现代音乐史研究可谓居功甚伟。

眼前这本《萧友梅编年纪事稿》（下简称"纪事"），是继《萧友梅作品选》（1984）、《萧友梅音乐文集》（1990）、《萧友梅传》（1993）、《萧友梅纪念文集》（1993）之后又一部重要的关于研究萧友梅的史料性文献。我本人有幸在本书出版之前就浏览了全部书稿，深受教益，并根据其中新发现的萧友梅写于抗战初期之《国立音乐专科学校为适应非常时期之需要拟办集团唱歌指挥养成班及军乐队长养成班理由及办法》，撰写了《萧友梅"精神国防"说解读》一文（《中国音乐学》2006年第二期）。故而我深信，"纪事"的出版，可说是一件功在当代、惠及后人的善事，必将为萧友梅研究乃至整个中国近现代音乐史研究提供一份极具史料价值和学术价值的珍贵文献。

"纪事"是一部编年体著作，全书包括"家世纪略"、"生平纪年"和"身后记事"三个部分。编纂者在坚持以"纪事正文"为主体、使其具有"年谱"体裁之固有特征的同时，还别具匠心地加入"时政提要"、"相关链接"、"深情回忆"、"学者评说"、"编者按语"等互有联系的几个文字板块，并用不同字体加以区别，在逐年记叙萧友梅先生生平事迹及其艺术、学术、教育活动的基础上，通过上述不同板块，或交代时代背景，或旁及同时代音乐家言行，或加入亲友、同事、学生之亲见亲闻，或摘引专家学者对相关问题之评说，或直言不讳地表明编者的基本观点，与"纪事正文"彼此印证、互为发明；六个板块，主次得当，功能完备，自成系统，尤其是还穿插编排了多方搜求得来的数百幅与"纪事正文"相关的图片，构建了一个视野开阔、生动真实的历史语境，不仅为读者在阅览和研究中掌握丰富史料提供了极大方便，增添了阅读的趣味性，并能通过不同视角、不同侧面的史料的普遍联系和相互比较，以更全面、更真切地再现历史，从而把萧友梅先生在特定历史条件下的所作所为、杰出贡献和独特的人格魅力，鲜明地凸现出来。而"家世纪略"，则如实体现了萧氏家族久远的人文历史渊源；"身后记事"，又使读者进一步了解到萧友梅生前含辛茹苦地播下的"种子"在他逝世后发芽、成长、壮大的基本轮廓以及后人对他如何的敬重、缅怀和纪念，展示了萧友梅对后世音乐教育事业的积极影响。以上数端，足以反映出撰写者既严谨务实、继承传统写作体例，又不拘一格、颇富创意的编纂思想。

据我了解，当年黄旭东、汪朴二先生着手从事收集包括萧友梅在内的近现代音乐史料的工作时，还在上世纪 90 年代初，至今已十数年矣。为编纂此书，二位先生依托"中央音乐学院萧友梅音乐教育促进会"，不辞劳苦，不避艰辛，四处奔走，多方求索，花费大量时间和精力，在长期沉睡的历史尘封中徜徉，在浩瀚的资料汪洋大海中遨游，终于搜得关于萧友梅先生一批鲜为人知的生平史料，其中有不少档案、文献和图片是迄今为止的首次发现或披露，因而弥足珍贵。我对黄、汪二先生在史料建设中的这种"为伊消得人憔悴"精神深表感佩，甚至认为即便以"苦心孤诣"或"皓首穷经"二词赞之，亦不为过。而这些史料的发现及出版，不但对于萧友梅先生音乐思想，艺术生涯，教育、教学实践，以及为人品格尤其是民族精神、爱国思想的研究，极具史料价值和学术价值，更对中国近现代音乐史上许多长期聚讼纷纭的问题之进一步研究与廓清，提供了丰富而翔实的史料基础。可以断言，这些珍贵史料的被发现，必将对中国近现代音乐史和思潮史研究产生巨大而深远的影响。

我还以为，本书之价值及发人深省处，其实已远远超出其图文的有限范围之外。在急功近利成为时尚、浮躁心态无所不在的当代音乐学界，"纪事"及其编纂者给予今人和后人的启迪起码有三点：

5

其一，它以自身对于实事求是科学精神和锲而不舍治学态度的彰显，为学术界的资料建设和史料建设提供了一个极具说服力的范例。相对于黄、汪和戴、孙、张、俞诸位，我等及后辈学人是没有任何理由在这方面偷懒耍滑的，必须走出书斋，到图书馆、档案馆等资料第一线去，力求掌握更多的第一手资料，把学术研究的资料基础夯实。

其二，它对史学研究中"史实第一性"原则的身体力行的倡导，也将在历史观和方法论层面给史学界同行以极大的启发和激励。无论人们持有何种历史观，都必须要把"史实第一性"置于学术研究的首位；而对那些自觉以马克思主义唯物史观为指导的学者来说，就更应当遵循、服膺"史实第一性"原则，在铁一般史实面前来不得半点虚假、谎言和遮掩。惟其如此，才能真正做到"忠于历史"、"秉笔直书"，推进音乐史学研究的健康发展。

其三，它为音乐学界树立了一个尊重他人学术劳动的榜样。目前学界有些人，往往信手引用别人发现的史料而不加任何说明，似有不尊重甚至窃取他人劳动成果之嫌。而本书不仅对所引资料尽皆注明出处，且还对某些史料的首先发现者、某一资料或信息的提供者也一一予以标明。这种尊重他人学术劳动的做法和精神，值得学习、提倡与推广。

基于上述诸点，值此《萧友梅编年纪事稿》正式出版之际，感到由衷高兴和钦佩，并写下这篇文字，以志祝贺，兼为鼓吹。

2007 年 8 月 30 日于南京艺术学院

[1]《史学方法导论》，见《傅斯年全集》第 2 册　台湾联德出版事业公司；转引自 1998 年第 2 期《北京大学学报》张岂之《北大史学研究的优良传统》。

[2]转引自《寻寻胡适历程》第 194 页，广西师范大学出版社 2004 年 9 月。

依托前辈肩膀运笔　期望有心学人修订

——《萧友梅编年纪事稿》编前语

黄、汪为何要编撰这本《萧友梅编年纪事稿》(以下简称"纪事")?是在什么基础上开始运笔?采用怎样的写作体例?为什么要这样编排?"纪事"的出版究竟有啥意义?我们的期望又是什么?这些就是"告白"要回答的几个问题。

写作缘由与资料搜集

抗日战争前期(1937-1940),曾与萧友梅一起坚守着风雨飘摇的国立音乐专科学校这块专业音乐教育阵地的陈洪先生,早在1945年12月22日定稿的《萧友梅先生五年祭》一文结尾处,十分深情、诚挚、恳切而又自谦、期待地说,他的这篇文章"聊表纪念的心情吧,同时也希望'抛砖引玉',有人来给他写一本详细的传记,因为萧友梅先生的事业和为人,是值得后学者和同路人多多取法的"。[1]但是,由于种种原因,主要是1949年后以阶级斗争为纲的思想统领包括学术界在内的中国文化教育界(这种思想至今还有,极少数人仍在坚持并顽强地表现),而在音乐界的中国现代音乐史研究中,则又以所谓的"救亡派"与"学院派"两条路线斗争的观点居主导;换句话说,萧友梅是一位长期被批判、被贬斥、被否定的历史人物,在上世纪改革开放前的近30年中,除港、台外,大陆有关萧友梅的纪念文章几乎一篇也没有,哪还有条件与可能或谁还敢动笔去为萧友梅"写一本详细的传记"?1979年后,情况开始起了变化。

就黄、汪所见资料,1979年5月廖辅叔先生率先在全国性的评论刊物发表的《纪念萧友梅先生》一文，可说是大陆 1949 年后最早一篇内容简略而又比较全面的论述萧友梅的文章[2]；1980 年 8 月出版发行、由贺绿汀任分科主编的《辞海》中，"萧友梅"上了辞书，立为音乐科条目[3]；同年 12 月，北京、上海分别举办了隆重的萧友梅逝世 40 周年纪念活动；随后，回忆、纪念、研究萧友梅的文章以及萧氏的文论、音乐作品陆续见诸书刊。1982 年 11 月，上海音乐学院在校园里为萧友梅塑立纪念铜像，供后人永久瞻仰；1984 年 6 月、12 月，上海音乐学院与中央音乐院又先后举行了萧友梅百年诞辰纪念活动；同年 6 月，《萧友梅作品集》公开出版[4]；1990 年 11 月，苏虞民发表《我国现代专业音乐教育的先驱者开拓者奠基者》一文[5]，针对《中国大百科全书》"音乐卷"人物条目中未能以相应的篇幅记写萧友梅的成就与贡献，未能把萧友梅放在应有的历史地位上来介绍（"音乐卷"将所立条目的音乐家分为五个等级，萧氏列在第四等），提出不同见解；同年 12 月，他又在中央音乐学院院长、学报主编于润洋教授的赞同和支持下，策划、组织举办了包括为萧友梅立铜像、举行纪念大会、专题学术研讨会、作品音乐会、生平图片书籍实物展览等内容丰富的萧友梅逝世 50 周年学术性纪念活动[6]；上海音乐出版社也于萧氏逝世 50 周年前夕出版了《萧友梅音乐文集》[7]。1993 年 11 月，廖辅叔撰写的《萧友梅传》（以下简称"廖传"），出版发行[8]；由戴鹏海、黄旭东编的《萧友梅纪念文集》也于同年 12 月出版[9]。1994 年 1 月，在萧氏故乡中山市举行了全国性的萧友梅诞辰 110 周年学术纪念活动。至此，在音乐学术界，萧友梅在现代音乐史上不可动摇的历史地位开始被确立、被公认（在评价上虽仍有分歧，但不同意见不占主流）。而上述四本书的先后问世，则集中体现了 20 世纪 80 年代中期开始的萧友梅研究的主要成果。而就"廖传"而言，这是一本史料可靠、内容扎实、观点鲜明、很有学术分量的著作，它的出版，初步实现了陈洪先生的愿望，填补了萧友梅研究的一个空白。不过，"廖传"基本上是一本回忆性、散文体著作；该书所记述的内容多为作者本人亲见亲闻，间或来自陈洪、萧淑娴与其他一些与萧友梅有直接交往人士所撰写的资料，作者没有刻意全面、广泛地去收集材料；正如廖先生在 "后记" 中所说，他并没有把这本书当作 "严谨的学术著作" 去写，而是 "知道什么就写什么"，对书中一些资料的来源也没有 "一一加注"。所以实事求是地说，"廖传" 并非是陈洪先生所希望的 "详细的传记"。

为了推动对萧友梅这位中国现代音乐文化史上首屈一指的杰出人物或现代中国音乐界开山人物的深入研究，当年正在学报编辑部工作的黄旭东觉得，现代音乐史学界应该也必需有一本史料有出处、史实又可靠，内容包括从出生直至辞世、比较全面并配有图像资料的萧友梅年谱或传记。而要动笔去写，一个先决条件，就是务必要系统、全面、翔实地掌握萧友梅的生平史料。但当时音乐史学界却正缺少这方面的资料，也几乎没有人专心地在做这种不能立竿见影地出成果的史料搜集工作。于是，黄就从1990 年开始，利用业余时间搜集有关萧友梅的生平资料，准备编一本较详细的年谱类的书，供有心研究萧氏的学人参考。黄断断续续地做了 10 余年，积累了一定量的文字材料和一些图像资料；但比较零散，未做整理，更没有梳理成章.。

联手合作与优势互补

机遇来了。2004 年春，汪朴承担了《吴伯超的音乐生涯》一书的责任编辑，协助黄完成了该书的出版任务[10]。黄早就了解汪踏实的学术作风和严谨的治学精神，又有做资料工作的丰富经验。于是黄就提出合作撰写《萧友梅编年纪事》的建议，汪欣然允诺，由此启动了 "纪事" 的编撰工作。

在积累的资料中，以萧淑娴、陈洪、廖辅叔、喻宜萱、丁善德等等一批前辈回忆和研究萧友梅的文字材料最可靠也最珍贵。应该也必须这样说，黄、汪完全是依托老一辈学者们的劳绩，也就是站在他们的肩膀上运笔的。从 5 月起，黄、汪根据手边已有的资料，集中 3 年多时间（如果从早期算起，有近 20 年了），比较广泛而有目的地查阅了相当一批与萧友梅有关的书籍和报刊资料，其中重点是较系统地查阅了上世纪 20-30 年代先后出版的《北京大学日刊》、《音乐杂志》、江西《音乐教育》、《音乐院院刊》、《国立音乐专科学校校刊》、《音》等等不少期刊和《上海音乐学院•大事记•名人录》[11]以及与萧友梅有交往、有联系的（上级领导或同事或朋友或学生）一些历史人物如蔡元培、胡适、赵元任、鲁迅等等的年谱、日记与全集或文集的相关部分，有收获地发现了许多新史料。

"纪事"是在基本确定体例和结构框架后，边搜集、边学习、边研究、边整理、边写作的过程中进行的；在写出第一稿后，不断反复修改、补充了 10 多遍，重点部分的遍数可说已无法计算。黄、汪虽都是半路出家的非专业研究人员，但都对中国近现代音乐史有相当的研究兴趣，手边案头都有一定的资料，都有心于这一学科的史料建设工作。相对而言，汪专心致志，精力集中；跑图书馆比黄勤，掌握的资料比黄多，利用现代科技手段的能力比黄强；相当一部分鲜为人知的有关萧友梅生平行踪的史料与重要文献，大多是汪云搜集到的。而黄不拘成规，思想开放；通过广泛的人际关系，求索到留存在个人手中的不少珍贵像片和资料，凭借多年的编辑经验，字斟句酌地反复修改；牵头申请科研立项，设法筹措编辑、出版资金。完全可以这样说，如果黄不去与汪合作即缺了汪的参与，"纪事"就不会有那么多新史料，内容不可能像今天这样充实，有些不同的记载或疑点就无法定论，甚至这本"纪事"也编不成；而如果汪不去与黄合作，汪也根本没有打算要编也没有条件去编"纪事"，更不会顺藤摸瓜深入地去搜求与萧友梅有关的鲜为人知的资料，汪已掌握或所知的史料也无处使用，汪的学识与才干就无用武之地。黄、汪两人的合作，真可谓是天赐机缘，同心联手，优势互补，相得益彰。

内容纲目与编撰体例

"纪事"的内容有三个部分。

一为家世纪略，即据萧友梅亲属提供的祖传家谱编制而成的萧氏家族世系表。

二为生平纪年，分六个时期：（1）家乡时期(1884~1901)；（2）留日时期(1902~1909)，（3）参政时期（1909-1912）；（4）留德时期(1912~1919),（5）北京时期(1920~1927);（6）上海时期（1927~1940）。由于前四个时期留存的史料不多，难于逐年编写，只能根据我们所见、所知的史料，"跳跃式"地记述若干年，但一些图片资料极为珍贵。第 4、第 5 个时期为"纪事"的重点，比较全面、翔实地逐年顺序记述了萧友梅留德回国后，从 1920 年起在北京开始创业，后又转到上海，直至 1940 年 12 月 31 日辞世(56 岁，离 57 岁生日仅差一周)为止近 21 年以中国音乐教育事业为中心所展开的音乐实践活动。

三为身后纪事，主要记写萧氏逝世后中国音乐教育事业的发展概略，以及萧氏生前播下的"种子"发芽、成长、壮大的基本轮廓；还有后人对萧氏的纪念与缅怀活动，体现出萧友梅对后世久远而积极的影响。

在"纪事"的体例上，既借鉴传统的"编年"体裁，又不受这种"体裁"写作形式的束缚。汪、黄经反复研究，决定把每年要记的内容，以"纪事正文"为骨干、为重点，记写萧友梅本人的生活、学习、创作、表演、撰著、研究、教学、交际、行政等等实践活动。同时，还设有："时政提要"，简明地记写国家、民族方面的大事，也包括音乐文化、教育方面的相关背景信息或对音乐界有重要影响的事件，如法规的颁布等；"相关连接"，记同时代与萧友梅关系比较密切的即同行、同事、学生或有较大影响学人的言行，与萧友梅的思想、实践相照应，以扩大学术视野；"深情回忆"，记述萧友梅亲属、好友、同事、学生的亲见亲闻，作为历史的见证，从一个侧面来体现萧友梅的生活、工作与品格、为人；"学者论评"，引用某一研究者就某一事件、某个问题或作品的评述，旗帜鲜明地表明"纪事"编者的倾向性；间或还有 "按语"，就某些事件或问题与争议点作交待或表明编者的观点。从后三个意义上说，"纪事"带点儿评传的性质。这几个小板块，选用不同字体或格式加以区别，穿插编排在正文前或正文中；

确定这个体例的意图在于：一是要把萧友梅的生平行事，置于当年社会政治与人文历史的背景之下，置于现代中国音乐文化事业发展的特有的状态之中，置于当年以人为轴心的社会关系之内。总之，要尽可能真实地勾勒与营造出萧友梅生活的那个年代所特有的音乐文化氛围；因为，萧友梅的成长与音乐实践活动，离不开他所处的时代，离不开 20 世纪二三十特定的社会历史背景。二是因萧友梅所取得的业绩与贡献，并非是他单独一个人孤军奋斗所得来，而是与同时代的一批志同道合的音乐家们联手合作、相互支持、齐心协力、共同努力的结果；所以，不能孤立地仅仅记写萧友梅一个人的活动。三是萧友梅的思想、理论与实践，也不是他个人的一种偶然的主观的事像，更不是他心血来潮的盲动言行，而是在先生近 20 年学习与实践过程中形成的一种人生观、历史观、哲学观、美学观、教育观、音乐观的统摄下，自觉地顺应 20 世纪的时代潮流，针对现代中国社会音乐文化的现状、发展态势与客观需求而提出的一系列进步的思想、主张、措施和付诸实施的种种变革行为。

总之，在尊重历史、实事求是的原则下，这种体例可以使读者比较清晰、真实、具体、形象地认识萧友梅的生活、思想、理论、创作及其一生的音乐活动与教育实践，认识萧友梅究竟是怎样一位音乐家，认识他的成长经历，认识他的艰苦创业过程及其不朽业绩与历史性功绩；在真实可靠的史实记述中，力求把具有独特人格、独特个性、独特贡献的萧友梅呈现在读者面前。

出版意义与恳切期望

"纪事"与"廖传"相异之处，一是广开门路，刻意搜集史料。在所记的大量事迹中，有许多是鲜为人知的；这些材料长期尘封在档案馆（室）里，无人知晓，或"沉睡"在报刊书籍的字里行间，并未引起人们的注意。可以说，"纪事"发掘了相当一部分具有文献价值的新资料（如留日回国考试的次数与时间、留德期间学习情况及推迟回国的原因、1927 年离京南下的日期、抗战初期办学的新思路等等），从而以确凿的史料为依据，澄清和解决了若干说法不一的记载，从而也回答了少数人对萧友梅的曲解或错误批判。二是文图并重，穿插编排。全书在用文字表述的同时，又配

以近三百多幅反映萧友梅生平活动或与萧氏有关的文化人物、音乐人物
（包括先生的学生）的图照或某些历史事件的背景图像，其中不少是在大
陆首次发表，有的还是最近才发现、求索、搜集所得，极其珍贵；还有一
些是实物（如留学毕业证书、成绩单、亲笔条幅、书信、著作的封面及部
分手迹）翻拍影像，图文互见，两相对照，便以记忆，也易引起阅读兴趣。
这在音乐出版界"传记"、"年谱"类图书中，似乎还少见。

　　"纪事"的问世，一是有利于对萧友梅研究的深入，由此可以引起音
乐学术界对发掘新史料的重视，并使史学研究尽可能地和现实的音乐实践
相联系（当然决不能简单化、庸俗化，牵强附会），为当前的音乐事业服
务——2006 年 8 月上旬，由中宣部支持、中央音乐学院等多家单位联合
主办、萧友梅音乐教育促进会承办的，把新见萧友梅史料为主要文本，以
"萧友梅与当代音乐文化建设"为主题的全国性学术研讨会，即是一例。
二是有利于学习继承萧友梅从社会的需要出发培养人才,学习萧友梅勤俭
办学、师资为本、严谨治学、质量第一的治校精神，特别是在当前教育领
域还存在心态浮躁，急功近利，金钱挂帅，盲目扩招，忽视质量，学风不
正，无序竞争的情势下，学习萧友梅的办学精神是有现实意义的；三是有
利于学习、弘扬体现在萧友梅身上的诸如凛然的民族气节、崇高的爱国思
想以及艰苦奋斗、求真务实、严于律己、任劳任怨、秉公处事、不徇私情、
淡泊名利、帮困扶贫等等中华民族的传统美德。如果与当前广泛宣传和践
行的社会主义荣辱观的思想品德教育相结合，"纪事"在某种程度上似可
作为向音乐界广大青年学子进行思想品德教育的一本辅助性教材；四是有
利于进一步廓清长期以来强加在萧友梅与国立音专身上的种种不实之
词，为"重写音乐史"提供了一定数量富有说服力的真实史料，可在一定
程度上，还历史以本来面目。

　　黄、汪撰写"纪事"，无非是想为从事中国音乐史教学和研究的专业
人士，尽可能提供一本比较翔实、可靠的有关萧友梅的资料性工具书，为
开发、拓宽萧友梅研究，做一点儿辅助性工作。在这里，黄、汪恳切期望
在不久的将来，有心萧友梅研究的中青年学人，能在"纪事"的基础上，

进一步去挖掘、搜集更多不为人知的资料，写出一本史料更丰富、史实更可靠、内容更充实的萧友梅年谱或传记或评传。因为，就萧友梅在中国20 世纪音乐史上的地位、贡献和深远影响而言，中国音乐文化界如果没有一本全面翔实、以萧友梅为主人公的年谱与传记，实在是说不过去的。

《纪事》虽具有上述一些特点和出版意义，但限于主客观方面的种种条件，肯定还存在着许多不足（如史实的缺漏）与失误（如史料的不实、编排的不当或观点的偏颇与史实的错记等等），简而言之，还不够成熟；所以将本书定名为《萧友梅编年纪事稿》。汪、黄真诚欢迎大家的批评、指正。

黄旭东　　汪　朴

2007 年 8 月 18 日

注释

[1]　《萧友梅纪念文集》第 25 页，上海音乐出版社，1993 年 12 月第 1 版。

[2]　《人民音乐》1979 年第 5 期；在此之前，1979 年 4 月钱仁康在歌曲刊物《上海歌声》发表了《五四以来的歌曲作家萧友梅》。廖、钱两位先生可说是不约而同，未谋相合。

[3]　《辞海》（1979 年版），缩印本，1980 年 8 月第 1 版。

[4]　人民音乐出版社，1984 年 6 月第 2 版。

[5]　《中央音乐学院学报》1990 年第 4 期。

[6]　《中央音乐学院学报》1991 年第 1 期。

[7]　上海音乐出版社，1990 年 12 月第 1 版。

[8]　浙江美术学院出版社，1993 年 11 月第 1 版。

[9]　上海音乐出版社，1993 年 12 月月第 1 版。

[10]　中央音乐学院出版社，2004 年 3 月第 1 版。

[11]　《上海音乐学院院志》编委会，1997 年 9 月。

体 例 说 明

一、本书采用"编年"体裁，记写萧友梅生平事迹的著作；但又并非一仍旧贯，照搬不变地完全按这一传统体裁去编写。

二、本书分"家世纪略"、"生平纪年"、"身后纪事"三个部分。"家世纪略"采用宝塔式世系表格；"身后纪事"是汲取著名学者梁启超关于撰写年谱时不能不记"谱后"的独到见地而安排。"生平纪年"是本书的主体，为重点；选用不同字体（或格式）纪写内容性质有所不同而又不标明其"名目"（即"时政提要"、"相关连接"、"纪事要略"、"补叙解说"、"深情回忆"、"学者论（忆）评"）的多个文字"板块"。

1、用5号"华文细黑"字，纪写当年的时代背景，是为"时政提要"。如：1931年9月18日 日本关东军制造"九一八"事变，由此逐步侵占东三省。

2、用4号"方正细等线简体"字，对萧友梅的事迹，作一概要性交待，是为"纪事要略"。如：1924年5月4日 发表为纪念五四运动5周年而创作的《五四纪念爱国歌》（赵国钧词 简谱），并在当晚举行的纪念五四运动5周年国民音乐大会上，亲自指挥演唱。

3、而多数"纪事正文"的内容，在"纪事要略"之后，紧接着就在方括号内加一黑体"注"字，用5号"方正细等线简体"字进一步对事情作具体介绍或说明，是为"补叙解说"。如：1935年6月15日 为推荐音专学生陈田鹤、刘雪庵二人各自出版歌曲集，致函商务印书馆编辑所所长舒新城。[注 信中介绍说："二君在校，成绩均属优良，如先生准予出版，俾后学益加感勉，则又为敝校同人之幸"。]

另外，在"纪事正文"的某些条目中，对有的事情或问题发表编者的观点或做某种说明，在方括号内以黑体"按"字显示。如： 1923年4

15

月6日　是日清明节，与兄弟侄辈同往京郊香山父亲坟地扫墓。[按：该墓地在香山碧云寺山脚下公主坟村，占地4亩，是1919年其父萧炎翘购买的。同年11月萧公辞世，1921年安葬于此。墓园建立后，萧家专门请当地村民刘玉山常住看守，其守墓房屋，至今犹在，其后代如今仍在该院居。]

4、用带底纹的"5号宋体"，一是记写萧友梅亲人、同事、学生、好友等亲历的往事，是为"深情回忆"。如：丁善德回忆　我跟萧友梅学过一年和声。他改题一丝不苟，讲解形象生动。……大家都笑开了。然而，作为他的学生，我感受最深的，还是他对学生深挚的帮助和殷切的期望，尤其是他那热切的爱才之心。　二是引述萧友梅研究者对某个事件或某个问题的观点，是为"学者忆评"或"论评"。如在纪写1940年12月31日萧友梅逝世后编排了几段忆评，其中一段是：李焕之忆评　萧友梅是一位可尊敬的开拓创业者，他为专业的正规音乐教育奠定了向前发展的良好基础。如果说，1927年蔡元培和萧友梅创办的国立音乐院是一只老母鸡的话，那么她哺育的小鸡成长壮大了。随着历史的前进，一代又一代地成长为中国音乐文化建设的栋梁材。我回想当年延安鲁艺音乐系的老师们，他们绝大多数是国立音专的校友，从两位先后担任系主任的吕骥、冼星海，到七位教员：向隅、唐荣枚、杜矢甲、张贞黻、郑律成、任虹和我。

5、用"5号楷体"纪写当时与音乐教育有关的史料，以扩大学术视眼，是为"相关连接"；如，1936年12月22日的纪事正文为：音专全校师生员工共捐款援助绥远卫国将士慰劳金227元。另起一行则是"相关连接"：12月26日，上海音乐界在商会大礼堂举行援绥音乐会，节目有中西音乐、儿童演唱、合唱、口琴等。其中有张舍之、张贞黻的大提琴独奏、江定仙的钢琴独奏，蔡绍序、郎毓秀的独唱等。

四、为了形象地展示萧友梅的社会关系，更真实、更生动地反映历史原貌，本书插排了大量与萧友梅相识、通信、交往、合作的某些人、事、物的图像资料。个人像片除萧友梅本人之外，还有同事、学生、好友、亲属等等。比如，在北大时期，分别上了与萧友梅有工作关系、有交往的李大钊、鲁迅、胡适等等不少教授、学者的个人像，以示萧友梅当年在北京大学的地位及人事关系。

　　五、本书"纪事正文"所引用的史料，用"小5号斜体字"——注明资料的出处；"时政提要"多为常识性的，没有加注；"相关联接"的内容每条均据可靠资料编写，为节省篇幅，仅对人们比较陌生的条目，加了资料出处。

　　六、本书对某些人物（包括非音乐家）的生平作了注释。有些人物，由于资料的原因，该注而没有注。

　　七、本书根据不同读者的需要，在正文之后加了几个史料性附录，主要供研究者或有兴趣者阅读、参考。

我们对于人家称赞我们的话，只可以当作客气话就好了。因为艺术的标准是没有一定的，艺术的进步是无止境的。我们要努力前进，必定要下一次的成绩比这一次的更好，才可以尽我们当教员当学生的义务。因为艺术家如果注重"虚荣"两个字，就如同把自己的死刑宣告了一样了。

——一九三零年《本校第一届学生音乐会》

家 世 纪 略

萧勤保存的萧世范公世系表

萧 姓 溯 源

萧姓的渊源，出自子姓，出自春秋时期宋微子的后裔封地萧邑，属于以居邑名称为氏。据《通志·氏族略》记载："萧氏，子姓。杜预曰：古之萧国也，其地即徐州萧县是也，后为宋所并。微子之支孙以讨南宫万之功，封于萧，以为附庸。宣（公）十二年，楚灭之，子孙因以为氏。"萧姓又一个渊源：源于嬴姓，出自远古部落首领柏裔的后裔在萧邑作大夫，遂以萧为姓，其后代延袭姓萧。

萧姓族人在先秦时期，由于国家被灭而散居各地。秦汉时期，社会动荡，更迫使萧姓向外迁徙，从原聚居地（今山东省）向四周繁衍，且名人辈出，开国功臣汉相萧何，便是其典型代表。其子孙也均为高官，入仕于两汉，从此家族兴旺。三国魏晋时期，战乱频繁，萧姓族人随士族南迁之潮而徙至南方诸省，使得家族进一步发展壮大。南北朝时期，萧姓显贵于天下，建立了齐、梁两朝，使萧姓的发展进入了一个鼎盛时期，如萧统、萧衍。唐宋年间，社会相对稳定，经济繁荣。萧姓族人文人墨客遍布于天下，间有迁入福建、广东定居者。元明清时期，萧姓有徙居于四川、湖南、江西、湖北等省份者；清康熙末年起，又开始了多次入迁台湾，以至海外，使萧姓真正成为遍布于我国南北方各地的大姓之一。据统计，萧姓人数在当今中国姓氏排行中，位居第三十。

萧友梅的祖上原在江西吉安，南宋末年，萧氏家族之一被朝廷派往广东做知府，因而举家南迁至粤。据族谱记载，衍至先生已为 25 代。下面是其先祖萧世范公起至第 26 代的世系图表。

萧世范公世系表之一（1-10代）

[第1代]萧世範（昌裔），字至善，生于约公元1032年（宋·天圣十年），原籍江西吉安府龙泉县人，进士出身，公元1068年（宋·熙宁元年）到粤，任南雄知府。配偶康氏、祁氏。弟萧世京亦为进士，任广东转运使。

[第2代]萧苑（翰君），字瀛仙，公元1074年（宋·熙宁七年）生，拔贡出身，任官职于香山镇，配偶张氏。

[第3代]萧谦（克让），字逊斋，公元1102年（宋·崇宁元年）生，曾任钱塘县知县，配偶戴氏。

[第4代]萧声（玉成），字振庵，公元1128-1205年（宋·建炎二年至开禧元年），拔贡出身，为创筑香山城贡献甚多，配偶李氏。

[第5代]萧明（显裕），字达亭，生卒年份不详，邑庠士，配偶刘氏。

[第6代]萧元勋（永清），字定叟，公元1198-1267年（宋·庆元四年至咸淳三年），明经进士，广西古田县教谕，配偶梁氏。

[第7代]萧露（湛斯），字雪波，公元1235-1305年（宋·端平二年至元·大德九年），邑庠士，配偶梁氏。

[第8代]萧广（弘文），字月峰，公元1279-1374年（元·至元十六年至明·洪武七年），邑庠士，配偶高氏。

[第9代]萧渊（溥泉），字深湾，公元1313-1391年（元·皇庆二年至明·洪武二十四年），邑庠士，配偶钟氏。

[第10代]萧切②（近人），字讷庵，公元1366-1442年（元·至正二十六年至明·正统七年），邑庠士，配偶欧阳氏。（后嗣见下页）

[第10代]①萧霞，配偶马氏（无嗣）。

（续上页）[第24代]萧烈如

[第25代]萧善真，配偶黄忠诚。

[第26代]黄慧宜，配偶张忠良。

[第26代]黄础宜，配偶李锦英。

[第26代]黄衡远，配偶顯勤。

[第26代]黄绍宜，配偶林蔚然。

[第25代]萧成真，配偶伍锦祥。

[第26代]伍锐坚

[第26代]伍锐洪

[第26代]伍慕娴

[第26代]伍锐生

[第26代]伍锐章

[第26代]伍慕英

[第26代]伍慕德

[第25代]萧玉真，配偶林世民。

[第26代]林汉

[第26代]林姚

[第26代]林绍璋

[第26代]林婉宜，配偶沈永椿。

[第25代]萧组徽，配偶李蕴芳。

[第26代]萧易，配偶吴淑瑜。

[第26代]萧潇，配偶何宝玮。

[第26代]萧酩，配偶康却非。

[第26代]萧迤，配偶张秀云。

[第26代]萧醒，配偶郑秀兰。

[第25代]萧伦徽，配偶孙德。

[第26代]萧梅，配偶刘世超。

[第26代]萧长庚，配偶谭孟娟。

【说明】

①本表采用宝塔式世系表格式；为醒目起见，凡萧友梅之直系均以浅棕色表示。

②按传统年谱的习惯写法，凡女性后嗣一般不入世系表；但25、26代，即萧友梅的姐妹及侄女和外甥女辈，与他关系较为密切，而且其中有些人在事业上颇有成就，为便于查考，故也记入表内，并以灰底色表示。

③本世系表由萧友梅侄女萧淑庄（萧柏林之女）根据祖传家谱续写的一份谱表编制而成。原表中1912年以前的纪年，均以"民国前多少年"来记写；为方便阅读，本表编绘者将其换算为公元年与朝代年号。本资料由萧淑庄之子曾明先生提供。由汪朴数易其稿绘制而成。

【注释】

[1]萧淑芳（1911-2005）1926年入北平国立艺专学西画，又先后师从徐悲鸿、汪慎生、陈少鹿、汤定之、齐白石等学画，1937年到瑞士和英国学习，并举行个人画展。1940年回国，在上海市立师范专科学校等校任教。1945年在上海举办个人画展。1946年参加上海美术家作家协会，任理事。1947年以来任北平国立艺专副教授，中央美术学院中国画系副教授，教授。吴作人艺术馆馆长、吴作人国际美术基金会会长。

[2]吴作人（1908-1997）祖籍安徽泾县。生于江苏苏州。1926年起先后在苏州工业专门学校建筑系、上海艺大大学美术系、南京中央大学艺术系徐悲鸿画室学习。1930年赴法国、比利时留学。1935年回国，任教于南京中央大学艺术系。1939-1940年先后参加在美国和在莫斯科举行的中国画展。1942年受聘为教育部终身教授、中国美术学院研究员。1943年赴敦煌参观写生。1946年应徐悲鸿聘，任北平艺专油画系教授、教务主任。解放后历任中央美院副院长、院长、名誉院长，中国美术家协会代主席、主席、中国文联副主席等职，曾获法国文化部授予的"最高艺术"勋章。

[3]萧淑熙〔1920-2002）1946年燕京大学毕业后留学美国，1960年获得生物化学专业博士学位，1970年入美国籍。曾先后在美国费城癌症研究所等多个研究机构工作，期间曾与著名旅美科学家牛满江教授合作进行基因与遗传研究。1978年应童第周教授邀请回国工作，参加了中国科学院发育生物学研究所的组建工作，在中国科学院动物研究所和中国科学院发育生物学研究所任研究员，2002年12月去世。

生 平 纪 年

中国今日之音乐，过渡时代之音乐也。依据进化之原理，本无一日非过渡时代，惟纵考古今，横观中外，从无如中国今日之明显者。盖吾人生当今世，古乐已就衰微，新声犹未普遍。欲使青黄不接之时期迅速过去，自非努力介绍西洋模范之音乐及学习西洋进步之作曲法不为功。余从事音乐垂三十年，深知此中甘苦。尝以为欲造就音乐人才，必须从儿童入手。

——一九三四年《儿童新歌》序

（一）
家 乡 时 期
（1884－1900）

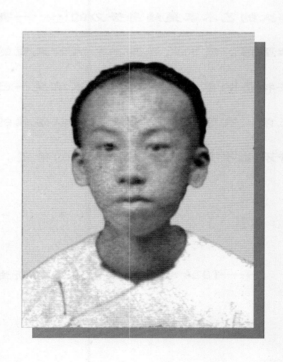

14

一个伟大的艺术家是终身努力的……一有私心，便会使艺术家堕落。我们此后要本着大公无我的精神把艺术当作一件神圣的事业。有何成就不单是一己而亦是整个民族的光荣，有了这样的心思再加以继续的努力，然后在世界音乐上才有与人争一日之长的希望。

——1934 年 5 月《音乐家的新生活·绪论》

1884 年（清光绪九至十年　诞生）

本年，去年底爆发的中法战争正在进行中。

本年，上海工部局（英、美、日、法等帝国主义在中国租界设立的行政机关）已设立 30 年。

1 月 7 日

1884 年 1 月 7 日（清光绪九年，癸未，十二月初十），生于广东省香山县（现中山市）石歧镇兴宁里萧氏老宅。原名乃学，字思鹤；长大有志学习音乐后，始名友梅，别号雪朋。[注　父萧煜增，字焱翘，又字砚樵，清末秀才，以教家馆为业。母梁碧帆，生有二子一女：长子杞桝，字伯林[1]，次子即友梅，女早年夭折。母于友梅出生后不久去世。父续弦胡瑞莲，生有二子十女。]（萧淑娴《回忆我的叔父萧友梅》，《萧友梅纪念文集》第 8 页）

萧煜增摄于 1915 年

[**按一**：据《萧世范公世系表》，萧友梅是萧世范的第 25 代，与他同辈堂兄弟排行的有乃灏、乃贯、乃瀚等。"乃学"一名，现有资料中仅见过一次（参见 1901 年 9 月 3 日条）。]

[**按二**：有人写过萧友梅的生平文章，说先生出生于澳门。这是不确的。据侄女萧淑娴说，她曾问过姑姑（指先生的妹妹），证实萧友梅生于香山石歧；他是 5 岁离开家乡去澳门的。1916 年，萧友梅在留德期间提交博士论文时填写的简历中，明确写为"1884 年 1

月 7 日生于广东省香山"（详见 1916 年 6 月 27 日条），又可得到证实。]（《萧友梅传》
第 4 页/孙海《萧友梅旅德史料新探》《音乐研究》2007 年第 1 期）

> **廖辅叔忆评**　先生名为友梅，别字思鹤（联系林和靖梅妻鹤子的故事），这该是父亲给取的。后来又字雪朋。据他德文证书上的写法，正是萧邦姓氏的原文 Chopin，可见是萧邦的谐音。他为什么改字雪朋呢？梅雪争春，固然古有明文，但是主要的原因恐怕还是受到了萧邦身抱亡国之痛，不甘屈服于沙皇的暴政之下，宁愿流亡法国，支持波兰复国运动的爱国精神的感染。萧友梅留学日本期间，孙中山所领导的"驱除鞑虏，恢复中华"的革命运动已经蓬勃开展。青年萧友梅与萧邦产生强烈的共鸣是很自然的。别字雪朋，也说明这是他在对西洋音乐有了相当的认识之后，才选上这个与萧邦谐音的名字的。（《文化史料》第 5 辑第 2 页，全国政协文史资料委员会编，1983 年 2 月）

本年，孙中山已 18 岁，蔡元培已 16 岁，廖仲恺已 7 岁。

与萧友梅司辈的音乐家中，沈心工已 14 岁，郑觐文已 12 岁，王露已 6 岁，曾志忞已 5 岁，李叔同已 4 岁。与之长期合作的歌词作家易韦斋已 10 岁。

16

> 中山县古称香山县。1925 年 3 月 12 日孙中山逝世后，广州中华民国陆海军大元帅府于同年 4 月 15 日决定，将香山县易名为中山县以示纪念。1983 年 12 月，经国务院批准，将中山县改为中山市；1988 年 1 月批准升格为地级市。
> 中山市位于广东中南部，珠江口西岸，北距广州 86 公里；东与深圳市、香港隔海相望；东南与珠海市接壤，毗邻澳门；西邻江门市、新会市和斗门县；西北与顺德、番禺两市相接。澳门本也在香山县辖地范围，四百多年前为葡人所占。
> 中山市除是孙中山、萧友梅的故乡外，还出了其他许多杰出的政治人物和学者名流。明嘉靖年间，香山出了 16 个进士，180 多个举人。在孙中山领导的辛亥革命前，香山已出现过好几位对中国民主革命产生很大影响的人物。如响应太平天国革命、领导小刀会起义的刘丽川；第一位在外国高等学府毕业的学士、博士容闳；我国早期的资产阶级维新思想家、提倡"洋务运动"的实业家、《盛世危言》的作者郑观应等。
> 此外在政治、教育、文化界的香山籍名人还有：民国初期第一位内阁总理唐绍仪；著名教育家、岭南大学创办者钟荣光；编辑《万有文库》、发明《四角号码检字法》、担任商务印书馆总经理的王云五；主演过 29 部电影，演技高超的著名影星阮玲玉；著名电影演员和导演郑君里；传奇文人苏曼殊；著名的"广东音乐"作曲家、高胡演奏家吕文成等等。

【注释】

[1] 萧杞楠（**1881-1952**）字柏林，9 岁（**1890 年**）往香港入英人所办的学校住读，**1895** 年于皇仁大书院毕业后考入天津北洋医科大学堂。**1900** 年学成後定居于天津行医，后晋升为平民医院院长。因英文流利而调至吉长铁路局作车务处处长的副手，后又调至粤汉铁路局工作。

1885 年（清光绪十至十一年　1 岁）

6 月，中法战争结束

本年，杨仲子出生。

本年，中国海关总税务司赫德[1]在天津招收一批中国青年，开始组建起西洋管弦乐队。此乐队虽比 1879 年成立的上海工部局乐队略晚，但其演奏员全部由中国人组成。乐队解散后，许多成员被袁世凯军乐队、北大音乐传习所管弦乐队等所吸纳。

【注释】

[1]赫德(Hart sir Robert，1835-1911）英国北爱尔兰人。1854 年来华，担任海关总税务司达四十余年。1908 年回国。

1888(清光绪十三至十四年　4 岁)

10 月，康有为（1858-1927）第一次上万言书，奏请变法。

4 月 28 日

弟萧卓颜出生。

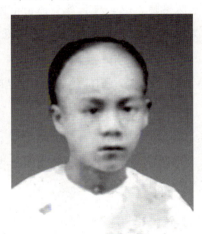

弟卓颜摄于 1900 年

1889 年（清光绪十四至十五年　5 岁）

本年，慈禧太后归政光绪，载湉亲临朝政。

本年

举家迁往澳门，开始随其父学习古文及书法。在澳门期间，有邻居为葡萄牙籍传教士，家中有架当时颇为罕见的风琴，年幼的萧友梅常常被琴声吸引而倾心聆听，有时甚至还会随着所奏乐曲的音调哼唱。这一举动被传教士发现，曾被唤入家中，让他亲手抚弄其琴。[注　这段经历，在萧友梅心中留下深刻的记忆。在他自书简历中有这样的记载："自幼从父读书，在澳门居住十年，时闻邻近葡萄牙人奏乐，羡慕不置，然未能有机会学习也。"这就是萧友梅所接受的最初的音乐启蒙教育。]（萧淑娴《萧友梅业绩之一二》，《萧友梅纪念文集》第 104 页）

本年，李四光、朱英出生。

1890 年（清光绪十五至十六年　6 岁）

4 月，张之洞（1837-1909）在武昌设立两湖书院。

1891 年(清光绪十六至十七年　7 岁)

8 月，康有为（1858-1927）在广州长兴里设立万木草堂，讲学著述，宣传维新思想。

8 月 7 日
妹萧坤贻出生。

本年，胡适、黎锦晖、王世杰出生。

1892年(清光绪十七至十八年　8岁)

7月，孙中山先生于香港西医书院毕业。

9月，孙中山来澳门镜湖医院担任义务医席。12月18日开设中西药局，悬壶行医济世，1893年迁药局至广州。

本年

与在澳门行医的中山先生相识。[注　萧孙两家比邻而居，来往密切。故萧友梅从小即认识年长18岁的孙中山，并以世侄身份相称；后中山先生虽迁药局至广州，但依然经常来澳门活动，在交往中，先生深受孙中山革命思想的影响。]（廖辅叔《萧友梅传》第6页）

萧淑娴回忆　我家先祖居澳门时曾和孙中山为邻。当时孙中山在澳门行医，与先祖是小同乡，有过往来。我父、叔在少年时代甚受中山先生的革命维新思想感染。（萧友梅纪念文集》第84页）

镜湖医院旧址

本年，王光祈、赵元任出生。

1893 年(清光绪十八至十九年　9 岁)

2 月 11 日

妹萧慕昭出生。

本年，朱家骅、廖尚果出生。

。

1894 年(清光绪十九至二十年　10 岁)

6 月，孙中山赴天津上书李鸿章。

7 月 25 日，日舰击沉击伤中国军舰，中日甲午战争爆发。

11 月，孙中山在檀香山设立兴中会，以"振兴中华，挽救危局"为宗旨。

本年，周淑安出生。

1895 年(清光绪二十至二十一年　11 岁)

4 月，甲午战争中清廷惨败，与日本签订丧权辱国的《马关条约》，将台湾割让给日本。

5 月，康有为联合各省在京会试举人 1300 余人签名上书，主张迁都抗战、拒签和约、变法图强，史称"公车上书"。

10 月 26 日，孙中山领导的广州起义定于是日举事，因保密不周，事泄而失败。孙中山及部分同志脱险后经香港转赴日本。

4 月 5 日

妹萧慕兰出生

本年，刘天华、李华萱出生。

1896 年(清光绪二十一至二十二年 12 岁)

本年，康有为在上海创设《强学报》，被清廷封闭后，梁启超（1873-1929）又创设《时务报》，继续宣传维新。

本年，梁启超撰《变法通义》，在《论幼学》篇中对西方的儿童教育作了较详细的介绍及阐发，指出音乐教育在儿童成长中有特殊意义：可"使无厌苦且和其气血"。文章对日本学校设音乐课表示赞同，认为中国也应"略依其制而损益之"。

1898 年(清光绪二十三至二十四年　14 岁)

3 月，张之洞(1837-1909)发表《劝学篇》提出"旧学为体，新学为用"，在外篇《游学》中大力提倡到日本留学。

6 月 11 日，光绪帝接纳康有为等的意见，下"明定国是"诏，宣布实行变法维新。

9 月 21 日，慈禧太后再出"训政"，光绪帝被幽禁于瀛台，百日维新失败。

7 月，康有为上书光绪皇帝《请开学校折》，其中建议以德国为例，在学校设"歌乐"一门。

本年，光绪诏立京师大学堂（1912 年改名为北京大学），孙家鼐为管学大臣。

本年，丰子恺出生。

1899 年(清光绪二十四至二十五年　15 岁)

在澳门与父、弟合影，中为其父，左为其三弟卓颜（《萧友梅自编影集》编号 2）

8 月 3 日

妹萧德华出生。

8 月，梁启超在日本东京、横滨等地创办大同学校（旅日留学生的预备学校），校内设有"大同音乐会"。

本年，袁世凯在天津小站练兵期间，根据德国籍顾问的建议，组建军乐队。该乐队曾与赫德的乐队联合在皇宫为慈禧太后献艺。

1900 年(清光绪二十五至二十六年　16 岁)

9 月，清政府令各省城设立大学堂，各府厅直辖州设立中学堂，各州县设立小学堂。同时令各省选派留学生出国留学，并规定学成归国者，分别给予进士、举人出身。

本年，英、德、俄、法、美、日、意、奥八国联军进犯中国并占领北京，慈禧太后逃至西安。

年初

就读当地著名的学塾"灌根草堂"，受业于陈子褒先生[1]。[注　在学塾除学习四书五经、书法和算术之外，还兼学日语、英语等科目。幼年的家庭教育及在灌根草堂的攻读，为先生打下了相当深厚的旧学功底；从小学习外文，也为日后留学准备了良好的条件。]（*北大音乐研究会编《音乐杂志》第 2 卷第 5、6 期合刊插页《萧友梅先生近照》说明*）

[**按**：萧友梅入学灌根草堂的时间，史料中有不同说法。据《萧友梅音乐文集》附录二"萧友梅生平年表"所载，萧友梅于 5 岁时（1889 年）"举家移居澳门，从父习古文与书法。翌年入当地著名学塾灌根草堂，从学于陈子褒先生"。而在廖辅叔所撰《萧友梅传》中，对萧友梅何时入灌根草堂学习，写得比较笼统，只是说："从小跟父亲学古文。依照中国的老规矩，知识分子是主张易子而教的，所以萧友梅进了陈子褒的灌根草堂"。从行文看，这似乎也是移居澳门不久的事（*廖辅叔《萧友梅传》*

陈子褒

第5页。但据《澳门教育史》（刘羡冰著，北京人民教育出版社，2002）有关陈子褒的传略，陈曾参与维新运动，变法失败后逃亡日本，1899 年才到澳门开始办学塾。今从《音乐杂志》所载"说明"："民国前十二年始，就学于澳门灌根草堂陈子褒，兼习英日文。"将此编在 1900 年。可见萧友梅在灌根草堂的学习时间，最多也就一年左右，因为 1900 年至 1901 年之间他就离开澳门到广州时敏学堂去求学了。]

本年

赴广州时敏学堂[2]就读。

[注 该学堂就其开设的课程来看，和旧式次数私塾迥然不同。这是广州第一所新式学堂。学堂课程仿西方学校并结合中国实情而设置，有国文、英文、日文、历史、地理、

时敏学堂创始人邓家让（左）、邓家仁（右）

与兄萧柏林

与大兄、三弟合影于广州（《萧友梅自编影集》编号 40）

格致[3]、算学、图画、唱歌、体操等科。学生有来自千里之外的江、浙、湘、桂各省者。]

[**按**：萧友梅入时敏学堂的时间，不同记载亦略有出入，据萧友梅手书履历谓"16岁入广州时敏学堂"。16岁如按实足年龄计算应为1900年，如按虚岁算则为1899年。（*萧淑娴《萧友梅业绩之一二》,《萧友梅纪念文集》第104页*）而在《萧友梅音乐文集》附录二"年表"中，则记为1900年（*见该书第562页*）。]

时敏学堂旧址，在今广州荔湾区多宝路。

　　本年，程懋筠、唐学咏出生。

【注释】

[1]陈子褒(1862--1922)中国近代教育家，名荣衮，字子褒,号耐庵。广东新会人。1893年乡试中举，与康有为同科，后入万木草堂，成为康的入室弟子。1895年参加"公车上书"，并加入强学會，积极参与维新运动。戊戌变法失败后逃至日本，顺道考察了教育。1899年回澳门设"灌根学塾"（初名"子褒学塾"）。陈主张新教育，曾自编通俗而适应儿童的白话教科书五十余种，教育论文由弟子辑入《教育遗议》。

[2]时敏学堂由邓家仁、邓家让等于1898年4月发起捐资设立于广州。1905年改名时敏中学堂；1912年又改名为私立时敏中学。1919年因经费支绌停办。

[3]"格物致知"的简称，是当时一门学习声光电化等自然科学的课程。

1901 年(清光绪二十六至二十七年　17 岁)

　　9 月 7 日，清政府派李鸿章与英、法、德、美等十一国公使签订《辛丑条约》，允诺赔付十一国 4 亿 5 千万两白银，分 39 年付清，连本带利共 9 亿 8 千余万两。因这是针对庚子年（1900）义和团事件而索赔，故名"庚子赔款"，简称"庚款"。

9 月 3 日

　　其父以 30 多两银子，为其捐纳"监生"身份，领得"户部执照"一张。执照上写的名字是萧迺学。

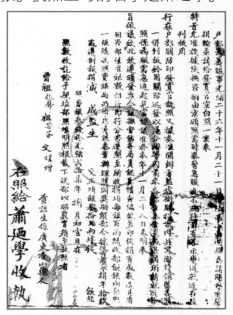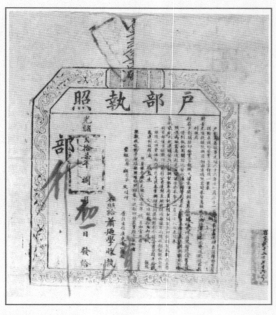

萧友梅持有的户部执照，左为局部放大

　　[按：执照上虽没有写明持照人为萧友梅，但注明持照人的曾祖名振声、祖名荣

芬、父名煜增，并注明持照人"年 19 岁"，按虚岁算，正好与萧友梅的年龄相符。另从家谱看，他三位堂兄弟的名字，均为"乃"字辈，即乃灏、乃贯、乃瀚。"迺"为"乃"的异体字，故萧迺学即为萧友梅无疑。]*（据向延生所撰之文提供史料信息，见《萧友梅纪念文集》第280页。右图来自中国艺术研究院翻拍照片；原件存上海音乐学院。）*

11 月 25 日
妹萧福媛出生。

本年
继续在时敏学堂学习

本年，蔡元培的《学堂教科论》一书，于10月石印出版。书中把"音乐学"列为文学的一个分支，并说明："文学者，亦谓之美术学，《春秋》所谓文致太平；而《肄业要览》称为玩物适情之学者，以音乐为最显，移风易俗，言者详矣。"

本年，曾志忞偕夫人曹汝锦赴日，入早稻田大学研习法律。1903年转入东京音乐学校学习。

（二）
留 日 时 期
（1902-1909）

36

　　我以为我国作曲家不愿意投降于西乐时，必须创造出一种新作风，足以代表中华民族的特色而与其他各民族音乐有分别的，方可以成为一个"国民乐派"。但是吾国音乐空气远不如百年前的俄国，故是否在这个世纪内可以把这个乐派建造完成，全看吾国作曲家的意向与努力如何，方能决定。

　　　　　　　　　——一九三八年《关于我国新音乐运动》

1902 年(清光绪二十七至二十八年　18 岁)

2 月 8 日，梁启超在日本横滨创办《新民丛报》。

4 月 26 日，章太炎等在东京发起召开"支那亡国二百四十二周年纪念会"，因被日本警察所阻而改在横滨举行，孙中山参加并主持会议。

4 月 27 日，蔡元培、蒋智由、黄炎培等在上海发起成立"中国教育会"，意图通过革新文化教育，结集进步力量。

8 月 15 日，《钦定学堂章程》（壬寅学制）公布，章程对各级学堂的科目设置作了规定，然并无音乐（或唱歌）一门。学制虽公布，但未实行。

2 月，《新民丛报》第 3 号发表署名奋翮生的《军国民篇》，文中阐述了作者对"音乐和政治"的看法。

4 月，时年 32 岁的沈心工(1870–1947)东渡日本留学，并在留学生中发起组织"音乐讲习会"，聘东京师范学校唱歌教授铃木米次郎讲授乐歌的演唱和创作方法，为期两个月。广为传唱的《男儿第一志气高》（即《体操》）就是在此期间创作的乐歌之一。

8 月，严修赴日考察教育；期间曾参观东京音乐学校与盲哑学校音乐科，还多次观摩幼稚园的音乐教学。回国后于是年冬在家中设立女塾，以家属与近亲好友之女为学生，课程中有音乐一门，聘日本人任教。1905 年女塾改为女学。

沈心工

11 月，蔡元培等倡设爱国女学，12 月正式对外招生。

本年

自费赴日本留学，入东京高等师范学校附中学习；同时又违背家庭的意愿，在东京帝国音乐学校选修钢琴、声乐。（北大音乐研究会编《音乐杂志》第 2 卷第 5–6 号

合刊载萧友梅像之说明）

[**按**：萧友梅何时赴日留学，有多种不同记载，包括先生自己在内，前后说法亦有出入。其一，廖辅叔在《萧友梅传》中记为"1901 年"，与先生在他一份履历表上填写的"17岁（即 1901 年）赴日本东京留学"*（《萧友梅纪念文集》第 104 页）*是一致的。其二，据孙海近日在德国发现的先生在莱比锡大学时所写的简历，按其语意推算，则为"1903 年"（简历全文见 1916 年 6 月 27 日条）。其三，在清政府的一份《各省官费私费毕业生姓名表》中有这样的记载："萧友梅，广东，私费。光绪二十八年九月入国，帝国大学"*（张前《中日音乐交流史》第 384 页）*，以此来算则为 1902 年。另外，北大音乐研究会编《音乐杂志》第 2 卷第 5-6 号合刊所载"萧友梅先生近照"之说明，则记为"民国前十一年[1901]肄业于广州时敏学堂，翌年[1902]自费赴日本，先后在东京音乐学校、帝国大学文科肄业。"再据《萧友梅自编影集》中两张照片的说明推算也是 1902 年（参见 1903 年两张照片的说明）。据以上史料分析，编者认为先生在本年即 1902 年留日较为可靠、可信，符合史实。]

在留日期间，学习十分刻苦。[注 关于这一段生活经历，先生曾作过如下自述："我自己的学生时代，也不曾苟且偷安过。当我在日本念书的时候，不顾家庭的阻挠与反对，终于名列东京帝国音乐学校。那时我没有钱买钢琴，学校里又无琴可租，唯一的办法就是趁女生下课之后，男生上课之前，6 点至 7 点这一小时的时间，不管风雪都要走半小时以上的路，跑到学校里去练琴。公寓里的晚饭，定在六点半至七点，为了练琴，便只好牺牲那一顿饭，自己买一只面包，一罐牛奶，在学校吃了完事。这样过了半年，有一个广东教育界的旅行团到日本，我替他们任翻译，奔波了好几处地方，得到一百多块钱的报酬，我即刻存起来办理'钢琴储蓄'。因这一次翻译的成绩，那些留日学生便叫我去做他们教授的翻译，所得到的报酬又是一百多块钱，两笔款子合起来的时候，我便变为一具钢琴的主人。我那时的幸福，真所谓南面王无以易也。"]*（《音乐家的新生活·绪论》，见《萧友梅音乐文集》第 382 页）*

本年，康有为的《大同书》完稿。在康氏理想的"大同社会"里，音乐教育是从"胎教"直至大学各级教育的重要内容。

本年，梁启超在《新民丛报》连续发表《饮冰室诗话》，其中多次强调音乐教育的重要性，指出"欲改造国民之品质，则诗歌音乐为精神教育之一要件"，"今日不从事教育

则已，苟从事教育，则唱歌一科，实为学校中万万不可阙者"。

廖辅叔记评 萧先生是自费留学生，家庭经济并不宽裕，需要获得一点生活费的补助。先生兼做中国留学生的跟班翻译和中国旅行团的临时导游。清末没有勤工俭学这个名目，先生却有了勤工俭学的实践。（《萧友梅传》第7页）

1903 年(清光绪二十八至二十九年 19 岁)

2 月，浙江籍留日学生创办的《浙江潮》在东京出版，成为当时鼓吹革命的重要刊物之一。

5 月 27 日，章士钊主笔《苏报》，开始发布反清言论。6 月 30 日章太炎被捕入狱，次日邹容自投入狱。7 月 7 日《苏振》馆被查封。

2 月，张之洞改南京文昌书院为三江师范学堂，聘日本教习 30 人(内音乐教习 1 人)任教。这是我国近代最早的高等师范教育机构。1905 年学堂改名为两江师范。

3 月，沈心工自日本回到上海，执教于母校南洋公学附属小学，并开设了乐歌课。消息传出，务本女塾、龙门书院、南洋中学、"沪学会"等纷纷前来聘沈心工去讲课。

4 月 31 日，中国教育会等团体在上海静安寺张园举行拒俄大会，与会者 1200 多人。会上高唱爱国歌曲，引起社会广泛关注。

1903 年摄于日本东京(《萧友梅自编影集》编号 5)［**按**：原照片文字说明为"民国前九年照"，并特别在括号内注明"时抵日之第二年"。此为"1902 年赴日"说的又一例证。］

8 月 12 日，匪石在《浙江潮》(第 6 期)上发表题为《中国音乐改良说》。其中提出："吾对于音乐改良问题，而不得不出一改弦更张之辞，则曰西乐哉，西乐哉! 西乐之为用也，常能鼓吹国民进取之思想，而又造国民合同一致之志意。"

8 月，王国维发表《沦教育之宗旨》，在中国近代教育史上第一次提出德、智、体、美四育并举的教育方针。文中指出，"美育者，一面使人之感情发达，以达完美之域；一面又为德育与智育之手段"，是"教育者不可不留意"的问题。

9 月 21 日，曾志忞在东京出版的《江苏》杂志第 6 期上发表《乐理大意》。之后至 1906 年连续发表了多篇有关音乐方面的著述与乐歌作品。如《唱歌之教授法及说明》《音乐教育论》（文论）《教授音乐之初步》《名人乐论：日本之音乐非真音乐》（译文）、《音乐全书》《和声略意》《乐典教科书》（教材）以及乐歌《练兵》、《游春》、《杨子江》、《海战》、《新》、《秋虫》等。

本年

继续在东京高等师范附属中学及东京音乐学校学习。（《萧友梅自编影集》）

1903 年春在东京高等师范附属中学第三年级学习时与同学方庆周（高师部）、严智崇（5 年级）、李天锡（4 年级）钱稻孙（2 年级）钱穗孙及沈君（1 年级）等合影。（《萧友梅自编影集》编号 42）[**按**：此图摄影时间，原文字说明为"民国前九年春照于东京，时在东京高等师范附属中学第三年级"。民国前九年即 1903 年，萧友梅 1902 年自费入学，而翌年即为三年级，似应为插班生。]

本年，上海商务印书馆设立编译所，张元济任所长。

本年，袁世凯奉慈禧太后之命在天津开办训练军乐队员的机构，共办了三期，每期学员 80 人。此外还设一旗人队，约有 50 人。学员毕业后分配到当时的陆军各镇服务；每逢新年，各镇军乐队还要到天津集合，参加考试。

1904 年(清光绪二十九至三十年　20 岁)

　　1 月 13 日，张百熙、荣庆、张之洞重订学堂章程，经准奏后称《奏定学堂章程》；这是中国近代第一个正式颁布并在全国实行的学制，即"癸卯学制"。但此章程的课程设置中，并无音乐或唱歌科目。

　　11 月，光复会在上海成立，蔡元培任会长。

秋

　　用萧思鹤的名字以唱歌为主科，钢琴为副科在东京音乐学校选科注册入学。[注　同在选科的同学有曾汝锦(即曹汝锦)（以唱歌为主科、小提琴为副科）、曾泽霖(即曾志忞)，以唱歌为主科，钢琴为副科)、辛汉（以风琴为主科）等。]

　　[**按**：就现有资料记载，这是萧友梅的名字第一次出现在东京音乐学校的学生名簿中。由此推测，此前先生还可能并非正式在该校注册的学生。] (《东京音乐学校中国留学生名簿》)（张前《中日音乐交流史》第 372 页，1999，北京，人民音乐出版社）

冬

　　参加日本东京音乐学校学期考试，所考曲目为Dussek 的 Sonatina。
(《萧友梅自编影集》说明）

1904 年冬，在日本东京音乐学校学期考试后摄影。(《萧友梅自编影集》编号 6)

12 月 7 日，江苏师范学堂在苏州开学，罗振玉任监督；聘有日本教习教授图画、音乐、手工、体操等课。小野清一为体育音乐教习。

　　本年，沈心工编著的《学校唱歌集》（第一集）出版。

　　本年，高砚耘（寿田）入东京音乐学校习小提琴，李燮羲（剑虹）留学日本东京音乐学校，1908 年回国。

　　王露（1878-1921）去日本留学，研习西洋音乐及考察日本民间音乐，获学士学位，期间曾在孙中山的兴中会从事革命宣传工作。1909 年夏回国。

王露

43

1905 年(清光绪三十至三十一年　21 岁)

8 月 20 日，同盟会在东京正式成立，通过会章，推举孙中山先生为总理。

11 月 26 日，同盟会机关报《民报》在东京创刊，孙中山在发刊词中首次揭示"三民主义"。

9 月 2 日，清政府诏令废除科举制度。

12 月 6 日，清政府设立专职统管全国教育事务的中央行政机构——学部，荣庆任尚书，严修任右侍郎。

4 月 9 日

侄女萧淑娴[1]出生。

本年

继续在东京高等师范附属中学学习，同时继续在东京音乐学校注册，选修唱歌、钢琴。（《中日音乐交流史》第 372 页）

本年，时年 25 岁的李叔同赴日本留学，在上野美术专科学校学习西洋绘画及音乐。1910 年回国。

本年，冯亚雄留学日本，在上野音乐学院学习，并在明治音乐会学习长笛、单簧管、圆号、长号等乐器。

【注解】

[1]萧淑娴（1905-1991）广东省香山县（今中山市）人，生于天津。自幼随家馆先生学习，国学根基深厚。1920 年，随萧友梅到北京读书，同时开始学习钢琴。1924 年入北京女子师范大学预科，主修文学，兼修音乐，并随嘉祉学钢琴，随刘天华学习琵琶。毕业后入北京女子师范大学音乐科，专修钢琴。1928 年任国立音乐院钢琴助教。1930 年，赴比利时皇家音乐院深造。因手小，改为主修理论作曲。1935 年毕业。同年报读德国著名指挥家舍尔兴开办的指挥班，1936 年与舍尔兴结婚。1950 年春携子女回国，任中央音乐学院作曲系教授。

1906 年（清光绪三十一至三十二年　22 岁）

4 月，孙中山自香港赴日本，两月后离日赴南洋。

10 月 2 日，由学部会同外务部拟订的《考验游学毕业生章程》准奏颁行。其中规定"凡毕业后各留学生，均需勒令来京考试，否则永远停其差遣"。考试"酌照分科大学及高等学校毕业章程，合同钦派大臣按所习学科分门考试，酌拟等第，候钦定分别奖给进士、举人等出身，仍将某科字样加于进士等名目之上，以为表识"。

10 月 9 日，孙中山自西贡再次抵达日本。

12 月 2 日，《民报》举行周年会。孙中山在会上宣讲三民主义与五权宪法。

2 月 8 日，李叔同创办的《音乐小杂志》第一期在东京印刷出版（存见仅一期）。该刊为中国最早的音乐期刊。本期刊有《音乐小杂志序》、《乐圣比独芬传》、《近世乐典大意》等文章及《隋堤柳》、《春郊赛跑》等乐歌，文、词署名"息霜"，均为李叔同所作。

李叔同

7 月

于东京高等师范学校附中肄业。

10 月

先在法政大学的高等预科进修（多长时间，不详），然后进入东京帝国大学文科教育系，攻读教育学等科目（有毕业证书、结业证书为证，见后），并改以萧友梅的名字注册，继续在东京音乐学校选修唱歌、钢琴。同时按清政府的规定，取得了广东省官费留学生资格。[按：据当年学部规定，凡游学日本自费生，考入官立高等专门学校或大学者，应由总监督咨商各该省督抚，改给官费。东京帝国大学在学部开列的日本文部省直辖官立各高等专门学校之首。（王焕琛编著《留学教育(近代中国教育史料丛刊)》第 143 页，台北国立编译馆, 1980 年）而在此之前，留学费用均全部由其兄萧柏林负担；直到留学德国期间，仍继续汇款资助，以弥补学费、生活费、书籍费之不足。对此萧友梅一直铭记在心，曾对他的侄女萧淑娴说："你父待我，情深义重，永生不忘"。］（萧淑娴《回忆我的叔父萧友梅》《萧友梅业绩之一二》，见《萧友梅纪念文集》第84、87、104页/《中日音乐交流史》第372页）

10月13日，学部在北京举行游学毕业生考试，有32人获进士、举人出身。

本年

经孙中山先生介绍，宣誓加入中国同盟会。此后萧友梅住处常成为孙中山与胡汉民、廖仲恺等开展革命活动聚会的地方，先生本人则常为他们的革命活动担当起保护和警戒的任务。

廖仲恺

胡汉民

廖辅叔论评　19世纪与20世纪新旧交替的那些年头，日本成为中国那些不满清政府以慈禧太后为代表的专制残暴、丧权辱国的反动措施，要求改变现状的种种色色人物的集合地。保皇派、立宪派、革命派都可登台表演。萧友梅是学音乐的，虽加入同盟会，政治色彩比较淡薄，不会引起警探的注意，因此他的住处成为孙中等革命人士聚会的地方。（《萧友梅传》第7页）

萧淑娴回忆　记得叔父曾和我们说过，为了掩护同盟会各负责人士开会议事，他有时抱着还在幼龄的廖仲恺女儿廖梦醒在大门外放风，有时和在廖家服务的日本保姆巧钗轮流为开会者放风。这位保姆同情流亡在日本的中国人，对我叔父很关心，常给以照顾。叔父也很关心她。（《萧友梅纪念文集》第85页）

1906 年夏，在东京与廖仲恺一家合影。由左而右为巧钗、廖梦醒、廖冰筠、黄小唐、廖仲恺、何香凝、萧友梅、关乾甫、关汉光。(《萧友梅自编影集》编号 29)

本年末至次年初

大约在年底至翌年初之间,孙中山和廖仲恺等在日本受到清政府密探的跟踪监视。为避免伤害，孙中山曾在萧友梅卧室躲避了一个多月。[注： 期间食物等生活必需品的供应，全部由萧友梅负责，直到同盟会的同志将他们二人转移到别的安全处为止；期间孙中山与萧友梅留有合影一幅，相片中孙中山正坐，萧友梅侧立于旁。萧十分珍视此相片，一直将其挂在墙上，以示尊重。惜该相片现已遗失。]（*萧淑娴《回忆我的叔父萧友梅》《萧友梅纪念文集》第84页*）

[**按**： 廖辅叔在《我国现代音乐教育的开拓者萧友梅先生》（见全国政协文史资料委员会编《文化史料》（丛刊）第五辑 1983 年）中将掩护一事记为 1910 年，不确；因先生 1909 年已回国。据《中华民国国父实录》，自孙中山于本年 10 月 9 日抵达日本后，清廷得悉，曾于八月二十八即下旨严拿。为此两广总督徐馥曾电奏清廷，电文中对一些关于革命活动传闻大多以"谣传"僻之。由此反映出当时全国各地，对孙中山领导下的革命活动，时有传闻。清廷对此是十分震恐，下令各级官吏严加防范。然清吏虽在各处遍布密探，但所得仅为一鳞半爪，对革命思想和活动已经深入到新军兵营和学堂学生的严重

形势浑然不觉，而对上则粉饰言之。至 12 月 2 日《民报》二周年纪念会后，国内各地革命形势骤然高涨，起事接踵不断。清廷认为这些事端都与东京同盟会有关。经两江总督端方在留学界侦查，知党人活动，均出于孙中山之策划，乃命驻日公使向日本政府交涉，要求驱逐孙中山出境。根据以上史料，本条编在 1906 年末（罗刚（遗著）编《中华民国国父实录》第 904 页/948，罗刚先生三民主义奖学金基金会，台北，1988）］

1907 年（清光绪三十二至三十三年　23 岁）

3 月 4 日，日本政府驱逐孙中山离日。

3 月 8 日，清廷学部颁行《女子师范学堂章程》和《女子小学堂章程》，首次把音乐列为课程之一。

2 月

从该月起至翌年 4 月，在东京中国留学生编辑的刊物《学报》第 1 年第 1、2、3、4、6、8 号上连载发表《音乐概说》一文。[注　第一号刊出时署名"乐天"，以后均署名"友梅"（见下页图）。这是目前存见的萧友梅第一次公开发表的长篇音乐文论；惜没有刊完全文。已发表的部分包括"总论" 5 节（1、音乐之发生及种类；2、音之性质；3、乐曲之种类；4、乐器之种类；5、音乐的定义与分类研究）以及第一编 "乐典"的第一章"乐谱论"（共分 10 节）和第二章"音阶论"（内分 3 节）。该文主要系统地介绍音乐的基本知识。在"总论"的第五节"音乐的定义和分门研究"中，对音乐理论所涉及研究的学科，分乐谱、旋律、乐典、和声学、对位法、作曲学、音乐形态学、音响学、音乐心理学、音乐组织学、音乐史学等 11 个学科，作了简明扼要的叙述，这在 20 世纪初中国学人介绍西洋音乐知识的文章中还是第一次。]*（据 1982 年由张静蔚首先发现并提供的《音乐概说》原刊复印件）*

[**按**：2004 年 11 月出版的《萧友梅全集·第一卷·文论专著卷》收入了该文，但衍文、脱漏、误植等差错甚多，尤其是对分段、分节之编码顺序号所作的改动，前后互不照应，给阅读带来困难。*（详见《人民音乐》2005 年第 10 期《粗疏编校　错误百出》一文。）*

49

《音乐概说》原刊片段

张静蔚论评 萧友梅早在日本时期，即根据欧洲音乐理论，对近代音乐学提出了 11 项研究领域，既表现了萧友梅对发展中国音乐的深邃而敏锐的眼光和远大抱负，也体现在他 20 年代开始坚忍不拔地从事音乐教育和富有成果的开创我国现代音乐的实践中。（《人民音乐》1983 年第 11 期《萧友梅早期在日本的音乐著作》）

5 月 7 日，清政府规定，官费游学生回国后须任专门教员 5 年。

9 月

以萧友梅的名字继续在东京音乐学校选科注册上学，而曾志忞则已离校。（《中日音乐交流史》第 373 页）

5 月，王国维在《教育世界》发表《论小学校唱歌科之材料》。文中指出唱歌科不仅为修身科之辅佐，而且有其在美育上的独立价值。

7 月，蔡元培随驻德公使孙宝琦到达柏林。他边当孙的家庭教师，边为商务印书馆编书，边学德语，准备上学。（《蔡元培年谱长编》上册第 328 页）

1907 年夏在东京本乡区干马太木町五十九番乐庐后院与同寓者合影：萧友梅（中）、区金均（左）、刘叔和（右）（《萧友梅自编影集》编号 9）

叶伯和

秋

叶伯和（1889-1945）赴日本留学，受萧影响加入同盟会。[注　叶先入日本法政大学，不久考入东京音乐学校，结识了萧友梅，1912 年回国。]（《中国近现代音乐家传》（1）第 161 页）

本年，浙江两级师范学堂在杭州成立。学堂虽无艺术专科，但图画、音乐、手工均列为学生的必修科目。

本年

继续在东京帝国大学学习。

51

1908 年（清光绪三十三至三十四年　24 岁）

1 月 23 日，清宪政编查馆会同学部奏定《游学毕业生廷试录用章程》，规定每年在保和殿廷试游学毕业生。

11 月 14 日，光绪帝载湉死，次日慈禧太后死。12 月 2 日，宣统帝溥仪登基。

1 月，天津直隶学务所设立音乐体操传习所。

9 月

以萧友梅的名字继续在东京音乐学校选科（以唱歌为主科，编入男子甲组，钢琴为副科）注册上学。（《中日音乐交流史》第 372 页）

10 月，蔡元培入莱比锡大学。

秋

与胞兄在东京相会。[注　其时萧柏林正随唐绍仪为感谢美国退回庚款而访美，路过东京时兄弟得以会面并合影。]（《萧友梅自编影集》说明）

与大哥合影。（《萧友梅自编影集》编号 38）

1908 年，与寓于东京市外大久保村励志学舍的钱、廖、梁（宓）及乐庐四家合影。前排左起：1、关汉光，2、何佳，3、关乾甫；后排左起：1、廖仲恺抱着女儿廖梦醒，2、何香凝，3、何冰筠，4、钱太太，5、钱树芬及钱乃文，6、萧友梅，7、龙裔禧，8、刘叔和，9、区金钧。（《萧友梅自编影集》编号 10）

本年，曾志忞回国后遵其父曾铸临终遗言，开办上海贫儿院。院中设音乐部，还成立了少儿管弦乐队，由曾志忞自任指挥。音乐部于 1912 年停办，贫儿院于 1921 年结束。

本年，创立于 1905 年的湖南长沙周南女学堂开设体操、音乐专修科。时年 17 岁的黎锦晖在此校兼任音乐教员。

1909 年 1-7 月（清光绪三十四年至宣统元年 25 岁）

6 月 20 日，清政府廷试游学毕业生。

1909 年生日摄于东京（《萧友梅自编影集》编号 7）

7 月

结束在东京音乐学校选科的学习，获"唱歌"修了证书。*（见日本东京音乐学校保存之《东京音乐学校一览》，转引自《中日音乐交流史》第 382 页）*

东京音乐学校修了证书

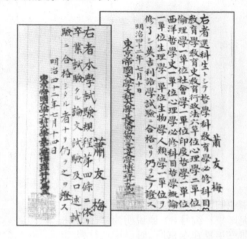

东京帝国大学毕业、修了证书

同月，在东京帝国大学文科大学教育系毕业，获毕业和修了证书，不久回国。*（《萧友梅自编影集》说明）*

[按:《自编影集》说明为"民国前三年夏，时已毕业"，"民国前三年"即 1909 年；又，毕业证书上所写为明治 42 年，即 1909 年。故先生自书履历所说"24 岁（即 1908 年）帝大毕业"为误记。]

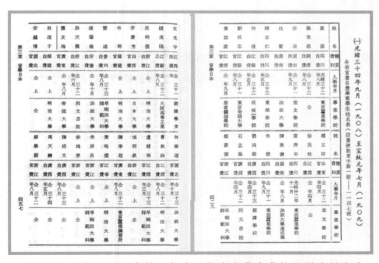

光绪三十四年九月至宣统元年七月各省官费自费毕业学生姓名表（部分）[1]

毕业归国前摄于东京。(《萧友梅自编影集》编号 8)原说明为"民国前三年夏在东京照,时已毕业行将归国矣。"

1909 年夏,毕业时与教育系教授及同学(日人)合影。(《萧友梅自编影集》编号 39)

56

本年,刘天华考入常州中学,课余学习铜管乐演奏。

本年,清学部奏请建京师图书馆。

【注解】

[1]此表系《留学教育》作者据现存台湾"教育部档案室"的档案资料整理而成,载《留学教育》第 429 页。据作者称,现存台湾的清末留学生资料,以留日毕业生名单保存最为完善。

（三）
从 政 时 期
（1909—1912）

声乐一科是万万不能专唱外国作品的，就表情方面看来，中国人当然最适宜是用国语唱本国歌词。我说这句话，并非不赞成唱外国歌，并非不赞成外国歌词。不过，我们知道在未唱外国歌之前，先要把外国文的发音学得烂熟，把歌词的意思十分了解，唱时方才可以把歌里的精神表现出来。试问今日学生学唱歌的，是否个个对于上述两点十分注意？

———一九三零年《介绍赵元任先生的新诗歌集》

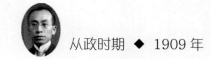
1909 年（清光绪卅四年至宣统元年　25 岁）

　　10 月，学部奏订《视学官章程》，将全国分为 12 个视学区域，每区派视学官二人；每年视察三四区，每三年视察一周。章程还规定"视学官以宗旨正大、深明教育原理者为合格，不设定员，由部中人员或直辖学堂管理员、教员充任"。章程并要求在"每区所派视学官中，须有一人精通外国文及各种科学，以便考察中等以上学校"。

10 月 12、14、16 日

　　参加学部组织的本年度归国游学毕业生第一次考试，考试在新建考院进行，隔日一场，共考三场，平均成绩获 65 分，属中等。（《学部官报》第 104 期）

　　[按：依据章程，考试要进行两次，第一次在学部，时间一般在农历八、九月，第二次考试即廷试（或称殿试），于次年农历四、五月在保和殿举行（参见 1910 年 5 月条）。第一次考试之前，先要审查考生的资格，规定必须是在外国高等以上学堂肄业三年以上方准予考，凡外国中学堂、中等师范、实业学校以及专为中国人特设的班次等均不准参加考试。赴考时，考生应由出使大臣或游学生监督将考生履历、入学年月、所习专科、预定毕业年限、有无旷课等各项，切结考语，报部备案。考试共有三场，首先是预行甄录一场，试以外国文及所习专科之普通学，通过后能进入下一场正场考试。正场考试又分两场，第一场考中外文字，第二场按考生专业分门命题。三场考试，隔日一场，均当日交卷。关于萧友梅留日的回国时间和参加两次考试的考

《学部官报》载萧友梅第一次考试得分

辨可参阅 2007 年第 3 期《音乐研究》发表的《萧友梅留日考》一文。]

12 月 11 日，学部奏定《视学官章程》，开始设立视学官，视察各省学务。

12 月 29 日

在天津北马路不幸为洋车辗折右足胫骨，卧床医治三个月，始能行动如常。

（《萧友梅自编影集》说明）

[按：萧友梅对自己不幸遭遇车祸受伤事件的时间、地点记忆深刻，他将年（民国前三年）、月（十二月）、日（二十九），都写得很具体、很清楚，地点在天津北马路。而躺在床上养伤的照片，是在民国前二年正月即 1910 年 2—3 月之间（阴历 1 月人们习惯称正月），这又与所说'卧床医治三个月'相符。也就是说，萧友梅于 1909 年留日回国是确切的。]

1910 年正月在天津西门外大行育黎堂养伤时所摄。（《萧友梅自编影集》编号 11）原照片说明全文如下："民国前三年十二月廿九日在天津北马路不幸为洋车辗折右足胫骨，卧床医治三个月，始能行动如常。此片为民国前 2 年正月在天津西门外大行育黎堂所照，时大兄为院长。"

1910 年（清宣统元至二年　26 岁）

2 月 15 日，《教育杂志》在上海创刊

3 月 26 日

第一次考试合格，是日获学部颁发的"文科举人"执照（证书）。

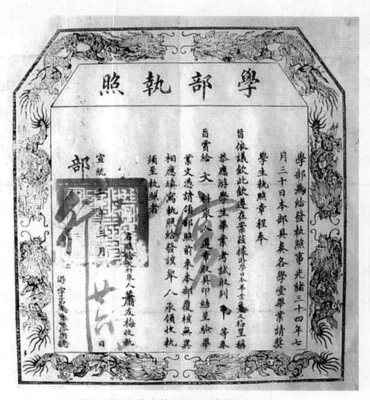

学部颁发给萧友梅的"文科举人"执照

参加殿试后与唐有恒（中）、张汝翘（右）在香山会馆合影。因保和殿不备椅桌，故照片中每人均自携桌椅。（《萧友梅自编影集》编号 37）

5月23日

按《考验游学毕业生章程》规定，于是日（农历四月十五日）以"文科举人"身份参加在京城保和殿为归国留学生举行的第二次考试。考试合格，并依《游学毕业生廷试录用章程》被学部授予"七品小京官"[1]。（《东方杂志》第第 7 年第 3 期/《学部官报》总第 127 期）

7月，赵元任参加第二批清华庚款赴美留学考试，按分排序名列第二；同榜录取的还有竺可桢、胡适、胡宣明（后为周淑安的丈夫）等共 70 人。

8月，赵元任考取公费赴美留学，在康乃尔大学主修数学，选修物理、音乐。

《学部官报》载参加廷试考生名单。

9月

学部举行归国留学生考试，时任学部七品小京官的萧友梅，被学部尚书唐景崇委任为"襄校官"，担任游学毕业生考试中相关学科的拟题、阅卷工作。(《唐景崇等为请派游学毕业生考试各科襄校官事奏折》，转引自《宣统二年归国留学生史料》，《历史档案》1997年第2期第56页)

11月5日

按《视学官章程》被清政府任命为视学官，受学部派遣与刘宝和、常顺等到直隶、山西、山东三省视察学务。(《学部官报》总第140期/《申报》1910年11月6日《北京紧要消息·学部又奏派视学官矣》)

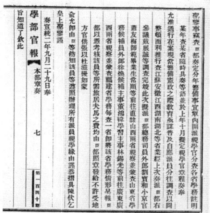

《学部官报》刊登派萧友梅等赴直隶、山西、山东视学的奏章。

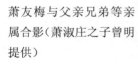

萧友梅与父亲兄弟等亲属合影(萧淑庄之子曾明提供)

【注释】

[1]关于第一次考试后给予出身和第二次考试后授予官职的关系，在学部的两个章程中有说明，为方便读者理解，编者依据章程内容列表如下：

据学部考试成绩给予出身	廷试等级	请旨赏给官职
最优等、赏给进士	一等	翰林院编修或检讨
	二等	翰林院庶吉士
	三等	主事、按照所学科目分部学习
优等．赏给举人	一等	主事、按照所学科目分部学习
	二等	内阁中书，后改七品小京官
	三等	知县、分省即用
中等．赏给举人	一等	内阁中书，后改七品小京官
	二等	七品小京官、按照所学科目分部学习
	三等	知县、分省试用

1911 年（清宣统二至三年　27 岁）

10 月 10 日，武昌起义成功，湖北军政府成立，史称辛亥革命。

12 月 25 日，孙中山从海外归来，到达上海。29 日，各省代表会议推选孙中山为临时大总统。

1 月 2 日

妹萧纯真出生。

春，李叔同由天津到上海，在城东女学任课，正式开始音乐美术教学活动。

4 月 29 日，利用"庚子赔款"退款兴建的清华学校开学上课。学校设有音乐课，另外还组织了合唱队及管弦乐队，每隔二个月举行一次晚会或音乐会，除学生自己表演外，还请校外的音乐家来演出。

7 月 13 日

完成北部三省视学任务回到北京。[注　在视学报告中称，三省之中以直隶省学务成绩为最优，然亦短中取长而已，山西次之，山东最劣。因在这次视学活动中发现直隶省内有"劝学总董及各州县官竟有将学款全数侵吞，学堂门虚悬一招牌而堂内并无学生者，又有临时招募学生以遮饰视学员耳目者"，视学官刚回京复命，直隶总督陈夔龙就把本省的办学人员参了一本，以卸责任。]（《申报》1911 年 7 月 14 日《京师近事·北省学务成绩之一斑》）

8 月 19 日

侄女萧淑芳[2]出生。

9 月，李四光进京参加辛亥第六次游学毕业生廷试考试，获"工科进士"称号。

11 月 4 日，蔡元培获莱比锡大学颁发的在该校学习三年的修业证书。次日决定回国。

本年，郑觐文到上海，先后在犹太商人哈同办的创圣明智大学及圣玛利亚女学任教。

1912 年(民国元年　28 岁)

1月1日，孙中山在南京就任临时大总统，宣布中华民国成立。

1月3日，南京临时政府成立，任命蔡元培为教育总长。19日，教育部正式成立，启用印信，开始办公。

1月22日，孙中山发表声明，如清帝退位，袁世凯宣布赞成共和，自己当即辞职并推举袁世凯为总统。

2月12日，宣统帝溥仪下退位诏书，授权袁世凯组织临时共和政府，清皇朝灭亡。

2月13日，袁世凯通电赞成共和，孙中山辞职，荐袁世凯为临时大总统。15日临时政府参议院举袁世凯为大总统，20日又举黎元洪为副总统。

4月1日，孙中山正式向参议院辞职并举行辞职典礼。次日，参议院议决临时政府迁往北京。4月5日参议院议决本院亦迁往北京。

8月25日，孙中山、宋教仁等以同盟会为基础，合并其他4个小党派成立国民党，1919年正式称为中国国民党。

1月19日，南京临时政府教育部颁发《普通教育暂行办法》和《普通教育暂行课程标准》，规定将学堂改称学校，小学废止读经，初小可以男女同校，还把"唱歌"定为初小、高小课程之一，"音乐"定为中学、师范学校课程之一。

1 月 12 日

参加孙中山就任临时大总统仪式。

前排右起第 3 人为萧友梅

1 月

被孙中山委任为临时政府总统府秘书处总务科秘书员。[注 时总统府秘书处的组成人员为秘书长：胡汉民；总务组：李肇甫、熊斐然、吴玉章[1]、萧友梅、任鸿隽[2]；军事组：李书城、耿伯钊、石瑛、张通典；外交组：张季鸾、马素；民事组：但焘、彭素民；电务组：李骏、谭仲逵[3]、刘鞠可、黄芸苏；官报组：冯自由、易廷熹[4]；收发组：杨杏佛[5]、李某（李骏之叔父）。(*胡宗刚整理《任鸿隽自述》，见《近代史资料》第 105 期，2003 年 3 月中国社会科学院出版社*)

2 月 5 日，南京临时政府教育部于是日起在《临时政府公报》上连续近一个月刊登"征集国歌广告"。谓"国歌所以代表国家之性质，发扬人民之精神，其关系至大。今者民国成立，尚未有美善之国歌以供国民讽咏，……本部现拟征集歌谱，俟取材较多再敦请精于斯学者共同审定颁行全国，倘蒙海内音乐名家制作曲谱并附歌词邮寄本部不胜企盼之至。"（《临时政府公报》第 8 号，1912 年 2 月 5 日）

2 月 11 日，教育总长蔡元培发表《对于教育方针之意见》，提出民国教育的教育宗旨必须有"军国民教育、实利主义教育、公民道德教育、世界观教育和美感教育五端"。文中特别对易被人忽视的美感教育的重要意义作了必要的论证。

2月15日

随孙中山拜谒明孝陵，并参加中华民国统一大庆典。[注：是日上午11点，孙中山率临时政府各部长及文武官员祭奠明孝陵，孙宣读祭文及颂词，宣告已"驱逐鞑虏，光复中华，建立共和，统一民国"。参与祭陵者近万人。下午2点，在总统府举行庆贺南北统一共和成立礼，鸣礼炮21响，奏军乐，唱国歌，孙中山发表演说。]（《民立报》1912年2月16日/《中华民国史事纪要》1912年1—6月，第41—244页/蒋维乔《退庵日记》手稿，转引自《蔡元培年谱长编》上集第407页）

孙中山后是萧友梅（第二排左起第3人）

2月25日，《临时政府公报》上连续多日登载沈恩孚作词，沈彭年填谱的《国歌拟稿》（线谱）。沈曾留学日本，编印有《乐理教科书》等书。（《临时政府公报》（第22—33号））

3月初

与同盟会要员胡汉民、黄兴、王宠惠、宋教仁、马君武、于右任、冯自由及总统府工作人员任鸿隽、谭熙鸿、易廷熹等近百人联名呈请大总统孙中山，提议参议院设立独立的修史机构国史院，"将我民国成立始末，调查详澈，撰辑中华民国建国史，颁示海内，以垂法戒而巩邦基"。（《临时政府公报》第41号）

3月9日

中华民国临时大总统孙文为萧友梅任总统府秘书员补发正式委任状。

3月中旬

作为总统府工作人员的萧友梅，与同仁们一起随袁世凯在北京就任临时大总统，临时政府被迫解散而去职。[注　解散时，孙中山先生曾问起这些年青工作人员今后的打算，萧友梅表示愿意到德国继续研修音乐与教育，先生当即批示教育部相助，但因教育部当时缺乏经费，无法即刻成行。关于这段经历，萧友梅在一张相片的背面，写下了这样的说明："是年三月，总统府将解散时，中山先生问余等曾在临时政府服务之人有何愿望，时有一部分同

《临时政府公报》刊载建议成立国史馆呈文

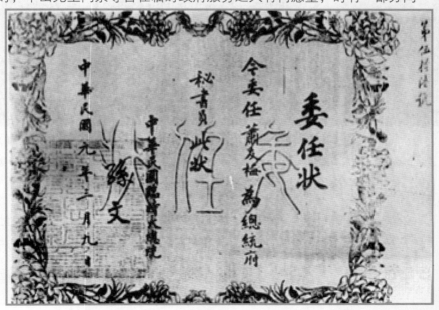

萧友梅的秘书员委任状（《上海音乐学院简史》）

志愿意继续留学，以竟学业，余亦其中之一人，并请求派赴德国研究音乐及教育。总统批准后交教育部办理，但当时教育部无款，嘱余等暂候。"](《萧友梅自编影集说明》)

3月11日

唐绍仪来南京与临时政府商谈南北议和，孙中山介绍他与临时政府官员见面并合影留念。

在南京临时大总统府秘书处前摄影：第一排：1.萧友梅、2.唐绍仪、3.孙中山、4.胡汉民、5.冯自由；第二排：3.易韦斋、10.谭熙鸿；第五排：6.杨铨；第六排：8.任鸿隽 （《萧友梅自编影集》编号1）

3月22日

下午2时，教育部召开全部人员大会，宣布新的临时政府将在北京成立，南京教育部应暂时解散，以待交替。在结束教育部工作时，蔡元培对孙中山嘱咐派遣留学生一事也做了安排。[注 据蒋维乔3月30日的《日记》记载："总统府

各秘书要求总统派往外国留学,总统
交部中办理,人数既多,且程度不齐,
遂商定以曾在外洋中途辍学者为标
准,咨行财政部筹备款项,以便派遣。"
《民立报》1912 年 3 月 29 日对此事
也作了报道:"至于孙中山所开总统府
秘书及革命有功之青年 60 余人令教
育部派送各国留学之事,留待北京教
育部至本年 10 月间办理。"](蒋维乔
《退庵日记》手稿,转引自《蔡元培年谱长
编》上册第 493 页)

4月1日

廖仲恺、胡汉民等分别在总
统府同人分手前,为萧友梅题辞。

在南京总统府花园与胡汉民等合影。(《萧友梅自编
影集》编号 4)

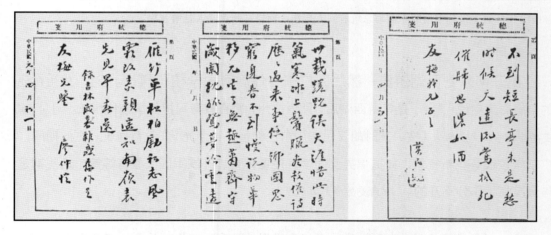

廖仲恺、胡汉民为萧友梅临别题词手迹(《上海音乐学院简史》)

[注 廖仲恺的题词为:"卅载蹉跎误,天涯惜此时。气寒冰上鬓,腊冬鼓催诗。历历过
来事,悠悠乡国思,穷边春不到,慢说物华移。兀生了无趣,万斋守岁阑。枕孤鸳梦冷,
云远雁行平。松柏励初志,风霜改素颜。遥知南岭表,先知早春还。 录吉林岁暮杂感旧
作呈 友梅兄鉴。"。胡汉民的题词为:"不到短长亭,未是愁时候,天遣流莺,抵死催归,

思浓如酒。友梅我兄正之。"]

1912 年 4 月 1 日孙中山解职前与总统府同人合影，前排右起第 2 人是萧友梅。

4 月

离开南京到西湖游览，然后回广东省任教育司学校科科长。[注　先生在他的自编影集中说："余于是年游西湖后，即返广州，暂在教育司担任学校科科长。"]（《萧友梅自编影集》说明）[按：其时胡汉民在广东任都督，钟荣光[6]任教育司长。在此期间，广东学校很有些新气象，如提倡男女同学，注重体育、开展军国民教育等等，这些都是与萧友梅工作分不开的。（《萧友梅传》第 9 页）

春，刘天华随兄刘半农到上海，在"开明剧社"乐队工作，并参加"万国音乐队"，利用业余时间学习音乐理论和多种西洋管弦乐器。

5 月 7 日，临时大总统袁世凯及国务总理唐绍仪依孙中山及黄兴的推荐，任命冯自由为临时稽勋局[1]局长，冯因此受命北上，并按其组织条例，先后延聘各省及海外曾参与革命之多人为审议员、调查员。易韦斋作为广东代表被聘为审议员。（《中华民国国父实录》第 1907 页）又，一说民国初年，易韦斋曾掌唐绍仪记室，居燕京多年。（朱京生《一

空依傍 变化从心 ——谈近代印家易大庵》,《中国书画》,2004 年第 12 期）

5月，北京高等师范学校成立（前身即 1902 年成立的京师大学堂师范馆，1904 年改为京师优级师范学校）。是年 7 月设附属中学，9 月设附属小学。学校设本科及预科，学制各为二年，"乐歌"为预科的必修科目之一。

7月1日

是日，广州《民生日报》刊登广东政府教育司对 7 岁以上儿童实行强制义务教育的消息。其时萧友梅正在广东政府教育司任职。*（《辛亥革命在广东》）*

◀ 广东某学校举行运动会的场面。

《民生日报》刊载的实行强迫教育的消息。

7月10日，北洋政府教育部在蔡元培主持下召开全国临时教育会议。蔡元培在开幕式致辞中重申五育并举的教育方针。会上，有人主张删去"美育"一项，经过力争，会议最后同意将"美育"列入教育宗旨。*（《严修年谱》）*

7月14日，蔡元培辞教育总长职。7月26日，范源廉继任教育总长。

9月16日，蔡元培由上海启程，取道海路，再度赴德国游学。11月1日，蔡元培再次到莱比锡大学听课，直至次年4月26日离开莱比锡赴柏林。

9月2日，北洋政府教育部正式公布教育宗旨，其表述为："注重道德教育，以实利教育、军国民教育辅之，更以美感教育完成其道德。"

9月3日，教育部公布《学校系统令》（即"壬子学制"），次年又作了调整、补充，成为"壬子癸丑学制"。

9月28日，教育部颁布《小学校令》，其中把唱歌列为初等、高等小学校的科目之一，但说明"不得已时"可暂缺。

9月30日

妹萧美真出生。

9月，杭州省立浙江两级师范学校设立高师图画手工专修科（又称图音手工专修科），学制三年，聘留日回国的李叔同为图画音乐主任教师。

10月上旬

接北京教育部来电，得悉已筹得款项即可放洋，随即离粤赴上海（《萧友梅自编影集》说明）

10月17日

参加寰球中国学生会在上海举行的本年出洋留学生欢送会。[注　会议先由王正廷、伍朝枢、李登辉[8]等演说，表示欢送和劝勉，末由留学生代表任鸿隽、张竞生致答词。又据《教育杂志》报道：这次临时稽勋局选择了杨铨、任鸿隽、宋子文、黄芸生（以上留美）、张竞生、谭熙鸿（以上留法）、萧友梅（留德）邵逸周（留英）、何建南（留

74

留学同行者出发前在上海合影，前排2谭熙鸿、5刘鞠可、7张竞生；后排1杨铨、4任鸿隽、6萧友梅、7宋子文（《萧友梅自编影集》编号3）

日）等 25 人，呈送教育部派遣留学，并由财政部拨付 22000 元，作为行资及治装费，即由上海首途。]（《蔡元培年谱长编》上册第 494 页/《教育杂志》第 4 卷 1912 年第 8 期）

10 月 22 日，教育部公布《专门学校令》，其中音乐亦为专门学校种类之一。（《教育杂志》第 4 卷第 10 期）

10 月 29 日

从天津启程，经由俄国赴德留学。（萧友梅《本部留德学生萧友梅学业成绩报告及请予研究期限一年理由书（摘录）》，《教育公报》第 4 年第 4 期）

【注释】

[1]吴玉章（1878－1966）四川荣县人。1903 年留学日本，1906 年加入同盟会。曾与蔡元培等组织留法勤工俭学会。1927 年参与南昌起义。之后去苏联任莫斯科东方大学中国部主任。抗战爆发后回国出任鲁迅艺术学院院长、延安大学校长等职。1948 年任华北大学校长。1949 年后，任中国人民大学校长兼国务院文字改革委员会主任等职。

[2]任鸿隽（1886－1961）四川巴县人。早年留日，加入同盟会。1912 年曾任总统府秘书，不久赴美留学。回国后历任北京大学教授、东南大学副校长、四川大学校长等职。1949 年后任中华全国自然科学专门学会联合会委员、上海市科学技术普及协会副主席等职。1956 年代表中国科学社将该社所属明复图书馆捐献给国家，改建为上海市科学技术图书馆，被任命为馆长。

[3]谭仲逵（1891-1956）名熙鸿，生于上海。早年结识蔡元培等人，加入同盟会。1912 年曾为临时大总统秘书处成员，是年冬赴法国学农。1919 年夏获生物学硕士学位。回国后任教于北大，常代蔡元培校长主持校务。抗战时期，任经济部技监等职。新中国成立后，担任农业部顾问和中国科学院特约研究员。

[4]易韦斋(1874—1941)广东鹤山人。早年留学日本。曾任南京临时大总统府任秘书。后去北京琉璃厂荣宝斋为客户写字治印。1920 年因萧友梅之荐，在北京女子高等师范音乐科及北大音乐传习所教授国文诗词。1927 年聘为国立音乐院后国文、诗词教员。30 年代初辞去教职。一度以国民政府参事的资格在南京印铸局任事。后以鬻卖诗词字画及篆刻为生。

[5]杨铨（1893—1933）字杏佛，江西玉山人。早年赴美留学，与任鸿隽等创办《科学》月刊，组织中国科学社。1920 年回国后历任南京高等师范、东南大学教授。1924 年任孙中山秘书。1926 年和恽代英等人成立"中国济难会"。1927 年起历任大学院教育行政处主任兼中央研究院秘书长、副院长、总干事等职。1932 年任中国民权保障同盟筹备委员会副会长兼总干事。1933 年 6 月 18 日在上海被暗杀。

[6]钟荣光（1866—1942）广东香山人。1895 年参加孙中山发动的广州起义。次年加入兴中会。民国成立后任广东教育司长。后赴美国哥伦比亚大学攻读教育行政。1917 年受聘为岭南学校副监督，先后设立开办过农学院、商学院、工学院、医学院及神学学院等。1926 年 4 月，任岭南大学第一任华人校长，1929 年创办岭南工学院，同年被上海圣约翰大学授于名誉法学博士学位。1935 年创建孙逸仙

博士医学院。

[7]临时稽勋局是民国初年的一个临时机构，直属国务院，其职责为"对于开国一役，调查应赏应恤之人，分别应赏应恤之等，详订应赏应恤之条，再咨贵院议决施行"。作为一个专司表彰抚恤肇造民国殉难先烈与积功志士的机构，办理派遣有功青年出国留学的事成为该局接手办理的第一项重要任务。.

[8]李登辉(1872—1947)祖籍福建，生于印尼华侨家庭。1899年毕业于耶鲁大学。1906年任复旦公学英文部主任，后任教务长，1913年起任校长。1917年任私立复旦大学校长。1918年赴南洋募款，归国后在江湾购地建校。1936年退休后曾任中华书局英文总编辑。

（四）
留 德 时 期
（1912–1919）

中国人民是非常富于音乐性的，中国乐器如果依照欧洲技术加以完善，也是具备继续发展的可能性的。因此我希望将来有一天会给中国引进统一的记谱法与和声，那在旋律上那么丰富的中国音乐将会迎来一个发展的新时代，在保留中国情思的前提之下，获得古乐的新生。这种音乐在中国人民中间已经成为一笔财产而且要永远成为一笔财产。

一九一六年向莱比锡大学提交之博士论文
《十七世纪以前中国管弦乐队的历史的研究》

1912 年(民国元年 28 岁)

11 月 10 日

抵达德国首都柏林，学习德语三个月。（《本部留德学生萧友梅学业成绩报告及
请予研究期限一年理由书》《教育公报》第 4 年第 4 期）

与刘鞠可（坐）于柏林
合影。（《萧友梅自编影
集》编号 12 ）。

11 月 22 日，教育部公布《小学校教则及课程表》。其中提出唱歌课的要旨"在
使儿童唱平易之歌曲，以涵养美感，陶冶德性"。

12 月，教育部先后颁布《中学校令施行规则》、《师范学校规程》。其中规定"乐
歌"为中学及师范学校科目之一。

12 月 27 日，教育部颁发《留欧官费生规约》。其中规定留学欧洲的官费学生在
留学期间不得转学及改赴他国，未毕业前不得请假回国，违者停止官费。

本年，湖南高等师范学校（原湖南优级师范学堂，1908 年成立）增设音乐科。

1913 年(民国 2 年　29 岁)

3 月 20 日，宋教仁被袁世凯派人在上海火车站暗杀。

10 月 6 日，袁世凯派军警胁迫国会选举他为正式大总统。

11 月 4 日，袁世凯下令解散国民党，并取消国民党籍的国会议员资格。次日又另行组织行政会议，行使议会职权。

1 月 8 日

听从前教育总长蔡元培的劝告，由柏林转学到莱比锡。(《本部留德学生萧友梅学业成绩报告及请予研究期限一年理由书》,《教育公报》第 4 年第 4 期)

德國萊比錫市國立音樂院(參看本誌第一期17頁)
The Leipzig Conservatory of Music, 8, Grassistrasse

音乐艺文社编《音乐杂志》第 1 卷第 2 期刊登的莱比锡国立音乐院图片。

2 月 24 日，教育部颁布《高等师范学校规程》。其中规定乐歌为预科的必修科目之一，本科各科则设乐歌为随意科。

2月11日

与蔡元培一起出席外国大学生演说会。(《蔡元培年谱长编》上册第501页)

3月19日,教育部公布《师范学校课程标准》。其中对各年级乐歌课的教学内容作了规定。

3月27日

进入莱比锡皇家音乐院学习,主修钢琴及作曲理论。[注 钢琴导师为泰西缪勒,理论课(复调)指导教师为保罗·库阿斯道夫(P.Quasdorf)。副修专业为配器法和作曲,指导老师为霍夫曼(R.Hofmann)。](王勇《萧友梅在莱比锡的留学生涯》,见《音乐艺术》2004年第1期)

4月3日,教育部公布《高等师范学校课程标准》,内规定预科乐歌课的课时为每周2学时,本科各部则可将乐歌作为随意科。

4月17日

从是年夏季学期开始,入莱比锡大学哲学科,以教育科为主科进行入学注册,注册号为638号。(孙海《萧友梅留德史料新探》《音乐研究》2007年第1期)

缴费单据首页的一部分,上有注册日期、学号。(孙海提供)

4月

开始1913年度夏季学期的学习。[注 修习课程有:民族心理学、教育史导论、现今之宗教问题、伦理学之根本问题、实验教育学初阶、康德以后之德国音乐美学等。](《听课证明表》,原件存上海音乐学院,下同,见本书第91页)

5月，李叔同以"折师校友会"名义编印的文艺刊物《向阳》出版，其中刊有他本人创作的《春游》等三首合唱曲，还有图文对照的《西洋乐器种类概说》及《音乐序》（根据《音乐小杂志》序略去一小段而成）。三部合唱《春游》是目前存见的我国近代最早用西洋作由法创作的多声部歌曲。（《中国近现代音乐家传》第1集第65页）

5月中旬

接蔡元培5月10日发来的函件及归还的《新支那与基督教》一书；得悉蔡将于本月18日离柏林回国。（《蔡元培年谱长编》上册第507页）

10月

开始1913—1914年度冬季学期的学习。[注 修习课程有：普通心理学、儿童心理学、道德统计与教化统计等。（《听课证明表》）

本年

在国立莱比锡大学和莱比锡皇家音乐学校期间学习十分刻苦。[注 据萧友梅在《音乐家的新生活》一书"绪论"中自述："来到德国莱府音乐院，我也一定早点赶到学校，比别的学生先到课堂，好给教员充分的时间替我改课卷。"萧友梅经常是第一个到教室，利用上课刚开始的一刻钟，其他大多数学生还未到教室的机会，请教授为之批改作业，讲解问题。因为在那时候的德国高等学校里，有一条不成文的规定，即学生在上课开始一刻钟之内进教室不算迟到，这就是所谓体现大学自由的"学院一刻钟"。在刻苦求学的

1913年6月，于莱比锡大学及音乐院肄业一学期时摄。（《萧友梅自编影集》编号15）

同时，还大量听音乐会。在听了聂盖许（Artuhr Nikisch）阿图尔·尼基什）指挥莱比锡的Gewandhaus管弦大乐队三年后，从而引起了对指挥的莫大兴趣。期间还经常到图书馆查阅资料，与管理人员建立了良好关系。]*(萧友梅《音乐家的新生活》《赵梅伯〈合唱指挥法〉序》，《萧友梅音乐文集》第382、552页）*

本年

在德国与廖尚果相识。[注 廖受广东革命政府的派遣赴德国柏林大学法学系留学，同时学习钢琴、作曲理论，1922年回国。两人在德国期间有交往]（见1914年1月1日新年合影）*（《我对x书店乐艺制品的批评》，见《乐艺》季刊第1卷第1号/廖辅叔《纪念青主百岁冥诞》见《中央音乐学院学报》1994年第2期）*

本年，教育部征集国歌歌词，并请国内专家协助，章太炎得到来函，当即写了一首寄给教育部（详见1920年6月30日条）。

1914 年(民国 3 年　30 岁)

7 月，孙中山在日本东京主持召开中华革命党成立大会。

7 月 28 日，奥匈帝国对塞尔维亚宣战。8 月初，德国对俄、法宣战，英国对德国宣战。由德、奥、意一方为同盟国，英、法、俄一方为协约国的第一次世界大战由此全面爆发。

8 月 6 日，袁世凯政府宣布对欧战保持中立。

9 月，日本对德宣战，派兵登陆山东半岛，11 月侵占青岛。

1 月 1 日

参加在柏林举行的中国学生新年会，会上和留学同学摄影留念。

1914 年柏林中国留学生新年会合影。前排左起：1 廖尚果、3 阎鸿飞、4 萧友梅、5 吴济时、6 胡庶华。(《萧友梅自编影集》编号 16)

1 月 7 日

30 岁生日在莱比锡摄影留念。

6 月，留美中国学生任鸿隽、杨杏佛、赵元任等在美国发起成立中国科学社。翌年（1915 年）1 月创办《科学杂志》，在第一期上发表有赵元任的钢琴曲《和平进行曲》，此为中国第一首钢琴作品。

4 月

开始 1914 年度夏季学期的学习。[注 修习课程有：卢梭以后之教育制度学理论、实验教育研究科、歌曲之节奏法与分韵法、乐学研究科、乐曲题材原论、对位法实习等。]（《听课证明表》）

30 岁生日摄（《萧友梅自编影集》编号 18）

夏

寓居于莱比锡城哈同公寓（Pension Hartung）。[注 此公寓离音乐院路程仅数分钟，所寓多为习音乐的学生，有钢琴 14 架之多。萧友梅在此寓所居住了约一年有半。]（《萧友梅自编自编影集》说明）

萧淑娴回忆 第一次世界大战前，德国有一种似旅馆而又带有家庭生活性质的公寓，外国留学生们大都找这种公寓居住。公寓里每人各有自己的卧室，但每日三餐则集中在一起用膳，价钱比住旅馆便宜，同住在公寓中的各人可以互相往来免得孤寂。萧友梅在这里住时，有一次有位面色黑而暗的住客，也前来就餐，用完饭先退去；萧友梅这时和邻座的人交谈，说："我看这位先生的气色不好，中国人叫做面带乌云，看来他会不久人世的。"邻座听了，将信将疑，想不到这次用膳的翌日，预言竟成为真的事实。第二天房东告诉住客们，说这位"面带乌云"的客人在那晚用饭后，第二天就因不适送进医院暴卒了！于是 Dr. Hgiao（萧博士）就在公寓里出了名，也就赢得更多的尊重。（《萧友梅纪念文集》第 7 页）

寓居于莱比锡城哈同公寓时摄。(《萧友梅自编影集》编号 17A. 175B)

10月

开始 1914-1915 年度冬季学期的学习。[注 修习课程有：宗教改革以后之学者教育史、学校病与学校卫生、学校编制问题、伦理学之根本事实等。]（《听课证明表》）

7月，与宋君合影于莱比锡城一公园。(《萧友梅自编影集》编号 19)

1915 年(民国 3 年　31 岁)

5 月 9 日，北洋政府接受日本提出的丧权辱国的"二十一条"，此日后被称为"国耻日"。

12 月，袁世凯称帝，改"中华民国"为"中华帝国"，并决定从 1916 年起将年号改为洪宪元年。

12 月 25 日，蔡锷等通电各省，宣布云南独立，组织护国军讨伐袁世凯。孙中山发表《讨袁檄文》。

4 月 21 日，全国省教育会联合会第一次会议在天津举行，开幕式上有军乐演奏。会议议决《军国民教育施行方案》21 条。其中提到各学校乐歌宜选雄武之词曲，以激励其志气。

4 月

开始 1915 年度夏季学期的学习。[注　修习课程有：乐学研究科、德国歌剧史自 Mozart 至 Wagner、乐经家 Beethoven 传、伦理原理、儿童心理学实验等。(《听课证明表》)

4 月，四川高等师范学校招考附设手工图画兼乐歌体操专修科学生入学，学制定为两年。留学日本回来的叶伯和曾在此任教。

5 月 15 日

更改在莱比锡大学的学习专业，将乐学及音乐史作为主科，而以教育史及人类学作为口述试验副科进行注册，注册号也改为 674 号。[注　根据莱比锡大学的考试规章，应考者须报主科一，副科二，凡以教育学为主科者，必须以西洋哲学及哲学史为副科之一。萧友梅认为预备此科，需费时日至少要两年以上。而自己于欧战发生后，报给教育部的预定毕业期限只至 1916 年 9 月止。用一年的时间，准备原定的学科，"自问脑力薄弱，断难达到目的"。所以决定从本学期开始，更改专业。]（《本部留德学生萧友梅学业成绩报告及请予研究期限一年理由书》，《教育公报》第 4 年第 4 期/孙海《萧友梅旅德史料新探》《音乐研究》2007 年第 1 期）

7 月 30 日

经历了 5 个学期的学习，于莱比锡皇家音乐学院毕业。[注 毕业成绩单记载如下：钢琴 用功程度：很好（1 分）；才华程度：很好（1 分）；学习成绩：好（2 分）；复调的各项成绩与钢琴同；配器法和作曲因学习时间很短，无分数。综合总成绩：很好（1 分）。又据萧友梅向教育部的报告莱比锡音乐学校理论科毕业，考试成绩二等甲（该校考试评点分四等），勤课评点一等，品行评点一等。]（《本部留德学生萧友梅学业成绩报告及请予研究期限一年理由书》《教育公报》第 4 年第 4 期/王勇《萧友梅在莱比锡的留学生涯》）

9 月，南京高等师范学校开设音乐图画课，李叔同应聘为兼职教员。

8 月

开始为撰写莱比锡大学的毕业论文作准备，论文的题目定为《中国乐队史至清初止》（Geschedthshe untersurhung uber das chinesche Cerchester bis zum 17Jahrhun dert）。[注 于是月起，在此后的一年里，先生集中大量时间查阅德国图书馆内所藏有关中国音乐的中文古籍，同时摘录了大量各朝代乐队编制、乐器形制以及乐师演奏的重要乐曲等等资料，仅留存下来的笔记就有一大厚册。从笔记中可以窥见他浏览过的书籍十分可观，主要有朱载堉的《律吕精义》、《乐律全书》、《律吕新说》、陈旸《乐书》、蔡元定《律吕新书》、黄佐《乐典》、韩邦奇《苑洛志乐》、《乐律总部汇考》、《清宫典图》，以及晋、唐、宋、辽、金、元、明、清各朝代乐志，等等。笔记中还抄录了各朝代各类乐器大小结构尺寸、性能、音域；各朝代宫廷用的乐队编制、演奏者的人数、主要乐人(歌者舞者)名称职

务、主要乐曲名目，以及各代有关音乐理论、乐律论述等等。论文所列参考书目有 43 种。]（《本部留德学生萧友梅学业成绩报告及请予研究期限一年理由书》《教育公报》第 4 年第 4 期）

[按：这些古籍，均无新式标点，有的甚至连断句都没有，萧友梅要深入理解这些内容，非下多年的苦功夫不可。由此也可见萧友梅旧学功底之深。]（萧淑娴《萧友梅业绩之一二》《萧友梅纪念文集》第 104 页）

10 月

开始 1915-1916 年度冬季学期的学习。[注 修习课程有：音乐史概论、乐学研究科、Mensuial 乐谱翻译、乐经家 Bach 传与著作、在十八、十九世纪美术与世界观光线之下之戏曲大家 Wagner、1871 年至 1914 年之德国内部发展、普通美学、学校法制史学校组织史与精神上文明之关系、现今之德国教育、实验教育研究科、人类学研究科等。（《听课证明表》）

萧友梅在莱比锡大学的听课证明。（原件存上海音乐学院）

1916 年(民国 5 年　32 岁)

3 月 22 日，袁世凯宣布取消帝制，但仍称大总统。

6 月 6 日，袁世凯在全国各界人民声讨中忧惧而死，次日由副总统黎元洪代理总统。

12 月 26 日，大总统黎元洪任命蔡元培为北京大学校长，翌年 1 月 4 日蔡到校就任。1 月 9 日发表就职演讲。

4 月

开始 1916 年度的夏季学期学习。[注　修习课程有：音乐美学概论、乐学研究科、比较人类学（经济社会风俗习惯）、人类学研究科、十七十八世纪德国音乐史、十六世纪著各乐曲之解释等课程。]（《听课证明表》）

4 月，华法教育会筹设之华工学校师资班在巴黎开学，蔡元培为该班编写德育、智育讲义 40 篇，并亲自讲授。其中有《音乐》一篇。

4 月，北京高等师范学校成立由在校教职员和学生组织而成的"校友会"，在下设的"游艺部"内设有"音乐会"，"音乐会"内又分设雅乐组（练习中国乐器）、管乐队、歌咏队、竹笛队、步号队、昆曲组、新剧团、高级音乐练习班、初级音乐练习班、军乐练习班、摄影团等。

6 月 5 日

"萧友梅的学习和操行证书"经校长及校评议会通过。[注　证书内容为：出生于中国广东的萧友梅先生作为哲学系学生，自 1913 年 4 月 17 日至 1915 年 4 月 15 日、继而自 1915 年 5 月 15 日以来在本大学注册，其间未发现其有不良品行。此外，该生在本大学修习了如附件所列之课程。该生已表示，愿意在本大学

继续注册。证书上有大学的印鉴及经手人签字。〕（孙海《萧友梅留德史料新探》，《音乐研究》2007年 第1期）

6月27日

提交给莱比锡大学的博士论文为校方正式接受，在其出具的确认文件上，附有萧友梅亲笔用德文写的简历。〔注 简历全文如下（中文为孙海所译）:

莱比锡大学出具的萧友梅学习操行证书及成绩单。

"我，雪朋，萧友梅，一八八四年一月七日生于中国广东省香山。父萧煜增乃教师，友梅之汉学知识则启蒙于父之学校。其后五年（十四至十九周岁），学于广州之中式中学并自此毕业。友梅之学术研究始于日本，于东京高等专科及大学学习六年，终自文学院考试毕业。其后，于一九一零年夏回中国并参加第一次国家考试（"文科硕士"），次年又过得以在京师供职之第二次国家考试。既过二次考试，遂于学部任视学。一九一二年，革命后，新政府乃命友梅为总统府秘书；同年抵德（柏林），旨在学习德语及科学，其中首要者乃音乐也。一九一三年三月二十七至一九一五年七月三十日，友梅就学于莱不齐府王立音乐学校，终以二等乙之成绩毕业。自一九一三年复活节起在莱不齐大学习乐学、人类学及哲学三科。

期间，友梅修所有先生之讲座并参与练习。授课之先生均为博士，乃：贝格尔曼、布拉恩、迪特里希、歌茨、梅茨格、冯·厄廷恩、普鲁弗、里门、佘龄、施密特、史怕冷格、弗尔凯特、事雷、冯特。

萧友梅亲笔简历（孙海提供）

所有先生，由里门及佘龄两教授，尽其职责，友梅自怀感激。]

[**按**：先生的这份自书简历，与我们目前所掌握的资料，在去日本留学和从日本回国的时间上都有出入。如按此简历所说，19周岁应为1903年，而在他自编影集的说明以及《清末各省官费私费留日学生姓名表》所载，1902年应该已经到了日本。至于说1910年夏回到国内，在时间上也与他在自编影集中关于被车碾伤的说明不符；再则，如是1910年回国，经过两次考试后，就到了1911年，这就更无法解释学部奏折中1910年就被任命为七品小京官和视学官的事实了（详见留日部分）。最具说服力的是1910年3月26日清学部向他颁发的"文科举人"执照。因此简历中在这两个时间点上，不是记错了，就是为了某种原因（有待研究）而这样写的。]

同日，向莱比锡大学提交用德文撰写的题为《中国乐队史至清初止》（廖辅叔译为《17世纪以前中国管弦乐队的历史的研究》博士学位论文）。
[注 论文除"引言"和"结束语"外，分两大部分。第一部分为"中国乐队概述"，内容包括中国古代音乐行政体制、音乐教育体制、教学方法以及用于祭祀、宴会等各种仪式的66种乐队编制等；第二部分为"乐队乐器概貌"，用现代乐器分类法的框架对用于乐队的130种古代中国乐器的构造、形制、演奏场合等等作了详细的说

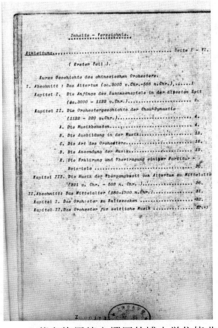
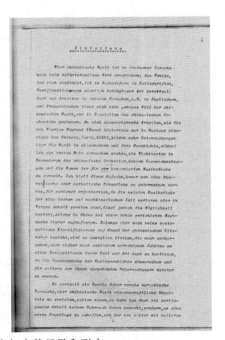

萧友梅用德文撰写的博士学位毕业论文打字稿目录和引言。

明，并附有图片。在论文的"引言"中指出："中国人民是非常富于音乐性的，中国乐器如果依照欧洲技术加以完善，也是具备继续发展的可能性的，因此我希望将来有一天给中国引进统一的记谱法与和声，那在旋律上那么丰富的中国音乐将会迎来一个发展的新时代，在保留中国情思的前提下获得古乐的新生，这种音乐在中国人民中间已经成为一笔财产而且要永远成为一笔财产。"在文章最后的"结束语"中，对中西音乐的发展进程作了对比，提出要发展中国的音乐，首先要重视音乐教育，"特别是系统的理论和作曲学在中国的人才的培养"。该论文廖辅叔于 1988 年应上海音乐学院名誉院长贺绿汀之请翻译成中文，并发表在该院学报《音乐艺术》1989年第 2-4 期上。此论文现见标题系廖辅叔根据德文翻译；当年用的中文题目为《中国古代乐器考》。]

[**按一**：这篇德语博士论文的题目，确切的译名应是什么，孙海在《萧友梅留德史料新探》一文中，翻译为《至十七世纪的中国管弦乐队之历史研究》。编者认为，按萧友梅自己原定的题目《中国乐队史至清初止》及论文实际的内容来看，廖译并不十分确切；就是说，廖译题目可以有两种理解，一是包括"17 世纪"在内，一是不包括；这样，读者就会产生歧义。而作为学术著作的用词造句，其概念应该有明确的界定，要毫不含糊，不能模棱两可。孙海严格按德文原意翻译，决不是什么"咬文嚼字"。廖译自上世纪 80 年代以来，为学界所公认，无人（包括懂德文的学人）提出过异议。孙海作为一个旅德青年学者，实事求是，独立思考，不循旧译的这种学术精神，值得国内的青年学子们学习。按我们对廖先生人品与治学态度的了解，如果先生健在的话，他一定会欣然赞同的。]

[**按二**：该论文为中国近代音乐史上中国留学生第一篇博士论文，也是中国古代音乐史学领域中最早一篇有关乐队、乐器及其演奏的研究文献。在此之前无人涉足这个领域，更无人写过这样系统性的著作。无疑具有开拓性，首创性，同时论文也基本上奠定了萧友梅此后的音乐理论研究方向。]

陈聆群论评 这篇论文的首创性，首先它完全以中国自身的历史文献为依据进行独立的研究，而不盲从于当时西方学者的有关研究成果。同时还在于它以当时来说具有先进性的方法，对中国古代乐队和乐器的有关材料，作了历史性的新的分类和论列；这表明作者采用的是以实际材料为基础的、历史的和批判的方法。按照这一科学性的方法，作者对所述及的中国古代乐队和乐器，提出了在当时来说尚属首次的明确的分类。（《萧友梅音乐纪念文集》第 383-384 页）

居其宏论评　萧友梅的博士论文表明，他对本土传统文化有着深刻的了解，已经成为一个通晓古今、学贯中西的成熟学者，从而使他在探究中国音乐的古今之变、比较中西方音乐文化之优长得失时，具有历史的真切感、现实的紧迫感和严肃求实的科学精神。（《萧友梅音乐纪念文集》第 344 页）

乔建中论评　萧友梅在异国他乡，在缺乏文献的困难环境中，破天荒第一次把古代音乐文献作了如此系统的梳理并以深刻、清晰的历史观点通摄相关史料，不仅显示了他具备中国音乐的渊博知识，更证明他在治学之始，就把自己的立足点摆在本民族文化的土壤上。（《萧友梅音乐纪念文集》第 360-361 页）

7 月 17 日

由大学副校长派定乐学主任李门（K.W.Riemann）[1]教授为正阅卷，佘龄（Schering）[2]为副阅卷。李门教授阅完论文后，为之评点为admodum landabils，评分为"Ⅲ"。[注　李门教授的评语很简练，只有 200 字。佘龄教授因服兵役未能如期返校，而由该大学之汉文教授孔拉底（Conrady）[3]替代。但孔拉底因当时事冗，只略阅一遍，说论文及格有余，但详细评点，须等暑暇时再细阅，结果却一直拖到 1917 年 1 月 21 日才出具评语和分数（参见 1917 年 1 月 21 日条）。]（《本部留德学生萧友梅学业成绩报告及请予研究期限一年理由书》《教育公报》第 4 年第 4 期/孙海《萧友梅留德史料新探》）

7 月 26 日

进行论文答辩——口试。[注　口试前，先由副校长派定试验委员三人，即李门教授问乐学，史怕冷格[2]教授问教育史，事雷[3]教授问人类学。因试验前一星期，史教授忽得重病，入院疗养，教育史一科不能举行，乃从副校长之忠告，改报东方语学及东亚历史为副科，并由孔教授考问。试验之日，由各教授轮流每人问一小时之久。先由里曼教授问"乐学"，评分为"2"。接着由孔拉底教授问"汉语"，内容涉及《诗经》、中国音乐的起源、中国文化史等，评分为"Ⅱ"；最后由事雷（韦乌勒）教授问"人类文化学"，内容涉及中国及东南亚的佛教、经济发展等，评语认为萧友梅"所知者多而弱于表达",得分为"III"。问毕,即由副校长发表口述试验评语,其评语为Magna Cum lande ,与论文评语之Admodum landabilis 均在最优等与优等之间,据拉丁字面,似可译为"大优等"或"大褒奖"之意。就这样,在胡果·里曼教授主持下,萧友梅的论文顺利通过了答辩,成为中国第一个以音乐学论文通过博士论文答辩的留学生。]*(《本部留德学生萧友梅学业成绩报告及请予研究期限一年理由书》《教育公报》第 4 年第 4 期/孙海《萧友梅旅德史料新探》《音乐研究》2007 年第 1 期)*

7 月 27 日

博士论文得到好评。[注 由于当时中国留学生能得到"大优等"评语的极少,是日,德国全国多家报纸登载萧友梅以优异成绩通过博士学位答辩的消息。接着就有多处画报编辑人员来信索取相片,并不断有素不相识的德国人、荷兰人来信要订购论文,其中甚至还有二位将校,从前线战地发函,要求赠予论文。但在纷至沓来的荣誉面前,萧友梅保持着清醒的头脑和谦虚的美德,在翌年初给教育部的报告中表露了他的心声,先生是这样认为的:"区区一博士学位,不过证明其人有独立研究科学之眼光与能力,决非证明其人之学业已成熟也。至于优等文凭及各种褒状,不过用以愧励不热心向学之徒。在认真求学者,只知向前研究,从未计及此等奖励也。"]*(《本部留德学生萧友梅学业成绩报告及请予研究期限一年理由书》《教育公报》第 4 年第 4 期)*

7 月 28 日

副校长签署对萧友梅口试成绩的确认:"据此以II分之成绩通过口试。" *（孙海《萧友梅留德史料新探》《音乐研究》2007 年第 1 期）*

避暑时与友人合影（《萧友梅自编影集》编号
20C）

与 Franlein Listze 的女生合影（《萧
友梅自编影集》编号 20B）

8月

到德国东海格拉尔（Graol）避暑*（《教育公报》第4年第4期）*

秋，北京大学学生周文燮、夏宗淮等 12 人发起成立北京大学音乐团，内分国乐、西乐两部。

1916 年 8 月，在避暑时与钢琴教授泰西缪勒
Teichmuller 合影（《萧友梅自编影集》编号
20A）

9月

结束避暑，返回柏林，一面进入柏林大学，在哲学科继续深造，研究器乐史。一面进施特恩音乐院的乐正班（指挥班），正式学习指挥。[注 萧友梅认为，一个指挥，不单是音乐团体里的领袖，同时还要能够做各乐师的导师，对指挥的地位与作用，做了充分的肯定，同时还提出了做一个有资格的指挥的专业条件（参见 1940 年 6 月 3 日条）。先生在学习指挥的同时，自本年 10 月起至 1917 年 4 月的音乐季内，在柏

林足足听了 206 次音乐会和歌剧。]（《本部留德学生萧友梅学业成绩报告及请予研究期限一年理由书》《教育公报》第 4 年第 4 期/萧友梅《赵梅伯合唱指挥法序》《萧友梅音乐文集》第 552 页）

11 月 23 日，教育部批复冯孝思（即冯亚雄）关于设立音乐学校的建议，认为所称各节不为无见，学校的分科办法与教育部关于专门学校的规程适合，并谓现正筹备，一俟经费稍裕，即当切实进行。（《教育公报》第 4 年第 1 号）

11 月

创作钢琴独奏曲《夜曲》。[注　现存作者用铅笔写的乐谱手稿共 2 页 41 小节，手稿上有：Nocturne op.19　nor 1916 等字样。]（内部文件《萧友梅全集第二卷编辑会议纪要·附录》，2004 年 12 月 16 日）

[按：此为中国作曲家创作的第二部钢琴独奏曲。在 1981 年台北出版、由亚洲作曲家联盟总会编的《中国音乐教育之父——萧友梅的音乐作品》中该曲标题为《小夜曲》]

王震亚论评　萧友梅是我国跨越业余作曲进入专业音乐创作的第一人。他当时学习全然陌生的欧洲音乐才不过 3 年多！从现在的观点看不难指出一些不足。但要知道，1916 年我国对西洋作曲专业技法几乎一无所知。而萧友梅已掌握了许多写作要点。当时没有哪一个人有这样的志趣和远见，也没有哪一个人在掌握西方作曲专业技法上下了这么大的功夫。（《萧友梅纪念文集》第 283、285 页）

11 月

进施特恩音乐院乐正（指挥）科及作曲科，正式学习指挥及作曲。

[按：萧友梅在莱比锡音乐院时，曾选修指挥与作曲，1915 年下半年起因需集中精力准备毕业论文，没有修毕，故今又继续修习。]（《本部留德学生萧友梅学业成绩报告及请予研究期限一年理由书》《教育公报》第 4 年第 4 期）

D 大调弦乐四重奏手稿

12月

创作室内乐《D大调弦乐四重奏——献给多拉·莫兰多尔芙女士》。[注 现存作者用黑墨水抄写的手稿总谱共30页，各乐器分谱4份各4页，乐谱原稿封面上有萧友梅用德文写的 Fraulein Dora von Mollendorff gewidmet von Chopin Hsiao-yiu-mei Weihnacht 1916（中文意为："献给多拉·莫兰多尔芙女士，萧友梅（雪朋）1916年圣诞节。"）乐曲第一乐章："小夜曲"；第二乐章："浪漫曲"；第三乐章："小步舞曲"；第四乐章："回旋曲"。作品编号为20，此为中国近代音乐史上第一部由国人创作的室内乐作品。]（*内部文件《萧友梅全集第二卷编辑会议纪要·附录》，2004年12月16日*）

丁善德论评 我听过萧先生的弦乐四重奏，很动听。尽管风格是欧化的，少点独创性；但写得很规范，很完整，而且有一定的分量。可见先生在作曲技术理论方面下过功夫钻研的。在他以前国内还没有人涉足过室内乐的体裁。他作为先行者，能写出这样的作品，是很不容易的。（*《萧友梅纪念文集》第6页*）

丁善德回忆 萧先生写过弦乐四重奏之类的器乐作品，但是他担任音专校长期间，却从没有拿出来演出过，以致像我这样的在音专读了七年书的老校友，前几年听了都觉得是新发现。其实当年音专每年都要举行好几次校内校外音乐会，在校教师如黄自、青主、周淑安、朱英等的作品也经常在这些音乐会上演出。萧先生无论作为一校之长或理论作曲组主任也罢，作为他这类体裁的作品在国内还从来没有别人或很少有人写过也罢，要拿到学校主办的音乐会上演出，完全是名正言顺，而且也绝对没有人持异议的。但是他没有这样做，说明他不仅严于律己，从不沾"以权谋私"的边，而且也是极其自谦、自爱、自重的。（*《萧友梅纪念文集》第6页*）

12月11日，蔡元培在江苏教育会发表演说，提出以"美术代宗教"。此演说稿后发表在《时报》1916年12月20-22日，题为《教育界之恐慌及其救济方法》。

12月

创作管弦乐曲《哀悼引》（黄钟软调，洋琴军乐队及大乐队用）。[注 乐曲原标题为"Trauer March"，现存乐曲钢琴谱手稿。此手稿抄录在《夜曲》手稿的背面。在手稿的首页有萧友梅写的《哀悼引》序，说明创作此曲的立意和经过。

题旁并署明："第二十四编 op.24 Dec.1916"（作品第 24 号，1916 年 12 月）。序文首先指出："吾国古礼，凡遇丧事，例应撤乐。殊不知音乐乃表示感情最有效力之物，固可借以助兴，亦可借以增悲。"序言在列举了古代中外在丧事中作追悼之歌的事实之后又介绍了西方国家自 15 世纪器乐发达以来，音乐家常有纯器乐的"哀悼引"（《葬礼进行曲》）之作。（10月 31 日和 11 月 8 日，黄兴和蔡锷两位革命先烈相继逝世。闻悉此事，留德学生举行追悼这两位革命先烈仪式。）现今"兹借留德同学诸君有追悼黄、蔡二公之举，特彷 Beethoven 之 Trauermarsch 体作成一曲，名曰《哀悼引》，二公有灵其鉴吾志。"

《哀悼引》（序）手稿

1925 年孙中山逝世后萧友梅又将此曲改编为铜管乐（参见 1925 年）。另存有管弦乐总谱手稿 13 页，各乐器分谱 15 份（页），又存有萧友梅写在总谱纸上的《哀悼引》序复印件。]

同月，还创作铜管乐《风雪进行曲》。[注　乐曲原标题为 "Vorwarts March on Schneertum"，又译作《在暴风雪中前进》或《雪中行军进行曲》（无射硬调，军乐队及洋琴用 op.23），现存有钢琴谱手稿 1 页，总谱手稿 10 页。]（《萧友梅音乐文集》/《教育公报》第 4 年第 4 号）

本年

为筹集论文印刷费极力撙节。[注　按德国大学考试章程规定，论文通过后一年内，须印 200 份呈交大学，方可领到毕业文凭。为支付这笔估计在千马克以上的印刷费，萧友梅准备在原来经过一年的"极力撙节，贮蓄有三百马克"的基础上，再售去皮外套（可得三百马克），并于年内充分利用时间，或教授汉文，或为人翻译文件，来竭力募筹余款。]（《本部留德学生萧友梅学业成绩报告及请予研究期限一年理由书》《教育公报》第 4 年第 4 期）

本年，北京高等师范学校附设音乐训练班。

本年，黄自考入清华学校，期间参加学校童子军笛鼓队，学吹单簧管，并在合唱队担任男高音歌手，后又学习钢琴、和声。

1916 年 12 月摄于柏林（《萧友梅自编影集》编号 21a、21b）

本年

创作大提琴曲《冬夜梦无词曲》(仲吕软调，大提琴用,洋琴伴奏)。(《*本部留德学生萧友梅学业成绩报告及请予研究期限一年理由书*》《*教育公报*》*第 4 年第 4 期*)

【注释】

[1] 李门 现译作胡戈·里曼(Hugo Riemann 1849—1919)，早期从 H. 弗兰肯贝尔学音乐理论，后入柏林大学学法律、德国哲学与历史。1871 年就读于莱比锡音乐学院，后即从事教学，做过中学教师和课外私人辅导；1881 年起在汉堡音乐学院教过钢琴与理论课，1901 年获莱比锡大学教授资格，并在此执教，直至 1919 年去世。他编著的《里曼音乐辞典》、《和声学手册》、《对位法教科书》是音乐学的重要文献。

[2] 佘龄 现译作阿诺尔德·舍林(Arnold Schering 1877—1941)，1896 年高中毕业后去柏林音乐学院学小提琴与作曲，1899 年后在柏林大学、莱比锡大学、慕尼黑大学学习音乐学、文学史、

心理学和哲学。1902 年获博士学位。曾任由舒曼创立的《新音乐杂志》以及《巴赫年鉴》主编。先后在莱比锡大学、莱比锡音乐学院、哈雷大学、柏林大学任教。曾任德国音乐学协会主席。

[3]史怕冷格　现译作斯普朗格（Eduard Spranger 1882—1963），1900 年入柏林大学，1905 年获哲学博士学位，1909 年任该校讲师。1911 年，任莱比锡大学哲学与教育学教授。1920 年回柏林大学任教，曾任该校哲学院院长，被选为普鲁士科学院院士；出版了《青年心理学》和《人生的形式》两本巨著。1933 年因不满纳粹政策，毅然辞职。1945 年回柏林大学任校长，但不久被解职。最终到西德图宾根大学任教。

1917 年(民国 6 年 33 岁)

3 月 14 日，北洋政府宣布与德国断交。

8 月 14 日，北京政府正式对德、奥宣战。

11 月 7 日，俄国十月革命取得胜利。

1917 年新年摄于柏林中国学生会馆。前排：1. 周烈忠、2. 王纲、3. 戴夏、4. 毛毅可；中排：1. 刘文显、2. 萧友梅、3. 应时及其女、4. 应章肃及其子、5. 阎夫人 6. 阎鸿飞、7. 胡庶华；后排：1. 曾［？］尧、2. 叶、3. 张武、4. 陈雨苍、6. 凌翼、10. 胡哲揆、11. 唐宝书。(《萧友梅自编影集》编号 22)

1 月 21 日

汉学家孔拉底教授从汉学和史学的角度对萧友梅的博士论文，进行了较详细的评析，评语共写了近 1500 字，最后给出的分数是"III"，并注明"据此以 3 分之成绩接受论文并准予口试申请"。*（孙海《萧友梅留德史料新探》《音乐研究》2007 年第 1 期）*

1 月 22 日

副校长在博士论文及口试评语确认书上签字。考试委员会的其他 9 个相关成员也签名表示对论文分数予以正式确认。[注 签字后注明日期最晚者是 1917 年 2 月 1 日；但这可能不是最后的日期，因为很多签字后没有注明时间。]*（孙海《萧友梅留德史料新探》《音乐研究》2007 年第 1 期）*

3 月 20 日

北洋政府教育部《教育公报》第 4 年第 4 期刊载《本部留德学生萧友梅学业成绩报告及请予研究期限一年理由书》（以下简称"理由书"）。

[注 "报告"首先简要回顾了自天津启程经俄国到德国莱比锡留学，以及通过毕业论文答辩的经过，汇报了近年来学业上取得的成绩，并附有所听课程、音乐创作目录（详见 1913 至 1916 年各有关条目）。接着"报告"提出了请予延长研究期限一年要求及理由。（"理由书"全文见"附录一之 "）]

德国斯特恩音乐学院的学习证明

[按：据所写内容与刊载日期推测，该"理由书"大约在当年 1、2 月间写成。又据文末所说"以上理由希代达教育部核办"一句，该"理由书"很可能并非直接写给教育部和邮寄给教育部，而是托正巧回国的熟人带回给国内某人转达的。]

4 月 8 日，蔡元培在北京神州学院作《以美育代宗教说》的讲演。

103

4月，摄于波兰波森省马铃薯田上。（《萧友梅自编影集》编号23）

104

4月

因粮食匮乏，迁居乡下，自食其力。[注 经过两年半的战争，德国人力物力消耗巨大，协约国方面却增强了实力，战场形势越来越不利于德国。德军被迫在东西两线转入防御。因受战事影响，这时期德国城市中粮食非常匮乏，农村情况相对好一些，所以萧友梅选择到波森（原名波兹南，为波兰属地，1795年波兰被俄罗斯、普鲁士、奥地利瓜分，该地划归普鲁士，改名波森）的波斯赫尔多夫村乡下避难，用自己种植马铃薯以及为乡村小学教授钢琴、法文课来维持生活。萧在影集说明中自述："时因柏林绝粮，特下乡实行种马铃薯，是年收获至2500磅。"]

7月

因病经友人（L君之友Dr.Meissner）介绍，移居于马利心庵之医院养病。[注 先生于4月起在Buschdorf寓于农家三个月后，是月移居该庵。此处有田地8顷，家畜数十头，以此不至有粮食缺乏之苦。]（《萧友梅自编影集》说明）

12月25日，蔡元培、李石曾、沈尹默等在北京东城方巾巷华法教育会会址创办孔德学校。次年2月正式开学。该校对图画、手工、音乐、体育等科颇为重视，音乐教学设备也较齐全。1920年黎锦晖曾在学校排演他所写的歌舞剧《麻雀与小孩》。（全国政协文史资料研究会编《文史资料》《我所见到的孔德学校》第31辑）

本年，易韦斋离京回乡小住，在同门李尹桑劝说下开始深究战国古玺。次年，与尹等十余人，在广州清水濠盛家组织"濠上印学社"，任社长。

本年，苏州景海女塾正式改名为景海女子师范学校，设音乐师范科、普通师范科、幼稚师范科并附设幼稚园、六年制小学和八年制中学。各主要科目均由外国教师任课。

在波兰波森省 gostyn 县 Sandberg 村马利心庵前与德国中学教员一家及同国人周、廖三君合影。(《萧友梅自编影集》编号 24A)

萧淑娴回忆 德国在西欧各发达国家中,是人民脱离封建制度较晚的国家之一,因此老百姓对贵族有一种崇拜心理。当萧友梅给住客们摆家谱,告诉他们说我们的祖先中在南北朝时代的梁朝,在 6 世纪初做皇帝的有文名的萧统是我们萧氏远祖之一时,使他在作客的公寓获得了尊重和优待,大家都叫他"PrinceHsiao"。"萧王子"不但受敬重,而且在战争时代食物匮乏紧张情况下,享受了主人的优待,每天早点能得到一小块别人享受不到的牛油!这牛油在当时是稀有之物,萧友梅身体本来很弱,在学习期间,他又极端勤奋刻苦,体力消耗很重,被称为"萧王子"好像很荒唐,但是为了补充体力之不足,能增加营养,又何乐而不为呢?(《萧友梅纪念文集》第 123 页)

1918 年(民国七年　34 岁)

11 月 11 日，《贡比涅森林停战协定》签订，德国投降。历时 4 年零 3 个月的第一次世界大战以协约国的胜利告终。

1 月 1 日

在 Gostyn 县访波兰人家。

本年初

胞兄萧柏林在北京购得府右街饽饽房 8 号（今为博学胡同 11 号）一所住宅。萧友梅回国后也居住在此宅。[**注**　据说这所住宅在满清时代原是太监家属居住的，为内外两重四合院的老式北京住宅。购买此宅，原是给从广东香山老宅迁居北京养老的父亲萧公焱翘、庶母及弟妹等居住。]

萧友梅的兄嫂与侄女

[**按**：该故居现基本上已面目全非，仅剩一北房还可以看出当年的大致模样。详见 1920 年] *(萧淑娴《二十年代的萧友梅》，《萧友梅纪念文集》第 115 页)*

2 月 26 日，《晨报副刊》（即《晨报副镌》）创刊。李大钊任主编。

5 月 18 日，北京大学音乐会聘王露（心葵）任指导，是日开欢迎会，王在会上作了演讲并演奏古琴、琵琶曲。

夏，与习法文或钢琴的学生合影。（《萧友梅自编影集》编号 25A、25B）

5月

继续在马利心庵居住，因"甚苦寂寞，乃藉教授法文及钢琴以消遣。"

（《萧友梅自编影集》说明）

波森的马利心庵

6月6日，北京大学音乐会改为北京大学乐理研究会，蔡元培亲自为之拟写章程；说明该会宗旨在"敦重乐教，提倡美育"。研究内容包括音乐学、音乐史、乐器、

在马利心庵与某君（《萧友梅自编影集》编号 27）

戏曲等。6 月 12 日，研究会经讨论，决定先设中乐（琴、瑟、琵琶）、昆曲、西乐（钢琴、提琴）三门，所聘导师有王露、吴瞿安、赵子敬、陈仲子等，不久又增聘包玉英（钢琴）、纽伦（提琴）、哈门女士等。

6 月 24 日，教育部批准北京女子师范学校开设图画手工专修科和博物专修科，该两科课程中均有音乐课。（《教育公报》第 5 年第 11 期）

11 月 1 日，蔡元培在专门以上各学校校长会议上提出，分科大学学科增设"美术"（即艺术）一门，兼教音乐、图画、雕刻、建筑等。（《北京大学日刊》1918 年 10 月 30 日）

11 月 23 日，北京政府教育部为利于国语统一，公布注音字母。

12 月 20 日，北大乐理研究会在导师陈蒙提议下，又更名为音乐讲习会，其宗旨为"以敦促艺术之进化，养成国民之美德"。讲习会分中乐、西乐两部。

本年，李叔同在杭州虎跑寺出家为僧，法名演音，号弘一。从此专注于经文律学的研习和弘法布教，但始终坚持爱国精神。抗战时，书写"念佛不忘救国，救国必须念佛"，并名居室为"殉教堂"。

本年，黎锦晖到北京大学当旁听生，翌年参加音乐研究会，曾担任该会"潇湘乐组"组长。

1919 年(民国 8 年　35 岁)

1 月 8 日，巴黎和会开幕。

5 月 4 日，"五四运动"爆发。

10 月 10 日，孙中山在上海改组中华革命党为中国国民党。

1 月 1 日，在波森省城一波兰人家中摄（《萧友梅自编影集》编号 28.A）

　　1 月 27 日，北京大学音乐讲习会决定改名为北京大学音乐研究会。1 月 30 日研究会正式成立并公布该会简章。蔡元培兼任会长。因会员人数不多，研究会暂仅设钢琴、提琴、古琴、琵琶、昆曲 5 组。（《北京大学日刊》1919 年 1 月 27-30 日）

　　4 月 5 日，北京大学、北京高等师范学校、北京女子高等师范学校等校联合发起邀请保定高等师范学校来京借京师模范讲演所演奏中西音乐，并进行关于"中国音乐新教授法"的讲演。

4月19日，晚7时半，北京大学音乐研究会在东城米市大街青年会大礼堂举行音乐演奏大会，蔡元培出席并主持，到会者在千人以上。（《晨报》1919年4月20日/《北京大学日刊》1919年4月11日）

夏
从波森马利心庵返回柏林居住。

秋，吴梦非、刘质平、丰子恺等创办上海专科师范学校。1923年改名上海艺术专科学校。1924年扩大为上海艺术师范大学。1925年与上海东方艺术专科学校合并为上海艺术大学。

8月
由德赴瑞士、法、英、美等国游历。（《音乐杂志》第2卷第5-6号插图《萧友梅近照》说明）

[按：据萧淑娴回忆，萧友梅在波森养病到秋天才离去，并于当年10月离开德国。]（萧淑娴《回忆我的叔父萧友梅》，《萧友梅纪念文集》第86页）

萧淑娴回忆 二叔的学业虽早已完成，但因战事刚结束，交通正在逐步恢复，此时才有条件离德回国。回国之前，在游历了奥地利、瑞士、意大利、法国、英国等地名胜后又乘船赴美国游览。（萧淑娴《二十年代的萧友梅》，《萧友梅纪念文集》第116页）

10月10-25日，全国省教育会联合会在太原召开第五次会议，会议议决要求教育部废止原来的教育宗旨，宣布以"养成健全人格，发展共和精神"为教育宗旨。理由是因欧战结束，军国民教育不合民本主义，不合世界潮流。

10月22日，
莱比锡大学向萧友梅签发博士证书。[注 证书上写着："莱比锡大学哲学系，因广东省香山萧友梅先生所撰成绩为好的博士论文《至十七世纪的中国管弦乐队之历史研究》及以成绩为很好而通过的口试答辩，以此证书授予他哲学博士学位"。]（孙海《萧友梅留德史料新探》）

[按一：就现有资料，萧友梅离德的时间不详。从上述萧淑娴据叔叔所讲的回忆及博士学位证书颁发的时间来推算，大约在 11 月前后离开欧洲赴美。]

11 月 11 日，蔡元培在北京大学音乐研究会上演说时指出：音乐为美术之一种，与文化演进有密切之关系。然我国今日尚无音乐学校，我校亦尚未设正式之音乐科。今赖有学生的自动和导师的提倡，得有此音乐研究会。希望与会者能"知音乐为一种助进文化之利器，共同研究至高尚之乐理，而养成创造新谱之人才，采西乐之特长，以补中乐之缺点，而使之以时进步"。

莱比锡大学向萧友梅颁发的博士证书（孙海提供）

11 月 24 日，教育部开始筹设国歌研究会，由教育部遴选部员并延聘文学、音乐专家组成。（《教育公报》第 7 年第 1 期）

秋，唐学咏考入上海专科师范学校，学习音乐、绘画及文化课程，同时向中西女中美籍教师学习钢琴，1921 年毕业。

12 月 1 日，蔡元培在《晨报副刊》发表《文化运动不要忘了美育》。

12 月 22 日

父故世。先生其时正在归国途中。（萧淑娴《二十年代的萧友梅》《萧友梅纪念文集》第 116 页）

[按：萧淑娴文中说萧父于"11 月 1 日作古"是指农历十一月初一，萧友梅在自书履历中说在 23 日是指公历，也即农历十一月初二，两说差一日。]

（五）

北 京 时 期

（1920-1927）

114

　　我之提倡西乐，并不是要我们同胞做巴哈、莫扎特的干儿，我们只要做他们的学生。和声学并不是音乐，它只是和音的法子，我们要运用这进步的和声学来创造我们的新音乐。音乐的骨干是一民族的民族性，如果我们不是艺术的猴子，我们一定可以在我们的乐曲里面保存我们的民族性。虽然它的形式是欧化的。莫查特是德意志人，他写意大利文的歌剧，还一样表现出德意志的民族精神。

　　　　　　——一九三四年五月《音乐家的新生活·绪论》

1920 年(民国 9 年　36 岁)

1 月 26 日，鲁迅于是日下午赴国歌研究会。(《鲁迅全集》第 14 卷，人民文学出版社，1981 年北京第 1 版)

1 月，教育部批准北京高等师范学校开办教育研究科，招收高师和专门学校毕业生或大学三年级学生入学，学制二年，免收学费。除本校教师之外，曾先后聘蔡元培、胡适等为兼职教授。此为中国现代最早的研究生教学机构。(《教育公报》第 9 年第 5 期)

年初

在纽约，因感冒发高烧，以致误了回国的船期。[注　因欧洲各国在欧战期间缺煤，冬季室内温度往往很低，而纽约的高楼大厦室内外温度相差悬殊。生活上的不习惯，导致感冒，误了船期，于是只得逗留到下班船。](《二十年代的萧友梅》《萧友梅纪念文集》第 116 页)

3 月初

起程离美回国。(《萧友梅纪念文集》第 116 页)

3 月 31 日，北京大学音乐研究会编辑的《音乐杂志》创刊。蔡元培在所撰写的发刊词中指出：建立音乐研究会目的在于"一方面，输入西方之乐器、曲谱，以吾固有之音乐相比较。一方面，参考西人关于音乐之理论以印证于吾国之音乐，而考其违合。循此以往，不特可以促吾国音乐之改进，抑亦将有新发见之材料与理致，以供世界音乐之采取"。而发行本刊则有利于"会中诸位导师""与全国音乐家互相切磋……借以发布其各别之意见，使吾国久久沉寂之音乐界，一新壁垒，以参加于世界著作之林"。该刊由杨昭恕、章铁民任编辑，至次年 12 月共出 2 卷 20 期(每卷 10 期)。内容以文字为主，也有乐曲刊出。萧友梅为该刊主要撰稿者之一(详后)。

3月底或四月初

自旧金山乘船回到上海；随即溯江而上，到武昌看望其阔别近八年的兄嫂；然后回广东，再转赴北京。[注 兄弟见面，心情非常欢畅。在品尝嫂子为其亲手烹调的佳肴时，谈论起欧战中缺乏食品之苦，讲述自己久已不知荤腥之味了。先生见侄女萧淑娴等三姐妹都已长大，便向兄嫂建议：应该结束她们的私塾生活，去北京报考女子中学。为了赶赴北京教育部报到，先生稍事休息就离开武昌返回故乡；但其时广东已在广西军阀控制之下，革命势力被迫退出。而蔡元培此时正任北京大学校长，于是立即转往北京。]（《萧友梅纪念文集》第116页）

4月

按留学生章程规定，到北洋政府教育部报到后，被委任为教育部编审员兼高等师范学校实验小学主任；同时应教育部之聘，担任国歌研究会委员并接受谱写国歌的任务。 （《萧友梅纪念文集》第89页/《对于国歌用〈卿云歌〉词的意见》，北大音乐研究会编《音乐杂志》第1卷第3号）

1920年3月，萧友梅绕道美国返国途中，在"南京"号船上与丁淑静女士及江、冯两君合影。（《萧友梅自编影集》编号31）

4 月

拜会蔡元培，获赠刚出版的《音乐杂志》，同时欣然允诺为刊物撰稿。[**注** 在萧先生看来，这本音乐杂志将会对中国音乐事业的发展起到重要作用，"因为但凡研究一样专门，一定要有个机关，把研究的结果来发表发表，才可以多召集同志；同志愈多，研究的进步就快了"。所以当先生获得这本杂志时，用"喜出望外"来形容当时的心情]（《什么是音乐？外国的音乐教育机关。什么是乐学？中国音乐教育不发达的原因》，（北京大学《音乐杂志》第 1 卷第 3 号)（参见 5 月 31 日条。）

北大校长蔡元培

[**按**：《音乐杂志》是我国现代音乐史上出版的第一份有全国影响的连续性音乐期刊。实践证明，它的编辑与出版，正如萧先生预料的那样，对于介绍和传播西方音乐，整理和研究传统音乐，普及和开展音乐教育，总结与交流音乐社团活动经验等方面，都起到了积极的作用，同时也为后人研究五四时期音乐文化留下了一份极珍贵的第一手资料。从 1920 年 5 月第 3 号起，至 1921 年 12 月第 9、10 号合刊止，萧友梅每期都有文章或乐曲发表。]

4 月，王光祈赴德国留学，利用工读之余学习音乐，与德国音乐家来往，从事音乐研究著述。

4 月，由中华美育会编印的《美育》创刊，吴梦非任总编辑。该刊共出版 7 期，1922 年 4 月因经济困难而停办。

5 月 21 日

侄女萧淑熙出生。

5 月 27 日

被教育部委任为实施义务教育研究会会员及编辑部干事。（《教育公报》第 7 年第 6 期)

萧淑熙

5 月 31 日

发表留德回国后的第一篇文章《什么是音乐？外国的音乐教育机关。

什么是乐学？中国音乐教育不发达的原因》。[注　该文对西方学者关于音乐的定义、音乐学的定义及其研究的内容和分类，音乐家应该具备的知识结构，外国音乐教育机构的体制、学制、课程设置及其学习内容等方面作了初步的介绍，进而概括指出了"中国音乐教育不发达的三大原因"。文中呼吁"我们若不用新法子来研究音乐，哪里可以有进步"。并指出，西方音乐和乐学的进步全在于音乐教育，"我们今天若是还不赶紧设一个音乐教育机关，我怕将来于乐界一方面，中国人很难出来讲话了"。文中还首次简明地为乐学下了定义："乐学就是用科学的法子去研究音乐的所以然的学问。"]

[按：就目前所见资料，在20世纪中国音乐史上，此文第一次使用了"音乐美学"这一学科的名词称谓。]（北大音乐研究会会刊《音乐杂志》第1卷第3号）

孙继南论评　萧友梅是一位善于汲取历史经验的学者，他对中国传统音乐的发展有着精深的研究。他经常运用历史分析和比较方法对中国音乐及中国音乐教育不发达的原因进行探索。他把中国千余年来未能认真提倡音乐教育与中国音乐落后现象作为因果关系的思维方法，是萧友梅探本溯源、孜孜以求振兴中国音乐教育的基本思路。（《萧友梅纪念文集》第313-314页）

5月31日，从陕西省立第一师范学校毕业的三位学生经蔡元培的介绍加入北京大学音乐研究会。音乐研究会为此开设了特别班。（《北京大学日刊》1920年5月31日）

5月31日，杨昭恕发表《哲学系设立乐学讲座之必要》。文章提出：目前限于条件还不能开办西国之乐学大学时，可暂在哲学系设立乐学讲座。因为我国目前虽有音乐体操专科学校，但重在实习，对一切高深乐理尚无研究。为此作者建议：1、延聘留学欧洲的音乐专家；2、设立研究乐器机关；3、编辑传播乐学的书报。（《音乐杂志》第1卷第3期）

5月31日

完成为国歌研究会所选国歌歌词《卿云歌》的谱曲并公开发表（附钢琴伴奏谱）；同时附有《对于国歌用卿云歌词的意见（附歌谱的说明）》一文。[注　文章介绍了欧美各国选用国歌的标准和程序，指出作为国歌的歌词文字

必须浅近，"而且在没有选作国歌之前，已经有许多国民会唱而爱唱的。因为必须这样子选法，才可以得到国民大多数的同意"。文章对于采用《尚书大传》虞舜《卿云歌》原词作为歌词，表达了不甚赞同的意见，并十分肯定地预料此歌"必不能久用"。文章还对歌曲作了简要的分析。］（*北大音乐研究会编《音乐杂志》第1卷第3号*）

[**按**：《卿云歌》首刊于《音乐杂志》后，京沪各报均有转载。此后李荣寿[1]在《音乐杂志》第2卷第1号上发表《说萧友梅博士所作卿云歌谱的奏唱法》，文章首先指出虽然此歌"当国歌，文词是很皮厚的，本不甚相宜，萧博士亦曾详细说明过，决其必不能久用"；但"政府既然是公布了以卿云歌当国歌，我们研究音乐的，也就应当详细明白这个乐谱的奏唱法，先把他普及在全国大中小学校中，自不难普及于一班国民了"。文章接着就歌曲的调性、节奏、曲式，分句、伴奏等各方面作了简要分析。出于初学者读谱方便起见，作者将原歌的E调改成了F调。不久，李荣寿还将《卿云歌》歌词用注音字母形式登载在《音乐杂志》第2卷第3、4号合刊上。又，刘天华也曾将《卿云歌》译成古琴谱，发表在《音乐杂志》第2卷第9、10号上并附译谱琐言，对中西乐律的关系，译谱中须注意的问题作了说明。]

《卿云歌》首刊稿

《卿云歌》于1921年经国会通过，正式定为国歌，于同年7月1日起在全国通行。

6月7日

下午，赴国歌研究会与鲁迅等一起开会。（*鲁迅日记*》）

鲁迅

6月7日，教育部通知各省区：北京女子高等师范学校下半年将添设新班，内有音乐体操专修科一班30人，学制三年，但须自备膳费或由本省津贴。（《教育公报》第7年第6期/《音乐杂志》第2卷第9、10期）

[**按**：该科于是年9月开办，初办时未有主任，只有办事人照日本前三十年的学制略加更改，所定功课及教法并不完善。翌年1月聘萧友梅为主任后，教学才走上正轨。]

章太炎

6月30日

发表为章太炎[2]作词所谱的歌曲《华夏歌》并附钢琴伴奏谱。[**注** 该歌词系民国2年，章氏应教育部征集国歌之请而作。歌词全文如下：

高高上苍，华岳挺中央。夏水千里，南流下汉阳。四千年文物，化被蛮荒。荡除帝制从民望。

兵不血刃，楼船不震，青烟不扬，以复我土宇畈章，复我土宇畈章。吾知所乐，乐有法常。休矣五族，毋有此界尔疆。万寿千岁，与天地久长。]（北大《音乐杂志》第1卷第4号）

[**按**：畈，读音bǎn，畈左旁应为"日"，非"白"。畈章，即版图的意思。《音乐杂志》在发表《华夏歌》歌谱时，因缮写之误，将"畈"印成"飯"。但随即在第1卷第5、6期合刊中予以声明更正。又，1990年版《萧友梅音乐文集》的同名文章中将此文的"畈"字误排为"飯"]

6月30日

发表《乐学研究法》。[**注** 该文对5月所写文章中"什么是乐学"这一问题作了进一步阐述，分别具体介绍了音乐学中声学、声音生理学、音乐美学、乐理（狭义的乐学）、音乐史等五个方面的研究内容。文中颇多精当而有思想价值的论述；最后开列了学习中需要的外文参考书目。]（《音乐杂志》第1卷第4号）

[**按**：本文是现代中国音乐史上第一篇介绍欧洲音乐学奠基人之一里曼（Hugo Riemann，1849–1919）所创立的音乐学体系的文章。在论及音乐史研究时提出："如口传的东西，若不立刻研究它，就很难靠（原文如此。"靠"作可信、可靠，有依据

解。)"，"所以我们看到将来于音乐上有价值的东西，不要等到快散失的时候才去保存起来，这是研究音乐史第一件要知道的事"。这实际上就是提出了要及时保护音乐资料，抢救音乐遗产的问题。]

同期刊物还发表了先生的译作《美国哈佛大学音乐学的课程》。[注 此文系根据 1919 年 7 月 31 日印刷的哈佛大学 1919 年至 1920 年学科课程一览中有关乐学部分的翻译，内容包括初级中级和高级学生应修科目、每周课时、主讲教授及修习者必须具备的条件等等。]

6 月 30 日

所撰教材《普通乐理》在是日出版的《音乐杂志》第 1 卷第 4 号开始连载。[注 该教材至 1921 年 9 月 30 日第 2 卷 7 号载完，内容包括总论、音名、乐谱、音程、音阶、音乐发达的梗概等。（详见 1928 年 5 月第 2 条）]

6 月，李华萱发表《我对于我国学校乐歌当改良的刍议》。文章对当时乐歌课教材中词意不通、词曲不符等问题提出批评。（《音乐杂志》第 1 卷第 4 期）

8 月 31 日

为说明创作歌曲《华夏歌》的原委，先生又发表《华夏歌名之由来》，文章除说明歌名之由来外，再次对教育部将《卿云歌》用作国歌发表了不同的看法。[注 文中说："余本不赞成用《卿云歌》词为国歌，但对于教育部有作曲之义务，故为服务起见，勉强做成一曲。而对章太炎先生之作又深表同情，故又为之制谱，以备海内音乐大家之指正。"]（《音乐杂志》第 5、6 号合刊）

[按：萧友梅对这首歌的词很为欣赏，十多年后仍能一字不差地背诵出来（参见 1936 年 7 月 18 日条）。]

《音乐杂志》发表《华夏歌名之由来》
中之一页。

8月31日

发表《说音乐会》一文。[**注** 文章对"音乐会"这一名词的由来、作用、历史、种类以及听音乐会时应该注意的问题等都作了说明。文中特别指出，"音乐会是一种实业"，"自从 1727 年Philidor在巴黎组织祭神音乐会（Concerts spiribuels）之后，音乐会为之别开生面，而真正公开的音乐会也从此开一个新纪元。一直到 19 世纪，象得商业发达的样子，音乐会也成了一种伟大的营业"。文章结尾处特别提到会场秩序与对号入座的问题，这是针对中国旧时戏园可以随便出入，随意送茶水、抛手巾等陋习以及避免争座位而发的。作者认为这些"看起来象是很小的事，若是不注意，就是好的音乐会，也会减去几分色彩"。]（《音乐杂志》第 1 卷第 5、6 号合刊）

[**按**：这是 20 世纪中国音乐史上最早全面论述"音乐会"的一篇文章。]

8月

应聘为北京高等师范学校教育研究科兼职教授，担任"小学教授法"课程。[**注** 是月在北京高等师范学校附设试验小学研究会上作教育讲演，简要介绍了欧美"试验学校"的沿革及其发起的原因、当前的一些做法及经验、试验小学使用的教材和教授法等等。讲演提倡教授小学生，最好是用白话，而且要多直观少理论，教科书内容应简单明了，多增加图画和故事。讲演对国民小学将教授国语表示赞赏，认为对于将来"要谋国语统一"，"此事非常之好"。]（黄绍谷笔记《萧友梅先生教育讲演（在高师试验小学研究会）》和《试验小学之教授法及教材（在高师试验小学研究会讲演之二）》，分别载《北京大学日刊》1920 年 8 月 21 日与 9 月 7 日）

9月6日

胡适[3]访萧友梅，不遇。（《胡适日记》第 3 卷 211 页）

胡适

9 月 16 日，在是日刊登载的北大音乐研究会《特别启事》中申明：本会为提倡音乐而设。京都为首善区域，竟未设公共体育场，安望有群众音乐堂？本校乃最高学府，岂可无团体俱乐部，以锻炼民族真精神？在课诵之暇，宜有乐事即应该有音乐活动。

9 月 16 日

赵元任[4]来访。[注　就目前资料所见，这是萧、赵二人初次会面。赵对于萧友梅的印象，他在这天的日记中有这样的记载："He is an intelligent man and pleasant to talk with. He said he is not much gifted in music. His work is correct,but has little interest. He can write verse in music,but not poetry."（他是一个聪明且易于接近的人。他说他在音乐方面并不是很有才华，他的作品正确，然而没有多大趣味。他能写音乐上的韵文，但不是诗。)] *（赵新那、黄培云编《赵元任年谱》第 101 页，商务印书馆，2001 年 4 月）*

赵元任

　　[**按**：赵在美国已留学 10 年，于是年 7 月 24 日回国，8 月 17 日抵达上海，9 月初到北京清华学校任教。是日课后即来拜访萧友梅。此为两人初次见面。会见时，萧先生将《音乐杂志》中自己的文章和作品介绍给赵看，赵也将自己带来的音乐作品请萧友梅过目。出于对音乐的共同兴趣和对中国音乐教育事业的共同关切，从此两人建立起终生的友谊。]

9 月 16-18 日、20 日

　　应北京大学校长蔡元培之请，任北大中文系讲师（参见 1923 年 9 月 18 日条）及音乐研究会导师。[注　是日起的《北京大学日刊》，连续 4 天刊登研究会特别启事，在公布的研究会导师名单与教授科目中，排在第一位的是萧友梅，讲和声学、音乐史两门。又据 9 月 30 日出版的《音乐杂志》第 1 卷第 7 期，也载有《北京大学音乐研究会导师名单姓名表》，首位即是萧友梅，所授科目为"普通乐理、和声学、西洋音乐史"，并在备考栏注明其身份为"北京大学乐学讲师"。]

　　[**按**：据《和声学》自序一说，1921 年秋在北大添设乐学讲座。]

　　9 月 23-24 日，音乐研究会在北大日刊上公布《特别启事》，宣布成立以改良中国丝竹乐器为宗旨的丝竹改进会。规定凡校内外人士通晓或擅长一种乐器以上者皆可任意加入，不收会费。计划每周活动一次，内容为制谱、改谱、练谱、改良乐器等。

10 月 19 日，音乐研究会举行会员大会，会长蔡元培出席。会议通过了研究会新章程，选举了新干事。会内设古琴、丝竹、昆曲、钢琴、提琴、唱歌六组，古琴组内附中乐唱歌。主要会务为：研究乐术，讲演乐理，刊行杂志。(《北京大学日刊》1920 年 10 月 16 日、22 日)

秋

兼任国立北京女子高等师范学校音乐科音乐理论课教师，讲和声学。

(《和声学》自序一，《萧友梅音乐文集》第 326 页)

10 月 10 日

与鲁迅等一起在美术学校国歌研究会审听演唱。*(《鲁迅日记》)*[注 又据本月 31 日出版的《音乐杂志》第 1 卷第 8 号刊载《北京大学音乐研究会会务记略》(作者：宋泽——宋润之，丝竹组，法律系二年级) 一文，其中提到在国庆前一天曾举行演奏会，国庆日教育部在美术学校开国歌审定会，全体阁员列席，由女子高等师范学校、高等师范学校之中学班学生及孔德学校学生、北京大学音乐研究会中乐唱歌班试验生演唱民国四年公布之国歌 (参见本年 10 月 30 日条) 及《卿云歌》。

[按：日记及记略都未列出到会审听者姓名，但萧友梅既是国歌研究会成员，又为国歌谱曲，是日出席审听当在情理之中。究竟出席否，记此备考。]

10 月 27 日，蔡元培在湖南省教育会举办的学术讲演会上做题为《何谓文化》的讲演。先生对于"我们全国还没有一个音乐学校，除私人消遣，沿照演旧谱，婚丧大事，举行俗乐外，并没有新编的曲谱，也没有普通的音乐会"这一"文化上的大缺点"甚表遗憾。(《北京大学日刊》1921 年 2 月 14 日)

10 月 22 日

晚七点半，在第一院四层第四十二教室与已经报名听音乐讲演的同学开谈话会，商订讲演时间及分组办法。*(《北京大学日刊》1920 年 10 月 22 日第 2 版)*

10 月 31 日

发表《中西音乐的比较研究》一文。[注 在 20 世纪中国音乐史上，

生侄女萧淑娴教授证实，才得知是李四光所谱写。这是中国人创作的第一首小提琴乐曲。](*马胜云、马兰编著《李四光年谱》，北京，地质出版社，1999 年*)

本年

自本年开始至 1927 年夏离开北京的近 8 年期间，与庶母、妹、侄女等居住在府右街饽饽房胡同 8 号（今更名为博学胡同）。[注 该住宅是其兄于 1918 年初购买，原为供养父母及抚养弟妹之用。萧友梅定居此处后购买了钢琴，除每天坚持练习两小时外，还授其妹妹、侄女 5 人学习钢琴，并不时将新作的歌曲，授她们试唱。常来此宅的除易韦斋（有时即住在他家）外，李四光、赵元任、杨仲子、刘天华、唐赵丽莲[7]、郑颖孙[8]、林风眠[9]、司徒乔[10]、任鸿隽、陈衡哲、张奚若、丁燮林、钱瑞升、黎锦熙、陈西滢、王世杰等都是座上常客。他们经常在这里吟诗、唱歌、奏乐、游戏和闲谈。北大音乐传习所和女高师的学生及传习所乐队同人也经常来。逢到春暖花开或秋高气爽的季节，萧友梅还组织大家去公园或郊外游览，并让大家演唱他的新歌助兴，充分发挥了他的社交和组织才能。也为其侄女萧淑娴走上音乐道路创造了条件。](*《萧友梅纪念文集》第 115-121 页*)

本年，易韦斋等在广州组建"三余印社"。

本年，郑觐文在上海发起成立"大同乐会"。

萧淑娴回忆 饽饽房 8 号为内外两重四合院的老式北京住宅，内四合院有上房（即北房）、东西两套厢房，内四合院有一道由一个月亮门隔开的南墙，外四合院是包围这内四合院的外围厢房，有南厢房、东厢房及北厢房。大门在东厢房之东南角（也即全住宅的东南角），大门侧是男仆人住房，旁边是厨房，与饭厅相连，在饭厅与厨房之间，为了冬季用热水方便起见，萧友梅还特请工人按照他的设计，做了一间淋浴室，靠窗做了一条铁皮长槽并设冷热水龙头，为家属及仆人共十多人使用。清晨及晚间入睡前，除了饭厅之外，这里是最热闹的场所。

在冬季时，二叔住在南房里，日间没有阳光，比较冷。他在冬季总是穿件厚棉长袍，外罩件布长衫，套上一双袖套，脖子上围条长毛线织的围脖，上戴顶毛线帽，坐在他的大书桌前写讲义、编书籍、作曲。或写投在音乐杂志及报刊上的文章。一般是在晚上 9 时以后工作到深夜。（*《萧友梅纪念文集》第 116-117 页*）

下图为萧家（萧柏林和萧友梅）上世纪 **20-30** 年代北京故居——西城区饽饽房 **8** 号院平面图。本图及位置示意图均由萧友梅侄孙女萧慧/蕙根据萧淑娴回忆并经实地考察后绘制。

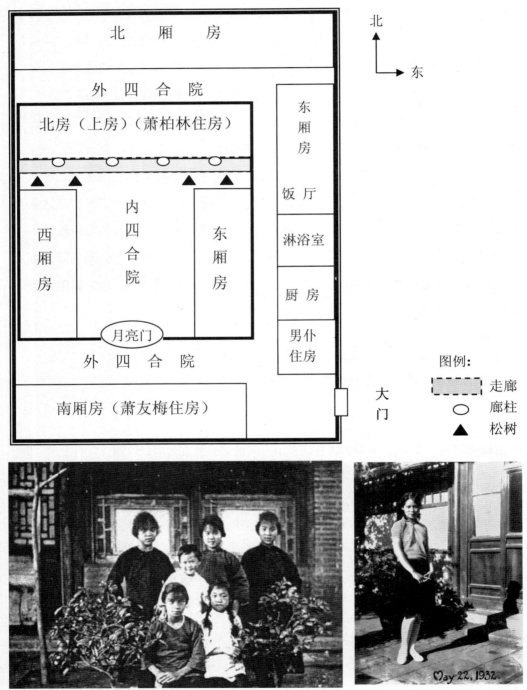

左图：萧友梅的六个侄女于二十世纪三十年代初摄于萧宅。后排：左萧淑真中萧淑娴右萧淑贞；中排：萧淑熙；前排：左萧淑芳右萧淑庄。　　　　右图：萧淑芳摄于萧宅。

故居位置示意图：

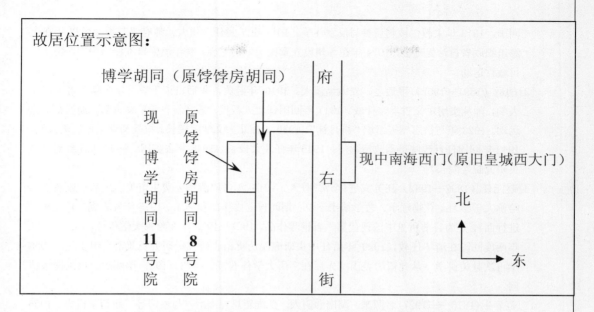

博学胡同（原饽饽房胡同）　府

现　原
博　饽
学　饽
胡　房
同　胡
11　同
号　8
院　号
院

右

街

现中南海西门（原旧皇城西大门）

北

东

左图为现今的大门，右图为内四合院的北房，**2007** 年 **9** 月摄。

【注释】

[1]李荣寿 （1895—1965）又名李华萱，济南人。1912 年入山东高等师范艺体科，师从王心葵学琴。
1915 年任青州第四师范音乐教员。1932 年受聘为济宁山东省立第七中学教员。翌年被曲阜省
立第二师范艺术科聘为科主任。1939 年任青岛第一中学音乐教师。1944 年发起组织青岛市国
乐研究会。是 1949 年前致力于国民音乐教育的一位中学音乐教师，并有学术著作及音乐创作。
1955 年任山东师范学院艺术系科主任、代理系主任。1958 年错划为右派。

[2]章太炎 （1869—1936），又名炳麟，浙江余杭人。1899 年东渡日本，结识孙中山。1903 年在《苏
报》发表排满文章，被捕入狱。后又赴日，参加同盟会，主编《民报》。辛亥革命上海光复后

回国。1913 年宋教仁被刺后参与反袁斗争。1917 年 7 月任广州大元帅府秘书长。1922 年在上海组织联省自治促进会，1924 年在苏州设立章氏国学讲习会。晚年愤恨日本侵略中国，赞助抗日救亡运动。

[3] 胡适（1891—1962）字适之，安徽绩溪人。1910 年赴美，先后就读于康乃尔大学和哥伦比亚大学，师从实用主义哲学家杜威。1917 年回国任北大教授，入《新青年》编辑部，提倡新文化运动。1923 年与徐志摩等组织"新月社"。1930 年任北大文学院院长。抗战初期出任驻美大使，1942 年回国任行政院最高政治顾问。1946 年任北大校长。1948 年去美国。1957 年任台湾"中央研究院"院长。

[4] 赵元任（1892—1982）江苏武进（今常州）人。1910 年考取清华公费生留美，先后在康奈尔和哈佛大学学习，获物理学、哲学博士学位；期间曾选修作曲和声乐。1915 年发表钢琴曲《和平进行曲》，是为目前所见中国现代第一首钢琴作品。1921—1923 年在哈佛大学任教。1920、1925 年两度回国在清华任教。1929 年后任中央研究院历史语言研究所研究员兼语言组主任。1938 年再次赴美讲学，从此留居美国，先后在多所大学任教授。1973、1981 年两次回祖国探亲访问。

[5] 范静生（1875——1927）名源濂，湖南湘阴人。受维新思想陶冶，与蔡锷等一起留学日本。1905 年回国任学部主事（参事官）、清华学堂监督、京师大学堂（北京大学前身）正监督（即校长）；辛亥革命后任教育部次长、总长，1918 年曾赴美考察教育。回国后任中华书局总编辑部部长、中华教育文化基金董事会董事长、北京师范大学校长等职。

[6] 李四光（1889—1971），湖北黄冈县人。先后留学日本、英国。1920 年起先后任北京大学教授、中央研究院地质研究所所长、中国地质学会会长等职。1949 年秋，正在国外的李四光被邀请担任政协委员。先后任地质部部长、中国科学院副院长、全国科联主席、全国政协副主席等职。

[7] 唐赵丽莲（1899—1989），广东新会人。生于纽约。父为同盟会会员，母是德裔美籍医学博士。先后三次赴欧，入德国莱比锡音乐院（院长伯恩思坦是她舅父）。1919 年获音乐硕士。回国后先后在广东女子师范、北京大学、燕京大学等院校任教。抗战胜利后开办英文补习学校，又为北平广播电台英语广播义务教学。1948 年应邀赴台，先后执教于台湾师范学校及台湾大学外文系，并在电台主持"空中英语教室"节目达 40 年之久。

[8] 郑颖孙（1893—1950）孙又作"荪"，安徽黟县碧山乡人，燕京大学毕业后留学早稻田大学。回国后在北京大学教古琴。1928 年 1 月参加国乐改进社举办的古乐演奏会。抗战时期在昆明、重庆大学任教；胜利后在南京中央大学执教和国立编译馆工作。1948 年去台湾任教。

[9] 林风眠（1900—1991）广东梅县人。1919 年去法国勤工俭学，先后入第戎美术学院、巴黎高等美术学校学习。1925 年冬回国，任北平国立艺术专门学校校长兼教授。1928 年去杭州创办国立西湖艺术院，任院长兼教授。此后长期从事美术教学、创作与研究。新中国建立后，曾任中国美术家协会上海分会副主席、主席，中国美术家协会顾问等职。

[10] 司徒乔（1902—1958）广东开平人。1924—1926 年在北平燕京大学神学院学习。1928 年赴法留学。1930 年赴美以给华人餐馆绘壁画谋生。翌年回国任教于岭南大学。1938 年去缅甸、新加坡养病。1942 年回国，先后赴西北、广东、湖南、湖北等地写生作画，并在重庆、上海、南京展出。后赴美养病，1950 年后任中央美术学院教授。

1921 年(民国 10 年　37 岁)

7 月 23-30 日，中国共产党第一次全国代表大会在上海举行，宣告中国共产党正式诞生。

11 月 1 日，北京政府大总统黎元洪发布《学校系统改革草案》。

1921 年 1 月 7 日，生日摄于北京（《萧友梅自编影集》编号 33，原说明中说，"其时尚服先父之丧"。）

1 月 31 日

发表所作 8 小节旋律谱的《注音字母歌》。（北大音乐研究会编《音乐杂志》

第 2 卷第 1 号）

1 月

应聘担任北京女子高等师范学校音乐体操专修科主任,一上任即与杨仲子[1]（祖锡）、赵元任、费地（美国体育教员）商议定出该科分组办法。[注 按此规定,该科分甲乙两组；功课分必修科、主科、副科三种；甲组以音乐为

主科,以体育为副科,乙组以体育为主科,以音乐为副科。音乐组学生必修科目有普通乐理、普通应用和声学、对位法、音乐史、声学、曲体学、作曲法、作歌法、钢琴、独唱、合唱、默谱与节奏练习、指挥；选修科目有舞蹈、游戏、矫正体操术、游戏原理及游戏场布置,学生在选择选修科目时必须获得主任教员的许可；共同必修课为国文、英文、伦理学、心理学、教育学、教育史、实地教授。音乐、体操分科后继续任音乐科主任,并讲授乐理、音乐史等课程。]

[按：该校 1924 年改名为国立北京女子师范大学,1925 年成立国立女子大学后,将音乐科（系）划归该校,继续担任科、系主任。（参见本年 8 月条）]（《音乐杂志》第2 卷第 9、10 号合刊,1921 年 12 月）

陈衡恪（师曾）

2 月 16 日

被教育部委派筹备教育博物馆。[注 同时被委派的还有徐鸿宝、陈衡恪[2]、杨天骥、陈映璜、舒翰祥、钱稻孙[3]、朱文熊、陈容会等人。]（《教育公报》第 8 年第 3 期）

2 月 28 日

发表歌曲《民本歌》（范静生词）。[注 歌谱附有钢琴伴奏,计 2 页 24 小节。另有单刊谱,署名范源廉作歌,萧友梅作曲。歌词为："民为邦本,本固邦宁,决决五族皆齐民。民何以立,立于学,强我体魄,增我智慧,振刷我精神。爱和平,重和平,无力焉能保和平。大家齐发奋,进步无止境。日新又新日日新,日新又新日日新。"]

（《音乐杂志》第 2 卷第 2 号）

1—2 月

两次造访赵元任。[注　目的是商讨创办音乐学校及音乐课程设置计划。时任北京女子高等师范学校音乐科主任的萧友梅也多次邀赵到校讲视唱课。]（《赵元任年谱》第 108 页）

3 月 6 日

北京各军乐队与北京各校学生经数月练习，于是日"协同演奏"由萧友梅谱曲的国歌《卿云歌》。（《教育公报》第 8 年第 5 期）

3 月 25 日

教育部将已选定的国歌——萧友梅谱曲的《卿云歌》的正谱、燕乐谱、军乐谱各篇报送国务院，请求按照原定计划，批准于本年 7 月 1 日在全国通行。（《教育公报》第 8 年第 5 期）

《卿云歌》的军乐总谱

[按：1921 年，中国留法学生因反对中法反动派相互勾结出卖中国国家利益，被法国军警逮捕后，陈毅曾在狱中高唱《卿云歌》，借以表示中国人独立不屈的气概。该作品积极的社会影响，应予肯定。]（《萧友梅传》第 18 页）

4 月，北京大学等 8 校教职员因教育部克扣经费，全体辞职并通电全国。

6 月 1 日，胡适发表《四烈士冢上的没字碑歌》。诗前有说明："辛亥革命时，杨禹昌、张先培、黄之萌用炸弹炸袁世凯，不成而死；彭家珍炸良弼，成功而死。后来中华民国成立了，民国政府把他们合葬在三贝子公园[4]里，名为"四烈士冢"。冢旁有一座四面的碑台，预备给四烈士每人刻碑的。但只有一面刻着杨烈士的碑，其余三面都无一字。十年五月一夜，我在天津，住在青年会里，梦中游四烈士冢，

醒时作此歌。"（*1921年6月1日《新青年》第9卷第2期*）（*萧友梅为该诗谱曲事，详见本年6月30日条之三*）

6月30日

领衔与沈彭年[4]、杨祖锡（仲子）、赵元任、甘文廉等同道发起组织乐友社，并署名发表《乐友社缘起》及《乐友社简章》。[注　"缘起"开门见山地指出，"吾国音乐发明甚古，迄于今乃不隶西洋诸国远甚"之原因：一是"词章义理之学盛行，鄙音乐为艺术而不屑道"，"埙篪琴瑟习见于诗文辞，及叩以器物节奏，则拙舌不能对者比比是也"，以至"使国内大多数人士不复知音乐"。二是"研究音乐理论者与技师疎隔太甚，分镳并驰约不相谋。一则高谈律吕，动以人心治道为说，而于实际流行之音乐迄无所影响。一则攻苦演习授受均近于神秘，其出类拔萃者亦未尝无绝人之技，然无学理以自尊其术，不能著书立说广为传播，历代良工绝艺，今日无一不成广陵绝响"。而"少数习音乐者又不能互相补助，以促音乐之进步"。"缘起"接着提出了振兴我国乐学的方法和步骤：一是"输进西洋音乐之学理及技术，以增益吾国之所未有"。二是"整理吾国旧有学说，发挥而光大之"。而"其入手之方法，在使理论及技能者互相辅助，群策群力以图音乐之革新"。"其最终之目的，在使一般人士深知音乐之价值，而美感教育渐且普及于社会。循是行之，日进不已。他日世界音乐界中，或尚能容吾国占一席地乎。"简章指出"本社以研究理论，练习技能，期音乐日益进步为目的"。该社事务所暂设于北京府右街饸饸房8号（即萧友梅住家）]。

（*《音乐杂志》第2卷第5、6号合刊*）

照近生先梅友萧

《音乐杂志》刊登的"萧友梅近照"

6月30日

北大音乐研究会编《音乐杂志》刊出"萧友梅先生近照"及其学术简历，首次向国内音乐教育界介绍萧友梅。

[注 简历全文如下："先生原名思鹤，广东香山人。幼时从其尊翁读，民国前十二年[1900 年]始就学于澳门灌根草堂陈子褒先生，兼习英日文，民国前十一年[1901 年]肄业于广州时敏学堂，翌年[1902 年]自费赴日本，先后在东京音乐学校、帝国大学文科肄业。民国前三年[1909 年]毕业返国。民国元年[1912 年]由教育部派往德国研究教育与音乐。先在德京预备，二年春[1913 年]转学于莱蒲齐市先后入该地国立音乐学校之理论作曲科及国立大学之哲学科。民国四年[1915 年]夏领得音乐学校离校试验证书。五年[1916 年]夏应大学学位试验领得哲学博士学位。是年[1916 年]冬复回柏林大学研究并在柏林斯坦氏音乐学校乐正科研究指挥之法。自中德失和后避居于波兰者二载。民国八年八月[1919 年 8 月]由德赴瑞士、法、英、美等国游历。九年三月[1920 年 3 月]返国。自九年九月[1920 年 9 月]至十年四月[1921 年 4 月]任教职于国立北京大学及北京高等师范学校并充北京女子高等师范学校音乐科主任。卿云歌之曲谱皆先生所作云。"（方括号内年份与日期为编者所加，外文略。）]（《音乐杂志》第 2 卷第 5、6 号合刊）

是日，同时发表《卿云歌》的军乐总谱、四部合唱谱及燕乐谱·工尺谱，并附《卿云歌军乐谱暨燕乐谱之说明》一文。（《音乐杂志》第 2 卷第 5、6 号合刊）

6 月 30 日

发表胡适作词的《四烈士冢上的没字碑歌》旋律线谱。（《音乐杂志》第 2 卷第 5、6 号合刊）

[按：关于这首歌词的创作经过，胡适在他 1921 年 5 月 1 日的日记中曾作这样的记述：上午访严修，下午访范静生，不遇，去天津公园图书馆看书，6 时半

新立于动物园的四烈士遗址纪念碑（方端摄）

到江南第一楼，赴李广钊之约，席后大谈，颇及时事。归寓后，心里略有所感，竟不能安睡。梦中似游北京万牲园[5]中的四烈士冢，大哭而醒。醒时，开电灯看表，

正当一点钟。枕上作一诗，用铅笔抄出，方才好睡。歌词为："他们是谁？三个失败的英雄，一个成功的好汉！他们的武器，炸弹！炸弹！他们的精神，干！干！干！……他们用不着记功碑，他们用不着墓志铭：死文字记不了不死汉！他们的记功碑：炸弹！炸弹！他们的墓志铭：干！干！干！"]（《胡适日记》第3卷第366页/欧阳哲生编《胡适文集》（9）第173页，北京大学出版社，1998年11月版）

6月，易韦斋携岭南印风北上。端午节与北京金石文字学者及印家四十余人共创学术研究社团"冰社"并被推举为社长。社友有罗振玉、丁佛言、陈宝琛、陈半丁、寿石工、马衡、周康元、林白水、梅兰芳、尚小云等。他们每周六、日聚会，参加者各出所藏金石文物，相互观赏鉴别，交流切磋，一时间北方篆刻之学蔚然成风，可与南方的"西泠印社"媲美。与此同时，易韦斋在琉璃厂54号"古光阁"（"冰社"社址）挂牌治印，罗惇曧（复堪）为题"大庵先生治印处"招牌。（朱京生《一空依傍 变化从心——谈近代印家易大庵》，《中国书画》，2004年第12期）

8月13日，唐学咏离沪赴法国留学。次年考入国立音乐院里昂分院。

[按：据萧友梅《欧美音乐专门教育机关概略》一文中所介绍的法国教育体制，《中国近现代音乐家传》中"音乐教育家唐学咏"文中所称的"里昂国立音乐学院"，应为国立音乐院里昂分院。]主修理论作曲，1929年获该院挂冠学士学位，1930年3月回国。（《中国近现代音乐家传》（1）第412页）

8月20日

与好友们一起到北京火车站东站为赵元任夫妇再度赴美送行。

[按：赵元任因康奈尔大学给予的一年假期已满，须回美国任教，行前曾在小雅宝胡同举行一系列茶话会告别亲友。是日，由北京东站出发乘火车到天津，再转乘轮船到上海；8月30日，离沪经日赴美。]（《赵元任年谱》第113页）

萧淑娴回忆 萧友梅不仅爱才重才，还很重视友情．赵元任夫妇常往来于中国美国之间，只要在中国必然来看望萧友梅或萧友梅去清华大学拜访他谈论音乐的。赵元任夫妇当然也组织过茶话会或鸡尾酒会(cocktail)邀请萧友梅及女大音乐系师生们在他们家欢叙。并且还经常要我们唱赵元任的歌，由他亲自弹琴给我们伴奏。（《萧友梅纪念文集》第135页）

萧淑娴回忆　　二叔为人心胸坦荡，对有才华的同行只有景慕之意而无妒忌之心，在与赵元任交往中十分友善，常常赞扬他有很高的天才，惋惜他不专搞作曲。在让小辈试唱他和易韦斋合作写的歌曲时，也常让唱赵元任的歌曲，说赵先生的歌曲及和声用法有中国味，很值得欣赏。（《萧友梅纪念文集》第97页）

在赵元任家小雅宝胡同屋顶举行茶话会时摄（《赵元任年谱》）

欢送赵元任夫妇（前排右起 **4**、**5**）时在车站合影(《萧友梅自编影集》编号 **43**)

8月29日

教育部批准由萧友梅等拟订的北京女子高等师范学校拟将音乐体操专修科分设为音乐专修科与体操专修科办法。[注 这份由萧友梅所提、经原音乐体操专修科教员讨论的分科计划呈文认为："音乐与体操两科的性质实有不同,必令各生平均学习,必致心力两分,难收成效。故有音乐、体操分组之议。前奉部令注重体育人才的培养,应增加年限,提高程度,改体育专修科为本科。但若置音乐一类于不设,必将引起学生心意纷纭,故拟将音乐组改为音乐专修科,体操组改为体育专修科,并将修业年限延长一年,待这批学生毕业后再改办体育正科。"音乐专修科成立后由萧友梅担任主任。]（《教育公报》第8年第9期）

9月1日

是日晚,赴马幼渔[6]在宴宾楼所设的招待晚餐。[注 同席还有钱玄同、周树人、沈士远、沈尹默、沈兼士等。]（《鲁迅日记》）

9月23日,北大乐学讲座助理杨昭恕（原为王露学生）发表《音乐研究会一年经过》（附"将来的希望和整顿之意见"）一文。认为过去一年中服务社会次数太多,平均每月有二三次演出,而停止研究的时间太长,希望今后维持现状,积极进行。大学添音乐学系不成熟,先只能以讲座代之。但仅此不够,非添设乐学系不可。从该文可知研究会有西洋细乐队、古琴组、昆曲组、丝竹组、丝竹改进会,会里附设中乐唱歌班,收女小学生作试验,唱了好些古歌调如《木兰辞》、《归去来辞》等（《北京大学日刊》1921年9月23日）

9月

发表歌曲《国庆》（易韦斋词）。（《音乐杂志》第2卷第7号）

9月 清华大学成立国声社,分丝竹、昆曲两部,人数80余。（朱汉城《1949年以前清华大学的音乐教育》,《中央音乐学院学报》1999年第二期）

秋

教学之余,指导侄女萧福媛学弹钢琴已达一定程度。[注 萧福媛于是年考入女高师,成为音乐科第一届学生。]（《萧友梅纪念文集》第118页）

萧淑娴回忆 叔父回国不久便购买了一架钢琴，并亲自教其妹和侄女五人钢琴，还将钢琴的使用排了时间表，每人根据各自进度，每日进行一或二小时的练习。本人除了要去教育部、北京大学讲课、备课、写讲义、搞创作之外，每日也安排两小时的钢琴练习，并且从不间断。留学德国多年的经历，养成了他非常有条不紊的生活、学习及工作习惯，爱惜时间到了分秒必争的程度。在工作和学习的时候，他最讨厌人们做无谓的事，或游手好闲，浪费光阴，这是他最不能容忍的。（《萧友梅纪念文集》第117页）

妹萧福媛（左）、萧妙贞（右）在琴房练琴。

10月6～8日

音乐研究会连续三天在《北大日刊》上刊出延聘名人教授任导师与征求会员的启事。

10月10日

上午，出席北京女子高等师范学校举行的第一次音乐演奏会，乐友社乐队协助演出。[注 音乐会上演出了易韦斋作词、萧友梅作曲的《国庆歌》《华夏歌》《中秋》《渐渐秋深》等合唱，音乐科体操科全体学生参加演唱，有的歌曲如《华夏歌》（章太炎词）并有管弦乐队伴奏，其他节目还有管弦乐合奏、钢琴独奏、钢琴联奏等。]

[按：目前所见史料虽无萧友梅出席是次演奏会的记载，但作为乐友社主要成员、女高师音乐专修科主任和教师，又是专修科首次正式演奏会，先生出席赏听为情理中事。（下条同此）]（《北京女子高等师范学校音乐演奏会秩序单》，《音乐杂志》第2卷第9、10号）

11 月，国语读音统一会在上海开办"国语专修学校"。黎锦晖任教务主任。学校置有各种乐器，开展课外音乐活动，吸引书局的音乐爱好者。

12 月 28 日

下午，出席北京女子高等师范学校举行的第二次音乐演奏会。[注　音乐会分两部分，上半场由学生演出，下半场由来宾和教员演出。音乐会上演出了易韦斋作词、萧友梅作曲的歌曲《级之本愿》《新雪》《寒假旅行》等，其他还有独唱、钢琴独奏等节目。](《北京女子高等师范学校音乐演奏会秩序单》,《音乐杂志》第 2 卷第 9、10 号)

12 月，中华教育改进社在北京成立。该社以调查教育实况，研究教育学术，力谋教育进步为宗旨，总社设在北京，蔡元培、范源廉、郭秉文、黄炎培等任董事，总干事为陶行知。该社下设 32 个专门委员会，其中包括有音乐教育专门委员会。该社对当时教育有相当的影响。北伐战争开始后停止活动。

本年或 1922 年上半年

为胡适《平民学校校歌（为北京高师平民学校作）》谱曲。[注　原诗作于 1921 年 4 月 12 日，载 1922 年 7 月 1 日出版的《新青年》第 9 卷第 6 号。歌词内容如下："靠着两只手，拼得一身血汗，大家努力做个人，——不做工的不配吃饭！做工即是学，求学即是做工，大家努力做先锋，同做有意识的劳动！"歌词后注明："此歌曾经赵元任先生及萧友梅先生各为之制有曲谱。"又，《胡适文集》第 9 册《尝试集》也收有此诗。诗后有说明："此歌有两种谱，一种是赵元任先生做的，一种是萧友梅先生做的。今将赵先生做的谱附在后面。"据此，萧友梅为此歌谱曲，当在 1922 年 7 月 1 日之前。]

[**按**：萧先生的手稿或首刊谱均未见。现存北京师大平民学校编辑、北京求知学社印行的《平民唱歌集》（1924 年 12 月初版）中收有此歌的旋律简谱。此时"北京高师"已升格改名，故歌曲标题也改为"北京师大平民学校校歌"。]

廖辅叔论评　这首校歌的思想是与当时强调"劳工神圣"的精神相一致，是要比科学与民主更进一步的、受俄国十月革命影响的强有力的口号。从以上两首歌曲（注：另一首即前述的《四烈士冢上的没字碑歌》）的创作可以想见萧友梅的思想是与五四精神

合拍的。他的音乐创作也是以五四精神为代表的新文化的组成部分。(《萧友梅传》第20页)

本年

在琉璃厂荣宝斋与 1912 年一起在临时大总统府任秘书的老友、同乡易韦斋[6]不期而遇。[注 易兼工诗词、书画、篆刻，当时正挂出润格（为他人作诗文、书画等所定的价格即报酬标准），承接写字刻印的订货。两人见面，畅谈甚欢，易欣然答应与萧合作，试写歌词，从此两人进行长期合作，创作了一大批新歌，《今乐初集》《新歌初集》就是他们联手结出的成果。]（《萧友梅传》第26页）

萧淑娴回忆 易韦斋与萧友梅友善，志同道合，他常来我们家，有时即住在南房西侧的客房里，他写歌词萧友梅谱曲，他们合作得很是默契。易韦斋为人喜欢交朋友，非常喜欢我们几个少女，常常拉手拍肩，表示亲热。我们看见他和萧友梅几乎形影不离，易韦斋又喜欢穿丝袜，有些女性的爱美，淘气调皮的我们几个年龄相当的少女，就开玩笑地叫他"大姑妈"来代替"易伯伯"的称呼了。（《萧友梅纪念文集》第119页）

本年，黎锦晖开始用白话文作词，先后创作儿童歌舞剧《麻雀与小孩》、《葡萄仙子》、《三蝴蝶》、《春天的快乐》等作品，深受中小学教师的欢迎和少年儿童的喜爱。

萧淑娴回忆 二叔很喜欢社交，秋冬季在客厅里，夏季在院子的凉棚里，周末或周日晚上邀请北大的从英、德、法（以后也有美）留学回国任教的教授同事们到家里来茶叙，在一起做游戏、朗诵诗词、唱歌或闲谈。这时期的来客中有后来成为我们的姑夫的王世杰，还有谭熙鸿、李四光、赵元任杨步伟夫妇、丁燮林、钱端升、黎锦熙、林风眠、司徒乔等当时北京知识界的知名人物。（《萧友梅纪念文集》第120-121页）

【注释】

[1]杨仲子（1885—1962） 原名祖锡，江苏南京人。1904 年以官费留学法国，初学理科，后入瑞士国立音乐学院主修钢琴、音乐理论和作曲达十年之久。1920 年回国，与萧友梅一起主持北京女子高等师范学校音乐体操专修科，并在北大音乐研究会(1922 年改北大音乐传习所)、北京艺术专门学校音乐系任教。1932 年出任北平大学艺术学院院长，1938 年起，历任国立女子师范大学教授、国立音乐院院长、教育部音乐教育委员会主任等职。新中国建立后任南京文物管理

委员会主任，兼江苏省文史馆馆员。

[2]陈衡恪(1876—1923)，字师曾，江西义宁人。其弟陈寅恪为著名历史学家。幼承家学，熟习琴棋书画。1902 年赴日本留学，研习博物学。1914 年任教育部编审兼女子高等师范及北京女子师范博物教员，1916 年任北京高等师范手工图画专修科国画教员。1919 年任北京美术学校及美术专门学校国画教授。曾应蔡元培之邀任教于北京大学画法研究会。

[3]钱稻孙(1887~1966)浙江吴兴人。叔父是语言文字学家钱玄同。曾随父先后赴日、意和比利时学习。民国初年任教育部视学，后又任北大讲师、教授兼北京图书馆馆长。北平沦陷后，汤尔和任伪北京大学校长时期，钱任秘书长；汤死后，钱接任北大校长兼文学院院长。20 世纪 50 年代初，在山东齐鲁大学教医学。后在卫生部出版社任编辑。

[4]沈彭年(1877-1929)，字商耆，江苏青浦（今属上海）人。擅书法。曾任北洋政府教育金事、社会教育司司长、江苏省教育厅长。

[5]今北京动物园，该碑于文革期间被毁；1991 年在原址重新另立了一纪念碑，供后人凭吊。

[6]马幼渔(1878—1945)浙江鄞县人。毕业于早稻田大学、东京帝国大学。在日期间曾师从章太炎习文字音韵学。回国后任浙江教育司视学。曾任北大国文系教授、系主任，并多次被选为校评议会成员。又与鲁迅、许寿裳、朱希祖等一起提出以审定字音时使用的符号作为"注音字母"；此方案 1918 年由北洋政府颁布施行。

142

1922 年（民国十一年　38 岁）

2 月 6 日，蔡元培就要求将法国退还庚款的半数充作教育基金事，领衔代表北京国立 8 所大学校长，致函大总统与国务总理，信中指出："查精神事业，莫过教育；物质事业，自属实业，二者为国家命脉所关。"（《晨报》2 月 8 日转引自《蔡元培年谱长编》中册 470 页）

2 月 8 日、24 日，蔡元培就德国赔款 800 万元的使用一事，先后两次领衔代表 8 所大学致函教育总长，指出："教育为国家根本命脉所关，非寻常事业可比。而此宗款项，尤其各国退还庚子赔款性质不同，悉数拨充国立 8 校基金，似无不可。"（《北京大学日刊》1922 年 2 月 28 日）

3 月 25 日

经蔡元培提议，北京大学评议会第七次会议通过，先生出任北京大学学生事业委员计画股委员，负责音乐方面的研习活动。[注　在该委员会组织大纲委员名单中，萧友梅列为"计划股（音乐）委员"，身份是"本科、中国文学系讲师"；其他委员还有：丁燮林[1]、燕树棠、陈衡恪（书画）、钱稻孙（书画）、李四光（体育）、朱经农（平民教育）、马寅初（学生银行等）等。]（《蔡元培全集》第 4 卷第 272、279 页）

3 月 28 日

是日公布《国立北京大学学生事业委员会暂行组织大纲》，萧友梅名列在大纲附有的委员会名单中。[注　大纲说明，成立该委员会之目的在于"辅助校长，计划整理学生团体关于学术及公益事业"。"凡本大学学生兴办事业，须于未成立以前，将其宗旨、办法及职员姓名，函经本委员会审议，转呈校长察核备案；其已经兴办之事业，本委员会得依其职权调查，或整理之"。]（《北京大学日刊》1922

143

年3月28日)

3月末

正式被聘为学生事业委员会计划股委员,与燕树棠教授负责音乐研究会的调查工作。[注 经一个多月的调查后两人一致认为:音乐研究会比较松散,自由放任,虽有一定成效但不大,有改组之必要,而且非改成一个正式的音乐教育机关,恐不易收到实效。若仍按目前的办法,学生天天要上课,很难有许多精神兼理会务;并且凡办一种专门的事业,非有专门的人管理其事,否则很难望其有进步。随即向蔡元培作了汇报。](参见6月24日、26日条)。(《音乐传习所补行开幕礼》《北京大学日刊》1922年12月23日)

春,中国共产党领导的高等学校——东南高等师范专科学校在上海成立。学校设文学、美术两科,美术科内有图音、图工两组(美术科在1924年学生毕业后未再招生)。同年10月改名上海大学,内分社会科学院、文艺院及附中三部分(在计划中还曾拟设音乐系,但未实现)。1927年5月2日学校遭国民党政府查封。(华东师大编著:《中国现代教育史》)

4月13日,北大音乐研究会丝竹组,从是日起连续两天在北大日刊上发布通告,称 "对于中西音乐均深有研究" 的刘天华将于下周来京,应聘为音乐研究会导师;他的到来将使 "本组当另有一番整顿",欢迎爱好者报名加入。(《北京大学日刊》1922年4月13、14日)

[按: 这是由原在常州中学向刘天华学习过的北大学生吴干斌向蔡元培推荐后被聘的。](《中国近现代音乐家传》第1集第283页)

4月20日,刘天华已在日前到京。是日晚丝竹组及丝竹改进会举行欢迎会并开始授课。(《北京大学日刊》1922年4月20日)

萧淑娴回忆: 二叔特别器重刘天华,因为刘先生不仅是琵琶大师,他对二胡及其他民族乐器均很精通。他是二叔同事中一位最得力的合作者。(《萧友梅纪念文集》第130页)

4月20日,吴研因在《教育杂志》发表《本国人自办的女子师范学校该注重音乐科造就音乐女教员》。文章提议应加强女子师范学校的音乐教育,可以设音乐特科或选科来培养女音乐教员。

5月1、2日

晚 7 时，出席音乐研究会在米市大街青年会举行的演奏会。[注 演奏会节目除原有的钢琴、提琴、西洋唱歌、丝竹合奏、古琴、昆曲等外，新增了二胡、琵琶、三弦拟戏及西洋细乐队等节目，此外还有新创作的舞蹈与歌剧。新任导师刘天华（节目单上署名刘寿椿）首次登台演奏；两场各演了四个节目。]

[按：从《日刊》登载的节目单看，"西洋细乐队"即室内乐，虽不须指挥，但身为导师的萧友梅对节目必会进行辅导，并出席赏听，似在情理之中。记之备考。](《北京大学史料》第 2 卷、《北京大学日刊》1922 年 4 月 29 日第 4 版]

5月4日

出席中华教育改进社国民音乐研究部会议。[注 与会者还有蔡元培、梁启超、杨仲子、易韦斋、杨昭恕、胡适、周作人、陶行知及林美德女士。萧友梅作为研究部主任发言，谓国民音乐可分三部分进行，第一编作，第二出版，第三传播。当即推定蔡元培、梁启超、胡适、周作人、易韦斋担任歌词的著作，萧友梅、杨仲子、林美德及赵元任担任乐谱的制作。歌词著成后，即交该社总事务所转送制谱，然后在北京各学校中实验，逐步传播。关于这次会议，胡适在他的日记中有如下记载："下午到美术学校，赴中华教育改进社召集的国民音乐部委员会，没有什么结果。"]（《蔡元培年谱长编》中册第 502 页/《新教育》第 5 卷第 1 期)

6月16日

下午 4 点，出席北京大学学生事业委员会第 2 次会议。[注 会议由谭熙鸿主席，与会者还有陈衡恪、钱稻孙、燕树棠、丁燮林、沈士远等。会议决定今后"凡纯粹学生所办各种事业不得冠以北京大学名义"，可改称北大学生主办。]（《北京大学日刊》1922 年 6 月 17 日)

萧友梅与谭熙鸿在古观象台上。

6月20日，蔡元培在《教育杂志》发表《美育的实施方法》。文章分胎儿美育、家庭美育、学校美育、社会美育三个方面，从未出生前开始说到既死以后，具体地论述了实施美育的方方面面。其中对音乐尤为重视。如主张设立胎教院，每日听音乐；在社会上可设一定会场，定期举行音乐演奏会，在夏季也可在公园、广场演奏；在专门教育中应设音乐学校，热爱音乐者可入校专修。

6月23日

在由蔡元培领衔撰写的《谭陈纬君夫人行状》上署名。[注　该文大意说：谭陈纬君名玉凤，1898年生，幼年尝随其姐陈璧君（1890—1959）一起参加革命活动，1915年冬随姐及姐夫汪精卫（1883—1944）赴法国游学，专攻油画，旁及音乐、文学，两年后和谭仲逵（即谭熙鸿）在法国结婚；再三年，夫妇两人一起回国，不幸于本年3月17日因猩红热不治病故，终年26岁。联名者还有李石曾、王世杰、张竞生、李麟玉、丁燮林、李四光、沈士远等。]（《北京大学日刊》1922年6月24日）

6月24日

接蔡元培函，约请于26日晚7时，临第三院便餐，商议组织音乐传习所事。[注　同时发函约见的北大教授还有：胡适、顾孟余、蒋百里[2]、李仲逵、丁巽甫（即丁燮林）、沈士远、谭仲逵，以上商讨体育委员会事；美术学校校长郑锦、陈师曾、钱稻孙，研究将画法研究会附属于美术学校事。]

[按：此前，萧友梅将调查了解的音乐会研究会情况及改组建议，向蔡先生提出后，先生完全赞同。其他学生社团组织也有类似情况，故蔡先生于是日晚一起邀请大家来商议。]（《蔡元培全集》第4卷662—664页）

6月25日

上午，参加陈纬君女士追悼会。[注　在宣武门外北半截胡同江苏会馆举行。]

6月26日

晚7时，出席由蔡元培主持召开的专门研究与音乐、美术、体育有关的学生社团组织会议。[注　会议经商议决定，将音乐研究会改组为正式的音

乐教育机构—北京大学附设音乐传习所，并决定由萧友梅来负责音乐传习所的建所筹备工作。]（参见本年 12 月 12 日条）

6 月

在是月编印的《国立北京大学职员录》中，萧友梅的名字在国文系讲师之列，讲授科目为普通乐理及和声学。[注　当时鲁迅也在该系，讲小说史。而杨时百、杨仲子、杨昭恕、张蔚瑜、穆金仆等则列为音乐研究会导师。]（《北京大学史料》第 2 卷第 1 册第 377 页）

7 月 2 日

抵达济南参加中华教育改进社第一次年会，宿中和饭店。[注　在第 2 天偕韦易斋同进早餐时见到张元济[3]，晚三人一起游公园。]

[按：据张在日记中记载："早餐时遇旧友萧君友梅，又介绍其友易君韦斋，号季复，亦来与会者。" 又据《胡适日记》所记："上午九时三十分，火车开，车上遇蔡子民、汤尔和诸先生。人多极了，车辆甚少，拥挤不堪。我们七人同包一房，天气又热，很觉得苦。下午七时半到济南，寓石泰岩旅馆。"]（《张元济日记》（下）第 1099 页／《胡适日记》下册第 391 页）

张元济

7 月 3-8 日

出席中华教育改进社在济南召开的第一次年会。[注　会上该社下属的师范教育组、义务教育组、国民音乐组等六个组相继作报告。到会的有蔡元培、郑锦、刘海粟······等。本次年会国民音乐组提出了 8 条建议：1、提倡国民音乐应以世界能通行者为限；2、京都亟宜筹备音乐大学，在大学未成立以前，各省大学或师范学校应添设音乐科，科内可分设乐理组和乐器组；3、各省应该选派音乐教员来京讲习；4、请各省到会代表回籍征集民歌歌词；5、请设法筹款办理管弦大乐队；6、改订我国国歌；7、征集各地原有之歌词曲谱及乐器；8、提倡国民音乐当同时注意社会音乐及家庭音乐。]

[按：《教育大辞典》所列略有差别，第 6 条为各处高等师范学校内添设唱歌教

员养成所;第 7 条为唱歌科用林美德女士所制之音阶组成表识谱,其他条内容相同。]

其他的提案还有：1、北京美术学校教员武绍程提出的，师范、高级中学应加美育科目，扩充美术专门学校，在图画、手工之外增设音乐、雕刻等班次；2、郑锦提议，急设美术院；3、刘海粟提议设立国立美术展览会；4、梁启超提议，用退回赔款中拨部分经费实施美育（开办费 300 万，每年经费 100 万，另外还有增设美术学校、奖励私立美术学校、派遣美术留学生和有已经美术多年有成就的出国考察）。

(《第一次中国教育年鉴》第? 页/《教育大辞典》第? 页/《中华教育界》第 11 卷第 12 期)

暑假

在郊外购屋利用假期进行创作。[注　为避免在城里居住的往来应酬及侄女们的吵闹声，在万寿山北的一个村子里买了一处三小间的北屋，与易韦斋各占两侧一室为卧室，中间一间则作为起居室。每到暑假，就到村里小住，一个作词，一个谱曲，写好后拿到城里自己弹琴，让妹与侄女们试唱。]*(《萧友梅纪念文集》第 120 页)*

8月1日

上午九时,出席在第一院接待室由蔡元培校长主持召开的北京大学季刊委员会编辑会议，并被推举为文艺组编辑员。[注　与会者还有：丁巽甫、谭仲逵、顾孟余、陶孟和、王雪艇（世杰）[4]、朱经农、沈姜士、马幼渔、钱玄同、胡适之、李守常（大钊）、陈师曾、周启明（作人）、周豫才（树人）、杨仲子、钱稻孙等共 32 人。会议议决发行自然科学、社会科学、国学、文艺四种季刊。自本年 8 月起，每季出一本。编辑员亦分为四组，其中文艺组编辑员共 15 人，萧友梅被推举为成员之一，同组其他成员还有沈尹默、沈兼士、胡适、陈师曾、杨仲子等，主任则由蔡元培亲自兼任。此项议决于北大第九次评议会上通过。]

[**按:** 李大钊，当年曾任北大学生事业委员会主任，而萧友梅则是该委员会的委员之一，而且他们两人都是北大学术季刊的编辑委员。资料显示，他们曾多次在一起开会；再如鲁迅，他与萧友梅同为学术季刊委员与国歌研究会委员，同为中国文学系教师，还曾同应马幼渔

李大钊

做东邀请赴筵同桌就餐。所以编者分别配上了个人像片，以示萧友梅在北大的地位
与人事关系。](《蔡元培年谱长编》中册第 543 页/《蔡元培全集》第 4 卷第 696-698 页)

8 月 1 日

关于设立北京大学附设音乐传习所的提案在是日举行的第 9 次评议
会上获得通过。随后，萧友梅受蔡元培委托，立即亲自为音乐传习所拟定
章程及招生广告（参见 8 月 19 日条）。(《音乐传习所补行开幕礼》《北京大学日刊》1922
年 12 月 23 日/《蔡元培全集》第 4 集 700 页)

8 月 1 日，吴俊升在《中华教育界》发表《艺术课程概论》，提出了自己对艺术
课程教学目的的理解。

8 月 14 日

以学校名义致函京师学务局京兆尹及各省、各特别区，送发音乐传习
所招生简章、广告，并请派送学生来京考试。][注 同时又致音乐研究会，
告知停办，另设音乐传习所，择期接收。](《北京大学日刊》1922 年 10 月 7 日第 2 版)

8 月 19 日

所拟订的北大附设音乐传习所简章刊载于是日的《北京大学日刊》，
同时还刊登了招生广告。[注 简章明确说明："本所以养成乐学人才为宗旨，一
面传习西洋音乐，包括理论和技术，一面保存中国古乐，发挥而光大之"。简章还规
定，所长由本校校长兼任，另设教务主任一人，各科设主任一人、书记一人、缮谱
生一人。简章说明传习所分本科、师范科、选科三种，并规定了各科的入学条件、
修业年限、学费及课程安排等。简章还特别列出演奏会和研究会一章，规定有两种
演奏会：1、导师或来宾演奏会，暂定每礼拜一次；2、学生演奏会，暂定每学期一
次。研究会则由"本所导师及中西音乐专家组织之，以交流知识及比较中西音乐为
目的，每年以研究所得结果，译成世界通用乐谱而发表之。"]

[按：从简章内容和日后的教学实践看，传习所已不再是一个学生课外活动组织，
而是一所由校方拨款(1922-1923 学年度约占全校经费八十分之一)正式成立的，有
人员编制、有课程设置、不限年数实行学分制、为培养音乐人才的专业音乐教育机

构。"音乐传习所"实际上就是一所相对独立的小型"音乐院"。]

8月中

与易韦斋一起去太原讲演。[注 据张元济在7月23日日记中说:"易季复告,唱歌书最好暑期满、开学时出版。伊于8月中偕萧友梅到太原讲演。"]《张元济日记》(下)第1104页)

[按:此时北大已决定将音乐研究会改组为音乐传习所,萧友梅即将出任教务主任。而作为导师之一的刘天华也去河南参会(见下一条内容),看来可能这两者是有联系的、并非是个人安排的教学活动,而是由传习所萧友梅主任利用暑假有计划组织的一次教研活动。]

8月,刘天华赴河南参加"河南省小学教育讲习会",研习初级音乐教育。

8月

为七妹萧德华做媒,许配给北大教授王世杰[4]。

9月,蒲英伯发起创办北京戏剧专门学校,最初拟设话剧、歌剧两个系,因考生不足,先只开话剧系。张寒晖曾在该校学习。

10月

受聘为北京大学附设音乐传习所教务主任,并主持该所的招生和开学工作。[注 时任传习所教师的有萧友梅、杨仲子、刘天华、嘉祉[5]、易韦斋、赵年魁、甘文廉、乔吉福、穆志清[6]、李廷桢等]。

10月2日

北京大学附设音乐传习所在北大正式宣布成立。[注 是日上午9时,蔡元培在北京大学秋季开学典礼致辞中,宣布成立音乐传习所,说:"美术的陶养,也是不可少的,……今年改由学校组织,分作两部:(一)音乐传习所,请萧友梅先生主持;(二)造型美术研究会,拟请钱稻孙先生主持。除规定课程外,每星期要有一次音乐演奏会和美术展览会,以引起同学审美的兴味。"教务长胡适、总务长蒋梦麟及新聘教员也发表演说。会后,蔡元培请新教员共进午餐。]《北京大学日刊》1922

年 10 月 6 日)

10 月 3 日

主持音乐传习所的招生考试，应考者 6 人，皆师范科。(《北京大学日刊》
1922 年 12 月 23 日)

10 月 4 日

北京大学音乐研究会发出公告，宣布"本校音乐传习所成立，本会奉
校长谕（即吩咐）取消。"(《北京大学日刊》*1922 年 10 月 4 日*)

10 月 11 日

音乐传习所刊登启事，征集新歌歌词。[注　启事首先回顾了中国古代诗
词之盛，认为这是中国民族之美之精神所存寄，但惜辞存而声早亡。"今有泰西风琴
钢琴之制，音备而复，谱律森严，习而可察，专而能工，佐歌诗之曼丽，尤呈其殊
技，而不可或离，是新声可以藉存，而新歌又乌可以不继起者"。接着，启事对歌词
作者提出如下要求：1、长歌宜分段落，短歌章数宜多；2、凡歌俱宜有韵，不论平
仄，惟支纸等韵不利歌者不宜用；3、长短歌均宜节奏参错，宜用不均等之字数，不
宜如一首五七言诗；4、合新思想旧辞藻组织而成最为雅音；5、高深或平浅均可，
平浅者供小学蒙养及一般社会民众，高深者供中学以上；6、制题宜简括；7、每首
宜附自注或说明；8、有音节的白话诗，亦甚乐受。启事最后说："北京女高师早有
音乐科之设，北大近又添设音乐传习所，此外并有北京共立音乐学校之组织，歌之
教材，需要甚亟，除最近商务印书馆出有《今乐初集》外，求有适合之教材，稀如
星凤，用特掬诚征求，崇雅君子，不弃不吝，尤所感颂。"]

　　[**按**：此启事从语言风格上看，似为易韦斋所撰，或经萧、易商议后由易执笔，
但均代表了萧的观点。](《北京大学日刊》*1922 年 10 月 11 日*)

10 月 26 日

在蔡元培致北大《文艺季刊》编辑员函中，萧友梅为编辑员之一。[注
函文说："本季刊亟待出版，诸先生所担任之稿件，请准予十一月三十日之前交下，
俾得编妥付印，不胜企祷。"时任《文艺季刊》的编辑员还有沈尹默、沈兼士、胡适
之、周豫才（鲁迅）、周作人、徐炳旭、顾孟余、宋春舫、陈师曾、钱稻孙、杨仲子、
张凤举等，蔡元培兼任主编。](《北京大学日刊》*1922 年 10 月 28 日*)

10月

与易韦斋合作的歌曲合集《今乐初集》初版由商务印书馆发行。[注　曲集开卷第1首为国歌《卿云歌》，在黄节[7]的序、弁言及《编辑大意》后，共收《国庆》、《植树节》、《问》、《中秋》、《汤山》、《本愿》、《女子自觉》等歌曲20首，内容有反映学生生活的，有描写自然景物的，也有表达爱国情操的，作品大都是平时为教学需要而创作。其中如《问》，在思想性艺术性上都达到了较高的水平。曲集中的歌曲除国歌《卿云歌》外，歌词均为易韦斋所作。歌曲形式多样，除单声部外还有二部合唱、三部合唱等，并附有钢琴伴奏谱。在《编辑大意》中，作者说明了编写此集的初衷，因为"现在吾国学校所有歌集，其曲谱多采自外国，第填词者多非谙乐理之人，歌词句每与乐句不能针对，此亦为吾国中小学生对于唱歌一科兴味缺乏之一大原因。本集曲谱，纯是比按歌意创作而成，自无词曲互舛之处"。歌曲"均有弦外之意"，"婉而讽者居多"。曲集封底还有商务印书馆的说明："今乐初集一册为易韦斋、萧友梅二君所编，二君愿将版权让归本馆印行。"1923年11月商务印书

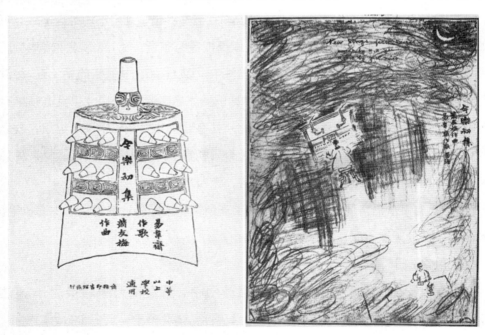

《今乐初集》封面及扉页

馆再版此曲集。]

[**按**：作为教材的《今乐初集》和翌年出版的《新歌初集》，改变了我国以往学

校唱歌教材以"选曲填词"为主的方式，而代之以原创的歌曲。当时有评论认为："这两集的刊行，在中国真是空前未有的骇人的胜举，霹雳一声，实在给中国的乐坛开一个新纪元。"] (*青青《我们的音乐界》载《开明》艺术专号，1928 年 10 月*)。另外，曲集封面、封里、弁言、编辑大意与歌录均由易韦斋"署绘"和"手写"；这在中国现代乐曲出版史上，可谓别具一格，弥足珍贵，富有收藏价值。]

梁茂春论评 青青这一评价未免过高；但两本歌集确实是我国现代最早出版的中国作曲家歌曲创作专集。再加其他一些器乐作品，萧友梅无疑是我国专业音乐创作的一位先行者，在众多西洋音乐体裁未借鉴到中国的情况下，做了比较广泛、勤奋的探索。(《萧友梅纪念文集》第 263-264 页)

萧淑娴回忆 萧友梅每每将易韦斋的歌词创作好歌曲和伴奏之后，不时地在晚饭后，他弹琴，我们姑侄(主要是八姑、十姑、淑琴三妹、淑贞四妹和我)五人唱他新谱的歌调，这阶段我们家音乐气氛浓郁，琴声歌声四面飞扬。(《萧友梅纪念文集》第 119 页)

黄节[7]序言

弁言与编辑大意

11 月 6 日

主持音乐传习所续考新生的考试。

(《北京大学日刊》1922 年 11 月 4 日)

11 月 15 日

音乐传习所作出决定：凡北大同学入选科学习，可减免一半学费。(《北京大学日刊》1922 年 11 月 15 日)

12月8日

下午四点半，出席北京大学第25年之成立纪念筹备委员会第三次会议。[注会议议决纪念会临时干事部各股干事名单、入场卷发送办法及纪念会节目程序等。]（《北京大学日刊》1922年12月9日）

12月12日

下午4点，音乐传习所补行开学典礼，蔡元培校长因出席孔德学校5周年纪念，未能与会，由谭仲逵为代表。[注 会上，摄影后由萧友梅报告成立原委和经过（见前3月、6月、8月诸条）后说，不幸8月底八校校长因教育经费无着而联合辞职，学校停顿办事有一月之久，因此各省报考者与应考者多观望不前，预定之入学试验日期，延至十月初三才举行。当时应考者只有6人（皆师范科），后因有路远者迟到补考了一次，连同选科生共有27人入学。至昨日尚有由云南送来的学生3名，要求补考的。此次报考如此参差不齐，一方面是因教育经费无着，一方面是因为发出招考通知太迟，边省地方交通不便，常有启程一个多月方能抵京的。报告还说到在寻找校舍方面也费了一番周折，化了一个月时间才找到合适地方，延至12月初始有教室。

接着由谭仲逵代表蔡元培校长致辞。他在演讲中特别说到：各文化发达的民族对于音乐莫不竭力从事。不说在巴黎、伦敦、柏林等大都会中，就连各国、各处的小城市，哪里没有音乐院或音乐会等组织。试把我们中国来看看，这样的地大人众，竟连一个有价值的研究音乐的组织都没有！彼此相比，真令人不得不羞愧无地了。提倡美育的责任，当然是我们国家应该负的。但现在的国家，哪里能这样望它许多！我们北京大学虽是力薄，但对于文化有重要关系的事业，都不敢避唐突的嫌疑，勉力的去负提倡的重任。音乐传习所的设立，也本着这个意思。我们大学里关于学术上分内的建设，应待进行的正多，经费又这样困难，而今先去提倡我们分外的音乐，人家可以责我们谓有施行颠倒的弊病。但这亦可见我们对于美育的提倡的热心了。深望诸君善体蔡先生和学校里同人的这番苦心，努力进行。希望一方面培植些优美的音乐家，以教育后进，并预备将来普及美育；一方面创造和传播些新而有价值的

国立北京大学附设传习所开幕纪念

民十一年十二月十二日

12 月 12 日北大音乐传习所师生合影。前排：1.傅松林、2.乔吉福、3.甘文廉、4.嘉祉、5.谭熙鸿、6.萧友梅、7.易韦斋、8.穆金仆、9.刘天华、10.李廷桢、11.赵年魁；中排：2.孙耀祖、3.熊婉倩、4.余子慧、5.汤[？]人、6.吴立卿；后排：2.吴伯超、3.王骕、4.储振华、5.郑颖孙、7.梁文英

（《萧友梅自编影集》编号53）

音乐学理和艺术，以惠我久困于枯燥生活中的人民。我们的起点虽微，只要勉力做去，不怕它将来没有远大的影响；恐怕我们理想中的那个皇皇独立的国立音乐院，或者就因我们的动机而发生，亦未可知的。

再由易韦斋发表演说，其中提到：在鄙人素来的观念，以为无物不美！但就中最美者为词章！词章中最美者为歌！歌中最美者为能唱之歌！何以故，天下美，多属于可看之物，惟有音乐，是天下美的可听之物。歌，又是音乐中加倍表情的美之物。所以我盼望音乐家，及好而学音乐者，多对于这加倍的美而可听的词章，下一种研究，成为作品！最后，有女高师学生演唱歌曲三首，嘉祉演奏钢琴，刘天华琵琶独奏。6 点多散会。]（《北京大学日刊》1922 年 12 月 23 日）

12 月 17 日

出席北京大学举行第 24 周年纪念会。[注 是日晚 7 点半，音乐传习所在马神庙（即今沙滩后街）第二院大讲堂举行第 1 次演奏会。在 16 日的《北京大学日刊》上，刊出了由萧友梅安排决定的节目单，共计 10 个节目：其中有本所导师的管弦六部合奏、八部合奏以及杨仲子钢琴独奏、赵年魁提琴独奏、嘉祉钢琴独

北大二院大讲堂，音乐传习所的音乐会大多在此举行。这里过去是和嘉公主府的正殿。原载于《北大二十年级同学录》。（出自《老照片中的大清王府》，北京文化艺术出版社，2006 年）

奏、刘天华等的中国弦乐五部合奏和三弦拟唱等（详见附录二之）。]

[**按**：自此日举办音乐会起至 1922 年春止，在萧友梅的组织下，音乐传习所乐队共举行了 40 多场音乐会，演出节目包括欧洲古典、浪漫时期的经典管弦乐作品，中国民族乐器如二胡、琵琶独奏及萧友梅新创作的乐曲、歌曲等。]（《北京大学日刊》1922 年 12 月 16 日）

北京大学第一院，即今五四大街红楼。

北京大学第二院大门，现为高教出版社。

北京大学第三院

12 月 26 日，北大学生李嘉琛等 9 人发起筹建国乐社。是日刊登启事，谓：北大音乐传习所成立，丝竹改进会无形解散，中国音乐即无团体组织，故拟发起组织国乐社，从事研究中国古今一切雅乐。（《北京大学日刊》1922 年 12 月 26 日）

本年，陆宛华在上海创立两江女子体育专科学校。学校设有音乐课。日后喻宜萱、吴晓邦、欧阳予倩等曾先后在该校任教。（《上海文史资料》第 59 辑）

本年，东南大学南京高等师范学校附属中学提倡开展课外音乐活动，每周朝会

157

有 5 分钟的唱歌活动。此外还聘有国乐、西乐专家各一名，辅导学生练习。其时该校选习国乐者有 200 余人，选习西乐者近 100 人，举行音乐会时，听众可达二三千人。(《中国近代学制史料》)

　　本年，山西省立国民师范学校 (1919 年开办) 增设初级雅乐专修科，学制一年。1923 年又增设高级雅乐专修科，学制一年，招收中等学校毕业生。1924 年有 34 人毕业。(《太原文史资料》第一辑/《文化史料》第三集)

【注释】

[1] 丁燮林 (1893—1974) 江苏泰兴县人。1914 年入伯明翰大学攻读物理学，1919 年获理科硕士学位。回国后任北大物理系主任，曾致力于中国笛子的改革。1928 年任中央研究院理化实业研究所物理组主任、物理研究所所长；并两次代理中央研究院总干事长。1949 年后历任全国科学技术普及协会副主席、文化部副部长，还曾兼任北京图书馆馆长等职。

[2] 蒋百里 (1882 — 1938) 名方震，浙江宁海县硖石人。1901 年入日本士官学校，期间创办《浙江潮》。1906 年回国，旋赴德国军事学院进修。回国后任保定军事学校校长。曾出任北洋政府总统府顾问、国民党军事委员会高等顾问。同时积极参与新文化运动，曾与郑振铎、沈雁冰等发起组织"文学研究会"。抗日战争爆发后出国宣传抗日。1938 年 5 月回国，任陆军大学教育长兼代理校长。

[3] 张元济 (1867—1959) 浙江海盐人。光绪年进士。戊戌维新时为光绪帝破格召见，政变后被革职。1898 年冬任上海南洋公学译书院长，后任公学总理。1901 年与蔡元培等创办并主编《外交报》，同年投资商务印书馆。1903 年任商务印书馆编译所所长，1916 年起先后任经理、监理、董事长。1949 年任上海文史馆馆长、商务印书馆董事长。

[4] 王世杰 (1891—1981) 湖北崇阳人。曾参加辛亥革命。1913 年留学英、法；1920 年获法学博士学位后回国，任北大法律系教授、系主任、教务长等职。1929 年 5 月任武汉大学校长。后历任国民政府教育部长、宣传部长、外交部长等职。1943 年曾随蒋介石参加开罗会议，曾代表国民党参加国共谈判。1949 年去台湾。

[5] 嘉祉　俄籍钢琴家。生卒年不详，1919 年来中国。1926 年离开中国，前往南美。20 世纪 20 年代，同时在北大音乐传习所、北京艺专、北京女子师范大学任教；又是音乐传习所管弦乐队中唯一的外籍音乐家。教学中善于因材施教，宽严结合，深受学生的尊敬与欢迎。

[6] 穆志清 (1879-1969) 幼先后就读于北京汇文小学、崇实小学、正华中学，14 岁因家贫退学考入赫德所办的海关附设音乐专修班，最初学铜管乐，一年后转学黑管，曾任管乐首席。1920 年后被聘为北大音乐研究会、音乐传习所导师。1927 年音乐传习所被迫解散后曾到东北，上海寻找工作，不久转至广州，在中山大学、岭南大学任教。"一·二八"事变后返回北京，不久又赴成都艺专任教，1949 年参加重庆市公安局宣教科及在西南艺术学院任教，1953 年院系调整时调至西南音专 (后改四川音乐学院) 工作至 1958 年 12 月退休。

[7] 黄节 (1873～1935) 近代作家、学者、诗人。广东顺德人，原名晦闻，字玉昆，号纯熙。别署晦翁、黄史氏。清末变卖祖业，在上海与章太炎、马叙伦等创报刊，办学会，阐发反清思想，写下大量爱国诗文。袁世凯复辟帝制期间，曾撰文抨击。后专心致力于学术研究和教育事业，任北京大学文学院教授、清华大学研究院导师。

1923 年(民国 12 年　39 岁)

2月7日，京汉铁路工人全线总罢工，吴佩孚血腥镇压，史称"二七"惨案。

5月，第六届远东运动会在日本大阪举行，中国名列第三。

12月，曹锟以贿选当上北京政府总统。

1月13日，教育部批准《北京女子师范学校暂行组织大纲》。据该大纲规定，学校可设音乐学系、体育学系、家事学系，教学科目分必修、选修两种，采用学分制。（《教育公报》第 10 年第 1 期）

1 月 16–18 日

音乐传习所连续三天在北大日刊上刊出即将举办第 3 次演奏会的公告并刊有节目单。[注　在 17 日的预告中，首次公开透露传习所要组织管弦大乐队的信息。公告说："本所为扩大现有乐队以备本校二十五周年纪念及逐渐组成管弦大乐队起见，拟每次开会收回最少票价，以其所得补充之。"决定票价分三种：白票为校外人用，座位在楼上，大洋四角；红票限于各校学生用，大洋二角；黄票限于本校学生用，大洋一角。]

[按：校内举行音乐会，针对不同对象采用不同票价的做法，今天是否还有值得借鉴之处？]

1 月 19 日

晚七时半，在第二院大讲堂举行音乐传习所第 3 次演奏会。[注　会上萧友梅指挥乐队演奏了巴赫的咏叹调（大合唱）、海顿的《天述神之命运》、莫扎特的歌剧《唐璜》序曲以及贝多芬的第五交响乐的第二乐章、迈耶贝尔的《凯旋进行曲》等乐曲。并在亲自撰写的音乐会"秩序单之说明"中把这次演奏乐曲大概分为模范派音乐、自由派音乐、

音乐传习所乐队成员肖像

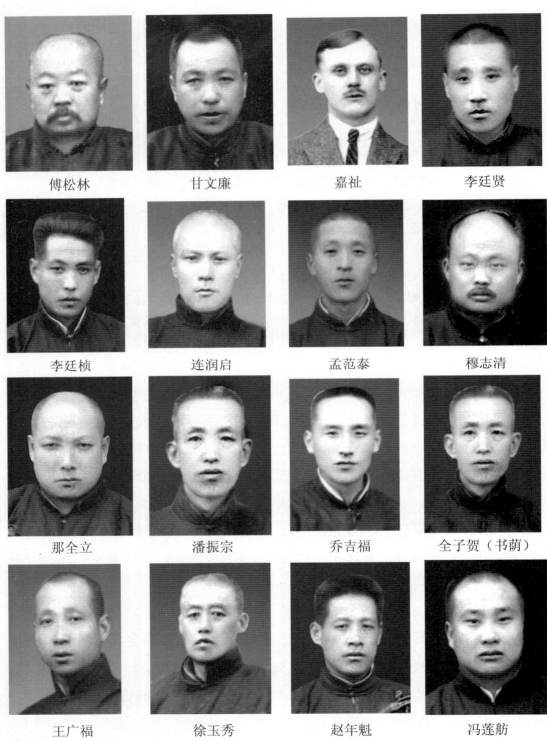

傅松林　　甘文廉　　嘉祉　　李廷贤

李廷桢　　连润启　　孟范泰　　穆志清

那全立　　潘振宗　　乔吉福　　全子贺（书荫）

王广福　　徐玉秀　　赵年魁　　冯莲舫

酬应音乐三种，并作了具体的说明。节目单附有曲作者的简介，并刊登了临时加入的乐队成员名单］（详见附录二之 2）

　　[按：从当时音乐传习所的人员组成及此秩序单说明文字的内容与文风看，该秩序单无疑为萧友梅亲自所写；这也是音乐传习所举行演奏会的第一份有曲目和曲作者介绍的秩序单。]（《北京大学日刊》1923 年 1 月 16 日）

1 月 26 日

　　应蔡元培与中华教育改进社之邀，以"乐友社"名义组织音乐传习所师生于是日晚在中国大学举办第一次国民音乐会。（萧友梅《关于国民音乐会的谈话》，1923 年 2 月 23 日《晨报副镌》）

2 月 17、18 日

　　组织音乐传习所师生在北京高等师范学校连续两天举办国民音乐会。[注从这几场音乐会的会场情况看，萧友梅高兴地认为"听众一次比一次多"，"会场秩序一回比一回好，第三次演奏时，会场异常肃静，与在外国会场无异，足见听众有爱乐的真表示"。]（萧友梅《关于国民音乐会的谈话》）

2 月 21 日

　　是日撰写《关于国民音乐会的谈话》一文。[注　文章首先指出举办国民音乐会的目的，"不单是想给国民一种高尚的娱乐就算了事，还想对于完全未学过音乐的借此可以引起他们学音乐的兴味"，它"一方面是想引起国民向美的嗜好，一方面是想音乐普及"。接着文章介绍了举办国民音乐会的办法，包括会场、乐师及乐曲的选择等等，认为"因为音乐是一种真正的世界语，……不用翻译亦可以明白这个乐曲的性质。所以音乐是世界的，是最能联络人类感情的。国民音乐会是凡国民应听的音乐会，并不是专奏一国音乐的会"。文章最后阐述了国民音乐会的功能，指出：提倡美育，

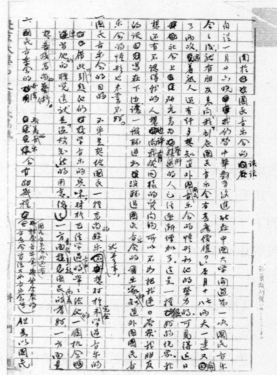

《关于国民音乐会的谈话》一文手稿之一。

不能没有音乐教育，举办"国民音乐会就是实行普及美育的最好办法之一"。一方面为学音乐的学生提供生动的音响材料，一方面引起没有学过音乐的人对音乐的兴趣，又为大众提供高尚的娱乐，起到消除社会上如赌博等不良习惯的作用。针对当时社会上提倡的美育有"偏重造型美术和戏剧两方面"的现象，文章特别强调："我很盼望爱美的同志总要分一半精神来提倡音乐，方才可以讲提倡美育。" 接着又从"移风易俗，莫善于乐"的角度指出："国民音乐会于国民道德上也很有些影响。现在我国国民溺于不正当嗜好者实在不少。假使每礼拜至少有一次大的国民音乐会，总可以把他们趋向于不良的嗜好减去一部分。一个家庭里头，如果有几个人爱音乐的，这个家庭就不至有赌博之患；一个社会里头如果爱音乐的团体多，别样坏风俗自然就可以减少了。"］(*1923年3月23日北京《晨报副镌》"论坛"专栏第一版。*)

2月22日，北京政府任命范源廉为国立北京师范大学校长，将北京高等师范学校升格改为师范大学。

162

2月22日

为音乐传习所撰写启事，征求校歌歌词。[注 启事称：在去年11月23日25周年纪念筹备委员会第二次会议议决案中有"于一年之内，须作成本校校歌"一项。根据此项议决，提出了4点：1、希望本校同人各发挥其文学性，制为校歌，交本所汇齐，酌为谱成曲调，以便传唱；2、希望提早交下，不误纪念日期；3、对歌词的要求，提出不必一定要以《北京大学校歌》为题，如"景山"、"北海"、"沙滩"、"汉花园"等均可为题，但不可用字数长短相同的句子组成，最好用长短句，如古歌谣及词曲之类，且长歌宜分段，短歌宜分章；4、歌中有非普及可晓之事实及历史另纸附注。]（*北京大学日刊》1923年2月23日*)

[按：这则启事实际是征求校园歌曲歌词，而不是真正意义上的代表一所学校的校歌。]

3月6-9日

为扩大影响，连续四天在北大日刊上刊登举办音乐传习所第4次演奏会预告。[注 前三天还刊出演奏曲目。]

3月10日

晚七时半，在马神庙第二院大讲堂举行音乐传习所第 4 次演奏会。[注　会上，萧友梅指挥乐队演奏的曲目有：Keler Bela 的《匈牙利音乐会引》、W.Balfe《懊侬曲》、舒伯特的《第三军队进行曲》、迈耶贝尔的《第一套燎舞》、E.斯特劳斯的《乞食学生的方舞》、G.洛尔青的歌剧《偷猎》序曲、莫什科夫斯基的《西班牙舞曲》、贝多芬的《执绋进行曲》等以及大提琴独奏、长笛独奏、钢琴独奏等 13 个节目。乐队队员新增大提琴演奏员李廷贤。（详见附录二之 3）]（《北京大学日刊》1923 年 3 月 6 日）

3月20日

是日起至 22 日连续三天刊登传习所第 5 次演奏会预告并附有节目单。

3月24日

晚 7 点半，在第二院大讲堂举行音乐传习所第 5 次演奏会。[注　会上，萧友梅指挥乐队演奏了法 Auber的歌剧 *Fra Diavolo* 序曲、亨德尔的《慢板》、匈牙利FVr.Lehar的歌舞剧《流氓恋爱》中之匈牙利进行曲、安东尼奥·托斯卡的《俄国近卫军阅操》、贝里奥的《第七变奏曲》、法G.Lemaire 的《拨复挑》、波M.Moszkowski的《夜曲》、埃尔加的《寄情》、莫扎特的《土耳其进行曲》。此外还有刘天华琵琶独奏《霸王卸甲》，小提琴独奏、杨仲子等钢琴三重奏A.Adzm的歌剧《傀儡》序曲、穆金仆（志清）的单簧管独奏（管弦乐伴奏）等 14 个节目（详见附录二之 4）。]（《北京大学日刊》1923 年 3 月 20–22 日）

4月5日

晚 8 点，在第二院大讲堂举行音乐传习所第 6 次演奏会。[注　会上，萧友梅指挥乐队演奏的曲目有苏佩的歌剧 *Boceaeeio* 序曲、刘天华小号独奏《消息在林中》（乐队伴奏）、舒伯特的《未完成交响乐》、迈耶贝尔的第三套舞曲、贝多芬的《爱格蒙特》序曲、格里格的《佩尔金特第一组曲》、舒伯特的《匈牙利曲调》等。此外还有殷伯海的琵琶独奏。从 2 日至 5 日连续四天刊登节目单（详见附录二之 5）。]（《北京大学日刊》1923 年 4 月 2–5 日）

4月6日

是日清明节，与兄弟侄辈同往京郊香山父亲墓地扫墓。

[按：该墓地在香山碧云寺山脚下公主坟村，占地 4 亩，是其父萧炎翘于 1919 年购买的。1919 年 11 月萧公辞世，1921 年安葬于此。墓园建立后，萧家专门请当地村民刘玉

山常住看守，其守墓房屋，至今犹在（即进大门右边靠西园内坐北向南的几间小平房），

清明节扫墓摄。前排左起：萧德华、萧淑娴、萧妙真、萧福媛；后排左起：萧淑珍、萧淑庄、萧
柏林、萧友梅、萧淑芳、萧卓颜（《萧友梅自编影集》编号 65 ）

其后代如今仍在该院居住并协助照看墓地（详"身后纪事"2007 年条）。]

4 月 21 日

晚 8 点，在马神庙第二院大讲堂举行音乐传习所第 7 次演奏会。[注 会上，萧友梅指挥乐队演奏曲目有：罗西尼的歌剧《如盗的鹊》序曲、迈耶贝尔的歌剧《地那拉》中的阴影舞、长笛独奏乐队伴奏W.Popp 的《黄莺》、小提琴独奏乐队伴奏F.Poliakiu的《黄鸟》等。节目还有穆志清单簧管独奏，杨仲子等的钢琴三重奏及小提琴独奏。音乐会还有美国歌唱家丁克琴夫人参加。（详见附录二之 6 ）]*（北京大学日刊）1923 年 4 月 19-21 日)*

4 月 23 日，日本宫内省乐部讲师理学士田边尚雄到上海专科师范学校讲演，题为《中国音乐在世界上的地位》。

4 月 30 日，吴梦非在《民国日报》副刊《艺术评论》发表《为讨论新学制艺术科者进一言》。文中提出艺术教育的目的在"开发儿童天赋艺术才能，使他们发展鉴赏美、创作美的能力。"

4 月

在几个月来 10 余次演奏会艺术实践的基础上,在音乐传习所各位导师及导师的旧同事的协助下,一支由 15 人组成的北京大学管弦乐队正式成立。

[**按**: 这是在几个月来 10 余次演奏会艺术实践的基础上,在音乐传习所各位导师及导师的旧同事的协助下成立的。这是第一支绝大多数由中国人组成并由中国人担任指挥的、当时全国唯一的西洋管弦乐队。]

5 月 5 日

晚 8 点,在第二院大讲堂指挥管弦乐队举行第 1 次交响音乐会,也是音乐传习所的第 8 次演奏会。[**注** 音乐会演奏曲目有: 贝多芬的《第六交响乐》(全曲)、瓦格纳的歌剧《尼伯隆格的指环》之二《Siegfreid》序曲中的"森林之声"、A.Seifert《叙情进行曲》等。本场演出还有刘天华的琵琶独奏《汉宫秋月》,全书荫的小提琴独奏等曲目。

本次音乐会节目单上醒目地注明 Symphony concert,表示这是一场交响音乐会。萧友梅还为节目单撰写"说明书"。先生认为:"交响乐曲之种类甚多,若从音乐性质上区别之,可分为两大类: 一是绝对的音乐(Absolute musik),借音乐符号发表人类的内部生活,其乐曲无一定之题,故演奏者与听者可各有一种之解释; 二是说明的音乐(Program musik),与前者正相反,有一定的题,用音乐描写出来,无论何人须依其题目所标示而解释。故此两种音乐亦可以'主观的''客观的'名之。"接着举例加以说明。继而对贝氏的第六交响乐和瓦格纳的乐曲作了简要介绍;在节目单还公布了队员名单(详见附录二之 7)。他们都不拿薪水,只在音乐会收入项下酌送车马费。]

[**按**: 这是中国现代音乐史上第一次由中国人指挥、中国人演奏的交响音乐会,从而揭开了中国交响乐发展史的第一页。5 月 5 日这一天,是值得记入中国交响乐发展史册的日子。](《北京大学日刊》1923 年 5 月 5 日)

徐志摩 你们没有听过夜莺先是一个困难。北京有没有我都不知道。下回萧友梅先生的音乐会要是有贝德花芬的第六个"沁芳南"(The Pastoral Symphony)时,你们可以去听听,那里面有夜莺的歌声。(徐志摩《济慈的夜莺歌》)

田边尚雄

5月14日

出席日本音乐学家田边尚雄[1]在北京大学第二院大讲堂的演讲会。[注　演讲题目是《中国古代音乐之世界价值》，由周作人口译，鲁迅也在座听讲。纪录稿发表在是年 5月 25 日出版的《北京大学日刊》上。讲演会上还放送了田边尚雄带来的《太平乐》《越天乐》《兰陵王破阵曲》等唱片。]

[**按**：田边于 1923 年来中国各地考察音乐，在他所著的《中国·朝鲜音乐调查纪行》中提到，在到北大讲演之前，曾拜访萧友梅，次日萧又作了回访。据此，萧友梅出席报告会似在情理之中。]（《北京大学日刊》1923 年 5 月 14、25 日/（日）榎本泰子著 彭谨译：《乐人之都——上海（西洋音乐在近代中国的发轫）》，上海音乐出版社 2003 年/张菊香、张铁荣编著/《周作人年谱》，天津人民出版社，2000 年）

5月19日

晚 8 点，在第二院大讲堂举行传习所第 9 次音乐会。[注　会上指挥演奏苏佩的轻歌剧《轻骑兵》序曲；迈耶贝尔的歌剧《魔鬼罗别特》中之"赦歌"、莫什科夫斯基的《爱舞》等。此外还有刘天华的琵琶独奏《十面埋伏》（详见附录二之 8）。]（《北京大学日刊》1923 年 5 月 17 日）

5月22日

晚 8 时，音乐传习所应中华教育改进社，假北京东城米市大街青年会大讲堂举行"国民音乐特别大会"。[注　会上，指挥乐队演奏贝多芬的《第六交响乐》和"新自由派作曲家"瓦格纳的《森林之声》等作品。音乐会上还有刘天华的琵琶独奏《汉宫秋月》等节目。]（《北京大学日刊》1923 年 5 月 22 日）

5 月 28 日，是日出版的《北京大学日刊》以大号字刊登公告，题为"空前之大音乐会"。通告下午 5 点到 7 点，世界大"提琴家"喀拉士拉[今译克莱斯勒（1875-1962）]在真光剧场演艺。公告并称喀拉士拉"艺术，名满全球，此次演奏会为绝无仅有的机会"。大总统黎元洪及夫人、梁启超、梅兰芳及夫人、章士钊等出席聆听。时在音乐传习所的谭抒真也前往赏听。这次音乐会是由徐志摩等倡议发起，德国公使馆代表威罗普协调，林徽因翻译解说。音乐会酬金为大洋 2500 元。（《晨报》1923 年 5 月 28 日）

5月，傅彦长等编辑的《音乐界》创刊，这是一份普及性的音乐期刊，文章、乐曲兼顾，每期涉有"国内乐闻"一栏，至年底共出版12期。

5月，刘质平在《音乐界》第1期发表《致新学制课程标准起草委员会讨论中小学音乐课程纲要意见书》，对纲要和当前学校音乐教学中的一些问题提出了自己的看法。

6月11日

晚8时，在第二院大讲堂举行传习所第10次音乐会。[注 会上，萧友梅指挥乐队演奏门德尔松的《仲夏夜之梦》，韦伯的歌剧《自由射手序曲》、格拉祖诺夫的《夜歌》以及刘天华琵琶独奏《思春》《昭君怨》《泣颜回》《傍妆台》等节目（详见附录二之9）。此次音乐会原定于6月2日举行，因嘉祉病而延至今日。萧友梅为《仲夏夜之梦》撰写了乐曲说明。]（《北京大学日刊》1923年5月31日）

6月

至本月底，音乐传习所在不到一年的时间内，共组织举办了10场音乐会，得到校内师生和社会大众的普遍欢迎。

7月

向北大评议会提出议案，拟将"音乐传习所"改名为"音乐院"。[注 由于"音乐传习所"这个名字是在开办时候仓卒间从西名'conservatory of music'译来，没料到后来会对学生生活有影响。因用"传习所"这种名称的学堂，毕业年限是很随便的，几个月就可以修毕。故当音乐传习所的学生到本籍教育厅申请津贴时常被驳回。此案获得蔡元培的赞成，但因评议会上有些成员认为"音乐院"的"院"字与"大学院"的"院"字相同，在"大学院"未成立之前，先开办"音乐院"，易引起外间人士的误解，以为"音乐院"和"大学院"是同等的，有损"大学院"的尊严，故在评议会上未获通过。](参见本年12月7日条)（萧友梅《音乐传习所对于本校的希望》《萧友梅音乐文集》第235页）

7月1日，北京高等师范学校改制为北京师范大学，设教育、国文、英文、史地、数学、物理、化学、生物八个系和体育、手工图画两个专修科，音乐是体育专修科的副科，教师有柯政和等。（参见本年2月22日条之相关连接）

7月1日

音乐传习所开设暑期钢琴讲习科。[注 讲习科由嘉祉任教，分每周授课一次和二次两种，每次半小时，地点在皇城根达教胡同 2 号本所，至 8 月 31 日止。]（《北京大学日刊》1923 年 6 月 23 日）

　　夏，应尚能从清华学校毕业赴美国留学（生平简介详后）。

8 月 15 日北京女子高等师范学校师生在礼堂前合影。（由左而右）1.梁瑞、[？]2.李耀辉、3.胡兰、4.毛应鹤、5.徐世琛、6.袁慧熙、7.萧福媛、8.谭彩珠、9.萧友梅、10.王世瑜、11.嘉祉、12.马文芳、13.杨仲子、14.廖坤泰、15.谢惠如。（《萧友梅自编影集》编号 34）

8 月 21 日

　　出席中华教育改进社在北京清华学校举行的第二次年会，担任国民音乐教育组主任。[注　会上，该组表决通过了李荣寿的三个提案：1、各高等专门学校应设夏期音乐讲习会，召集各省音乐教员讲习；2、全国学校应悬国歌挂图；3、吾国古今乐曲在国民音乐中有相当价值，应组织研究会，由中西音乐专家担任，将所有现成的乐曲译为世界共同的乐谱，以备作曲家参考。萧友梅附议了其中第三案，原案认为"吾国皮黄盛行全国，然今近研究乐学者多不注意讨研。吾想一国有一国之精神，一国有一国之特性。文化之盛衰，风俗之厚薄，国民性之刚柔，与音乐俱有深切之关系。皮黄乃集国人之声情，根古乐之遗响，逐渐脱化，日异月新而成。曲质慷慨激昂，庄严淳厚，喜怒爱乐，变化自如，是合乎国性之音乐也。用取其调，改良戏词，未尝非社会教育之一助。可否采取加以改良，译成世界共同的乐谱，用作乐界之参考"。

会上，先由提案人说明理由，次由主席萧友梅申言皮黄之短处，并指出单提皮黄，范围太狭。最后由萧友梅提出修正案为"吾国古今乐曲在国民音乐中有相当价值，应组织研究会，由中西音乐专家担任，将所有现成的乐曲译为世界共同的乐谱，以备作曲家参考"。议决照修正案通过。]（《音乐季刊》第3期，1924年4月15日出版）

8月

新制乐队曲《新霓裳羽衣舞》钢琴谱石印本出版，由杨仲子绘制封面，内载有萧友梅的《序言》。[注　序言简略分析了白居易之《霓裳羽衣舞歌》的组织结构，说明本曲的曲式，大体上是依据原作并结合近代作曲家的习惯略作变通而成。序言还说明曲调采用"五声音阶为主"，是为了"表示追想唐代之音乐"。该曲除钢琴谱外今尚存作者为北京大学附设音乐传习所的小型管弦乐队编配的管弦乐总谱手稿59页，并附此曲的草稿残稿1页，音乐传习所乐队曾多次演奏该曲。]（《萧友梅音乐文集》第232页）

[按：对该曲的具体、中肯分析，请参看《萧友梅纪念文集》第418页王安国文，第290页王震亚文。]

《新霓裳羽衣舞》乐队总谱手稿

《新霓裳羽衣舞》石印本钢琴谱

8月

与易韦斋合作的第二本歌曲集《新歌初集》由商务印书馆出版。[注 歌集除开卷第 1 首由易韦斋"改定前作歌"《国庆》外，共收《泰山》《古歌者赞》《燕歌辞》《飞南之雁语》《围炉舞蹈》等单声部、二部合唱、三部合唱、四部合唱共 25 首，并附有钢琴伴奏谱。歌集全部由易韦斋作歌，萧友梅作曲，封面、歌谱和歌录则与《今乐初集》一样，仍由易韦斋"署绘"和"手写"，另有杨仲子绘的封里"梦"。歌集于 1925 年 10 月

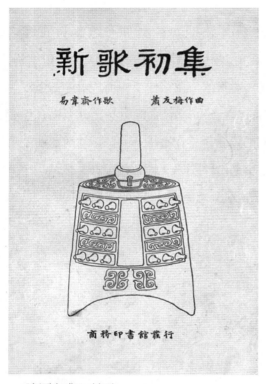

《新歌初集》封面

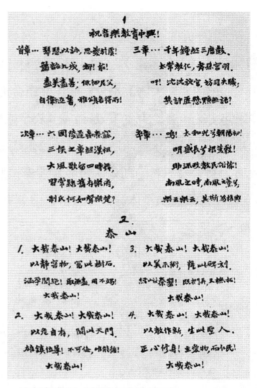

易韦斋手写《新歌初集》歌录

黎锦晖

再版，并在 1934 年 5 月由商务印书馆出新版。新版除以《国民党党歌》（四部合唱，歌词选自孙总理训词，程懋筠作曲，萧友梅配和声）替代初版中的《国庆》，封面、封里重新设计，歌录取消外，所收 25 首歌曲与初版完全相同。]

9月 11 日

赴黎锦晖[2]宴。[注 同席者还有周作人、钱玄同、沈兼士、陈大悲等 10 人。]（《周作人年谱》）

170

9 月 18 日

北大中文系以"专件"形式公布《中国文学系课程指导书》(1923 至 1924 学年度),萧友梅的《普通乐学》、《普通和声学》讲义被列为乐律类书目。[注 这两门学习课程,为中文系的选修课,前者在第一学期讲授,后者在第二学期;凡选修者,须以谙五线谱,略能弹奏有键乐器者为限。同时,萧友梅编的《应用和声学及作曲法初步》也是课程指导书之一;凡在前学年修过普通乐学和普通和声学者,才能选修这门课。]

[**按**:从这份"专件"可又一次说明当年鲁迅与萧友梅同在中文系授课,鲁迅讲授中国小说史和日本文学史。]*(北京大学日刊 1923 年 9 月 18 日)*

10 月 7 日

晚 8 点,在大讲堂举行传习所第 11 次音乐会。[注 这次音乐会节目单也特别标明为交响音乐会。会上,萧友梅指挥乐队演奏的节目有管弦乐合奏《传奇的引子》(匈牙利Bela)、格里格的《佩尔金特第一组曲》、贝多芬的《哀悼进行曲》(No29)、约翰·斯特劳斯的《流氓男爵方舞》、门德尔松《仲夏夜之梦》中的"引子"和"夜曲"等,还有嘉祉的钢琴独奏。音乐会前,在《北京大学日刊》登载的节目单上亲自为部分曲目撰写乐曲简介(详见附录二之 10)。]*(《北京大学日刊》1923 年 10 月 6 日)*

10 月 19 日

音乐传习所再次刊登启事,征求校歌歌词。*(《北京大学日刊》1923 年 10 月 22 日)*

10 月 21 日

晚 8 点,在大讲堂举行传习所第 12 次音乐会。[注 本次音乐会节目单又特别标明为交响音乐会,会上,萧友梅指挥乐队演奏的节目有约翰·施特劳斯的歌舞剧《罗马快乐节》序曲、格里格的《佩尔金特第二组曲》、海顿的清唱剧《创造》中合唱《天述神之名誉》、门德尔松《第三音乐会序曲》、贝多芬《第五交响乐》第二乐章等。此外还有穆志清的单簧管独奏《无忧》乐队伴奏(快活舞曲)。音乐会前,在《北大日刊》登载的节目单上,亲自为部分曲目撰写乐曲简介(详见附录二之 11)。]*(《北京大学日刊》1923 年 10 月 20 日)*

10 月 30 日

继续出任学生事业委员会委员,并任出版委员会委员。[注 在北大是日举行的 1923 年度第一次评议会上,由校长提议通过的出版委员会委员中有萧友梅,委员长沈兼士,委员还有胡适、钱玄同、钱稻孙等;学生事业委员会委员委员长李大钊,其他委员

有沈士远、李煜瀛等。]（《北京大学日刊》1923年11月1日）

11月4日

晚8点，在大讲堂举行音乐传习所第13次音乐会。[注　会上萧友梅指挥乐队演奏的节目有、莫扎特的歌剧《段元》序曲、舒伯特的《未完成交响乐》、莫扎特的《弦乐四重奏》（No29）、西贝柳斯的《悲舞》；8、舒伯特的《第三军队进行曲》。另外还有刘天华的琵琶独奏"文板四曲"：《飞花点翠》《美人思月》《梅花点脂》《月儿高》。（详见附录二之12）]（《北京大学日刊》1923年11月3日）

11月18日

下午3点，音乐传习所举行第14次音乐会。[注　这次音乐会节目单上也特别标明为交响音乐会，会上，萧友梅指挥乐队演奏节目有贝多芬的《第二交响乐》（四个乐章）、莫什科夫斯基的《爱舞》、柴可夫斯基的《三马驾车出游》、Ed.施特劳斯的《雪花》等。音乐会前，在《北大日刊》登载的节目单上亲自为部分曲目撰写乐曲简介（详见附录二之13）。]（《北京大学日刊》1923年11月17日）

12月12日

为纪念北京大学音乐传习所成立一周年，是日晚7：30在北河沿北大第三院大礼堂举行第1次学生演奏会，以反映传习所成立一年来学生的成绩。[注　节目有合唱、钢琴独奏、钢琴联弹、琵琶独奏、琵琶胡琴合奏、小提琴独奏等，合唱曲目大都为萧友梅谱曲，参加演出的有吴伯超[3]、储振华[4]、孙耀祖、王聘、吴益泰、、吴立卿、余子慧、周学昌、萧妙珍、刘怡顺等师范科及选科的学生（详见附录二之14）。演奏会不售票，教职员的入场卷随《北京大学日刊》附送，学生则凭入学证或旁听证入场。]（《北京大学日刊》1923年12月11、12日）

储师竹

吴伯超

12月16日

音乐传习所迁至二眼井4号。（《北京大学日刊》1923年12月15日）

12月17日

下午3点，在北河沿第三院大礼堂举行的音乐传习所第15次音乐会上，指挥乐队首演了他的新作管弦乐《新霓裳羽衣舞》。[注 音乐会其他节目还有贝多芬的《第二交响乐》(全曲)、莫扎特的《土耳其进行曲》等。此外又有杨仲子的钢琴独奏等(详见附录二之15)。在《北京大学日刊》登载节目预告的同时还有《新霓裳羽衣舞》一曲的乐曲简介,内容与钢琴谱石印本"序"同。](《北京大学日刊》1923 年 12 月 15 日)

谭抒真

[按:谭抒真[5]在《萧友梅与北大音乐传习所》(《音乐艺术》1981年第 1 期)一文中回忆当时听了这首乐曲后的感受:"别的节目我已记不清,只有萧先生的那首《新霓裳羽衣舞》,至今还未忘。萧先生自己亲任指挥,乐队队员除了原有的一些人外,还有一位首席小提琴是俄国人,叫托诺夫。这首乐曲虽然用外国乐队外国乐器演奏,

1923 年 11 月传习所乐队在所前合影。前排:1.甘文廉、2.李廷桢、3.冯[莲?]舫、4.李廷贤、5.穆志清;中排:1.嘉祉、2.那全立、3.赵年魁、4.全子贺、5.孟范泰、6.乔吉福、7.徐玉秀;后排:1.杨仲子、2.连润启、3.萧友梅、4.潘振宗、5.王广福。(《萧友梅自编影集》编号 30)

1923 年 8 月摄于寓所饽饽房 8 号，时每周在家练习乐队一次，奏第一大提琴者为傅松林，是原海军乐队队员。（《萧友梅自编影集》编号 32）

前排左五起萧友梅、杨仲子、嘉祉、刘天华；后排右一冼星海。（《萧友梅自编影集》编号 36）

它的音乐效果却完全是中国味道，所以给我的印象特别深。我从前小时候各种民族乐器都学过，没想到长笛吹出来的音色和中国笛子一样优美，感到很惊奇。那时我每次听了音乐会都要写日记，写心得、感想，甚至写点小文章。那次音乐会的感想我引用了两句唐诗，叫做"此曲只应天上有，人间那得几回闻"。是日演出，为中国现代音乐史上，第一次由中国人指挥，主要由中国音乐家来演奏中国第一首管弦乐作品的交响音乐会。]

12 月 17 日

发表《音乐传习所对于本校的希望》一文。[注 文章介绍了传习所的筹措过程、编制、课程设置，传习所这一名称的由来，传习所附设管弦乐队的成立经过、演出情况等等。文章再一次解释了"音乐院"这个名称中的"院"字与"大学院"的"院"字之不同，说明"因为'大学院'这个名字一看就知道是在大学各系之上，是包括一切学术的；'音乐院'这个名字一看就知道是专门学习音乐理论和技术的机关。这个名字，就是西名'conservatory of music'，这种名称在欧美大学里是常有的。若是改名之后，我们可以在大学组织表内把'音乐院'排列在'大学院'之下，那么外间人看来断不至于误会了。"因此要求评议会能谅解传习所同仁的意思，通过这个议案，把传习所正名为音乐院。另外文章还希能增加学生名额，添聘乐队乐师，办一个"真算是北大的管弦乐队"，因为"吾校有提倡各种科学与艺术的责任，所以兼办一个管弦乐队，当然也是我们的义务。"

[《北京大学 25 周年纪念刊》]

本年，贺绿汀考入长沙岳云学校艺术专修科学习音乐、绘画，课余组织国乐研究会，1925 年毕业并留校任教。

本年

青年画家司徒乔为萧友梅作画。[注 油画的画面为先生坐在钢琴旁弹琴作曲，身后隐约站立一位吹笙的仙女，此时正在上初中一年级的萧淑庄充当吹笙的仙女，还给画家做吹笙的手势。画与真人一般大小，画成之后，萧友梅一直将它挂在客厅里。]

司徒乔

175

冼星海

本年

从广东来的冼星海在司徒乔的陪同下访问萧友梅。

　　萧淑娴回忆　司徒乔携从广东来的冼星海来访，冼星海向萧友梅表达了想学习音乐将来做一个作曲家的愿望，同时还介绍了自己家中比较困难的情况。经萧之助，冼星海得以在北大音乐传习所管理乐谱和抄谱，获取一定的报酬，补贴学习生活费用，后成为国立艺术专门学校音乐系的一名学生。（《萧友梅纪念文集》第 124 页）

　　[**按**：关于冼星海 1923 年是否到过北京并在北大音乐传习所半工半读过一段时间，因无确切的明文记载，目前学术界存有不同看法。萧淑娴 1983 年写的《回忆我的叔父萧友梅》（见全国政协文史资料研究委员会编《文化史料》1983 年第 5 期）和 1990 年发表的《20 年代的萧友梅》（见《音乐研究》1990 年第 4 期）有关星海在北京学习的记述，前后是有出入的。1990 年黄旭东在筹备萧友梅逝世 50 周年活动研读资料时发现这个问题并曾请教过萧淑娴。她经过再回忆核查后明确告诉黄，前文记述不确，应以后文为准。就是说，萧友梅介绍冼星海进的是北大音乐传习所。至于两文所说的"1924 年间"，实际应为 1923 年。详细内容分别参见 2000 年 9 月 29 日第 8 版《萧友梅冼星海在 20 年代》和 2006 年 1 月 6 日《音乐周报》第 5 版《误读鲁迅，澄而不清——关于冼星海到北京年份的回答》]

　　萧淑娴回忆　二叔的生活有个特点，在用餐时是他一日间最自我放松的时候。在就餐时，不仅喜欢滔滔不绝地讲述传闻轶事，还喜欢借就餐时批评家中小辈们。他不骂人，但用些讽刺的言词，使人听起来比挨骂还难受。他爱说话，喜欢辩论，往往一顿饭要拖好长时间。（《萧友梅纪念文集》第 117 页）

1920~1923 年

　　萧友梅在这几年主持北京女子高等师范学校音乐科期间，为讲授西洋音乐史编写了题为《近世西洋音乐史纲》的讲义。[注　手稿现存上海音乐学院。这是我国现代音乐史上第一部实际用于教学的西洋音乐史教材。]（《萧友梅音乐文集》第 222 页）

　　陈聆群论评　萧友梅这部著作，比王光祈的《欧洲音乐进化论》、黄金槐的《西洋音乐浅说》、丰子恺的《音乐的常识》多少涉及西洋音乐历史的读物都要早。在国人编撰的同类著作

中，无疑具有发轫之功。先生是我国西洋音乐史教学的一位开创者。（《萧友梅纪念文集》第380-381 页）

【注释】

[1] 田边尚雄（1883—1984）生于东京。1907 年毕业于东京帝国大学物理科，继而在校研究声学 3 年。后又在邦乐研究所专攻日本传统舞蹈和音乐。先后在东洋音乐学校、东京大学任教。曾来中国访问。1936 年创立东洋音乐学会并任会长。1945 年后在舞藏野音乐大学、东京学艺大学等校任教。

[2] 黎锦晖（1891—1967）湖南湘潭人。1918 年在北大当旁听生，参加音乐研究会。1927 年在上海创办中华歌舞专门学校，1928 年组织中华歌舞团赴南洋演出，返沪后改组为明月歌剧社（明月歌舞团），其间创作了大量流行歌曲。20 年代创作了《麻雀与小孩》等 12 部儿童歌舞剧和《可怜的秋香》等 24 首儿童歌舞表演曲。"九一八"后自写歌词创作了《义勇军进行曲》等几十首爱国救亡歌曲。抗日战争中辗转于湖南和四川之间，又谱写了许多爱国歌曲。1940 年任中国电影制片厂编导委员。1949 年后在上海电影制片厂工作，并被聘为中国音乐研究所特约研究员。

[3] 吴伯超（1903—1949），江苏武进人。1926 年毕业于北大音乐传习所，翌年任职于国立音乐院。1931 年赴比利时留学，1935 年回国执教于音专。1940 年起先后任中央训练团音乐干部训练班第二期副班主任、白沙国立女子师范学院音乐系主任、重庆青木关国立音乐院院长，创办附设的幼年班；抗战胜利后复员至南京，继续主持校政。1949 年初，赴台湾选校址途中，不幸因海难身亡。

[4] 储振华（1901—1955），又名师竹，江苏宜兴县人。自幼学过多种中外乐器。在常州省立第五中学读书时向刘天华学习二胡和琵琶；毕业后考入北大音乐传习所，继续受业于刘天华。1926 年毕业后仍继续随刘天华学艺。1928 年到浙江省第一中学任教。抗战开始后赴内地，先后在重庆市的 12 个中学任教。1941 年任国立音乐院副教授兼国乐组主任。抗战胜利后，随院迁到南京。1950 年，任中央音乐学院二胡教授。

[5] 谭抒真（1907—199?），生于青岛。早年先后就学于北大音乐传习所和上海美术专科学校。1926 年起任上海美专等校小提琴教师。1927 年入上海工部局乐队任演奏员。1928 年赴日本随捷克斯洛伐克小提琴家柯尼希深造。归国后继续在上海美专和工部局乐队从事教学和演奏。1947 年起任国立上海音乐专科学校教授。1949 年后受聘为上海音乐学院副院长兼管弦系系主任。任教期间先后创办乐器制作室、全国性的提琴制作训练班、提琴制作专业。1956—1958 年兼任轻工业部乐器研究所所长。1979 年当选为中国音乐家协会理事和音协上海分会副主席。

[6] 冼星海、聂耳两位音乐家，在 1949 年全国解放后的数十年里，经长期的、有计划、有组织的宣传、研究和演唱他们的作品，不仅是音乐界也是全国最著名的作曲家，这在现代音乐史上是绝无仅有的现象。而且，他俩又与本书稿的主人公萧友梅存在着一些众说纷纭的恩怨是非；对此，在"纪年"的相关年份里，均以事实为依据，明确表达了编者的观点。由于他们的主要事迹几乎是家喻户晓，故他们的生平简介从略。

1924 年（民国 13 年　40 岁）

1 月 20 日，孙中山领导的国民党在广州召开第一次全国代表大会，决定改组国民党并重新解释三民主义。

11 月，孙中山离粤北上，发表《北上宣言》。各派军阀推段祺瑞为中华民国临时执政府总执政。

2 月 17 日

下午 2 时，出席在青年会大礼堂举行的音乐传习所本年度第 1 次国民音乐会"。[注　会上指挥乐队演奏自己的新作《新霓裳羽衣舞》等乐曲，音乐会还特备中英文对照的秩序单（节目单），分发给每位听众](*《晨报》1924 年 2 月 14 日*)

2 月 29 日

北大音乐传习所刊登招生广告，招收理论、钢琴、管弦乐器演奏、民族乐器演奏的各种选科生及"少年钢琴班"学生。[注　招生简章中说：因为"钢琴技术繁多，学习者须自幼年起方易成功"，传习所为发展幼年天才起见，特设"少年钢琴班"，招收 10 岁以上、15 岁以下中小学生，每周授课两次，每次半小时。]（*《北京大学日刊》1924 年 2 月 29 日*）

[**按**：萧友梅明确提出"欲造就音乐人才，必须从儿童入手"这一思想，虽在 1934 年 11 月（见《儿童新歌》序），但他的实践活动早在本年就开始了。]

3 月 30 日

音乐传习所应男女青年会的邀请，是日晚 7 点半，在青年会礼堂举行第 2 次国民音乐会。[注　音乐会上，先生指挥本所乐队演奏海顿的《伦敦交响乐》和自己的《新霓裳羽衣舞》等乐曲；此外还有琵琶独奏曲《琵琶行》《宋玉悲秋》等。]（*《北京大学日刊》1924 年 3 月 27—28 日*）

3 月

经教育部批准，所编著的新学制《乐理教科书（初级中学用）》第一册由商务印书馆出版，至次年出齐。[注 该教科书每册有 10 课，并附有练习题。这是由我国音乐教育家编撰的第一套系统性乐理教科书；由于内容比较符合当时的教学需要，该书重版了 9 次。在该书得版权页上我们可以看到，第一册本月出版后，6 月即再版。]（伍雍谊主编《中国近现代学校音乐教育》第 289 页，上海教育出版社，1999 年/第二版《乐理教科书（初级中学用）》第一册版权页）

3 月，北京高等女子师范学校校长许寿裳辞职，北洋政府教育部委任杨荫榆接任。

《乐理教科书》封面和版权页

4 月 12 日

是日下午，应北京平民中学与北京青年会邀请，北大音乐传习所在东城青年会举行第 3 次国民音乐会，以纪念平民图书馆开幕。[注 音乐会上，萧友梅指挥乐队演奏舒伯特的《未完成交响曲》和先生的新作《新霓裳羽衣舞》等乐曲。音乐会还请梁漱溟演讲，题目为《孔子之所谓礼！》。在预告中称《新霓裳羽衣舞》为"最受听众欣赏之杰作"；同时还提到"国民音乐会在东城青年会曾举行二次（2 月 17 日、3 月 30 日），颇为各界诸君所欢迎"。由此可见当年萧友梅新作品与音乐传习所乐队在京城的影响。]（《北京大学日刊》1924 年 4 月 10 日）

4月12日

是日北大日刊刊登的"出版部售书课新到的书籍"目录中，列有《新霓裳羽衣舞》一书。[注 所有书目均未注明作者，但从该书名看，似为萧友梅的乐队作品的石印钢琴谱。参见1923年8月第一条。]（《北京大学日刊》1924年4月12日）

4月19日

晚8点，在北大第二院大讲堂举行音乐传习所第16次音乐会。[注 会上指挥乐队演奏罗西尼的歌剧《塞维利亚之理发匠》序曲、海顿的《"伦敦"交响乐》、门德尔松的钢琴协奏曲《快活杂感》、梅耶贝尔的《加冕进行曲》等乐曲。在是日登载的节目单上附有乐曲简介(详见附录二之16)。]（《北京大学日刊》1924年4月19日）

5月4日

发表为纪念五四运动5周年而创作的《五四纪念爱国歌》（赵国钧词 简谱），并在当晚举行的纪念五四运动5周年国民音乐大会上亲自指挥演唱了这首歌曲。[5月4日《晨报副刊》第3版] [注 在《晨报副刊》发表此歌歌谱的左下角注有"今晚在青年会演唱"字样；另据梁茂春所见，在萧友梅留存的手稿中有此曲的管弦乐队伴奏谱。]（ 参见《我国近代专业音乐创作的开端》，载《音乐艺术》1981年第1期）

《别校辞》钢琴伴奏谱

5月17日

晚8点，在米市大街青年会礼堂举行的女高师音乐系音乐会上，演出了萧友梅特为女高师音乐系首届毕业生所作的由管弦乐队伴奏的女声合唱曲《别校辞》（易韦斋词，作品第40号）。[注 节目还有莫扎特的二首钢琴曲，体育系的舞蹈表演。]

[按：《别校辞》是一大型女声合唱曲，共计十段，包括有钢琴前奏、间奏、独唱、重唱、合唱等多种组合形式，通过

表现音乐学生的生活和理想，表达了作者对音乐教育事业的至诚和热心。同时也展示了女高师音乐科 4 年来在先生领导下学生所取得的成绩。《别校辞》乐队总谱佚失，现仅存钢琴伴奏谱缩微胶卷及手抄乐队分谱 30 页。]（《北京大学日刊》1924 年 5 月 14 日/合唱谱手稿微缩胶片现存中国艺术研究院音乐研究所）

5 月 19 日

偕女高师音乐系毕业生同游中央公园（今中山公园）。

5 月 19 摄于中央公园水榭后，时杨荫榆为女子高等师范校长。（《萧友梅自编影集》编号 54）

5 月

与易韦斋合作编著的新学制《唱歌教科书（初级中学用）》第一册由上海商务印书馆出版。[注　教科书是为配合新学制即 1922 年公布的"壬戌学制"课程标

上图：新学制《唱歌教科书（初级中学用）》
封面
左图：书中的视唱练习。

准而编辑的，内有萧友梅编制的 8 课视唱练习及由易韦斋作词萧友梅作曲的《校歌》《中华好》《晨歌》《国旗》《春郊》等 10 首歌曲；书内的《编辑大意》对教学进度和教学中需要注意的问题——做了说明。]

> **萧淑娴回忆** 我还记得有一年春天，叔父和易先生还租过一次敞篷汽车，带我们姑、侄们一同去郊外踏青。我们在汽车上一路欣赏春天风光，一路高声唱叔父写的歌（易先生的歌词）。叔父不仅带着妹妹、侄女们去春游，他在女高师及女子大学任教时，偶尔也曾偕同同学们、教师们去春游或秋游，借助出游来调节一下紧张的学习生活。他的作风同样带到他领导的上海音专。在他遗留下的像册里，保留着在京和在沪偕师生们一起春游或秋游的联欢像片。（《萧友梅纪念文集》96 页）

> **萧淑娴回忆** 二叔的教学方针比较灵活，根据学生特点而定，于某种器乐演奏有突出成绩的，就培养他们为专业演奏者；没有特长的就培养他们为教师。他对学生们学习乐器，极力鼓励学生除学钢琴外，还要学习一种民间乐器。这时刘天华已自南方来京，二叔聘他担任民族器乐教学。（《萧友梅纪念文集》第 125 页）

5 月，北京女子高等师范学校升格为大学，音乐专修科改为音乐系，修业 4 年。

5 月，北京举办首次学生合唱比赛。起初比赛由燕京大学主办，参加者 9 个单位，大部分为教会学校；1927 年改由北平青年会主办，1932 年又改由北平教育会主办，规模逐渐扩大，有 30 多所中小学参加。（《音乐教育》第 2 卷第 9 期）

6 月 5 日

晚 8 点，音乐传习所在北河沿北大第三院大礼堂举行第 2 次学生音乐会。售票收入全部作为奖学之用。[注　主要节目有：师范科学生的合唱、钢琴独奏、琵琶二胡合奏、钢琴联弹、二胡合奏、琵琶独奏等（详见附录二之 17）。]（《北京大学日刊》1924 年 6 月 5 日）

6 月 7 日

音乐传习所刊登招生广告，招收师范科、本科学生各 10 名。[注：考试分二次进行，第一次进行北大预科的文化科目入学试验，第二次进行音乐测验，内容有：1、译简谱为正谱；2、读谱（弹简易之风琴或钢琴曲谱）；3、听觉试验。]（《北京大学日刊》1924 年 6 月 7 日）

6 月 22 日

音乐传习所是日刊登暑期学校招生广告，招收钢琴、小提琴、琵琶学生。（《北京大学日刊》1924 年 6 月 22 日）

7 月 3 日，中华教育改进社第三次年会在南京召开。音乐组议决案有：1.拟订师范讲习科音乐课程纲要标准；2.拟订后期师范学校艺术专修科音乐课程纲要标准；3.拟组音乐教材研究会；4.调查音乐教科书；5.改进中学音乐课程；6.呈请教育部迅速筹设音乐专门学校。（《教育杂志》第 16 卷第 8 期）

7 月 11 日，上海大同乐会借两江女子师范学校开办暑期班，教授中国古乐、古乐舞、丝竹、京剧昆曲、钢琴、小提琴等，由郑觐文、汪昱庭、欧阳予倩、程午嘉等任教。其后每逢暑期都有开办，1928 年还加设制乐。（《上海文化史志资料》第 28 期载《大同乐会年表》）

7 月 29 日

教育部核准北京女子高等师范学校音乐专修科第一届学生 11 人毕业。（《教育公报》第 11 年第 8 期）

[按：教育部批文写的是"音乐专修科"，故应以此为准。]

《北京女子高等师范音乐系毕业歌》

184

夏

作《北京女子高等师范音乐系毕业歌》（伦灵飞作词）。[注　原乐谱佚失，现仅存缩微胶片钢琴伴奏歌谱3页，在歌曲标题下注有"民国十三年夏"，故编排在此。]

8月，山东省立第一师范学校音乐体操专修科学生30人毕业，12月1日教育部予以核准，并公布名单。（《教育公报》第12年第1期）

8月9日

音乐传习所发布招生通告，招收甲种师范科及本科生；对象是北大预科入学试验录取者。（《北京大学日刊》1924年8月9日）

[**按**：这一通告编排在北京大学是日发布的预科生录取名单的布告之后。可见当年北大全校一盘棋的教学布局，以及音乐传习所在校内的地位。]

8月14日

为新学制编著的《风琴教科书》、《乐理教科书（初级中学用）》、《唱歌教科书（初级中学用）》等一批音乐教科书，经教育部批准已先后由商务印书馆出版。（《教育公报》第10年第6号）

8月15日

上午9点，音乐传习所进行甲种师范科及本科招生考试中的音乐测试；地点在北大第二院后身二眼井胡同4号。（《北京大学日刊》1924年8月9日）

8月25日，教育部核准山西省立国民师范学校雅乐专修科学生34人毕业，并公布名单。（《教育公报》第11年第10期）

秋，黄自赴美留学，1929年取得耶鲁大学音乐学院音乐学士学位后回国。

1924 年夏在北京西郊西山静宜园与女高师音乐科毕业生合影留念。（《萧友梅自编影集》编号 45）

9 月 18 日，中华教育文化基金董事会在北京成立，负责管理美国第二次退还庚款事宜。（1930 年萧友梅曾致函董事会要求拨款购置设备，详见 1930 年 12 月 19 日条）。

10 月

与易韦斋合作编著的新学制《唱歌教科书（初级中学用）》第二册由上海商务印书馆出版。[注　教科书内收《植树节》《人生》《尚美篇》《留春之花》《行春词》《龙华》《暑假》等歌曲 10 首；此外还有视唱教材第 9—16 课以及《编辑大意》。]

11 月 29 日

晚七点半，出席北大音乐传习所在第三院大礼堂举行第 3 次学生音乐会。[注　音乐会共演出 20 个节目，其中有合唱、钢琴联弹、钢琴独奏，二胡独奏、琵琶独奏以及琵琶二胡合奏，管弦七部合奏舒伯特的《军队进行曲》等（详见附录二之）。]（《北京大学日刊》1924 年 11 月 29 日）

12月13日

晚8点，在北大第二院大讲堂举行音乐传习所第17次音乐会。[注　这次音乐会从9日开始就发布预告，节目单又一次特别标明为交响音乐会。会上，萧友梅指挥乐队演奏了贝多芬的《第五交响乐》。此曲在北京过去仅演奏过第二乐章，此次为首次完整地演出全曲。据《音乐季刊》报道，乐队此前从暑期开始，经过了半年的排练。此外还有门德尔松的《仲夏夜之梦》选段《小丑的舞蹈》、《婚礼进行曲》等以及刘天华的琵琶独奏瀛洲古调《玉玲珑》等（详见附录二之18）。是晚，北京在经历了一场沙尘暴的蹂躏后，全城电灯尽熄，但还是有800多位听众出席这次音乐会。]（《北京大学日刊》1924年12月13日/《音乐季刊》第5期）

李荣寿

12月17日

为李华萱编辑的《俗曲集》校阅后作序。[注　序言首先开门见山地提出"改良记谱法，为促进音乐最大原因之一，已成不可掩之事实"。接着简要回顾了音乐史的发展历程，说明欧洲音乐的进步与作曲家采用新记谱法有密切关系，而中国古代虽有笛色字谱与板眼记法之发明，但沿用千年来没有改善，以至于影响到我国音乐不能有系统的发达。为了保存所谓国民音乐即民间音乐曲调，使其辗转相传避免以讹传讹，应尽快用五线谱记谱法译记，以供作曲家与音乐史家的参考。基于以上认识，萧友梅在认真仔细地阅读了每首乐曲后，充分肯定了编者将民间乐曲纪录、整理并译成五线谱这项很有意义的工作。同时又进一步提出要求，指出了曲集没有注明每首乐曲的来历，"恐尚不足以博史家之信仰"，深望能加以补注，使研究民间音乐的学者"多得一臂之助"。该曲集收录了由李记录、整理并译谱的《梅花三弄》、《高山流水》、《柳青娘》、《夜深沉》、《哭长城》等传统民间乐曲，于1925年由商务印书馆出版。]

[按：萧友梅序中明确要求翻译的乐曲应"注明其来历"，实际就是如今学界强调倡导的资料出处，即学术规范问题。而先生早在80多年前就提出来了。从序文也可看出，先生十分重视民族民间音乐的学习与研究。]（《萧友梅音乐文集》第237页）

12月27日

晚8点,出席国立北京女子师范大学音乐科在本校大礼堂举行的第7次音乐演奏会。[注 节目有音乐科全体合唱萧友梅作曲的《晨歌》《归鸦》《问》《音乐科级歌》与杨仲子的《新校歌》以及钢琴独奏、钢琴联弹、琵琶独奏等。]

[按:对于这次演奏会,有听众评论说:"使我最敬佩的就是她们在很短时期中,而有客观的成绩,不特她们把大曲(Sonata)之类,已经练得很纯熟,就是她们所独奏的琵琶和洞箫,也是我近来在中国各处音乐会所未闻;又从她们音乐系全体学生四十多人的诗歌合唱,不但使我暗地的赞美,她们真不愧为全国最高的音乐机关,并且使我证实女子用静穆的天性,镇静的态度去学音乐,的确比男子合宜。因此我向中国的音乐界祝无量的进步。"] *(1925年4月《音乐季刊》第5期"北平乐闻")*

> **萧淑娴回忆** 二叔深知若要振兴音乐,首要任务是培养出有用的音乐人才。为此他不辞劳苦,天天奔波于三处——女子大学、北京国立艺术专门学校、北大音乐传习所。一面主持行政事务,一面亲自担任教学,他教乐理、和声、作曲、音乐史等课,一面还要给北京唯一的管弦小乐队按期排练。 *(《萧友梅纪念文集》第129页)*

12月

所编的新学制《风琴教科书(初级中学用)》由商务印书馆出版。[注 本书内容由单音练习、复音练习、曲集三部分组成,其中包含有《梦幻曲》《快乐的农夫》等世界名曲及《饯春》《植树节》《中秋》等几首经改编的萧友梅创作的歌曲。在本书的编辑大意中说明:"为引起中学生对于音乐的趣味起见,特选用各国著名的优美民歌曲调配以单简和声[原文如此]为练习之用,以避前此出版教科书之干燥无味。"编辑大意中还强调"技术为演奏的基础,书内所有的技术练习,必须熟习"。按编者意图,本教材二学年可学完,"天性较差者无论如何三年亦可以学毕"。在教科书的说明部分还简要介绍了风琴的种类、演奏姿势、指法和音乐基本理论。]

12月

与易韦斋合作编著的新学制《唱歌教科书(初级中学用)》第三册由上海商务印书馆出版。[注 教科书内收《风筝》《"歌"与"春及花"》(二部合唱)《菊》

《美德》（二部合唱）《星空》《国土》等 10 首歌曲，此外还有视唱教材第 17 至 24 课以及《编辑大意》。

12 月

收录了萧友梅多首歌曲和《新霓裳羽衣舞》旋律谱的《平民唱歌集》出版。[注　该歌集由北京师大平民学校编辑、北京求知学社印行。内有《卿云歌》、《平民学校校歌》、《美育》、《民本歌》、《渐渐秋深》、《中秋》、《问？》、《月》、《五四纪念爱国歌》、《登高（赋圆明园）》等。除《月》以外，都是在 1924 年 12 月之前所出版的歌集、曲集或报刊上发表过的。《月》由冯孝思[1]作词，写作时间不详。]

12 月

编著的新学制《乐理教科书（初级中学用）》第二册由上海商务印书馆出初版。

曹安和

本年

先生破例录取不会弹奏钢琴的曹安和[2]入女师大音乐系。[注　是年曹报考女师大音乐系。按规定考生必须弹奏钢琴，因曹从未见过钢琴，当然不会弹奏。但萧友梅发现她耳朵辨别音乐能力很好，于是决定破格录取。]

（《中国近现代音乐家传》（1）第 609 页/照片摄于就读女师大时的 1924 年，见《曹安和音乐生涯》）

本年，私立北京美术学校成立。设有绘画、雕塑、实用美术、音乐、图画手工、音乐师范等系，学制三年。1933 年 9 月奉教育部令改名北京美术专科学校，校长王悦之。抗战开始后停办。

萧淑娴回忆　　二叔对于打麻将、牌九等活动深恶痛绝，曾为此对家人进行过严厉批评，说：“音乐家庭只能有音乐的声音、唱歌读书的声音，怎可以容许打牌声音来玷污音乐家庭的名声？！现在我把牌烧了，看你们还打不打。”　（《萧友梅纪念文集》第 133 页）

萧淑娴回忆 在春暖花开的季节里，或者是秋高气爽之时，萧友梅常和学校里的师生们到郊外或公园及名胜处作春游秋游，还让大家唱他写的歌助兴，这时游园群众围着观看欣赏，和师生们同乐。像这种整个系的师生春游或秋游，都是靠人力车约定时间地点再集合一起、自由参加的。对于这些活动，萧友梅是个非常优秀的组织者，如严守纪律，待人忠诚，办事认真等等。（《萧友梅纪念文集》第121页）

【注释】

[1]冯孝思（1885- ？ ）又名冯亚雄，1905年留学日本学音乐，毕业后曾在上海与曾志忞、高砚耘等开办"夏季音乐讲习会"，后在曾志忞创办的上海贫儿院任教，1916年初到北京高等师范学校任乐歌、军乐教员兼音乐科主任，同年曾向教育部建议设立音乐学校。

[2]曹安和（1905—2004）江苏无锡人。1924年考入北京女子师范大学音乐系，1927年与刘天华、郑颖荪、吴伯超等35人发起成立国乐改进社；1929年毕业后留校任教。抗战爆发后去大后方，1941年起历任教育部音乐教育委员会编辑、重庆-南京国立音乐院副教授、教授。1950年起，先后在中央音乐学院研究部和音乐研究所、文化部艺术研究院音乐研究所研究民族音乐兼教琵琶。1980年任顾问。

189

1925 年(民国 14 年　41 岁)

3 月 12 日，上午 9 时 30 分，孙中山因患肝癌医治无效，在北京东城铁狮子胡同行辕逝世。

5 月 30 日，上海学生和群众为抗议日人枪杀工人顾正红举行演讲和集会，遭英国巡捕开枪镇压，死十余人，伤无数；随后又发展形成为全国性的罢工、罢课、罢市的反帝浪潮，史称"五卅运动"。

8 月 20 日，廖仲恺在广州遇刺身亡。

1 月 7 日

生日摄影留念（《萧友梅自编影集》编号 60）

生日与妹萧纯贞、萧淑贞合影。（《萧友梅自编影集》编号 44）

1 月 17 日

下午 4 时，音乐传习所在第二院大讲堂举行第 18 次音乐演奏会。[注　先生指挥乐队演奏海顿的《"军事"交响乐》、格里格的《佩尔金特第一组曲》等乐曲。节目单附有亲自撰述的乐曲简介（详见附录二之 19）。]（《北京大学日刊》1925 年 1 月 17 日）

1 月，女师大学生自治会召开紧急会议，派出代表到教育部陈述校长杨荫榆"罪状"，决定不再承认杨为校长，要求教育部撤换。

3 月 19 日

将自己在 1916 年 12 月留德时为悼念烈士黄兴、蔡锷而写的《哀悼引》，编配成由铜管乐队演奏的《哀悼进行曲（悼孙中山先生）》，供孙中山葬礼上急用，并对乐曲创作经过作了简单说明。[注　在现今留存的乐谱遗稿上附有《〈哀悼进行曲〉序》，内容有两部分：一是说明，与《哀悼引》序基本相同，增加了对乐曲结构的简要分析；二是用法，说明此曲原系管弦乐曲，因限于现实条件，改为由铜管乐队演奏。文章还提供了两种大小不同的乐队编制供参考。序文和乐队分谱收编在南京中山陵管理处收藏的《哀思录》第 3 编第 2 卷。]（《〈哀悼引〉序》题解/《萧友梅音乐文集》第 138~140 页/）

1925 年 2 月，在北京和八兄弟姐妹及大兄全家连子筹、雪艇、玉田、德芳、雪华共 22 人合影。（《萧友梅自编影集》编号 35）

萧淑娴回忆 孙中山先生故世时，急需用追悼曲，二叔将他在德国留学时写的悼念烈士黄兴、蔡锷的钢琴曲配乐队谱，并且要我给他抄乐谱；乐谱现尚保存在南京紫金山上中山灵堂内。北京音乐研究所齐毓怡为此曾去中山灵堂察访，看到这份乐谱还妥善地保存着。（《萧友梅纪念文集》第 135 页）

《哀悼进行曲》铜管乐队分谱之一短笛分谱。

3 月 28 日

晚 8 时，在景山东街第二院大讲堂音乐传习所举行的第 19 次演奏会（特别标明"为纪念孙中山先生大乐音乐会"）上，指挥乐队演奏贝多芬的《"英雄"交响乐》和《爱格蒙特序曲》，还有他自己作曲的《哀悼进行曲》（"悼孙中山先生" op：24），肖邦的《哀悼进行曲》等乐曲（详见附录二之 20 ）。[注 对于这场音乐会的节目，在本月 26 日刊登的音乐会预告中特意说明，"此会为纪念孙中山而开故所演多悲曲"。在 27 日刊出的节目单说明中还简述了贝多芬创作《"英雄"交响乐》的原委和经过，并指出："可知欲得此套'英雄大乐'者非有相当之人格不可。使贝氏生在今日而知有坚持民权主义始终不改变其宗旨如孙中山先生其人者，当必以拟赠拿破仑之大乐赠与中山先生矣。吾人今日为纪念孙中山先生故特奏此曲。"]（《北京大学日刊》1925 年 3 月 24–27 日）

4 月 1 日

出席上午 9 点在中央公园举行追悼孙中山先生大会；会后入灵堂瞻仰遗容。。（《北京大学日刊》1925 年 3 月 30–31）

[按：从萧友梅与孙中山的关系来看，先生是会参加追悼会和 2 日的出祭送殡仪式。记此备考。]

4月2日

出席上午 11 点举行隆重的孙中山先生出祭仪式。[注　灵柩由中央公园社稷坛拜殿（今中山公园中山堂）抬至西直门老爷庙，然后用汽车送至西山碧云寺。李四光等参加抬棺。]（《北京大学日刊》1925 年 3 月 27/《李四光年谱》）

孙中山先生灵柩赴西山碧云寺途中的军乐队

4 月 14 日，北洋政府决定由司法总长章士钊兼代教育总长，并于 7 月 28 日正式接任。

4月25日

晚 8 时，在景山东街第二院大讲堂举行的音乐传习所第 20 次音乐会上指挥乐队演奏贝多芬的《第六交响乐》等乐曲。[注　音乐会前亲自为节目单上部分曲目撰写乐曲简介，刊登在是日北大日刊上（详见附录二之 21）。]（《北京大学日刊》1925 年 4 月 25 日）

5月22日

音乐传习所在《北京大学日刊》刊登二则音乐会预告：[注　一是定在本月 24 日举行第一次来宾音乐会，特请前俄国国立西伯利亚音乐院院长小提琴专家托诺夫先生演奏小提琴名曲，特请俄国三角琵琶专家安得利夫管弦乐队第一独奏家鲍沙喀夫先生演奏西洋琵琶名曲。次日（23 日）再次刊登广告时又将日期改为 31 日；但此次音乐会后因托诺夫先生患病而取消。二是定于本月 30 日举行传习所学生第 4 次演奏会。预告申明"所售券价概作奖学金用"。（《北京大学日刊》1925 年 5 月 22、23 日）

5月30日

晚 8 时，出席音乐传习所在第三院大讲堂举行第 4 次学生演奏会。节目单还刊有《杨花》等四首歌曲的歌词（详见附录二之 22）。]（《北京大学日刊》1925 年 5 月 29 日）

[**按**：据《中国近现代音乐家传》第一卷中的《杨仲子传》，《杨花》乃是先生与杨仲子以易韦斋词谱曲的《语梅》一歌的唱和之作；《语梅》载于 1921 年 12 月 31 日出版的北京大学音乐研究会《音乐杂志》第 2 卷第 9、10 号合刊；据此，杨花当写于 1922 至 1923 年间。]

5 月，女师大学生举行国耻纪念演讲会，杨荫榆和学生发生冲突，被学生赶走。后杨荫榆开除了学生自治会领导成员刘和珍、许广平等 6 人。学生自治会决定驱逐杨荫榆出校。鲁迅、周作人、沈兼士、钱玄同等联名在《京报》上发表《关于北京女子师范大学风潮宣言》。

本年春到京郊西山旅行，于"十八盘"处摄影留念。（《萧友梅自编影集》编号 61）

6月1日

音乐传习所发布布告，开始招收本科、预科一年级新生。（《北京大学日刊》 1925 年 6 月 4 日）

6月14日

委派刘天华代表音乐传习所出席在第二院会议室召开的北京大学教职员沪案（即指前述"上海五卅惨案"）后援会委员全体大会。[注：会上刘天华提议开音乐会进行募捐，大会议决此项活动交总务股会同刘天华办理。（《北京大学日刊》1925 年 6 月 15 日）

6月15日

与沈兼士、李四光、谭熙鸿、胡适、朱家骅、刘天华、李书华、马寅初、顾颉刚等北京国立各校教职员 45 人，联名致函各校校长。要求"各国立学校从政府应允拨给之积欠经费 150 万内，提捐 10 万，为救助沪案失业工人之用。
[注　信中说，"此次沪上工学界被英、日人惨杀，国人莫不发指，弱国对外，武力既难以敌人，所恃者敦在经济绝交，冀足制敌人死命。窃意罢工罢市不宜波及全国，致徒增苦痛。惟上海租界内已实行罢工罢市，自必须坚持到底，方可望收外交胜利。此次失业之同胞，据报载不下二三十万，亟待救济。设不幸一旦接济难继，交涉缘之失败，虎头蛇尾之讥，所关尚小，国脉因而斩绝，所关实大"。"同人等以为莫如由此次政府所拨给国立各校积欠经费一百五十万中提捐十万。……请政府饬财政部如数立时付出，交各位校长即日汇至上海"。"以此款不及十分之一捐助失业同胞，教育界同人自无不表同

五卅惨案发生地上海南京路老闸巡捕房的反动警察，正守候在街道路口。

情，似无须再征求任何一方教职员之意见，致误迫切之时机。] (《北京大学日刊》1925 年 6 月 16 日第 1 版)

　　同日下午，北京大学教职员召开沪案后援会总务股会议，到会者 16 人。
[注　会议议决：1、请政府于筹措端午节军政费时多筹一百万，用以接济上海失业同胞；2、派朱家骅、周鲠生赴沪；3、致电蔡元培校长，报告本校同人对沪案之主张；4、分函上海总商会、外交部等，说明沪案为全国问题，不得苟且了事，致贻国家耻辱；5、将本会之最低条件提交沪案后援会联合会，要求一致进行，于本月 25 日各界大游行时，向政府请愿。] (《北京大学日刊》1925 年 6 月 16 日)
　　7 月，上海艺术大学成立，设有音乐系。校长吴稚晖。

8 月 18 日，北京大学评议会议决，章士钊为教育界罪人，宣布北大与教育部脱离关系。

8 月 19 日，北洋政府教育部颁布停办女师大的命令，专门教育司司长刘百昭率领百余武装军警与便衣流氓强行接收女师大，打伤学生多人。

曹安和回忆 萧先生是认真严肃的老师，他主张学生就用心学习，反对不安心学习去务分外之事。他说，你们的音乐基础薄，刻苦用功尚不一定能将学校规定的课学完，要求学好，就更不容易，怎能把宝贵时间随波逐流浪费掉。如学不到东西，将来怎去教人？自己吃亏，那时悔之晚矣。因此音乐系无人参加反杨运动。（《曹安和音乐生涯》，第 259 页，山东文艺出版社，2006 年 1 月）

8 月

被聘为由原国立北京美术专门学校[1]改组为国立北京艺术专门学校后增设的音乐系主任。杨仲子、刘天华也在该系任教。（《萧友梅自编影集》说明之三）

[按：学校奉教育部令而改组，增设音乐系和戏剧系；杨仲子、刘天华也在音乐系任教。关于艺专音乐系设立的时间，史实应在 1925 年，但萧友梅自己曾有 1 9 2 5 和 1 9 2 6 年两种不同记述。如萧氏所写《十年来中国音乐的研究》一文所述，1926 年北京国立艺术专门学校才设立音乐系，这是误记。]
（见《萧友梅音乐文集》第 450 页）]

9 月 21 日，女师大迁至宗帽胡同新址，是日举行开学典礼。11 月 30 日女师大迁回石驸马大街原址。

左图为女师大旧址，今已改为鲁迅中学，方端摄。右图为当年所摄（《鲁迅年谱》）

9月24日

音乐传习所发布招生公告。[注　招收理论与西洋管弦乐器两科选科新生（钢琴及中国乐器两科因无缺额暂不招），报考资格为中等学校毕业，报名日期10月10日止。]（《北京大学日刊》1925年9月24日）

9月

出席老志诚在北大音乐传习所举行的钢琴演奏会。[注　当时老志诚年仅16岁，正在北京师范学校学习。音乐会是由杨仲子、李树化策划并向萧友梅推荐的。演出前，萧友梅会见了老志诚，并鼓励他不要紧张。]（莽克荣著《老志诚传》第22页，中国文联出版社，2004年9月）

老志诚在钢琴演奏会上（此图非当年照）

9月，北平学界沪案后援会等团体游行请愿，要求政府恢复女师大，罢免章士钊。12月段祺瑞政府被迫下令恢复女子师范大学，12月31日，章士钊辞教育总长职。

10月17日

晚8时，在第二院大讲堂举行的北大音乐传习所第21次音乐会上指挥乐队演奏贝多芬的《第七交响乐》和莫扎特的《A大调单簧管协奏曲》。（《北京大学日刊》1925年10月16-17日）

萧友梅赠刘天华乐谱

秋

亲笔签名，赠给刘天华一本自己从德国带回的西方古典和浪漫派作曲家的小提琴序曲集。[注　该曲集于1915年在莱比锡出版，共收贝多芬的《埃格蒙特序曲》、莫扎特歌剧《唐璜序曲》、瓦格纳歌剧《特里斯坦与伊索尔德序曲》、奥芬·巴哈歌剧《地狱中的奥菲欧序曲》、韦伯的《欢庆序曲》等8首按中等程度改编的乐曲;并附有钢琴伴奏声部;全书93页。]

[**按**：在这本曲集封面的右边，先生书有"天华兄雅奏，萧友梅赠"，充分体现了萧友梅对刘天华在学习西方音乐上真切而又具体的帮助，也反映了萧、刘之间的学术友谊。未知何种原因，该曲集竟会流失到旧货市场。幸被曾学小提琴专业、后改行近现代音乐史研究的李岩购得。这是一本极富学术价值、史料价值和收藏价值的珍贵资料。]

11 月 28 日

晚 7 时 30 分，出席北京大学附设音乐传习所在北大第二院大讲堂举行的第 2 次来宾音乐会。[注 参加演出的是前西伯利亚音乐院院长小提琴专家托诺夫先生和本校钢琴导师嘉祉先生，音乐会上演奏了 8 首提琴独奏曲和 2 首钢琴独奏曲（具体节目不详）]。（《北京大学日刊》1925 年 11 月 28 日）

12 月 8 日，北京大学召开纪念建校二十七周年筹备会第一次主任会议，议决筹备会分文书、庶事、会计等 13 组，其中音乐组成员为音乐传习所的徐炳麟、吴伯超、徐义衡等三人。12 月 12 日三人发布音乐组启事，要求长于音乐的同学在本月 14 日以前通知他们，以便定期开会为演出做准备。（《北京大学日刊》1925 年 12 月 10、12 日）

12 月 14 日

被是日举行的北京大学建校二十七周年纪念筹备会第二次各组联席会议公推为筹备西乐演奏负责人。（《北京大学日刊》1925 年 12 月 16 日）

12 月 16 日

在是日发表的一份支持杨荫榆的《致北京国立各校教职员联席会议函》上签名。[注 该函由女师大校长杨荫榆联络一些"名流学者"来支持她而写。在此事件中，先生开始采取不介入的态度。但后来见他的好友李四光以及马寅初、丁西林等都签了名，便也跟着签了。而李四光之所以签名，是因为其夫人在女师大附中执教，且有同乡之谊，与校长有礼节性往来。当杨荫榆在强行收回学校后，打电话请去学校参观时未便推托。到了学校后才知道上当，但已被杨所利用。]（《萧友梅传》第 24 页/《李四光年谱》）

12 月 17、18 日

出席北京大学音乐传习所举行校庆 27 周年音乐会。[注 17 日上午北大举行纪念会开幕式，到场者达二千余人。下午为各项展览及游艺，游艺项目有魔术、京曲、昆曲、女生唱歌、广东音乐、跳舞等。同时在二院大讲堂由音乐传习所导师演奏西洋名曲（本次演奏会即音乐传习第22次音乐会）。］（《本校27周年纪念经过纪略》载《北京大学日刊》1925年12月26日）

本年

多次与赵元任讨论音乐教育问题并互相交换自己的音乐作品。（《赵元任年谱》第134页）

本年，赵元任留学回国到清华学校执教，任音韵学、语言学教授，并任该校音乐委员会主任，讲授音乐欣赏等课。

本年，私立上海美术学校改高师科为师范院，开设图画音乐系（修业三年）及图画音乐专修科（修业二年），刘质平等在此任教。

本年，清华学校增设大学部，1926年4月梅贻琦被推举任教务长后把普通科和专门科改为17个学系，计划中有音乐系，1928年更名为国立清华大学，梅任校长。（《文化史料》第4辑）

200

萧淑娴回忆　　叔父回国时已年满36岁。他也开始注意到婚姻的迫切和必要。虽然有二婆对他的生活起居饮食的照顾，但在家庭生活和社交上有位主妇还是很重要的。在我记忆里曾有人介绍过给他的两位女士，他都不中意。在由他介绍七姑姐和王世杰结婚后，他更有迫切之感。八姑姐是女高师音乐科第一届毕业生。二叔最喜欢的是她们班上的袁慧熙。在她们毕业之前，他写过一封求婚信，要八姑姐转交给她。然而，袁慧熙拒绝他的求婚，把信退回给他。萧友梅对此虽不形于色，然多日不欢；求婚未能如愿，而中意的女子又这样稀少，他就更加致力于教学、创作和著述，发表了不少论文，出版了他和易韦斋合作写的歌曲集。袁慧熙的拒绝，虽然萧友梅克制自己情感的能力很强，但终也瞒不了家里人（当然不是所有人）。我们从练拳习武的日常锻炼中，是感觉得到他情绪的变动的。（《萧友梅纪念文集》第122页）

【注释】

[1]该校原为1918年成立的北京美术学校，1919年改为北京美术专门学校；是年春，教育部令其停办。

1926 年（民国 15 年　42 岁）

　　3 月 18 日，北京各校学生及各界群众三万余人在天安门集会，抗议日本帝国主义军舰炮轰天津大沽口的侵略罪行。段祺瑞命令卫队屠杀手无寸铁的群众，死 40 余人，伤百余人，造成震惊中外的"三·一八惨案"。

　　4 月 15 日，段祺瑞政府垮台，北京政权落入奉系军阀张作霖手中。

　　7 月，广东革命政府发表《北伐宣言》，国民革命军正式出师北伐。

　　10 月，北伐军攻克武昌，11 月广州国民政府决定迁都武汉，12 月开始迁移。

1926 年春，摄于琴室。时从沪购来德国 J bach？琴，已三个月。（《萧友梅自编影集》编号 50）

> **萧淑娴回忆** 记得我读中学三年级时，二叔又买了一架小型三角钢琴。他将琴放在他南房的客厅靠东面板墙旁，墙上挂着一张贝多芬(Beethoven)放大像。下面中间是肖邦(chopin)像。他很欣赏肖邦的作品。说肖邦的旋律创作无比精美，变化多彩，他还用过雪朋谐音作为别号(也曾译音作索朋)。肖邦像的左边是孙中山先生像，右边是我祖父焱翘公的照片。这些像的两侧挂着一副桂东源写的篆字体对联：岂能尽如人意，但求无愧我心。客厅北面墙上则悬挂着巨幅彩色放大的巴赫(Bach)、莫扎特(Mozart)、舒伯特(Schubert)等他敬仰的音乐大师们的像。他和我们姑侄还曾轮流坐在三角琴前长凳上摄影留念。（《萧友梅纪念文集》第120页）

4月13日

音乐传习所刊出补招理论及管弦乐器新生的启事。（《北京大学日刊》1926年4乐13日）

1926年春，与刘天华、嘉祉、托诺夫（坐在右端者）等合影，照片为托诺夫夫人所摄。（《萧友梅自编影集》编号62）

5月，由上海美术专门学校音乐教育研究会编印的《音乐教师的良友》创刊，存见仅2期。宋寿昌在该刊第1期上发表《论音乐教育的改造和前途问题》。

6月8日

晚 8 时，音乐传习所在第二院大讲堂举行师范科毕业生音乐会。[注 音乐会上有 8 个节目，由乐队协奏或伴奏，萧友梅担任指挥（详见附录二之 23）。]（《北京大学日刊》1926 年 6 月 8 日）

8月

所编新学制《钢琴教科书（初级中学用）》由商务印书馆出版。[注 该书分为基本练习、初级技术和名曲集三部分，另外在总论中还简要介绍了钢琴的历史和基本演奏技法。]

秋

以兼任国立北京艺术专门学校音乐系主任的身份，为招生考试主考普通乐理课。开学后，讲授乐理、和声等课程。熊乐忱[1]、于是年入学。（熊乐忱《悼萧友梅先生》，《萧友梅纪念文集》第 2 页）

熊乐忱

熊乐忱回忆 民国十五年秋，我投考国立北京艺术专门学校音乐系，时萧友梅先生为系主任，主考普通乐理课。我在考场第一次认识萧先生，他身材高瘦，额部宽大，面容和蔼而庄严，使人尊敬。从此以后，我随先生学习乐理及和声学一年。寒暑假时，并承招至私寓义务补授。其教学的热忱和诲人不倦的精神，于此可见一斑。（《萧友梅纪念文集》第 2 页）

秋，俞寄凡、潘伯英、潘天寿、谭抒真等发起创办私立上海新华艺术学院。1928 年改名新华艺术大学。1929 年奉教育部令改为新华艺术专科学校。校长先后由徐朗西、汪亚尘担任，刘质平、何士德、宋寿昌、钟慕贞等曾在此任教。1944 年停办。（《上海文史资料选辑/中国西画 50 年》第 59 辑）

9月

谱写由易韦斋作词的二部合唱《歌与春及花》。

10 月，丰子恺编著的《音乐入门》由上海开明书店出版。之后曾重印数十次，社会影响很大。

1926 年夏，为音乐传习所师范科毕业生宴请教职员及同学于北海。右侧从前往后为吴伯超、刘天华、郑颖孙（《萧友梅自编影集》编号 49）

上图为 1926 年夏与北京艺专音乐系部分师生摄于校内（前排左 5 林风眠，后排右 5 冼星海）。
下图为 1926 年夏与女子大学音乐科师生摄于教育部西花厅之假山前。（《萧友梅自编影集》编号 46、
47）

205

参加八妹在欧美同学会举行的结婚式时与家属合影（《萧友梅自编影集》编号 63）

1926 年 9 月，在铮铮房 3 号与八妹合影，时八妹结婚已一个月。（《萧友梅自编影集》编号 52）

1926 年冬，与艺专学生数人合影。（《萧友梅自编影集》编号 48）

，丰。

12 月，陶行知发表《创设乡村幼稚园宣言》。文中提倡充分利用本国的音乐、诗歌、故事、玩具等来陶冶儿童，同时也不能采取狭义的国家主义，凡国外具有普遍性、永久性的材料也可选择实用。（《新教育评论》第 2 卷第 22 期）

冬，新华艺术学院在上海成立，创办人为潘天寿、俞寄凡、张聿光、俞剑华、谭抒真、潘伯英等。音乐家聂耳、王云阶；画家李青萍、吴青霞、沈同衡雕塑家张充仁等曾在该校学习。1941 年太平洋战争爆发后停办。

本年

出席女子大学音乐科全体学生举行的学年年终汇报音乐会，并亲自担任舞台监督。[注：地点在真光电影院。会上表演一出有独唱、重唱、合唱的音乐小歌剧《五月花后》，用英文演唱；赵丽莲导演，霍尔瓦特夫人任声乐指导，萧淑娴和谢兰郁担任主角独唱，在排练过程中先生也常去旁听并提出意见。歌剧的基本剧情是：每年五月群花盛开的季节里，一些村镇的姑娘们，都要选一位最为大家推崇的姑娘做五月花后。有一位姑娘出身富有，自认为最有资格当选，但群众不喜欢她的高傲，一致认为来自农村的小姑娘品德优美而选了她。该剧公演后相当成功，音乐科在社会舆论

上得到很好的评价及赞赏。] *（萧淑娴：《二十年代的萧友梅》，《萧友梅纪念文集》第128页）*

　　本年，吴梦非回到浙江，在春晖中学、杭州高级中学、浙江中学等校任教。

　　本年，程懋筠从日本东京音乐学校留学归国，先后在江西省立一中、二中、女中、浙江省立师范等校任音乐教师。

【注释】

[1]熊乐忱（1909-1996）又名乐琴，江西南昌人。1926年中学毕业后即赴京考入北京艺专音乐系，艺专被迫解散后南下于1928年2月考入国立音乐院，1930年留学比利时皇家音乐院，1932年回国后在北平大学艺术学院、北平大学女子文理学院、河北省立女子师范学院等校任教。抗日战争时期在重庆音乐教育委员会、国立礼乐馆任职，并任国立音乐院兼任教授。1950年起在江西省文联、文教厅、南昌大学工作，曾任省音协副主席。1961年调江西文艺学院任音乐科教师兼教研组长。

1927 年 1—7 月（民国 16 年　43 岁）

1 月 1 日，国民政府从广州迁都武汉。

3 月，北伐军进驻上海，占领南京。

4 月 12 日，蒋介石在上海发动政变。

4 月 18 日，国民党中央政治会议发表《定都南京宣言》，南京国民政府成立。

6 月 13 日，蔡元培在国民党中央政治会议上提出应在国民政府设大学院的提案；会议当即通过决议，任命蔡元培为大学院院长。

1 月 15 日

晚 8 点，在北大第二院大礼堂举行音乐传习所第 23 次音乐会。[注：萧友梅指挥乐队演奏了海顿的《军队交响曲》和舒伯特的《未完成交响曲》等作品。音乐会上还有嘉祉的钢琴独奏和刘天华的琵琶独奏等节目。在音乐会的预告中，特别提醒大家要注意："本所每次开演奏会需费不少。此次已费尽许多筹划，才能开成。学校经费如再无着落，本学年内恐无再开会之希望。爱好音乐诸君，幸勿失此机会。"]

1 月，私立西南美术学校在重庆市督办公署立案，设立音乐组和艺术师范。

2 月 2 日

参观北京新开通的和平门。

参观北京和平门开幕（《萧友梅自编影集》）

[**按** 旧北京内城原有 9 个城门，而和平门并不在其内。此处位于正阳门与宣武门之间，城外就是厂甸商业区，城墙之隔，使得商贩和百姓，经商办事很不方便。袁世凯统治时期，曾有人建议在正阳门与宣武门之间开辟城门，但未成事。直到 1924 年冯玉祥讨伐张勋复辟回京，有商会代表重提开城门之事，冯玉祥欣然同意，并交与京畿警备司令兼北京市政督办鹿钟麟办理。鹿走马上任后，经过测量、拆迁，挖洞、架桥，开通了此门。和平门的开通，对于文化人来说，到琉璃厂购书，尤为方便，故萧友梅饶有兴趣参加了开幕活动。]

210

和平门全景

2 月 26 日

从是日起至 3 月 31 日，音乐传习所连续 28 次在日刊上刊登选科生缺额招生广告。（《北京大学日刊》1927 年 2 月 26 日）

1926 年 2 月，与女子大学音乐科师生合影。前排：1？明岱、2.上官绍瑾、3.张萃如、4.李淑清、5.霍尔瓦特、6.萧淑娴、7.谢兰郁、8.潘君芳、9.李鸿宜；后排：1.曹安和、2.杨筱莲、3.潘君璧、4.贾观蓉、5.刘天华、6.杨仲子、7.萧友梅、8.嘉祉、9.韩权华、10.王同华、11.汪颐年、12.周宜。（《萧友梅自编影集》）

2 月，中国近代第一所培养歌舞专业人才的学校——中华歌舞专科学校在爱多亚路（今延安东路）成立；校长黎锦晖。

2 月，王光祈发表《音乐在教育上的价值》，强调音乐在教育上的重要意义。（《中华教育界》第 16 卷第 8 期）

3 月，陈鹤琴主编的《幼稚教育》创刊，并发表他写的《我们的主张》。文章提出，幼稚园应该创造音乐环境，发展儿童欣赏音乐的能力，养成他们歌唱的技能，并唤起他们的团体观念和爱国精神。（《幼稚教育》第 1 卷第 1、2 期）

5 月 2 日

作《和声学》自序一。[注　序言简要介绍了编著该教材的经过：在 1920 年秋，担任北京女子高等师范学校音乐专修科的音乐理论课，编著了《和声学纲要》一书，曾在北大音乐研究会编的《音乐杂志》上分期连载。1921 年秋北大开设乐学讲座，讲授和声学，亦以此书为教材。因和声学一门我国向来所无，第一次用国语编成课本，一切专门名词均需从新译定，书内所举谱例，也必须亲自缮写，所以书刚脱稿，已发现许多缺点，但可以在教授时随时增补说明。1925 年国立女子大学与国立艺术专门学校成立，担任两校的和声学科目时，参照历年教授上之经验，将该教材完全改编，易名为《和声学》，内容增加了三分之一，并概括总结了 27 条和声基本原则。序言还指明了使用此教材应注意之处。]（商业印字房印刷《和声学》，1932 年 8 月）

5 月 15 日

郑颖孙

应聘为国乐改进社名誉社员。[注　刘天华、郑颖孙[1]、张友鹤[2]、吴伯超、曹安和、柯政和[3]、萧淑娴等 35 人在北京发起成立"国乐改进社"，是日举行成立大会，推举刘天华为主席，吴伯超、张友鹤、廖赞化等 15 人为执行委员；6 月 1 日召开"国乐改进社"执委会，会上讨论通过聘请蔡元培、萧友梅、杨仲子、林风眠、吴梦非[4]、吴稚晖[5]、刘半农[6]、赵元任及田边尚雄等 15 人为该社名誉社员。该社以改进国乐并谋其普及为宗旨，提出"借助西乐，研究国乐"，"一方面采取本国固有的精粹，一方面容纳外来的潮流，从东西调和合作之中，打出一条新路来"。1928 年 1 月创办《音乐杂志》。由于经费的原因，出版 3 期以后，停刊半年；同年 10 月出第 4 期后变为不定期刊，至 1932 年 2 月共出 10 期。]（1927 年 6 月《新乐潮》第 1 卷第 1 号/1928 年第 1 期《音乐杂志》/刘北茂口述、刘育辉执笔《刘天华音乐生涯》第 146 页）

1927 年 12 月国乐改进社的北京社员及部分名誉社员合影

嘉祉

5月29日

下午 3 点，出席音乐传习所在东长安街平安电影院举行的"钢琴教员嘉祉先生告别音乐会"。[注　音乐会上，萧友梅指挥乐队演奏了贝多芬的《爱格蒙特序曲》、《c 小调钢琴协奏曲》和德沃夏克《新世界交响乐》等名曲。][注　在音乐会预告中说："嘉祉先生来华教授音乐已经七载，历任北大、女大、艺专等校，教职成绩卓著，有口皆碑，无庸赘述。兹先生应南美智利音乐院院长之聘，不日离京，特奏其生平得意之贝多芬协奏曲（Beethoven Concerto），与首都人士告别。届时并有中外音乐名家及嘉祉先生之高足多位参加。"此外还有女子大学中乐组为送别嘉祉先生而演奏的琵琶合奏和丝竹合奏，嘉祉先生的学生吴伯超、韩权华、萧淑娴等的钢琴独奏。]

[**按**：据目前现有资料，这次音乐会可能是北大音乐传习所最后一次演出。] (《北京大学日刊》1927 年 5 月 27、28 日)

6月初

出席女子大学音乐科及音乐传习所教员学生于北海为嘉祉饯别的活动。(1927 年 6 月《新乐潮》第 1 卷第 1 号)

在北海为嘉祉饯别时合影(《萧友梅自编影集》编号 56)

6月8日

音乐传习所从是日起至 7 月 2 日,连续 7 次刊出留京教授开办暑期学校的启事。[注　教员有杨仲子、伊诺夫（钢琴），刘天华（提琴、琵琶、二胡），赵星坦（钢琴），还有未确定教师的初级钢琴。]（《北京大学日刊》1927 年 6 月 8 日）

6 月 13 日,蔡元培在国民党中央政治会议上提出应在国民政府设大学院的提案;会议当即通过决议,任命蔡元培为大学院院长。

6 月 20 日,奉系军阀张作霖任命刘哲为教育总长。

6 月,王光祈在《中华教育界》发表《评卿云歌》。

6 月,北平爱美乐社编辑的《新乐潮》月刊创刊,至 1928 年共出 10 期,其中刊有多篇关于音乐教育的文章。在创刊号上发表有刘天华的《在饯别钢琴师嘉祉先生的席上说的几句话》和吴伯超《别嘉祉先生》两篇文章,表达了北京音乐界同人对这位钢琴良师真挚的惜别之情。

7 月 20 日,张作霖下令整顿学校

7 月 21 日,北京大学音乐传习所、国立北京艺术专科学校音乐系被北洋政府教育总长刘哲以"有伤风化"下令撤消。

陈衡哲

8月17日

作独唱曲《爱》（任陈衡哲[7]女士作词）。[注　歌曲附钢琴伴奏谱,发表在 1928 年 1 月 10 日出版的国乐改进社《音乐杂志》第 1 卷第 1 号。陈衡哲是任鸿隽夫人,萧友梅曾与任鸿隽一同赴欧留学;在北京办学期间,又与任、陈夫妇过从甚密。]

　　萧淑娴回憶　任鸿隽夫人陈衡哲女士也是相往来的朋友,任先生和萧友梅是同时出国去欧洲留学的。陈衡哲是位女历史学家。她写过一首诗《爱》,萧友梅为此诗写过歌及伴奏,登在[国乐改进社所编的]《音乐杂志》第一期上。（《萧友梅纪念文集》第 135 页）

本年离京前

作《国立女子大学校歌》（金国宝作词）、《北京中国大学校歌》、《北京中国大学十周年成立纪念歌》（二曲均为胡春林作词）等歌曲。

[**按**：国立女子大学系国立北京女子师范大学于 1925 年 10 月更名而成，萧友梅继续任该校音乐科主任；1928 年秋国立北平大学成立后，国立女子大学又更名为"国立北平大学女子文理学院"。因此《国立女子大学校歌》的创作时间似应在 1925 年 10 月至 1928 年秋之间，而萧友梅在 1927 年 8 月下旬已南下上海，开始为筹设国立音乐院而奔忙。据此推测，此曲约作于 1925 年 10 月至 1927 年夏离京之前。金国宝是北京女子高等师范学校音乐科及其更名改组后的各校系讲授词章诗歌写作的一位教师。原刊印谱及手稿均佚失，今存有据原谱拍摄的缩微胶片。北京中国大学是一所私立学校，于 1917 年 4 月经教育部核准，由原北京中国公学大学部更名而成。又据《北京中国大学十周年成立纪念歌》歌词所言"本校成立兮年十番，会开纪念兮四月十三"，可知这两首歌可能写于 1927 年 4 月之前。此二曲也仅存据原谱拍摄的缩微胶片。]（*微缩胶片现存中国艺术研究院音乐研究所*）

215

【注释】

[1] 郑颖荪（1893-1950）黟县碧山乡石亭村人，燕京大学毕业后留学日本早稻田大学。回国后，在北京大学任教，是著名的古琴家，参加国乐改进社。抗战时期在昆明、重庆等地大学任教。抗战胜利后回到南京，在中央大学执教和国立编译馆工作。19487 年去台湾任教。

[2] 张友鹤（1895-　　），原名鹏翘，生于山西邑县，1917 年入北京大学哲学系，师从王心葵学古琴，1922 年在北京大学教古琴及从事古琴学术研究，为国乐改进社发起人之一，任执行委员及《音乐杂志》编辑。

[3] 柯政和（1890—1973）台湾省人。早年留日学习音乐。1920 年后在北京从事音乐教育及出版工作。曾是当时音乐社团"爱美乐社"的发起人、主持人，也是该社编印出版的音乐期刊《新乐潮》主要负责人，后又创办"中华乐社"，编印出版了大量普及性的音乐书谱。

[4] 吴梦非（1893—1979）浙江东阳县人。1915 年毕业于浙江省两级师范学堂后，执教于上海、浙江、江西等地中学。1919 年与人一起创办上海艺术专科师范学校、倡议设立中华美育会、创办并主编《美育》杂志。历任上海艺术师范学校校长、上海美术专门学校教务主任、浙江省教育厅督学等职务。1949 年后，曾任中国音协杭州分会执委兼秘书主任、浙江省文联组织部副部长、上海音乐学院教务处副处长等职。

[5] 吴稚晖（1886—1953）江苏武进人。1901 年留学日本。1905 年在法国参加同盟会。武昌起义后回国。1924 年起历任国民党中央监察委员、国民政府委员、教育部国语统一筹备委员会主席、中央研究院院士等职。1949 年去台湾。

[6]刘半农(1891—1934)原名刘复，江苏江阴人。曾参加辛亥革命。1917年任北大法科预科教授，并参与《新青年》的编辑工作，积极投身文学革命，提倡白话文。1920年起先后赴英、法学习。1925年获法国文学博士学位。回国后任北大国文系教授，讲授语音学。刘半农与其弟刘天华、刘北茂在音乐史学界常被称为"刘氏三兄弟"或"刘氏三杰"。

[7]陈衡哲(1893—1976)湖南衡山人。1911年入爱国女校。1914年考取清华学堂留学生班，成为清华选送公费留美的女大学生之一；攻读西洋史，兼修西洋文学，后进芝加哥大学继续深造，1920年获硕士学位。回国后历任北大、川大、东南大学教授。著有短篇小说集《小雨点》、《西风》和文集《文艺复兴小史》《衡哲散文集》等。

（五）

上 海 时 期 · 上

（1927-1935）

218

　　我以为我国作曲家不愿意投降于西乐时，必须创造出一种新作风，足以代表中华民族的特色而与其他各民族音乐有分别的，方可以成为一个"国民乐派"。但是吾国音乐空气远不如百年前的俄国，故是否在这个世纪内可以把这个乐派建造完成，全看吾国作曲家的意向与努力如何，方能决定。

　　　　　　　　——一九三八年《关于我国新音乐运动》

1927 年 8-12 月(民国 16 年　43 岁)

9 月 17 日，国民党中央特别委员会举行第二次会议，决定改组国民政府，设立大学院，由蔡元培任大学院院长。

10 月 1 日，南京国民政府大学院成立。

8 月 6 日，北洋军阀政府下令将北京大学、北京师范大学、女子大学、艺术专门学校等九所国立院校改组为国立京师大学校，由教育部长刘哲自任校长。大学校分设 6 科和 5 个专门部，其一为美术专门部；在美术部内仅保留国画、西画、实用美术三个系，音乐、戏剧专业被撤消，理由是"音乐有伤社会风化"。后经教育界人士多方努力争取，才保留了国立艺专和国立女子师范的音乐系，北大音乐传习所则被取消。1928 年 10 月，京师大学校美术专门部改为艺术学院，增设建筑系，聘徐悲鸿为院长。

8 月

萧友梅南下到上海，拟向即将担任南京国民政府大学院（相当于教育部）院长的蔡元培建议，计划在上海设立音乐院。

[**按**：萧先生离京日期，未见有具体记载。有的人回忆说在五六月，有的说在七月，也有说在初秋。据现有资料，是年北大等国立九校一律于 6 月 10 日起放暑假（见 6 月 7 日《北大日刊》校长布告）。6 月 20 日，刘哲任教育部长；7 月 20 日，张作霖下令整顿学校；7 月 21 日，刘哲下令撤销音乐传习所。先生是传习所主持人、教务主任，向来细致、认真、负责的先生，决不会一放假、一接到撤销传习所的指令就离开学校。要想离京，必先对所里的不少事情有所交代、处理。比如，传习所组织暑期学校的事宜他要考虑；传习所停办后的乐器应如何妥善保管，以免受损失，他要设法安排（有资料表明，他曾设法将乐器寄存在校外较安全的地方；参见 1929

年5月25日条）。由此判断，先生南下日期当在8月。]

[**备考**　据《中国近代音乐教育之父——萧友梅先生之生平》一书中周凡夫《中国近代音乐之先驱萧友梅》一文记述：正当萧友梅考虑南下上海重展工作之际，提倡美育、重视音乐教育的蔡元培，对萧友梅在北平多年的工作极为赞誉而器重，鼓励他继续在北平推展音乐活动。但萧友梅婉拒了蔡元培的要求。因为北洋政府勒令取消音乐系一事，使萧先生觉醒到在北平古都，去播种现代艺术将是事倍功半、自讨苦吃的事。所以他要求南下上海，到这个靠近海岸、商业发达、受过西洋文化熏染的大都市去另行创业。在萧友梅的力争下，蔡元培终于同意萧友梅南下。（见香港《音乐与音响》杂志社编辑、亚洲作曲家联盟总会出版，1982年4月14日。由于作者未注明资料出处，今作为一种说法，在此介绍供参考、研究。）]

刘开渠

萧淑娴回忆：与之一起南下的是在艺专美术系学习的学生刘开渠[1]。刘那时很年轻，因不能在北京继续学美术，听说萧友梅有南下创办音乐学院的设想，很想跟着去上海，看看南方有无学习美术的地方，得到同意后便随之到了上海，并一起住在《现代评论》杂志社内。刘初次南下，人生地疏，语言不通，萧友梅常常为他翻译，和他一起逛马路，和他多次谈欧洲绘画美术方面的见闻，使这位当时的青年心中留下了深刻的怀念与感激之情。（《萧友梅纪念文集》第131页）

谭抒真回忆　大约五六月份[**按**：记忆有误；应在八月较符合史实。]萧先生来上海。他写信给我，预备筹办音乐院，希望和我面谈。信是用毛笔写的，曾保存了好多年，后来遗失了。先生那时与山东大学校长杨振声先生同住在陶尔斐斯路，我在那里见到先生。他说北京的音乐系不办了，因那里的教师水平不高，不符合办学的要求，而上海人才多，外国音乐家也多，所以要到上海来办学[**按**：北洋政府不允许在京办音乐教育机构是重要原因之一。]又问上海有哪些音乐家，我说最好去找工部局交响乐团指挥梅百器，社会上有名的音乐家他都熟悉。（《萧友梅纪念文集》第53页）

8月28日

下午，应邀到大同乐会[2]参观。[**注**　大同乐会对这次活动十分重视，主任郑觐文召集在沪基本会员、著名专家十数人开欢迎会。汪昱庭、王叔咸、王巽之、杨子永、苏少卿、王培生、张省钧、吴雪隐、程齐庄、卓卣斋、郑惠国、郑兰堂等各人演奏自己擅长的作品共 12 首。欢迎会开了 4 小时之久。](《申报》1927 年 9 月 1 日)

[**按**：这是目前所见史料中有关萧友梅到上海后的第一次公开活动；据《申报》在报道中有"著名音乐家萧友梅，于数日前来沪，其任务为筹办中国音乐专门学校"等语，可推知先生应在 8 月下旬抵沪。]

郑觐文

8 月下旬

向蔡元培提出创办国立音乐院的议案。[**注** 创办的主要理由是："一来觉得音乐一门非独立设教不可；二来藉此也可以纪念大学院一下。"由于先生有了 1920 年失败的经验（参见 1920 年年底第 1 条），这次不再提出太大的预算，以免计划落空。他把在 1920 年所拟的整个办学计划"改为分年递加办法，就是每年招生 40 名，经常费每月 3000 元，逐年递加，暂定招生至第五年为止。第五年应有学生 250 名，每月经费 15000 元"。萧友梅提出的议案，本年 10 月获大学院批准（参见 10 月 24 日第 1 条）。](萧友梅《本校五周感言》，《萧友梅音乐文集》第 335 页)

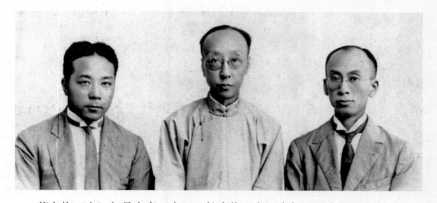

萧友梅（右）与易韦斋（中）、杜庭修（左）本年 9 月合影于上海。

10 月 9 日

是日晚，从北京到沪后首次赏听上海工部局管弦乐队的音乐会。[**注** 曲目有里姆斯基·阔萨科夫的管弦乐组曲《舍赫拉萨德》和瓦格纳的歌剧《汤豪塞》序曲等。](萧友梅《听过上海市政厅大乐音乐会后的感想》，《萧友梅音乐文集》第 239 页)

10月16日

是日晚，又赏听上海工部局管弦乐队演出的音乐会。[注 这次演出曲目全部是柴可夫斯基的作品，其中有《"悲怆"交响乐》。]（《听过上海市政厅大乐音乐会后的感想》）

10月23日

晚，听上海工部局管弦乐队演出的音乐会。[注 曲目有勃拉姆斯的《小夜曲》和格里格的《培尔·金特》第一组曲等。]（《听过上海市政厅大乐音乐会后的感想》）

上海工部局管弦乐队

10月24日

所提出的在上海筹建国立音乐院的议案获大学院批准，并被委派为"音乐院筹备员"。[注 当天还收到杨铨（杏佛）力争来的 2600 元，充作开办费，他立即草拟招生广告与简章。]

10月24日

撰写《听过上海市政厅大乐音乐会后的感想》一文。[注 文章首先为在上海这样一个"孜孜为利，俗气不堪"的租界之中，居然有个经常举办"大乐音乐会"的上海市政厅的管弦大乐队而感到十分高兴，并回忆了在北京时曾提议由市政府推动举行交响音乐会而不成的遭遇。文章提出，举行音乐会，一方面是为了民众的欣赏，一方面也是为了从事音乐工作的研究的需要，认为上海在这方面有很好的优势（这也是先生所以选择在上海建立音乐院的原因之一）。文章还希望作为纳税人不要单尽义务而放弃去听音乐会的权利，因为乐队每年要接受市政府七八万元的津贴，作为观众，也不要听一次不懂就放弃，"因为有许多新音乐，要常常去听，耳朵常常受它的熏陶之后，方可领略它的好处"。（*1928 年 1 月 10 日国乐改进社编《音乐杂志》第 1 卷第 1 号转载*）。

[**按**：原载刊物不详，查阅 1927 年 11-12 月《申报》，未见该文。]

10 月 26 日

是日起，以"院长蔡元培，筹备员萧友梅"署名的"国立音乐院招生"广告在上海《申报》《民国日报》等多家报纸刊登。[注 广告中说，"音乐一科居艺术重要地位，欧美各国多由国家设立学院，以施行其高等音乐教育。我国府大学院成立，因亦设立音乐院于沪上，一方输入世界音乐，一方从事整理国乐，期趋向于大同，而培植国民美与和的神志及其艺术。本学期拟先招预科一班及选科若干名。报名日期十一月一日至五日。院址租赁法租界华龙路陶尔斐斯路（今南昌路东段）56 号。"]（*《蔡元培年谱长编》下册（1）第 94 页/1927 年 11 月 3 日《申报》*）

秋，中央大学教育学院艺术专修科成立，内分国画、西画、音乐三组，修业 2-3 年，1929 年延长到四年，并增加工艺组。音乐组主任初由程懋筠担任，1930 年 3 月改由唐学咏继任；1931 年艺术专修科改为艺术科，工艺组停办。1934 年改科为系。1935 年国画、西画合并。毕业生授予学士学位。20 世纪 30 年代马思聪、喻宜萱、李惟宁及一些外国音乐家曾先后任教于此。

10 月，郑志声赴法国留学，先后在里昂音乐院、巴黎音乐院、塞撒弗郎音乐专门学校学习音乐理论、钢琴、作曲、指挥等课程。1937 年毕业回国。

10 月

被大学院聘为艺术教育研究委员会委员。（*《大学院艺术教育研究委员会组织条例》，《大学院公报》第 1 年第 1 期*）

11 月 2 日

国立音乐院开始招生报名。（*《上海音乐学院大事记·名人录》第 3 页/《申报》1927 年 11 月 3 日第 5 版*）

歌曲《闻艺专音乐系解散有所感》曲谱的右上角署有写作此曲的地点和日期。

11月5日

作《闻艺专音乐系解散有所感》（易韦斋作词）。[注 歌曲附钢琴伴奏谱，首刊于1928年1月10日国乐改进社编印出版的《音乐杂志》第1卷第1号上，歌谱在词曲作者名下注有"于环龙之园，16.11.5"字样；"环龙之园"即当时上海的"环龙公园"（今为复兴公园）。据此可知该曲作于民国16年（1927年）11月5日。又，现存此歌作曲者铅笔手稿一页，在歌名"闻艺专音乐系停办有（所）感"下写有"（浪淘沙）"，但此手稿无歌词。关于艺专音乐系解散事参见1927年7月21日条]（见《萧友梅全集》第2卷即音乐作品卷编辑设想及目录草案。来自2004年12月《萧友梅全集》编辑工作会议纪要附件）

洪潘

萧淑娴回忆 二叔在赴沪后，写过一首歌曲《闻艺专音乐系解散有所感》，于易韦斋的歌词上以示他心情之沉重。（《萧友梅纪念文集》第113页）[原文为"赴沪前"，有误，查此歌写于1927年12月，见乐谱。]

11月10-12日

主持国立音乐院的首次招生考试。[注 经考试录取预科萧景樱等，专修科洪潘[3]、蒋风之[4]、唐畹秋等，选科龙同玉、李炳星等共19名。]（《音乐院院刊》第1号）

11月16日

从是日起，第一次录取的学生先行上乐器课，国立音乐院开始上课。（吴伯超《国立音乐院成立记》，国乐改进社编《音乐杂志》第1卷第2期）

蒋风之

11 月 21-22 日

主持外地晚到考生的入学考试。[注 这次录取 4 人，连同首次录取者共计新生 23 名。] (1928 年 5 月《音乐院院刊》第 1 号。)

11 月 24 日

是日起，国立音乐院所有全班听讲的课程一律开齐，先生亲自讲授和声、作曲、音乐领略法。[注 其它任课教师还有易韦斋、杜庭修[5]、王瑞娴[6]、李恩科[7]、朱英、吴伯超等（详见 1928 年 5 月条）。] (吴伯超《国立音乐院成立记》，国乐改进社编《音乐杂志》第 1 卷第 2 号/《音乐院院刊》第 1 号)

11 月 27 日

上午 10 时，出席大学院艺术教育委员会假上海法租界马斯南路 98 号李石曾住宅召开的第一次会议。[注 会议由蔡元培任主席，出席的还有林风眠、王代之、杨杏佛、高鲁、周峻、李金发、吕彦直等委员。会议议决：1、讨论本会组织大纲，修改后，逐条通过；2、决定设立研究、编审、美术展览三个分组委员会，并通过各分组会组织大纲；3、美术展览分会先设筹备委员会于南京，会期定于明年暑假，会址另议；4、通过美术展览会预算；5、筹备国立艺术大学；6、关于整理全国艺术教育问题，决定由该会切实调查现状后，再行研究办法。] (《大学院公报》第 1 年第 1 期)

11 月 27 日

下午 2 时，国立音乐院以本院演奏厅作为临时礼堂，补行开学典礼。[注 大学院院长蔡元培夫妇、行政处处长杨杏佛夫妇、秘书长金曾澄及褚民谊等 10 余人和音乐院全体师生参加典礼。会上，首先由蔡元培兼院长主席致训辞，讲话内容大意如下：大学院原以提倡科学艺术为宗旨，故于日前财赋支绌之际，亦勉为其难，创办此音乐院。适音乐专家萧友梅先生来沪，正好托其筹备一切，于最短期间，规模初具，而告成立。因招考已逾学期，所以来学者不多。但敝意此院开办，不愁学者不多。因我国国民对于音乐情感甚为丰富，历史已有证明。古人谓作始简，将毕巨，只要教者学者及办事人皆以一番热忱毅力，相策相辅，黾勉精进，则必日起有功，学者济济，术业成就，可拭目而待。所以今日鄙人对于本院成立，与诸君子共话一堂，于喜欢赞叹之余，更怀抱无限之希望。

继由教务主任萧友梅报告筹备经过；说明"这回来学人数之少，是因为招考太晚的缘故。中学或师范学校的毕业生都早升学了。现在的新同学多半是牺牲他们暑假后所进的学校，特意来本院肄业的，即此一端，可以证明这回来学诸君对于学习音乐的坚决，这也是一件很好的事。因为有了坚定的决心，才可以有希望学成一种学术或做成一件事。当 182□ 年伦敦Royal Academy of Music成立的时候，只有 20 个学生，过了 80 年学生增加至三百以上。我们不怕今天同学少，但我们同事同学大家努力，那么不到十年就可以有五百以上的同学了。这是我对音乐院唯一的希望"。

然后是来宾大学院秘书长金湘帆（金曾澄）、教育行政处处长杨杏佛作演讲，国文教授易韦斋亦对学生致勉励语。最后是简短的音乐节目，有教员王瑞娴钢琴独奏，朱英琵琶独奏，陈承弼小提琴独奏；最后蔡元培、杨杏佛与全体教职员在校门前共 26 人合影留念。]／《大学院公报》第 1 期／《申报》1927 年 11 月 28 日《国立音乐院行

国立音乐院成立典礼后与会者合影

开院礼》/国乐改进社编《音乐杂志》第1卷第2号）

11月

历时一年有余编成的《小提琴教科书》由商务印书馆出版。

[**按** 这是中国现代音乐史上第
一本由国人编写的小提琴教材。书中
选有比利时小提琴家贝利奥(Beriot)、
法国小提琴家马扎斯(Mazats)的数十
首练习曲。在本书的《编辑大意》中
先生指出，"小提琴技术繁难"，"它
非如有键乐器之容易入手；习此器者，
需有精锐之听觉"。建议习此器之前，
最好学风琴或钢琴一年，并在对西洋
大小调辨清楚后再学"方易入手"。] （*李岩《20世纪中国人编写的第一本小提琴教科书》，*
《人民音乐》2000年第4期）

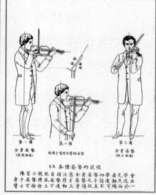

萧友梅编的《小提琴教科书》封面与插图

李岩论评 该书的体系，属于马扎斯与霍曼的混合体制，所突出的是音乐的趣味
性，不是简单枯燥的各种音阶音程的练习，而重于在旋律性的乐句中，练习各种小提琴
技巧。对研究小提琴发展史的学者而言，是值得去重新一读的。（*《20世纪中国人编的
第一本小提琴教科书》，《人民音乐》2000年第4期*）

12月

蔡元培因公务繁忙，委托教务主任萧友梅主持校务；被任命为国立音
乐院代院长。（*1929年7月《音乐院院刊》第3号*）

12月27日，午后二时，大学院艺术教育委员会在南京成贤街大学院会议厅召
开第二次会议，到会的有蔡元培（杨杏佛代）、林风眠、吕彦直、李金发、高鲁、
王代之、萧友梅（杨杏佛代）、李重鼎（王代之代）等委员，会议讨论事项：1、向
大学院建议创立国立艺术大学案；2、建立国立剧院计划，3、美术展览会应冠以"大
学院"之衔，以示政府重视；4、艺术展览会筹备委员会办事细则；5、艺术教育委

员会民国 17 年总预算；6、推定本会常务委员待预算成立后再议。（《大学院公报》第 1 年第 2 期）

年底

批准冼星海、熊乐忱等原在北京艺术专门学校学习过的学生免试转入国立音乐院学习。（*熊乐忱《悼萧友梅先生》《萧友梅纪念文集》第 3 页*）

本年，美国基督教会在华创办的燕京大学文学院增设音乐系，由范天祥任系主任，内设钢琴、声乐、理论作曲等科。

本年

重新加入国民党。（*《萧友梅传》第 31 页*）

【注释】

[1] 刘开渠(1904--1993)，安徽省萧县人。1927 年毕业于北京艺术专门学校美术系。1928 年任杭州艺术图书馆主任兼助教，同年 8 月考入巴黎高等美术学校雕塑系，不久成为法国著名雕塑家卜舍的助手。1933 年回国任杭州艺专雕塑系教授兼主任。1949 年起，先后任中国美协常委、副主席，国立杭州艺专校长、中央美院华东分院院长、中央美院副院长、中国美术馆馆长等职。曾主持天安门广场人民英雄纪念碑的兴建工作，任全国城市雕塑规划组组长。

[2] 大同乐会　由郑觐文发起成立于 1920 年，其宗旨为"专门研究中西音乐，筹备演作大同音乐，促进世界文化运动"。其前身为一年前成立的琴瑟学社。乐会设有研究、编辑、制造和干事等部门，先后聘汪昱庭、苏少卿、程午加等为音乐教师，郑自任乐务主任。为获得社会支持，曾邀蔡元培、李石曾、史量才、叶恭绰、梅兰芳、周信芳等为赞助人。会员最多时达 40 余人，其中有民族音乐家柳尧章、卫仲乐、金祖礼、许光毅、秦鹏章等。该会除招收学员进行培训外，在 30 年代曾复制、仿制两套古乐器及民族乐器（包括少数民族乐器）164 件，陈列于世界学院，供中外人士参观；对民族乐队的组合形式也作了改进。此外还改编了一批传统乐曲。1935 年郑觐文去世后，由卫仲乐继主任职；1937 年日军侵华，上海形势紧张，大同乐会迁至四川。

[3] 洪潘(1909-2004)　英都董山下楼人，出生于马来西亚。1926 年初就读于上海立达学园，选修音乐。1927 年考进国立音乐院，后入国立中央大学音乐系。1935 年选派赴维也纳高等音乐学院学小号、交响乐指挥，继而又在警官大学军乐队学习。1941 年回国后在重庆创办陆军军乐学校，任教育长。1949 后在南京华东军政大学文艺系任教授。1952 年任北京军乐团总教练。1954 年任南京艺术学院音乐教授直至 1985 年。

[4] 蒋风之（1908-1986）江苏宜兴人。1927 年入国立音乐院，后入北平大学艺术学院音乐系，师从刘天华学二胡和小提琴，并自学钢琴。上学期间，曾在北平大学女子文理学院等多所学校任教。1949 年起，先后任河北师范学院、北京艺术师范学院、中国音乐学院和中央音乐学院教授，

中国音乐学院副院长。

[5]杜庭修（　　-1939）1920 年毕业于请华大学，随即官费赴美留学，习体育与音乐，后入哥伦比亚大学主修教育，获硕士学位，回国后在中央军校等校任教。

[6]王瑞娴　生卒年不详，广东人。早年就读于上海中西女塾，后赴美国留学。回国后曾在国立音乐院任教。吴乐懿、周大风曾从其学习钢琴。1947 年迁居美国波士顿，任新英格兰音乐学院教授。

[7]李恩科（1894—1950），天津人，早年毕业于清华大学，毕业后选送去美国学音乐。1927 年任国立音乐院教授兼事务主任，1929 年离开国立音乐院。1931 年起长期任河北省立女子师范学院音乐系主任、教授（包括 1942-1945 年该院与北京师范学院合并为北京师范大学期间）。

1928 年(民国 17 年　44 岁)

5 月 3 日，北伐军行至济南时突遭日军袭击，对我国外交官员和军民施行血腥屠杀，举世震惊，史称"五三惨案"，又名"济南惨案"。

6 月，张作霖放弃北京，退往关外；阎锡山部队进驻北京；南京国民政府宣布"统一告成"，并将北京改称北平，划为特别市。

1 月，《大学院公报》第 1 期发行，蔡元培作发刊词，内称：大学院成立以来所努力进行者三：1、实行科学之研究与普及科学的方法；2、养成劳动之习惯；3、提起艺术之兴趣。文中说，欲养成高尚勇敢与舍己为群之思想，非艺术不为功。本院是以设立艺术教育委员会，负全国艺术教育之责，并直接设立音乐院。明年将开美术展览会。

1 月 15—17 日

主持国立音乐院补招新生的考试。(《上海音乐学院大事记·名人录》第 5 页)

2 月 2 日

主持国立音乐院第 1 次迁校工作。[注　大学院虽批准成立音乐院，但校舍全部是临时租赁的。在先生主持下，学院迁至霞飞路（今淮海中路）1090—1092 号，面积较原来有所扩大，除教室及办公室外，还有琴房、食堂及男女学生宿舍等。]

(《上海音乐学院大事记·名人录》第 5 页)

2 月 6 日

国立音乐院在新址开学。(《上海音乐学院大事记·名人录》第 5 页/1928 年 2 月 1 日申报)

2 月 10 日，刘天华在《音乐杂志》第 1 卷第 2 期发表《向本社执行委员会提出举办夏令音乐学校的意见》。文中提出自北大音乐传习所及北京艺术专科学校音乐系停办后，许多有志学习音乐者无学校可进。一般学校的音乐课程度太差，学无结果。故提议创设此校，利用假期，为中小学音乐教师及一般爱好音乐的学生提供一个学音乐的场所。

2 月 10 日，杨仲子在《音乐杂志》第 1 卷第 2 期发表《质疑》一文，对北洋军阀政府压制、取消音乐教育的行为进行质问。文章从 14 个方面阐述了在中国实施音乐教育的必要性和迫切性。

2 月 11–13 日

主持国立音乐院补招预科、专修科新生考试，录取预科新生戴粹伦[1]（小提琴）、专修科新生熊乐忱（免考）等。至此，音乐院共有学生 56 名。（《申报》1928 年 2 月 1 日、《国立音乐院一览》）

2 月 26 日

上午 10 时，出席在国立音乐院召开的由蔡元培主持的大学院艺术教育委员会第 3 次会议。[注 到会的还有张继、周峻、林凤眠、李金发、李重鼎、王代之等委员。会议议程：1、蔡院长主席报告事项：增聘陈树人、唐家伟为委员。2、王代之报告杭州国立艺术院筹备经过。议决事项有：1、将本委员会迁设西湖艺术院；2、推定林凤眠、李金发、萧友梅、王代之为常务委员；3、由常委拟造本会办公费最低预算，送大学院核拨；4、由常委拟具办法，请中央及各省选派学生往国外研究艺术，养成高深艺术人才；5、起草中等学校艺术课程，提高中学艺术程度，交由全国教育会议核议；6、为提高中小学艺术教员水平，由常委拟具检定中小学艺术教员办法，送大学院核准令行；7、美术展览会于暑假开学前在上海举行；8、请国立艺术院于最近设立艺术研究院；9、请国立艺术院设免费名额，奖励高才生；10、由常委起草创刊艺术杂志（月刊）的计划；11、请大学院加聘林文铮为本会常务委员。]（中国近现代艺术教育法规汇编/《大学院公报》第一年第 6 期，1928 年 6 月）

2 月

大学院公布《国立音乐院组织条例》。[注 该条例规定，音乐院为国立最高之音乐教育机关，直辖于大学院。大学院院长兼任本院院长，总理全院院务。

教务处设主任一人，由院长聘任，总理全院教务；音乐院分理论作曲、钢琴、小提琴及声乐四系，各系设系主任一人，由教授或副教授兼任，专管本系课程及教务。事务处设主任一人，暂由教务主任兼理，总理全院事务，事务处内分文牍、会计、注册、庶务四课，每课设课员一人及书记若干人，处理各课事务。教员设教授、副教授、讲师、助教及导师若干人，分任各项课程。《条例》还规定音乐院的会议分为三种，院务会议、教务会议、事务会议。为辅助教务处、事务处工作，得设校舍计划委员会、招生委员会、考试委员会及必要时的临时委员会。］(《大学院公报》第一年第2期。1928-2)

[**按**：实际上由于多种原因，国立音乐院并未照此条例实行。]

3月19日
应聘为大学院译名统一委员会委员，同时被聘任的共31人。

3月26日，国立艺术院在杭州成立，林风眠任院长；1929年冬改称国立杭州艺术专科学校。该校为扩大学生的知识曾设有音乐研究会，由李树化任指导教师。1932年增设音乐系，后继续吸收除音乐系外的学生参加，李树化任组长。

3月
应大学院之聘，担任教科图书审查委员会音乐图画手工体操组审查委员。(《萧友梅音乐文集》第566页)

4月，王光祈在《中华教育界》第17卷第4期发表《德国音乐教育》，介绍德国中小学、大学、家庭、社会音乐教育的概况。

4月10日
主持国立音乐院成立院务委员会后的第1次会议。[注 会议议决：1、学生中途退学已缴各费，除膳费按日计算外，其余概不退还；2、校旗式样用希腊古琴式样，蓝底白花；3、院刊每月出版一次。](《音乐院院刊》第2号)

4月14日，国民政府训令江苏、浙江大学校长各省市教育厅局长，禁止各小学校采用伤风败俗，贻毒青年的不正当的歌曲为教材，并对此类出版物及歌曲予以取缔，禁止发行。（《大学院公报》第 1 年第 5 期）

5 月 12 日

主持国立音乐院成立以来举行的第 1 次演奏会。（《上海音乐学院大事记·名人录》第 6 页）

5 月 15 日

出席大学院在南京中央大学体育馆开幕的第 1 次全国教育会议，并提出三个议案。[注　蔡元培在开幕词中提出，今后教育应特别要注意三点，1、提倡科学教育；2、养成全国人民劳动习惯；3、提起全国人民对艺术的兴趣。会议期间，由萧友梅、姜丹书、李毅士等组成艺术组对有关艺术教育方面的提案进行审议。会议于 5 月 28 日闭幕，共通过议决案 237 件。

萧友梅在会上提出了三个议案：

（一）拟请增加中学音乐科授课时数并在大学添设音乐领略法及唱歌两项共同选修科案。理由是因原"初中之乐歌钟点，只第一、二年有之；高中师范科之音乐科，只第一年有之，且每周只一小时；高中普通科，连此一小时并无之，未免对于此科过于轻视。吾国今日之音乐教育，尚在播种时期，应增加各校音乐学科授课时数，以期有展之一日"。提案建议：1、初中三年，每年音乐功课应改为唱歌乐理各一小时。初中选修科，应加钢琴小提琴各乐器；2、高中各年级唱歌一科，应改为每周一小时；3、大学之共选修科，应添设音乐领略法（Music Appreciation），每周一小时至二小时。各大学均应添聘唱歌教员，挑选性近音乐之学生，组织歌队，每周以二小时训练唱歌"。此案纳入"整理艺术教育课程案"获得通过。

（二）拟请大学院每年拨出二万元为音乐美术之奖金案。提案主要内容：1、每年暂拨出二万元，分作四份，每份五千元；以后必要时，随时增加金额。2、上项奖金专用以奖励对于音乐、绘画、雕刻、建筑四项之有创作者，或技艺特别精巧者；每人予以奖金五千元。受奖资格：欲领得此项奖金者，须先有人介绍于大学院。每

在全国教育会议开幕典礼上，前排左起第8位手持呢帽者为萧友梅。

年春季由大学院延请国内音乐美术专家，组织审查委员会，指定日期审查或批评出品者及演奏者之成绩，决定其合格受奖与否。又：受奖者如尚有出洋研究之必要时，由大学院直接送其出洋，留学期以三年为限，应得之奖金，即移作学费之用。此案纳入"奖励及提倡艺术案"也获大会通过。

（三）拟请大学院以后选派西洋留学时注意音乐科学额案。此案被保留，以待以后再议。

此外艺术组还审议通过了"建立艺术馆，以供艺术教育予参考资料案"。在《大会宣言》中，就艺术教育问题作了如下的说明："为增高国民艺术的兴味和欣赏，议决建设国立美术馆，并举行大规模美术展览会和音乐演奏会，筹备基金，奖励艺术作品。"（《全国教育会议报告》中华民国大学院编，1928年8月/《大学院公报》第1年第7期）

5月20日

上午9点，随蔡元培、杨杏佛等60余人，先至灵谷寺，后到孙中山陵墓参观修建工程。中午回灵谷寺野餐。餐后分路自由活动。[注是日为星期日，教育会议休会。]（《民国日报》1928年5月21、22日）

修建中的中山陵

5 月 22 日

与参加全国教育会议的代表一起出席蔡元培所设私宴。[注　席间蔡元培发表简短演说，其要点是盛倡中庸之道，希望能调和各种意见。晚各组审查会。]（《蔡元培全集》第 6 卷第 237 页/《申报》1928 年 5 月 23 日）

5 月 24 日

会议期间临时返回上海，主持召开音乐院第 2 次院务委员会。[注　由于办学经费支绌，会议议决：1、暑假内学生概不住院（按　主要原因是校舍全部是租赁的）；2、从下学期起要求教育部每年增加经费至 6 万元。]（《音乐院院刊》第 2 号）

5 月 26 日，全国教育会议是日下午四时在国术馆举行国术表演，招待与会代表。（《蔡元培全集》第六卷第 236 页）

5 月 28 日，全国教育会议举行闭幕式，蔡元培在致词中提出，要提倡劳动及生产、科学教育与艺术教育并重。（《蔡元培全集》第 6 卷第 240 页）

5 月

《音乐院院刊》创刊（第 1 号）。[注　创办人蔡元培在为该刊作的《发刊词》中说："吾国自虞至周，均以音乐为教育之主要科。自汉以后，渐渐分化矣。而西域及印度之乐器及乐曲，次第输入，为音乐进化之一阶段。至于今日，欧洲之乐器及乐曲，又次第输入，不特在教育上又恢复其主要之地位，而且理论之丰富，曲调之番变，既非西域印度之可拟，抑亦非吾国古人之所能预知也。音乐院同人既日日研究此种番变之理论与曲调，而藉以发达其创造之能力，又不肯私为枕中鸿宝，而以刊物发表之，其术固新，而于古人重视音乐之意，则正相契合也。"（1928 年 5 月 13 日作）

创刊号载有萧友梅《古今中西音阶概说》、龙同玉《对于国乐研究整理及教授法之我见》、朱英《琵琶左右手全部指法说明》、戴炳鑫《祝音乐院成立诗》等文。（按：萧文《古今中西音阶概说》接着在第 2、第 3 号连载，但未刊完；后全文发表在 1930 年 4 月 1 日出版的《乐艺》季刊第 1 卷第 1 号。此文是继 1920 年 10 月发表的《中西音乐的比较研究》之后又一篇运用比较音乐学方法研究音阶的专题论文。本文主旨"就是把古今中西音乐所用的音阶浅白解说,列表比较,想教热心音乐的同志们,减省许多无谓脑力,用最短的时间,可以明白各种音阶的历史和组织"。)

创刊号还公布了《本院成立概况、组织及编制》《国立音乐院教职员一览》《国立音乐院各科学生一览》。据"教职员一览",音乐院的编制共 18 人,他们是:院长蔡元培,教授兼教务主任、代理院长萧友梅(乐学、和声学、音乐领略法、写谱)以及副教授兼文牍员易韦斋(国文、诗歌、三民主义、公民学、国音)、讲师兼事务主任李恩科(英文、合唱、视唱)、讲师王瑞娴(钢琴)、讲师陈承弼(小提琴)、讲师兼注册员男生指导员朱英(琵琶、笛)、讲师雷群通(西洋文化史)、讲师方于(法文)、讲师吕维钮夫人(钢琴)、讲师安多保(小提琴)、讲师厉士特奇(小提琴)、讲师马尔切夫(练声)、助教兼会计员吴伯超(钢琴、二胡)、助教兼女生指导员潘韵若(钢琴)、助教兼女生指导员梁韵(英文)、庶务员俞容成、梁仲华。

据"学生一览"共 50 人:其中预科萧景樱、戴粹伦[1]2 人;专修科陈文萍、戴炳鑫、陈希愚、张贞黻[2]、唐畹秋、洪潘、沈松乔、蒋风之、胡征、熊乐琴(熊乐忱)、姚慎、刘蔚樵、古宪嘉、周念铭、张立宋、李俊昌、阮庆莱、冯国文、周琰如、胡有融、胡弼臣、郑志[3]、郭绍犹、毛绮白、温子华等 25 人;钢琴选科龙同玉、但家瑶、陈美珥、吴逸之、潘琪瑛、张珂明、张环明等 7 人;小提琴选科李炳星、沈炳曦、程午嘉、林春漠、张珂明、张环明、董贤、陈宏等 8 人;琵琶选科程午嘉 1 人;理论选科徐希一、刘婴能、颜雍、陈震、宋寿昌、龙同玉、沈炳曦等 7 人。

[按:《音乐院院刊》(第一号)出刊于 1928 年 5 月;为 4 开纸 8 版即两张。无出版日期。今据蔡元培撰写的"发刊辞"所署"十七年五月十三日"字样判断,院刊似应出版于 1928 年 5 月;《二十世纪中国音乐期刊篇目汇编》误记为 1929 年。由于某种原因(不详),院刊出版迟缓,第二号、第三号延至 1929 年才问世,日期

分别写明为"十八年六月一日"、"十八年七月一日"（详见 1929 年 5 月条）。]

5 月中下旬或 6 月初

主持出版专刊《国立音乐院特刊·革命和国耻》。[注 为抗议日本帝国主义在济南制造的"五·三惨案"，萧友梅率音乐院师生出版了该专刊，发表了先生所谱曲的《国难歌》（戴炳鑫词）、《国耻》（冯国文词）、《国民革命歌》（姚慎词）等三首歌曲，另外还有二首《国民革命歌》（陈希愚 姚慎词、易韦斋曲、萧友梅审定；郭绍猷词曲）和《五三国耻歌》（朱因词吴伯超曲）、《反日运动歌》（宋寿昌词曲）《忍耐！》（易韦斋词曲）等 8 首抗日歌曲。并在特刊《弁言》中写道："我们的同胞已经屡次被帝国主义任意惨杀了，我们的国土已经屡次被帝国主义占据了。最近日本帝国更进一步，堂堂皇皇来阻止我国革命，侵略济南城，枪杀我国许多军民"。"这里的歌词，不是风花雪月，才子佳人，是我们的悲壮的叫喊。这里的曲谱，不是娱乐，不是游戏，是作战的武器"。]（国乐改进社编《音乐杂志》第 1 卷第 4 期）

[按：这些歌曲，唱出了中国人民"打倒帝国主义"，反对"官僚军阀剥削"的心声。这一专刊可说是我国现代音乐史上专业音乐创作中最早的抗日歌曲的专辑。]

5 月，国立中央大学开设艺术系，下设艺术教育科及艺术专修科。程懋筠担任系主任。

5 月

所编著的《普通乐学》一书由商务印书馆出版。[注 本书是作者据原在《音乐杂志》上（北京大学音乐研究会编印）连载的《普通乐理》一文修改增补而成。关于书的内容与读者对象，作者在绪言中作了简要介绍："本书不单说明乐谱、音程、音阶，关于音乐理论上与技术上之常识及音乐史之概略亦一一备载，共分十章八十八款，正合高级中学普通科及师范科艺术组之用；即音乐系之第一年级学生，亦须先读此书，然后容易入手。"全书内容几乎涵盖了音乐学科的所有方面，包含了音名、乐谱、音程、音阶、理论概说（和声、对位、卡农、赋格）、曲调概论、曲体概论、声乐、器乐、音乐发达的梗概等音乐理论各方面的基本知识，在当时同类著作中是一本内容最为全面详尽的教材。]

《普通乐学》扉页与其中的一页

[**按**：本书有几个特点：1、经常使用中西比较对照的方法，引导人们在学习西方乐理知识的同时，重视中国传统音乐遗产的学习和继承，从而也反映出了作者的音乐史观。2、书中用了不少图表，这是作者根据多年教学心得绘制而成，为初学者对音乐知识的理解提供了极大的方便。3、视野开阔，不局限于一般的常识，如对同一调性调式各国不同的叫法的说明；音级中字母的记法为什么有的用"b"，有的用"h"的解释；在提及"音阶唱名"时，列举了多种方法，还提出了一套三十五个唱名的变唱名方案等等。这在乐理教科书中是很少见的。]

廖辅叔论评　《普通乐学》与一般乐理课本不同的是，她不仅说明乐谱、音程、音阶之类，它还包括作曲理论如和声、对位、卡农、赋格、曲体以至音乐的历史发展、音乐教育机关与演出的各种类型都有扼要的叙述，是一本具体而微的音乐小百科。（《萧友梅传》第35页）

姜　夔论评　本书刊有很多很有用的图表，能使学生遇到问题时很方便地找到答案；如表情术语表、五种语言的音名及大小调名称对照表、各种乐器音域表、各种规模的管弦乐队和军乐队编制表等等，这些图表都非常有用，特别对师范科的学生尤其有意义。（《萧友梅纪念文集》第135页）

6月3日

上午9时，出席大学院艺术教育委员会在国立音乐院召开的第4次会议。[注　到会的还有蔡元培、张继、林风眠、李金发、林文铮、唐家伟、周峻、李树化等。蔡院长主席，会议主要讨论举办美术展览会具体办法。]（《蔡元培年谱长编》下（1）第228页、《民国日报》1928年6月5号）

6月12日，国乐改进社及北大音乐传习所、女大音乐专科、艺专音乐系召开联席会议，决定上书国民政府大学院，请归并北平音乐教育机构，改设音乐学院，并推定杨仲子、刘天华、赵丽莲三人为代表向国府请愿；同时致电蔡元培陈述理由，致电萧友梅请予援助。（杨仲子《北平音乐教育运动》，见国乐改进社编印《音乐杂志》第1卷第4期）

6月20日

接到杨仲子等人6月12日要求支持北平音乐运动的来电后，是日萧友梅快信回复。[注　内容为："国军克服北平，各部院机关已陆续派人接收，京大及教部将由蔡先生不日亲往接收。今早晤蔡先生，问其对于北平音乐教育有无具体办法，据言'论理应将所有音乐科女大、北大、艺专归并合为一院。但如有特别情形仍可变更，一俟到平与各方面接头后方能定实。'弟个人亦无成见。但无论如何，现在沪已成立之音乐院，不愿再移去别处。因在别处（1）音乐会太少；（2）请教员不易。故先行通知，希就近开会讨论，拟定办法。俟蔡先生抵平时提出商量可也。"北平音乐界接到萧友梅函复后，即开全体大会并发出宣言请各方援助。]（杨仲子《北平音乐教育运动》，见国乐改进社编印《音乐杂志》第1卷第4期）

6月30日

主持国立音乐院第3次院务会议，会议议决"组织审计委员会，通过该会章程"。（《音乐院院刊》第2号）

6月或7月

反日宣传册《济南惨案》刊载萧友梅谱曲的《国耻》等爱国歌曲。[注济南惨案发生后，当年成立的外交后援会及时编辑了《济南惨案》一书，以便后援会南下代表团宣传用。该书由上海华丰印刷铸字所代印，非卖品。书幅26×19厘米，160页，其中照片版29页。封面套色，扉页为于右任题词；照片为道林纸蓝色精印，全书分惨案照片、调查纪实、慈善团体善后报告、调查表与调查经过、维持治安会之背景及附录共六部分。书首附有惨案歌曲三首，即萧友梅的《国耻》、吴伯超的

239

《济南惨案歌》（即《五三国耻歌》）和宋寿昌的《反日运动歌》。]

　　[**按**：国立音专的的歌曲特刊，过去一般只知最早发表在 1928 年 10 月国乐改进社编的《音乐杂志》上。这些反帝爱国歌曲，究竟在现实生活中起过什么作用，人们并不清楚。其实，有些歌曲估计早在惨案发生后不多久即 6 月左右就传唱了。《济南惨案》一书就是证据。济南人民为了纪念五三惨案，2007 年 5 月，特在趵突泉公园内，辟建了五三惨案纪念园和纪念馆，并把当年传唱的萧友梅等创作的歌曲，镌刻在自然石上，供游人瞻仰，勿忘国耻，振兴中华。]（*本条文字、图片资料，均有山东艺术学院孙济南教授提供*）

　　6 月，赵元任的创作歌曲集《新诗歌集》由商务印书馆出版。该曲集收有赵在 1927 年底前谱写的《教我如何不想他》《海韵》《卖布谣》《上山》等 14 首歌曲，

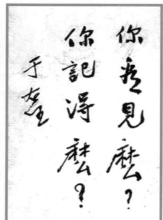

《济南惨案》封面、扉页于右任题词和刊登的歌曲

济南趵突泉公园内的"五三惨案纪念碑"和石刻萧友梅爱国歌曲《国耻》

赵为每首歌曲加了注解，并写了万字自序，表达了自己的音乐思想观点。（《赵元任年谱》）

7 月，杨仲子草拟《请归并北京大学音乐传习所、艺术专门学校音乐系、女子大学音乐专科改设国立北平音乐学院计划书》。（杨仲子《北平音乐教育运动》载《音乐杂志》第 1 卷第 4 期）但计划未被采纳（见下条）。

7 月 19 日，国民政府议会决定将北京国立各校合组为"国立中华大学"，任命李煜瀛为校长。9 月 21 日改名"国立北平大学"，任命李书华为副校长。大学设 11 个学院，其中有徐悲鸿任院长的艺术学院，内分六个系：中国画系、西画系、实用美术系、音乐系、戏剧系、建筑系。音乐系主任杨仲子。

7 月

为易韦斋谱曲之《天下为公歌》"和声正拍"（即编配钢琴伴奏和确定曲调节拍）。
[注　在本年 3 月 15 日召开的国民党中央常务会议上，于右任[4]提议以《礼记》"大道之行也，天下为公"至"故外户而不闭，是为大同"一则，作为《公乐歌》，或名曰《天下为公》乐歌案。易韦斋据此"拟调作成后"由良友图书印刷有限公司于 7 月出版该曲的活页谱，其中既有附钢琴伴奏的五线谱又有由易韦斋手书的简谱。另外，1930 年 4 月 1 日出版的《乐艺》第 1 卷第 1 号亦刊有此歌。1935 年 5 月 1 日出版的《复兴民族歌曲选编》中，《天下为公》又以《孔子纪念歌》的歌名发表。]（《蔡元培年谱长编》下册①第 174 页）

《天下为公歌》封面

丁善德

张 曙

7月

主持国立音乐院招生考试。

[注 第一天上午考主科，下午考乐理，第二天考作文、英文。主科由萧友梅亲自主考。当年录取入学的有丁善德[5]、张曙[6]等。在听了张的考试后，认为他嗓子天赋很好，建议他以声乐为主科，器乐、作曲为副科；张曙接受了萧友梅的建议，专业学习进展很顺利，获得优异的成绩。]（《上海音乐学院大事记·名人录》第7页/《张曙传》第42页，团结出版社，1994年1月）

丁善德回忆 当天考试先由主考提问，如，会什么乐器？丁答会弹琵琶、拉二胡、吹笛子等；又问会不会钢琴、小提琴？答不会，又问是怎样学会这些民族乐器的？丁如实回答了学习经过；接着，就让演奏一些小曲，我弹奏了几首琵琶曲。萧友梅亲自听了我的演奏。他认为我虽然不会小提琴、钢琴，但琵琶演奏得很有乐感，因而表示满意。我就这样被录取了，成了该院早期的学生。（《丁善德年谱长编》第13页/《萧友梅纪念文集》第56页）

1928年7月，摄于霞飞路国立音乐院校舍门前，右1为吴伯超。

8月17日，罗家伦担任清华大学校长。任职后即整顿校务，把原来设置的包括音乐系在内的有名无实的学系撤消；此后音乐系仅留下教员1人，教授学生练习军乐和普通音乐。（1937年时教师有：古普克，助教：张肖虎）（《清华大学史料选编》第2辑上册）

8月

率国立音乐院师生迁校到毕勋路（今汾阳路）19号，并在辣斐德路（今复兴中路）1325号桃园村另租房屋6间，分别作为男女宿舍。

[按：这是建院以来第2次搬家，也是第3处校址。]（《上海音乐学院大事记·名人录》第6页）

毕勋路校舍

243

8月

是月学校有一吴姓工人因病请假，先生派人到职业介绍所要求推荐一名替工，来人就是王浩川。

[按 王当年刚满21岁，扬州人，原学裱画，以替工的名义进入国立音乐院当工役，主要是送信，打扫，干杂务，能做的事都做，一替就是几十年。与平等待人，关心职工生活的萧友梅结下深厚友谊。直至1993年去世。]（《萧友梅纪念文集》第186页）

王浩川

8月，蔡元培向国民政府呈请辞去国民政府委员、大学院院长及兼代司法部部长等职。此后，又多次提出辞去大学院院长等职。

9月8日，蔡元培辞大学院院长离院时，力主将大学院的决算发表，被称为"国民政府实行财政公开的第一声"。（《国民日报》1928年9月8日）

9月22日

先生在请求不再担任国立音乐院代院长一职的辞呈提出后不久，大学院于是日发出指令，内容如下："呈悉。该主任以赞襄院务，备著勤劳，值兹开始扩充，代院长一职，关系尤要，务望勉为其难，用副倚畀。所请收回成命之处，应勿庸议，此令。"（《音乐院院刊》第3号）

[**按**：这是萧友梅第一次向教育部提出辞呈。]

9月

经考试，本学年国立音乐院录取的张恩袭（张曙）、李献敏[7]、陈振铎[8]、劳景贤[9]、常文彬等入专修科，陈又新[10]、丁善德等入预科；裘复生等入选科；王沛纶[11]等入特别选科，其时学生总数增至80人。（《国立音乐院一览》）（一说当时共有学生58人）（《上海音乐学院大事记·名人录》第7页、《丁善德年谱长编》第15页）

陈振铎回忆 我是个农村寒门弟子，竟考取了大都市的音乐院，担心读不起。入学后我抱着试探的心理，向萧校长反映了家庭的窘境。想不到他对我非常同情，马上批准我为工读生。我除了刻钢版外，还帮着做办公室的其他一些事务性工作。萧校长待人十分和气，有事吩咐我去做时，总用亲切的口吻称呼我为"刘君"！平时工作的间隙也和我们聊聊天。要我学好乐器之外，还要学会作曲。后来我除攻研二胡外，对和声、作曲有兴趣；在刘天华的学生中，我成为写作较多的一人。这实与萧校长的教导密切相关。（《萧友梅纪念文集》第167-168页）

劳景贤

沙梅

陈振铎

陈又新

王沛纶

国立音乐院 1928 年度开学纪念，前排左起第 9 位为萧友梅。

洪潘回忆 萧先生在国立音乐院时期，不但要事无巨细地处理全院的行政、教务工作如招新生、聘教师、制定教学计划、申请经费及使用安排等，而且他还担任教学工作，几乎全院学生的理论、作曲等课程都是由他讲授的；其中多门教材的编写、对学生作业的批改更是费尽了他的心血。我跟他学和声、曲体等课程中，曾亲身体会到他那严肃认真的工作作风和严谨的治学态度，平时虽静穆少欲，不苟言笑，但讲课却详尽得体，具有吸引力。特别在为我修改作业时，耐心细致在琴上一遍一遍地视奏。在多少年追忆这些情景，犹如就在眼前。（《萧友梅纪念文集》第 180 页）

9 月

国民政府大学院聘萧友梅为国立音乐院院长。（《上海音乐学院大事记·名人录》第 7 页）

[**按**：对于大学院的任命，萧友梅辞不受命，院长一席一直虚悬在那里。他认为问题在于实做，什么名义是不必计较的。]（《萧友梅传》第 35 页）

法利国（富华）

龙沐勋

246

9月

为国立音乐院新聘法利国[12]担任小提琴讲师，佘甫磋夫[13]担任大提琴讲师。（《上海音乐学院大事记·名人录》第7页）

[按：当时国立音乐院称专任教员为教授，兼任教员为讲师。]

9月

请暨南大学国文系讲师龙沐勋[14]来音专代课。

[注 因国文教授易韦斋离开上海去游西湖，既不请假，又没一定归期；于是就托暨南大学国文系主任陈钟凡先生请龙沐勋来校代课。次年正式聘为音专国文教授.]（龙沐勋《乐坛怀旧录》，《萧友梅纪念文集》第16页）

10月3日，蒋梦麟继蔡元培任中华民国大学院院长。

10月

参观复旦大学。

[按：当时曾摄影留念，虽照片太不清楚，但很珍贵，故仍刊印。]

10月23日，南京国民政府决定将大学院改为教育部，25日任命蒋梦麟为部长，所有前大学院的一切事务均由教育部办理。

11月，北平大学艺术学院成立，杨仲子任音乐系主任；杨同时还兼任北平大学女子文理学院音乐系主任。任职期内规定国乐为必修科，学生必须选习一种中国乐器。

参观复旦大学(萧勤提供)

演奏曲目包括中国作曲家如贺绿汀、老志诚、江文也、刘雪庵的作品。第二次世界大战后移居美国，与丈夫齐尔品同在芝加哥狄保（De Paul）大学任教 15 年。之后定居在纽约。齐尔品去世后，仍活跃于纽约及巴黎，并成立了齐尔品协会，举办音乐活动，促进文化交流。

[8]陈振铎（1905-1999）山东淄博人。1928 年考入国立音乐院，翌年 9 月转入北平大学艺术学院音乐系。1932 年毕业后，历任天津女子师范学院音乐系讲师、重庆-南京国立音乐院、中央音乐学院、天津音乐学院、中央民族学院教授。1982 年任北京二胡学会及中国民族器乐学会顾问。

[9]劳景贤(1909—1978)广东鹤山人。入音专专修科，师从周淑安学声乐，又选修长笛。1934 年毕业后先后在复旦大学、河北女子师范学院任教。抗战时期与丁善德，陈又新创办上海音乐馆。1938 年起先后在重庆励志社、中央训练团音乐干部训练班任合唱指挥等职。1943 年任松林岗国立音乐院分院声乐组教授。1945 年起执教于国立上海音专。1949 年后长期担任上海音乐学院声乐系副主任。

[10]陈又新(1913—1968)，浙江吴兴人。考入音专师范科后师从富华学小提琴，1938 年毕业于本科高级班；同年入工部局乐队。1937 年与丁善德、劳景贤等创办上海音乐馆。抗战胜利后任上海临时大学补习班第三分班教务主任。1946 年受聘为国立上海音专小提琴教授兼管弦乐器组主任。1949 年入伦敦皇家音乐院研究班进修。1951 年回国后受聘为上海音乐学院管弦系教授兼代理系主任、系主任。

[11]王沛纶（1908-1972）江苏吴县人。1928 年入国立音乐院，1933 年毕业后先后在多所中学和师范学校任教。1941 年起先后任教于中央大学师范学院、国立福建音专。抗战胜利后任江西音教会委员兼演出组长。1947 年出任中央广播电台管弦乐团暨合唱团指挥；1949 年去台湾，任该台音乐组组长，继续任乐团暨合唱团指挥。

[12]法利国(Ariigo Foa, 1900—1981)，又译富华，意籍犹太人。1921 年应梅百器聘来沪，历任上海工部局乐队首席小提琴、独奏演员、副指挥；1941 年继梅百器为指挥前后长达 31 年。1927 年受聘为国立音乐院兼任教员，后为小提琴组及乐队乐器组主任。我国第一代小提琴家如戴粹伦、陈又新、徐锡绵(即徐威麟，后为美国朱莉亚音乐院小提琴教授)等均出自其门下。1949 年后留在上海人民政府乐队(前身即工部局乐队，后改名上海交响乐团)任首席小提琴兼指挥。1952 年赴香港任中英交响乐团(即今香港管弦乐团之前身)指挥。

[13]余甫磋夫(Igor Shevtzoff, 1894 —?)毕业于圣彼得堡国立音乐院，曾执教于西伯利亚伊尔库茨克国立音乐院。20 年代初来沪，任上海工部局乐队首席大提琴。1928 年受聘为国立音乐院大提琴组主任兼乐队教练，张贞黻、李元庆、朱崇志等均受业其门下，为我国培养了第一批大提琴专业演奏及教学人才。

[14]尤沐勋（1902—1966)，又名龙榆生，江西万载人。1928 年受聘为暨南大学中文系讲师(后升教授并任系主任)；同时兼国立音乐院文学教员，与萧友梅等发起成立"歌社"。1935 年任中山大学中文系主任和文科研究所所长。翌年重返上海，为国立音专专任教员，并在多所学校兼课。1943 年历任南京师范学校教员、国文专修科主任等职。1949 年后在上海市文物管理委员会及上海博物馆任编纂、研究员等职。1956 年任上海音乐学院文学教授。

251

1929 年(民国 18 年　45 岁)

6 月 1 日，孙中山灵柩由北平西山碧云寺移葬南京紫金山，国民政府为此举行奉安大典。

1 月 18 日

主持国立音乐院第 2 次教务会议。[注　主要讨论如何保证教学质量一事。会议议决：1、学乐器的学生，"平时成绩及考试成绩在入学后两学期内均不及格者，得令其休学"；2、"高班英文不及格者降班，最低班英文不及格者停学，令其自行补习，然后呈请补考，及格者可插入相当班次"；3、正科生对于各种必修课旷课太多者，得令其改为选科。](《音乐院院刊》第 2 号)

2 月 16 日，广东戏剧研究所成立，欧阳予倩任所长。1930 年陈洪、马思聪加入后成立了一个单管编制的管弦乐队，成员有何安东（首席）、穆志清、黄仲明、黄金槐、谢剑生等约 30 人。曾开过十多次音乐会，改编演出过海顿、莫扎特、贝多芬以至俄罗斯五人团的作品。每场音乐会都有陈洪撰写的乐曲解释。秋，附设音乐学校，后又添设戏剧系，成为音乐戏剧学校。音乐系有学生 30 多人，其中半数学钢琴，其次为小提琴或管乐，教师由管弦乐队成员担任。

2 月 21 日

主持国立音乐院第 5 次院务会议。[注　会议议决修正本院教员聘约细则及新订职员聘约细则。](《音乐院院刊》第 2 号)

2 月

批准成绩优秀的丁善德改主科为钢琴，琵琶则作为副科。(《丁善德年

谱长编》第 17 页)

> **丁善德回忆** 我跟萧友梅学过一年和声。他改题一丝不苟,讲解形象生动。一次,他给我们讲和弦转位,有的同学听不懂,他就说:"从主和弦原位到第一转位,变成I$_6$和弦,不能因为低音是mi了,就把它当作III级和弦。譬如我萧友梅,把鞋子脱掉顶在头上,还照样是我萧友梅。"大家都笑开了。然而,作为他的学生,我感受最深的,还是他对学生深挚的帮助和殷切的期望,尤其是他那热切的爱才之心。(《萧友梅纪念文集》第 55 页)

　　3 月 22 日,蔡元培做《贝多文(四绝)》,之一为"吾邦音乐太单平,西友初闻顿失惊。我爱贝多文法曲,包涵理想极深闳。"注:吾国音乐,皆以单音构成,音波抑扬,相去不远,以五线谱写之自见。(《蔡元培年谱长编》下册①第 336 页)

　　3 月 31 日,北京大学评议会议决音乐传习所改为学生课余性质的组织——音乐研究会。后虽曾有人提出异议,但在 11 月 4 日召开的评议会上决定还是维持原案。(《北京大学日刊》1929 年 4 月 15 日、11 月 6 日)

　　3 月,上海沪江大学教育学院增设音乐系与音乐师范科,教育部于是月核准立案。黄自于 1928 年回国后即被聘为该校音乐系教授。

1 月至 3 月

　　作二部合唱《总理奉安哀辞》。[注 古代称帝后安葬为"奉安";孙中山先生是中华民国的缔造者,民国首任总统,故将先生灵柩的安葬敬称为奉安。此合唱曲未署名,收录在萧友梅音乐作品遗稿缩微胶片内(微缩胶片现存中国艺术研究院音乐研究所);由此判断为萧友梅所作。]

　　[按:据 1928 年 10 月 20 日孙中山葬事筹备委员会第 62 次会议决定筹备奉安及迎榇南下办法,其中第 6 项为"请国民政府令教育部制定挽歌";10 月 24 日第 4 次国务会议议决照办。据此

《总理奉安哀辞》

可知，萧友梅的《总理奉安哀辞》当作于 1928 年 11 月–1929 年第一季度期间（1月至 3 月为有依据的宽泛日期）。此曲在奉安大典期间，在各大报刊曾多次登载，有题为《哀歌》、《总理奉安哀歌》等不同歌名，但其歌词与旋律都与保存在萧友梅作品遗稿缩微胶片内的《总理奉安哀辞》二部合唱谱相同。]

4 月 20 日

主持国立音乐院第 3 次教务会议。[注　会议通过了国立音乐院奖学章程和选科生章程。]（《音乐院院刊》第 2 号）

1929 年 4 月 23 日，原安厝在北京碧云寺的孙中山灵柩开始由国民政府动迁南京紫金山中山陵。

5 月 4 日

下午 3 时，主持国立音乐院第 6 次院务会议。[注　主要讨论购置设备及职员的聘约等事项。作出如下决议：1、同意学生请求编辑学生会刊，给予每月津贴 7 元，刊费每月不得过 18 元；会刊稿件须呈候核定始得付印。2、同意学生请求购无线电播音机，决定购七个灯泡以上能接收欧美各国音乐者，须俟有合适货到再行购置。3、在职员聘约内拟增加两项：①职员辞退或辞职均须于一个月前通知；②聘约以一学期为有效期间。其它议决事项还有：下学期招生决定进行；本学期存款拟五分之二购置乐器（如大钢琴、唱片之类），五分之二购置图书乐谱，以五分之一购置家具，决定照办；学生会请购国乐乐器预算 50 元 6 角照发，交朱英先生购办；学生会来函请求派代表列席本院各项会议，因国立各校无此办法，碍难照准；下学期起各生一律须缴纳学生制服费。]（《音乐院院刊》第 2 号）

5 月 10 日　第 337 号令各界参加奉安大典人员代表名额之规定：各大学各派代表 1-3 人，各专门学校各派代表 1-2 人。

5 月 10 日

国民政府教育部聘萧友梅等 14 人为教育部编审处名誉编审，同时还被聘为编审处译名委员会委员（上海音乐学院保存着聘书）。(《上海音乐学院大事记·名人录》第 8 页)

5 月 21 日

主持音乐院第 4 次教务会议。[注　会议议决：1、决定要将"每学期开学以前规定缴费日期，过期决不再收"的要求，须在一个月前通知学生家长；2、主科功课须有 5 人以上方可开班，共同必修科及选科须有 10 人以上方可开班] (《音乐院院刊》第 2 号)

5 月 25 日

是日，向北京大学移交音乐传习所停办时存放在校外的乐器。[注　前年北大音乐传习所被取消时，萧友梅为避免该所乐器散失受损，曾将其移至校外保存；后北大学生会有复所之议，经函商议，如数移交。] (《音乐传习所之历史及复所运动之意义》，《北京大学史料》第 2 卷第 3 册第 2666 页)

上半年某月

致函中比庚款委员会委员长褚民谊，请求拨款，以资助音乐院建筑校舍。[注　信中在叙述音乐教育之重要及目前学校无法扩充、发展之后，明确提出：本院正拟于 1929 年度，增聘比国教授数人，将以比国著名世界之提琴技术灌输，并拟每年选派优等毕业生数名，往比国留学，以为沟通中比音乐艺术之基础……关于校舍建筑，惟政府经费支绌，故尚缺如。依本院工程师计划，校舍建筑约需 30 万元（内校舍 8 万元、音乐堂 10 万元、男女宿舍每所 4 万元、体育馆 4 万元），在我国财政及感困难之今日，此项建筑费实属无法筹措。拟请贵会本沟通中比文化艺术之宗旨，在中比庚款项下，如数拨给本院，俾资早日建筑，永留纪念。同时还附上《国立音乐院概况》一册。] (1929 年 11 月 1 日《国立音乐专科学校校刊》第 1 号)

[按：这封信未署日期。今据信中 6 次提到"本院"如何如何，可见该信当写于学校改组之前的国立音乐院时期。故编排在此。]

5 月 28 日，上午 10 时，孙中山灵柩到达浦口车站；上午 8 时，各界代表在下关码头指定地点集合，军舰到下关码头迎接，下午到中央党部。29-31 日为各界公祭日(29 日党政公祭日、30 日学界等公祭日、31 日外国公使等公祭日）。6 月 1 日上午举行奉安大典。

5月

为整顿院刊出版迟缓一事，本月某日主持召开院刊临时事务会议进行研究。[注　会议决定组织院刊编辑委员会负责办理，并制定了委员会章程，公布在 6 月 1 日出版的《音乐院院刊》第 2 号上。章程规定，院刊为月刊，教职员学生均为选述员，各负有选述之责，每月 15 日集稿。教务主任、事务主任、文牍、庶务课员为当然委员，另有院长推定的教员若干人和由学生会推定的四人为专任委员，教务主任为委员会主席。设编辑主任一人，按期选集稿件并须呈主席核阅始得付印。]

[按：这次院刊临时事务会议起到了积极作用，成效明显，已一年没有出刊的《音乐院院刊》，于 6 月 1 日、7 月 1 日先后按期出版了第 2、第 3 号。但由于 6 月下旬起发生学潮，历时一个多月，其间音乐院被改组为国立音专。9 月底开学后，校刊又继续编辑，改名为《音》，于 11 月出版（详后）。]

《春江花月夜》封面

6 月，行政院议决将北平大学艺术学院改为专科学校，有关学校的师生闻讯去南京请愿，后决定艺术学院仍留在校内，但不再招生；1933 年艺术学院结束。

6 月 1 日

《音乐院院刊》第 2 号于是日出版，四部大合唱曲《春江花月夜》（[唐]张若虚词）以院刊附刊（即单行本）的方式发表。[注　院刊将该曲曲名作为本期三篇要目之一，登在《音乐院院刊》刊题左下侧，刊题右侧写明乐谱零售大洋一角五分。在单行本底页，有易韦斋手书的题辞，对张若虚的诗和萧友梅的曲有所评述。]

[**按**：该曲现存手稿残页 3 张 6 页，题旁署 18 年（1929 年）3 月作。] *（据 2004 年 12 月 16 日上海音乐学院《萧友梅全集》编辑工作会议纪要附录第 8 页）]*

梁 茂论评 该歌曲音乐流畅、清晰；采用了混声合唱、女声合唱、男声合唱、独唱等多种手法，配以丰富的调性转换及钢琴伴奏织体的变化，来刻画春江月夜多姿多态的美景，以此歌颂祖国如画的河山。*（《萧友梅纪念文集》第 204 页）*

6 月 20 日

向教育部提交第三次辞代院长职务呈文。[**注** 全文如下："呈 为请派员接代院长事。窃友梅前承前大学院蔡院长函令，充代理职院院长职务。自抚识力短浅，固辞未邀准派他员接代，勉荷重负，丛脞滋深。兹又届第二学年终了之期，所有结束以前计划及进行以后之教务、事务，亟须得人而理。友梅性情拘拙，材力庸下，万难再肩重任，理合呈请迅予派员接代院长一职，以重国家唯一之音乐教育，无任企幸。再，前蒙蔡院长聘任友梅为职院教务主任，今已期满，应俟钧[部]派院长到院，另聘充任，合并陈明。此呈 教育部部长蒋[梦麟] 国立音乐院代理院长萧友梅 十八年六月二十日。"] *（《音乐院院刊》第 3 号）*

6 月

国立音乐院部分学生要求暑假住校，校方由于经费困难，规定住校者须交一定费用，双方由此产生矛盾，从而引起了属非政治性的所谓学潮。

[**按一**：据廖辅叔记述，音乐院学潮发生在暑假，先生写辞代院长、教务主任呈文的时间又是在学潮中，以示引退的决心。查辞呈签署的日期为 6 月 20 日，此时正是"学期终了之期"。而学潮是由学生暑假住校须缴住宿费而引发的；之所以要收费，则主要是学校经费支绌，学生宿舍全是租赁的，房租、水电是一笔很可观的费用。为了节省开支，上一年（1928 年）放暑假前一个月，即 5 月 24 日举行的校务会议早就作出"暑假内学生概不住院"的决定。今年校方规定，凡假期留校住宿的学生，必须交纳租宿、租琴和水电等杂费 8 元；这本来是合理和无可非议的。当然，对部分家境贫寒学生来说，也确是个不轻的负担，因而要求学校酌量予以减免。

按萧友梅的一贯为人，向来对贫困学生抱同情、关心、力所能及地帮助的态度；这样的矛盾，完全可以通过心平气和的协商来解决。但不幸的是，有几个人希望把事情闹大，借以改变学校的局面，故支持一小部分学生与校方对立，激化矛盾，于是引发学潮。从时间上说，学潮在 20 日左右就发生了。至于矛盾激化到锁琴房、断水电似应在 7 月份。而其时，又恰值教育部训令改组国立音乐院为音乐专科学校，音乐院即将降格，与税务、会计、保险、交通管理等专科学校并列。音乐院师生闻讯当然情绪波动，插手学潮的人认为这是促使学潮张大声势的大好机会，于是便提出组织护院会，鼓动学生去南京请愿；其中最积极的学生有冼星海、熊乐忱、陈振铎、蒋风之、洪潘等，而出于关心困难同学、为人直爽的冼星海，则尤其活跃、积极，到处动员关系较好的同学签名[1]。教员王瑞娴、李恩科等也持支持态度。］(廖辅叔《萧友梅传》第 36 页/向延生编《中国近现代音乐家传》第 1 集第 99-100 页)）

[按二：对这一事件，1997 年编印的《上海音乐学院大事记·名人录》对学潮一事未能尊重历史，实事求是地记述，而是只字不提，取回避态度。其实，这是院史上的一件影响极大、牵涉不少人士个人命运、对萧友梅伤害很深的事情。而有些史书或报刊文章提到此事，又往往看作是具有政治性的事件，把事后有些学生因此而离校，说成是政治迫害。学界只有极少人士能从学校当年办学的实际情况，尤其是经费拮据的困境出发，客观、公正对待。"国立音乐院学潮一事"是现代音乐史上的悬案之一，有必要予以澄清。有兴趣者可参阅 2007 年第 3 期《音乐艺术》刘再生《音乐界一桩历时公案——萧友梅与冼星海、聂耳的是非恩怨》一文。]

廖辅叔回忆 萧友梅曾对青主说，凭他与同盟会的历史渊源和多方面的社会关系，什么地方找不到作为谋生之道的职务。只是习性所近，音乐已定为自己安身立命的终身事业，甘心坐冷板凳，不计较生活的差距。现在既然有人来争这个席位，那就让给她好了。（《萧友梅传》第 36 页）

7月20日

得悉南京政府将修改大学组织法，拟将国立音乐院改组为专科学校，是日，致函时任立法院院长、同盟会的挚友胡汉民（参见 1912 年 4 月 1 日条），希望立法院"于审查此案时仍于维持原案"。[注 信中首先以事实为依据，援引欧美各国大学学制为例，说明在英、美、德等国不但设有"音乐分科大学"或"音乐单科大学"，还设有研究院，有音乐学博士学位之给予；各综合大学也常设有音乐学系，与文理法工诸学系并列，并无歧视之规定。接着着重说明音乐是一门"理论技术兼重"的学科，且"乐器种类尤属繁多，一艺之精，习之累八九年，犹恐未及"。信中指出：前大学院学制原规定音乐一门得单独设院研究，而国立音乐院"办理期年，成绩著于社会。倘并此根基锄而去之，毋乃可惜！"故希望立法院"于审查此案时仍于维持原案"（信全文见附录一之 2）。]（*上音档案 520-37（1）-59*）

7 月 25 日

教育部训令国立音乐院暂行停办，听候接收并成立改组委员会。[注改组理由是"查大学组织法，大学分文、理、法、教育、农、工、商、医各学院，并无音乐院，该院自应依法改组"。训令还要求该院将已聘各教职员一律解约，现有各级学生，一律离校，静候改组后分别办理。训令派科长谢树英[2]前往接收，并函请萧友梅等为音乐院改组委员。]（*《教育部公报》第 1 年第 8、9 期*）

[**按**：《上海音乐学院大事记·名人录》引《申报》7 月 26 日第 11 版指所派科长为李树英，有误。]

7 月 26 日，国民政府公布《专科学校组织法》。规定"以教授应用科学养成技术人才"为教育宗旨。

8 月 1 日

教育部派司长黄建中为国立音乐院改组委员会委员。

8 月 14 日，教育部以大学组织法无设艺术学院的规定为理由，训令北平大学艺术学院改为国立北平艺术专科学校，杭州国立艺术院改为国立艺术专科学校，上海国立音乐院改为国立音乐专科学校。（*《教育部公报》第 1 年第 9 期*）

同日，国民政府教育部公布《大学规程》，规定大学文学院或独立之文科学院可设音乐学系（修业 4 年）或附设师范、体育、美术、家政、新闻等专修科（修业1-2 年）。（*《教育部公报》第 1 年第 9 期*）

8 月 19 日，教育部公布《专科学校规程》25 条。内规定专科学校"以教授应用科学养成技术人才为限",修业 2-3 年,学生入学资格为高中毕业或同等学校毕业经入学试验及格者。专科学校分工、农、商、医、艺术、音乐、体育等类。(《教育部公报》第 1 年第 8 期)

冼星海离校前[1]赠给李献敏的题词(欧阳美仑提供)

廖辅叔回忆 学潮平息后,有个参与学潮的积极分子曾对人说,那位插手学潮的老师给他打保票,事成之后,送他出国留学。他想当初本来是支持同学的合理要求,减轻他们的经济负担,如为了自己捞点好处,那还有什么价值;而且目的也决不是帮一派老师去打倒另一派老师。这样一想,他的积极性没了,打退堂鼓了。这件事能启发我们了解旧社会有些事情的真实背景。(《萧友梅传》第 37 页)

陈振铎回忆 萧友梅对参加学潮的学生并非无情。只要学潮的参加者写一个退出"护院会"的申明书,即可转入音专学习。周琦(张曙夫人)回忆,张曙虽然也是学潮的积极参加者,但萧友梅考虑到他在声乐上很有发展前途,曾专门找他谈话,并保留了他的学籍。(《萧友梅纪念文集》第 282 页)

8 月 20 日

国立音乐院改组为国立音乐专科学校,教育部部长蒋梦麟签发委任状,复聘萧友梅为校长兼教务主任。(委任状现存上海音乐学院)(《上海音乐学院大事记·名人录》第 9 页)

8 月

因积劳成疾,于暑期去莫干山作短期疗养。[注 平时并不擅长作诗的萧友梅,疗养期间写了十多首诗,以抒发心中之郁闷。其中有一首题为《莫干山歌(之二)》是这样写的:"我爱莫干山之泉,又爱莫干山之云,泉水清且冽,可以清吾血;云海大而深,可以警吾心;吁嗟夫!世途渺难测,亦如莫干山之泉与云,处世无警惕,不如归隐于山林。"。还有一首《述怀》是这样写的:"我为音乐心力尽,中途宁可一牺牲！他日未必无时会，愿随诸公再力争。"]

[**按**：从这两首诗可见先生心中之矛盾；期间又给友人谢济生写信，要他请教育部不再发聘书给他。] *(萧淑娴《回忆我的叔父萧友梅》见《萧友梅纪念文集》第93页)*

8月

先生托谢济生[2]之事未成。教育部发出了请萧友梅任国立音专校长的聘书。[注 但先生确实身体欠佳，曾以"咳血后，须多静养"为由，致电教育部，表达了"校事请另委人办理"的意愿，不接受聘书。但教育部接电后，发出第二二九一号指令，全文如下："电悉。该校改组后，一切事务诸赖努力主持，所请另委人办理一节，应无庸议。此令。] *(《音》第1号)*

8月

聘留法获文学学士学位并历任东南大学、中山大学等校法文教授沈仲俊[3]为事务主任兼法文教员。*(《上海音乐学院大事记·名人录》第9页)*

沈仲俊

9月12日，教育部令北平、杭州艺术专科学校、国立音乐专科学校对旧生的修业年限仍照旧办理，至毕业时为止。对该年度之新生则按专科学校新章程办理。*(《教育部公报》第1年第10期)*

9月30日

上午9时，出席并主持改组后的国立音专开学典礼。[注 全校师生及来宾70余人参加。首由蔡元培致辞，报告音乐院改为专科学校的经过，谓"须注意音乐系超国家性，并应淡泊明志"。继由教育部代表陈德征演说，末由萧友梅讲话。他对大家关心的学校改名问题，曾重点地就欧美日本等国学制中的"院"、"学院"、"专门学校"的区别作了比较清楚的申说。大意是：Conservatory，中译为"院"，Faculty 中译为"学院"，College 中译为专门学校即专科学校。在教育当局，恐"院"字有混于分科大学之"学院"，而今改为专科学校。但是考欧美日本的学校制度，其性质 Conservatory"院"，不能等于 Faculty"学院"，而 Faculty 却等于 College。因查英美日本大学内，各分科大学，其定名多用 College。我们当时定名为 Conservatory 院，即有分别于 Faculty 学院之意，而今改为 College 专科学校，反与

Facult 学院似异实同之观。不过在中文译名上，"校"与"院"二字显分，不致混淆，而其实无阶级高下之可言。］（《国立音乐专科学校校刊》第一号/《蔡元培年谱长编》下册（1）第370页/《上海音乐学院大事记·名人录》第9页/摘自《申报》1929/10/2）

[按：从此后先生一而再、再而三地要求恢复学院建制来看，这里所说的"其实无阶级高下之可言"，明显是不得已而讲的违心话。]

10月15日，北大音乐传习所复所筹备会召开第一次会议，推举代表三人，向校方交涉复所事宜。（《北京大学日刊》1929年10月18日）

10月16日

用教育部所拨的校长专款购进德国伊巴哈琴行三角钢琴一架，作为教学之用。此琴价值2002.41元，专门由德国巴门运至上海。（《上海音乐学院大事记·名人录》第9页）

[按：所谓校长专款，就是使用权完全归校长支配，当年不少大学校长利用此款项购买专用小汽车，而萧友梅则考虑到"音专"开音乐会还缺少一台比较高级的钢琴，断然决定将此款用在教学设备上。]

查哈罗夫

10月上、中旬

聘原俄罗斯圣彼得堡音乐院钢琴教授鲍里斯·查哈罗夫[4]为国立音专钢琴组主任教授，上海工部局管弦乐队首席小提琴富华为小提琴组主任。（《上海音乐学院大事记·名人录》第9页）

[按：查、富两位均为当时在上海专业水平最高的外籍教员。出于声乐组应多唱中国歌曲，洋人难以胜任的考虑，声乐组主任一职聘周淑安[5]担任。]

周淑安

廖辅叔等多人回忆 在聘查哈罗夫的过程中，开始查氏曾以中国学生程度太浅，用不着像他那样的高水平专家去给他们上课为由被拒绝；后经萧友梅一再恳请，"三顾茅庐"，终于被感动而允诺。萧先生也以人才难得，对查氏倍加礼遇，以月薪280元（一般教授月薪为200元，教12名学生）聘任，且只教8个学生。他教呀教的，

兴趣来了，愿意教更多的学生，于是增加到 15 人，月薪 400 元，与校长相同。（《萧友梅传》/《萧友梅纪念文集》）

易开基忆评　萧友梅坚定相信"唯有名师方能带出高徒"。因此他充分利用当时上海特殊环境的有利条件，多方聘请了无论是专任或兼课，几乎尽属于国内外一流水平的各类名家，组成了一支相当可观的教师队伍。（《萧友梅纪念文集》第 166 页）

10 月 17 日

主持第一次钢琴科会议。[注　出席者有该组主任查哈罗夫、吕维钿夫人、皮谷华夫人（以上均为专任教员）、欧萨科夫（兼任教员）等。主要讨论钢琴组的课程安排。]（《音》第 2 号）

[按：就目前所见史料，从是日起至 1930 年 1 月 22 日，钢琴科先后举行了 3 次会议，并集中编排在同期校刊的同一页上。首次会议，具体报道了出席者与主持者的姓名，后两次则未写人名，这似为编者有意识的省略。故本书后两次的记载的出席者和主持者均以第一次为准。]

10 月

将原在李恩科班上学习的丁善德调派到查哈罗夫班上课。（《丁善德年谱长编》第 20 页）

10 月

慧眼识珠，破格录取李翠贞[6]。[注　国立音专新学期开学后不久，录取新生的考期已过，而钢琴考生李翠贞却在此时前来报考选科。鉴于该考生当时的演奏水平已经相当高，人才难得。经萧友梅同意，特意为她一个人组织了一次由查哈罗夫主考的入学考试，结果决定予以破格录取，收为查哈罗夫弟子。

李翠贞

[按：1930 年 3 月《音》第 2 号刊有 1929 年度下学期招考录取名单，其中有李翠贞；1930 年 5 月《音》第 4 期报道第 7 次学生演奏会、6 月第 5 期又刊出举行第 1 届学生音乐会消息，李翠贞都参加了演出；1930 年 8 月 29 日第 11 次校务会又决定给她甲等奖学金，免

收学费一年，同年10月17日李请准退学。故《中国近现代音乐家传》第2卷《女钢琴教育家李翠贞》所记1930年9月入学有误。]

黄自

10月

聘黄自[7]为音专兼职教授。[注 黄刚从美国留学回来，时任沪江大学音乐教授。先生聘他为音专兼任理论作曲组教授，教和声学、西洋音乐史、音乐领略法等课程。]（《上海音乐学院大事记·名人录》第13页）

11月1日

随着学校级别、名称的变更，原《音乐院院刊》改名为《国立音乐专科学校校刊》，本日出版第1号。（按：本年12月至1930年2月目前未见有出版物；3月出刊时应为第2号，但误刊为第3号（或确实出过第2号而未留存下来）。4月出刊时，正式将校刊定名为《音》，并标明为'第1期'，至1937年11月为止，如将未定名为《音》时的两期"校刊"算在内，共存见出版64期。《二十世纪中国音乐期刊篇目汇编》记为"存见1至63期"，少记1期。）

11月27日

出席假上海市总商会举行的校庆二周年纪念师生音乐会，会上首演朱英创作的琵琶曲《长恨歌》。（《上海音乐学院大事记·名人录》第9页/《申报》1929年11月27日）

11月

《国立音乐专科学校一览》出版。学则中的"宗旨"改为"以教授音乐理论及技术、养成音乐专门人才"。（《上海音乐学院大事记·名人录》第9页）

11月

从是月开始，音专各种经费（经常费、宿杂费等）的使用情况适时在校刊上公开。[注 学校按月或按学期公布收支对照表，甚至连音乐会、学生演奏会的收支，也及时公布。这种财务公开的制度，在中国教育史上的高等学校中，不是独一无二，恐怕也是少有的。]

演奏会后合影，第 2 排右 5 为萧友梅，左 5 为喻宜萱。

12 月 4 日

发表《交通大学校歌》。[注　歌谱为四部合唱（简谱），谱上未署歌词作者姓名和创作的日期。]（《交大三日刊》第 19 页，1929 年 12 月 4 日，上海交通大学编辑发行）

12 月 11 日

为黎青主的音乐美学专著《乐话》一书作序。[注　序言认为此书之所以难能可贵在于：“我国人关于旧诗、词、曲，均有诗话、词话、曲话之作，或为一般人及初学入门的说话，或以记述作家的事实，其在文艺上的贡献及考古上的参考，功绩实在不小。独音乐一道，前人始终未曾谈及，至于以贯通欧西音乐的原理来谈音乐，则自始即无人作此种‘乐话’；然则先生此作，岂不更难能可贵。”该书为“国立音乐专科学校丛书”之一，于 1930 年 9 月由商务印书馆出版。]

12 月 20 日，教育部训令各省市教育厅局，禁止学校采用“遣词萎靡，发音沉荡”的《毛毛雨》、《妹妹我爱你》一类歌曲为教材，并要求教育行政部门及所属学校不得采用类似的歌曲以作教材。（《教育部公报》第 1 年第 12 期）

12 月 17 日

公布一位旷课学生的处理决定。[注：是日教务处在《国立音乐专科学校校刊》第 1 号上发出第 4 号公告，宣布声乐选科生陆仲立因无故缺课 6 星期，照章除名；所遗缺额，由华文宪递补。]

[**按**：教务主任萧友梅照章办事，管理制度之严格，由此可见一斑。]

12 月

原计划出版的"国立音乐院丛书"因学校降格更名改为"国立音乐专科学校丛书"并筹备编辑《乐艺》季刊，与上海商务印书馆签订出版合同。

（《上海音乐学院大事记·名人录》第 10 页）

本年，满谦子考入国立音专，主修声乐。1932 年回广西柳州省立中学教课。1933 年 2 月复学。1935 年毕业。

本年

应聘担任上海音乐协会指导。[注：该会由赵梅伯、谭抒真、朱希圣、潘伯英等发起成立。其宗旨在"使一般爱好艺术的青年，避免不良环境的诱惑，提供正当娱乐，修养高尚人格"；同时被聘为指导的还有傅彦长、赵元任、王光祈、梁志忠、黄清鸿等人。]（《上海音乐志》）

本年

接待从日本回国的谭抒真，并带领他参观乐队及学生上课。（《萧友梅纪念文集》第 53 页）

本年或翌年 1 月

为掩护正被通缉、不能公开露面、处境危险的青主（廖尚果），先生聘他为同仁杂志《乐艺》（1930 年 4 月出第 1 期）主编与国立音专校刊《音》主编。其胞弟廖辅叔常为萧友梅与青主之间传递书信。（《上海音乐学院大事记·名人录》第 11 页/《萧友梅传》第 2 页）

本年，金陵女子大学增设音乐系，分器乐钢琴组、声乐组、学校音乐组，课程有必修和选修两种。（孙继南《中国近现代音乐教育史纪年》第 2 版第 90 页）

丁善德回忆 萧先生不仅对教师、对学生的要求很严格，对自己和自己的亲属也毫不例外。他的堂妹萧婉恂是音专钢琴专修科的学生，本来是王瑞娴(或吕维钿)的学生，已经拿到 38 个学分，只要再拿 2 个学分，就算可以毕业了(当时学校规定主课中级要修满 40 个学分，而专修科的学生如果主课修满中级的学分就可以毕业)。后来她转到查哈罗夫班上，参加中级结业考试时，查哈罗夫认为按照她现有的钢琴水平，过去老师给的学分太高，只能打 18 个学分。查哈罗夫明明知道她是萧先生的堂妹，但是不讲情面。萧先生听到查哈罗夫的批评以后，不但未予责怪，还决定让萧婉恂退学。当时这件事在学校师生员工中传为美谈。(《萧友梅纪念文集》第 6 页)

【注释】

[1]据李献敏好友美籍华人欧阳美仑回忆，李献敏生前在和她谈到冼星海时，有两点给自己印象很深：一是她说，闹学潮的时候，冼星海曾几次找她签名，要她参加，她没有答应。二是她对冼星海的音乐才华和苦学精神非常肯定。[按：题词落款的日期模糊难辨，依稀似 1929 年，结合欧阳美仑提供的材料，编者认为题词日期在 1929 年学潮后是比较可信的。学潮过后，冼星海在离校前给同乡、同学李献敏题词惜别，引用了萧友梅居室中挂的一幅对联，以"岂能尽如人意，但求无愧我心"，来勉励和祝愿继续在校学习同窗，同时也表达自己对学潮的看法和对生活的态度。有刊物在刊登冼星海的题词时，误与萧友梅、黄自、贺绿汀的题词放在一起，以为都在 1934 年，这是不妥的。]

[2]谢树英(1900 —?) 别号济生，陕西安康人。早年留学德国，毕业于柏林工业大学采矿科。回国后 1928 年 4 月任大学院专门教育科科长，12 月任教育部高等教育司第一科科长。

[3]沈仲俊（1886—1972），江苏无锡人。幼年入上海法文公书馆、法国社教学院。1918 年任法国西童学校秘书，兼办华法教育会留法学生出国勤工俭学事宜。1929 年任国立音专事务主任兼教员。1935 年起先后担任上海喇格纳小学、崇德路小学校长，1946 年回国立音专。1947 年任上海市政府交响乐团外语教授。解放后在上海交响乐团任总干事、代主任、秘书等职。

[4]查哈罗夫(Boris Zakharoff, 1888—1943)，俄罗斯人。在圣彼得堡国立音乐院钢琴系毕业后，留校任教 7 年。20 年代末与夫人、小提琴家西西里·汉森作环球旅行演出，到日本后因婚变，汉森继续旅行演出，查氏则只身来沪。1929 年受聘为国立音专特约教授兼钢琴组主任。在校任教 12 年；不仅传授演奏技巧，还向学生介绍了大量世界钢琴文献，大大提高了学生的演奏水平和音乐修养，李献敏、李翠贞、丁善德、裘复生、劳冰心、巫一舟、范继森、吴乐懿等皆出自门下。

[5]周淑安（1894—1974）福建惠安人。1912 年就读于上海中西女塾。1914 赴美国哈佛大学攻读音乐艺术理论，同时在新英格兰乐院兼修声乐、钢琴等课。1920 年回国在上海、厦门任教。1927 年再度赴美，在纽约音乐学院学声乐，翌年回国受聘为国立音专教授及声乐组主任。1938 年去重庆，1946 年回上海任中学音乐教师。共和国成立后，任沈阳音乐学院声乐系教授，1970 年退休回沪。

[6]李翠贞（1910—1966），江苏南汇(今属上海市)人。自幼在家苦练钢琴。1929 年以成绩优异而被国立音专破例录取。1934 年入英国皇家音乐院深造，因成绩突出而于 1936 年提前结业；并于是年被英国皇家音乐协会吸收为会员。1940 年回国应聘为青木关国立音乐院钢琴教授。1946

年受聘为国立上海音专键盘乐器组教授兼组主任。1949 年后，曾担任上海音乐学院钢琴系主任，后一度返香港家居；1959 年复应贺绿汀院长之请回校专门从事钢琴教学。

[7]黄自(1904-1938)，字今吾。江苏川沙(今属上海市)人。1916 年入北京清华学校。1924 年毕业后取得公费留学资格赴美。先以同等学历入欧伯林学院三年级，主修心理学，兼修音乐。1926 年获学士学位后继续留校，转修理论作曲和钢琴，并于 1928 年获和声一等奖。同年秋入耶鲁大学音乐院，专攻作曲和配器。1929 年 3 月完成毕业作品——管弦乐序曲《怀旧曲》，并于同年 5 月的应届毕业生音乐会上演出，获音乐学士学位；8 月回国后受聘于沪江大学音乐系，同时在国立音专兼课。1930 年受聘为音专理论作曲组专任教员兼教务主任。此后 8 年间，他一方面日理繁复的教学行政事务，一方面又作为理论作曲组教员，担任和声、复调、曲式、配器以及作曲等多达 11 门的专业课程。同时还积极从事创作、理论研究以及其他方面的音乐活动。

1930 年(民国 19 年　46 岁)

1 月 9 日

下午 6 时，主持改组、降格后的国立音专第 1 次校务会议。[注　会上决议正科生选修声乐及器乐者，须照特别班交费；推举梁就明为训育委员会主席，并随即召开第一次训育会议，萧先生列席；出席的还有沈仲俊、周淑安、朱英等。会议主要通告训育委员会成立，修正训育委员会章程，讨论章程实施细则，议决规定每周举行会议一次。]*(1930 年 3 月《音》第 2 号/《上海音乐学院大事记·名人录》第 11 页)*

1 月 16 日

下午 5 点主持第 3 次教务会议。[注　出席的有沈仲俊、周淑安、朱英、吴伯超、梁就明。主要议决的问题有：补考科目如与升级无关系者可不补考，如各科主任认为有补考必要者，不在此列，而补考所得分数以九折计；给予低音提琴免费生 2 名。]*(《音》第 2 期)*

1 月 16 日

下午 6 点，主持第 2 次校务会议。[注　会议通过同日下午 5 点举行的训育会提出的 8 条 27 款《本校学生惩戒规则》；惩戒分训诫、记过、扣分数、停止应享权利、休学、取消学籍等 6 种。比如，正科生第二学期起，每学年所得学分不满 15 个者（因病除外）得令其休学。]*(《音》第 2 期)*

1 月 19 日

出席并主持钢琴科第 2 次会议。[注　在会上，查哈罗夫提出本学期自开课以来，只有三月，时间短促，学生所习功课有限，似难给予学分，拟暂时定分数，待到六月年考时，再确定学分；如本学期考试不及格者，应令停学。]*(《音》第 2 期)*

1月22日

出席并主持钢琴科第 3 次会议。[注　会上通过了查哈罗夫所提的两项建议：一是凡本学期考试成绩太差者，应令其转学；二是各组教员如认为学生无法教授而试验成绩尚不至落第者，得换组试学一学期。]（《音》第2期）

1 月，武昌美术学校改名为私立武昌艺术专科学校，设艺术教育科（本科、预科）、艺术师范科（高中），二者均有图画音乐组。 1932 年"一·二八"事变国立音专停课时贺绿汀及 1934 年陈田鹤辍学时都曾在此任教。（《中国高等艺术院校简史集》第282页/《中国近现代音乐家传》第1卷第487页，（2）182页）

2月12日

本日下午连续主持教务、校务两个会议。[注　2点，召开第4次教务会议。决定月考每学期两次，与学期考试一起，以三平均计算；凡因病缺月考者必须补考（考费 2 元），不愿补者，总平均分仍以三除。4点，主持第 3 次校务会议。会上做出两项决议：1、本校剩余款，除留出 5000 元作预备经常开支外，其余款项一律作为校舍准备金；2、请俞诚之起草呈文，以全校教职员的名义，提请教育部交财部尽快拨发开办费建筑校舍。

该呈文说，国立音乐院开办费仅 3000 余元，一切设备简陋万分，特别是校地、校舍无款购置，赁屋办学，每年赁费竟越八千余元。本校成立将及三年，所耗赁费不下一万五千余金；若再过五年，则所耗已逾政府规定开办费（按：6万元）之上，而属校仍无一椽之寄。且部令凡私立学校无确定校舍者，不准立案，私立学校且然，而况国立学校其可竟无校舍乎？呈文盼望"权衡轻重，查照部章所定开办费数目，提出行政院会议交财部迅予照拨，俾资建设校舍，永树规模"。]（《音》第2号）

2月

国立音专成立大提琴组，聘上海工部局管弦乐队首

佘甫磋夫

席大提琴师佘甫磋夫为该组主任。（《上海音乐学院大事记·名人录》第11页）

2月

聘廖辅叔[1]为图书馆事务员。（《萧友梅传》第3页）

2月27日

下午6点主持第5次教务会议。[注　会议决定事项有：1、关于收费问题，理论选科选修第2门主要主科和声乐选科学意大利文及德文者，每科概收费10元；2、理论主科各主要科目学习者，至少有3人才可开班；3、凡学生主科升级考试不得举行两次，未考初级或未经认可初级修了者，不得考中级；4、为提倡国乐，凡以钢琴或理论为主科者，必须选修国乐一种且至少试学一学年。]（《音》第3号）

廖辅叔

3月7日，教育部通令各大学自本年度起一律不再招收预科生，原有预科生到修业期满为止，如有困难可另办附属高级中学。（《教育部公报》第2年第11期）

3月12日

主持第4次校务会议。[注　会上决定：1、1930年度学校将增聘专任教员、加租校舍、添招学生至120名（正科、选科各半），故每月预算增加至8千元；2、以理论为主科的正科生减收学费一半；3、本校拟添设国乐组，课程及学分分配法推朱英、吴伯超起草。]（《音》第2期）

3月19日

为将黎青主的诗集《诗琴响了》编入"国立音乐专科学校丛书"而作《国立音乐专科学校发刊诗歌旨趣》。[注　文章开门见山强调"音乐与诗歌是有一种极密切的关系"。接着具体地指出："学作曲的人不懂得诗歌，怎能够创作歌剧和乐歌？研究声乐的人不懂得诗歌，又怎能够把诗歌的灵魂，依照诗人的意旨，用你的声音演唱出来呢？就一个研究器乐的人亦非懂得诗歌不可，因为器乐是免不了要和声乐合作的。一个学钢琴的人，不是很应该学习乐歌的伴奏吗？如果你是诗歌的门外汉，那么，你的伴奏怎能够和唱歌人的艺能和合为一呢？因为这种种缘故，所以国立音乐专科学校特设有诗歌一科。"文章接着重点就如何选用诗歌作为歌词提出了几条标准：第一、必须"是用来抒写人们内心界的情感"；第二、"要多选取一些豪迈和欢乐的诗词，一切无病呻吟的萎靡不振的诗词，概不选取"；第三、"音乐是半点虚伪都没有的，只有实在自然的诗才可以拿来唱，一切装模作样，语不由衷的诗"，都"不入我们选取的范围"。对于新诗，作者认为"依照最新的作曲法，只要是诗，都可以播诸音律"。但就"旧式的乐歌"而言，"对于诗的选择范围，自然是较为狭小。太长的诗句是不合用来作曲的，没有一个整个和合的好好的结构的诗，亦不可以用来作曲"。"一首用来作曲的新诗，是要依照正当的朗诵方法作成"。"所以最适合于朗诵（不是我国旧日的吟哦），亦最适合于作曲"。文章称赞青主"是一个会作曲的诗人"，认为诗集中的每一首诗，按照新式的作曲法，是"都可以拿来唱的"。]

[**按**：该诗集于次年 5 月由商务印书馆出版，"发刊诗歌旨趣"一文实为《诗琴响了》的序言。]

3 月 28 日

下午 5 时，主持音专第 6 次教务会议。[**注** 出席会议的还有沈仲俊、周淑安、朱英（兼任纪录），黄今吾列席。会议议决通过的事项有：1、修改组织大纲第二条，议决添加研究科及大提琴、国乐两组，本案交校务会议复议，决定后呈请教育部备案；2、拟定选科生名额的百分比例：钢琴 40%，声乐 15%，小提琴 15%，大提琴 10%，国乐 10%，理论 5%，其它 5%；议决理论、国乐两种选科生减收半费，并自下学期起实行，交校务会议通过；3、选科加费问题：钢琴、小提琴、大提琴、声乐四种，初级照旧收费，中级加收 10 元，计 35 元，高级加收 20 元，计 45 元（均以一学期论）；4、关于选科生的奖学办法：每学年学满 15 个学分或每学年学满 12 个学分且考试分数每学期均在 90 分以上者，经主任教员推荐可分别得免学费一学年或免学费一学期；所选非主科功课者不在此例，3、4 两项交校务会议决定。]（《音》第 4 期）

3 月 28 日

下午 7 时，主持音专第 5 次校务会议。[**注** 讨论并通过第 6 次教务会议提交的议案。会上，对萧友梅提议的增设出版部等项事宜，议决缓议]（《音》第 4 期）

3 月 31 日，蔡元培为北大重新组织音乐会致函杨仲子、刘天华、唐赵丽莲等，

1930 年 3 月摄影，地点不详，看似携家眷出游，上图萧友梅在最右侧，下图在最后。（萧勤提供）

请他们"允任导师。以广布乐术"。（《蔡元培年谱长编》下册（1）第 413 页）

4 月 1 日

为学术季刊《乐艺》创刊作发刊词。[注 《乐艺》是由青主担任主编，国立音专乐艺社发行，商务印书馆印刷。1931 年 7 月出版最后一期，共发行 6 期。发刊词前有 30 余字引语："本刊付印时，适值抱恙，不能执笔，特请易韦斋先生代为书此，谨识数语，以表谢忱。萧友梅识。"

"发刊词"以"我生性是趋于实做一方面的，我并不是一个感觉极敏锐者"引出了他在德国莱比锡音乐院学习时所了解到的舒曼主编《新音乐杂志》的一段轶事。

文中写到舒曼在当杂志主编时"非常的注意鼓励奖掖后起者"，如萧邦、勃拉姆斯等，他们"都因此成名为大作曲家"。现在"我们学校亦成立五个学期了，而小小的音乐杂志《乐艺》亦算第一期出版了"，虽然我们现在不能与他们相比较，"但事在人为，只怕不做，努力向前，人有良好的榜样给我们看，我们拿来督励自己，不把望尘不及来灰自己的心，更不应设种种虚妄的幻想来自欺欺人，这就是最笨的我的一些微愿及想与同人共勉的；又不仅是办这个初生的小小杂志如此，大约是无论办什么事都应该如此吧"。]

[**按**：萧、易两位是长期合作伙伴。此文由易代笔，从所写内容看，必先由萧授意，后又审读，完全代表了先生的思想。]

创刊号上还发表了萧友梅的《介绍赵元任先生的〈新诗歌集〉》《我对于 X 书店乐艺出品的批评》二文。[**注** 前文认为《新诗歌集》的出版"替我国音乐界开了一个新纪元"，是"这十年来出版的音乐作品里头""最有价值"的一本歌曲集，以至于作者称赵元任为"中国的舒伯特"。文章还希望赵先生能不断地出第二、第三集，"供给我们声乐科做教材之用。因为声乐一科是万万不能专唱外国作品的"。文章强调说明："就表情方面看来，中国人当然最适宜是用国语唱本国的歌词。我说这句话，并非不赞成唱外国歌，并非不赞成外国歌词。不过，我们知道在未唱外国歌之前，先要把外国文的发音学得烂熟，把歌词的意思十分了解，唱时方才可以把歌里的精神表现出来。试问今日学生学唱歌的，是否个个对于上述两点十分注意？"]

喻宜萱回忆 萧友梅对发展自己民族的东西十分重视。那时教我们主科的都是外国老师。比如声乐专业，除学外国作品，萧先生还开了中国歌曲课，请应尚能先生任教，当时我年轻不理解，开什么，就学什么。我在音专 4 年共学了几十首。后来去国外留学开音乐会时，就有中国歌可唱。现在回想起来，真是倍感亲切。（《萧友梅纪念文集》第 304 页）

后文所说的 X 书店，是青主于 1928 年在上海经营的一家介绍西方音乐名作兼出创作乐歌的小书店。文章在简述与青主的交往之后，极其赞赏青主创作的艺术歌曲《大江东去》，认为作者"是一位有创作天才的音乐家。看他不怕挨骂，用种种崭新的和弦，描写苏东坡的追想中所见的种种景象，他的魄力可以跟 Liszt 比拟；从'遥想公瑾当年'这一句起一直到末句，又像一段表情歌剧，非常动听，直可当'创作'这两个字而无愧。即使东坡复生，我想亦不能像青主君这样用声音把他的词意表现出来。"接着肯定 X 书店全力集中介绍世界歌乐名作时，能注意到译词优雅，意义正确，且兼有极详明精密的解释，足供声乐科教材之用。在表示嘉许的同时，希望书店除继续介绍西方乐艺名作之外，兼多介绍一些西方民歌，以供国内各学校做音乐教材使用，同时还希望多介绍一些曲调沉雄壮健的作品，以振作国人士气。]

4 月 1 日

音专乐艺社发出征求歌词作品和征集民间歌谣两则启事。[注　前一启事中说："我国近代文艺之演进，寝与音乐相离，其作品稍佳者，或过于高古，或杂以亢俚，自音乐上之眼光观之，可资歌唱者实少。而环顾国内各学校音乐教材，尤属缺乏，此可谓我国文艺界上一种时代的要求，亦可谓我国音乐改进过程中急切求侣之时代。昔唐宋诗词，元人小曲，类可被之管弦，风诗雅乐，去今过远，固不待言。吾国文艺在此时代要求之中，似不可无一种崭新之作品，以应音乐界之需要。"启事希望"海内外作家倘不遐弃，望以大作见惠。"后一启事说明："本社同人要把民间的歌谣征集起来，除随时编成单行本出版之外，兼选择一些由本社同人谱成乐歌，在《乐艺》杂志上面发表。"故"特请国内人士，随时以民间的歌谣见告，如能将唱音用五线谱或阿拉伯数目字，或用工尺谱写好寄下，尤所欢迎"。（《乐艺》第 1 卷第 1 号）

4 月 13 日

下午 5 时，主持音专第 6 次校务会议。[注　出席会议的还有沈仲俊、周淑安、吴伯超（兼任纪录）、朱英。会议讨论事项有：修正选科生章程，照原修正案通过呈教育部备案；修正通过学则第七条"迟到和缺课"问题，内容规定：在摇铃五分钟以后到课者作为迟到，二次迟到者以一次不到论。对于各科缺课，无论因事因病，逾一学期 1/3 者，不准与学期考试。（参见本年 5 月 24 日条。）1930 年度的招考期定在 9 月 1 日起举行。]（《音》第 4 期）

4 月 15-23 日，国民政府在南京召开第二次全国教育会议，出席 106 人，蒋梦麟任议长。会议期间许寿裳、黄建中、顾树森等20人提出请教育部编订适当的乐歌课本，以纠正青年思想，发扬志气。提案指出，"清末外侮国耻，人思勤奋，中小学所唱歌曲，虽其谱调大都取自日本欧美，而其命意遣释，不失发扬，晚近学风浮薄，学生偷惰，缺蓬勃朝气，海内青年自杀之事，时有所闻；此或有经济不良，亦有现今流行社会及学校邪曲致使，如《毛毛雨》、《妹妹我爱你》等靡靡之音，卑下其旨，足以沮丧青年志趣，影响教育发展，阻碍民族向上精神。苟不亟图补救，代之良好之曲，安能挽此颓风"。他们提议：由教育部征求国内音乐专家和教育专家，分别为中、小、幼学制订简洁明切雅俗共赏的歌曲，由教育部审定编印，并给作者奖励；严令禁止现行一切不良歌曲，违者依法严惩。此案23日获得通过。(《教育部公报》第2年第18期)

4月17日

下午5时半，主持音专第7次教务会议。[注 出席会议的还有沈仲俊(兼任纪录)、周淑安、查哈罗夫、法利国、佘甫磋夫。讨论及议决主要事项有：5月26日举行第8次学生演奏会。这也是国立音专学生第一次在校外举行的公开演奏、演唱会；所以，又称第一届学生音乐会(详5月26日和6月条)。参加演出的学生以及曲目须开预备会并由主任教员评定。会上，还向与会者通报："现拟托驻比代理公使谢寿康先生赍函与比国教育部，请其于下学年选派声乐、小提琴及钢琴教授三人来本校，薪俸由中比庚款拨支，俟接到前途[原文如此]复函，然后再决定其它进行办法"。](《音》第4期)

4月17日

向教育部呈报修正后的国立音专组织大纲及学则。(详见5月24日条)

(《上海音乐学院大事记·名人录》第12页)

谢寿康

4月18日，北大音乐会宣告开课，杨仲子、刘天华等继续任教。(《北京大学日刊》1930年4月18日、5月3日、5月15日)

4月28日

接待新任驻比利时国代办公使谢寿康[2]到国立音

专参观，并陪同聆听了学生的演奏演唱。[注　谢在欣赏了同学们的表演后发表演说，对国立音专开办以来取得的成绩予以肯定。演说词中说："在从前，欧洲人都是把我们中国人的音乐程度看成非常的幼稚。但从诸位刚才所唱奏的看来，据我所经验过的比较来说，无论如何，这种成绩都是非常之好，不独在中国，就在国际上，亦可以有相当的价值，这是我觉得最为欣慰的。……国立音乐专科学校是全国最高的音乐学府，萧博士又是一个对于音乐极有研究的，有丰富的教育经验的音乐学者，此外还有很多极良好的教授。中国音乐从此可以得到极正确的，充分的发展，是可以保证的。在今日的唱奏上，既经把良好的成绩表现出来，而把我所说的关于中国音乐前途无量的话完全证实了。"该演说词是由黎棐（廖辅叔）事后追记。]（《音》第5期）

4 月

接蔡元培函，要求提供音专成立至今的情况及相片。[注　函云："鄙人受寰球中国学生会委托，作《二十五年来中国之美育》一篇，备印入该会二十五周年纪念册中。拟叙及贵校、会成立时期，经过情形及现在状况，并于必要时附以相片。敬希赐寄概略，并求于本月二十三日以前寄下为荷。"同样内容的函件还寄给了中央大学艺术学院、大同乐会、南国剧社、上海美术专科学校、北平大学艺术学院、北平中央公园、北平北海公园、故宫博物馆、文明书局等 16 个文化教育机构。]（《蔡元培年谱长编》下册（1）第 427 页）

4 月

为推动和发展国民音乐教育，音专在本月出版的校刊《音》（参见1929 年 11 月 1 日条）上刊出二则启事。[注　一是郑重申明"本刊是要提倡国民的音乐教育，凡未及寄送的国内外学校、团体，请将名称及住址寄交上海国立音乐专科学校出版部，自当照寄；二是向社会各界征集民间歌谣，本校出版部将择优配曲，并在校刊上发表。]

5 月，上海开明书店出版丰子恺编著的《近世西洋十大音乐家故事》，以后多次再版。

5 月 24 日

教育部发出第 1105 号指令，准予国立音乐专科学校修正《组织大纲》

与《学则》备案。[注 修正后的学则主要内容如下：（一）本校以教授音乐理论及技术，养成音乐专门人才为宗旨。（二）本校分预科、本科、师范科、各项选科及研究班。设理论作曲、钢琴、大提琴、小提琴、声乐、国乐六组。初级各生，入学后一年内不分组。（甲）预科为本科之预备；（乙）本科教授高级理论与技术，目的在养成音乐专门人才；（丙）师范科为养成音乐师资而设；（丁）选科专为对于音乐曾有研究，欲继续专攻一门者而设；（戊）研究班专为有志研究最高之音乐理论技术者而设。（三）各科课程，分共同必修科目及选修科目二种。课程以学分分其数量。（甲）选修第二乐器以一种为限；（乙）选修其它学科者，同时不得过三种；（丙）正科生凡以理论作曲、钢琴为主科者，必须选修国乐一种，至少试学一学年。

学则对入学资格、修业年限、缴费、请假、考试、退学、演奏会等各项事宜也都作了具体明确的规定。其中对迟到、缺课、请假几项的规定充分体现了萧友梅当年严格学校管理制度的办学精神。学则第七条规定：在摇铃 5 分钟后到课者为迟到；10 分钟后到课者为不到；2 次迟到者以一次不到论，无论因病因事请假逾一学期三分之一者，不准参加学期考试。凡请假者须先到注册科填写请假单，由注册科通知各该科教员；请假回原籍者，须用书面通知教务处，寄宿生还须通知指导员。对于技术考试，规定采用会考制，考试时需请校外音乐专家列席批评；除因亲丧或病假缺考者外，不得补考。]（《音》第 5 期）

第 1 届学生音乐大会合影。

5 月 26 日

出席音专在上海"美国妇女俱乐部"举行的第一届学生音乐会。[注 节目有周淑安指挥的女声合唱及四部合唱、丁善德的琵琶独奏、张曙的男声独唱、谭抒真的中提琴独奏、戴粹伦的小提琴独奏、李翠贞的钢琴独奏、喻宜萱的

女声独唱等等。](《音》第5期)

5月30日

下午5时，主持国立音专第7次校务会议。[注 出席会议的还有沈仲俊、朱英、吴伯超（兼纪录）。决定事项为：1、假期内如有学生住校须交纳杂费四元；2、男宿舍合同已满需另租新宿舍；3、职员拟选修乐器者，只可作为特别选科生。](《音》第6期)

4—5月间

将新创刊出版的《乐艺》季刊寄给留德时结交的德国著名钢琴教育家泰西缪勒（见本书第96页1916年8月两人的合影），并顺便向他约稿。[注 刊物寄出之后不久收到泰氏的回信，还附有三张照片和一本有关现代钢琴音乐的专著。关于约稿一事，信中回答，因年岁已高和工作太忙，自己无时间写作，由他的学生代笔，写了一篇题为《音乐的青年教育》的文章，内容是介绍泰西缪勒的教育思想的。文章和照片后刊登在《乐艺》第2年第1期上。]

泰喜谟来（泰西缪勒）

泰西缪勒自己扮作学生，让他的学生扮作老师。

6月13日

是日下午连续主持两个会议。5时，主持音专第8次教务会议。[注 出席会议的还有沈仲俊、黄自、朱英、吴伯超（兼纪录）等。会议主要讨论严格教学管理，保证教学质量的问题，具体决定有：1、处分学生旷课及因病休学者（其中因"无故旷课过一学期三分之一者，照章除名"者3人；因"无故旷课太多应改为特别选科者"计4人，"因病休学附有医生证明书准予休学一学期"者1人）；2、通过由朱英、吴伯超起草的国乐主科课程表；3、通过正科生毕业及选科生修了主科之一级者，证明书上分最优等、优等及中等三种；4、选科生修了中级及高级之主科外，应加修副科一种及必修科之和声学方可得领修了证书，其中，以声乐、大小提琴、国乐、理论为主科者，必以钢琴为副科，以钢琴为主科者得免修副科；凡选科生欲得修了证书者，必须兼选普通乐学及必修科的和声学。]（《音》第6期）

下午6时，主持音专第8次校务会议。[注　出席会议的还有沈仲俊、朱英、吴伯超（兼记录），黄今吾列席。会议决定将本年度余款2300元作添置校具及书谱、乐器用。]（《音》第6期）

6月19日

是日下午4点在本校礼堂举行师生同乐会。

[按：这种全校性的大活动，事必亲躬的萧友梅一般都会出席。记之备考。]（《音》第6期）

6月22日

本学期23日起放暑假；是日出席在华安公司举行的本学期教职员聚餐会。（《音》第6期）[注　会上，查哈洛夫起立发言，谈他先是拒绝、后又接受萧友梅聘请的经过。接着表示他承认自己当初估计的错误．是中国学生的聪颖和勤奋使他感到高兴和安慰。他愿意永远教下去，为中国的音乐教育贡献一份力量。]（《萧友梅传》第39页）

[按：廖辅叔先生回忆说是在一次校庆宴会上，查氏讲了这番话。但就我们目前所见史料，未有校庆宴会的记载，故编排在这里。事实是可信的，但时间也许有出入。]

6月25日，蔡元培和李石曾、褚民谊、郑觐文等联名以大同乐会执行委员会名义呈请教育部拨给古物保存所储存的旧木料制造古乐器。内云："整理国乐，当以制造乐器为首要之急务。……使行将毁弃之美材，用以振兴文化之事业，最为适当。"
（《蔡元培年谱长编》下册（1）第 439 页）

6 月 26 日

上午连续主持两个会议。[注 10 时，召开第 9 次校务会议。讨论了关于修正奖学章程问题。决定：正科生得奖者必修各科必须及格；所修必须科目要补考者概不给奖；一学年中两个学期主科不同者主科分数仍以两种主科平均计算；给奖限于每学年年终举行。11 时，接着又开第 9 次教务会议，出席会议的还有沈仲俊、周淑安，韦瀚章[3]、吴伯超列席（兼纪录）。会议议决：关于追加琵琶学分应在本学期开始；要补考科目所得学分仍在本学年计算。]（《音》第 6 期）

韦瀚章

6 月

发表《本校第一届学生音乐会》一文。[注 文章告诫学生这届音乐会"虽然颇得各界的赞许，但是我们对于人家称赞我们的话，只可以当作客气话就好了。因为艺术的标准是没有一定的，艺术的进步是无止境的。第一次的成绩虽然大体看来是不错，但是我们不能说这回的演奏算达到最高点。我们要努力前进，必定要下一次的成绩比这一次的更好，才可以尽我们当教员当学生的义务。因为艺术家如果注重'虚荣'两个字，就如同把自己的死刑宣告了一样了"。文后还有三个附录：本校第一届学生音乐会秩序单；5 月 29 日《时事日报》的报道《纪国立音专之第一届乐会》；节译 5 月 30 日俄文《言报》的记载。该文重载于 10 月 1 日出版的《乐艺》季刊第 1 卷第 3 号。]（《音》第 5 期）

6 月

所作独唱曲《杨花》（易韦斋词）作为"国立音乐专科学校丛书"之一由商务印书馆出版单行本。

[按：关于《杨花》的创作经过，参见 1925 年 5 月 30 日条。]

上半年某日

向大学院院长蔡元培进言，建议撤销对青主的通缉令。[注 对青主（廖尚果）的通缉令，是 1927 年 12 月广州起义失败后汪精卫为排斥黄琪翔[4]，攻击黄

281

任用"著名共党廖尚果为政治部主任"而作出的；而实际上廖并非共党，故理应取消此通缉令。这一问题经蔡元培在国民政府的一次会议上提出后，于1930年6、7月间国民政府以当时通缉廖尚果系广东政府所为，未经南京政府审批，因此对廖的通缉令"当然无效"，实际就是撤消了通缉令。]（*廖乃雄著《忆青主》，将由中央音乐学院出版社出版，本条资料来自廖辅叔口述。*

7月1日

发表《曲话》一文。[注 本文介绍肖邦的一首钢琴作品。文章认为，肖邦"在许多作曲家当中，算是最有诗意的，无论在他哪一首曲调里边，没有一个音不能表示他的特性"。文章对肖邦的钢琴曲《前奏曲24首》中的第15首《降D大调前奏曲》的创作背景、曲式结构、乐意及演奏上须注意之处作了分析评述。]（*《乐艺》第2号*）

7月

接上海大同乐会委员会来信，邀请加入该会做委员，先生婉言辞谢。[注 原信全文如下："谨启者：本会为整理国乐阐扬固有文化起见，拟造古今全套乐器九副，每副一百四十余种，陈列于京（指南京）沪南北各教育机关，并分赠欧美日本各国，藉资提倡，特组委员会，着手办理。顷准教育部拨到南京新出土之古木一大批充作乐器材料，行将开工制造。本月(7月)6日开第一次委员大会，佥谓此举关系重大，应增推委员以收集思广益，早日完成之效。当经公推台端为本会委员，万希俯允加入，无任翘企之至。"接信后，萧友梅以对于该会所进行的制造旧乐器的步骤不甚明了为由，婉言辞谢，并就仿造旧乐器一事提出了自己的具体意见（详见1931年1月条）。]（*《乐艺》第1卷第4号*）

7月

为《教育大辞典》撰写"音乐教学法"词条。[注 词条首先说明："音乐教学法乃教学法中之最困难者，倘无专门的修养与特别的练习而只照书中记载实行之，未必能得美满之结果。盖音乐本身已是艺术，音乐教学法则尤为术中之术。苟明是理，当知此中实有非纸笔可以说明之处，况本条既非专书又限于篇幅乎。著者只有用提纲挈领之法，对本条分别为声乐教学法·乐理教学法及乐器教学法三种论之·每种更分若干项，依学生之程度与年龄遇必要时每项更注明初小、高小或中学应如何教学，俾从事斯道者有所参考"。接着词条分别对"声乐教学法"中呼吸、练声、音阶、音域、音程、节奏、调号、视唱、曲调之选择、单音歌与复音歌，对"乐理教学法"中的谱表、音符及休止符、拍子、强度速度及表情术语、大小音阶之组织及改调、音程、和声学概论、乐曲组织及种类、乐队及歌队之组织，"乐器教学法"中的有键乐器、弦乐器、管乐器等教学上应特别注意的地方并结合学生年龄程度加以简要指点。最后还提出国乐教学最好也用五线谱。全文约近四千字。《教育大辞典》由朱经农、唐钺、高觉敷主编，于 1930 年 7 月由上海商务印书馆出版发行。]

7月

所作《新霓裳羽衣舞》（作品编号 39）的新版钢琴谱出版。[注 本书作为"国立音乐专科学校丛书"之一，由商务印书馆出版，封面与版权页曲名改为《新霓裳羽衣舞曲》，而内封与曲谱则未改。封面为彩色绘图，插页是杨仲子先生题赠家中祖传珍藏，由道光、咸丰年间的扬州画家王素（小梅）创作的彩色国画《广寒图》，画的是唐明皇游月宫的故事。杨先生的题辞是："十载京华感樂群，细论宫微挹清芬，知音故效桃瓜赠，敢谓英雄共（只）使君。萧子友梅制新霓裳羽衣舞，曲既成，以缋事相属，久无以报，因取吾家旧藏王小梅广寒图为赠。古调新声，人间天上，宁非双绝，二梅不朽矣！ 丙寅中秋江南杨仲子题。"从"1926 年 9 月"这一题诗日期看，未知该谱的出版何以推迟了好几年。乐谱有萧友梅写于 1930 年 3

《新霓裳羽衣舞》钢琴谱封面（右）和插页广寒图（左）。

《新霓裳羽衣舞曲》封里

月 15 日的自序，内容与 1923 年版相同；又新加了易韦斋写于 1930 年 1 月 15 日的序；序言对原"霓裳羽衣曲"的渊源作了诠释，并谓他日拟填中序之词，"请先生再以意谱之，补入曲中，使舞者得而歌之"。乐谱还附上白居易《霓裳羽衣舞歌》全诗。

7 月，教育部通令各国立大学在经费可能范围内，于教育学院或文学院内酌量增设戏剧及音乐讲座或戏剧音乐学程，以培植改良戏剧及音乐人才。（《教育部公报》第 2 年第 31 期）

夏

因"脑弱"赴莫干山休息。[注 利用此机会，将《和声学》全书加以修订，新增了 6 款内容及练习题 100 个。]（萧友梅《〈和声学〉自序二》）

8 月 12 日

下午 4 时，由黄自代萧友梅主持第 10 次校务会议。[注 会议的主要议题是租借校舍及催发经费问题。]（《音》第 6 期）

8 月 29 日

下午 4 时半，主持国立音专第 11 次校务会议。[注 出席会议的还有沈仲俊、周淑安、黄自（兼纪录）。会议议决：1、新校舍以经费关系暂不租借；2、凡学生自备钢琴安置在校琴室者每学期应缴琴室及电灯费 5 元；3、请蔡元培先生为领袖组织校董会，请俞诚之先生起稿"校董会组织缘起"；4、本年预算遵部令照 1929 年度，每月经常费以 6000 元为准。]（《音》第 6 期）

8 月 29 日

发布音专第 18 号布告。[注 通告预科生戴粹伦、丁善德、李献敏，师范科生满福民，选科生李翠贞等本学期成绩均列甲等，依本校奖学章程应免收学费一年"。]（《音》第 6 期）

9 月 5 日

下午 4 时，出席由黄自主持的国立音专第 10 次教务会议。[注 出席会议的还有周淑安、梁就明，沈仲俊、韦瀚章列席。议决事项主要有：1、关于某选科生在大陆画报登载照片，声言系本校毕业生一事，根据周淑安的提议，议决去函该报更正； 2、据萧友梅的提议，中提琴班应照开班。]（《音》第7期）

9 月 17 日，教育部通令各省市教育厅局限制小学歌舞剧的表演，以免影响学生学业。

9 月

主持本学期招生考试。[注 本次共录取 57 人。梁定佳[5]、江定仙[6]、陈田鹤[7]、邱望湘[8]、王云阶、易开基[9]等在本年入学]。（《音》第6期）

9 月

聘黄自为教务主任。[注 同时聘任的还有苏石林[10]为声乐专任教师；又成立理论作曲组，先生兼任该组主任；聘廖辅叔为图书事务员。]（《音》第6期）

廖辅叔忆评 萧友梅正式受任音专校长后，他再没有余力兼教务主任了。于是与青主商量要他来担任。不久，黄自从美国回来，考虑到黄自来做也许更合适。他又亲自上门找黄自。照私人关系说，他与青主是老同学，与黄自是"素昧平生"。但从工作上说，黄自应该更合适。这种一心为公，任人唯贤的精神，可说是为我们立下了一个很好的榜样。 （《萧友梅纪念文集》第157页）

苏石林

9 月

主持选举国立音专十九年度（1930 年度）校务会议委员。[注 选举结果周淑安、朱英、吴伯超三人当选。]（《音》第5期）

9 月，南开大学商学院成立歌舞团，请黎锦晖任名誉顾问，黎允以函授方式指导。（《南大周刊》第 96 期 1930/11/8）

9 月，青主在《音》第 6 期发表《论音乐的功能》，文章强调音乐是国民教育的一部分，是造就守纪律、温柔文雅并富于理性的国民素质的对症良药，这也是国立音乐专科音乐学校的最重大的任务。

10月1日

发表《〈九宫大成〉所用的音阶》一文。[注 在主持繁忙的行政事务与教学工作的同时，对清乾隆初年编成的《九宫大成》进行研究。该文主要就如何正确分析曲谱的音阶构成并把古谱正确译成五线谱，发表自己的见解，而对曲集本身的价值未作讨论。文章认为，曲谱所收录的这四千六百多首作品即使不一定都有艺术价值，"但是无论如何，总可以承认它们的历史的价值。因为这些作品都是在乾隆六年（即民国前171年）以前作成的。其中并且有元明两代的作品"。文章在分析了《九宫大成》所用的十种音阶后，每种选择1首共10首将其译成五线谱，以便比较。（《天艺》第1卷第3号）

萧友梅译京剧、昆曲选段为五线谱的手稿

[按：本文对于古谱如何翻译成五线谱具有相当的参考价值。现珍藏在上海音乐学院的萧友梅遗稿中，还存有先生从《九宫大成南北词宫谱》译出的古曲线谱数十

首，以及从"百代"公司所出谭鑫培等人的著名京剧唱段唱片中记录下来的唱腔与伴奏分行对照谱十数首。每首都标有作者认定的调性、音阶、调式的中西对照名称。这说明先生十分重视民族音乐的研究并按照自己的计划努力地实干者。]

> **萧淑娴回忆** 在二叔的遗稿中，还有一册从《元人百种》中译为五线谱的带唱词及伴奏过门的戏曲共有百余首，此外还译京剧约百首。他不仅对昆曲曲调有兴趣，对元、清的戏曲音乐也有兴趣；他做这些准备工作是想深入地从现在还盛行的活着的戏曲音乐中探索音乐宝藏，使之能更好地发展为现代中国社会的新音乐。从他做过的这些研究功夫中，是不会得出他只是偏重西乐的结论的。 （《萧友梅纪念文集》第 109-110 页）

10月2日

下午 2 时，主持第 12 次校务会议。[注 议决的主要事项有：1、本校基金委员会章程草案经修正后交委员会复议；2、凡正科生成绩最优，曾获免学费一年之奖励者，经校长与教务主任特别许可，可加选第二副科；3、各年决算余额，俟本校基金会成立后，拨为基金。][按：教育部每年所拨经费总是不足，但萧友梅精打细算，每年尚有少量积余。可见他的勤俭办学、艰苦奋斗的精神。]4、选科生选修合奏及国术者概不收费，以示提倡；5、各练习琴室如有空闲时间，各正科生可到事务处商酌付费租用。]（《音》第 7 期）

10月4日

蔡元培为筹募音专建筑经费事致函叶恭绰[14]等社会著名人士。[注 信中说："国立音乐专科学校自十六年创办，迄今三载，成绩卓然，翕然为社会人士所称许。元培虽以事冗，中途离校，而精神所注，仍复一致。现值国内战事，财政竭蹶，该校一切建筑设备，均待扩张，而竟以费绌不能进行，殊为可惜。兹与该校同人商洽，佥拟组织国立音乐学校基金委员会，主持该校筹募基金一切事宜。素仰先生热心音乐教育，敬恳鼎力襄助进行，无任同感。"并附有拟推请各委员的名单人选为：孔祥熙、宋霭龄、王晓籁、李石曾、张溥泉、钮永建、欧阳荣之、杨杏佛、叶誉虎、赵元任、宋美龄、蒋梦麟、郑韶觉、周养浩、钟荣光、戴季陶等。]（《蔡元培年谱长编》下册②第 465 页）

10月5日

下午5点半，出席音专第11次教务会议。[注　出席会议的还有：黄自、佘甫磋夫、吕维钿、支利必可华、查先生、施夫人、苏石林。会议议决的事项为：1、本学期举行第九、第十两场学生演奏会时间均安排在下午5时至7时举行；2、关于本校成立三周年音乐会，依照去年办法，学生仍担任一部分节目，由查先生、皮夫人、施夫人、佘先生负责排定秩序。]（《音》第7期）

10月23日

下午6时，主持音专第13次校务会议。[注　出席者还有黄自、沈仲俊、朱英、吴伯超（兼纪录）。会议通过由训育会议提出的《修正学生惩戒章程》。同时通过的还有《审计委员会章程"》，并在10月第7期《音》上全文发表。章程规定："搏节费用及厉行经济公开以审查预算及每月开支帐目收据并临时特别支出"为审计委员会的任务。]（《音》第7期）

10月23日

下午5时，列席音专第5次训育会议。[注　会议首先公选梁就明为训育委员会主席，金鲁望为副主席。会议讨论的主要议题是修改学生惩戒章程。惩戒分训诫、记过、扣分数、停止享受权利、休学、取消学籍六种。]（《音》第7期）

10月

发表钢琴曲——附大提琴补足调《秋思》（作品第28号）。[注　乐谱原题为秋思 NOCTURNO——附大提琴补足调（with Violoncello Obligato）。乐谱共4页，并附"大提琴补足调"分谱1页，注明："Fing. by　Prof. Shevtzoff"，即"佘夫磋甫教授编订指法和弓法"；这一小注，该曲曾在国立音专音乐会上演出，是当年演奏实践的纪录。]

[按：据先生19-7年致教育部的报告，其中曾提到他在1916年创作了弦乐四重奏《小夜乐》、铜管乐曲《雪中行军进行曲》、大提琴独奏曲《冬夜梦无词曲》、管弦乐曲《哀卓引》等四首乐曲，而之前还写过21曲，现已知《哀悼引》的作品编号为24，故从编号推测，此曲创作年代应在留学德国时期，尤为1917年的可能性较大。从形式上看，作者未将此曲视为"大提琴独奏"，标题下注明的"补足调"，意为此作虽是钢琴曲，但大提琴旋律是一个不可缺少的声部，二者是密不可分的有

机体。今一般译为"助奏"。](《乐艺》季刊第 1 卷第 3 期/《萧友梅纪念文集》第 417 页)

10 月

发出第 34 号布告，公布续考录取新生名单。[注　共录取钢琴选科生巫一舟[12]、吕骥[13]、陈玠及声乐选科生共 5 名。](《音》第 7 期)

[按：吕骥从这次进音专起，至 1934 年，先后 3 次考入音专。]

陈玠　　　　　巫一舟

10 月，中国左翼文化界总同盟（简称文总）在上海成立，潘汉年任书记。1939 年初，为建立抗日民族统一战线，文总自动停止活动。

11 月 4 日

上午 9 时，主持第 14 次校务会议。[注　讨论的主要问题有：1、本校三周年纪念音乐会售票及入场办法；2、学生张恩袭（张曙）无故缺课太多，依学则第 10 条之规定应令退学；并发出布告："查第十四次校务会议议决，师范科生张恩袭未经请假，无故缺课一学期三分之一以上。依本校章程第 10 条之规定，应即退学等因，张恩袭照章应予退学。"](《音》第 8 期)

[按：据此，可以清楚地知道，张曙退学，完全是依据校规所做出的决定，而并非如过去某些人所说是因张曙思想进步，倾向革命而遭校方的政治迫害。]

11 月 8 日

赴格希罗路黎青主家晚宴。[注　同席有叶圣陶、郑振铎、王伯祥、周予同等，纵谈至晚 11 时始散。](商金林《叶圣陶年谱长编》第 1 卷第 433 页，北京人民教育出版社，2006 年)

11 月 14、15 日

应教育部邀请，和黄自一起率领国立音专师生赴南京，在教育部礼堂

和金陵大学礼堂举行两场特别演奏会。（《国立音专五周纪念刊》《上海音乐学院大事记·名人录》第14页）

11月中旬与参加演出的学生们在南京燕子矶摄影留念

11月18日

是日发表《黄今吾的〈怀旧曲〉》一文。[注　文章首先指出音乐创作人才对一个国家音乐水平的重要意义，引用柏林音乐大学校长的话指出，"一国之内，就令有很好的音乐演奏艺人，但是如果没有很好的音乐创作艺人，在国际的乐艺界里面，到底是说不上"。先生觉得，"世界上的人士，当说起音乐来的时候，全不把我们中国放在眼里"。文章接着强调写作乐队作品对一个作曲家来说的重要性。认为"一个不曾创作乐队作品的乐人，就令他造出不无可观的乐歌，亦不可以说是一个完全作曲家"。"如果一国之内简直没有乐队作品的创作，那么，谁也承认这是一国的奇耻大辱"。基于这样的认识，作者非常重视黄自《怀旧曲》的创作与上演，故亲自撰文为之详细分析评述，并在演出之前予以发表介绍。文章在充分肯定该曲的历史地位和历史价值的同时，也中肯地提出了批评意见。指出乐曲在独创性方面还不够，并寄以厚望。希望作曲者在经过一番辛苦研求之后，"自行创造出一种崭新的体制，在国际乐艺界里面，为我们中国夺得一些体面"。该曲于本月23日由上海工部局乐队国内首演，也是中国人写的乐队作品"第一次在外国人主持的管弦乐队里面得到公开演奏的机会"。萧友梅为此深感欣慰，说："岂不也是最值得一般爱国的邦人君子欢喜的一回事吗？"]（《申报》1930年11月18日"本埠增刊"第3版）

[按：这篇文章，因故未能收进1990年出版的《萧友梅音乐文集》。该文是1991年由中央音乐学院音乐研究所副研究员苏木查找音乐资料时在《申报》上首先发现的；若他不去查阅，很可能至今仍不为人知地"沉睡"在图书馆里。]

戴鹏海论评 萧友梅写这篇文章时，论地位、论名望、论影响，都比小他 20 岁而且刚从美国回来、还名不见经传的黄自高得多、大得多。但是他却丝毫没有那种"权威人士"对于新人新作不屑一顾的陋习，而是乐意著文，为之鼓呼。这种风范不仅在当时，即使是现在也是不多见的，很值得后辈学习。 （《萧友梅纪念文集》第 304 页）

12 月 6 日，国民政府教育部新任部长高鲁未到任之前，由行政院长蒋介石兼任至 1931 年 6 月 19 日止。

12月12日

下午 4 时，主持音专第 16 次校务会议。[注 到会者有黄今吾、沈仲俊、周淑安、朱英、吴伯超（兼纪录）。议决事项有：1、宣布奉教育部令改审计委员会为稽核委员会；2、教职员因病请假，逾一月觅不到替人，其薪水第一月仍照发，第二月起停发，但因事请假者不得援以为例；3、学校有余屋时，教职员均可住宿，职员得尽先住用；4、关于修改文章和曲谱的报酬问题，由校长及教务主任斟酌办理；5、校徽图案的立意，融以希腊古琴及中国古钟连合制图，具体方案以后再行择定。]（《音》第 9 期）

12 月 18 日，《北京大学日刊》刊登《北京大学音乐学会简章》。该会设有钢琴组、提琴组、二胡组、琵琶组、古琴组、唱歌班，各组班聘有导师一人，计划每年开音乐会一次。（《北京大学日刊》1930 年 12 月 18 日）

12月19日

致函中华教育文化基金董事会，请求在经费上给国立音专以五万元资助。[注 信中说，"一国文化之高下，胥以其艺术教育之发展与否为衡；东西各国，对于音乐专门教育，无不有专门设备，亦无有不视美的教育为必要者；独我国则放任之而不置之意，此真一国之最大憾事也"。接着简要叙述了民国以来由于当局的漠视及政府财政的支绌，在设置音乐教育机构时经费上严重不足。然近数年内，学校声誉日隆，学生来求学者亦渐多，但学校以经费所限及设备未周，琴室无多，未能多收学生，实为憾事。因此请求拨款五万元，以作补助扩充设备之用（原信全文见附录一之 3 ）。]（《音》第 10 期）

[**按**： 申请报告于半年后即 1931 年 6 月 26 日基金董事会第七次董事年会研究决定，给包括国立音专在内的 23 个事业单位共计国币 340，600 元及美金 6，000 元的补助。音专仅得 10，000 元，只能购买一些书谱和一手摇唱机。]（《蔡元培年谱长编》下册①第 539 页）/《上海音乐学院大事记·名人录》第 14 页）

12 月，蔡元培在《现代学生》杂志上撰文，再倡"以美育代宗教"之说。（《学生时代》第 1 卷第 3 期）

本年，私立京华美术专科学校在北平成立，学校设有音乐系，主任为李抱忱。

上海美术专科学校改科为系；并将高师科改为师范系，内设图音图工组，添设音乐系（在此之前，美术是主课，音乐、手工仅为选修科），音乐系由刘质平协助筹设。

河北省立女子师范学院增设音乐系及音乐专修科，学制分别为三年和二年，李恩科任音乐系主任，杨仲子、丁善德、蒋凤之、熊乐忱、劳景贤、陈振铎等曾先后在此任教。

中华口琴会成立。该会由上海大夏大学教授王庆勋创建，是中国最早的口琴音乐团体。

廖辅叔回忆 如果说勤俭办学有什么标兵的话，说萧友梅是最早的一个，该不算是夸大的。所谓勤俭办学，并不仅仅是会省钱就算了，而是要求用尽可能少的人，花尽可能少的钱，去办尽可能多得事，而且要把事办好。以注册工作为例，从学生报名、查验证件、计算成绩、填写证书、排课表、分琴房、定校历直到出通告、发通知，逢到节假日放假、学生请假，还要另发英文通知给外籍教师。总之，凡是与教务有关的事情，全由一个人包下来。又如图书馆的一个工作人员，除了管中外图书乐谱的采购、登记、分类、借还之外，还要代售进口乐谱。因当时上海虽是中国第一个大城市，却还没有一家书店出售合适专业教学用的乐谱。外商琴行出售的原版乐谱又贵得惊人，学校只好委托一家德商书店直接向德国订购乐谱，然后照成本价卖给学生。（《文化史料》第 5 辑第 10 页，全国政协文史资料委员会编，1983 年 2 月）

丁善德回忆 坚持原则，从严治校，秉公办事，不徇私情，尤其不以权谋私，是萧先生办学的一个显著的特点，也是他的又一美德。苏石林刚到学校任教时，萧先生因为不了解其功底深浅，只聘他当半专任教员。属于试用性质。过了一学期，黄自向萧先生汇报说苏石林教的几个学生进步快，成绩都很突出，萧先生便马上改聘他为专任教授。（《萧友梅纪念文集》第 5 页）

【注释】

[1]廖辅叔（1907-2002），广东惠阳（今惠州）人。自幼随父学习传统的经史子集。1922 年入广州英文专门学校，同时在家随兄（青主）嫂（华丽丝）学德语与音乐。1930 年 4 月起，协助担任《乐艺》主编的青主代理该刊的读者信箱，抄写刊物发表的乐谱；9 月正式应聘为音专图书管理员，是年开始发表文章。1934 年 9 月至 1937 年 6 月任音专文牍。是没有所谓专业学历、靠自学成才的一位学者。1946 年任教于南京·国立音乐院附设幼年班。1949 年任中央音乐学院教授，为国内首位音乐学博士生导师。

[2]谢寿康(1897-1973)，江西赣县人。幼年就读于汉口法文学校。1912 年赴欧先后在比利时、法国、瑞士等国留学。1929 年回国后任中央大学文学院院长。后历任驻比利时、法国、瑞士等国的外交官及国立戏剧学校教授等职。1946 年，当选为比利时王家文学研究院院士。1949 年在美国哥伦比亚大学任戏剧教授。

[3]韦瀚章(1906 — 1993)，广东香山（今中山市）人。1929 年受聘为国立音专事务员兼注册，曾被推选为校务委员及音乐艺文社干事。1936 年赴南京工作，后任职于香港商务印书馆、沪江大学。1950 年任香港中国圣乐院教务主任兼歌词写作教授。1959 年去沙捞越筹办婆罗州文化出版局，任中文编辑主任兼代局长。1970 年任香港私立音专校董。

[4]黄琪翔于 1927 年任国民革命军第四军军长，当时叶剑英任该军参谋长。

[5]梁定佳 曾任国立音乐院幼年班主任。

[6]江定仙（1912-2000)湖北汉口人。在音专时期，先后随吕维钿、查哈洛夫学钢琴，随黄自攻作曲，毕业后于 1935 年又继续随黄学习，是黄自四大弟子之一；曾在上海实验话剧团乐队任作曲、钢琴演奏兼指挥。1940 年起先后任重庆-南京国立音乐院、湖北省立教育学院音乐系、中央音乐学院作曲系教授、系主任等职；1961 年任中央音乐学院副院长。重庆时期，支持学生社团 "山歌社"的活动。

[7]陈田鹤（1911—1955)浙江永嘉人。1930-1935 年先后三次入音专，选修作曲，为黄自四大弟子之一。1936 年在山东省立剧院从事音乐创作及教学。1940 年秋起，历任重庆-南京国立音乐院讲师、副教授、教授，曾兼教务主任。1949 年任国立福建音乐专科学校教授。1951 年后，在北京人民艺术剧院、中央实验歌剧院从事作曲。

[8]邱望湘(1901—1977)，浙江吴兴人。1921 年入私立上海艺术师范大学。1924 年起先后在湖南省立第一师范、上海爱国女学等校任教。1931 年入国立音专学理论作曲。自 1942 年起，先后任教于青木关国立音乐院、松林岗国立音乐院分院、国立上海音专科学校及上海音乐学院。

[9]易开基（1912-1995)四川万县人。入学时为钢琴选科，1932 年考入高中师范班，两年后入本科师范，师从查哈洛夫。1935 年毕业后任教于上海市立体专，同时继续在音专进修。1940 年起先后任重庆-南京国立音乐院、中央音乐学院钢琴组(系)教授、系主任等职。

[10]苏石林(Vladimir Shushlin, 1896 — 1978)，俄国格罗德纳人。在圣彼得堡皇家音乐院学小提琴、声乐、歌剧。1919 年毕业后，曾与夏里亚宾同台演出。1924 年来中国，先在哈尔滨从事教学和演出。1927 年去日本旅行演出。1929 年来沪，1930 年受聘于国立音专。先为声乐组半专任教员，一年后改聘为专任教员。抗战期间曾为私立上海音专特别选科兼任教授。经常参加演出实践，总数不下数百次。1949 年解放后继续在上海音乐学院任教。1956 年返回苏联，任教于莫斯科音乐学院。

[11]叶恭绰（1881—1968)广东番禺人。1902 年入京师大学堂仕学馆，毕业后任职于铁路与邮传

293

部门。曾任北京故宫博物院理事、全国红十字会监事、全国佛教会会长等职，主要从事文化活动。

[12] 巫一舟（1913-1997）四川成都人。孤儿院小学毕业。1931 年考入国力音专，1939 年起在中央训练团音干班、中央陆军军乐学校、汉口广播电台任职。1949 年先后任中南文艺学院教授、中南音专副校长、湖北艺术学院和武汉音乐学院教授。

[13] 吕骥（1909-2002）湖南湘潭人。1930 年下半年-1934 年三次入音专，学习钢琴、声乐和理论作曲。1933 年起参加左翼剧联音乐小组，积极领导开展群众抗日救亡歌咏活动。1937 年参与筹建延安鲁迅艺术学院；1938-1948 年，先后在鲁艺音乐系、东北大学鲁艺担任领导；1949 年又参与筹建中央音乐学院，后任副院长并长期担任中国音协主席；在职期间，十分重视民族音乐遗产的收集、整理和研究工作。

1931 年(民国 20 年　47 岁)

9 月 18 日，日本关东军制造"九一八"事变，由此逐步侵占东三省。

1 月 1 日

发表《关于大同乐会仿造旧乐器的我见》。[注　文章表明了萧友梅对"整理国乐、仿造乐器"的基本态度与所持的基本观点。文中明确表示，"对于'整理国乐'，我们不独认为我们音专同人的重要工作的一种，并且要用科学的法子很仔细的分门研究（如考订旧曲，改良记谱法，改良旧乐器，编制旧曲，创作有国乐特性的新乐等），要有一种百折不屈的精神，经过许多次的试验，方可以有收效的希望；若是单独仿造一批旧乐器送到各地博物馆陈列去，不能说就是'整理国乐'，只可说是'仿造古董'，于国乐没有丝毫的利益"。文章认为，"改良本国乐器""不是一件简单的事"，必须解决几个先决条件。第一是要研究旧乐器本身的有无价值(包括音质、音色要好，音域要宽，音量要有伸缩力以及能奏半音阶等等)；第二是要决定选择的标准；第三是决定的手续；第四是改良的进行程序。接着作者还希望大同乐会"在改良一方面多做工作，对于整理国乐，方才可以尽一部分的责任。假如目的专在乎考古，那么每仿造一种古乐器，应该把它的历史，所采用图谱的根据，由仿造者详细加以说明，方才有历史上的价值。对于考订未完或制造法完全失传的乐器，最好是暂时搁起来，留待别人再去研究。若单凭一个人的臆度，做出种种历史上所无的乐器，恐怕以讹传讹，完全失了本来的真面目"。文章最后引用孔子所说的"知之为知之，不知为不知，是知也"这三句话，勉励大家以此作为"我们研究学问的原则。"]（《乐艺》第 1 卷第 4 号）

1 月

与李士达、黎锦晖等合作为本
年出品的电影《银汉双星》[1]配乐。

《银汉双星》片头字幕

[注 该片的音乐由先生和李士达
（A.Richter）按照剧情的悲欢离合配置，
西乐曲由前戈尔登戏院乐队演奏，中乐曲
由联华歌舞班（参见本年 9 月 11 日条）
音乐组演奏；同时得到先生的许可，将他
的《新霓裳羽衣曲》作为该片的开场曲。
黎锦晖则为影片创作了主题歌《双星曲》
和插编在该片中的歌舞剧《努力》。另据该电影片头字幕，参与此片配乐的还有金
擎宇。]*（见 1931 年 1 月出版的上海《影戏杂志》第 2 卷第 3 期，由中国电影资料档案馆朱天*

电影《银汉双星》剧照

纬提供/孙继南《黎锦
晖与黎派音乐》第
188—189 页，人民
音乐出版社，2007）

[**按**：1937 年
萧友梅在《十年来
音乐界之成绩》一
文中，曾对我国电
影音乐的发展历史有过简略的评说，对任光、黄自、马思聪、贺绿汀、刘雪庵、冼
星海等人对电影音乐的贡献作了充分的肯定，但没有片言只语提及自己曾在为电影
配乐方面有过比上述诸人更早的尝试。由于该片使用的是早期的蜡盘录音技术，胶
片与蜡盘两种载体分别存放（更早则是用真人现场演唱演奏），胶片现在还保留完
好，但蜡盘已不知去向。这是深以为憾的。]

1 月，周淑安在《乐艺》第 1 卷第 4 号发表《中小学唱歌教员的责任》一文认
为：一个合格的中小学唱歌教员应该会正确的发声方法；能把歌词的真意表达出来；

能引起学生喜爱音乐的兴趣。同时还需要有视唱能力、弹琴能力、选歌能力及和声修养等。当然首先必须热爱音乐，有耐心、虚心等品质。(《儿童教育》第 1 卷第 4 期/第 2 卷第 2 期)

2月2日

出席音专第 12 次教务会议。[注　会议由黄自主持，与会者还有查哈罗夫、法利国、周淑安、朱荇青。会议议决事项有：1、通过考试通则(详见 2 月 27 日条)；2、对他校转来之学分，本校概不承认，须在一学期后由主任教员视其程度酌给底分；3、对萧婉恂、李文淑等两人前所有学分暂不更改，唯在其程度未与现有学分符合时，不再给学分。会议还对一些无故缺考学生作了处理](《音》第 10 期)

同日，下午 2 时，出席音专第 6 次训育会议。[注　先生在会上报告三位学生年假后未返宿舍事，会议议决：1、启用学生不返宿舍报告家长三联单及报告校长单；2、警告这三个学生。另外会议还议决：训育委员会主席每年改选一次，可以连任。(《音》第 10 期)

2月4-5日

主持春季招生考试。[注　本次共录取新生 48 名，贺绿汀[2]、刘雪庵[3]、胡然[4]、王人艺[5]等于该年入学。贺在理论作曲、钢琴选科学习，分别随黄自、查哈罗夫学习。](《音》第 11 期)

2月6日

下午 3 时，出席由主任黄自主持的第 13 次教务会议。[注　出席会议的还有周淑安、梁就明，朱英(兼纪录)。议决事项有：1、在《修正学则》第 9 条(丙)项中，加入"正科生无故缺考者应改为特别班，如主副科成绩优良经各该科主任推荐得改为选科"；在第 9 条中，加入"凡正科生主副科不及格者得令其退学，但主科不及格而副科与共同必修科成绩尚优良者，教务主任得令其改换主科试读一学期；凡正科生主副科及格而共同必修科有半数不及格者得改为选科"等内容；2、在《选科生章程》第 3 条中，加"正科生被改为选科之学生在一个学期内如

胡 然

王人艺

仍选习必修课三种以上而主副科及所习必修科及格且所得学分至 20 个时，得恢复为正科生"；3、凡已考取正科生的新生不准临时改为选科，但主副科考试成绩极优者得酌量办理。]（《音》第 11 期）

[**按**：从这次修正学则会议作出的明文规定看，音专的教学要求和管理是极其严格的，但同时又有一定灵活性。如凡成绩不及格的正科生，均需作改科的降格处理或退学，而当改入选科学习成绩达标后，又可恢复到正科学习。]

紧接教务会议后，下午 4 时半又主持音专第 17 次校务会议。[注　出席会议的还有沈仲俊、周淑安、梁就明、朱英、黄自（兼纪录）。会议议决事项有：1、寄宿生逾期不交宿杂费应搬出宿舍，延期一周再不缴费，依据学则第 10 条第 3 项之规定，以不守规则论，取消其学籍；2、赞同第 13 次教务会议对学则第 8 条第 3 项内容作出修改，规定凡学生未注册者不得请假，已注册者开学时因事请假不得逾两星期，逾两星期者以自请退学论；3、除外籍学生另函通知外，凡未缴费旧生自本月 21 日起一律以退学论。]（《音》第 11 期）

[**按**：音专没有自己的校舍，学生宿舍全部是租来的，再加上教育部一再压低了的办学经费也常常不能足额拨给，校方完全出于无奈才作出这样看似无情的规定。可以说，这是为了维持学校能办下去而不得不采取的一项措施。]

2 月 7 日

发布第 107 号布告，公布本学期招考补缺生录取名单。[注：共录取高中班、高中师范科、选科、特别选科朱琪、陈韶、巫一舟、陆修棠等 25 人。]（《音》第 29-31 期）

王云五　　　　　史量才

2 月 27 日

下午 5 时，主持音专第 18 次校务会议。[注　出席会议的还有沈仲俊、周淑安、朱英、吴伯超（兼纪录）。会议议决有：（1）加推吴稚晖、褚民谊[6]、史量才[7]、王一亭[8]、王云五[9]为校舍建筑费筹募委员会委员；（2）追认第十二次教务会议议决的《国立音乐专科学校试验规则》，其主要内容有：1、各组主科升级试验于每学期末举行；各科毕业试验于每学年末举行；2、升级与毕业试验由校长、教务主任及各组教员组织试验委员会执行，以校长或教务主任为主席；3、试验分理论、技术两部分，师范科学生并须试教若干次；4、对理论作曲组的"宿题试验"（House Work）有特定的规定，即试卷必须于试验日期提交给试验委员会，并填写"誓书"，声明该项作品并无请别人帮忙，如发现有欺骗行为，拒绝其应试，并取消其已领得的证书；5、考生成绩由试验委员会之各组主任与专科教员负责纪录，连同主席三人签字，编入本校试验档案；6.试验结果由各主科教员及组主任证明之，如二人主张不一时，由试验委员会用不记名投票决定之，如双方票数相等时，由主席决定之。]（《音》第11期）

[**按**：从这个规则尤其是对"宿题试验"的明确规定看，可见当年考试制度之严格。]

2 月，教育部令原北平大学女子师范学院合并于北平师范大学，合并后的北师大分为一、二部，原北师大为一部，女师大为二部。（《教育部公报》第 3 卷第 6 期）

3月2日

上午 11 点，出席大夏大学校长欧元怀[10]在国立音专的演讲会。（《音》第11期）

3月6日

出席声乐教授周淑安举行的中外歌曲演唱会。[注 音乐会的节目有：莫扎特歌剧《费加罗的婚礼》中苏珊娜的咏叹调《啊！来吧，我心里很高兴》，舒伯特《请来休息》，周淑安自己创作的儿童歌曲《月亮白光光》、《劳动歌》以及艺术歌曲《日落西山》《关不住了》《安眠歌》等。]

[**按** 对这样的音乐会萧友梅是否会出席，为此编者特意于 2006 年 9 月 18 月书面采访了当年在校学习的喻宜萱先生。她说，萧先生出席聆听，她本人也去了。（以下记述的资料，凡注明"访喻宜萱"者，同此。）]（《音》第12期）

3月26日

下午 4 时，主持音专第 19 次校务会议。[注 出席会议的有黄自、沈仲俊、朱英、吴伯超（兼记录）、周淑安。会议议题有：1、通过增补本校暂行试验规则；2、在学则第 5 条内增加"师范科本科之转学生至少须在校三学年方可领毕业证书"的内容；3、增加奖学章程第 4 条"凡学生品行分数平均不满 90 分者不得领奖"的内容；4、修改学生奖惩章程第 6 条为"学生品行分数不满 60 分者得令其退学"。]（《音》第 13 期）

4月1日

发表《中国历代音乐沿革概略（上）》。[注　从文题注明"（上）"和篇末注明"（未完）"来看，萧先生原计划是分期连载的，可惜以后各期未见刊出。该文内容类似 1938 年的《旧乐沿革》（详后），讲的是古代音乐史。文章包括 "上古时代关于音乐的记载"和"周代的乐官制度与音乐教育"两章，概略介绍了这一时期的乐器、乐曲、音乐教育的目的及其结果和周代的乐官制度等内容。文章开头有一简短序言，说明一部完全的音乐史至少要有七项记载，即"音阶的组织"、"乐器的音域和构造法"、"乐曲、歌曲的组织"、"记音法及乐谱的组织"、"音乐理论的变迁"、"音乐教育机关和音乐教授法"、"音乐家传纪"。而根据当时情况，要编一本完整的中国音乐史是不可能的。但为了弄清中国音乐"为什么不能与世界各文明的音乐并驾齐驱"的原因，必须要了解中国音乐的历史，这首先应该要有正确的眼光；而"想有这种正确的眼光，首先要把西方的音乐理论、音乐史彻底研究一下，方才有把握可以达到目的的"。有了这个前提，再读几千年来中国音乐上的记载，就不至于茫无头绪。"本篇所说，就是用科学的法子把历代音乐的沿革提纲挈领的大略讲一下，想叫爱乐诸同志晓得本国音乐沿革的概略，以便将来对于整理或改良旧乐的时候，可以做一种参考而已"。]（《乐艺》季刊第 1 卷第 5 号）

> **居其宏论评**　（萧友梅）这里说的是：用西方音乐的方法来观察中国音乐的历史，以求得到科学的解答。这和毛泽东所说用西医的方法来整理中医在精神实质上是相通的。……直至今日，不论是萧友梅理论的拥护者、怀疑者或反对者，他们在自身的理论研究、音乐教育、创作和表演实践中也自觉不自觉地遵循萧氏理论。（《萧友梅纪念文集》第 353 页）

3 月 26 日，教育部公布《修正专科学校规程》，其中规定专科学校分四类，音

乐、艺术、体育为第四类，修业年限为 2-3 年；学校可附设职业性高级中学。(《教育部公报》第 3 年第 12 期)

4月1日

邀请精武粤乐组来音专演出。(《上海音乐学院大事记·名人录》第 16 页)

4月2日

下午 5 时，代因病请假的黄自主持第 14 次教务会议。[注　会议主要讨论举行学生音乐会的问题，议决：5 月 16 日晚 8 时在静安寺美国妇女俱乐部举行第二届学生音乐会，择本校成绩最优者出席；5 月 8 日举行第 13 次学生演奏会；5月 2 日声乐组举行第 2 次演唱会。](《音》第 13 期)

4 月 2 日，教育部下令各书局将小学音乐用书一律送部审查，同时希望各小学将自编音乐教材亦送至教育部，以备选用。(《教育部公报》第 3 年第 13 期)

4月

为谋求文学界与音乐界的结合，创作新体歌词以供谱曲，与龙沐勋等发起成立"歌社"，并发表《宣言》。[注　歌社社友有蔡子民、叶恭绰等。《宣言》开门见山地指出成立歌社的宗旨在于："从事于新体歌词之创造，以蕲适应现代潮流。"《宣言》在从形式和内容两方面分析了旧体词的缺点后，郑重宣告："吾辈为适应时代需要而创作新歌，为适应社会民众需要而创作新歌，将一洗以前奄奄不振之气，融合古今中外之特长，藉收声词合一之效，以表现泱泱大国之风。"

> **居其宏论评**　这一番大声镗鎝之言，道出了新音乐运动先驱者的共同心声，是宣言，也是警言；其间爱国情思、报国之志以及锐意创造新乐以表现时代心声和民众心声的豪情壮志，跃然纸上。　(《萧友梅纪念文集》第 346 页)

《宣言》接着提出了创作新歌词应该注意的几个问题：1、多作愉快、活泼、沉雄豪壮之歌；2、歌的形式句度最宜参差（即长短句）；3、采取各国民歌的形式，如两段式、三段式等；4、歌词以浅显易解为主；5、注意韵律，可以换韵，可以四

声通协。](《音》第13期/同年7月1日《乐艺》第1卷第6号重刊该文)

4月

歌社成立后，音专校刊特为之辟出专栏，刊载新作歌词，称为："歌录"（第一期称为"歌材"），从1931年4月至1933年2月共出8期。

[**按**：廖辅叔认为"这也许算是我国近代发表歌词的最早的专刊。"（《萧友梅传》第43页）在"歌录"上发表作品的除龙沐勋外，还有青主、傅东华[11]、曹聚仁、胡怀琛[12]、张风等人。]

5月，蔡元培先后为《寰球中国学生会25周年纪念刊》和商务印书馆出版的《最近35年之中国教育》撰文。文中有民国以来音乐教育情况的简要介绍和总结。

5月2日

学校举行第二次学生歌乐会。[注 节目有满福民的独唱《上山》（赵元任曲），劳景贤的独唱《教我如何不想他》（赵元任曲），喻宜萱的独唱《啊，天哪！我竟误入情网》（选自威尔第歌剧《阿依达》），王大乐、王梅贞、劳景贤、胡然的四重唱《啊，她像一朵红玫瑰》（加累特曲），混声合唱《打铁歌》（选自威尔第的歌剧《游吟诗人》，周淑安指挥）等。](《音》第14期)

5月16日

出席假上海市美国妇女俱乐部举行的音专第二届学生音乐会。[**按**：这是4月2日在萧先生主持的教务会议上决定举办的。像这种全校性的在校外公开举办的音乐会，萧友梅出席当在情理中，录之备考。](《上海音乐学院大事记·名人录》第16页）

5月18日

欢迎比利时朗诵家利滕（Liten）到校举行诗歌朗诵会。[注 利滕在惠上介绍了法兰西、比利时等国的诗歌、戏剧和寓言，先生与之用法语交谈。](《音》第14期)

欢迎比利时朗诵家利滕时合影，前排左起：2 查哈罗夫、3 利滕、4 萧友梅；后排左起：5 江定仙、7 廖辅叔。

5月29日

下午5时，出席由黄自主持的第15次教务会议。[注 议决事项有：1、本届学生演奏会大合唱无故不出席者，照章应加惩戒，扣平均分数2分；2、本学期学生未得本校教务主任及主任教员同意而赴校外出席演奏，照章扣平均分数2分；3、下学期招考学生正选科一律添视唱及听觉试验；4、选科生除选习国乐者外，其它一律须考英文；5、体格检查在复试时举行]（《音》第15期）

5月下旬

为维持学校的正常教学，接连两次向教育部发出电报，催发积欠音专的经费。[注 据6月1月事务会议纪录（《音》第16期第6页）可知，去年12月份经费至今未发，而4月份亦仅发半数。经两次催促，本月24日、6月2日分别收到教育部快邮代电，以"已据情咨催财部筹拨"和"现正派员向财部催拨，俟到即汇"等语答复应付。]（《音》第15期）

6月15日

下午3时，主持第20次校务会议。[注 报告本校新预算未经教部核准，下学年又须迁校，经费困难已达极点，男女生宿舍的房租房捐维持现有情形。故决定凡现在住校正科生，下学期仍要住校者，应于月底前到事务处预定床位。同时还通过了《寄宿舍值周生规则》。]（《音》第16期）

6月15日

出席由黄自主持的第16次教务会议。[注 会议讨论了几位学生学籍的处理问题。其中，王人艺因缺课太多，并有肺病而决定令其退学。]（《音》第16期）

[按：王人艺退学的原因，校刊教务会议的记录写得很清楚。但学界另有一说：王人艺在报名投考音专时，并未透露自己已在明月社工作，但5月间报纸上的宣传，却屡有提及王人艺是明月社的主要乐师，而这与当时国立音专的校规不合，于是被勒令退学。录此备考，供读者研究参考。]（王勇主编《人琴合一·艺海无涯》第33页，上海文艺音像出版社）

6月20日

是日起至8月31日放暑假。当天，与音专师生一起欢送钢琴、二胡教师吴伯超赴比利时留学，并摄影留念。

[按：吴伯超赴比利时后，先在沙尔勒瓦镇音乐学校补习，1933年考入布鲁塞尔皇家音乐院，1935年7月完成学业回音专任教。]（《音》第16期/《音乐杂志》第4期/《上海音乐学院大事记·名人录》第17页）

6月26日

上午9点，出席由黄自主持的第17次教务会议。[注 主要讨论如何保证学生学习质量的问题。比如主科成绩不到75分者应改主科；主、副科成绩均不到75分者，应另选主科试学半年，但第一学年不在此例；选科生3学年不能升一级者，应改为特别选科或退学。再如升级考试，初级升中级成绩不满75分者、中级升高级不满85分者、高级升研究班不满95分者均不得升级。]（《音》第16期）

6月

接管理中英庚款董事会发来的第96号公函，告知音专前已准请的拨款补助事，因故以后再议。[注 信中说："查前准贵校函请，分期拨补款项用以发展音乐等由，经予第三次董事会提出讨论，以英国退还庚款按照中央政治会议决及中英庚款换文，均规定借作铁道及其它生产事业之用，即由借用机关拨付利息用以补助教育文化，目前款项尚未付过，利息更无从计算，所有教育文化机关请求

补助各案，均经决议俟将来利息收到，支配标准确定后，再行讨论。"〕(《音》第15期)

7月1日

发表歌曲《夏日园游》（易韦斋词）。(《乐艺》第1卷第6号)

8月25日

上午9点出席第18次教务会议。〔注 先生在会上报告教育部训令本校修正学则，并将预科改办高中部等事项；后由黄自提出草案。会议决定将现有预科改为高等师范科，报部核准。〕(《音》第16期)

8月29日

发布第61号布告，本届秋季录取新生名单揭晓。〔注 共录正取生31人，其中有高中班何端荣等2名（试读）；刘雪庵、张昊[13]（这是第1次，又见1934年9月6日条）、贺绿汀等师范科5名；选科生理论组吕展青（即吕骥）、李健等4名，钢琴组初、中级王春元、毛宗杰等11名，小提琴组潘伯岩等4名，声乐组狄润军等4名、国乐组琵琶班谭小麟[14]1名。另有各组选科备取生13名，如洪达琦为钢琴组备取生，胡投同时为钢琴、声乐组备取生。〕(《音》第16期)

8月

因毕勋路校舍业主要求收回，不得不又一次主持搬家。〔注 这是音专第3次迁校。校址在辣斐德路（今复兴路）1325号。〕(《上海音乐学院大事记·名人录》第17页)

> **王浩川回忆** 这样频繁的搬家，对一般学校来说，简直是受不了的，可萧先生对指挥搬家特别有经验：他收集了不少装香烟的木箱，有桌子那么大。一到搬家，就把图书、乐谱、文件、设备等放到箱子里面，搬起来就走。当然音专时期不像现在东西多。1937年，日本帝国主义轰炸江湾，江湾校舍也被击中，师生们看到侵略者的暴行，联想到学校的前途，心里乱得什么似的。幸亏萧先生临危不乱，每次指挥大家将图书、乐器、设备安全转移到法租界，带领着师生在风雨飘摇中继续办学，才把老音专这个中国第一所音乐学校坚持下来。（《萧友梅纪念文集》第189页）

8月，长江下游发生大水灾。灾民达一亿人

8月28日，国民政府决定：全国各市国营企业职员公立学校教职员等扣交水灾捐款三个月，月薪百元以上者捐5％，二百元以上者捐10％，四百元以上者捐15％，六百元以上者捐20％。（《申报》1931年8月29日）

9月7日

下午5点，列席第8次训育会议。[注　会议由临时主席金鲁望主持，会上推举周淑安为本学年训育委员会主席，并讨论通过修正"值周生"条例（实行每晚寄宿生点名制）。（《音》第16期）

罗明佑

黎民伟

9月11日

在联华影业公司总经理罗明佑[15]和公司一厂厂长黎民伟[16]的陪同下，到公司所属的歌舞学校赏听歌舞班练习生的演奏。（《聂耳日记》1931年9月11日）

[按　歌舞学校系由黎锦晖负责的明月歌舞剧社与联华签约后改组而成，简称"联华歌舞班"。聂耳当时也在该班。他们演奏了亨德米特的《春日》和中国乐曲《湘江浪》等（此行目的，参见9月24日条）。聂耳在当天日记中提到："关于到音乐院免费学习的事，恐怕难办。因为萧友梅说，若我们要去，可以办一个特别班，每人每学期60元。"]

聂耳

9月12日

下午3点30分，主持召开赈灾音乐会筹备会。[注周淑安、应尚能[17]、查哈罗夫、吕维钿、史丕烈、苏石林、欧沙可夫、黄自、华丽丝[18]等出席，会议先由萧友梅报告灾情经过，提议以11月本校四周年纪念音乐会的收入作为赈灾款项，不另开赈灾音乐会，暂定一次，必要时再开第二次，日期定在11月10-15日之间。会议推举欧沙可夫、沈仲俊、萧友梅、应尚能为筹备委员。]（《音》第17期/《上海音乐学院大事记·名人录》第18页）

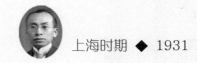

9月21日

下午 4 时，与蔡元培、褚民谊等一起出席法国巴黎歌剧院秘书长、音乐评论家赖鲁阿博士[19]在音专举行的讲演会。[注　会上赖鲁阿因时间匆促不及准备演讲辞，仅对同学们深致勖勉之意，并允以后为《乐艺》撰稿，述其对中国音乐研究之心得。朱英在会上表演了琵琶独奏，以使外人认识中国音乐之真相。]（《音》第 16 期）

9月22日

闻悉东北发生"九·一八"事变，学校当即在礼堂召开师生临时紧急会议，决定次日（9 月 23 日）下午正式成立音专抗日救国会，推举三人起草大会文件。（《音》16 期）

9月23日

是日下午，出席在校礼堂举行的"国立音专抗日救国会"成立大会，会议通过了"宣言"、"代电"和多项决议，并选出干事会及交际代表。[注　会上，由俞诚之讲述中日外交史，讲到痛心处，到会师生声泪俱下。同时进行现场募捐，萧友梅当即捐了 20 元，9 名教员共计捐 67 元。]（《音》第 16 期/《丁善德年谱长编》第 16 页/《萧友梅传》第 43 页）

9月下旬

抗日救国会成立后，复由萧友梅、黄自亲自带队，率全校师生到浦东、松江一带为抗日义勇军募捐。[注　募捐所得共 1089 元，当即汇给黑龙江省政府转马占山将军。省政府收到后马上给国立音专发来了快邮代电，电文如下："上海国立音乐专科学校抗日救国会：代电奉悉，辱承藻饰，并叨厚贶，三军袍泽，同布谢忱，尊款 1089 元已派人赴哈尔滨接洽拨转，并闻，马占山灰印。"]

九一八事变后，萧友梅认为，反抗日本侵略是长期的事情，为要让大家认清日本帝国主义处心积虑，控制中国的真面目，他叫人把日本当年强迫袁世凯签订的吞并中国的二十一条写成横幅，挂在显眼的地方，作为长期的警号。他自己率先创作了抗日歌曲二部合唱《从军歌（为义勇军作）》（骆凤嶙词）。[注　此歌刊于 1931 年 9 月浙江省国民党党部编印的《抗日救国歌》；黄自、江定仙、刘雪庵、陈田鹤等也相继创作了一批抗日爱国歌曲。在这次宣传活动中共创作了 14 首歌曲，后由学生刘雪庵辑成《前线去——爱国歌曲集》，于 1932 年 4 月 15 日石印出版，并由学校支付歌曲集的印刷费。](《音》16 期)/《丁善德年谱长编》第 26 页/《萧友梅传》第 43 页)

> **丁善德回忆** 闻悉事变，音专当即停课 3 天，组织全校师生到浦东、松江一带宣传、募捐，学校还发电报给各报馆及南京中央政府，表示要"创作爱国歌曲，激励军民勇气"，并"泣请政府及各方捐弃私见"，"协心努力，息争对外"。（《丁善德年谱长编》第 25-26 页）

> **刘雪庵回忆** "九一八"事变发生后更激起了先生强烈的民族自尊感及爱国心。他言行一致。先生说："我们中华民族之后裔，国难当头，岂能无视坐等。古人云：'养兵千日，用兵一时'，当兵应以刀枪卫国，我等应以歌声唤起民众，齐心协力、赶走日寇。一个音乐工作者，应该把音乐作为一种武器，来反对日本帝国主义的侵略、挽救民族的危亡，这是民族赋予我们的重任。"在萧先生的带动下，我们音专师生如黄自、江定仙、陈田鹤、张昊等人在很短的期间内，创作了一批爱国歌曲。（刘雪庵《闻上海音乐学院师生为萧友梅先生树立铜像有感》，载《萧友梅纪念文集》第 81 页）

> **喻宜萱回忆** 萧友梅抗战的主张和爱国思想很突出。不光自己写歌曲，还组织学生去宣传抗日。我记得我们到杭州去募捐，还在上海、苏州开过募捐音乐会。（《萧友梅纪念文集》第 164 页）

9 月 24 日

就音专组织乐队事致信联华歌舞班监理（相当于副主任）罗香涛。[注信中告知音专正在组织一个乐队，校外人士也可加入练习，希望他们带着乐器到学校，演奏给一位教小提琴的外籍老师听听，而后决定谁可以加入这个乐队。聂耳知道后，在当天的日记中写道："我们听到这消息在先觉得很高兴，好象大有希望似的。但细细地审查一下，他们难免不有着别的作月，至少他们是利用我们的乐器中他们没有人会的去充实他们，相信绝不会有给我们学习的诚意。我们再三地研究了一下这些利害关系，实在是不去为最好。就是你弄得如何的好，何必要拿给他们去讥笑呢？老实说，我们不去图这种虚名还要干净些。不然将来我们一切的成就，还是要给你说'是某某教出来的'。看着吧!我们只要多努点力,再找两人,请个指挥。大家来比赛比赛吧!"](《聂耳日记》1931 年 9 月 24 日)

[按:聂耳日记所说"细细地审查一下"的内容,是否符合实际,音专是否"绝不会有"给聂耳们"学习的诚意",读者可独立思考,作出判断。]

9 月

为请愿修改大学组织法致函立法院院长邵元冲[20],要求音乐艺术两科得复与其它科学,处于平等地位。[注 信中说,音专由前国立音乐院改组成立后,"虽标名有殊而因缘旧规,程度内容与前音乐院并无若何差异,徒为大学组织法所限,以一'院'字之靳,遂屏之于大学之外。信中接着列举了欧美各国著名学府均有音乐院之设,且附设有研究院,有音乐学士、博士学位之颁,说明"音乐科学技术理论均极精微,有非深湛研究,未足以极其造诣者"。最后要求修改大学组织法,俾音乐艺术与其它学科厕于平等之地位"(原信全文见附录一之4)。]

[按:本函末未署书写日期。]([上音档案 520-37(1)(2)-27](《音》16 期)

9 月

本月出版的《音》第 16 期,在"歌录"专栏,刊发了多首爱国歌词,供曲作者制谱。[注 其中有《新军歌》(胡怀琛为"歌社"作)、《从军》(野民)、《抗日救国歌》(迅狮)、《九一八战歌》(曹聚仁[21])、《杀敌》、《不买日货》(张风)等歌词。]

10 月 5 日

又一次主持修订音专《组织大纲》及《学则》。[注 在"大纲"中,将高中师范部改为高中师范科,本科除保持原有六组外增设师范组。"学则"对修业年限作了修改,规定本科(师范科除外)、高级中学及高中师范科均为三年,本科师范组为二年。](《上海音乐学院大事记·名人录》第 19 页)

曹聚仁

10 月 6 日

下午 5 点,主持第 22 次校务会议。[注 会上议决了有关学则修订、奖学章程、学生惩戒章程等 13 项教育、教学问题。如,凡本科研究班,必须从理论作曲、钢琴、小提琴、大提琴、声乐、国乐种选择一种为主科;再如奖学额定为百分之五,

309

正科生占四，选科生占一；主科学分及品行分数俱在 90 分以上方得领奖。]（《音》第

1931 年秋，在辣斐德路音专校园内与家人及亲戚们合影。（《萧友梅自编影集》编号 93）

17 期)

秋，上海新华艺术专科学校设立附属艺术师范学校，内分国画、西画、音乐三系，后又添设艺术教育系（内分图音、图工二部）。校长汪亚尘。音乐教师有刘质平、何士德、钟慕贞、潘伯英、徐希一、宋寿昌、阿克萨可夫等。

《杨花》封面

10 月 27 日

主持第 23 次校务会议。[注　先生在会上报告建筑费筹募委员会对募捐者的函复内容及该会现有存款。会上还研究了学生制服的钮徽、帽徽及校徽问题，讨论了 11 月 27 日举办的赈灾音乐大会地点、销票办法、票价等事项。]（《音》第 17 期）

10 月

在萧友梅筹划与主持下，"国立音乐专科

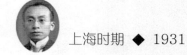

学校丛书"至本月已由商务印书馆出版七种。[注　书名为《乐话》（青主著）、《新霓裳羽衣舞》（萧友梅作曲）、《英文复音合唱歌选》（胡周淑安选编）、《诗琴响了》（青主著）、《杨花》（萧友梅作曲）、《和声学》（萧友梅著，印刷中）、《音境》歌曲集（华丽丝、青主合作）。]（《音》第17期）

11月11、12日

国立音专以国难、水灾两者不可偏废，假苏州青年会举行两场赈灾音乐会。[注　音乐会收支情况参见12月18日条]（《上海音乐学院大事记·名人录》第19页）

11月23日

为再次举办赈灾音乐会发布第70号布告。[注　布告内容如下：本校前以国内各地水灾灾鸿遍野，极可悯念，本校同人对之迄未稍尽绵薄，殊为疚心。兹定于11月27日，即本校纪念日假中国青年会新址（在大世界南首）举行赈灾音乐会筹集赈款，藉资救济。惟关于入场卷推销办法：（1）拟先由教职员及各同学尽力担任劝销；（2）票价分五元二元一元三种，同仁认销多多益善；（3）此系慈善性质，除出席演奏者外，一律购票入场。]（《音》第18期）

11月23日，教育部公布《奖状规程》。据此，政府将设学术、艺术、教育三种奖状，分别授予在以上工作中有特殊贡献和从事教育有确实成绩者。（《教育部公报》第3年第51、52期）

11月27日

出席在青年会礼堂举行校庆四周年纪念赈灾音乐会。[注　演出节目除古典传统曲目外，还有新创作的琵琶独奏《哀水灾》（朱英作曲并演奏）、男声合唱《九·一八》（劳景贤曲、周淑安配和声并指挥）等。是次音乐会共募得787元，其中捐款最多者为周淑安，捐了150元，萧在音乐会上捐资122元。]（《音》第18、19期）

11月

为学校经费问题又两次致电南京政府教育部。[注　因前几次催欠得到的结果仍然是"欠发经费现本部随时派员向财部面催，俟到即发"的空头允诺。在万般无奈的情况下，萧友梅只得致电教育部李书华[*2]部长，提出"款绌无法维持，恳准辞职"。但教育部仍以"已由部向财部催发，切望勉为其难，所请辞职一节，应无庸议"回电。]（《音》第18期）

12月3日

为学生演奏会入场卷发送办法发布第72号布告。[注 布告的基本内容为：原本校学生演奏会入场卷向系发交出席演奏冬生，现制定一公平支配办法，全校学生均可享受分配权利，以资公允，新办法为每场演奏会招待来宾赠卷以50张为限；全校学生以姓氏笔画多少为次序，依次轮流每生赠卷2张，周而复始。]（《音》第18期）

12月18日

主持音专第25次校务会议。[注 会上事务主任沈仲俊报告两次赈灾音乐会的收支账目，除支出外，共结存504元6角3分，决定拨与中华慈幼协济会，指定赈济武汉灾民。沈仲俊还报告学校经费支绌情形：教育部欠发音专经费已达15，000元；本校负债10，440元。会议讨论后决定：1、仍向建筑费委员会续借，但应先与中行磋商；2、校长即日入京积极向教育部请款；3、年底开各学生家长恳亲会，请其设法援助；4、开学生大会，紧急募集建筑费暂资维持。根据会议决定，会后萧友梅当晚就去南京，要求教育部拨发拖欠之款。]（《音》第20-22期合刊）

12月21日

根据第25次校务会议决定，是日下午3点召开全体教职员大会，报告学校支绌实情，设法援助，共渡难关。（见18日校务会议决议第5项）

12月29日

主持第26次校务会议。[注 决定以建筑费抵押剩余之3000元，再向银行抵押2500元。发薪比照24次校务会议已决办法 作为12月借薪。]（《音》第20-22期合刊）

12月30日，国民政府任命朱家骅为教育部长，1932年2月20日到任。（教育

大辞典)

本年，《南开大学周刊》发表署名"立家"的文章《研究艺术的音乐的纯正的态度》。文中批评有些学校音乐课教的是美国流行小调、中国的打牙牌妓女歌、电影里的小调等等，致使学生缺乏辨别音乐的善恶优劣的训练。（《南开大学周刊》第119、122期）

本年某月

嘱咐廖辅叔向教育部打秘密报告，要求调走军训教官，但结果是泥牛入海，杳无消息。（廖辅叔《我国现代音乐教育的开拓者萧友梅先生》《乐苑谈往》第20页）

【注释】

[1]《银汉双星》为联华影片公司1931年出品，制片人：罗明佑；原著：张恨水；编剧：朱石麟；导演：史东山；摄影：周克；主演：金焰、王人美、蔡楚生、黎莉莉、高占非、王次龙、紫罗兰。基本剧情：银河影片剧组在郊外拍片，忽然从杨柳深处飘来优美的歌声，导演为歌声陶醉，于是循声找到歌者李月英。李系音乐家之女，年轻美丽，导演当即约她主演影片。一个月后，月英在歌剧片《楼东怨》中主演梅妃。初上镜头时，她颇感羞涩。在导演的循循善诱和饰演唐玄宗的演员杨传之的诚恳帮助下，表演获得成功。影片上映后，李月英与杨传之也双双堕入情网，感情日益深笃。而杨传之早已由父母包办娶妻，但现在眷恋着月英，痛苦与日加深；后在导演规劝下，逐渐醒悟过来，因而托病辞职。月英对此深感失望，也含恨返回了故乡。然传之还是不能忘却往日真情，扶杖往访，至楼下闻月英正在楼上唱歌，徘徊再三，终因他不愿使月英再陷入痛苦而悄然离去。

[2]贺绿汀（1903—1999）湖南邵阳人。从小受民族民间音乐薰陶。两次入音专，先后选修理论、钢琴，攻读作曲，为黄自四大弟子之一。1934年起进入电影界，先后为20多部影剧配乐，创作了不少脍炙人口的歌曲。抗战期间，参加上海文化界抗日救亡演剧队并创作了许多鼓舞人民斗志的救亡歌曲。1943年到延安在鲁艺任教；曾创建中央管弦乐团，任团长。1949年起，长期担任上海音乐学院院长。

[3]刘雪庵（1905—1985）四川铜梁人。在音专时期，先后师从黄自、李惟宁学习作曲理论、钢琴，为黄自四大弟子之一，毕业后积极从事抗日救亡歌咏运动，同时从事音乐创作，《长城谣》等歌曲流传至今。40年代起先后在苏州社教学院、江苏师范学院、华东师范大学、北京师范学院、中国音乐学院等校任教。1957年错划为右派。

[4]胡然（1912—1971），湖南益阳人。音专时期，先后从周淑安和苏石林学声乐。抗战中在长沙、桂林等地从事救亡歌咏运动，后任教于青木关国立音乐院，曾主办抗敌歌咏团。1947年创办湖南音乐专科学校，任校长。1949年春去香港，后留居美国。

[5]王人艺（1912—1983），祖籍湖南浏阳，生于长沙。1927年入武昌美术专科学校，同年冬入中华歌舞团，与聂耳同事并为其小提琴启蒙老师。先后在国立音专选科并师从托诺夫学艺。1935年起先后任上海工部局乐队、大中华歌舞团乐师、中华交响乐团首席曾一度兼指挥。1943年受

聘为青木关国立音乐院实验管弦乐团首席乐师兼指挥。后在常州幼年班、上海交响乐团、上海音乐学院任职。

[6]褚民谊(1884—1946 年)浙江吴兴人。留学日本，曾入同盟会，后去法国，在巴黎与蔡元培等组织华法教育会。1924 年回国后任广东大学教授、代理校长。1931 年任国民政府行政院秘书长。1939 年叛国投敌。1946 年 8 月 23 日在苏州被处决。

[7]史量才（1880—1934 年）祖籍江宁，生于松江府。1908 年任《时报》主笔。1912 年起先后接办《申报》、经办《时事新报》等，成为当时中国最大的报界企业家。"九·一八"事变后同情学生抗日救亡运动；"一·二八"事变后积极支援十九路军淞沪抗战，并支持"中国民权保障同盟"运动，思想倾向进步，遂遭当局忌恨。1934 年 11 月 13 日，被军统特务狙击而遇害。

[8]王一亭（1867—1938 年），原籍浙江，生于上海。1905 年入同盟会。受其母影响，致力于慈善事业。1934 年与他人共同发起成立中国动物保护会。1937 年"八·一三"事变后发起组织上海慈善团体联合救灾会，参与筹建难民、难童收容所。

[9]王云五（1888—1979)广东中山人。曾任孙中山临时总统府秘书。1921 年任上海商务印书馆编译所所长，从事辞书编撰，发表《四角号码检字法》。1930 年后任商务印书馆总经理，主持各种辞典、丛书、文库的编撰。1949 年去台湾。

[10]欧元怀（1893—1978）福建莆田人。1915 年赴美学习。1922 年毕业回国后历任厦门大学教育系主任兼总务长、上海大夏大学校长等职。解放初任"华东师范大学筹备委员会"事务委员。

[11]傅东华（1893 - 1971）浙江金华人。1912 年毕业于南洋公学后，考入中华书局任翻译员，并开始文学创作、英语翻译和理论研究。先后任上海大学、中国大学、复旦大学、暨南大学教授，《文学》月刊执行编委等职，并为《世界文库》和《小说月报》撰稿。新中国建立后任《辞海》编译所编审、中国文字改革委员会研究员等职。

[12]胡怀琛（1886～1938）字季仁。安徽泾县人。少时就读于上海育才中学。辛亥革命时，协助柳亚子编《警报》，与柳亚子为金兰之交。1917 年后历任广益、进步、商务等书局编辑，并在中国公学、沪江大学、国民大学、正风学院教授中国文学史、中国哲学史课程。研究领域广泛，著述甚丰。其中《中国民歌研究》为中国早期民歌研究的重要著作。1932 年后任上海通志馆编纂，同时在中国语文教学方面出版了 20 余种教学参考书和青少年普及读物。1937 年上海沦陷后，忧愤交加，一病不起，于 1938 年 1 月 28 日逝世于上海。

[13]张昊（1912-200? ）湖南沙县人。入音专后师从萧友梅、黄自、苏石林。1937? 年巴黎音乐院，先后旅居法国 15 年、意大利 7 年、西德 9 年。回台湾省后，，中国文化学院院长

[14]谭小麟（1911—1948)广东开平人。早年就读于大同大学附中，毕业后考入沪江大学音乐系。1932 年转入国立音专，先后从朱英、黄自主修琵琶和理论作曲。1939 年赴美深造专攻作曲技术理论。初入欧伯林音乐院，后转学耶鲁大学音乐学院，1942 年受业于兴德密特，深受兴氏器重。留美期间还多次参加演出活动。1946 年归国，任国立上海音乐专科学校作曲系教授兼系主任。1948 年因病早逝。

[15]罗明佑（1900—1967）广东番禺人。1918 年入北大法学院。1919 年起经营北京最大的影戏院真光电影院，并以此为核心于 1927 年建立了华北电影公司。在此基础上于 1930 年成立了著名的"联华影业公司"，成为中国第一个集制片、发行、放映于一体的电影企业，并任总经理。

[16]黎民伟（1893～1953)广东新会人，早年在香港读书，1911 年加入同盟会，后追随孙中山，拍摄了一批纪录国民革命和北伐的新闻纪录片，甚受赞誉。1923 年创办香港第一个电影制片公司

——民新影片公司，后成立上海民新公司，并与罗明佑合办联华影片公司，拍摄了大量中国早期电影史上的重要作品。代表作有：《庄子试妻》、《天涯歌女》、《古都春梦》、《三个摩登女性》、《渔光曲》、《母性之光》等。

[17]应尚能(1902—1973)浙江宁波人。1923年赴美入密西根大学主修机械工程，后转学声乐，并选修理论作曲及钢琴，1929年毕业。回国后在国立音专教授声乐、合唱、视唱练耳等。抗战期间先后在重庆中央训练团音乐干部训练班、国立音乐院、国立戏剧专科学校等校任教。新中国成立后，先后任教于华东师范大学、北京艺术师范学院、中国音乐学院等校。

[18]华丽丝，青主德籍夫人。

[19]赖鲁阿（L.laloy 1874—1944），1906-1907年在巴黎音乐院讲授音乐史，1915年起任巴黎歌剧院秘书，生平著作除音乐理论和传记外并从事中国琴谱之纂辑，著有《中国之音乐》一书。

[20]邵元冲(1890—1936)，绍兴人。先后加入同盟会、中华革命党。1919年赴美留学。1924年任黄埔军校政治教官；同年11月随孙中山北上，任先生机要主任秘书。1925年3月孙中山在北京逝世时，为遗嘱见证人之一。1927年后历任国民政府考试院考选委员会委员长、立法院副院长等职。1936年12月初应蒋介石电召去西安。在西安事变时因跳窗逃遁，被士兵开枪击伤，两天后卒于医院。

[21]曹聚仁(1900——1972)，浙江浦江（今兰溪市）人。1923—1935年在上海暨南大学任教并在复旦大学、光华大学等校兼课，讲授国文、历史、新闻学等课程。1935年与徐懋庸合作创办《芒种》半月刊，宣传抗日救亡；胜利后主编《前线日报》。1950年夏任香港《星岛日报》编辑。后任新加坡《南洋商报》特派记者，曾6次回大陆采访，受到毛泽东、周恩来的多次接见。

[22]李书华(1889-1979)，字润章，河北省昌黎人，1913年留法，1922年获法国国家理学博士学位后回国。历任北京大学物理系教授、系主任，中法大学教授、代理校长，北平大学副校长兼代理校长，南京国民政府教育部次长、部长，北平研究院副院长、中央研究院总干事邓职。1949年起先后在法国巴黎大学、德国汉堡大学、纽约哥伦比亚大学从事教学和研究。（李于1931年7月13日就任部长的，同时就职的还有次长陈布雷、钱昌照。）

315

1932 年(民国 21 年　48 岁)

1 月 28 日，是日夜间，日本侵略军进攻闸北，驻守上海的十九路军奋起抵抗，淞沪抗战爆发，史称"一·二八"事变。

1 月 16 日

上午 10 点，出席由黄自主持的的第 20 次教务会议。[注　主要讨论如何严格教学管理，保证学生学习质量的问题。比如，凡正科生，因缺课太多无故缺考而被改为特别选修课者，不得恢复学籍；凡选科生成绩不良而改为特别选科可者，如不逾一年想复学时，须有教员介绍受期考而成绩在 80 分以上、操行在 90 分以上遇有缺额时，方可允准。凡正科生从第二学期起，每学年所得学分不满 15 个者（因病除外）得令其退学或改为选科等等。]（《音》第 20-22 期）

1 月 20 日

教育部减少拨给国立音专经费，是月仅领得 2000 元。（教育部训令第 265 号，《音》第 20-22 期）

1 月 28 日

交付给商务印书馆正欲出版的《和声学》与《乐艺》季刊第 7 期的清样及纸版，被是日爆发、史称"一·二八"事变的炮火焚毁。[注　商务印书馆总厂和东方图书馆被炮火击中，待印书刊被毁。音专选科生鲍明强不幸中弹牺牲。居住在上海

1932 年上海闸北熊熊烈火，商务印书馆被焚（赵元任摄）

闸北地区的音专教职员只得携带家眷到学校避难。] (《音》第 20-22 期合刊) /《上海音乐学院大事记·名人录》第 20 页)

1 月 31 日

上午 10 点，主持音专第 27 次校务会议。[注 议决事项有：暂延二星期开学，注册缴费日期也顺延；暂时借庚款会 2500 元发 1 月份薪水；追认 28 日日寇制造的事变中闸北蒙难教职员可暂在校中居住。如龙沐勋就在音专的汽车间里住了半年，完成了他老师朱疆村先生遗稿《疆村遗书》的整理。] (《音》第 20-22 期合刊)《萧友梅纪念文集》第 19 页)

1 月

作《和声学》自序二。[注 序言除对本书初版以来的修订增补情况作出说明外，并对正在兴起的"各派新和声学"发表了自己的看法。文中指出，本书"不过欲将基本和声之法，介绍于吾国学子耳，故所引例证，亦以模范派与自由派作品为主，所说皆和弦之构成法、用法、解决法及联络之法，与其名曰'和声学'，不如称为'和声法'为的当。盖学习音乐者，必须知和声法，犹习外国语者之必须先习文法也。西方新派音乐家，其作品无论如何新奇，然在本人未作成此种作品之前，无不熟习基本和声之法"。"晚近各新派作曲家与理论家，虽有极新颖之作品与理论，然对于其所主张，尚未作成系统的说明"；而且"新兴学派各家所见不同，尚未能作成强有力的主张，故新出版之和声学，只可称为'新和声论'，不能称为'新和声法'也"。序文最后希望"有志研究理论作曲之同志，于熟习'和声法'之后，更多读新派和声学之书，多解剖新派作曲家之作品，他日以其研究所得，贡献于音乐界，则不独新和声法可容易出世，即另创作一个新乐派，亦非难事矣"。] (商业印字房印刷《和声学》)

2 月 3 日，鲁迅、茅盾、叶圣陶等 43 人发表《上海文化界告世界书》，抗议日本帝国主义进攻上海，呼吁全世界进步力量支持中国人民的反侵略斗争。

2 月 8 日

上午 9 点，主持国立音专第 28 次校务会议。[注 会议议决：1、为节省开支，将部分校舍（男宿舍）转租或退租；2、辞退校医及进行裁员，但对解聘职员的 2 月份薪金照发。以 5、7、8 三个教室，转租给外交部驻沪办事处，月租 200 元。]《音》第 21、22 期合刊）

> **廖辅叔回忆** 音专不得不裁减人员，在职工作的薪水也大打折扣。那些基层职工，特别是勤杂人员，平时生活已够拮据的了，工资一打折扣，更陷入左支右绌的苦境。萧友梅考虑到他们的工作关系到学校局面的稳定，决定将自己那份应领的薪水分给那些贫苦的勤杂人员，好让他们安心工作。（《萧友梅传》第 43 页）

> **应尚能回忆** 萧友梅是公私分明，丝毫不苟。事无大小，必须亲自过问。他又自甘清苦，生活简单朴素。虽然体力稍差，但是从公不曾稍懈。凡是公款，爱惜之过于己有；凡是能为公家省用一分，他都要设法去省的。这在司仁方面，难免有不满的地方，可是到把一·二八的难关平安渡过之后，人们又不得不叹服他有先见之明，超人之算故能有备无。同仁等毕竟还是蒙其利。（《萧友梅纪念文集》第 12 页）

2月11日

为音专应照常开学及请求立即拨发积欠音专经费事，致函教育部代理部长段锡朋。[注 信中说："属校经费支绌，势将无法维持。而全国惟一之音教机关岂可令其中途停顿。筹思再四，窃以为属校须照常开学者约有四端：自暴日侵凌惊疑震撼上海，各大学并入战区，无形停顿，而属校幸在安全地带，此其不宜停顿者一；属校留沪学生占过半数，咸以学业为重，不愿弦诵寝声，此其不宜停顿者二；属校教职员以此为中国有史以来唯一之国立音乐教育机关，经历年之艰难缔造，始克略具规模，若任其消沉，则全功尽弃，因各表示于此风雨飘摇之际，不辞辛苦，勉力维持，此其不宜停顿者三；属校所聘请教职员契约皆以一年为限，纵不开学，亦须享有法律上之权利，致送薪金，虽国难当前，多数外籍教员畴能见谅，此其不宜停顿者四。综次四端，决定于本月十五日照营开学。"最后要求将去年积欠按行政院议决案迅即拨发一个半月；其余分期摊给，本年 1 月份所欠经费请依行政院决议案立即拨付以利进行；并说明尚属安全的音专及中法工学院、杭州艺专三校经费每月合计，过不二万元，而音专最居少数，实属轻而易举。最后要求教育部"特予维持为我国有史以来惟一之音乐教育机关，留此生机一线"。]（《音》第20-22期合刊）

[按：音专办学经费本来就少，又加一再拖欠、打折扣发，学校已到关门的边缘；先生办学之艰难，出乎人们的想像。]

2 月 22 日

出席由黄自主持的的第 21 次教务会议。[注 决定对在外埠已请假的旧生，最迟 3 月 15 日还可交费入学；而既未交费，又未请假者，则不再等候。本学期不续招新生。]（《音》第 20-22 期合刊）

2 月 24 日

在致教育部催发积欠音专经费函发出不久，是日又致函时任行政院院长汪精卫。[注 信中说：音专的经费每月不过 5000 元，约计仅为平津京沪各国立学校一百一十分之一。积欠四月，本校负债一万五千元以上，精疲力竭，勉为撑持。本期原无开学之望，独念教育为国家命脉所系。本校虽偏重音乐而精神教育平日亦极为注意。最近暴日扰我淞沪而我万众一心，协力御侮。今淞沪沿线各大学既被倭寇摧毁无余。独本校及中法工学院为仅存硕果。本校为国内外观瞻所系亦即民族精神之所寄托。惟有仰仗鼎力维持，迅饬财政部依照行政院第六次会议议决案，先发去年积欠之半数即一个半月及一月份所欠三千元。其余恳分期摊发至二月。望俯鉴本校特殊历史，按期拨发以维校务即为音乐教育存此一线曙光。]（《音》第 20-22 期合刊）

3 月 3 日

教育部不但没有补发积欠经费，而且再次减少拨款；是日给音专发出的训令，告知 2 月份拨发经费为 1500 元。（《音》第 20-22 期合刊·教育部训令第 1483 号）

3 月 4 日

主持第 29 次校务会议。[注 会议决定住校学生，以 3 月 15 日为限，过期须交住宿费；教职员家属住校以 3 月 15 日为限，逾期须交房租。]（《音》第 20-22 期合刊）

3 月 10 日

为呈请定出发经费最低限度办法，不能一律按三成发给，以校长名义，致函教育部朱家骅部长。[注 呈文以急切心情陈述"为校款奇窘，无法支撑，恳请速定发经费最低限度办法，以利进行"，说明音专于沪变后为维护教育计，毅然上课已届三周，到校学生已逾十分之八，各种开支待付。但"钧部发给三成经费，杯水车薪，无法支配。"接着又一次说明理由：学校与行政机关有别，教职员均属聘请，有契约规定在先。减成发薪不能强制执行。而本校尤有特殊情形，又与其他各国立学校不同，如房租房捐具须按月照付，不能短少分文。且外籍教员居多数，定有合同，乌可随便照减三成经费？在未上课学校或可用于维持，惟本校业已上课，何能一同办理？即使减成发给亦应按照二中全会"修正公务员减薪办法"，似应定出一个最低限度。例如薪俸在 35 元以下者，仍照原数发给。查本校经费在国立各校中，为数最少，若照三成发给（即 1500 元），尚不及本校邻近的市立比德小学（辣斐德路 1197 号）。查该经费 1500 余元以堂堂之国立专科紧缩经费至不如一小学，似非合理。本校教员及工役有在 16 元以下者。如定照三成发给，即以之购一月米粮尚且不足。况本校有上述二种特殊情形。恳请钧部速向财政部交涉分别经费之多寡与已否上课而另定一个合理的发给经费最低限度办法。譬如经费在 5000 千元以下者一律发足。倘能照此办法，本校或可安心计划照常进行。

不久，教育部发出第一七七七号指令给国立音专："呈悉。兹值国难期间，库款奇绌，前次财政部对于国立各校筹发三成经费，原系救济办法本部现正继续催发，仍仰共顾时艰，勉力维持。"］（《音》20-22 期合刊）

3 月 14 日

主持国立音专第 30 次校务会议。[注　会议决定在战区被难学生得准其缓交一部分学费，于下学期补交。学生因战事影响而请假，尚未能缴费注册者，可延期至 3 月 31 日止。]（《音》20-22 期合刊）

3 月 22 日

下午 4 点，主持第 31 次校务会议。[注　会上报告向教育部请款情形。决定学校下学期继续办理。1932 年度预算照 7 万编造。]（《音》20-22 期合刊）

3 月

因教育部欠发经费太多，根据校务会决定，音专从本月起不得已停设校医。（《音》第 23-28 期）

3 月，马思聪、陈洪等在广州创办私立广州音乐院，院长马思聪，副院长陈洪，实际负责校务工作。创建初期只有教员 5 人。音乐院设专科（初高级修业共 4 年）、师范科（修业 2 年）、选科（修业 2 年）、研究科（年限不定）。专业有钢琴、小提琴、大提琴、声乐等。林声翕、何安东等曾在此任教。该校还编辑出版《广州音乐》杂志，共 10 期。1933 年马思聪离任后由陈洪担任院长。1936 年秋停办。(《音乐教育》第 4 卷第 9 期)

广州音专的小管弦乐队，中间站立者为指挥陈洪

[按：陈洪几乎把每期刊物都寄给萧友梅，萧氏亦由此对陈有所了解，1937 年 7 月遂聘素不相识的陈为国立音专教务主任。]

4 月 9 日

蔡元培为恢复音乐院事分别致函教育部长朱家骅、次长段锡朋、钱昌照及行政院长汪精卫等。[注 信中说："艺术人才，非经长期之训练，不能养成，音乐尤甚。各国美术学校及音乐学校，多与大学同等。吾国旧以学院名之，与专科大学相埒，修业年限亦同，毕业学生尚有程度太低之感。近年改名专科学校，限三年毕业，试验数年，甚感困难。国立三校，现正呈请复院，务请再加考察，修改条文，提出立法院及政治会议通过，以便刻期实行。专此奉商。"](《蔡元培年谱长编》下册(1)第 603 页)

林风眠

4月21日

为提高艺术教育恢复学院组织，与国立北平大学艺术学院院长杨仲子、国立杭州艺术专科学校校长林风眠联名呈文教育部。[注 呈文首先表达了音专与艺专同人由大学降级为专科学校后，"希冀文艺复兴之期望"受打击的心情。接着详述了科学与艺术的关系：科学是理性之事，其功效在物质；艺术是感情之事，其功效在精神。尚精神忽物质不可，尚物质略精神其可乎？今以科学为主体之国立大学、学院比比皆是，犹嫌其少；以艺术为教学之国立学院伶仃孤立，竟以为多。然后又从艺术有关民众自信力、移风易俗民族德性等几个方面作了阐述。呈文最后提出："属校等认为提高艺术教育，恢复学院组织，教养民族德性，完成心理建设，实为当务之急，纠正既往，获效将来，百年树人，在此一举。"希望教育部"俯念艺术教育，关系国家文化，民族精神，至深且巨，准于恢复属校等学院组织。"（原信全文见附录一之 5）]（上音档案 520-37（1）-59）/《音》20-22 期合刊）

4月22日

下午 5 时，主持国立音专第 32 次校务会议。[注 议题是二十一年度（1932年度）的概算按全年 72000 元制定，每月合 6000 元，照编制送出；修正本校学则及选科生章程。]（《音》第 23-28 期合刊）

5月9日

因学校停设校医，但为学生就医看病方便及减轻学生费用起见，与前校医倪葆春先生商谈后，决定从本月起，凡本校学生到倪先生诊所就诊者，一律减半收取诊疗费。（《音》第 23-28 期合刊）

5月21日

出席应尚能举行的独唱会。[注 节目有舒伯特的《菩提树》、《海滨》、《孤居》和本人创作的《梨花落》等。]（《音》21-22 期合刊）[**按**：访喻宜萱证实。]

5月28日

为慰劳"一·二八"抗日受伤将士，组织和出席音专师生假北京大戏院举行的第3届学生音乐会。（《上海音乐学院大事记·名人录》第21页）

5月28日，第三届学生音乐大会后师生合影（《萧友梅自编影集》编号97）

5月

作《和声学》自序三。[注　序言首先怀着对日寇痛恨的心情，叙述了本书之所以延期出版的原因："此书于本年1月底已由商务印书馆全部排竣，正欲付印，不料全馆遭日寇炸毁，此书已打成之纸版及清样均被焚去，以致不能如期供给音乐学子以和声讲义。日寇摧残文化如此，言之令人痛恨。"接着，序言又说明了能赶在本年9月前出书的原因和为此而作出的努力：因"校对时，幸索回原稿，不至同归于尽；"但"排版用过之后，满纸污痕，许多页且不辨字迹，谱例亦有许多模糊不清。乃竭三个月之力，重写一次，又得廖君辅叔代为重缮谱例之一部，十分感谢！遂决意委托商业印字房，赶

商务印书馆被炸毁后的惨状

速印刷，限本年9月以前出书，俾下学期开学时习和声者多一课本之用"。]（*商业印字房印刷《和声学》，1932年8月初版*）

6月2日

下午5时，主持音专第33次校务会议。[注　会议主要讨论房租房捐问题，议决仍从庚款拨借500元垫付。]（*《音》第23—28期合刊*）

6月5日

接受学生建议，同意开办暑期音乐学校。[注　高年级学生戴粹伦、丁善德、劳景贤等联名向萧友梅提出建议，请求举办暑期音乐学校，后经第44次校务会议同意，由学校出面刊登招生广告。首期学生近30名，以后又接连开办了几年。]

[**按**：萧友梅从善如流。这样做，既有利普及音乐教育，发现和培养音乐人才，又部分地解决了学生的经济困难。这种暑期学校，连续办了几年，陆仲任就是进了这种学校后才考上音专的（见1934年暑假条）。]（*《丁善德年谱长编》第27页/《音》第32—35期合刊*）

6月8日，刘天华在去天桥收集锣鼓谱时感染猩红热，是日不幸逝世，终年37岁。

6月28日

主持音专第34次校务会议。[注　出席会议的还有沈仲俊、周淑安、黄自；应尚能、朱英，梁就明缺席。黄自纪录。会议议决：1、招生问题待开学后再决定；2、通过二十一年度（1932年度）校历；3、本学期缓缴一部分学费及学生住宿未缴宿费者下学期开学时一律补交，否则不准注册；4、追认暂由庚款借2500元发6月份薪金。]（*《音》第23—28期合刊*）

6月，由黄自领衔，与张玉珍、应尚能、韦瀚章等合作，接受商务印书馆的委托，编著一套《复兴初级中学音乐教科书》。1933年9月第一册出版，1935年10月全部完成，共6册。教科书引进了欧洲近代音乐教育体系，内容分乐理（张玉珍编写）、音乐欣赏（黄自编写）、基本练习（应尚能编写）、歌曲四部分。歌曲中绝大部分是为本教科书新创作的，其中有黄自的作品28首，其它还有应尚能、张玉珍和当时还在上学的音专学生陈田鹤、江定仙、刘雪庵等写的作品。这是一本比较科学、系统、全面、丰富的音乐教科书。

6月

在学校经费实在无法维持的情况下，只得出面向南京交通银行借款一万元暂行弥补。[注　原因是本学年度上学期（1931 年下半年）仅收到教育部拨给三个月的经费，而本学期教育部所拨经费更少，1、3月为四成，2月为三成，4--6月为五成。]（《音》第32-35 期合刊）

7月7日

上午9时，主持国立音专第35次校务会议。[注　会上首先由萧友梅校长报告赴南京与行政院长接洽本校经费事宜经过情形。会议还提请中政会恢复院名，提议教育部部函询学校改进事项，议请拨款建筑校舍。]（《音》第23-28 期合刊）

7月26日

为胡周淑安创作的《儿童歌曲集》作序。[注　序文指出："初小教科书所采用的教材，范围很狭，所用的言语又非个个儿童懂得不可。不像专门讲义可以随便用高深的辞句的。所以我说这本《儿童歌曲集》既然是由一位通晓儿童心理的音乐专家作成，当然就比一本大学讲义有十倍的价值了。盼望用这本书的教员们不要看轻了它吧。"该曲集由中国慈幼协会发行。先生写该序文时，正在莫干山休假。]（《萧友梅音乐文集》322 页）

《儿童歌曲集》序手稿

7月28日

作《闻国乐导师刘天华先生去世有感》，肯定天华先生是"吾国国乐乐师之模范"。[注　文中除表达惊闻噩耗，"不禁怅然者久之"的心情外，盛赞

刘天华

刘天华在改良国乐方面作出的努力和取得的成就。指出：刘天华作为一位技艺精深的中国乐师，竟能俯学西乐（和声学、小提琴等），日夜练习，不数年间，竟至登堂入室，并对琵琶、二胡记谱法加以改良，所作乐曲，于曲体上亦有所改变；教课之外，终日练习或作曲，十年来仍如一日；所主编的《音乐杂志》，在经济极困难的条件下，犹能年出一二期，其苦心孤诣即此可见一斑。文章概要地指出了我国音乐无进步的原因："记谱法之不精确，不统一，一也；偏重技术，不为理论之研究，二也；教授法之泥古（即偏重听学，不重看谱）与守秘密，三也；历代向无真正的音乐教育机关之设立，四也。"由此充分肯定了刘天华"其精神，足为吾国国乐乐师之模范"。文章最后希望"海内从事旧乐者，急宜奋起破除成见，以天华先生之精神为鹄的，一面研习西乐理论，一面改良教授法与记谱法，使国乐终有发扬之一日，则天华先生虽死，其精神仍永远存在矣"。］（*刘复编《刘天华先生纪念册》"哀挽录"第4页，1933年3月出版*）

7月

出席教育部在南京召开的国立专科以上学校校长会议。［注　在会上商讨修正《大学组织法》时，与国立杭州艺术专科学校校长林风眠联名呈报提案，请予修改大学组织法，将艺术、音乐两科列入大学范围，并将国立音专与杭州国立艺专恢复为学院组织。本月12日第十二次会议作出决议："凡教授艺术及音乐之学校，如其程度与大学程度相等者，亦得称为独立学院。"但事实上，两校后来均未能按此恢复为学院建制。］（*《中华民国教育法规汇编》第45页/上音档案520-37（1）-59*）

8月2日

为谭玉田编著的《无线电原理及收音机制作》一书作序。［注　该文现仅留存手稿，出版情况待考。］

8月11日

音专补发经费彻底落空。［注　教育部是日发出第6179号训令："自二月至六月所短成数不再补发，因国难期间，政府明令减薪，各军政教育机关均一律待遇。"］（*《音》第23-28期合刊*）

8 月 29 日

下午 4 时半，主持国立音专第 37 次校务会议。[注　教育部不再补发，经费短缺，如何维持校务是本次会议讨论的主要议题。在面对现实万般无奈的情况下做出以下决定：1、学校本学期仍不办宿舍，如学生希望"觅地寄宿"的，校方可代为办理，凡已在学校寄宿的学生，如本学期不缴清前欠宿费（因宿舍是租来的）而又不肯迁出者，一律不准入学；2、将上学期的部分学费收入还 2 月份欠薪，8 月份薪水政府只发五成，待款到后另半由学校设法凑足发整月。会议还讨论了图书馆借书规则以及考虑到学生李献敏、丁善德连续得奖三年，二十年度虽不符奖章规定，但各节成绩仍旧优良，应准继续给奖一学期。]（《音》第 23-28 期合刊）

8 月，蔡元培在所撰《六十年来之世界文化》中指出：近六十年来世界文化的趋势是"由武断的信仰而进于相对的探试"。并提到："其在音乐，于欧洲甚为发达；然近数十年颇有崇拜非洲人之音乐者。"（《蔡元培年谱长编》第 634 页）

9 月 3-6 日

主持本学期的招生考试。[注　此次招生专为补充专任教员缺额生，并尽可能优先招收本科生。向隅、杨体烈、钱琪[1]等于该年入学。]（《音》第 23-28 期合刊）

9 月 12 日

出席音专 1932 年度开学典礼并与部分师生合影留念。

出席 1932 年度国立音乐专科学校开学典礼。

9月，教育部通令各省市教育厅局、国立大学、独立学院，征集各地戏剧、歌谣及宫调，收集后每种两份转交民政部。（《教育部公报》第 4 年第 39、40 期）

9月，黄自作曲的清唱剧《长恨歌》完稿，并在国立音专成立 5 周年纪念会上首演，应尚能指挥。（《中国近现代（1840-1989）音乐教育史纪年》第 96 页）

10月7日

就组织音专音乐会委员会事，发出第 99 号布告。[注　内容如下："本校音乐演奏会日渐加多，亟须有人负责办理，兹特委托黄今吾、沈仲俊、周淑安、查哈罗夫、法利国、畲甫磋夫、应尚能七位先生为委员，组织音乐会委员会，并推定应先生为主席委员，仰各知照。"]（《音》第 23-28 期合刊）

10月10日

由周淑安做媒，在杭州与戚粹真[2]女士结婚。[注　证婚人是杭州国立艺术专科学校校长林风眠。婚礼极为朴素简单。为免除惊动太多的人，婚

萧友梅赠赵元任之结婚照，由赵元任之女赵新那提供。

萧友梅与参加婚礼的亲属们合影。

前并未声张，只说是去国庆旅行，婚后才给亲友发了一张结婚通知书，说明因"国难期间，诸从简节，事先未及奉闻，诸希亮察"。回到上海后，也仅在音专举行了一次茶话会，引领新娘与音专同仁见面。]（《萧友梅传》第 44 页/谢佩雯《另类萧勤》第 26 页，台湾·时报文化出版企业股份有限公司，2005 年 10 月）

10 月 22 日

晚 8 点，举行第 8 次学生演奏会。[注　主要节目有：应尚能指挥的合唱《长恨歌》选段（黄自曲），易开基的钢琴独奏《慰藉》（李斯特），李献敏的钢琴独奏《给春天》（格里格）《小丑》（拉赫玛尼诺夫），喻宜萱[3]的独唱《可诅咒的美貌》（威尔第）]（《音》第 23-28 期合刊）

10 月 28 日

由校方出面，与工部局乐队商妥，音专学生赏听音乐会可购优待票。[注　为提高学生艺术修养，使学生能够经常欣赏到工部局管弦乐队的音乐会，同时又不增加学生的经济负担，从本周开始，凭学生证每人每次可购一张半价票。]（《音》第 23-28 期合刊）

10 月，教育部正式颁布《小学课程标准》与《幼稚园课程标准》，对音乐课的教学目的与课时作了规定，小学各年级每周为 90 分钟。（《中华民国教育法规选编》）

11 月 1 日，教育部正式颁布《初级中学课程标准》与《高级中学课程标准》，其中规定：初中每周音乐 8 课时（指初中三年合计）；高中每周音乐为 6 课时（指高中三年合计）。

11 月 11-13 日

为纪念校庆 5 周年，随音专 20 余名成绩优秀的学生赴南京金陵大学及教育部礼堂举行音乐会。（《上海音乐学院大事记·名人录》第 23 页）

11 月 19 日

发布第 100 号布告，宣布应尚能、梁就明、朱英为本年度本校校务委员会当选委员。（《音》第 23-28 期合刊）

11月26日

出席音专假青年会礼堂举行的校庆五周年音乐会。[注　主要节目有畲夫磋甫指挥的弦乐合奏《忧郁圆舞曲》（西贝柳斯），华文宪独唱《思乡》（黄自），喻宜萱的独唱《玫瑰三愿》（黄自），易开基的钢琴独奏《慰藉》（李斯特），李献敏的钢琴独奏《匈牙利狂想曲》（李斯特），谭小麟的琵琶独奏《五三纪念》（朱英），戴粹伦的小提琴独奏《第5协奏曲》第一乐章（莫扎特），应尚能指挥的合唱《香客之歌》（选自华格纳的歌剧《汤豪瑟》）与《限乐风飘处处闻》（选自黄自的大合唱《长恨歌》）等。]（《上海音乐学院大事记·名人录》第23页）

11月27日

撰写《本校五周纪念感言》。[注　文章一开始，就以沉重的心情指出："在这五年中，同人同学虽然很努力奋斗，但至今还没有一个固定的校址，教吾们不能安心进行，实在是一件十分不痛快的事。"然后具体地记述了开办音乐学校的原因，开办之前的具体计划，开办后历年的经济状况，学校的现有的设备及成绩，并向教育部提出五点希望，即：1、设法清理音专积欠；2、拨给本校固定的校址；3、在最短期间内补发教育部规定的开办费60，000元；4、从21年度起实行本校预定的小五年计划；5、恢复国立音乐专科学校为独立学院即"国立音乐院"的名称。最后，为了更好地培养音乐专门人才，"感言"恳切希望"对于音乐教育内行的父母，假如发现他们的儿女有音乐天才时，从1岁左右，就要给他们预备，往往在家学了几年然后进音乐院，许多音乐大家都是这样养成的。因音乐一道除理论、唱歌两门之外，别项乐器都须从小入手方易成功。欧美人已经有了几百年的经验，才定出这种章程来，我们可以不必再去试验了。所以我希望未来的学生家长，不要把有音乐天才的儿女的宝贵时候[间]耽误，要提早把他们送来本校学习，那末将来成材就容易多了。"]

[按：从"感言"一文，我们可充分体会到萧友梅为建立专业音乐学校的执着而又艰苦备尝的创业精神。《纪念刊》是为成立五周年而编辑的，因故延期出版。但萧友梅的"感言"，当写于1932年11月，现将其编排在校庆纪念日这一天。]

11月

以音专名义报请教育部发函各省教育厅，要当地教育部门选拔保送若

干名学生到音专来学习，毕业后回原地工作，以促进当地的音乐教育事业。
[注　这个决定是由音专所做的一次学生家长职业调查引起的。原来，从调查结果得知，当时音专学生家长中，从"商"的比例占了一半；而出身商家的女学生，她们学习音乐往往只是为自己添一份"嫁妆"，毕业后并不从事音乐工作，为中国的音乐教育事业发挥作用；为改变这种状况，引起先生作出了上述决定。这张"学生家长职业比较图"刊登在《国立音乐专科学校五周纪念刊》上。]（《萧友梅传》第 56 页）

11 月 27、28 日

国立音专举行五周年校庆纪念活动。[注　学校决定放假 2 天，除举行音乐会外，还编辑《国立音乐专科学校五周年纪念刊》（后因故于 1933 年出版）。该刊登载有学校创始人蔡元培及主要教职员的照片、校歌、校史、组织大纲、学则、前任及现任教职员、在校学生和毕业生名录以及萧友梅为校庆撰写的专文《本校五周纪念感言》。此外，纪念刊还登载有易韦斋拟歌，萧友梅制谱的四部合唱《校歌》（今存作者手稿原题为《国立音乐院院歌》，从曲名看，此曲当作于 1929 年国立音乐院改制之前）。又，《国立音乐专科学校校舍落成纪念特刊》亦载有此歌，另存单刊本印谱，以旋律与钢琴伴奏谱刊印）。《纪念特刊》还载有琵琶独奏曲《难忘曲》（朱英为纪念"九一八"事变而作）、合唱《长恨歌》中的《七月七日长生殿》（黄自曲）、男声合唱《跛足道人歌》（周淑安曲）等乐谱。]（《上海音乐学院大事记·名人录》第 23-24 页）

12 月 1 日

下午 4 点半，邀请并出席英国学者莱维斯[4]（John Hazeded Levis）到音专举行演讲会，先生认真、仔细地做了笔记。[注　莱氏演讲一个小时以上；内容分为：1、中国音乐二元论；2、中西音乐之特色。萧友梅对于莱维思演讲中所提的不要失去中国音乐的本色的意见甚为赞同，这也是先生一贯的主张。]（详

1932 年 11 月 6 日莱维斯与老志诚摄于在北京

见 12 月 3 日条）

[**按**：莱维斯生于美国，但长期居住在中国沪、汉、平、粤等地，他对于中国音乐的发展有自己独特的的见解。]（《音》第 23-28 期合刊）

12 月 1 日

为注重学业，要求学生遵守学校纪律，发布第 103 号布告，重申本校学生奖惩章程的规定。[注　章程要求学生凡欲出席校外演奏者必须填写"校外演奏允许请求书"，经主任教员签字后再送教务主任及校长签字核准，方可出席（参见 1937 年 10 月 13 日条），否则得扣学期平均分数 2 分。]（《音》第 23-28 期合刊）

12 月 3 日

撰写《听过来维思先生（Mr.Levis）讲演中国音乐之后》一文。[注　文章除记述演说的要点外，还以自己的音乐观发表了评述。在充分肯定来维思氏演说中"极有见地"之处的同时，也提出了商榷的意见。文章对演说中提到"中国的曲调不宜配以西方和声，应另寻出适宜于中国音乐之和声，方不致失去吾国乐曲之本色"一说甚为赞同，并希望"吾校诸同学多所注意"。尤其是对于国乐组的同学，更希望他们能"多注力于乐理及和声、曲体等功课，盖欲改良旧乐，必先具有一种方案；欲做成此种方案，非借镜西乐不可。但余并非主张完全效法西乐，不过学得其法，藉以参考耳。若单照旧法，专习一二乐器，对于乐理，绝不过问，将来虽学成一器，亦不过一乐工耳，国乐诸君，其共勉之！]（《音》第 23-28 期合刊）

12 月 10 日，蔡元培与陈立夫联名向国民党中央政治会议提出《整理国乐案》，建议成立国乐馆。该馆隶属于教育部，其任务为主管整理国乐事务，包括编订革命乐典，建立训练乐队，以备在各种庆典集会场合演奏，并附设国民小学，练习古代歌舞，附设国乐速成班，训练音乐教员等。（《蔡元培全集》第 7 卷第 353 页，浙江教育出版社，1997 年 11 月第 1 版）

12 月 29 日

下午 5 时，主持召开国立音专第 39 次校务会议。[注　会议议程有：1、报告杨军长（即杨森）捐赠建筑基金 1 万元及学校经济情况；2、厘定各处各科办事

规则；3.通过黄自拟定的奖学章程修正案各则；4.通过音乐委员会章程。]（《音》第 29-31 合期）

> **廖辅叔回忆** 杨森不是音专建筑费筹募委员。他掏出万元，是胡然、刘雪庵一批音专学生走上门去捐来的。（《萧友梅纪念文集》第 189 页）

本年，杭州国立艺术专科学校增设音乐系，分高中部与专修部两级，修业共 6 年。此外还设有音乐研究会，吸收非音乐系的学生参加。该校校长林文铮在《本校艺术教育大纲》中曾指出："就艺术性质而言，最有影响于人生者莫过于音乐，不仅一般社会人士需要音乐之陶冶，就是研究造型艺术者亦需要音乐之调剂。本校设音乐系亦是顺乎世界趋势，适应社会需求的举动。"（《中国西画 50 年》）

本年

作《湖南大学校歌》（四部合唱或齐唱，胡庶华[5]词），时间大约在本年 9 月到次年 8 月间。[注 歌曲为单乐段，16 小节。G大调。]（徐金阳《新发现的萧友梅的合唱曲——湖南大学校歌研究》，载《新文化史料》1999 年第 2 期）

[按：词作者胡庶华为萧友梅留学德国时期的同学。（见本书留德时期 1917 年新年中国留德学生在柏林中国会馆合影，其中有萧友梅和胡庶华。1932 年 9 月胡庶华应湖南省政府聘请，到湖南大学任校长，为学校设计校徽、制定校训，撰写校歌歌词。]

本年

经过萧友梅、黄自特批，允许陈田鹤在上海新华艺术专科学校任教期间，不交费、不注册，不算学分在国立音专随堂听课。（《中国近现代音乐家传》（2）第 182 页）

本年

因国民政府减少拨给学校的经费，学校不得不削减部分工作人员，在职人员的工薪也大为减少。为安定学校局面，先生将自己应领的那份薪水分给贫苦的杂勤人员。（《萧友梅传》第 43 页）

　　　　王浩川回忆　萧先生是一个办事极认真的人。音专的事，无论大小，他都要操心。当时学生四人住一间宿舍，宽敞而实用，床不是上下铺，而是清一色的黄色单人床，没有三尺也有二尺八寸宽，学生睡在上面很舒服。冬天，他怕学生天冷被薄受冻，特地准备了草垫，夏天晒好，收起来，冬天拿出来再用。（《萧友梅纪念文集》第189页）

　　　　丁善德回忆　还有一位与萧先生共事多年，私交也不错的教师。有一年学校放假前，突然接到一封萧先生的亲笔信，信上说："鉴于先生教学情况每况愈下，下学期不拟续聘，特此奉告，敬希见谅。"这位被辞退的教师深知萧先生的脾气，一经作出决定便很难更改，只好无可奈何地对我苦笑着说："老萧这个人真是六亲不认，对老朋友也是一点面子也不给。"（我当时已在天津教书，这位教师是为了谋职才找到我这里来的）（《萧友梅纪念文集》第5页）

【注释】

[1]钱琪（1912-　　），浙江嘉兴人。培成中学毕业后考入国立音专预科，后又升入本科师范。

[2]戚粹真（1902-1945），浙江嘉兴人，苏州景海师范学校毕业，后在沪江大学附小任教。笃信基督教。

[3]喻宜萱（1909-　　），江西萍乡人。早年在南昌第一女子师范就读。1928年考入上海美专图音系，翌年秋入国立音专，主修声乐。1933年6月毕业后，曾在南京的中央大学任助教半年多。1935年留美入康乃尔大学研究生院主修音乐与教育，其间曾在美国各地演出。1939年回国后任教于南京金陵女子大学音乐系。1941年秋—1945年冬在湖北省立教育学院任教授兼音乐系主任。1946年起专事演唱，在全国各大城市举办独唱音乐会。1948年秋由联合国教科文组织派往法、英、意等国考察音乐教育。1949年冬回国后任中央音乐学院教授兼声乐系主任长达几十年；1961年起任副院长。

[4]莱维斯（John Hazedel Levis）出生于美国。在中国上海、汉口、北平的地居住25年。

[5]胡庶华（1886—1968）湖南攸县人。1913年公费留学柏林工科大学，1920年获冶金工程师学位。1922年冬回国。1927年赴欧美考察，1929年任上海同济大学校长；"一二八"事变后任上海抗日救国联合会主席团主要负责人，1932年9月应聘任湖南大学校长，1935年出任重庆大学校长。1949年后在冶金部供职。

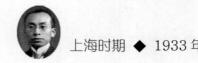

1933 年(民国 22 年　49 岁)

1 月 17 日

上午 10 时，主持召开第 40 次校务会议。[注　主要议决的事项有：1、校舍暂不搬迁，至暑假再议，续租事宜由事务主任妥办；2、本年度预算仍按去年提出之预算报送；3、为新建校舍捐款者与介绍捐款者奖励办法，请建筑委员会制定章则后办理；4、修改国乐组琵琶门课程标准及暂行试验规则，规定琵琶门教材用李芳园大曲谱、华秋苹谱、朱英谱及练习曲，分初、中两级，各定为 20 学分，未经初级考试者，概不得入中级，考试时应从已学过的大曲中选定三四首，在考试现场再指定背奏一二首。]（《音》第 29-31 期合刊）

1 月 23 日

为催拨积欠以资维持校务，致函教育部朱家骅部长。[注　全文如下："本校经费向极短绌，加以积欠过钜，请速向财部催前年 10 月至 12 月及去年 1 月份六成经费，以资浥注，此其一。又本校开办费迄未领得，以至校舍尚无定址，租民房，五年四异其地，刻又须迁移，殊若无适当地点，请速向财部催发部定之开办费六万元，以资建筑，此其二。本校新预算要求增加之数甚少（每月不过一千元），仅足维持本校开办第二年的计划（原定每年添招新生 50 名，经费每月增加三千元，招至第五年止），况本校学额本年度已增至一百余名，加以近来上海物价日腾，非此实不足以利进行；并闻上海国立商学院、医学院均已各加经费，本校似更觉向隅，此其三。所有本校经费困难情形，理合缕陈，仰祈鉴核施行。"]（《音》第 29-31 期合刊）

335

1月23日

主持第 24 次教务会议。[注 议决事项有：1、选科生不能选修乐学、和声学及视唱练耳者，应受警告；下学年如不能修习者当改入特别选科。2、修正学则第四条，增加两项内容：①凡高中、高中师范学生在校 8 学期必须修了副科 12 学分，在校 12 学期必须修了副科 20 学分（初级），否则不再为之排课时；②正科生连续两学期副科平均成绩不足 65 分，或连续两学期未得学分时，如主科分数在 75 分以上，当改为选科，如主科分数不足 75 分，当改为特别选科。]（《音》第 29—31 期合刊）

1月28日

是日教育部给音专发出第 811 号指令，就本月 23 日请求催拨积欠经费函作出答复。[注 内容摘要如下："查上年二月以前之欠费，迭经本部转催，财政部以国库支绌，迄无确定办法。该校二十年度预算核定原案，经常费为七万元，建筑费为六万元，准予据情咨催财政部照案拨发，一俟咨复过部再行饬知。至国立上海医、商两学院经费，就中央大学原领经费内会商划分，于国库方面并无增拨，并仰知照。"]（《音》第 29—31 期合刊）

2 月 2 日，国民政府通令全国各机关购买飞机，凡公务员以实发薪金按一定比例捐款，共 6 个月。

2月7日

上午 10 时，主持第 41 次校务会议。[注 议决事项有：1、同意本校建筑筹募委员会拟定的关于捐款及劝捐本校建筑金的奖励办法章程，并从本学期起施行（章程刊登于五周纪念刊）；2、与房东商定校舍续租一年，房租每月增加 50 两；3、通过理论作曲组课程标准修正案。][按：为具体了解当年理论作曲组的教学要求，有必要对所学课程作一概要介绍。理论作曲组分初、中、高三级，各为 20 学分。初级课程有六门，包括高级和声、高级默谱、键盘和声、单对位、曲体学与自由作曲；此外还必须选学国乐两种（一管乐一弦乐，或两种不同性质的弦乐）。中级课程有七门，包括复对位法及卡农、赋格、配器法、国乐编制法、自由作曲法、名著研究与中级钢琴。高级课程有四门，包括配器法研究、自由作曲（13 个学分）、名著研究与指挥实习。]（《音》第 29-31 期合刊）

2 月 7 日

就学生选修课程问题，以教务处名义发布第 90 号通告。[注　通告强调"选科生除所选主科外，必须加修普通乐学、和声学及视唱练耳"，同时要求凡"选声乐者，经教员认为有程度加入合唱时，必须修合唱；选器乐者，经教员认为有程度加入合奏时，必须修合奏"，否则应照章办理一律改入特别选科。]

[**按**：从这则通告可知，萧友梅十分重视在读学生的公共必修课以及合唱、合奏能力的训练。]（《音》第 29-31 期合刊）

2 月 27 日

遵部令致函杨森，对其"热心赞助，慨捐巨款"（捐助国立音专一万元建筑费）表示感谢，并随信寄去教育部颁发的兴学一等奖状一件。（上音档案 520-37（2）-27）

2 月

针对《新时代月刊》主编曾可今[1]提倡"词的解放"以及好几位感兴趣者发表的意见，撰写《为提倡词的解放者进一言》阐述自己的观点。[注　文章认为，在"典故"的使用上，"为平民化为容易普及起见，词句当然不能用深奥与陈腐的文言，新事物新感情当然可以入词，但是关于'典故'亦并非绝对不可用，因为在我国有许多著名的典故，未曾读过书的人，亦常晓得的，只要用典故者谨慎选择便无问题；假如想作成一首专门家的词或艺术的词，更不能不用了"。对"把旧词牌的句法和字数认作乐谱，或把旧词牌每句规定的平仄认作乐谱，在音乐的立场看来都是一种误会。有许多悲欢离合不同性质的词句，可以用同一种平仄相间法作成，但绝对不能用一种性质的音乐来制谱。因为'音乐'是表现情感的媒介物，同时也可以用来描写自然界现象的。制谱者依照词句的性质作成适当的音乐，不能预先作定一谱，听人家随便填上各种不同性质的词，都可以使用的。作词家假如明白这个道理，就可以不必死守旧词牌作词了"。文章指出，近代词人少却一种创作的勇气，已经是不可讳言。先生坦诚地对词家提出了五点希望：第一，旧词牌既无曲谱可考（纵使有曲谱之可考，亦未必适用于填各种性质不同的词），就不一

337

定要照他的格式填词，与其解放一部分，何如完全创作？第二，旧词牌平仄格式不是乐谱，不必句句照足去填，但要注意音节和谐；第三，要想容易传播，最好多作新歌，一面为文学界开一新纪元，一面供作曲家制谱；第四，歌词内容要看歌曲的性质和形式，如是为群众所作的民歌，"自然以少用典故，多用浅近文言或白话为最相宜"。如是艺术歌，"词句里除浅近文言外，典故和有艺术价值的辞藻，均不妨并用"。第五，"韵"于歌曲音节上极有关系，最好是平仄统用，并且一首歌中可以换韵数次。文章最后说："古语说'移风易俗，莫善于乐'，其实音乐不过只有一半的力量，真要移风易俗，还要等诗人词人多创作出新歌来，给作曲的人去制

叶恭绰

谱。我国民气的柔弱不振，自然是因为教育没有办好；但是社会上缺乏一种雄壮的歌词和发扬蹈厉的音乐，也有很大的关系。所以我极盼望海内诗人词人，尤其盼望提倡新诗和解放旧词诸君一齐起来共同合作，使吾国民气逐渐可以振起，岂不是很愉快吗？"］(《音》第29—31期合刊)

3月1日

出席音乐艺文社的成立会。[注　该组织由萧友梅与蔡元培、叶恭绰及音专师生共同发起组建。该社宗旨为"约

音乐艺文社干事会合影，前排左起：韦瀚章、黄自、萧友梅、沈仲俊、龙榆生；
后排左起：刘雪庵、胡静翔、戴粹伦、陈又新、满谦子、劳景贤、定善德。

集同好研究中西音乐理论及技法，努力宣传促其普及"。正副社长分别由蔡元培、叶恭绰担任。社员还有黄自、沈仲俊、龙沐勋（榆生）、韦瀚章、丁善德、陈又新、满福民、戴粹伦、劳景贤、刘雪庵、胡静翔等共 24 人。设有总务、出版、演奏部。在是日的成立会上，蔡元培发表演说，认为音乐与艺文的关系密切，所以本社冶两者于一炉，将使音乐家与文学家各贡献其所长，以造成一种很完美的境界，这是我们参加的人，都要尽一份责任的。］*（1934 年 1 月音乐艺文社编《音乐杂志》/《上海音乐学院大事记·名人录》第 25 页/《丁善德年谱长编》第 28 页）*

3月7日

应聘出任江西省教育厅下属的江西省推行音乐教育委员会委员。［注　该会于是日正式成立，程懋筠担任主任，其他委员有王易、李中襄、陈蒙，裴德煌、萧而化、缪天瑞、陈景春等。委员会的宗旨定为除害（除淫曲）、革古（革新旧乐）、创新（创作新音乐）。具体任务为：1、出版刊物；2、审查音乐教科书；3、组织管弦乐队；4、设立民众音乐练习班；5、组织民众娱乐指导委员会；6、举办音乐演奏会；7、举办歌咏比赛；8、创立省立剧院；9、培养幼稚园和中小学音乐师资；10、改良音乐课程教学方法。］*（江西《音乐教育》第 1 卷第 1 期）*

3月21日

偕夫人戚粹真同游无锡。

3月25日

组织举行第 20 次学生演奏会。［注节目有佘甫磋夫指挥的梅耶贝尔的《加冕进行曲》，杨体烈钢琴独奏舒伯特《降E大调即兴曲》，叶怀德、李献敏长笛与钢琴合奏舒伯特《小奏鸣曲》等。］*（《上海音乐学院大事记·名人录》第 26 页）*

游无锡梅园时留影，后南昌戴筱农将此照刻于瓷盘，赠予先生。

3月30日

"音乐艺文社"利用春假组织音专师生赴杭州演出，由黄自领队，萧友梅也随演出师生一起前往。［注　次日（31 日）在西湖大礼堂及 4 月 2 日在民众实验教育师范专科学校大礼堂举行"鼓舞敌忾后援音乐会",听众超过千人。音乐会节目有黄自的《抗敌歌》、《旗正飘飘》,应尚能的《吊吴淞》等,歌曲唱出了人民群众团结抗敌、救亡图存的心声。《中华日报》为此发表评论说:"悲壮激昂,闻者奋起,鼓舞敌忾,可谓名副其实矣"。](《音乐杂志》第 1 期/上海《中华日报》1933-4-3/"访喻宜萱")]

喻宜萱回忆 我记得我们到杭州去募捐,黄自先生、应尚能先生,我们都去了。还在上海、苏州开过募捐音乐会,并且组织了一些小分队。当时我还是一个小组的负责人。(《萧友梅纪念文集》第 164 页)

4 月 21 日,王世杰任教育部部长,任期至 1937 年 12 月 31 日,继任者为陈立夫。

4 月,江西省推行音乐教育委员会编印的刊物《音乐教育》(月刊)创刊,该刊为国内唯一由政府出资的音乐刊物,至 1937 年底共出 57 期,开始三期由萧而化和程懋筠合编,后由缪天瑞任主编。

5 月 3 日

下午 5 时,主持第 42 次校务会议。[注 议决事项有:1、新校址地点决定选择在上海[注],向教育部要最少在 5 亩以上的官地一块,并请拨开办费与建筑费;2、要求从下学期起增加常年经费。会议强调,以上两项请萧友梅校长赴南京,与教育部王部长切实请愿,务达目的为止。其他还有:因 6 月份要举办第一届学生毕业音乐会,决定停开第四次学生音乐会,而以音乐艺文社名义举办的音乐会取代;学校为师生代购书谱,先收定金若干,交璧恒书店代办,由校长出面接洽;又推定萧友梅、黄自、沈仲俊为书谱委员会委员,办法由该委员会自定。]《音》第 32-35 期合刊)]

5 月初

应聘担任教育部刚成立的"中小学和幼稚园音乐教材编订委员会"委员。

[注 其他委员还有王瑞娴、吴研因[2]、沈心工、沈秉廉[3]、杜庭修、胡周淑安、

唐学咏、黄建吾、赵元任、黎青主、薛天汉、顾树森[4]等人，顾为主任委员。](《申报》1933 年 5 月 4 日）

5 月 6 日

学校举行第 21 次学生演奏会。[注　节目有蔡绍序独唱李斯特《你好像一朵鲜花》、舒曼《荷花》，向隅钢琴独奏肖邦《降E大调夜曲》，巫一舟钢琴独奏格里格《里戈东舞曲》，叶怀德长笛独奏比才《小步舞曲》，何端荣、易开基的格里格钢琴二重奏《浪漫曲》等。]（《上海音乐学院大事记·名人录》第 26 页）

5 月 10 日

学校举行第四次学生歌乐会。[注　节目有胡然独唱舒伯特的《云雀》，陈玠、胡然的威尔第二重唱《回到我们的间》等。]（《音》32～35 期合刊）

5 月 12 日

学校举行喻宜萱、劳景贤歌乐会，用意、德、法及中文演唱。[注　节目分独唱、六重唱和合唱三部分，其中用中文演唱的有喻宜萱独唱舒伯特曲、胡宣明译词的《魔王》，周淑安作曲的《日落西山》，劳景贤独唱合

喻宜萱、劳景贤在音专校园内合影

唱队助唱里姆斯基·柯萨科夫的《印度之歌》，赵元任的《教我如何不想他》等。]（《上海音乐学院大事记·名人录》第 27 页）

5 月 24 日

再度与国立杭州艺术专科学校校长林风眠联名呈请教育部依照修正大学组织法，将两校恢复为学院组织，改称独立学院。[注　呈文说："属校等自从奉令改专以来，范围狭隘，精神教养不克尽量实施，艺术教育亦苦无由发

341

展，殊深痛惜！上年 7 月国立专科以上学校校长会议第二次会议议决：大学组织法第 5 条第 2 项删除得分两科四字，增订同条第三项'凡教授艺术及音乐之学校，如其程度与大学程度相等者，亦得称为独立学院。'查属校等招收新生资格，及学科程度，实与大学程度资格相等，毫无差异，自应依照修正大学组织法恢复学院组织，以正名实。（原信全文见附录一之 6）]*（上音档案 520-37（1）-59）*

5 月 24 日

晚，陪同蔡元培社长出席音乐艺文社假上海青年会举行的由杭返沪后的第二次音乐会（代第四届学生音乐会）。蔡先生在演出前致辞。*（《音》23-28 期合刊）*

5 月 26 日

蔡元培为国立音专及美专恢复学院名称致函教育部长王世杰。[注　信中说："杭州美术专校及上海音乐专校，其招收新生资格及学科程度，与大学毫无差异。自改专科以来，范围狭隘，教学设施，颇感困难。查大学组织法第五条载：'凡教授艺术及音乐之学校，如其程度与大学程度相等，亦得称为学院'云云。现闻林风眠、萧友梅两君，向贵部恳请恢复学院名称，以符名实，似属正当，倘荷核准，实该两校学子之幸。谨为代达，诸候裁夺。"]*（《蔡元培年谱长编》下集（2）第 53 页/上音档案 520-37（1）-59-（2））*

5 月某日

根据本月 3 日第 42 次校务会议决定，为筹建音专新校舍亲自去南京与教育部交涉。*（《音》第 32-35 期合刊）*

6 月 1 日

下午 4 时半，主持第 43 次校务会议。[注　出席会议的还有：黄自、沈仲俊，列席者有：周淑安、梁就明、应尚能、查哈罗夫、朱英等。议决事项：1、第一届毕业生音乐会在 6 月 17 日在美国妇女俱乐部举行，来宾凭请柬入座，本校同学凭校徽入场，经费由学校负担 100 元，不敷部分由毕业生分担；2、决定毕业文凭式样，并请人画式样两张，付笔资。]*（《音》第 32-35 期合刊）*

6 月 5 日

钢琴组本科生李献敏、钢琴选科生裘复生完成高级考试，曲目包括巴

赫、贝多芬、肖邦、李斯特等的作品。（《音》第23-28期）

6月10日

接待并出席来宾安基永及金女士歌乐会。[注 节目有朝鲜民歌《风铃草》、莫扎特的歌剧《唐爵凡尼》中的《打我吧，我的好玛赛托》，威尔第《弄臣》中的《朝秦暮楚》等。]（《音》第32-35期合刊）

6月12日

下午4时，主持第25次教务会议。[注 出席会议的还有：周淑安、梁就明、黄自。会议决定：因本学期有数位教员未缴回点名册，学生旷课数无法统计，故推迟学则第11条第1项的执行]。

[按：该项规定，在上课5分钟后到课者作迟到，10分钟后作不到；两次迟到以1次不到论。]（《音》第32-35期合刊）

6月12日

下午4时半，主持第44次校务会议，主要讨论举办暑期学校的办法。[注会议议决：以本校教职员负责办理为原则，如缺乏教员时得由学校推定高级学生数人补充；时间为6周；学费由主办人拟定，但预先须经学校认可；如无教职员负责办理时，不得用学校的名义举办。]（《音》第32-35期合刊）

6月16~21日

主持升级与学期考试。参加学期琵琶考试的有刘雪庵、杨体烈、陆修棠[5]等9人，笛子劳冰心1人。曲目中朱英创作的占4/10（《音》第32-35期合刊）。

6月16日

致函中央研究院蔡元培院长及上海市党部，邀请他们出席将于6月23日（星期五）在本校大礼堂举行的音专第一届毕业典礼。（上音档案520-37（2）-27）

6月18日，晨8时许，中央研究院总干事、中国民权保障同盟副会长兼总干事杨杏佛（杨铨）在上海法租界亚尔培路遭国民党特务暗杀。

杨杏佛

343

梅百器

6月20日

致函上海工部局交响乐队指挥梅百器，请再赠音专优待卷两册，以资分发。[**按**：在此之前，该乐队曾赠音专夏令音乐会优待卷，但很快就发完，而同学们仍纷纷前来索取。]（*上音档案 520-37（2）-27*）

6月20日

敦请教育部派员参加音专首届学生毕业典礼。[**注** 是日接部允诺的快邮代电，电文如下："铣代电悉，本部已派上海市教育局潘局长届时赴校代表致训，特达，教育部加印"。"铣代电悉，本部已派上海市教育局潘局长届时赴校代表致训，特达"。]（*《音》第32-35期合刊*）

6月20日

下午2时，杨杏佛遗体在万国殡仪馆举行大殓，宋庆龄、鲁迅、黎照寰、洪深、李四光等百余人参加。（*《蔡元培年谱长编》下册（2）第61页*）

[**按**：从杨与国立音专、萧友梅的关系看，先生会出席这次追悼会，录以备考。]

6月22日

喻宜萱

李献敏

正式宣布本校第1届毕业生名单：本科钢琴组李献敏，本科师范组喻宜萱（声乐主科），选科钢琴组（高级）裘复生。当日晚，出席在上海青年会礼堂举行的第1届毕业生独唱独奏音乐会。[**注** 节目有：有裘复生钢琴独奏《钢琴奏鸣曲》op.9第一乐章（贝多芬）、《前奏曲》(拉赫曼尼诺夫)、《降D大调夜曲》(肖邦)、《匈牙利狂想曲》

(李斯特)、《e小调协奏曲》第一乐章(肖邦);李献敏钢琴独奏《升c小调夜曲》、《练习曲》op. 10 No. 2(肖邦)、《g小调协奏曲》第二、三乐章(圣桑)、《雪橇》(柴可夫斯基)、《火之舞》(法雅);喻宜萱独唱《忏悔》(贝多芬)、《天鹅》(格里格)、《三首鸟的歌》(勒曼)、歌剧《拉美莫尔的露西亚》中露西亚咏叹调《恳切地喃喃细语》,李献敏、裘复生双钢琴组曲《浪漫曲》、《圆舞曲》(阿伦斯基)等。]（《萧友梅纪念文集》第164页/《音》32-35期合刊）

喻宜萱回忆　萧先生生活非常俭朴。那时学校没有汽车,记得我们开毕业音乐会,萧先生亲自主持,都是自己坐电车跑来跑去。那时我们住在桃源村女生宿舍,离萧先生家很近,天天都能看见萧先生穿着那套灰色西装,徒步往返于学校与寓所之间。（《萧友梅纪念文集》第164页）

6月23日

下午4点,主持国立音专第一届学生毕业典礼并发表演说。[注　大意如下:"本校是吾国有史以来第一间的国立音乐专校,而今天又是举行第一次毕业式的日子,在文化史上开一个新纪录,所以今天实在有重大的意义。本校已经办了五年多,为什么到今天只有三个毕业呢? 对于这一点,不能不略为说明一下。回忆民国十六年音乐院开办时,只有学生十九人,十七年度增至五十几人,以后每年人数均有增加,到本年度已经有一百二十几人;来学的虽然一年比一年多,但是退学的亦不少。他们退学的原因,自然不是一样,有的因学费不继,有的因毅力不足,有的不待毕业,已应各地的聘请,担任音乐功课去了。属于前两类的与属于第三类的,差不多各占半数,还有几位到欧洲留学的。据我们调查结果,知道在本校学过一年至三年现在各省学校担任音乐教席的,有三四十人之多,其中有几位并且在大学或艺术专科学校担任音乐功课或音乐科主任。即此一端,可见各地学校需用音乐教员的迫切,本校大有供不应求之势。今回诸位毕业同学,能够有这种坚忍的精神,学完本校规定的功课,自然是很不容易的事。我国文化史得诸君开了这个新纪录,自然是极可喜的事。但是同学诸君亦要知道你们今后的任务比较在学期内加倍重大,好像唱一台戏的样子,今天的毕业式不过像刚开了幕,你们的毕业演奏会好像这套戏的前奏曲,以后一幕一幕的下文,还要看诸君今后的努力如何,方才可以决定。

极望诸君今后加倍努力，并预祝将来的成功。"

在萧友梅演说后，上海市特别党部代表与教育部代表分别致辞。接着龙沐勋、易韦斋和黄自等分别演说。黄自在演说中以巴赫、勃拉姆斯、克莱斯勒等勤学苦练的事实，说明"音乐一道，非有恒心练习不能成功，吾国俗话说'曲不离口，拳不离手'，就是这个道理"。钢琴组主任查哈罗夫也用英语致词。在深表祝贺之意后，富有哲理地强调说，"不可以为毕业后就成了音乐大家！""在学期内所学的，好像儿童学会走路一样，我们所教授的亦不过领导你们走路；但是才学会走路，不能就和别人赛跑。你们真要加入赛跑，非再下一番功夫不可。我们很愿帮助你们的"。

最后由学生代表喻宜萱致答词，表示在校期间得到各位师长教导，获益良多，很是感激，今后要更加努力，不辜负师长的期望。]（《音》第32-35期合刊）

萧友梅、黄自和首届毕业生李献敏（左1）、喻宜萱（左2）、裴复生（右1）等合影。

6月29日

出席由黄自主持的第26次教务会议。[注 主要讨论严肃教学纪律与严格教学管理的问题。议决事项有：1、对无故缺考或选科生不修共同必修科者分别给与严重警告或警告的处分；2、丁善德成绩均符本科奖学章程，应予甲奖；3、谭小麟进正科后因病未考，第二学期改选科，如在一学年内成绩在 80 分以上，请求恢复正科学籍，可准予试读一学期；4、副科改主科须副科分数及学分超过主科方可照准。]（《音》第 32—35 期合刊）

6 月

因病未能应聘前往南昌任暑期学校教员。[注　江西省推行音乐教育委员会拟办暑期学校，函请外省的萧友梅、唐学咏、王晓湘、钟敬文等为教师；但先生因病未能前往。]（《音乐教育》1933 年第 4、5 期合刊）

7 月 1 日，上午 10 点，中央研究院在上海万国殡仪馆举行公祭杨杏佛，由院长蔡元培主祭，200 余人参加；下午 3 点，中央科学社公祭杨杏佛，由王琎主祭，30 余人参加。（《申报》1933 年 7 月 2 日，转引自《蔡元培年谱长编》下册（2）第 64 页）

7 月 10 日

致函黄雯、容玉枝，请他们担任音专名誉校医。（上音档案 520—37（2）—27）

8 月 8 日

复函教育部，回答询问当时各校校歌情况，说明目前中国各大学的校歌，大多是用外国的现成曲调填词，惟音专是自己创作的。（上音档案 520—37（2）—27）

9 月 6 日

下午 4 时，出席由黄自主持的第 27 次教务会议。[注　议决主要事项有：1、凡高中、高中师范生主科已升中级而共同课仍未修满者倘继续修习主科时，主科应按选科中级付费；2、外籍学生名额每学期只能各占正科和选科生的 1/10 为限；3、副科钢琴须与主科钢琴分别考试，以修满初级为限，注重视奏减少技术训练并注意视奏二部及合奏、伴奏。]（《音》第 36—37 期合刊）

9 月 7 日

公布本学期新生名单。[注　这次招生共录取高中班、高中师范科、选科生

斯义桂

寄明

18 名，其中有贺绿汀（重新入学）、蔡绍序、夏国琼、斯义桂[6]、吴亚贞（即寄明）[7]、洪达琦[8]等。]（《音》第36-37期合刊）

9 月 11 日

公布新聘教职员名单，其中聘易韦斋任文学特约讲座（名誉职），聘沈梁（即沈仲俊）为事务主任兼理图书出版事务、聘李兴业为会计事务员。（《音》第 36-37 期合刊）

9 月

为英国民歌《再试（Try again）》配和声。（江西《音乐教育》第 1 卷第 3 号）

10 月 3 日

宣布本年度音乐演奏会委员会名单。[注　委员由黄自、周淑安、查哈罗夫、法利国（介先生代）、佘甫磋夫、朱英、赵梅伯（舍夫人代）等担任；黄自当选为主席。]（《音》第 36-37 期合刊）

10 月 11、12 日

应全国运动会邀请，组织本校部分学生到南京分别在金陵女子文理学院及中央体育场举行二场特别演奏会。先生随队前往。[注　演出节目有戴粹伦指挥的弦乐合奏梅耶贝尔的歌剧《预言家》中的《加冕典礼进行曲》，大合唱《九·一八战歌》、《同胞们》，满福民独唱萧友梅的《南飞之雁语》，华文宪独唱青主的《大江东去》，喻宜萱独唱黄自的《玫瑰三愿》，李献敏钢琴独琴李斯特的《匈牙利狂想曲》（第 6 号），刘蕙佐、陈又新、张贞黻、李献敏的四重奏柯雷利的《奏鸣曲》等。参加演出的均是音专高材生，曲目中西兼顾。][**按**：李献敏毕业后在研究班继续学习,喻宜萱当时正在中央大学工作，均特邀参加]。15 日，上海德文报对这场演出特著文评论。（《音》36-37 期合刊）

10 月 12 日

致函南京国民革命军遗族学校[9]，对该校在国立音专应全运会之请，

到南京举行音乐会时，"慨予住宿，殷勤招待"，表示感谢。*（上音档案 520-37（2）-27）*

10 月 16 日

致函南京金陵女子文理学院院务委员会，感谢她们在国立音专到南京演出时的招待，并对演出之日因受汽车工人罢工影响而延时表示歉意。*（上音档案 520-37（2）-27）*

10 月 18 日

就不能新聘教员事复函旧友梁龙（曾任中国驻德代理公使）。[注 梁于 8 月 30 日曾致函萧友梅，拟介绍一位半犹太籍的博士到音专任教。但根据当时情况，学校难以接受，故只能据实回复：因经费问题暂"不能扩充学额，添聘教师，心余力绌，殊为抱歉。"]*（上音档案 520-37（2）-27）*

10 月 21 日

就朱崇志、黄廷贵只能入选科试读事，函复教育部高教司。[注 前日，该司来函要求将北平大学艺术学院学生朱、黄二人酌予收入正科师范组试读。是日复函告知，因本校正科生业已上课多日，无插班之可能，只能安排二生入选科试读一学期，俟明年 2 月 3 日下学期招生时再改考正科（参见 1934 年 2 月 7 日条）。

[按：萧友梅对上级并非惟命是从，而是从学校教学的具体情况出发，公事公办，有理有节地回复了教育部来函的要求。]*（《音》第 36-37 期合刊）*

秋

将贺绿汀翻译的普劳特著《和声学理论与实用》一书（由黄自校阅并作序）介绍给商务印书馆出版，但编辑认为该书已经过时，将书稿退回。

（贺逸秋、贺元元《我的父亲贺绿汀》第 26 页，浙江摄影出版社，2003 年 10 月）

11 月 10 日

复函杭州中央航空学校蒋坚忍。对信中的赞奖表示"遑承奖饰，愧棘难当"，并谦虚地说自己"对于歌词，夙少研讨，不过制谱一道，稍涉门径。"*（上音档案 520-37（2）-27）*

11 月 13 日

组织学生举行第 22 次演奏会。[注 节目有易开基钢琴独奏拉赫曼尼诺夫

349

的《前奏曲》、丁善德独唱焦尔达尼的《我亲爱的》、外籍学生萨哈罗华独奏《爱之梦》以及孙德志、蔡绍序的独唱等。]（《音》第38-39期合刊）

11月15日

应上海市教育局之邀，亲自在大中华无线电台作题为《音乐的势力》的"通俗学术播音演讲"。[注 演讲首先说明音乐的组织，"不外由'节奏'、'和声'、'曲调'三种原素组成，但是音乐的种类实际上不止三种。第一因为三种原素的配合法甚多，第二因为表情法各曲不同，在合奏的乐曲还有各种乐器的配合法不同，因而作出种种音色出来；尤其是近五百年的西方音乐，不独理论方面愈研究愈精，就是乐曲作法和演奏技术，也变化无穷，登峰造极"。

接着列举了10种不同性质的音乐以及它的特殊效用：1、温柔恬静的音乐，可以安慰人的脑筋，教人听见容易安眠；2、快活的音乐，教人听见精神爽快；3、雄壮的音乐，可以鼓起人的勇气，振起人的精神；4、悲哀的音乐，教人听见发生悲感，甚至令人流泪；5、忧郁的音乐，听见教人沉闷；6、喜悦的音乐，听见教人欢喜；7、优美庄严的音乐，可以洗净人的杂思，提高思想的目标，可以使人的举动变成庄重的态度；8、怨慕的音乐，可以表现人类怨慕的情绪；9、音乐又可以治病或减轻病人的痛苦，欧战时各国伤兵医院，多备有特殊的音乐，教伤兵听见，减少他们的痛苦；10、近年欧洲法院亦有用音乐改造罪犯心理的试验，就是每天清早于一定的时间演奏一种特别音乐，教犯罪者静听，经过若干时间之后，自己忏悔，立意改过，期满出狱，改邪归正的人很少，还有用音乐来辅助审判的。另外，"还有一件最明显的，就是音乐的节奏可以指挥最大群众，可以统一整个民族的举动"。因此，"在西方于举行大会之前后常唱几首'会歌'，这种'会歌'的节奏都很鲜明，歌词亦十分得体，唱过之后增加许多合作的精神"。在举了许多生动的例子后总结说："以上所讲的效力有明显的，有潜伏的，有立刻发生效力的，有慢慢才见功效的。笼统可以叫它做'音乐的势力'。"

演讲在点题后接着又讲，"欧美各国对于音乐的势力早已晓得，所以政府、社会、学校、家庭各方面，到处都利用音乐来辅助他们的工作。他们对于音乐教育都很注意，除掉政府办的音乐院之外，私人捐出大笔款项设立音乐学校的也很多；对于有音乐天才的青年或有创作力的人们，也用尽各种方法来鼓励"。"我们中国从前并不是不知道音乐势力的伟大，古书所谓'移风易俗，莫善于乐'，就是这个意思。周朝、唐朝都看得音乐很重视"。但"到后来逐渐不注意音乐，或简直不把音乐当作一回事，听它自生自灭，所以坏的音乐一天一天的加多，而好的音乐就逐渐减少"。

演讲最后呼吁："第一我希望政府赶快派音乐专家去检查全国流行的音乐，认为有伤风化和有颓废性或消极性的音乐，马上禁止演奏和印行，一方面改良学校的音乐功课，一方面检定音乐师资，鼓励创作发扬蹈厉的新歌新曲，注意音乐专门教育。第二我希望社会上有财力而对于音乐有兴趣的人们，最好尽力捐款出来提倡音乐教育或奖励音乐学生，以补助政府的不足；各无线电播音台顶好请音乐专家替你们选购一批好的唱片，以备随时播音，逐渐把听众的精神改变过来；做父母的假如发现你们的小孩有音乐天才时，就要趁早请人教他学音乐，或把他送到音乐学堂去，因为近代音乐技术一天进步一天，有许多乐曲的技术很难，非从小学起很难学得成功的。欧洲许多音乐大家都是从小就学起。假如我们希望中国将来产生一批大音乐家，可不能不请求你们帮忙了。"]

[**按**：演讲稿分别登载在 1934 年 3 月 31 日出版的《音乐教育》第 2 卷第 3 期和 1934 年 4 月 15 日由音乐艺文社编的《音乐杂志》第 2 期。为了更广泛地宣传自己的意见主张，特在文题旁注明："转载不禁"。]

11 月 16 日

组织第 23 次学生演奏会。[注　参加演出的有胡投钢琴独奏格鲁克的《第一序曲》、江定仙独奏韦伯的《邀舞》、杨体烈独奏肖邦的《F小调夜曲》、胡然独唱莫扎特歌剧《唐爵凡尼》中的《我至爱的宝贝》等。]（《音》38-39 期合刊）

11 月 17 日

就写校歌事复函南京国民革命军遗族学校学生陈伊璇。[注　日前该生曾来信，请萧友梅谱写校歌。萧在复函中要求先将歌词寄来，才能按词谱曲。不久，陈即将歌词寄来。12 月 8 日萧再致函陈，并将作成的歌谱一并寄去。]（上音档案 520-37（2）-27）

11 月 27 日

出席假青年会举行的国立音专成立六周年纪念音乐会。[注　节目有弦乐合奏格鲁克歌剧《伊菲姬尼在陶里德》序曲，谭小麟琵琶独奏《霸王卸甲》，张贞黻大提琴独奏戈特曼《第三十协奏曲》中的行板，戴粹伦小提琴独奏维奥蒂的《第二十二协奏曲》以及丁善德的钢琴独奏、叶怀德的长笛独奏等。]（*上音档案520-37（2）-27/《音》第36-37期合刊*）

李登辉

11月29日

致函复旦大学校长李登辉[10]，应其请介绍曾在浙江几所省立实验学校任教的音专毕业生华文宪到该校担任音乐教员。（*上音档案520-37（2）-27*）

11月，《中华教育界》刊登廖世承、陆殿扬等多篇文章，对当时学校的教师和学生为应付会考，常常只注意需要会考的科目，而忽视其他科目的现象提出批评。（《中华教育界》第21卷第5期）

12月1日

致函《时事日报》编辑部，要求更正不实消息。[注 当日该报刊载有关国立音专学生在女青年会举办的国货展览会上担任游艺节目的消息。先生阅后，当即写信给该报说明："本校向不参加任何游艺会，因课时太忙。贵报所载，系传闻之误，希予更正。"]（*上音档案520-37（2）-27*）

12月8日

为建议用奖金征集词、曲一事，致函考试院院长戴季陶[11]。[注 信中首先说明："暑假前沈司长交来大作《民权歌》，嘱代制谱，久未报命，罪甚。兹已照尊意谱就，男声歌唱及军乐均适用。另纸缮呈，敬希指正"。然后对戴季陶在歌词序言中表达的"诗歌者民族之灵魂，一民族之衰亡，必先发生亡国之音，而其复兴也，亦必先有兴国之气，无不表现于诗歌音乐"这一观点表示钦佩；并结合当时的社会现实，进而提出"现在全国遍地皆是淫秽词曲与靡靡之音，若不及早创制一批发扬蹈厉爱国歌曲以矫正之，吾中华民族前途将更不堪设想。敝校久欲征求此项爱国歌词，以备入谱，奈因奖金无着，至今未能实行。前两月入京曾向教育当局提议此事，亦以难于筹款为辞，卒未奉办。今先生既注重改造民气，拟即请用考试院名义，征求爱国歌词，评定甲乙，分别给以奖金。一面以采得之歌词再征求制谱，交由书局印行，饬令全国各校一律歌唱，梅敢决数年之后，国民意念必大改变。诚以声音感人最深，且易也。窃思此举所需款项（歌词奖金与制谱奖金）不过数千元，为数究微，贵院对于民风究有相当职责，如承慨允创办，登高一呼，众山自应，易若折枝，则梅尤所希望者也。否则由先生发起，募集此次奖金，似亦不难办到。梅之所以主张用奖金法征求者，以重赏之下，必有勇夫，正欲藉此以鼓励作者耳。未知尊意以为如何。"］（信函草稿未署日期，据笺函稿簿前后推测，大概在 1933 年 12 月 8–11 日之间）（*上音档案 520–37（2）–27*）

12 月 12 日

主持第 47 次校务会议。［注　会议通过了第 27 次教务会议关于高中及高中师范生在学六学期，主科已升中级而共同课仍未修满者倘继续修习主科时，主科应按选科中级付费的议决。还决定：1、请求教育部二十三年度（1934 年度）增加经常费至每月 9 千元，另再拨特别费（地皮、建筑、设备）共 40 万元；2、本校特别财务委员会除校长为当然常委外，由校务会议委员中推定沈仲俊、应尚能两先生为常务委员。］（*《音》第 38–39 期合刊*）

12 月 29 日

此前，为提高全国音乐教育水平，萧友梅曾代表国立音专向教育部呈请选派督学，检定全国音乐教师并检查教材及取缔社会流行之俗乐的报告。是日教育部给于答复。［注　内容如下："查所请添设音乐督学一节，碍难办理。各中小学校音乐教材，本应采取本部审定之教本。至关于取缔社会流行之俗乐，仰候令行各省市遵办可也。"同日，教育部根据国立音专的报告，令各省市教育厅成立专门管理机关，审查中小学的音乐教材，取缔社会上流行的淫靡的俗乐，订出取缔办法，切实执行，并将办理情况报部备查。］（*《音》第 38、39 期合刊／《教育部公报》第 6 年第 1、2 期*）

12 月

为高中立的《声乐研究法》一书作序。［注　序文首先认为，吾国古代善歌者"莫不技术超群，名盛一时，惜其法不传于后世"，而近代戏院所唱，皆用假嗓，"教者学者，竟不知练习运用其天赋歌喉"；进而指出，"近三十年，学校始设乐歌一科，唯教者既非专攻声乐出身，学校当局又多漠视此课，故学校唱歌亦不过徒具虚名"。"自耶稣教输入中国以来,教堂教会设立之学校始有合唱赞美诗的练习。其初虽由西人指导,然学者亦不过随声附和而已,于练声之法,未尝有所领会"。"最近十年留学外国者,始有数人专攻声乐,然返国后,多忙于教课,无暇编著,故'唱歌法'一书,至今尚付阙如"。因此,序言对原籍朝鲜的高中立为"助进吾国之文化",能用汉语来写这本书,深表感谢和钦佩。认为该书"取材既丰富,说明亦详尽,诚不愧为关于声乐之空前著作,不独有志学歌者宜以为参考,即教授声乐者亦宜珍之。"]

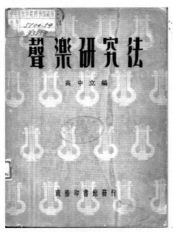

《声乐研究法》一书的封面与扉页

[**按**:序文先在 1934 年 7 月 15 日出版的《音乐杂志》第 3 期发表;该书于 1936 年 5 月由商务印书馆初版。该书出版后,作者在赠书的扉页上书有"呈乞萧友梅先生指教,高中立敬赠",并盖有红印名章一方。]

本年

为本校争取公费留学英国名额,致函管理中英庚款董事会,要求增加名额,得到的答复是:因留英公费生考试所有学门分配,早已确定,实难增改。

本年

担任国民政府教育部"中英庚款征歌评奖"评委。[**注** 同任评委的还有赵元任等。(黄自获第一名,黄源洛获第二名)](《民国音乐史年谱》第 172 页)

本年,中华书局出版王光祈编著的 12 册音乐著作,其中有《德国国民学校与唱歌》,书内介绍了德国的普通音乐教育情况。(《中华教育界》第 21 卷第 5 期(广告))

聂耳与吕骥等在上海成立左翼剧联音乐小组,开展抗日救亡歌咏活动。

陈传熙回忆　萧先生办学极为认真合一丝严格和丝毫不徇私情是出了名的。当时学校实行学分制，每门功课必须经考试及格才能取得应有的学分；达到一定的总学分才能毕业。记得某同学的主科是出类拔萃的，就因英文未修满学分而未取得毕业文凭。对一般学生如此，对亲属也如此。一位亲属考进音专学钢琴，后主科教员认为素质差些不愿接受。先生听说后二话没说，就让她转学了。（《萧友梅纪念文集》第 184 页）

【注释】

[1] 曾今可（1901—1971）江西泰和人。出过诗集，办过刊物，后退出文坛。

[2] 吴研因（1886 一 1975）江苏江阴人。1911 年和刘半农等编辑《江阴杂志》。后在中华书局、商务印书馆任编辑；所编白话文小学教科书，被广为采用。曾参与《最近三十五年之中国教育》、《小朋友文库》的编写。1949 年后，任教育部教育司司长。

[3] 沈秉廉（1900—1957），江苏吴县人。1921 年毕业于江苏省立第一师范学校。次年考入上海艺术师范学校。1924 年起在江苏、浙江两省多所学校任教。．1931 年任商务印书馆编辑。

[4] 顾树森（1885-　）字荫亭，江苏嘉定（今属上海）人。英国伦敦大学肄业。曾任上海中华职业学校校长、江苏武进县县长、浙江鄞县县长、南京特别市政府教育局局长等职。1930 年任教育部普通教育司司长。后兼任教育部蒙藏教育司司长。1941 年改任国民教育司司长兼国民教育辅导研究委员会常务委员。1947 年被免职。著有《欧游丛刊》、《中国古代教育家》等十余种。

[5] 陆修棠（1911—1966），江苏昆山人。曾入国立音专选修声乐与琵琶，抗战期间曾在重庆中央训练团音乐干部训练班任国乐教官。抗战胜利后历任苏州国立社会教育学院、省立苏州中学等校音乐教师。1949 年后任教于华东师范大学、北京艺术师范学院音乐系。1958 年起在上海音乐学院民族音乐系教授二胡。

[6] 斯桂义（1917-1994）浙江奉化人。入音专主修声乐，师从苏石林。1940 年 6 月，以演唱威尔第的《唐·卡尔罗》、舒伯特的《魔王》通过毕业考试。毕业后，先后在母校、重庆国立音乐院任教。1947 年赴美深造。1956 年受聘于纽约大多会歌剧院，并在各大城市演唱。

[7] 寄明（1917—1997）原名吴亚贞。原籍江苏淮安，生于江苏苏州。自幼会演奏多种乐器，曾在国立音专主修琵琶、钢琴，1937 年毕业。1939 年到延安鲁迅艺术学院任教。曾任东北音专副校长兼教务长。建国后上海电影制片厂，长期从事电影作曲。所作《我们是共产主义接班人》于 1978 年被选定为中国少年先锋队队歌，并于 1980 年获全国少年儿童歌曲评比一等奖。

[8] 洪达琦（1912—1961），安徽含山人。曾就读于沪江大学音乐系，1933 年转入音专师范科。毕业后任教于中西女中。抗战时期历任重庆多所中学音乐教师、中央训练团音干班教官及国立音乐院分院和国立歌剧学校声乐教授，同时从事演出活动。1949 年后，任教于上海音乐学院。

[9] 全称"国民革命军遗族学校及女校"，校舍位于南京中山陵园内，于 1929 年 9 月建成。最初决定由宋庆龄任校长，因当时她在国外，故一切校务问题，全权委托宋美龄办理；后宋美龄成了校长。学生为国民政府牺牲军人的后代，凡是入学的学生学费全免，并由公费供给一切生活用品。抗战爆发后，校董事会决定暂时停办，年幼的学生遣送原籍，年长者疏散到大后方各校或分派到校办农场、园艺场、牛奶房等处工作。抗战胜利后，一度恢复办学。

[10] 李登辉（1872—1947）祖籍福建，生于印尼华侨家庭。1899 年毕业于耶鲁大学。1906 年任复旦公学英文部主任，后任教务长，1913 年起任校长。1917 年任私立复旦大学校长。1918 年赴南

洋募款，归国后在江湾购地建校。1936年退休后曾任中华书局英文总编辑。

[11]戴季陶(1891—1949)浙江吴兴人。1907年入东京日本大学法科。曾加入同盟会。辛亥革命后历任孙中山的机要秘书、广州军政府法制委员会委员长、国民党中央执行委员兼宣传部长等职。1949年2月在广州自杀。

1934 年(民国 23 年　50 岁)

1 月 13 日

因不便让音专学生前往某小学恳亲会协助演出事，函复蔡元培。[注　信中说："先生介绍以西区小学开恳亲会，嘱派学生前往演奏音乐，当即派定学生陈又新君准时出席。兹据该生回称，该校预定之歌曲甚属粗俗，系是《毛毛雨》一流之作品。敝校向来禁止学生演奏此类歌曲，故此次也不便参加。且此种表演，但只需用钢琴足矣，不须用小提琴等乐器。故该生拟不出席，特此函达。"

[**按**：萧友梅敢于讲真话、实活，据理直说，不怕得罪长期支持自己办学的老上级、老朋友。这种坚持原则与坦诚相待的态度，值得学习与弘扬。] *（上音档案 520-37（2）-27）*

1 月 15 日

由萧友梅、黄自、易韦斋任主编，以"音乐艺文社"名义编辑的《音乐杂志》(季刊)第一期出版。[注　在"编者志"中指出该刊的宗旨为："一、滋养民众和乐，因是愿把音乐知识来普及。二、鼓舞崇正赏悦，因是愿把音乐理义来提正。三、供给美善规范，因是愿把音乐菁华来介绍。四、撩

《音乐杂志》刊登的萧友梅、黄自、易韦斋三人合影

引精湛声情，因是愿把音乐共鸣来请求。"

"编者志"未署名作者，从文风看，似为易韦斋手笔。该刊共出 4 期，于同年 11 月停刊。主要发表推介研究中西音乐的文论及歌曲创作、诗词作品，同时也报道音专教学情况和国内外音乐动态。撰稿人除主编外，还有龙沐勋、韦瀚章、贺绿汀、刘雪庵、江定仙、陈田鹤等。刊出作品有黄自《旗正飘飘》、陈田鹤《山中》等。]

1 月 15 日

发表《欧美音乐专门教育机关概略》一文的前半部分。[注：内容包括"引言"和"（A）音乐专门教育机关的种种名称"至"（F）德国的音乐院"。"引言"在简略回顾了我国特别是民国以来创办音乐教育机构的历程之后，直截了当地对当时"有教育实权的诸公"，"把成立不到两年"的国立音乐院降格改组为专科学校一事提出异议，明确指出："这篇文章的目的，就是想把欧美音乐专门教育机关的沿革概况，略为说一说，一来可以给教育当局参考，又可以证明欧洲音乐教育不独不因欧战而缩小范围，并且大战之后扩大规模，提高地位；就是学音乐的或爱好音乐的人们，对于'音乐教育'这个题目，也应该有特殊的兴趣吧。"]（音乐艺文社编《音乐杂志》（季刊）第 1 期）

1 月

为某些学生谋取兼职以减轻他们的经济负担，特致函中华职业教育社黄炎培等人。[注　信函请求协助本校数名本科生，课余到市内的中学担任音乐功课，藉以弥补学费。本月 24 日获该社复函，要求说明学生擅长音乐的种类（如钢琴、小提琴、大提琴、声乐、国乐等）及希望之待遇，以便介绍。于是，再次致函该社并附去求职学生名单及其专业，其中有陈又新、张贞黻、劳冰心等人。但最后又接来信，谓名额已满而未果。（上音档案 520-37（2）-27）

1 月，教育部令北平大学艺术学院独立为北平艺术专科学校，并定于本年 8 月开学。独立后的艺专设有绘画、雕塑、图工、艺术师范四科七组，1936 年修改学制，取消艺术师范科，1937 年抗战开始，迁校牯岭。1938 年与杭州艺专合并，称国立艺术专科学校。（《中国西画 50 年》）

1 月，江西省推行音乐教育委员会出版《音乐教育》"小学音乐教育专号"（第 2 卷第 1 期）。在该期上刊出的文章有钱君匋的《小学音乐教材之今昔》、缪天瑞的《调查适用的小学音乐科用书》、程懋筠的《黎锦晖一流剧曲何以必须取缔》等文。

[**按**：当年音乐界对黎锦晖作品不加分析，采取一概否定的态度是不妥的。之所以如此，这与当时的历史、社会环境有关，原因是多方面的，值得认真研究总结。]

2月6日

下午6时半，主持第48次校务会议。[**注** 会议议决事项有：1、与上海市某播音台商定，本校师生赴台广播时，每小时可得酬金100元，半小时为60元，来往车资亦由播音台负责。所得酬金由学校与演奏者平分，演奏者分酬金时以节目为单位，团体合奏者加倍计算。2、学生证每学期换一种颜色，学生凭证享受学校权利，遗失补发须交手续费一元。] (《音》第40-41 期合刊)

2月7日

发布第128号布告，公布本学年度第二学期招考补缺生录取名单。[**注** 本次录取共17名，其中有高中师范科的黄廷贵[1]、朱崇志、吕展青（吕骥）、张舍之等。(《音》第40-41 合刊)

黄廷贵

2月8日

发布第130号布告，公布本学期应升入本科或改入特别选科及准予复学、退学各生名单。[**注** 其中有胡然升入本科，劳景贤、梁定佳、胡静翔、满福民、易开基等升入本科师范组。] (《音》第40-41 合刊)

同日还发布第131号布告。[**注** 规定自1934年起所有本校学生,无论任何科班非在校肄业满一年者，不得请求发给修了证书。] (《音》第40-41 期合刊)

2月13日

致函南京国民革命军遗族学校，告知该校保送的廖永昌同学已被录取为小提琴选科学生，其费用也已先为代付。(上音档案 520-37（2）-27)

2月21日，由蒋介石自任会长的南昌新生活运动促进会成立。7月1日又在南昌成立新生活运动促进总会，意图把所谓"新生活运动"迅速推广到全国。1936年总会由南昌迁到南京。抗日战争爆发后，总会由南京先后迁至武汉、重庆，开展了一些战事服务工作。这时名义上虽然还叫新生活运动，但其意义与在南昌时期已有所不同。而抗日胜利后，所谓新生活运动则成了发动全面内战的工具。

2月26日

发布第 134 号布告，公布本学期补行入学考试录取名单。[注　计有林超夏（和声班）等 4 人。聂耳当时亦曾报考音专小提琴选科（主考官富华），但未被录取。在是日聂耳日记中有 "音专失败"一语。]

[**按**：国立音专录取新生有一定的专业要求，在报考音专的学生中，未被录取的并非仅聂耳一人。过去有些人把聂耳未被音专录取一事，说成是"买办资产阶级的学校对音乐创作人才的'窒灭'"，这显然是不妥的。]（《音》第 40~41 期合刊／《聂耳全集》下）

2月28日

邀请著名语言学家赵元任先生于是日下午 6 时到国立音专讲演，首先由萧友梅校长介绍，赵先生随即登台讲述。[注　讲演题目是《近代声乐对于音乐的几个贡献》，内容"极为详尽，同学莫不心领神会，异常满意"。]（《音》第 42-44 合刊）

3月18日

查哈罗夫的 11 名学生在美国妇女俱乐部举行钢琴演奏会。[注　演奏者中有中国 3 人，俄国 4 人，法国 2 人，英国 1 人，匈牙利 1 人]（《音》第 42-44 期合刊·文艺副刊第 1 期）

3月20日

致函交通大学，告知定于本月 27 日（星期二）晚 8 点到该校演奏，请派车来接并请略备点心供演奏后用。（上音档案 520-37（2）-27）

3月21日

下午 4 点，出席"音乐艺文社"举行的年会。[注　蔡元培到会讲话，"劝社员注意古乐器之考订，古乐谱之抄译及新编，免使大同乐会独占演场，致有失实舛讹之虑"。]（《蔡元培日记》）

3月28日

　　出席学生自治会乐艺股于是日举办第一次研究演奏会——肖邦钢琴作品演奏会。对该项活动的开展，先生一直给予支持。[注　在音乐会筹备会启事中说，这次演奏会，范围虽小，而上至萧校长，下至茶房（即工友王浩川），几无一不被惊扰，尤其是黄今吾先生于百忙中抽暇给我们演讲。]（《音》第 42-44 期合刊副刊第 1 期）

　　3 月 28 日，国立北平大学女子文理学院经教育部批准设立音乐和体育专修科。前者设有选修班，年限为二年，收初中毕业生。

　　4 月 1-19 日，由北平育英中学合唱团 26 名团员组成的歌咏队在李抱忱率领指挥下，从北平到天津、济南、南京、上海、杭州等地作全国巡回演出，在社会上引起热烈反响。（《音乐教育（江西）》第 2 卷第 9 期）

　　4 月 12，美籍俄裔作曲家、钢琴家车列浦宁偕同美籍夫人作环球旅行演出，于是月初由美国经日抵沪，先后在国立音专、美国妇女俱乐部、大光明戏院、圣约翰大学演奏，颇受观众欢迎。

4 月 15 日

　　发表《欧美音乐专门教育机关概略》一文的后半部分。[注：文章在介绍法国巴黎音乐院时，特别记述了该院之所以"能够人才辈出，而得到乐界最高学府地位"，其主要原因有四条：一是"自从设立以来，历任院长""都是乐界知名之士"；连"图书馆主任一席，向来亦由专家担任"；二是由最有名的教授组成教务委员会，编订教授程序，规定教学课本和教授方法，有一套行之有效的严格执行的考核选拔人才的规章制度；比如，学生有修了一门或毕业全科资格的，才可参加一种比赛考试，委员会主席均由院长担任，其他委员多半聘请校外乐界名流，各班的级任教员有出席权利而无给分资格；未考得记名奖者，不能参加第二次比赛或不能正式毕业；三是严把入学关，"学生投考的不够程度，那么宁可空着，亦不勉强补上"，对于入学年龄，限制也很严；四是学校绝不希望多留进步太慢的学生，把宝贵的学额占住，使有天才的候补者不能进来，"学生入学之后，在三年内假如连一个记名奖（accessit）都考不得，只有自动退学"。"巴黎音乐院能在世界各音乐院中占第一个位置全在于此"。文章最后的结论是："欧美各国的注意音乐，无非承认音乐与国民精神有很大的关系",“各国音乐院不独不因欧战而停办或缩小范围，反而在战后努力扩充提高地位”。"无论如何，音乐院的地位完全和大学相等，他的研究院且在大学之上。一般人不明其中组织，把音乐院当作一种中等职业学校看，完全是一种误会"。结论还强调指出："博士学位须有大套著作或特别研究，经考试委员会审查认为优等成绩以上者方可领得。"]（音乐艺文社编《音乐杂志》(季刊) 第2期)

4月16日

分别致函上海市公共租界工部局华人董事会、上海市长吴铁城及教育局长潘公展，指出停办工部局乐队对文化的损失将不堪设想，恳请设法保留当时中国唯一的这支管弦乐队。[注 在给华董会的公函中说："音乐为精神教育，堪以培植民族德性，以滋长国家文化，其关系至密且大也。欧美各国，对于音乐，设立专院，造就音乐人才，更设各种研究机关，以资探讨，并多设大规模之管弦乐队，使学习音乐者，得能于宵暇之余，亲身实地领受，此文化所由日进于文明也。是欧美既认管弦乐队，为应设立之定律，证之我国，殊不多见。本埠公共租界所办之管弦乐队，实为凤毛麟角，虽所费不赀，然沪上人士，获益非浅。敝校开办六载，学生能于课余多得领略之机会，实与虚弱者得滋补品无异。顷者风闻有人提议停办，于文化前途，不胜遗憾。久仰先生对于音乐夙示提倡，若任其停止，文化损失，何堪设想。特此函恳先生主持至计极力维持，务使全国唯一之管弦大乐队得以保存，庶免贻笑于外人，岂止敝校员生获益已哉？"。

在给上海市市长与市教育局局长的信中说："世界各大都会，莫不有管弦大乐队之设立，以阐扬文化，而增进人群之幸福，沪上为我国最大商埠，工部局办管弦大乐队，获益者，当为我市民享受最多，每年所费巨款（十二余万元）在我国财政困难之秋，决无此力设立。该局既有此队，实为至幸。近闻有停办之议，并定于本星期三（十八日）召集华人纳税会开会决定，设果停办殊觉可惜。特此函恳贵社、局迅予函该会，请其提出抗议，俾维原状，不惟全市市民获益，而文化建设前途，实关重要，无任盼祷，专此顺颂公祺。"]（《音》第42-44期合刊）

4月16日

陪同蔡元培与夫人周养浩出席“音乐艺文社”假上海青年会礼堂举行的第四次音乐演奏会。[注 到会者一千多人，听众对演出节目均甚赞美。]（《上

海音乐学院大事记·名人录》第 32 页/《音乐杂志》第 1 卷第 2 期)/《蔡元培日记》)

4 月 23 日

接教育部第 5611 号指令，要求各专科以上学校，毕业试验委员中应有校外委员参与。(《音》第 42-44 期合刊)

4 月 26 日

应上海市教育局举办无线电台播音之邀，组织音专师生在中西药房（今福州路）电台播送高雅音乐。(上音档案 520-37 (2) -30)

4 月下旬

接上海市教育局 4 月 23 日发出的关于保留工部局乐队的复函。[注　复函内容如下："接准大函，以公共租界工部局有停办管弦大乐队之议，嘱函华人纳税会提出抗议，具见热心公益，无任感佩。除已派员前往接洽，请予维持外，相应函复，即希查照为荷。……"](《音》第 42-44 期合刊)

4 月

安排学生观摩作曲家、钢琴家车列浦宁在音专小音乐厅的排练，先生的组织能力与学生的良好素质受到车氏的好评。[注　这次活动，给车氏留下深刻印象，在他撰写的回忆文章中介绍了当时上海拥有的"中国唯一的音乐学院"；并赞扬说"国立音乐院在八年前由萧友梅博士启始，他的音乐管理头脑和他的音乐天赋一样杰出"。]

VOL. XXI, No. 4　　　　OCTOBER, 1935

THE MUSICAL QUARTERLY

MUSIC IN MODERN CHINA

By ALEXANDER TCHEREPNINE

AFTER a fortnight's voyage from San Francisco, aboard a trans-pacific liner, you approach the coast of Asia. The Yellow Sea, colored by the mud of one of the world's largest rivers, has really turned yellow; picturesque fishing boats, with typical eastern sails, begin to surround you; in the distance there is a faint line of land—your first glimpse of China. The coast grows more distinct. The steamer at last enters the broad estuary of the Yangtze. Soon, on both banks of the river, which are absolutely flat, you see houses built in English fashion, factories, hangars, and godowns (or warehouses). The sight so resembles that of a western city, you hardly believe this is Shanghai.

The steamer stops. Passport examination, a short trip on a tender—and you land in the middle of the famous Bund. Coolies take charge of your luggage, and you hear them sing, or rather intone rhythmically, while a couple of them carry your heavy "Innovation" trunk. One of the pair mutters the beginning of a phrase, the other brings it to an end. They always repeat it in time to their slow movements. Here the "immaterial" musical rhythm seems to become a help for carrying the hard, "material" burden.

The Shanghai Bund, like the Thames Embankment, is known to seafaring men the world over. An international crowd of sailors, tourists, businessmen of all nations, mingles with a preponderant mass of Chinese, dressed in the national blue coat and wide trousers; hurrying

391

车列浦您文章原文

齐尔品回忆　"我在首场音乐会公演之前，有过一次难以忘怀的与听众的接触：为了准备室内乐音乐会，我去国立音专的小音乐厅排练。当我到达时，惊奇地发现小音乐厅里挤满了学生，他们显然是来听我们演奏的。考虑到这是第一次练排，所以我客气地提出不希望有听众参与；这时音专的系主任向我保证说学生们绝不会对排练有任何打扰，而且他让人把舞台上的帷幕放了下来。我们紧张地排练了近两小时，我甚至完全忘记了在帷幕之外还有听众，因为他们自始至终没有任何声响或动作。排练结束后，帷幕被拉起来，我才吃惊地发现两小时前那'一屋子'人居然都还在，有些学生则始终是站着听的"。(齐尔品《现代中国的音乐》，载《音乐季刊》第 21 卷第 4 期，1935 年

10 月，孙海译并提供）

5月4日

为《音乐家的新生活》一书撰写"绪论"（本书写作原委及经过见本年 5 月条）。[注 "绪论"首先说明音乐的功效及其重要性，然后指出，"学音乐绝对不是玩物丧志的事"；"音乐的本质根本就比别的艺术高强，它的构成比别的艺术都更精微，更神化。它的发达比建筑、雕刻、文学、绘画都迟缓。原始的人类虽然也有音乐，但是都是单调的，一种简陋的锤、击、拨、挑，完全表现不出深刻的思想与感情。直到巴赫起来，集前人音乐的大成，替后代打开了创作的新路，音乐的进步才一日千里。仅仅以两百年的时间，便追过了别的经过两千年或是两千年以上的演进的艺术。至于它所以具有这种出神入化的力量，它的关键全在和声。不过说起来要气短，我们的音乐远远不及西洋"。接着，从理论和技术两方面分析了中国音乐不进步的原因，希望"我们此后要博采西乐之长，然后对于中国音乐的改造方有把握"。文中特别强调指出："我之提倡西乐，并不是要我们同胞做巴哈、莫查特、贝吐芬的干儿，我们只要做他们的学生。和声学并不是音乐，它只是和音的法子，我们要运用这进步的和声学来创造我们的新音乐。音乐的骨干是一民族的民族性，如果我们不是艺术的猴子，我们一定可以在我们的乐曲里面保存我们的民族性，虽然它的形式是欧化的。莫查特是德意志人，他写意大利文的歌剧，还一样表现出德意志的民族精神，我们正不必作这种无谓的杞忧。"]

钱仁康论评 这"无谓的杞忧"是什么？就是怕喝了牛奶变成牛。对此鲁迅先生早已在《关于知识阶级》文中一语道破："虽然西洋文明吧，我们能吸收时，就是西洋文明也变成我们自己的了，好像吃牛肉一样，决不会吃了牛肉自己也变成牛肉的。"（《萧友梅纪念文集》第 467 页）

居其宏论评 萧氏在阐述音乐革新的目标与理想时，用了个份量极重、感情色彩极浓的"干儿"一词，是有其深刻含义的。"全盘西化"论者是认洋作父，做人家的干儿子，而萧氏主张则是以西为师，师夷之长，始终以音乐文化的民族自尊为核心，在西方音乐面前不亢不卑，虚心学习，以能自立于世界之林，与之并驾齐驱为目标。（《萧友梅纪念文集》第 354 页）

["绪论"还强调音乐家自身道德修养的重要性，指出，"一个伟大的艺术家是终身

努力的"；"一有私心，便会使艺术家堕落。我们此后要本着大公无我的精神把艺术当作一件神圣的事业。有何成就不单是一己而亦是整个民族的光荣，有了这样的心思再加以继续的努力，然后在世界音乐上才有与人争一日之长的希望"。最后在说明本书的目的是在介绍西方几位音乐家的生平，供我们借鉴，给我们勉励后，萧友梅还现身说法，介绍了自己在日本、德国留学时"不曾苟且偷安"，刻苦学习的经历（参见本书"留日时期"）。]

[按：关于该书的写作经过，廖辅叔在 1990 年出版的《萧友梅音乐文集》与 1993 年出版的《萧友梅传》中都作了具体介绍。但在廖先生的行文中，"绪论"究竟是谁写的，说得比较模糊。"文集"和"传"的语句与标点也有所不同。从"绪论"的独特见解、文章风格且署明写作日期来看，我们判断似是萧友梅亲笔。记此以供研究参考。]

5 月 4 日

邀请作曲家、钢琴家车列浦宁[2]（A.Tcherepnine，中文名齐尔品，1899–1977）到国立音专举行个人钢琴作品音乐会。[注 《音》副刊有署名"苓蒂"的文章《采莱浦宁氏演奏会记》，报道音乐会的盛况："满堂听众，无不为其感动，掌声之热烈，为从来所未有；学校及学生会，各献一花篮致谢。继为朱英先生之琵琶答奏，国手之音，不同凡响，采氏尤为倾倒。诚可谓二难合并不可多得之盛会。"]（《音》第 42–44

车列浦宁

期合刊/（《音乐杂志》第 3 期）

5 月 8 日

学校举行第 25 次学生演奏会。[注 节目有萨哈罗夫钢琴独奏《夜曲》（肖邦）与《最快板》（拉赫玛尼诺夫）、谭小麟琵琶独奏《普庵咒》、巫一舟钢琴独奏《幻想即兴曲》（肖邦）等。]（《音》42–44 期合刊）

5 月 10 日

学生会乐艺股举办第二次研究音乐会——舒伯特作品音乐会。[注 这一学术性演出活动，经历了较长时间的准备，节目甚为丰富。]（《音》第 42–44 期合

刊副刊第 1 期）

[**按**：报道虽未说萧友梅出席了音乐会，但这种由学生会组织的学术性活动，先生一般都会安排时间亲自参加。第一次研究音乐会就出席了（参见本年 3 月 28 日条）。录以备考。]

5 月 11 日

委托韦瀚章考虑，对教育部视察员到校调查时，如问起音专为什么本科生太少，选科生太多时，该如何答复。[注 韦瀚章为回答这个问题，写了专文《对教部视察员问》。该文首先说明写作此文的缘起："照理，这个简单的问题，萧先生一口就回答了，不过他素来如此，凡有一件问题，不经二三人的讨论，他不肯随便答复的。现在他既然叫我想想这个问题的理由，所以我乘机说几句话。"文章说，"'选科生太多，本科生太少，是什么理由？'假如视察员问我，我却要先问他：'为什么我们收不到本科生？'黄司长任教部重职，对于国内教育状况，当然比我们明了多，所以他一定可以先答复我的疑问。……我们每次取录新生，不知经几番审定，不符资格的不收，不合程度的不收，未经会考合格的不收，未立案学校的毕业生也不收，其具有同等学力的确可以收，然不能过新生名额五分之一。假如我们仅取得一个及格的新生时，那么，具有同等学力者只能收他一只手或一只脚而已。……每次来投考的人，差不多愿考正科的（指高中及高师），因为正科学费既廉，又可以多学副科及其他科目，学校方面，也愿多收正科生，……然而够得上资格的，能有几人？……我们并非不肯收本科生，我们并非不愿收本科生，实在是可以够得上投考的人太少了"。"还有一层，本校的校舍是租别人的住宅，房子本来就不适用于音乐学校的，经费也缺乏到无可再缺了。我们倘多开一二班课程，总是为着课堂和教员不敷支配，隔一二年才开一新班"。文章最后写道："总而言之，我们本科生太少，是因为没有这种投考的人才，没有这种校舍，没有这种经费。三大理由，除了第一件我们可以在本校高中高师造就少数以外，我们本校万万不能为力。所以要我们增加本科生，先要提高各中学音乐程度，建筑我们宏大的校舍，增加我们的经费，期以五年，我们的本科生，大可增加了。不过一时要全国中学音乐程度提高，仓卒之间，经费与师资方面，事实上一定办不到。为今之计，不若就本校范围，力加扩充，改为一完备之音乐院，增设儿童班及预备班，造就出一班纯粹的音乐人才，为他日全国中小学师资之用；到那时再逐渐地提高其他中学音乐程度，凡是高中毕业的，都可以进本科，谁还愿意做选科生呢？"](《音》第 42-44 期合刊）

5月 12、14 日

学校连续举行第 26 次、27 次学生音乐会。[注　节目有吕骥独唱舒伯特的《暴风雨之晨》、蔡绍序的普契尼《啊！这双柔嫩的小手》、胡静翔小提琴独奏莫扎特的《A大调第五协奏曲》、丁善德钢琴独奏李斯特的《第十二匈牙利狂想曲》、合唱歌剧《卡门》中的《斗牛士之歌》等。](《音》第 42-44 期合刊）

5 月 19 日，教育部公布《中学及师范学校教员检定暂行规程》。其中对音乐科的检定科目为：1、普通乐学；2、和声学；3、各种乐器奏法（钢琴、提琴或中国乐器之任何一种）；4、音乐教学法；5、唱歌。（《教育部公报》第 6 年第 21、22 期）

5月 21 日

作曲家亚历山大·车列浦宁是日发函给萧友梅，请协助筹备一次中国风格钢琴作品比赛。[注　信中说："我写这封信给你，是请您筹划一个以制作具有中国民族风格音乐为目的的比赛，最好的一首由中国作曲家所写、而具有中国民

Shanghai, may 21th 1934

Dear Mr Hsiao,

I am writing this letter to ask you to undertake the organization of a competition having as object the production of national chinese music. A prize of 100 dollars mexican to be offered for the best piano piece written by a Chinese composer and of national character, the duration of the piece not to exceed five minutes.

It is understood that the manuscripts will be sent in annonomously (the name of the composer should be enclosed in an envelope, the manuscript bearing a nom de plume) and that the final date for sending in the manuscripts will be september 15th, at which date you will preside over a committee of your choice (of which I would be honored to be a member) who will examine the works and award the prize.

I hope this competition will result in my being able to take with me a piano piece that will give me the opportunity to make known in other countries chinese music, which I have learnt to appreciate very sincerely.

Thanking you for all your kindness and looking forward to seeing you at the end of September

yours sincerely

a Tcherepnine

车列浦宁致萧友梅的亲笔信

族风格的钢琴曲，将获得一百银元的奖金，但乐曲的长度不宜超过五分钟。应征的手稿不应具名（作者的姓名应随手稿同时附上，但手稿应另行编号以识别）。截稿日期是 9 月 15 日。届时，请您组织一个评审委员会（如果我能成为其中之一，将深感荣幸），以评定作品名次。我希望因这个比赛的结果，将有一首中国乐曲能让我有机

会在其他的各国演奏。我由学习和演奏（研究）之中，对中国音乐心怀无比的尊重。"先生收到来函后即开始着手组织筹备，并聘黄自、查哈罗夫、欧萨可夫及车氏本人等担任比赛审查委员。]（*1934年7月《音乐杂志》第1卷第3期*）

5月23日

晚8时，陪同蔡元培出席在八仙桥青年会礼堂举行的第5次学生音乐会。[注　节目有丁善德的钢琴独奏《匈牙利狂想曲》第12号（李斯特），斯义桂的独唱《我也在此致意和拥抱》（亨德尔），胡然的独唱《圣洁的阿依达》（选自威尔第的歌剧《阿依达》），以及戴粹伦的小提琴独奏，叶怀德的长笛独奏，谭小麟的琵琶独奏与应尚能指挥的合唱等节目。]（*《音》第48期*）

5月28日，大同乐会假世界社举行音乐会，蔡元培出席。

5月

署名萧友梅，实为廖辅叔代笔经先生审定的《音乐家的新生活》一书单行本，由南京正中书店出版。[注　当时正中书店为配合"新生活运动"，由叶楚伦主编，约请戏剧家、文学家、音乐家中一些头面人物撰稿，编写一套记述各种专门家新生活的"新生活系列丛书"。音乐家中请了萧友梅。萧友梅推说事情太忙没有空写，但可介绍别的合适人选来写。书店方面起先不依，后同意可以由别人来写，但作者名字一定要用萧友梅。于是萧友梅就想到了廖辅叔。具体做法是：由萧友梅选定一些具有勤勉刻苦，坚忍奋斗的生活经历并取得巨大成就的德、奥音乐家，作为学习榜样来写。据此意见，廖辅叔写完一篇，萧友梅就审定一篇，最后再由萧友梅写一篇《绪论》。（参见5月4日条）实际上，这本书中只有"现在新生活运动亦非常注重音乐"这一句话与新生活搭上关系。所以丛书出版后，正中书店在为这套丛书的一些作品大肆宣传时，始终没有提到这本书。]（*廖辅叔《关于〈音乐家的新生活〉这本书的编写经过》《萧友梅音乐文集》第411页/《萧友梅传》第51页*）

5月

支持音专学生先后出版"壁报"、"文艺副刊"。[注　为改变在校学生只管埋头个人学习和技术苦练，对于学术文章很少注意的状况，在萧友梅的鼓励与支持下，学校出版部出版了一种不定期的"壁报"，很受学生欢迎，而且稿源很多。这是学生思想活跃的一种可喜现象。在此基础上，萧友梅又决定在校刊《音》上开辟专栏，登载学生稿件，名为副刊，由学生自治会编。第 1 期于本月出版的《音》第 44~45 期上与学生见面。同年 10 月《音》第 47 期上又正式更名为"文艺副刊"第 1 期，至 1935 年 1 月，实际共出版 4 期。]

5 月

应教育部聘请，任音乐教育委员会委员。[注　被聘任的还有唐学咏、赵元任、周淑安、黄自、赵梅伯、马思聪、王瑞娴、沈心工、杜庭修、方东美、顾树森、黄建中等人。据本年 3 月 26 日教育部公布的《音乐教育委员会章程》，该委员会的任务为：1、音乐教育之设计；2、编审音乐教科书；3、关于音乐教员的考试及检定事宜；4、推荐音乐教员，介绍音乐名家组织各种演奏会。章程还规定由教育部长派三人为常务委员，其中一人为主任委员，负责统筹委员会的工作。]（《教育部公报》第 6 年第 13、14 期/《音乐杂志》，音乐艺文社编，第 1 卷第 3 期）

6 月 1 日

搭乘赵元任自驾车离沪经杭州、宜兴去南京。[注　同行还有赵元任夫人杨步伟与唐擘黄夫妇。这次出行途中出了意外事故。6 月 3 日下午 2 时左右，车在快到南京劳山附近时，突遇一小女孩横过公路，虽紧急刹车，但还是撞倒了人，幸好伤得不重，经抢救治疗后完全康复。该女孩父亲是汤山温泉疗养院主任，很通情达理，事故不但圆满解决，还与赵元任成了好友。]（《赵元任年谱》第 190 页）

6 月 16 日

签署发布音专第 140 号布告，宣布聘陈能方为事务主任。（《音》第 46 期）

6 月 29 日

出席教育部召开的音乐教育委员会第一次会议。[注　会议决定除继续完成音乐教材编订委员会未竟之工作外，并通过了四项提案：1、请教育部制订音乐学校组织法（内包含音乐教员养成科）；2、请订中学及师范学校音乐教员检定试验标准；3、请举办暑期中、小学音乐教员补习班案；4、订定音乐教育视察制度案。会议同时受教育部委托，从现有的中小学唱歌教材中精选出 200 余首，编成两本歌集，准备由书局出版，分

别供中学与小学使用。]（《音乐杂志》第1卷第4期《乐艺消息·本国之部》）

6月，上海音专毕业生华文宪被聘为励志社音乐干事，7月赴庐山军官训练团，指导8千军官练习唱歌。（《音乐杂志》第1卷第4期）

6月

再次主持修订国立音乐专科学校学则。[注 办学宗旨改为"本校以教授音乐理论及技术，养成音乐专门人才及中小学音乐师资为宗旨"。"本校分本科、研究班、附设高级中学、高中师范科（以上为正科）及选科、特别选科与补习班，设理论作曲、钢琴、小提琴、大提琴、声乐、国乐及师范七组"。]（《音》第45期）

7月15日

发表《来游沪平俄国新派作曲家及钢琴师亚历山大·车列浦您（Alexendre Tcherepnine）的传略及其著作的特色》一文。[注 这是一篇在广泛收集材料的基础上撰写的全面介绍车列浦宁生平、成就及其所作乐曲特点的学术论文。文章分"传略"、"著作"、"车氏著作的理论上的基础"三部分。在 "传略"中介绍车氏的生平后，借采访记者的感受，把车氏成就的获得归结为除了"天资超绝，态度和蔼"外，特别强调他"工作的勤奋（虽在旅途中，每日上午至少工作四小时），虚心研究，写谱精细等等，十分佩服不置，因此更令人相信真正的名誉没有不劳而得的了"。对"著作"的介绍，除详尽列举车氏在1933年前出版的所有作品及其出版社的名称和地址"以供爱好者参考"外，还着重指出车氏作品具有"欧亚合璧的性质"，因为"俄国东部曾被蒙古民族统治多年，像俄国俗语说'剥掉一个俄国人的皮，就露出一个蒙古人的骨'。所以一个俄国人的作品具有东方色彩，并不算希奇的事"。对"车氏著作的理论上基础"，文章详细介绍了车氏作品中常用的"九级音阶（九声音阶）"，并对车氏所提出的"对空法"或称"对间法"、"节奏上的转调"等作曲技法的历史渊源及运用方法作了分析介绍；为便于说明，文中附有 17条谱例。]（音乐艺文社编《音乐杂志》第3期）

同日，还发表《最近一千年来西乐发展之显著事实与我国旧乐不振之原因》一文。[注 文章首先略举西方音乐发展过程中的一些显著事实，如键盘乐器、五线谱的发明、教堂风琴师、专业作曲师的出现、音乐院的设立等等；接着简要叙述了我国自隋唐以来，乐师地位日益低下，加以他们向来墨守旧法，不轻易取法西乐，所以西乐只管一面输入，旧法仍然照旧保存。文章总结出我国旧乐不振的"三大原因是：1、以前吾国乐师无发明制造键盘乐器与用五线记谱的能力；2、以前吾国乐师过度墨守旧法，缺乏进取精神，所以虽有良器和善法的输入，亦不愿采用和模仿；3、吾国向来没有正式的音乐教育机关，以至音乐教授法未加改良，记谱法亦不能统一。"文章最后指出："假如仍旧死守向来的态度，丝毫不愿意改变，恐怕百年之后，旧乐仍旧依然故我，永不能有发展的一日吧！希望学习旧乐的同志，今后特别注意和努力。"](*音乐艺文社编《音乐杂志》第 3 期/江西《音乐教育》第 2 卷第 8 期转载*)

7月19日

在教育部派员视察音专后不久，于是日就音专的教学业绩和欠缺之处发出第 8714 号训令。[注 训令肯定学校"训练学生，尚属切实，课业成绩，亦有可观，殊堪嘉许。至该校欠缺各点，除关于经费及校舍两项，应俟本部筹划具体办法外"，学额"应设法扩充。乐器、乐谱、图书及其他教学设备，应在可能范围内酌量增加。此外并应注重本国民歌民谣之搜集，及欧美中小学音乐教材之研究以供参考"。(*《音》第 46 期/《教育部公报》第 6 年第 39、40 期也公开刊发了教育部对学校工作的指示，内容与训令基本相似。*)

暑期

为扩大考生来源，提高新生专业基础，音专开设暑假补习班并亲自授课。[注 陆仲任 就是通过在补习班学习后于本年考取音专的。](*《萧友梅纪念文集》第 101 页*)

为学生提供艺术实践机会，支持应尚能先生偕同学生丁善德、满福民、戴粹伦到香港、广州、南宁等地作音乐旅行巡回演出。(*满福民《南游音乐会记》，音乐艺文社编《音乐杂志》第 1 卷第 4 期*)

7月

由于经费困难，此前曾向管理中英庚款董事会申请补助。是月接到由董事会和董事长朱家骅分别签署的给学校发来的公函。[注 董事会告知："敝会第十次董事年会于 6 月 29 日在北平举行，尊处请款之件业经提出讨论，唯敝会以年来美币低落，收入锐减，财政极感困难，对于尊处请求补助之件，实以力不从心，未得通过。"董事长函复说："贵校前请补助肆拾万元，俾发展音乐教育一案，本会深表同情。只以此次审查案件，多至一百二十余起，请款总额达五千六百万元以上；而息金收入可供支配者，截至本年六月底止，仅有一百三十三万七千余元。相差过远，挹注实难。且前订息金支配标准，曾经载明，息金补助应特别注重农、工、医、理四科。又本年庚款机关联席会议时教育部方面，亦曾提议各庚款机关对于教育文化事业之资助，应依据国家需要，分别确定范围，以期避免重复，当经会议议决通过在案。依照该提议所载，本会应注重农工医理等应用科学事业，法庚款机关（按：指专门管理法国退还的庚子赔款机构。）应注重艺术事业。所以本案审查结果，认为应留待将来视情况如何，再行考虑。"]（《音》第46期）

9月6日

发布音专第146号布告，公布本年度招考的补缺生名单。[注 其中有正取、备取各科学生杨树声[3]（声乐正取试读）、高中师范科正取张昊（声乐）、张隽伟（钢琴），、选科正取生林超夏（中提琴）、杜刚（杜矢甲）[4]及备取生林声翁[5]（钢琴）唐荣枚[6]（声乐）等20多人]（《音》第46期）

杨树声

9月7日

发布音专第147号布告，宣布"本科生丁善德成绩优良连得甲等五年，经教务会议议决，本年度仍给予甲等奖以示鼓励"。

[按：此为音专开办以来第一次破除了原来对学生的学分要求过于死板的规定。]（《音》第46期）

9月14日

以校长名义致函中比庚款委员会，恳请设法派音专毕业生李献敏赴欧洲深造。[注 信中说："贵会议决选派国内优秀学子，出国求学，以资深造，蔚为国材，此举实为吾国文化前途，有莫大之裨益。""本校去年度第一届毕业生李献敏（本科钢琴组）学业成绩，均属优良，有志赴欧研究，再求宏造，特此函恳贵会准予选派，为音乐教育，培植良才，将来学成归国，皆出自诸公之赐，务希卓裁见复，无任企祷！"。

不久，接到中比庚款委员会公函："查该生资格学历，对于本会选派留学生章程尚称相符，应即核准给予学费全份，计每年一万五千比币。惟来回川资，须由该生自备（参见 10 月 1 日条）。"（《音》第 47 期）

9 月 24 日

在梅园设宴招待教职员。[注　先生的用意有三：1、感谢第一届毕业生主科教员教导之功；2、音专教师中有十余人任教已满五年以上，特设宴为之庆祝；3、本学年又聘三位新教职员（详见 9 月第 3 条），借此机会，以表欢迎。当晚宴会，从萧友梅校长以下，几乎全部出席。先由萧友梅致辞，继由陈能方译为英语，最后由钢琴组主任查哈罗夫致词。他谈自己先是拒绝、后又接受萧友梅聘请的经过，接着表示他承认自己当初估计的错误。是中国学生的聪颖和勤奋使他感到高兴和安慰。他愿意永远教下去，为中国的音乐教育贡献一份力量。宴会到 10 点多才尽欢而散。

（《音》第 46 期）/（《萧友梅传》第 40 页）

[按：廖辅叔先生说查哈罗夫是在国庆宴会上致辞。查《音》和其他资料，未见有国庆宴会的记载，可能廖先生记忆有误。本年国庆纪念会也是晚上举行的，但中间安排的是冷餐会（参见 10 月 10 日条）。今编排在此，备考供研究。]

9 月 27 日

主持音专新旧同学见面会，教职员也一起参加，大家尽欢而散。[注见面会既表现出大家通力合作的精神及遵守一切游戏规则的道德，又体现了音专为一有礼有乐的集体，给师生留下了良好的印象。]（《音》第 46 期）

音专新旧同学见面同乐会。（巫一舟收藏孟酉提供）

9 月

应上海市教育局之请，与局长潘公展商定，本学期起每星期五晚 8 点到 8 点 45 分，在四马路中西药房电台，由音专同学担任播送教育音乐。[注 内容包括演讲、纪念节目、民歌、艺术歌、浅近艺术器乐曲、艺术曲、本国旧乐、新创作等 10 类，并在《新夜报》特辟《音乐周刊》，登载该星期之音乐解释与其他关于音乐之文章，由本校师生撰稿。]（《音》第 47 期）

9 月

学校恢复星期朗诵会。[注 该会成立于去年，不久即停顿。朗诵会每星期开一次，每次一人朗诵，众人批评。朗诵会在《音》上发布消息外，还号召"有对于朗诵有兴趣的不妨加入"。（《音》第 47 期）

9 月

本月起又新聘多位有水平的教职员。[注 专任教师与职员有：拉查雷夫[7]为钢琴教师，陈能方[8]为事务主任，何达安（原集美高级中学专任教员与暨南大学讲师)为国文教员，廖辅叔(原本校图书馆事务员)为校长室文牍兼校刊编辑，兼任教师有：时任上海公共租界工部局管弦乐队首席簧栗师Dramis先生为本校簧栗教员，Mrs.Selivanoff及Mrs.Krilova 为声乐组主任周淑安先生本学期的代课教师。(《国立音乐专科学校校舍落成纪年特刊》/《音乐杂志》第 4 期/《音》第 46 期）

10 月 1 日

为求有效地主持和系统处理教育音乐播音事宜，是日宣布组织教育音乐播音委员会。[注 该会内分演奏、编辑及事务三股，并推定应尚能为演奏股主任；黄自为编辑股主任，陈能方为事务股主任。丁善德、何端荣、戴粹伦、陈又新、胡然、满福民、朱崇志及谭小麟为演奏股股员；刘雪庵、贺绿汀及向隅为编辑股股员；朱崇志、陈蓉蓉及孙德志为事务股股员。]（《音》第 47 期）

晚 7 时半，音专学生自治会为李献敏赴比利时留学举行欢送会。[注李在音专学习 5 年，本科毕业后又在研究班修习 1 年。会上，先由刘雪庵报告，各同学分别致辞，接着孙德志代表高中师范科同学向李献敏赠送国旗一面，希望她能不但为本校增光，"且为我国素来落伍的音乐吐一口气"；李献敏在致答词后，演奏了李斯特的三首名曲以示感谢。]（《音》第 47 期）

10 月 4 日

发表《上海市教育局邀请国立音乐专科学校播送音乐之经过及其目

的》一文。[注 文章说，自去年 11 月起，应教育局的邀请音专每月举行一次播音音乐会以来，教育局方面觉得这种高尚音乐的播送非常有效力，但每月一次未免太少，因而要求增加次数，萧友梅和音专教师经多次讨论，决定从本年 10 月第一周起，至 1935 年 6 月第一周止，计划每周五向社会共举行 36 次播音音乐会。文章除介绍播音音乐会的计划内容外，特别明确指出："我们播送音乐会的目的，不外想让听众多听些好音乐。因为音乐的感化力很大。现在社会上流行的音乐多是颓废的曲调和靡靡之音，人们听惯了这种音乐，不知不觉把自己原有的壮志和元气都失掉；多听淫词淫曲，不知不觉把自己的品格都变坏了，尤其是小孩子或是 25 岁以下 的青年，受这种坏音乐的影响更容易，因为这种声音听进脑里后，就永远留着很难洗去的。这种音乐跳舞厅和游艺场演奏最多，所以做家长的最好不教年轻的人到那种地方去，不要购买那类唱片，遇有高尚的播音节目，应该教他们多听听，使他们领略音乐的好处，日久他们的思想和品格自然旧有进步的。"] *（见是日上海《新夜报·音乐专刊》创刊号）*

[**按一**：聂耳注意到了国立音专的广播节目。他说："那些高踞在学府里的专家们，今年也有走到播音台里面去的"。"节目方面有演讲、纪念节目、音乐教材、民歌、艺术歌、浅近艺术器乐曲、本国旧乐、新创作等十种。但这些节目在那千奇百怪的播音节目中，实在也难于引起人们的注意"。*（《聂耳全集》下卷第84页）*

[**按二**：《新夜报·音乐专刊》，第 4 期起改名为《音乐周刊》，从本年是日起至 1936 年 1 月 16 日，共出 57 期。在《音乐周刊》出最后一期的前夕，萧友梅又与《申报》联系，拟继续出版《音乐周刊》*（详见 1936 年 1 月 7 日）*。《新夜报》于民国 21 年（1932 年）6 月 6 日创刊，原名《晨报晚刊》，7 月 1 日起改名《新夜报》。由潘公展主持的上海晨报社股份有限公司出版。]

10 月 5 日

主持国立音专第 51 次校务会议。[注 先生在会上报告学校经费和建筑校舍等事项，议决"将来校址购买不租，地点俟察看后再定"。]*（《音》第 48 期）*

10 月 8 日

发布音专第 156 号布告，宣布本届音乐会委员会成员。[注：推定黄自、

查哈罗夫、法利国、佘甫礁夫、舍利凡诺夫夫人、朱荇青及应尚能为委员，黄自当选为委员会主席。]（《音》第47期）

10月10日

晚，出席音专国庆纪念会。[注　这次活动，自校长以下师生大都出席。会上演唱的曲目中，有萧友梅、黄自作曲的国庆歌。在照相时，每人都戴了一项自制的纸帽。然后是游戏节目，其中有陈能方表演的魔术。冷餐之后，陈先生玩了几套魔术，萧友梅、黄自、陈能方及诸位同学各人说一段笑话。会场气氛热烈，近午夜方散。]（《音》第47期）

10月11日

主持第52次校务会议。[注　议决的主要内容有：1、校舍地址选在上海市中心区市政府附近；2、关于地价及付款办法最好在八万元建筑基金以外筹办；3、校舍建筑计划由校务会议负责办理；4、校舍大体计划修建为：(1)、教学办公楼，其中包括有礼堂（三百至四百座位）、预备室二间（大约七八十人）、校长室、各主任（文牍、教务、注册、事务、庶务、会计）室、图书及阅览室二间、会客室、教员休息室、会议室、共同课教室（五十人座位）四间，分组个别教室大小各四间，每层厕所、地下存储间、门房间等。(2)、宿舍（男女生各一幢），其中二人房二十五间，练习室二十间，客堂一及仆役间、卫生间设备等。(3)、饭厅（附厨房），须容纳一百二十人。]（《音》第48期）

10月21日

在英国留学的裘复生给韦瀚章来信，报告在英情况，并要求"将这封信公开给各位，向萧校长、黄教务主任、应尚能先生以及各位师友"问候。

（《音》第48期·文艺副刊第2期）

10月21日

发布音专第150号布告，宣布补行入学考试续取名单2人，其中有林声翕。[注　本年9月16日公布的录取名单中，林声翕为钢琴备取生，这次为和声班。]（《音》第46期）

10月25日

组织举行第28次学生演奏会,参加演出的有胡然、谭小麟、杨体烈、

蔡绍序等。(《音》第45期)

10月27日，上海各大学联合做出决定："禁止学生入跳舞场，并函请市政府设法查访，随时通知原校，将进入舞场的学生立予开除。"

10月29日

晚，出席在新亚酒店大礼堂举行的本校教员演奏会。[注 听众700余人。法利国、佘甫磋夫、戴粹伦、朱英、应尚能、拉扎雷夫等参加演出。10月30、31日《中华日报》有评论。](《音》第47期)

10月29日

为即将离国赴比利时留学的李献敏题词勉励。[注 全文如下："语云'三日不弹手生棘，'学技术者诚须常常练习，但单独注意于机械的练习，而不顾及乐曲之组织及其旨趣，即使能弹出千百首曲，仍与械器乐器无异，故学曲时于技术之外须常注意其体裁及表情两点，方可领略得全曲之真精神。书此以赠献敏同学。萧友

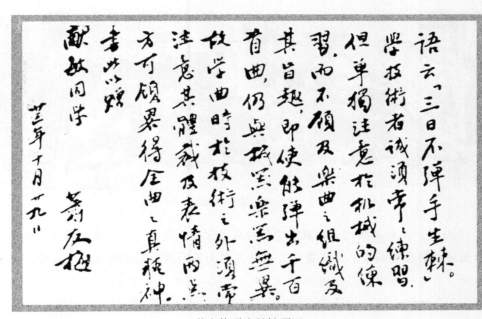

萧友梅赠李献敏题词

梅 廿三年十月廿九日"]

10月29日

发布音专第159号布告，宣布本科师范组学生易开基经补考后各项成

绩符合学校奖学章程，照章给予甲奖，以示鼓励。（《音》第47期）

黄自、贺绿汀分别为李献敏题词（两幅题词均由美籍华人欧阳美伦提供）

音专师生欢送李献敏

　　10月，江西省推行音乐教育委员会成立管弦乐队，有张贞黻、盛雪等参加，管乐由省政府公安局乐队中优秀队员兼任，在南昌湖滨公园还建立了音乐堂，为演出场所。另有一合唱队，1938年更名为"抗敌歌咏团"。（《音乐教育》第5卷第3、4期）

秋

　　介绍江定仙去陕西省教育厅任中小学音乐教材的编辑工作。（《中国近现代音乐家传》第2卷299页）

　　[按：时任陕西省教育厅厅长的周学昌为20年代北大音乐传习所学员，是萧友梅的

学生。他十分重视音乐教育，曾要求萧友梅予以支持。]

11月1日

发布禁止学生入跳舞场的第 160 号布告。[注　先生认为，"欧洲舞蹈本列艺术之一科，亦为宴集之一助。惟沪地品流混杂，良莠不齐，袭欧化之名，行牟利之实，遂至舞场林立，俾夜作昼，且对温良之女性及庄严之人道主义以可伤之摧残，于良心不安，仰亦不忍。布告从当时上海十里洋场的实情出发，为爱护学生，有利于合格人才的培养，支持上海各大学联合会的决定，要求"各生努力自爱，毋因他人之引诱，致招开除之制裁，以挽颓风而崇明德"。] *（音》第47期）*

11月1日，由原山东省立实验剧院重组而成的山东省立剧院成立，隶属教育厅社会教育科，王泊生任院长。剧院设有音乐系及管弦乐团，陈田鹤任主任及团长。*（孙继南《中国近现代音乐教育史纪年》）*

11月5日

发表《为什么音乐在中国不为一般人所重视》一文。[注　文章第一部分从历史的角度，分析了音乐在中国不为一般人重视的原因。接着又具体论述了音乐具有"伟大的感化力"。为了提高音乐在社会上的地位，文章提出了四项切中时弊，至今仍有现实意义的措施：1、"教音乐的人要把教材慎重选择，凡有轻佻、淫荡、颓废性质的绝对不可采用，须多教授庄严、优美、雄壮的乐曲歌曲，领导学生向高尚方面走"；2、"学音乐的人不独要学高尚的音乐，还要把音乐当作最高尚的艺术去研究"，"音乐之外还须学得充分的常识，本国文字和外国文字"，而且应该知礼、守礼；3.、以音乐为职业的人对音乐同事要有合作的精神，对音乐同道，要抱定互相尊重的态度"；4、作音乐的人应当创作"全是高尚的乐曲"，对于那些"专迎合下流社会的心理，编成许多淫荡颓废的乐曲歌曲，廉价印刷出版散布到全国，教意志薄弱的人们，不知不觉都中了他们的毒"，而藉此渔利的人，可以叫做"音乐界的蟊贼"，"应该一齐起来鸣鼓而攻之"。文章最后要求中央政府和各地方当局，要像江西省那样，负起检察和纠正的责任，提倡正当高尚的音乐，严禁邪乐。这样才能使"音乐的效力逐渐可以获得，而音乐的地位也一天比一天的可以高起来"。] *（音乐艺文社编印《音乐杂志》第4期）*

379

11月8日

组织举行第29次学生演奏会。参加演出的有陈韶、李炳星等，节目有琵琶、钢琴、大提琴独奏，独唱等。（《音》第48期）

11月9日

12时，出席在音专礼堂举行的"中国风味钢琴作品"评审会。[注　评审会之前先由查哈罗夫、萧友梅、黄自、欧萨科夫对应征的11人（均以匿名投递）的作品进行审查，由各人选出认为较好的几首作品，然后再由车列浦宁挑选数曲。本日将各人投票最多的编号为1、3、6、7、9、10等6首作品由查哈罗夫、车列浦宁各演奏一遍，评委们多数认为第9号作品应得头奖。但车列浦宁又认为其他作品应征者，亦作了不少的努力，自愿再拿出100元作为四个二奖的奖金（每人25元），以示鼓励；于是再次投票。最后结果是贺绿汀的《牧童短笛》获头奖，奖金100元，俞便民的《c小调变奏曲》、老志诚[9]的《牧童之乐》、陈田鹤的《序曲》、江定仙的《摇篮曲》为二奖，各得奖金25元；另外，贺绿汀的《摇篮曲》还获得名誉二奖，无奖金。评审会结束后，萧友梅觉得还应该对落选者多加鼓励，务必不要让他们丧失前进的勇气，便分别致函他们，说明评选的经过及他那首作品不能入选的原因，然后再劝他们继续努力，"果能益加淬砺，持之以恒，则成功之门，未有不为君开放者也。"]（《音》第48期）

贺绿汀

11月14日

主持第53次校务会议。[注　会议在听取主席报告校舍地址交涉经过后，议决本校正校舍与宿舍建筑应在一处；地段以近行政区为佳；面积当在30至50亩之间；分期付款越长越好。会议还通过了本年度预算及职业介绍委员会章程。]（《音》第48期）

11月14日

为江定仙、陈田鹤、刘雪庵等作创作的《儿童新歌》作序。[注　该曲集由商务印书馆于1935年8月出初版。共有序文3篇（另两篇是黄自和作者自序）。

先生序文开宗明义地指出："中国今日之音乐，过渡时代之音乐也。"而且辩证地补充说明："依据进化之原理，本无一日非过渡时代，惟纵考古今，横观中外，从无如中国今日之明显者。盖吾人生当今世，古乐已就衰微，新声犹未普及。欲使青黄不接之时期迅速过去，自非努力介绍西洋模范之音乐及学习西洋进步之作曲法不为功"。序文紧接着结合自己从事音乐学习与创作的切身体验说："余从事音乐垂三十年，深知此中甘苦。"从而提出了"欲造就音乐人才，必须从儿童入手"的至理名言。序言批评了"坊间出版之唱歌教科书，除已经教部审定者之外，大都拾西洋旧曲，填以格格不入之歌词；偶有自制新腔，又因作曲者对于音乐初无甚深之修养，作品自难尽善。遂致教学两方俱失兴趣"。序文肯定了江、陈、刘三君"出其所学，作歌成集，诚可弥补此一大缺憾"。而且他们的作品"率先选择清新或雄壮之歌词，然后配以得体之音乐"。"三君之作，虽最简易之曲调，亦能娓娓动人，使听者毫无单调之感觉"。序言最后勉励三君："此后应倍加努力，俾二集三集，得以继续刊行，则造福儿童，宁有限量，固不仅母校之光荣已。"该曲集收录江定仙和陈田鹤作的歌曲各 5 首，刘雪庵作的歌曲 4 首，于 1935 年 8 月由商务印书馆出版发行。]

[**按**：萧友梅以唯物史观、进化论的思想，在序文中纵考古今，横观中外，清醒地认识到中国音乐的发展正处于一个"青黄不接"的"过渡时代"。这一分析与结论，十分精辟。]

《儿童新歌》作者（左起）江定仙、陈田鹤、刘雪庵

11 月 14 日

召开第 53 次校务会议，议决组织"职业介绍委员会"。[注 奉教育部"凡公私立专科以上学校，均应组织职业介绍机构"的训令，于是日召开校务会议，

组织"职业介绍委员会"，并通过会章。萧友梅兼任委员会主席，委员有黄自、陈能方、周淑安、梁就明、俞继曾及夏瑜等 6 人。委员会的任务是"为本校毕业生谋相当之职业，对于中级以上之学生，认为有服务之能力者，遇必要时，亦得为之介绍"。会议内容于本月 20 日以音专第 163 号布告公告全校。](《上海音乐学院大事记·名人录》第 36 页)

11 月 26 日

晚 8 时，出席假新亚酒店大礼堂举行的国立音专成立 7 周年纪念音乐会。[注　是晚虽大雨倾盆，寒风刮面，听众之赴会者仍然踊跃。音乐会直到 12 时才结束。休息时，俄国作曲家车列浦宁先生为应征"中国风味钢琴作品"获奖者颁奖，头奖获得者贺绿汀弹奏了他的获奖作品《牧童短笛》，博得听众的热烈掌声。聂耳观赏了这次音乐会后，在《一年来之中国音乐》一文中表述了自己的看法，认为虽然有的节目不算成功，但音乐会长达四小时，节目是丰富的，而且特别注意到了贺绿汀的获奖作品钢琴独奏曲《牧童短笛》。](《音》48 期/《聂耳全集》下卷第 85 页)

11 月 28 日

主持第 54 次校务会议。[注　会议决定：通过吴白桦、罗邦杰所拟的校舍及宿舍草图；宿舍建筑费采用分期付款办法、1935 年度概算及要求补足部定六万元。](《音》第 48 期)

11 月，陈洪在由他主编的《广州音乐》第 2 卷第 11 期上发表《部定初中音乐课程标准检讨》。文章认为部定标准对学生要求在程度上是极力提高；但时间却极力减少，其结果只能沦音乐教育于绝境，让一个初中生除学唱歌、乐理、识谱外，还要学和声、器乐、作曲、音乐史，而每周只有一小时的上课时间，这是根本不可能办到的，所以标准只能是纸上空谈而已。该文又在江西《音乐教育》第 4 卷第 1 期（1936 年 1 月）上转载。

12 月 10 日

下午 3 时，主持第 55 次校务会议。[注　会上报告亲赴南京交涉建筑费的经过，决定建设计划待图样改正后再从长计议；另，学生赴南京举行音乐会事，学

校只负担由上海至南京的费用，到京后由教部设法。]（《音》第 49—50 期合刊）

12 月 15 日

主持第 56 次校务会议。[注　先生在会上报告教育部转来市政府关于校舍土地如何筹款事。会议议决，先向教育部交涉另筹专款拨付，如无圆满结果，于本年年底前从建筑费中提出部分暂垫。]（《音》第 49—50 期合刊）

12 月 18 日

主持第 57 次校务会议。[注　建筑师罗邦杰列席。会议议决校舍基地 30 余亩不能缩小；如经费不够，先兴建校舍，至于男女宿舍及练琴室等再行设法陆续动工；对于赴南京开演奏会事，延至明春再议。]（《音》第 49—50 期合刊）

12 月 24 日

主持第 58 次校务会议。[注　会议议决：1、如一时不能付出校舍基地 30 余亩全款的四分之一，则先认购该地段之南半段，先付半段之四分之一款，但仍要求市政府保留优先认购北半段之权利；2、请求中美庚款补助设备费五万元，其中管弦乐器五千元，钢琴二万五千元，书谱一万元，校具一万元；3、教育电影费俟教育局与学生会决定转帐办法后再商议。]（《音》第 49—50 期合刊）

12 月 31 日

向教育部呈报 1934 年度上学期以萧友梅为首的毕业考试委员会名单。[注　成员有黄自、法利国、介楚士奇、佘甫磋夫、周淑安、应尚能、苏石林、克利罗华、舍列文诺夫、梁就明、龙沐勋等人，校外委员 1 人高博爱（上海法国侨民学校校长、音乐评论家）。]（《音》第 51 期）

12 月

组织本校师生赴大夏大学演出。[注　曲目有斯义桂、郎毓秀、满谦子、胡然独唱，陈又新小提琴独奏，谭小麟二胡独奏，巫一舟钢琴独奏等。]（《丁善德音乐年谱长编》第 32 页）

12 月

音专举行师生作品演奏会，聂耳出席赏听。[注　会后，聂耳评论说："从这次演奏会中可以看出，该校的音乐家们是在努力着中西音乐的混合和调和的工作。

国乐合奏，也常是该校演奏会的一个节目。这可见该校努力倾向的一面。"］（《聂耳全集》下卷第87页）

本年（或次年初）

在举行"中国风味钢琴作品比赛"颁奖仪式后的某天，写信给当时在北平的这次比赛二等奖获得者《牧童之乐》的作者老志诚。［注　信中告知车列浦宁不久将去北京，并将由杨仲子引见，亲自向他颁发获奖证书与奖金，随信附寄本人名片一张。后齐尔品于1935年暑假前往北平，在协和礼堂为之颁奖并在颁奖仪式后的师生音乐会上同台演奏。］（《老志诚传》第77页/《中国近现代音乐家传》②第71页）

廖辅叔回忆　有一次上海某音乐团体某女士写信给萧友梅，请他同意派音专的几位同学，充实她们音乐会的节目。那封信竟使用英文写的，署名是中文姓名的英文译名音。先生一看火了。明明是中国人给中国人写信，为什么不用中文？难道我们是大不列颠帝国的臣民不成？于是决定不答复她的请求，先对它给中国同胞用英文写信提出严肃的异议。某女士也真的从善如流，立刻回了一封中文信，做了认真的自我批评，然后提出请求。萧先生这才按正常的规章制度，请黄自根据实际情况派适当同学和准备演出节目。（《萧友梅传》第54页）

本年，《渔光曲》《大路歌》《开路先锋》《毕业歌》等一批爱国进步歌曲问世。

本年，音专出身的何士德是年起，在旅沪广东中华基督教会洪钟乐社任义务指挥，利用职务之便，在各地演出时常把救亡歌曲加入到节目中去，同时在由学生、工人、职员、店员组成的合唱队中教唱救亡歌曲。他不仅教唱，还教指挥法，培养了不少开展救亡歌咏活动的骨干。

【注释】

[1]黄廷贵（1911-1996）四川内江人。原就读北平大学艺术学院，1933年转入国立音专选科试读，1934年考入高中师范科钢琴专业。毕业后曾在南京女子师范学校、河北女子师范学校任教。1959年起在天津音乐学院工作。

[2]车列浦宁（Alexander Nikolaevich Tcherepnin 1899-1977）生于俄罗斯；在浓厚的音乐艺术家庭中成长。1917年中学毕业后，入圣彼得堡音乐院随父和苏柯洛夫(Sokoloff)学作曲，十月革命后迁往第比利斯。1921年后侨居国外；曾免费向巴黎音乐院钢琴系主任菲利普(Philipp)学习，由此逐渐成名。1926年访美旅行演出。1934年来中国，结识萧友梅。1937

年与钢琴家李献敏结婚。

[3]杨树声（1918-2002）江苏无锡人。1934-1937.10 年学习于上海国立音专。抗战期间，先后在
重庆、贵州等地从事音乐教育工作，曾任教育部实验巡回歌咏团副团长兼指挥。后就教于无锡
文教学院、江苏师范学院、华东师大，并在上海音乐学院声乐系兼课。1956 年响应号召，举家
迁往当时还十分荒凉落后的兰州。任艺术系副主任，主管音乐组的工作。从 1958 年音乐系成
立起担任系主任至 1983 年曾任音乐家协会甘肃分会第一、二届副主席。

[4]林声翕(1914—1991)，广东新会人。1935 年毕业于上海国立音专。1938 年在香港组织华南管
弦乐团，任指挥。1942 年任重庆中华乐团指挥，并在国立音乐院任课。1949 年后定居香港，
先后在德明书院、清华书院等校任教。1964 年赴欧美各国考察音乐教育。70 年代后多次赴台
湾进行讲学、演出等活动。1990 年到北京、西安等地访问。

[5]杜刚（1915-199? ）回族，北京人。1932 年入北京京华艺专音乐系。1934 年 9 月考入国立音
专选科学低音提琴。后由苏石林发现他嗓音好，有条件学声乐，曾免费收他为私人学生。1936
年 9 月考入音专声乐选科。1937 年抗战爆发后，放弃学业，投身于抗日救亡运动。1938 年到
延安。1949 年后，曾任中央民族歌舞团，音乐指导、艺术顾问。1980 年受命组建少数民族文
艺研究所，曾任声乐学会顾问。

[6]唐荣枚（1918-　　　）湖南长沙人。本年以声乐特别选科考入音专，师从周淑安，翌年即考取
声乐选科生；1935 年入高中师范科，师从苏石林。1937 年 2 月休学后在莫斯科大剧院演员克
利洛娃在上海开设的声乐馆深造，并开始半工半读；同年冬与向隅赴延安。后历任鲁艺音乐系、
东北鲁艺音乐系教师、副系主任、教授等职。1949 年起先后任教于国立音乐院上海分院、中国
青年文工团。1960 年受命组建中央民族乐团并任副团长。

[7]拉查雷夫(Boris M. Lazareft, 1888 一 ?)，早年入圣彼得堡国立音乐院钢琴系，师从西洛提
(AiSiloti)。1916 年任艾卡特林堡(Ekaterinberg)国立音乐院院长兼钢琴教授。1919 年以后
任教于伊尔库茨克及赤塔两所音乐学院。1928 年来华，任哈尔滨音科学校专任教员。后来沪，
于 1934 年受聘为国立音专钢琴组专任教员。1946 年经丁善德介绍，为设在南京的国立音乐院
兼任钢琴教授。是刘诗昆的启蒙老师。

[8]陈能方　曾先后在金陵大学、马尼拉音乐学院、美国芝加哥声乐学院学习，善歌乐及各种铜管
乐。

[9]老志诚(1910—2006)广东顺德人。1925 年考入北京师范学校艺术科，师丛吴伯超等学习钢琴、
二胡、琵琶、乐理等，后主修钢琴，并开始音乐创作。期间曾为刘天华、聂耳演奏小提琴伴奏。
1932 年起在北平师范学校艺术科、京华美术学院音乐系与北平大学女子文理学院音乐系任教。
还经常演出和从事音乐创作。日伪和国民党统治期间，因支持学生运动和保护进步青年而三进
监狱。建国后历任北京师范大学音乐系、北京艺术学院音乐系、中国音乐学院、中央音乐学院
教授。并曾任北京艺术学院副院长。

1935 年(民国 24 年　51 岁)

1 月 10 日，何炳松、孙寒光等十位教授联名发表《中国本位的文化建设宣言》。

12 月 9 日，北平学生举行示威游行，要求"停止内战，一致对外"，遭到军警镇压，激起全国各地的示威抗议浪潮，各界救国会纷纷成立，抗日救亡运动由此兴起。史称"一二·九"运动。

1 月 5 日

上海市中心区域建设委员会批准国立音专认购市中心区建筑用地一块。[注　该地位于市林之路南，市京路之北，民恒路之东，民政路之西。本年度先购该处南半段 16 亩。其余半区暂予保留，或于有他人认领时先行通知。]（《音》第 51 期）

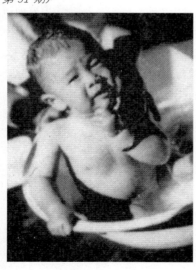

现存萧勤最早的照片

1 月 8 日

教育部同意国立音专呈报的毕业考试委员会委员名单，并令届时由校长"慎重监试"。（《音》第 51 期）

1 月 9 日

主持第 59 次校务会议。[注　会上报告与兴业信托社接洽宿舍建筑事项。]（《音》第 51 期）

1 月 30 日

是日为农历甲戌年十二月二十六日，喜得子。[注　廖辅叔闻讯后，遵照萧先生一贯俭朴

的作风，只送去一束鲜花，系着一条缎带，上面写着"祝福新人的诞生"一行字。并问先生，儿子叫什么名字，先生说，"叫萧勤，'民生在勤''业精于勤荒于嬉'。"（《萧友梅纪念文集》第159页/《另类萧勤》第13页）

[按：萧勤出生后，先生启用一专用小笔记本，逐条记录儿子成长过程中的大小事件，萧雪真出生后也如此。在本年的某天，有这样一段记载，"小勤还坐不稳，便不安分，……今天居然从床上摔下来，大哭许久才发现。真是太不应该"。]（谢佩霓《另类萧勤》第41页）

1 月 31 日

公布 1934 年度上学期考试分数评定结果与将应升入本科、本科师范及改入选科及特别选科的学生名单。[注　其中高中升本科的有陈玠、杨体烈等，高中师范科升本科师范组的有谭小麟、陈韶、巫一舟、刘雪庵、向隅等。]（《音》第 51 期）

2 月，青主在《音乐教育》发表《小学唱歌问题》。文章主张在小学只宜教授唱歌，不宜提出学习乐器演奏的要求。因为整个音乐艺术是在唱歌的基础上建立起来的；另外：外国乐器太贵，一般家庭无力购置，中国乐器太简陋，会弄坏小学生的耳朵。文章还主张用"固定唱名法"教识谱，否定口传唱法。但文章最后又自嘲自己所说都是空话，在当时中国是无法实现的。因为没有足量的合格的音乐教师，没有恰当的教材，没有可以培养小学音乐教师的学校。（《音乐教育（江西）》第 3 卷第 2 期）

2 月 1 日

致函教育部长王世杰，呈报新校舍建筑事宜。[注　信中说：按计划建成的新校舍足供 200 人上课之用，练习室够近百人使用，宿舍也足够 80 多人居住；惟本校此次所领到的临时费用只有 8 万元，连同历年募集所得共计约 9 万元余，仅敷校舍及练习室之用（地皮费尚不在内）；而关于宿舍建设的费用，经与多家银行、信托社协商，欲分期偿还贷款，但均无结果。故要求教育部准予通过本校宿舍建筑计划，另筹款补发该项费用，"俾本校之建筑计划得以全部依次实现，而来学者可得安居之所。"]（《音》第 51 期）

2月5日

发布第 169 号布告，宣布聘车列浦宁先生为本校名誉教员。*（《音》第 51 期）*

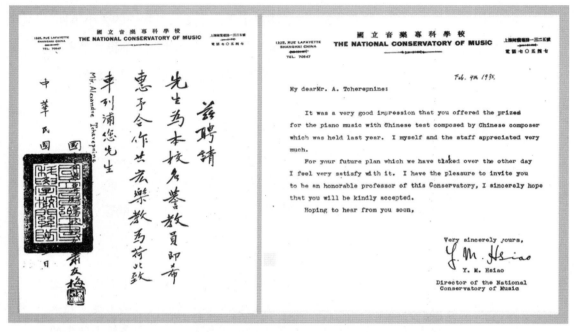

车列浦您聘书复印件，左中文聘书为廖辅叔手迹。（资料由美籍华人欧阳美伦提供）

欢送车列浦您

2月7日

公布本年度下学期招考补缺生名单。[注　其中有窦立勋[1]（高中班小提琴主科）、潘美波[2]（高中班钢琴主科）、林声翕[3]（钢琴组）、章彦[4]（小提琴组）、谢绍曾[5]（小提琴组）、钱仁康[6]（理论组）、陆仲任（和声班）等，共计 19 人。（）《音》第51期]

章　彦

谢绍曾

钱仁康摄于 1940 年

2月13日

公布因未缴学费（其中有向隅等）而退学及自动退学（其中有常学墉等）学生名单。（《音》第51期）

2月19日

主持召开本年度修订学则第一次会议。[注　黄自、陈能方、梁就明、朱英、应尚能等出席，会议议决：学校应尽可能要求恢复"音乐院"的建制。（《上海音乐学院大事记·名人录》第39页）]

林声翕

潘美波

[按：关于恢复音专为音乐院的建议，只要一有机会，萧友梅就会向有关部门或人士提出来；据目前掌握的材料，正式致函就有四次，但正如廖辅叔所说"言者谆谆，听者藐藐"，尽管你舌敝唇焦，终究无济于事。]

2月25日

下午3时，代表教育部出席国立音专新校舍建筑开标会。[注 开标后随即主持第61次校务会议，前国立音乐院院长蔡元培、暨南大学代校长沈鹏飞[8]等与会；经过对投标方的评估，决定采用新恒泰营造厂承造全部校舍工程。]（《音》第51期）

2月26日

与沈鹏飞联名呈函教育部，报告开标结果。[注 新恒泰营造厂估价为128，940元，超过原预计48，940元。此外，安装水管、暖气管、电灯、卫生设备等还须费用一万元，建筑师打样费约五六千元，合计超过预算65，000元。因此呈函希教部与财部协商，于下年度开始时给予拨发，以竟全功。]（《音》第51期）

3月1日

主持第62次校务会议。[注 在会上报告教育部"关于校舍建筑，宜斟酌本校经济能力及国库现状办理"的来电，会议议决，只得与另一厂商新荣记接洽，先建筑正校舍练琴室两座、厨房、围墙及校内道路，按投标甲部77，135元计算。]（《音》第52期）

3月1日

主持召开修改学则第二次会议。[注 会议通过新拟"音乐院系统表"。高中师范改称师范科，初级中学改称补习班，全院教学建制仍分为理论作曲、有键乐器、管弦乐器、声乐、国乐等5个组。]（《上海音乐学院大事记•名人录》第39页）

3月3日

下午2时，在八仙桥青年会主持第63次校务会议。[注 周淑安列席。萧友梅在会上报告因新荣记自认前次投标估价错误，不愿承造。故仍按第61次校务会议的决定，与新恒泰再行接洽，先兴建校舍、厨房、练琴室一座及校内道路等，约79000元。]（《音》第52期）

[**按**：由于建筑的经费问题和建造商的反悔，在新校舍兴建过程中一再遭遇挫折，浪费了先生不少时间和精力。]

3月6日

出面介绍曾留美学习政治学、时在法学院任教的彭文应于是日拜访蔡元培。[注 彭拟发行一本指导生活方面的杂志，请蔡先生撰写一篇关于自己生活经过文章，蔡应允待杂志发行一二期后再说。]（《蔡元培年谱长编》下册②第201页）

3月14日

为亚历山大·车列浦您《五声音阶的钢琴教本》作"卷头语"。[注 该教本是车氏用他自己发明的"九声音阶"、"对间法"（Intrapunctus）及运用五声音阶创作的乐曲集，是他在游历远东，采访民曲，研究中日音乐特性的旅途中完成的作品。这篇短文肯定和赞扬车浦列您是"现代新派作曲家最重要的一位"，"本年不过36岁，已经出版的作品有六十几种。单独这一点魅力，已值得我们佩服"。"他不独是一位优秀作曲家、钢琴师，同时又是一位很热心的教师"。"本校学生去拜访他，无不尽量鼓励，诚恳地指导"。短文并说明了将该书编入"国立音乐专科学校丛书"的理由，认为"车先生相信各民族用惯的音阶，不能绝对废止。现在流行的钢琴教本，都是用西洋七声音阶做基础的。他相信中国人学钢琴，起头如能用五声音阶做基础，必定更容易领会"。该书于1935年5月由商务印书馆初版。]

3月16日

主持召开修改学则第三次会议。[注 决定将原管弦乐器组改为乐队乐器组；分科设有：研究班，本科，专科师范，高中，师范科，选科及额外选科。]（《上海音乐学院大事记·名人录》第39页）

3月16日

上午10时半，主持第64次校务会议。[注 萧友梅在会上报告与新恒泰订立合同经过。会议议决设法向中法银行以月息8厘至1分借款45000元，为建筑宿舍及练琴室一座之用，请教部与财部疏通。]（《音》第52期）

3月19日

教育部准予国立音专与新恒泰营造厂订立合同，先建造正校舍、西练习室及厨房各一座。（《音》第52期）

3月22日

主持召开修改学则第四次会议。[注 会议决定：师范科、专科师范以钢琴或声乐为主副科；音乐领略法（即音乐欣赏）课改为第一学年起；第四学期起教授法改为教育心理学，第五学期为教授法，第六学期为教育行政；专科师范作曲改为选修科；第三乐器改为国乐；主科分 6 学期教授，每学期 5 学分；试教只修 1 年；国乐必修 1 年，选修 1–2 年。]（《上海音乐学院大事记·名人录》第 39 页）

戴粹伦

3 月 26 日

晚 8 时,出席第二届本科小提琴专业毕业生戴粹伦[8]在新亚酒店大礼堂举行的毕业音乐会。[注 演出曲目有：格里格《g 小调奏鸣曲》，维厄唐《d 小调协奏曲》，马蒂尼–克赖斯勒《祷告》，库普朗–克赖斯勒《窈窕淑女》，弗朗科尔–克赖斯勒《西西里舞曲及里戈东舞曲》，维尼亚夫斯基《音乐会波兰舞曲》。]（《音》第 52 期/《上海音乐学院大事记·名人录》第 40 页）

3 月 30 日

上午 10 时，主持第 65 次校务会议。[注 在会上报告建筑校舍动工情况。议决事项：因加高地面等，须追加 2467.5 元；包工者请求先付第一期款项，因天雨而受阻，谓可予以通融，惟以后不得援以为例。（《音》第 52 期）

3 月

从去年 10 月起，在萧友梅的领导下，依靠大家，反复研究，又经他多方奔走筹措，音专的新校舍终于在江湾的市京路动工兴建。政府拨款 8 万元，加上历年募捐所得 1 万元，在新建市中心区市京路购地 16 亩，建三层正校舍一座，两座练琴室和一座女宿舍。（鸿倪《萧友梅先生五年祭》，《萧友梅纪念文集》第 26 页）

音专师生参观新校舍工地，左图左 1 为朱琦。（照片由朱琦提供）

萧友梅（后排左起 7）与音专师生参观校舍工地后在江湾新市府大楼（今体育学院）前合影
（照片由朱琦提供）

廖辅叔回忆 新校舍动工之后，萧友梅不管什么大热天都在工地来回奔忙，直到 9
月校舍落成，才算是了却他多年的心愿——有了他梦寐以求的自己的根据地。（*廖辅叔
《萧友梅传》第 47 页*）

4 月 19–22 日

率国立音专学生赴南京演出，一次在金陵大学，一次在励志社。[注　参
加演出的有谭小麟、易开基、朱崇志、陈又新、斯义桂、满福民、胡然、郎毓秀等。
节目除独唱、独奏、合唱外还有弦乐合奏《费加罗婚礼序曲》《未完成交响乐》第
一乐章（胡静翔指挥），以及大合唱《抗敌歌》《旗正飘飘》，女声合唱《长恨歌》之
"山在虚无缥缈间"。合唱节目也由弦乐队伴奏，应尚能担任指挥。出席音乐会的有
在京的党政名流及学术界名人（据分发入场卷者所说，其中有邵元冲、张治中、徐
悲鸿等）。]（*《音》第 53 期*）

4 月 29 日

组织学生到大夏大学演出。[注　节目全部是新创作的中国作品，如：合唱
《抗敌歌》《旗正飘飘》（黄自曲）、斯义桂独唱《满江红》（刘雪庵和声）、易开基钢
琴独奏《牧童短笛》（贺绿汀曲）、劳景贤独唱《淮南民谣》《出征别母》（刘雪庵曲）、
满福民独唱《新中国的主人》（黄自曲）、《国土》（萧友梅曲）《过闸北旧居》（刘雪

庵厂曲）、谭小麟琵琶独奏《五三惨案》（朱英曲）、应尚能独唱《吊吴淞》（应尚能曲）《不屈之士》（沃恩曲）、孙德志独唱《上山》（赵元任曲）、胡然独唱《军歌三首》（唐学咏曲）等。参加演出的有应尚能、谭小麟、易开基、劳景贤、丁善德、斯义桂、满福民、胡然、洪达琦、陈玠及弦乐队。]（《音》第53期）

4月30日

接王世杰来函。[注　内容为"贵校日前在京演奏，成绩优异，为此间各方面所共识，世杰及本部同人对于兄办学不懈，不？年如一日之精神均极心佩，特电布达请转告诸生继续努力，以为发展音乐教育之大助。"]

4月，蔡元培在与《时代画报》记者谈话中指出：在现代社会"科学愈昌明，宗教愈没落，物质愈发达，情感愈衰颓"的状况下，"我们提倡美育，便是使人类能在音乐、雕刻、图画、文学里又找到他们遗失了的情感"。谈话对社会上在美育的提倡仍止于纸上谈兵表示遗憾。

5月8日

下午3时，主持第69次校务会议。[注　在会上萧友梅报告的内容有：1、前中国银行口头所订租屋办法，未得该行董事会同意，因此作罢；2、连日来又与邮政储金汇业局交涉租订房屋办法。会议议决，如该局允以在市林路新建房屋租与本校作宿舍用，即从速与之订立合同。]（《音》第54期）

丁善德在毕业音乐会上

5月11日

晚8时，和黄自、查哈罗夫等一起出席音专第二届本科钢琴组毕业生丁善德假新亚酒店礼堂举行的毕业音乐会。[注　丁在音乐会上演奏了贝多芬的《"月光"钢琴奏鸣曲》（op.27 No.2）、格里格的《a小调钢琴协奏曲》第一乐章、李斯特的《第六号匈牙利狂想曲》、韦伯的《邀舞》、肖邦的《波兰舞曲》以及贺绿汀的《牧童短笛》《摇篮曲》等乐曲。音乐会反响热烈，亲友送的花篮达 30 多个。]（《音》第 54 期）

北平 14 个学校组成的大、中学生联合歌咏团在故宫太和殿前广场演出

5 月 12 日，由北平育英中学、贝满女中、燕京大学、北师大等 14 个学校组成的大、中学生联合歌咏团在故宫太和殿前广场演出，540 人的大合唱队在李抱忱的指挥下演唱了《同唱中华》、

《一见敌人挥利剑》、《保国》等爱国歌曲，观众达三千多人。

5 月 20 日

出席假新亚酒店举行的音专春季音乐会。[注 节目有合唱黄自的《旗正飘飘》(应尚能指挥)与海顿的《创世纪》中的宣叙调与合唱(舍利凡诺夫夫人指挥)，弦乐合奏莫扎特的歌剧《费加罗婚礼》前奏曲与舒伯特的《未完成交响曲》第一乐章(佘甫磋夫指挥)，以及李惠芳、黄廷贵、何端荣、马奇丹等的钢琴独奏，叶怀德的长笛独奏，谭小麟的琵琶独奏，朱崇志的大提琴独奏，斯义桂、孙德志的独唱，何慧如、劳景贤的二重唱等。]（《音》54 期）

5 月 25 日

查哈罗夫学生第 2 次音乐会在美国妇女俱乐部举行，丁善德、夏国琼、萨哈罗娃等参加。

5 月 28 日

教育部据萧友梅以音专名义提出的请求，致函甘肃、陕西、四川、云南、广西等边远省份教育厅局，请其保送 2-3 名学生报考国立音专（其中有一人为公费免试），学成后回原地工作，以提高当地音乐教育水平。[注音专在报告中称，据统计中国目前至少需 1,122 名音乐教师，而国立音专的师范生多不愿赴内地工作，不若本地人能安心任教，故请各地区教育厅保送 2-3 人在 1935 年度开学前投考音专师范科；这样师范科学生可增加到 50 人，年年如此，20 年后，全国中小学的音乐教师就不致匮缺若今。此后，偏远地区如陕西、甘肃等地才有学生来音专学习，陈传熙（广西）、李士钊（山东）等都因此得以入学。]（《教育部公报》第 7 年第 17、18 期）/《齐鲁艺苑》1981-1）

5 月，吕骥、沙梅等组建"业余合唱团"，并很快成为上海开展业余歌咏活动和传播抗日救亡新歌曲的中心。（《中国近现代音乐家传》②第 15 页）

6 月 14 日

教育部下达又一次视察国立音专后的训令。[注　训令在肯定成绩的同时指出："该校乐器乐谱图书等设备应设法添置。而对于本国民歌民谣，仍应积极搜集，对于本国旧有音乐，应加意整理与研究，应设法造就志愿深入内地服务之人才。"]（《音》第 54 期）

6 月 17 日

因校舍问题，须延迟开学及调整下学期校历等事致函教育部。[注　报告中说："本校现赁校舍，房东已屡次要求迁移，再不能稍延时日，故特决定于 7 月 20 日房屋期满之日将校具图书乐器等先期运入新校舍之练习室，俟 10 月 15 日所定宿舍完工即正式开学；统计此次延迟开学，牺牲时间共六星期，为图补救起见，特经本校校务会议议决，不放寒假及春假，明年暑假延迟一星期"，"如是合计，共可补回四星期，一年之间所牺牲者虽尚有两星期，然此实因特殊情况，无法避免"。教育部于 6 月 24 日给予回复，照准。]（《音》第 54 期）

夏

音专决定招收高中师范科及高中班新生 50 名。[注　招生章程规定师范科入学年龄在 21 岁以下，高中班入学年龄在 18 岁以下；其他主要条件还有：国文、英文会考分数在 70 分以上，能读简谱、五线谱，嗓音条件较好或对某种乐器有相当程度。初试由各省区教育厅举办，复试科目为国文、英文、本国史、乐理、唱歌或

乐器演奏。修业年限高中师范科 3 年，专科师范组 2 年，高中班 3 年，本科 3 年；第一年为试读，如不合适学习音乐应令其返回原籍或转他校。高中师范科毕业可任中学音乐教员，专科师范组或本科毕业可任高中以上学校音乐教员。]（《教育部公报》第 7 年 21、22 期）

7 月 17 日，聂耳在前往苏联学习途经日本期间，于是日在藤泽市鹄沼海滨游泳时，不幸溺水身亡，年仅 23 岁。

7 月

在市京路新建的正校舍和西琴房竣工，从此国立音专有了属于自己的校舍。[注　过去 7 年多，国立音专一直租房办学。1934 年始获准建筑费拨款 80,000 元，于同年 10 月经校务会议决定，在所拨市京路 16 亩地上建校，本年 2 月招标，本月部分校舍建成。]（《上海音乐学院大事记·名人录》第 42 页）

9 月 6 日

发布音专第 146 号布告，公布本年度招考的补缺生名单。[注　其中有正取、备取各科学生杨树声、张昊、张隽伟、李惠芳、林声翕[4]、林超夏、杜刚[5]（杜矢甲）、唐荣枚[6]等 20 多人]（《音》第 46 期）

9 月 11 日

与黄自、查哈罗夫等一起参加丁善德在上海新亚酒店举行的婚礼。[注　婚礼仪式结束后，还有由音专师生及吴晓邦等组织举办的音乐歌舞会。]（《丁善德年谱长编》第 37 页）

张昊

9 月 26 日

就介绍音乐教员事致函山东济南省立剧院王泊生院长。[注　此前王曾来函请介绍音乐教员，萧接信后即复函推荐黄廷贵担任该职。但"事隔一月，未获复书"，故再次致函询问"究竟贵院音乐教员是否已经聘定，至希示复，以便转黄，俾免企盼"。]（上音档案 520-37（2）-19）

[按:萧友梅每办一件事，都是这样一板一眼、细心、认真、负责，有始有终。]

9月26日

为改期赴大夏大学演出致函校长欧元怀。[**注** 信中告知因校舍未及时完工，延期至 10 月 15 日开学。而按音专规定，"非上课一月后不能外出演奏，以免技术上有欠纯熟"，故 11 月 4 日原定赴校演出一事，不能如约，并允诺一俟准备妥当，自当再行奉告。]*（上音档案 520-37（2）-19）*

9月28日

就学生加入工部局乐队练习演奏事致函叶怀德、陈又新、刘蕙佐三同学。[**注** 信中告知"本年度经本校与公共租界管弦乐队队长梅百器约定，由本校高年级学生可加入练习演奏，如成绩不恶，一年之后，且可在该队得一相当位置"。信中并具体说明了接洽办法，要求他们"本学期如继续来校，则 10 月 1 日起即可加入练习，并祈先到神父路黄今吾先生处携介绍信于星期六、日上午九时前，到福州路菜场楼上谒见梅百器队长，面洽一切"。]*（上音档案 520-37（2）-19）*

9月28日

复函国民革命军遗族学校（南京中山门外四方城），告知汇来的供廖永昌用的 220 元学杂费款已领到，以后会"按月支给廖生使用"。

[**按**：此后，连续多次每当学期开始时均有类似内容的信件发出。]*（上音档案 520-37（2）-19）*

程懋筠

9月30日

就江西无人报考音专事，致函江西音乐教育委员会程与松（即程懋筠）。[**注** 信的内容如下："与松先生大鉴：奉读 9 月 27 日大函，获悉贵省无人应试，殊为可惜。至现在补行招考，足见先生提倡音乐之热心，惟到校时间至迟不能过 10 月 15 日，因敝校本学期开学已延期至 10 月 15 日，此后断不能再迟也。专此奉复，敬颂台绥。"]*（上音档案 520-37（2）-19）*

9月30日

就入音专学习须先报名考试复函岭南大学钟荣光校长。[**注** 此前钟校长曾介绍学生关某来音专就学，并附来该生成绩表。因不符合入学规定，先生根据音专章程回信说："查新生入学，照章须先报名考试，然后决定取录与否。兹寄上报名单及招生简章各--纸，请为费神转发关生，依式填写并于新生入学试验时间按时来校应试，以观成绩。"］*（上音档案 520-37（2）-19）*

9 月

位于上海市中心区市京路 456 号的国立音乐专科学校新校舍竣工，组织师生开始搬迁。

［**按**：新校舍的落成，结束了音专近 8 年来靠租赁校舍，先后 4 次搬迁的办学岁月。但不到二年，因日寇入侵，抗战爆发，音专不得不再度陷入搬迁办学的困境。*（参见 1937 年 8 月 13 日条。）*］

刚竣工的国立音专新校舍。

廖辅叔回忆 照当时的经济条件说，校舍结构可以说是相当宏伟的。大门内的两侧是两排琴房，琴房中间是一大片绿草如茵的广场。从广场进入主楼，大礼堂、合奏厅、图书馆、课室、办公室、宿舍都相当宽敞。同过去租界里租来的校舍相比，的确是所谓"鸟枪换炮"了。*（《萧友梅传》第 47 页）*

9 月

公布又一次修订的《国立音专学则》。*（《音》第 55 期）*

李惟宁

萧淑娴

10月1日

宣布本学期新聘一批教员。[注 新聘教员有：吴伯超（刚从比利时留学回来）、李惟宁[9]为专任教员，黄国良为兼代训育主任；朱荇青兼代男生指导员，裘金为女生指导员兼英文导师，萧淑娴、周世辅为兼任教员。]（《音》第56期）

10月2日

就更换教师等事致函李献敏女士。[注 告知根据查哈罗夫的意见，她不能再在查氏班上，只好暂时从别位教员学习。同时还告知李女士，她的弟弟只5岁，年龄太小，无法入选科学习，"因本校定章满8岁始能入学，故尚需先入额外选科学习"。]

（上音档案520-37（2）-19）

10月16日

公布经第74次校务会议通过的国立音专《琴室规则》11条。[注 该规则对琴室的开放时间、各科学生使用琴室时间 的多少和费用，以及不得在琴室吸烟、留宿、嬉笑、损坏物品、放置书谱等等都作了严格的规定。如其中有一条："学生应按照配定的时间练习。时间一到，即须离座，不问下点钟有无租用之人。一经查出故意侵占时间者，将给予警告或取消其练习之权利。所交之费，概不退回。"]（《音》第56期）

10月18日，国立戏剧学校在南京正式成立，校长余上沅，抗战开始时内迁，1940年改为国立戏剧专科学校，1946年复员迁回南京。该校曾经设有五年制的乐剧科，主任先后由李俊昌、应尚能、孙静禄担任。金律声、张定和、沙梅、杨仲子等曾任教于此。（《中国现代话剧教育史稿》）

1935年冬至1936年春之际，周小燕与汪启璋摄于国立音专新校舍女生宿舍前。

10月18日

公布本学期录取新生名单。[注 其中高中班有：吴乐懿[10]、陈传熙[11]、汪启璋[12]等 13 名，高中师范科有：曹岑、唐荣枚、谢绍曾等 18 名，选科理论组和声班 3 名，选科有键乐器组钢琴班范继森[13]、周小燕[14]等 3 名，选科乐队乐器组（小提琴、长笛）6 名，声乐组郎毓秀[15]等 2 名，国乐组二胡班 1 名。同日，还发布第 189 号布告，公布续取新生高中师范科、选科钢琴组各 1 名。本学期招收新生共 48 名。]

[**按**：当年新生录取后，需有相当职业者为其作担保，填写保证书（无保证人者，须交 20 元保证金，退学时发还）、入学志愿书，向指定的银行缴费并进行体检。之后，才准予报到注册。逾期者，取消其入学资格，由备取生补缺。]（《音》第 56 期）

10月25日

致函上海筹募水灾义赈会，函告自己因已捐薪半月，无法再行捐助，故退回义赈会寄来的足球赛 3 元门票 2 张并请注销。（上音档案 520-37（2）-19）

10月26日

向教育部呈报遵令修正后的《国立音专组织大纲》，请予备案。后据教育部发来第 15299 号指令，准予备案。（《音》第 57 期）

10月26日

致日本工政会访华代表团函，婉拒其邀请，称"顷承束邀，极感盛意，惟 27 日适有要事，未克趋前奉陪为歉，专此道谢"。（上音档案 520-37（2）-19）

10月30日

为校舍建筑经费短缺一事致函宋美龄（由陈能方面呈）。[注 信中说："此次敝校筹募建筑费得夫人为名誉总队长，现在校舍及练琴室业经告成，惟建筑宿舍及体育馆尚缺款，

吴乐懿

陈传熙

郎毓秀

曹岑

虽擘划不敢告劳，而点金终于乏术，用特遣敝校事务主任陈能方谒于夫人之前，至盼俯念吾国音乐教育之重要，烦于助力，俾敝校之建筑计划得以迅速完成，则莘莘学子，均蒙厚泽，固不仅萧友梅一人之幸也。"］*（上音档案520-37（2）-19）*

10月31日

就协助聘请英文教师一事致函复旦大学校长李登辉。［注　信中说明："敝校本科现缺英文教师一人，特别注重英文诗歌，贵校文学院人才济济，拟请先生代为物色一位，每周授课2小时，每小时报酬4元，从11月1日起支薪。"］*（上音档案520-37（2）-19）*

10月

鉴于国内缺乏音乐教师，鼓励在校的学生转入本校师范科学习，决定在缴费上给予优惠。［注　如当时学生谢绍曾恰因车祸手指受伤，因而由小提琴主科转为师范科学习声乐、钢琴。］*（《中国近现代音乐家传》（2）第505页）*

11月5日

致信黄自，告知音乐会委员会主席选举开票结果，黄得4票，当选为该委员会主席。*（上音档案520-37（2）-19）*

11月6日

请协助聘请英文教师致函沪江大学校长刘湛恩[16]。［注　信中说："本科二年级缺英文诗歌教师一人，贵校文学院不乏专研英国诗歌之教授，请劳神介绍一位，每周2小时，每小时报酬4元，专此奉牍，伫明示复。"］*（上音档案520-37（2）-19）*

11月7日

致信陈公哲[17]先生，感谢他惠赠音专箜篌一具。［注　信中对陈先生的"热心盛意，感荷无涯"，并表示"谨当辟室保存，永资演奏，以志先生爱护敝校之高谊"］。*（上音档案520-37（2）-19）*

11月14日

再次致函复旦大学校长李登辉。［注　告知"日前承先生介绍赵君来校任教授英文之诗歌，极感盛意，惟敝校现以人数不定，一时当难开班，费神转告赵君，暂勿来校，俟开班时，自当再函邀请。"］*（上音档案520-37（2）-19）*

11 月 23 日

为出音专纪念特刊约稿事致函傅斯年[18]。[注 信中说："吾国乐教中绝数世，友梅不敏，窃以复兴乐教为当务之急，十余年来，未敢稍懈，迨敝校成立，已具规模。今者校舍落成，吾国音乐教育更得托命之所，而复兴之业，可与期成，因于 12 月 8 日发行纪念特刊。先生专研历史，于此方向必有湛深之见解，请先生赐予撰文，为国民指示方向，则受惠者固不止敝校已也。"]（上音档案 520-37（2）-19）

傅斯年

11 月 23 日

主持国立音专校舍落成典礼及建校 8 周年筹备会议。[注 陈能方、王国良、韦瀚章、蔡联可、顾如松、李兴业等出席，廖辅叔纪录。会议决定校刊改出纪念特刊，10、12 月合并于 11 月 28 日出版。]（《上海音乐学院大事记·名人录》第 43 页）

403

11 月

国立音专教职员除外籍教员外按《中央公务员捐俸助赈收捐办法细则》，从 10、12 月薪俸中共扣款 1247.40 元作为捐款。（每月扣款为当月薪俸的 25%），其中萧友梅捐助 200 元。（《音》57 期）

11 月，教育部编订的《小学音乐教材》（初集）低、中、高三册及《中学音乐教材》（初集）一册，由中华书局出版。这两种教材是教育部组织各地力量征集后，呈报到教育部，从二千多首歌曲中筛选出拟用曲目，又经赵元任改曲、黄自编配和声、吴研因润词，并经音乐教育委员会审定后编成的。（《中华教育界》第 23 卷第 5 期、第 24 卷第 10 期）

12 月 2 日

致函教育部王世杰部长，请出席音专 8 周年纪念典礼。9 日又致函陈谢。（上音档案 520-37（2）-19）

12 月 7 日（ ）

为须追加新校舍建筑费事，呈文教育部。[注 呈文大意：按教育部原拨发的临时费 8 万元，系建筑正校舍与西练琴室之用，但因各种原因，实际支出为 99，

国立音专新校舍落成典礼师生与来宾合影

863.57 元，尚欠 19863.5 元；本年度教育部又拨款 4 万元，用以建筑女生宿舍及东练琴室，造价约为 33，384.78 元，连同上年欠款合计 53，248.35 元。除东练琴室建筑费 7，724 元，拟由本校建筑费筹集委员会支付外，尚须 45,524.35 元，即使本年领足临时费 4 万元，不足之数也还有 5，524.35 元。此项经费应如何支付，拟请"钧部俯察该练琴室及女生宿舍需用之迫切及本校之困难之情形，赐予救济，俾本校之初步建筑计划得以大致完成，而校务得以迅速发展"。]（《音》第 57 期）

12月8日

主持国立音专成立 8 周年暨新校舍落成典礼。[注 市政府代表、记者 600 余人出席。落成典礼原本定在 11 月 27 日音专成立 8 周年时举行，因各项设备未尽就绪，故延至今日。]（《音》57 期）

新校舍落成典礼后与来宾合影

新校舍的主楼大门，大门台阶东侧花坛墙上镶有一碑，
下右萧友梅的照片，就是站在这里照的。

12月12日，上海文化界救国会成立。

　　[按：据刘雪庵回忆：北平发生爱国学生运动后，为声援他们这一正义行动，上海很多大学的爱国学生在上海市政府游行请愿。在萧友梅先生的鼓励下，我们音专的男女同学也行动起来，高举抗日大旗，到上海市政府去示威请愿。（见《萧友梅纪念文集》第81页）]

12月10日

为推迟演出日期致函光华大学张寿镛[19]校长。[注　信中说"屡承不弃，邀赴奏乐，铭感实深。惟敝校本学期因建筑校舍关系开学太晚（比平时延迟一月又半），转瞬即届大考之期，外间演奏概至下学期始能实行，免误各生功课，重违雅命，曷胜抱歉，一俟明春开学后演奏会开始，定当首到贵校献艺，日期时间，容后续告"。]

（上音档案520-37（2）-19）

12月29日

萧友梅于某日收到车列浦您关于介绍中国音乐在欧美情况的一封信后，摘要发表于是日《新夜报·音乐周刊》。[注　内容如下："（上略）贺绿汀及老志诚的作品除了在美国之外，我先后在柏林（milnchen）闵贤、维也纳、巴黎、日内瓦各地演奏：刘雪庵的歌曲六月间还由女歌人miloradowitach在纽约NBC电台播送全国而且得到这样的成绩。两星期后，那些节目还要复播一次。维也纳广播电台，10月24日由女歌人Yella Braun-Fernwald播唱这些歌曲，12月8日她还将在蒲拉格广播电台唱一次。在这里巴黎，从我前天把贺绿汀、老志诚及我那本五声音阶钢琴教科书的乐曲举行巴黎首演之後，Revuemusical下星期二把我请去复奏一次，还加上刘雪庵的歌曲，12月1日及2日我将到Amsterdam（安斯脱丹）演奏贺绿汀及老志诚的作品，先在音乐会，后在广播电台；在这一段时间我已经把我作品'贡献给中国'在柏林灌成留声片,贺绿汀及老

车列浦您在研究乐谱

志诚的作品也在巴黎登记了。中国人的作品到处引起大大的注意，在柏林比方说，德国作曲家协会主办一个音乐会包含贺、老两人的作品，这个音乐会将在 2 日举行，希特勒(此时希特勒上台不久，其法西斯面目尚未彻底暴露，还未发动侵略战争。)及宣传部长戈贝尔斯 Goebbcls 均答应赴会，我把我出版的作品交由 Universal-Edition 代理。在巴黎则由 Pro musika。有些钢琴家已经答应我，把贺绿汀及老志诚的作品列入他的演奏节目，——其中有 Gil-marchxe。我最希望的是：李献敏女士及沈雅琴女士能够弹奏这些作品，这对于欧洲的群众将会有加倍的价值，我说不尽的高兴，为中国音乐作品担任工作。……有什么方法可以得到一部建立在中国民族性基础上面的细乐（室内乐）作品。现在，一件事已经开头，一定应该及时补上新的作品，好让那已引起的兴趣继续受到哺养。（下略）"] (《新夜报··音乐周刊》第 55 期)

12 月 30 日

呈函教育部，汇报关于选派学生代表晋京，参加教育部召见各校校长及学生代表谈话事。[注　按原程序，校务会议本已选定派易开基、胡然、刘雪庵、陈又新等 4 名学生去京。但后来学生自治会报告，拟不派代表。故呈函教育部，说明"届时自当由友梅晋京面聆"。呈报获教育部照准。]

[按：所谓"晋京谈话"，是因"一二·九"学生运动而引发全国性学生运动，政府当局以所谓"妨碍教学纪律及社会秩序"为由，召集各校校长及学生代表，拟以"谈话"这种方式来所谓"劝导平息"这场运动。] (《音》第 57 期)

12 月 31 日

就琴室玻璃窗被遮蔽，不便检查管理一事发出布告。[注　布告说明："本校练习室门窗均用玻璃，取其光线充足，兼便训育主任及指导员随时视察。近查各练习室门窗多用帘幕遮蔽，殊足使人发生不良之印象，合亟郑重布告，务希各生将该项廉幕即日除去，如为求美观起见，尽可在两旁加以装饰，因不必全面遮蔽。"]

(《音》第 57 期)

12 月 31 日

呈函教育部，说明本校今年因开学太迟，不放寒假及春假，此事早已呈请，获准备案。现在学生均能安心照常上课，故拟仍照本校原定校历办

理。呈报获准。（《音》第57期）

12月

自1931年6月至1935年12月,国立音专建筑筹募委员会共收到热心音乐人士捐款12,744元。（《音》56期）

12月

作《本校校舍建筑之经过》,在次年8月出版的《国立音乐专科学校校舍落成纪念刊》上发表。

12月

应聘出任国民政府考试院考试委员会委员,兼任专门委员。（《萧友梅音乐文集》第568页）

12月

为国立音专正校舍及西练琴室竣工请派员验收一事,致函教育部。[注谓本校于本年暑假已迁入办公,惟因建筑师复印之蓝图未重新制就,故未能即时呈请,现"图样下星期一即可交件,届时恳请钧部派员来校验收,正式令发本校应用"。]（《音》第57期）

年底,左翼联盟宣布解散各联盟,吕骥和孙师毅等组织成立"词、曲作者联盟会"（又称歌曲作者协会）。参加者有冼星海、贺绿汀、刘雪庵、沙梅、塞克等。

本年,唐学咏在中央大学附中附小选拔40名学生,开办音乐组少年班,进行基础乐课、钢琴方面的教学试验。一年后因附中校长反对而作罢。

本年

丁善德音专毕业后,有意出国留学深造,萧友梅极为支持并写推荐信,请外交部次长唐有壬予以协助;但此事未成。丁遂到天津河北女子师范学院任教。（丁善德《纪念前人 学习前人》,《萧友梅纪念文集》第1页）

本年

介绍国立音专毕业生易开基到上海私立体育专科学校任钢琴教师。（《中国近现代音乐家》②第328）

王浩川回忆 萧先生节俭是出名的。他上班连黄包车也不坐,更不要说坐汽车了。他不抽烟、不吃酒,总是一个人跑来跑去。他住在乌鲁木齐路,离学校有二三里路。也不算近。但他宁愿自己跑路，省下一个个铜板，为学校添点实际有用的东西。他对学校开支卡得很严，一分钱都不乱用．那时音专的开支都要在校刊上刊出让全校教职员工学生监督，音专的帐目是当时大学里最清楚的。记得龙榆生先生印诗词讲义，他一再叮嘱，只能按学生数目印，不能多印，因为那样会费钱。*（《萧友梅纪念文集》第 187 页）*

【注释】

[1] 窦立勋(1916-1983)广州人。1934 年考入音专，主修小提琴。1941 年音专毕业后，在南京社会福利部及中央大学艺术系任职。抗战胜利后曾任上海市政府乐队、筱文艳沪剧团演奏员。1953 年聘为中央音乐学院华东分院副教授，历任管弦系小提琴教研组组长、管弦系副主任兼附中管弦科主任。

[2] 潘美波（1920-1947）广东开平人。1935 年考入国立音专，主修钢琴，毕业后留校任教。曾举办独奏音乐会，灌过唱片。40 年代在国立音乐院幼年班教钢琴，每周往返于上海和常州之间。惜英年早逝。

[3] 林声翕(1914-1991)，广东新会人。1935 年毕业于上海国立音专。1938 年在香港组织华南管弦乐团，任指挥。1942 年任重庆中华乐团指挥，并在国立音乐院任课。1949 年后定居香港，先后在德明书院、清华书院等校任教。1964 年赴欧美各国考察音乐教育。70 年代后多次赴台湾进行讲学、演出等活动。1990 年到北京、西安等地访问。

[4] 章彦（1911-1992）广州人。以小提琴选科考入音专，在校学习 7 年；第一年费用由欧阳予倩资助，其后 6 年全靠半读半工（应邀在百代公司乐队灌制唱片或为电影配乐）。1941 年学业结束后提前领到文凭，去福建音专任小提琴、视唱副教授。1943 年接任重庆国立音乐院管弦组主任，后又参与筹备音乐院幼年班。抗战胜利到上海为《一江春水向东流》等多部电影配乐。1949 年起先在中央戏剧学院，筹建管弦乐队（即今中央歌剧院交响乐团前身），后在中央音乐学院任管弦系主任。

[5] 谢绍曾（1914-2003）江苏东海人。以选科习小提琴考入国立音专，不久转入师范科学声乐与钢琴，先后师从周淑安、苏石林，毕力比可娃。1938 年应聘任广西艺术师资训练班教声乐。1941 年与音乐、戏剧界人士共同组建中国实验歌剧团，任导演团成员兼声乐指导。1944 年起先后任国立音乐院分院、上海音乐专科学校、上海音乐学院声乐教师、教授。

[6] 钱仁康（1914-　　）江苏无锡人。在本年投考音专时，拟考选修科和声学；当黄自了解到钱的水平后，破例准予报考理论作曲组而录取，先后师从黄自、李维宁；在学期间就写有不少作品。40 年代中期任上海音乐教育协会主办的《音乐与教育》《音乐评论》主编，编写中学音乐教材多部。后历任苏州国立社会教育学院、苏南文化教育学院、华东师大音乐系、上海音乐学院理论作曲系、音乐学系系主任、教授。在专业上，作曲"四大件"与中外音乐史兼长，创作、著述、翻译并举；在萧友梅的学生中，就音乐学成果而言，首屈一指。

[7] 沈鹏飞(1893-1983)　字云程、卓襄，广东番禺人。毕业于清华学校，后赴美国留学，获耶鲁大学林科硕士学位．早期历任广东省立农业专门学校林科主任、国立北京农业大学森林系主任、广州国立中山大学农科主任。1932 年 9 月 21 日任教育部高等教育司司长。后任暨南大学代理校长。1947 年 8 月任国父陵园管理委员会园林处处长。中华人民共和国成立后，任华南林学院教授，广东省人大常委会常委，广东省政协常委，中国农工民主党中央委员等职。撰有《广东林业教育史略》，主编《森林经理学》。

[8]戴粹伦（1912-1981）江苏吴县人；其父为我国早期著名音乐教育家戴逸青（1887—1968）。1927 年考入国立音乐院，师从富华学小提琴。毕业后于 1936 年留学奥地利。一年后回国，曾在国内多个大城市巡回演奏，随后应聘入工部局管弦乐团。抗战后主持励志社音乐组。1939 年起先后任青木关国立音乐院教授、国立音乐院分院院长、上海国立音专校长等职。1949 年春赴台湾任省立师范学院音乐系系主任。

[9]李惟宁（1910-1984）四川宁远人。1927 年入北京清华学校。后留学欧洲，先后在巴黎音乐院及维也纳国立音乐学院学习钢琴、作曲等。1934 年回国，先在中央大学音乐系任钢琴教授，后在国立音专任作曲教授兼理论作曲组主任。1942 年日军侵入上海租界后，出任"国立上海音乐院"院长。抗战结束后，去美国波士顿音乐院任教，并入美国籍。

[10]吴乐懿（1919-2005）浙江鄞县人，生于上海。自幼在母亲启蒙下学习钢琴，1935 年考入国立音专，1940 年以优等成绩毕业留校任教并在京、沪、津、渝等地举办独奏音乐会。1948 年赴印尼义演后，被邀请单位华侨协会送往巴黎音乐学院深造，师从著名女钢琴家玛格丽特·朗。1953 年毕业后赴英国成功举办独奏音乐会，翌年回国。长期担任上海音乐学院教授、系主任。

[11]陈传熙（1916—　　　）广西南宁人。他是由萧友梅建议、教育部发函、省教育厅主持考试选拔，享受官费进国立音专学习的受惠者之一；入学后主修钢琴，兼习双簧管。抗战爆发后，开始从事话剧、电影的配音工作。1946 年入上海市府交响乐队任演奏员。又兼任国立音乐院常州幼年班和上海音专副教授。解放后，在上海交响乐团及上海音乐学院任教。1958 年调任上海电影乐团指挥。

[12]汪启璋（1918-　　　）女，江苏吴县人。1935 年毕业于上海圣玛利亚女校。后入国立音专，1935 年毕业。1952 年毕业于中苏友协俄语学校，曾任上海音乐学院音乐研究所副所长兼编译室主任。2002 年获中国文联、中国音协颁发的金钟奖荣誉勋章。

[13]范继森（1917-1968），江苏南京人。考入音专后从查哈罗夫学钢琴。1938 年先在重庆励志社乐队工作；1940 年任教于中央训练团音乐干部训练班，同时在陶行知的育才学校音乐组义务教学。1943 年任松林岗国立音乐院分院键盘乐器组副教授。抗战胜利后，任职于上海音专。1949 年后历任上海音乐学院钢琴系副教授、教授、系主任。

[14]周小燕（1917—　　　）湖北武汉人。入音专后师从苏石林。1937 年抗战爆发后回故乡参与组织"武汉合唱团"。1938 年至 1947 年留学法国，并在伦敦、柏林、巴黎等地举行独唱音乐会，又去捷克参加第一届"布拉格之春"，并在捷克、波兰各城市巡回演出。1947 年回国任教于母校。同时往返于南京、上海、武汉、杭州等地举行独唱音乐会。1949 年后，历任上海音乐学院声乐系主任、副院长、上海音乐家协会副主席、周小燕歌剧中心艺术总监等职。

[15]郎毓秀（1918-　　　）浙江杭州人。在音乐专选修声乐，先后师从苏石林、赵梅伯。1937 年入比利时布鲁塞尔皇家音乐院。1941 年毕业回国。1946 年又到美深造。1948 年回国后任成都华西大学音乐系主任；同时举行演唱会。1952 年起历任西南音专声乐系和四川音乐学院声乐系主任、四川省音乐家协会名誉主席等职。

[16]刘湛恩（1895-1938）湖北汉阳人。先后在芝加哥大学、哥伦比亚大学攻读教育学。1922 年获哲学博士学位后回国，先后任南京东南大学教授、上海光华大学校董兼教授、沪江大学校长等职。抗战爆发后，支持中国基督教青年会组织中国反战同盟，并任上海各界救亡协会理事等职。1938 年初，南京伪"维新政府"派人游说刘出任教育部长被严词拒绝；同年 4 月 7 日，在公共汽车站遭特务暗杀身亡。

[17]陈公哲（1890-1961）祖籍广东中山，生于上海。曾就读于复旦大学，又在家自修，学识博杂，长于摄影、书法。是精武体育会创始者之一，两度捐出宅址、家产和房屋给精武会。先后在南京、天津、北京任顾问、参事、专员等职。抗日战争爆发后，迁居香港，潜心著书。业余爱好考古，是香港石刻的最早发现者。著有《测光捷径》、《精武 50 年武术发展史》、《香港考古发掘》等。

[18]傅斯年（1896-1950）山东聊城人。曾是"五四"运动的学生领袖，创办刊物《新潮》。1919 年考取官费入伦敦大学研究院学习。1923 年转赴柏林大学文学院，1926 年回国任中山大学文学院长兼文史两系系主任。1928 年就任中央研究院历史语言研究所所长。其间先后兼任社会科学研究所所长，中央博物院筹备主任，中央研究院总干事，北京大学代理校长等职。1949 年任台湾大学校长。

[19]张寿镛（1876-1945）字伯颂，浙江鄞县人。1903 年中举，曾任地方财税官员。1925 年五卅惨案后，与离开圣约翰大学的师生创办光华大学，并被推举为校长。抗战时期，与郑振铎、何炳松等接受政府委托，在上海秘密收购古籍，得到善本 4860 部、普通本 1.1 万余部，为保存祖国文献作出了贡献。

（六）
上 海 时 期·下
（1936－1940）

在这回大变动之后，民众和国家对于音乐的需求是格外的热烈，因为音乐是建设精神上的国防的必需的工具。音乐教育应该迅速改变方针，以能适应目前伟大的需要为依归；以维系民众信念，团结全国人心，强调民族意识，激发爱国热忱等工作为己任，努力迈进。为国家应如是，为音乐本身，亦只有如是，才可希望找到那二十年来无处寻觅的中国音乐的新生命。

——一九三八年《拟办集团唱歌指挥养成班及军乐队长养成班理由及办法》

1936 年(民国 25 年　52 岁)

12 月 12 日，张学良、杨虎城发动西安事变，要求南京政府停止内战，一致抗日。中共中央派周恩来出面调停，蒋介石接受抗日条件，事变和平解决。

1 月 6 日

就音专暂时无法再添聘钢琴教员一事，复函蔡元培。[注　日前，蔡元培曾致函萧友梅，欲介绍某女士来校任钢琴教员。是日回复蔡先生，信中在对先生表达"极感关怀之厚意"的同时，毫不含糊地据实相告，"学校教员早已聘定，一时无法延揽";还坦诚表示因先生"提挈敝校，不遗余力，故敢恃爱直陈，方命（即违命、抗命）之处，敬请鉴谅为幸"。]*(上音档案 520-37(2)-19)*

1 月 7 日

为音专编发副刊《音乐周刊》需要版面事，致函《申报》馆记者马崇淦。[注　音专原在《新夜报》编有《音乐周刊》（见 1934 年 10 月 4 日条）。这次致信《申报》要求给予版面再编辑《音乐周刊》，主要是《新夜报》的《音乐周刊》因种种原因将于 1 月 16 日出第 48 期后停刊;对此，《新夜报》当会事先告知音专。先生为使《音乐周刊》不致中断，于是另谋报馆请予支持。信中说:"贵报最近增辟多种副刊，于国民知识之灌输，殊多裨益，毋任欣佩。现敝校师生拟编辑一种《音乐周刊》，篇幅以半面为限，每周假贵报发表，以期逐渐推广吾国之音乐教育，并请贵报如其他副刊办法发给稿费。查贵报前有《艺术界》之刊行，中间停顿，至为可惜。此次敝校拟编《音乐周刊》或能稍补《艺术界》停刊之缺陷也。如何之处，至希洽商示复为感。"]*(上音档案 520-37(2)-19)*

1 月 7 日

是日发布第 201 号布告:为方便学生与外界联系，决定继续将办公电话暂作公用电话，但改变通话收费办法。[注　市电话局因种种原因不能在校内安装

朱家骅

公用电话，于是校方就将办公电话暂作公用电话，学生通话不论远近一律收 1 角，以为截长补短；但这一规定并不合理。经校务会议两次讨论，决定改为通话以市内为限，每次收费 5 分，通话不得超过 3 分钟；长途概不接线。（《音》第 57 期]

同日，专函致教育部部长朱家骅，允诺担任小学乐歌审查委员会委员。[注 信中说："顷奉大函，嘱梅为贵会小学乐歌审查委员会委员，自当遵命从诸君之后，稍尽绵薄。"](上音档案 520-37(2)-19)

1 月 10 日

就音专无法为周世辅增加国文课教学时间与不再添设党义科一事，回复潘公展。[注 日前，市社会局局长潘公展曾致函萧友梅，要求"为周世辅先生酌加教课钟点一节"，先生于是日函复，信中说："本应遵办，惟敝校国文钟点无多，一旦教员业经聘定，无法改变。至党义一科，前奉部令，改为公民，故日下无法添设，方命之处，冒昧抱歉，至诚奉复。"](上音档案 520-37(2)-19)

萧勤周岁时摄

1 月 12 日，是晚 8 时，王光祈病逝于德国波恩大学医学院附属医院，享年 38 岁。

1 月 19 日

国立音专以学校集体名义为原国立音乐院院长、时任中国科学院院长蔡元培七十寿辰在上海万国公会举行庆典而作《敬祝蔡子民先生千秋诗》。[注 诗的内容为："是艺人和学者的父亲，博大的艺人和精明的学者的父亲；做社会和人生的模范，善良的社会和庄严的人生的模范；是艺人和学者的父亲，做社会和人生的模范。欣逢上寿，敬祝千秋！敬祝千秋！千秋！千秋！"](郑勇编撰《蔡元培影集》2001 年 5 月山东画报出版社/《蔡元培年谱长编》下册[2]第 74 页)

1 月

呈函教育部，询问政府规定之公务人员搭发水灾工赈公债，外籍教员是否一律办理。[注 先生考虑到音专外籍教员较多，且均经订定按月发给足额薪俸，故发函请示；后接答复外籍教员免搭。]（《音》第 57 期）

2 月 1 日

晚 6 点半，出席旅沪北大同学 50 余人在沧州饭店举行的庆祝蔡元培校长七十大寿活动。[注 祝寿会上，先有蔡先生讲述出长北大的经过，继何炳松之后，萧友梅和其他几位在沪北大毕业生也相继演说。]（《申报》1936 年 2 月 4 日）

2 月 11 日

下午 3 点，时任工部局管弦乐队客座指挥的日本指挥家近卫秀麿慕名来音专访问并作讲演。萧友梅决定不让其用日语讲演而采用两人都通晓的德语来讲话，并由他自己亲自翻译，也便于掌握措辞的分寸。[注 萧先生认为，日本多年来的所作所为，大大伤害了中国人的感情；如用日语，难以令人接受。故改用德语。近卫讲演后由音专学生举行演奏会；会后他提出，回国后要赠送一架钢琴给音专，以示所谓亲善。不久，钢琴真的运来了，日本驻沪领事馆来函通知音专，要求派人前去接洽。萧友梅考虑到当时中日之间的关系极不正常，于情于理都不能接受日本的馈赠，于是回信拒绝了（参见本年 10 月 21 日条）。]（《上海音乐学院大事记·名人录》第 46 页/《萧友梅传》第 56 页）

2 月 15 日

在国立音专礼堂举行、由王光祈[1]纪念委员会主办的王光祈追悼会上，萧友梅送一挽联。[注 追悼会原定由萧友梅主祭，因身体不适改为舒新城；黄自代表萧友梅发表演说。所送挽联全文如下："旷代仰宗师，著作等身，寿世更留音乐史；穷年攻律吕，栖迟异地，应召长伴贝多芬。"钢琴组学生巫一舟在会上弹奏哀乐。纪念委员会宣布三项决定：1、刊印纪念专册；2、筹募王光祈奖学金；3、整理出版王氏遗稿。]（《上海音乐学院大事记·名人录》第 46 页/《民国音乐史年谱》第 224 页）

王光祈

2月15日

为严格教学制度和学生住宿管理，发布第 206 号布告。[注 布告内容有，凡正科学生不得自动改为选科生；因女生宿舍不日完工，为便于管理，凡正科女生自下学期起一律须住校，如家在本市，并认为有在家住宿之必要者，须经家长亲笔签字盖章向校长声明理由方可。]（《音》第57期）

2月18日

为罗致音乐专业人才，致函留学比利时学习声乐的赵梅伯[2]先生，询问他何时可以回国，坦言"极盼先期示告为感"。（上音档案 520-37(2)-19）

2月21日

根据教育部关于"住校各生不可任其外迁"的指令，公布本日校务及训育联席会议的议决。[注 决议规定，凡女生（不论正科、选科或额外选科）除家长确在上海住家，女生本人须在家住宿者，应由家长来函证明方准免其住校，否则概须在校寄宿，不准在市中心附近自赁房屋居住。如有女生假冒家长名义请求在家住宿而本人仍赁屋居住者，一经发现，即令其退学。凡男生已住校者不准迁出。住校学生宿杂费均照原定数目缴纳，待下学年预算增加，可酌减以轻学生负担。（《音》第57期）

2月23日，中华职业教育社第十届专家会议及春季评议会在沪江大学举行。会议对特殊教育（指国难教育）进行讨论。陈鹤琴在会上提出，雄壮的歌声最能激发青年爱国思想与民族精神，值此国难当头之际，应另用歌曲作为训练青年的有效方法。（《教育杂志》第26卷第4期）

2月25日

为严肃校纪，发布第 212 号布告，对三名在考试时有作弊行为的学生予以记过处分。（《音》第57期）

2月25日

为学生余馥森转科学习一事，致函其家长余振棠。[注 信中说："此次学期考试，令媛馥森以成绩欠佳，主科教员认为不宜学习小提琴，乃令媛竟因此痛哭，嗣后即不见返宿舍。迄今五日，尚无消息，惟行李等件，尚存宿舍，未知究竟如何，是否已经归家？查学生因主科不及格，尽可改科试读，前例极多。令媛实不必自苦。……如其有志研习音乐，转饬回校，另选主科，以观后效。"此函原署名萧友梅，萧阅后改为训育

处名义发出。](上音档案 520-37（2）-19)

2月26日

为介绍更合适人才去交通大学组织歌队一事，复函交大校长黎照寰[3]。[注 黎校长日前来信请萧友梅委派一人去交大业余歌队任教练，但歌队人数多少，每周上课时数及报酬标准等并未说明。是日先生复函，"请费神示书，以便酌量介绍相当人才竭力"。(上音档案 520-37(2)-19)

黎照寰

2月27日

发布第 213 号布告，公布 1935 年度下学期招考补缺生录取名单，共计 17 名。其中有钱仁康（高中班理论主科）、窦立勋（高中班小提琴主科）等。(《音》第57期)

2月28日

发布第 210 号布告，公布本学期准予复学学生名单 4 人。[注 其中有向隅（本科师范组）、陈田鹤（本科理论作曲组）等。](《音》第57期)

2月28日

就取消夏国琼学籍一事，致函学生家长董竹君,说明对其女儿的处理是经校务训育联席会议缜密讨论而决定的。[注 信中说，两年前本校已曾予令媛以停学一学期之处分，嗣后再予优容，许其复学。但复学以来，时犯宿舍规则。本校前曾致函先生请为协同监督，而先生不能合作，致令媛行为仍无改善。本校为校风计，为纪律计，不得不忍痛取消其学籍。](上音档案 520-37(2)-19)

2月

决定破例考试，录取李焕之[4]入学。[注 李自幼爱好音乐，中学时对作曲发生兴趣并开始创作歌曲。为能正规学习音乐，他决定报考国立音专，于是月从厦门乘船来到上海，但国立音专考期已过；经萧友梅同意，作为特别选科生入学，先跟随萧友梅学习和声学一个学期，同时选修视唱练耳和合唱课。在萧友梅深入浅出、谆谆善诱的指导下，他一学期就学完了"和声大课班"一年的课程，由此迈进了音乐专业的门槛。萧友梅对李的学习进度也颇为满意。](《萧友梅纪念文集》第147页)

李焕之

1—2月

为加强学生的舞台实践能力,在两个月内音专连续举办了七场学生演奏会(第 32—38 次)。*(《音》第 58 期)*

3月2日

学校举行第 39 次学生演奏会。[注 节目有孙德志钢琴独奏门德尔松《无词歌》,周小燕钢琴独奏莫扎特《C小调奏鸣曲》第一乐章,林文桂钢琴独奏贝多芬《奏鸣曲》No.25,宋丽琛钢琴独琴肖邦《降B大调即兴曲》,狄润君独唱托玛斯《你知道那地方否》等。]*(《音》第 58 期)*

3月上旬

收到蔡元培于 3 月 6 日发出的为音专学生夏国琼犯规说情的来函。[注 蔡先生在信中说:"贵校学生夏国琼因事被黜,谅系犯规;惟该生家本寒素,求学甚艰,又无他校可转,中心愧悔,渴望回原校继续受课,睹其情形,似尚真切。特为函达,倘其犯规情节尚不重大,可否念其悔过,重予收录,不胜企望。诸惟察裁为幸。"]*(《蔡元培年谱长编》下册②第 288 页)*

3月10日

为具体说明取消学生夏国琼学籍的原因,复函蔡元培。[注 信中说,敬悉先生垂念夏国琼受敝校取消学籍之处分,嘱为宽容,重予收录,仁爱之怀,读之感佩。惟夏生两年前已以犯规停学一次,事后敝校念其尚有天才,特予优容,许其复学。乃该生复学以后,行为上并无改善,屡戒不悛,敝校始决定取消其学籍;至正式执行之前,经过校务及训育会议数度之讨论,盖敝校对于此事,断不愿率尔从事,阻塞学生进取之路也。至现在业已通告执行处分,自难收回,违命之处,毋任抱歉,特此直陈,祇祈见谅为幸。"*(上音档案 520-37(2)-19)*

[按:萧友梅先生平日的交际极广,与之联系交往的既有上级官员,包括教育部、上海市政府相关部门的负责人,也有各大学的校长与亲朋好友以及老同学等等;其中不乏有拜托先生办事或出面说情通融者。但先生总是有理有节,坚持原则,不徇私情,根据实际情况坦诚地回复处理。凡不符合学校规则的,即使蔡元培、潘公展这样的老上级(见本年 1 月 6 日、10 日条),也必定婉言谢拒。这在当时社会是极为难能可贵的,值得敬佩。]

3 月 14 日

再次致函交通大学校长黎照寰。[注 信中告知,"贵校合唱指导一事,弟已与陈能方君接洽,并承允每星期三、六下午七时起开始上课,如星期三、六不相宜,亦可改为每星期二、五,如蒙同意,即请将聘书发下,以便转告陈君。"](*上音档案 520-37(2)-19*)

3 月 17 日

就要求配合祝贺蔡元培七十寿辰播送音专音乐会事,致函上海市政府广播电台陈宗汉。[注 信中说,"本月廿二日星期一下午三时半起本校特为本校创办人蔡子民先生七十正寿举行一次庆祝音乐会,并有演讲等项"。询问"电台是日下午原无播音,可否为本校播送,俾各地人士同时听到?"] (*上音档案 520-37(2)-19*)

3 月 25 日

致函市公用局,询问是否可以将四路公共汽车改道,方便音专师生学务。

[注 本月 31 日接复函,谓因路面工程尚未完毕,仍应暂缓行驶。不久,在工程完工后又再次致函公用局。] (*《音》第 59 期*)

[**按**:这是一件小事,但萧友梅却为之一再致信公用局,可见他办事的认真。]

4 月 6 日

致函蔡元培先生,告知音专将于本月23 日为先生诞辰纪念举行庆祝会,请其光临并植树留作纪念。

4 月 8 日

蔡元培函复萧友梅,对音专为自己寿辰日植树留永久纪念致谢,并说明届时将准时到校。(*《上海音乐学院简史》*)

4 月 13 日

为重播、转播音专音乐会事再次致函市政府广播电台陈宗汉和中央广播电台。

[注 信中告知本月音专有两次特殊音乐会（4月 23 日星期四下午四时重播庆祝蔡子民先生寿

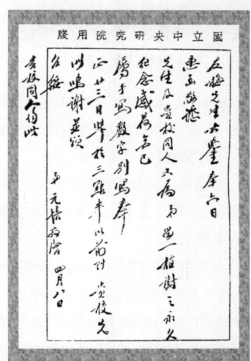

蔡元培复萧友梅函

辰音乐会和 4 月 30 日下午四时钢琴毕业演奏会），请予广播。又致函中央台，请届时能予转播全国，以期扩大雅乐之宣传。]*(上音档案 520-37(2)-19)*

蔡元培植树后摄影留念。

4 月 17 日

致本校全体教职员函，通知"本月 23 日下午 3 时，本校为蔡子民先生七十寿举行一次庆祝音乐会，至希届时来校参加为荷。"*(上音档案 520-37(2)-19)*

同日，致蔡元培函，恭请其出席祝寿音乐会。[注　信的全文如下："子民先生道鉴：中国艺术教育之发展，端赖先生之振发，而音乐教育之被重视，尤赖先生之倡导。自敝校成立以迄今日，中间虽经各度之波折，终底巩固，饮水思源，知一切均仰先生之德泽。本年欣逢先生七秩大庆，敝校不敢徒以酒食为先生寿，谨就学生之较优秀者为举行一音乐会，藉申庆祝之微忱，日期定为本月 23 日下午 3 时，敬祈先生届时惠临，并予致词，俾资韦佩。附奉入座卷二十纸，以供先生转邀贵戚友之用。临书神驰，伫候大驾，肃此敬颂钧安　萧敬启"。]*(上音档案 520-37（2）-28)*

4 月 22 日

致函将要到音专参观的"访问中国文艺旅行团"，拟请该团推派三位人士于 24 日（星期五）上午 10 时来校演讲。*(上音档案 520-37（2）-28)*

4 月 23 日

出席并主持国立音专为庆贺前院长蔡元培七十华诞举行的音乐会。[注　会前，蔡先生在新校舍内亲自种植松树一株，作为永久纪念。音乐会上蔡先生致答谢词。演出的节目有：弦乐合奏梅耶贝尔的《加冕进行曲》(佘甫磋夫指挥)；华丽丝专为此次音乐会作的《寿蔡院长子民先生》(郎毓秀演唱)；舒曼的《寿辰进行曲》(查哈罗夫、吴乐懿钢琴联弹)；鲁宾斯坦的大提琴独奏《曲调》(朱崇志演奏)；舒伯特的艺术歌曲《你是安宁》、《谁是塞尔维亚》(胡然独唱)；琵琶独奏《将军令》(谭小麟演奏)；肖邦的钢琴曲《练习曲》二首(何端荣演奏);黄自的女声合唱《山在虚无飘渺间》(舍利文诺夫夫人指挥)等。音乐会实况由上海广播电台播出,并通过南京中央广播电台向全国转播。是日,恰逢中国文艺旅行团到音专参观,他们也作为来宾出席祝寿音乐会。(《音》第58期)

国立音专庆祝蔡元培七十华诞摄影纪念,背景为新校舍大楼。(蔡晬盎、蔡怀新提供)

练琴室

4月27日

　　就即将竣工的练琴室的使用，发布第226号布告，宣布"本校东练习室不日即可完工，此后学生练习可免男女混杂"，"凡属女生概在东练习室练习，男生则在西练习室"。（《音》第59期）

4月下旬

　　为本月30日（星期四）下午3时将举行钢琴班高级学生萨哈罗华女士毕业演奏会，致函教育部及各设有音乐专科的学校，请来惠临。（上音档案520-37(2)-19）

5月5日

　　上午12时，主持校务训育联席会议。[注　出席会议的有陈能方、黄国良、周淑安、朱苕青、李惟宁、周世辅、裘金、黄自（兼纪录）。主要讨论的事项有：增添体育课内容；强迫程度相当的学生参加播音，播音材料以爱国歌曲为主；特殊教学添设军乐器；劳动服务先施行校舍清洁和校园整理；通过学生奖惩章程等。]（《音》第59期）

5月10日

　　音专学生去苏州参加专科以上学校学生集中军训，学校功课也随之结束。（《上海音乐学院大事记·名人录》第47页）

5月13日

　　是日下午赴南京，出席由内政部礼仪司召开的制定各种典礼乐谱的讨论会（上音档案520-37(2)-19）

　　同日，致函时在明强中学的音专学生叶怀德，转告关于上海工部局乐队招聘条件，要求兼长两种乐器，方合乎条件。（上音档案520-37(2)-19）

5月14日

　　是日上午出席南京国民政府考试院会议。（上音档案520-37(2)-19）

5月15日

　　与赵元任等一起参加音乐教育委员会会议。（《赵元任年谱》第209页）

5 月 16 日

为改变中学音乐课时一事，致函时在中央研究院的赵元任。[注　信中说，"兹以音教会常委名义拟订上教育部王部长函已奉上，提议改写中学音乐授课时数，先生阅后，如无问题，请于签署后转发唐学咏先生签名，径送教部，俾得稍图救济"。]（上音档案 520-37(2)-19）

5 月 22 日

致函光华大学附中校长廖茂如，同意介绍蔡绍序[5]去该校教授唱歌。[注　信中告知，时间定为每周星期三下午二时开始。因两校距离甚远，"报酬一项，当祈稍优"。随信并附上歌谱一册，请即油印，以便届时应用。]（上音档案 520-37(2)-19）

蔡绍序

5 月 22 日

为审查市歌一事，致函上海九亩地万竹小学胡敬熙[7]。[注　信中说明，"友梅前受市府委托，审查市歌之请，送来者计有六首；当时市府言明，友梅等所应审查者为音乐部分，歌辞部分则先经审定云云。至审查结果，友梅推赵元任先生所作者为第一名，复因何故取消及如何另行征集，如何拟订征求条件，均非梅之所知，因友梅乃局外人"。]（上音档案 520-37(2)-19）

5 月 28 日

函复日本音乐家近卫秀麿，对来信询问日前俄国作曲家车列浦您先生来沪情况表示感谢。信中还对刚刚收到东京同文书院院长来函，承诺赠音专雅乐五线谱稿表示感谢。（上音档案 520-37(2)-19）

5 月 30 日

是日晚，出席在新亚酒店为修建校舍举行的筹款音乐会。（上音档案 520-37(2)-19）

5 月 30 日

根据教育部"各校应设免费及公费学额若干名，藉以奖助家境清贫，体格健全，资禀优良之学生"的训令，发布第 228 号布告。[注　布告通知本校已订定《暂行免费及公费生规则》，凡确因家况清贫的学生，无力续学者，可到文牍室索阅规

章，照章填具申请书，以便据情转予提请原籍县市长发给证明书。(《音》第59期)

5月

车列浦宁再度来华访问，先生率音专师生在学校欢迎他的到来。

萧友梅率音专师生欢迎车列浦宁再次来华，在新校舍的旗杆下合影留念。(《贺绿汀传》)

6月5日

为教育学生平时应注意个人仪表，发布第230号布告。[注 该布告称，"查各科技术考试学生常有不穿上衣出席者，殊失体统。兹特郑重布告，此后务须穿着上衣出席，否则不予应考，以肃观瞻"。](《音》第59期)

6月9日

致函赵元任，对他"允来校担任敝校毕业考试委员，至感高谊"，并随信寄去毕业考试时间表，请就表"任择适当之一日来校监试"。(上音档案520-37(2)-19)

6月10日

就本月24日上午9时举行小学乐歌决审会的日期，致函中英庚款董事会杭立武。[注 先生在信中表示，极愿意出席决胜会。惟6月18-27日为学校举行毕业试验之期，每日必须监考，实难离校他往，可否将决审日期改为27日之后举行，俾得依时出席。盼示复。](上音档案520-37(2)-19)

6 月 15 日

为推荐音专学生陈田鹤、刘雪庵二人各自出版歌曲集，致函商务印书馆舒新城[6]。[注 信中介绍说："二君在校，成绩均属优良，如先生准予出版，俾后学益加感勉，则又为敝校同人之幸"。] (上音档案 520-37(2)-19)

6 月 16 日

中午 12 时 30 分，主持第 80 次校务会议。[注 会议主要讨论删去部分不重要课程，添设体育课及修改选科、额外选科章程等事项。会议决定在"学则自习表"附注中，加上"男女生一律须练习本校规定之体育课程"，体育课不给学分。](《音》第 59 期)

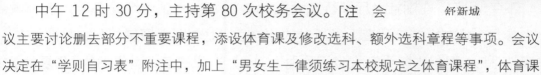

舒新城

6 月 27 日

下午 3 时，主持国立音专第 4 届毕业典礼。
[注 本届毕业生计有本科师范组 6 人：刘雪庵、巫一舟、梁定佳、朱咏葵、古宪嘉、胡投；另有高中师范科、高中班各 1 人。](《音》第 59 期)

巫一舟

朱咏葵

梁定佳

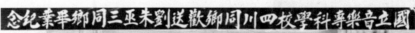

前排左 1 刘雪庵；
后排左 2 朱咏葵、
左 3 易开基、
左 5 巫一舟、
左 6 杨体烈。

6月27日

发布第234号布告，宣布自下学期起，高中师范及本科师范组正科生学费减收为15元，高中及本科生学费减收为20元；但因增加体育课，须加收操衣费10元。(《音》第59期)

7月18日

下午4点，在湖社大厅举行章太炎（6月14日逝世）追悼会，各界人士500余人参加。萧友梅在接到章太炎逝世的讣告后，立刻嘱托廖辅叔代拟挽联。在与廖谈话时，提起当年为章太炎词作曲之事，并当即把章太炎作词的《华夏歌》歌词完整地背诵出来（歌词见1920年6月30日条）。[**按** 萧先生似应会出席追悼会，记之备考。](《萧友梅传》第19页)

赵梅伯

7月19日

受萧友梅之聘，赵梅伯由美返国就职。

7月23日

发布有关人事变动的第237号布告：聘朱英为训育主任、赵梅伯为专任教员兼声乐组主任等。(《音》第59期)

8月13日

发布第239号布告，公布6名免费生及3名公费生的各组名额分配办法，并请有意取得此项学额的本校旧生及投考新生，到文牍处取阅"申请办法"及"清贫证明书"，依照规定手续办理。(《音》第59期)

8月17日，王光祈骨灰由德寄回，改日另葬。（江西《音乐教育》第4卷第12期张沅吉《1936年全国乐坛鸟瞰》）

8月21日

上午9时，主持校务、训育联席会议。[**注** 会议主要讨论学生管理问题。决定:1、对学生强迫寄宿问题作一些通融办法；2、对学生操行考查、请假、考试、会客、集会结社、出版刊物、课外作业等分别作出相应规定；3、学生一律须穿制服，违者初次劝告，再次警告，三次记过。](《音》第59期)

8月31日

为学生须有保证人事，发出第244号布告。[注 此前，训育处曾发函询问本校学生的保证人本学期是否继续保证，但结果不获复函及有址无人者竟达百人以上。布告要求"各生特别注意，即日另觅保证人，并请该保证人于一星期内（在办公时间）到训育处面谈一次，否则概须缴纳保证金20元。以昭慎重"。](《音》第59期)

9月1日

为照顾部分经济困难的学生一时不能缴清各种费用，特发布第245号布告，公告有关制服方面缴费的通融办法。(《音》第59期)

9月4日

发布第248号布告，公布本年度上学期入学考试录取名单。[注 录取新生共计51名，其中有钱琪[本科师范组钢琴]，刘育和（高中班钢琴），伍正谦、常学塘（任虹）（高中师范科声乐），黄源澧（选科大提琴，录取而未就学），杜刚[选科声乐]等。](《音》第59期)

9月5日

为避免英语程度偏低学生对加收补习费的误会，发出第249号布告加于说明。[注 开设英文补习班，完全是为适应英文程度低下学生之需要而设，非本校应有之课程，故入该班的学生须加缴学费5元。](《音》第59期)

9月5日

发布第250号布告，公告本校奉教育部令增加学额而经费有困难，经校务会议议决，凡属新制（1935年度以后学生）高中及高师学生，不论主科或副科一律每周授课半小时，以图补救。(《音》第59期)

9月5日

发布第251号布告，公布本年度准予公费及免费学额学生名单。[注 其中公费学额给予陈韶（国乐组）、钱仁康（理论作曲组）、王家恩（钢琴组）等3人，免费学额甲项（免学费体育费及琴租）给予胡投等2人，免费学额乙项（仅免学费）给予贺绿汀（理论作曲组）、陆仲任（理论作曲组）等9人。](《音》第59期)

9月7日

是日与傅彦常、叶秋原、周大融等在静安寺万国总会设宴款待赵梅伯，祝贺赵氏凯旋归国。（《现代中国音乐先驱赵梅伯》第31页）

9月12日

发布第258号布告，再次郑重公告：男女学生分别在东、西练琴室练习，如异性同学间需要伴奏或合奏练习者，须于事前正式向教务主任请求转知庶务科，临时开放课室，以资练习。（《音》第60期）

9月15日

下午1时30分，主持第81次校务会议。[注　萧友梅在会上报告男生宿舍及体育馆开标经过，议决暂与标价最低的大中华营造厂接洽；另议决选科生不加收体育费，额外选科如欲选修体育需缴费2元。铜管乐器班学生有缺额须招考。]（《音》第59期）

9月21日

下午4时，主持第82次校务会议。[注　会上报告与大中华营造厂接洽经过及偿付建筑费计划，并议决男宿舍和体育馆由大中华营造厂承造；另由学校聘监工1名，长期住校监督。其他还有选科生不注册者不得上课或旁听等决定。萧友梅提议的"学生中有参加合唱伴奏或乐舞，或助理校医事务者，准予免缴学费"获通过。]（《音》第60期）

9月22日

发布第260号布告，公布经修改后的选科章程新增加的条款。[注　其中规定，未注册额外选科学生不得在校上课及旁听各种共同课；已注册并上选修共同课，或住堂之额外选科生一律须缴纳制服费及赔偿准备金。]（《音》第60期）

9月25日

就上体育课的要求，发布第262号布告。[注　宣布奉部令各正科生，每周须上体育课2小时，不上课或不及格者不得毕业。又，女生操衣必须缝制，无操衣者不许上课。]（《音》第60期）

9月29日

发布第264号布告，因天气渐凉，通知男生应提早于10月15日起穿冬季黑色制服。（《音》第60期）

9 月

为音专建筑计划亟待完成,呈请教育部转咨财政部迅予拨发本年度的临时经费。[注 呈文中说,"本校女生宿舍业于二十四年度完工,惟男生宿舍尚系租赁民房,于管理上诸多不便。现为厉行训教合一起见,拟立即动工兴建男生宿舍,连建筑设备费,预计约需二万元。另因添领北段土地须付款 8978.13 元,故今年的临时费应领四万元。除去上述款项,尚余一万元,拟建筑体育馆,如不敷用另行设法。但目前款项尚未领到,一切均无从着手。为此恳请大部垂念本校之情形,转咨财部,尽于 9 月底之前先予拨发本校临时费之一部,俾各项建筑工程得以及早进行"。]《音》第 59 期)

9 月

发布第 253 号布告,公布升级、更改学籍、自请休学及逾期未缴学费作为休学的学生名单。[注 其中有刘雪厂由本科师范毕业升入本科,蔡绍序、郎毓秀、陈田鹤等自请休学。]《音》第 59 期)

9 月

431

就江西《音乐教育》第 4 卷第 8 期(8 月出版)微之撰写的《国立音乐专科学校》一文中存在的不实之处致函该刊编辑部。[注 该信指出,'琐记'所说"国立音乐院"改组为"国立音专"的原因、新校舍建筑费用、学校编制以及学生交费数目、毕业人数等等"颇多不尽不实之处",批评作者"掇拾浮言,率而执笔","易引起外人误会"。随信寄去了《国立音专校舍落成纪念特刊》,供"择要刊登,以明真相"。](1936 年 10 月《音乐教育》第 4 卷第 10 期)

10 月 21 日

为严正表明国立音专并未向日本国提出过要求,特就近卫秀麿愿赠钢琴一事致函日本驻沪总领事馆。[注 信函声明,"敝校并未向贵国文化事业部有所请求,乃贵国近卫子爵日前过沪参观敝校时曾提及自愿赠送敝校,以资纪念而已。敝校之意,如近卫先生慷慨赠送,最好先函知敝国教育部拨发敝校。"]('上音'档案 520-37(3)-9(10),转引自《上海音乐学院大事记·名人录》第 49 页)

11 月 1 日

由黄自发起、音专部分师生加入、谭小麟个人独捐三千元组织的上海管弦乐团正式成立。[注 乐团成员 30 余人，以国立音专学生为主；黄自、谭小麟任正、副团长，吴伯超、李惟宁分任正、副指挥。乐团实际上为业余性质，排练就在谭小麟家中进行。乐团除演出贝多芬、门德尔松、斯特拉文斯基等外国古典的、现代的音乐作品外，还演出过黄自的《怀旧》等中国乐曲。] *(张贞黻《上海管弦乐团》，载江西《音乐教育》第 4 卷第 11 期/钱仁康《中国近代理论作曲人才的导师——音乐教育家黄自》/《铜管乐教育家夏之秋》，分别载《中国近现代音乐家传》第 1 册第 537 页、第 2 册第 235 页)*

11 月 10 日

上午 11 时，主持第 84 次校务会议。[注 会议决定将本校九周年纪念音乐会延至下学期举行，萧友梅在会上还提议，开始筹备明年十周年纪念，由图书出版委员会负责计划纪念特刊的编印。会议还通过了《乐器借用规则》及《体育委员会章程》。] *(《音》第 61 期)*

11 月 18 日

发布第 274 号布告，决定"学生劳动服务"为特种教育工作之一。[注 布告宣布从下周一（23 日）开始排值日，做男女练琴室及课室之整洁工作。] *(《音》第 61 期)*

11 月 24 日

上午 10 时 45 分，主持教职员全体会议。[注 会议决定将捐助绥远将士的款项交到申报馆代收，捐款与薪俸之比率为自由捐助。外国教员另函劝捐。签字认捐结果共 186 元，萧友梅捐 15 元，为最高；其他如黄自、赵梅伯、吴伯超、周淑安、朱英、李惟宁等次之，均为 10 元，外籍教员也都各捐 5 元。] *(《音》第 61 期)*

11 月 24 日

上午 11 时，主持校务、训育联席会议。[注 会议除决定对某学生殴打另一学生致伤的处理办法外，还决定应学生自治会的请求，停止水汀炉火一星期，以所节约的款项捐助绥远将士。] *(《音》第 61 期)*

11 月 30 日

女萧雪真出生。

11 月 27 日

出席国立音专成立 9 周年纪念活动。[注 是日下午 1-3 点为各种运动比赛，3-4 点为讲演及演奏会，4 时半为茶叙余兴。市长吴铁城及教育局长潘公展等到会并致

辞。]（《上海音乐学院大事记·名人录》第 49 页）

12 月，在吕骥发起和主持下，国立音专同学和"业余合唱团"等众多歌咏团体一起举行"援绥音乐会"；演出十分成功。《立报》载文报道："雄壮、激昂、热烈，音乐界联合演出援绥音乐会昨日举行，救亡歌声响遍四方。"（《中国近现代音乐家传》（1）第 17 页）

12 月 11 日

是日上午连续主持两个会议。[注 10 时主持音专设备委员会第一次会议，出席的有黄自、朱荇青、陈能方、赵梅伯、吴伯超、李惟宁（萧代），列席者李兴业、廖辅叔（兼纪录）。会上讨论了 1937 年度概算书及各处设备计划，由李兴业报告经费分配百分比，购置图书、唱片、

萧友梅与萧勤

乐谱、各种乐器及体育设备等等共需 71，500 元。11 时 30 分，主持第 85 次校务会议，出席的还有吴伯超、赵梅伯等，李兴业、廖辅叔列席。萧友梅在会上报告 1937 年度提出增加经费之理由：1、增加设备费 71，500 元；2、学额增加后教员薪俸随之增加，1936 年度教薪不敷，教师任教颇乏成绩，故须增加教课钟点及进级，加薪者 23 人；另外又新增弦乐、管乐教员各一，男生指导员 1 人，书记 1 人，以上共 85，840 元，再加办公费、特别费合计 96，702 元。会议议决：为厉行"训教合一"，扩大训育会议，加请校内公民学教员、各指导员、各专业组主任及专任教员参加，报请教育部批准。]（《音》第 61 期）

12 月 22 日

音专全校师生员工共捐款援助绥远卫国将士慰劳金 227 元。（《上海音乐学院大事记·名人录》第 49 页）

12 月 26 日，上海音乐界在商会大礼堂举行援绥音乐会，节目有中西音乐、儿童演唱、合唱、口琴等。其中有张舍之、张贞黻的大提琴独奏、江定仙的钢琴独奏，蔡绍序、

433

郎毓秀的独唱等。(江西《音乐教育》第 4 卷第 12 期)

本年

被音乐教育委员会推举为代表,为中学音乐课时问题与教育部普通教育司进行交涉。[注　事情的起因是,教育部在音乐教育委员会委员们事前并未预闻的情况下,突然在《修订中学课程标准》时将中学音乐科目缩短为每周半小时或隔周 1 小时,直到课程标准公布后,见各地音乐教员提出抗议,委员们方才知道有此事。于是,一些音教会委员认为,音乐教育委员会既然尚未解散,他们似乎应该有责任过问此事。经过一番非正式集议后,大家决定推举萧友梅为代表,到教育部向普通教育司申述他们的意见:减少中学音乐教学时间是绝对不可能的。但顾树森司长以既经公布在案,碍难挽回为词,不予采纳。各委员乃联名上函教育部长,请其于无可挽回之中,暂时将图画、音乐二科每周各授半小时之计划,改为任学生选修一科,两科每周仍照旧各授课 1 小时,此建议后经批准。]《江苏教育》第 6 卷第 1、2 期合刊,1937 年 2 月)

本年

江定仙由西安回到上海,继续随黄自学作曲。

[**按**:我们从不少文字材料和图片资料可知,国立音专时期以萧友梅为首的行政人员、教师与学生之间,学生与学之间的关系,应该说是相当融洽的,这幅相片从一个侧面也

1936 年某月,江与同学、朋友合影。后排左起:江定仙、贺绿汀、刘雪庵、廖辅叔、胡然、张昊;前排左起:陈玠、姜瑞芝、陈梅魂、李惟宁、陈田鹤(由江定仙之子江自生提供。)

能说明。廖辅叔先后任音专图书管理员、校长秘书，经常与同学在一起交流和活动，与江、陈是好友。刘、江、陈合作出版了《儿童歌曲选》（萧友梅、黄自为之作序），他们仨再加上贺，被称为黄自的四大弟子；李惟宁 1935 年 10 月起在理论作曲组任教，担任自由作曲、配器法、钢琴等课程，'四大弟子'自然与其关系不错；贺、姜、胡、陈（玠）是同乡，湖南人，且胡、陈学的科目都是声乐（胡主科、陈副科）、钢琴（陈主科、胡副科）。这幅合影，是当年国立音专师生情、同窗情、同乡情的生动体现。]

本年，20 年代曾在北京艺专向萧友梅学习音乐基本常识的张寒晖，在西安省立第二中学任国文教师时教学生唱抗日救亡歌曲，1938 年被陕西省教育厅借故解聘，转入竟存中学（一所专门收容东北流亡至西安的少年儿童的学校）任教，继续开展救亡歌咏活动。（李淑琴《一曲哀歌动天地——作曲家张寒晖》）

本年，据上海海关报告，今年十个月，上海乐器输入共值国币 274，665 元。（（江西《音乐教育》第 4 卷第 12 期张沅吉《1936 年全国乐坛鸟瞰》））

龙沐勋回忆 先生经常很关心我的儿女多，在我 1936 年从广州回到上海，被人家欺压得透不过气来的时候，他替我保留着原来的职位，而且有兼任改作专任，使我得以勉度难关，这情谊我是"没齿不忘"的。（《萧友梅纪念文集》第 21 页）

【注释】

[1] 王光祈（1892～1936）四川温江人。1914 年夏考入北京中国大学法律系，1918 年毕业后历任成都《群报》与《川报》驻京记者，并与李大钊等在京发起组织"少年中国学会"，先后任筹备处主任、执行部主任，主持学会会务，积极为《新青年》、《每周评论》、《少年中国》等刊物撰稿。同年底，发起与组织北京工读互助团，旋即失败。1920 年赴德留学，入法兰克福大学攻读政治经济学，兼任上海《申报》、《新闻报》驻德记者。后改习音乐，主张"音乐救国"。九一八事变后，在柏林及法兰克福各大报上发表文章，反对日本帝国主义侵略中国。1932 年 11 月，任波恩大学东方学院讲师。1934 年获音乐博士学位。2 年后病逝于波恩。

[2] 赵梅伯（1905-1999）浙江奉化人。1929 年考试获庚款奖学金赴比利时布鲁塞尔皇家音乐院深造；学习期间和毕业后，曾在比利时、瑞士、英、美等国从事演唱，蜚声乐坛。1936 年 7 月回国任音专声乐组主任。1943 年拒绝汪伪政权的聘任，逃离上海到西安，创办西北音乐院。抗战胜利后到北平，与徐悲鸿一起重建北平国立艺专，任音乐系主任。1949 年定居香港，后移居美国，长期从事音乐教育。

[3] 黎照寰（1888—1968）广东南海人。1907 年赴美留学；期间结识孙中山，加入中国同盟会。回国后历任香港工商银行行长、国民政府财政部参事兼中央银行副行长等职。1929 年后长期从事教育工作。历任上海交通大学教授、校长，浙江之江大学教授等。

[4] 李焕之（1919-2000）福建晋江人。入音专选修和声学及视唱、钢琴、合唱课程 1 年后，曾在香港某商行当练习生；同时自学音乐。1938 年 8 月入延安进鲁艺音乐系，结业后师从冼星海学作曲、指挥；

毕业留校任教。1945 年 8 月，任设在张家口的华北联大文艺学院音乐系主任。1949 年起历任中央音乐学院音工团团长、中央可舞团艺术指导、中央民族乐团团长等职；1985 年起任中国音协主席 14 年。

[5] 蔡绍序(1910—1974)，四川安岳人。入音专声乐组学习，同时在校外从俄籍教师克雷洛娃学唱。1938年，与陈田鹤等辗转入川，先后任教育部所设音乐教导员训练班教员及音乐教育委员会委员等职。1940 年起先后在青木关国立音乐院、四川省立艺术专科学校等处教声乐。1950 年先在上海戏剧学院任声乐教授，1952 年调任上海音乐学院声乐系教授。

[6] 舒新城(1893—1960)湖南溆浦人。1917 年毕业于湖南高等师范学校英语部。先后在长沙第一师范、上海中国公学、成都高等师范等校任教。1925 年在南京从事中国近代教育史研究，1928 年应中华书局邀主编《辞海》；1930 年任书局编辑所所长兼图书馆馆长，一度代理书局总经理。1949 年后继任所长，又先后任编审委员会主任、上海教育学会副理事长等职。

1937 年(民国 26 年　53 岁)

7 月 7 日，日本侵略军在北平制造"七·七"卢沟桥事变，中国军队奋起自卫，揭开了中国人民抗日战争的序幕。

7 月 28 日，上海文化界救亡协会（简称"文救会"）举行成立大会。大会推举宋庆龄、蔡元培、何香凝、茅盾、胡愈之等 83 人为理事。

8 月 13 日，日寇向上海的中国驻军发起进攻，中国军队奋起抵抗，史称淞沪会战或"八·一三"上海抗战；中日全面战争由此爆发。

11 月 12 日，淞沪会战结束，上海沦陷，租界成为孤岛。

11 月 20 日，国民政府宣布迁都重庆，但在武汉失守之前，国民政府中心一直在武汉。

12 月 13 日，南京沦陷，之后日军即制造了惨绝人寰的"南京大屠杀"。

437

1 月

为保护学生的人身安全，特以校长名义致函上海市长吴铁城。[注　本月某日晚 6 时左右，音专一女生在乘公共汽车下车后返校途中，在民庆路口突遭 2 名暴徒拦路抢劫。对此，先生极为重视，随即致函市长；在信中指出：民庆路口离市政府很近，"该匪徒等竟敢如此横行，市中心区之安宁必将大受影响"；要求市府"转饬所属严缉匪徒，并沿途加设岗位，以保市民安全"。信中并附上劫失单一份。]（《音》第 62 期）

1-2 月

接上海市社会局局长潘公展发来关于排演戏剧须经审核的公函。[注　公函要求"本市各学校剧团或职业剧团公演戏剧，均应先行呈送剧本到局，经审查核准后方可公演"，"学生所组织之剧团，或举行任何游艺会表演戏剧时，务希于一星期前由学校当局函告本局，并将剧本送审核准后，方可排演"。]（《音》第 62 期）

1-2 月

教育部发来指令（廿六年发国拾玖 4 第 890 号），对国立音专呈送建筑男生宿舍及体育馆建筑图样及说明书准予备案；但对经费不足，尚差 8000 元一事，指示"自行筹措"。*（《音》第 62 期）*

1 月 13 日

发布第 281 号布告，公布 12 日举行的第 86 次校务会议通过的几项决议。

[注 其中规定：从下学期起，凡原由本校教职员作保证人的学生，须另觅保证人，无保证人者应交保证金 20 元；凡不依规定日期注册者逾期 1 天罚款 1 元，并以 2 月 10 日为限，过期作休学论；校徽改用三角形，上刻各生学号，不得借用；对纪念周不缺席的学生，操行分数加 2 分，升降旗一次不缺者加 5 分，请假次数不到十分之一者，加 2 分。]*（《音》第 62 期）*

1 月 20 日

与黄自、赵梅伯、胡彦久、金律声、吴梦非、唐学咏、吴伯超等一起，出席是日在南京召开的中央文化事业计划委员会音乐研究会第一次委员会议。

[注 会议提出七个议案，经讨论归纳为五件：1、整理固有音乐；2、改良现行乐器；3、奖励音乐创作；4、整饬社会音乐；5、提倡音乐教育。会议决定分别请委员起草办法：为提高音乐情绪起见，举行音乐比赛，以利策进，由萧友梅起草；关于提倡音乐教育，如设立暑期音乐补习学校，由吴伯超起草：关于整饬社会音乐，如音乐出版、电影音乐、广播音乐等由黄自起草。出席会议的还有陈果夫、褚民谊、王世杰等政界人士。]*（张贞黻《中央文化事业计划委员会音乐研究会》，江西《音乐教育》第 5 卷第 2 期）*

1 月

应教育部、内政部之聘，出任乐典编订委员会委员。*（《萧友梅音乐文集》第 568 页）*

年初，朱家骅、唐学咏、吴梦非等在杭州筹设音乐馆，由唐学咏任馆长，梅帕器任器乐部主任，刘质平任教务主任，聘马革顺等担任教师；正当即将开学之际，因日本帝国主义大举入侵我国而夭折。*（刘立新《音乐教育园地的耕耘者——音乐教育家唐学咏》，见《中国近现代音乐家传》第 1 册第 415 页）*

2 月 5 日

下午 5 时，主持第 87 次校务会议。[注 主要议决事项有：1、先买北半区一小段地皮，供建筑体育馆用；2、校徽采用蓝地黄钟银琴式样；3、学生按期缴费而尚未注册者免罚，逾期领取缴费单者照章罚金；4、笙箫班照旧免费；5、主科每周一小时，视学校经费情形决定；6、陕甘籍学生准予延期缴费，陈传熙准予先注册上课；7、选科与额外选科女生有家长来信请求者，可允许走读。]（《音》第63期）

[按：先生从实情出发，照顾边远地区学生的举措，体现了既坚持原则又灵活变通、实事求是的办事精神。]

2月16日

发布第291号布告，公布本学期新聘的兼任教员名单。[注　其中有欧阳予倩[1]先生讲授戏剧概论，章元瑾博士教授救护法，达拉密士先生教授单簧管，史丕罗尼先生教授法国号；另新聘导师2人，教授女子体操、乐舞或国术。]（《音》第62期）

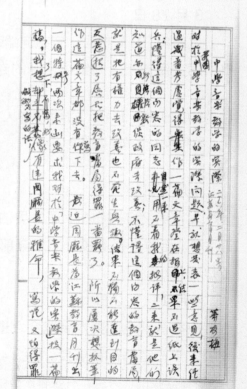

欧阳予倩

2月

应江苏省教育厅厅长周佛海两次来函邀约，撰写《中学音乐教育的实际问题》一文。[注　文章首先实事求是地声明："对于我国中学音乐教学的实际问题，早就想发表一点意见，后来经过几番考虑，觉得作一篇文章登在报上，结果不过纸上谈兵。懂得这个内容的同志，一来用不着我的批评，二来就是他们知道，亦无法敦促政府去改善；不懂得这个内容的教育当局，就是它有权力去改善，也不发生兴趣。结果不独不能达到目的，反招惹了唇舌，把教育当局得罪一番罢了。所以屡次想执笔写这篇文章都没有写下去"。但为了使问题的解决存有"一线的希望"，考虑再三，还是写了此文。文章指出了当时中学音乐教育中，存在着课程标准高与学生不但基础差而且课时少的矛盾，再加上许多学校和视学员对于音乐完全是外行，对音乐课程很不重视，以至中学音乐课程实际上"有名无实，差不多等于零了"。

针对上述情况，文章提出了整理中学音乐课程的

《中学音乐教育的实际问题》手稿

439

六项建议：1、修订中学课程标准，增加课时；2、重编音乐教科书或审查之；3、严定音乐教员的资格，定期举行检定试验；4、在各大都市设立暑假中、小学音乐教员补习班；5、订定音乐教育视察制度；6、划一养成音乐师资料之课程。文章还回顾了 1934 年 6 月成立音乐教育委员会时委员通过的四个议决案，但事实上基本未获执行。在提及修订课程标准一事时，记述了 1936 年秋天，教育部未征求音乐教育委员会委员的意见而擅自减少音乐课时，引起音乐教员们的抗议，以至于音乐教育委员会与教育部发生争议的经过（参见 1936 年"本年第一条"）。文章特别声明："每周音乐教学 1 小时，在毫无音乐根底之吾国，事实上确不够"，"我们最近提倡要维持这办法，不过为顾虑到教育部令出必行之威信罢了，慰情聊胜于无而已，并非吾人心愿如是"。文章指出，"中学音乐教学的焦点，还不是每周 1 小时 2 小时的问题，它的症结是因为教育行政机关人员和编订音乐课程标准起草者没有内行的人在里边"。要真正解决这一问题，就是实行文中提出的六项建议。关于其中第 5 条，如一时限于经济能力无力设置，可采用短期（或临时）聘任办法，请音乐专员每年视察全省各中学音乐教育一次。]（《江苏教育》第 6 卷第 1、2 期合刊"中学教育检讨专号"）

3 月 18 日

发布第 293 号布告，宣布何端荣、胡陈玢、常学墉等 9 名学生将于本月 24 日出席上海市社会局组织召开的专科以上学校优秀学生联谊会。（《音》第 63 期）

3 月 29 日，北平、天津音乐界人士杨仲子、李恩科、熊乐忱等 17 人为促进音乐教育，发起成立平津音乐学会。

4 月 2 日

发布第 298 号布告，通告吴伯超先生因受内政部之聘，担任乐典委员会编订主任，无暇讲授本校分配之全部功课，故请黄自、李惟宁两先生代授一部分。（《音》第 63 期）

4 月 11、12 日

应教育部全国美术展览会之邀请，组织国立音专师生赴南京国民大会堂及金陵大学礼堂举行音乐会。[注　4 月 10 日上午启程，13 日下午返校。参加演出的学生都是学校的优秀生，有张蓉珍、张贞黻、斯义桂、谭小麟、郎毓秀、吴乐懿、戴粹伦等，节目中包括有合唱《山在虚无缥缈间》《抗敌歌》（黄自曲）、《玉门出塞》（李惟宁曲）等，由赵梅伯指挥。参加演出的教师有佘甫磋夫、应尚能、朱英、查哈罗夫、苏石林、法利国、介楚士奇等。]（《音》第 63 期）

4 月 29 日

音专新生活运动委员会于本日成立。[注　该机构按市新生活运动促进会来函要求组织，除校长为当然委员外，并推定黄自、陈能方、朱英、黄国良为委员，学生代表因学生自治会尚未选出，暂以陈韶、洪达琦为临时代表。]（《音》第 63 期）

5 月 15 日

由黄自任队长的上海管弦乐队在八仙桥基督教青年会礼堂举行音乐会，演奏海顿、莫扎特、贝多芬等人的作品。（《上海音乐志》第 246 页）

5 月 16、23、30 日，音专专任教员赵梅伯在上海工部部局交响乐团假兰心大戏院举行的音乐会上，担任独唱，是为在该乐团演唱的第一位华人歌唱家。（《现代中国音乐先驱赵梅伯》第 34 页）

国立音专合唱团全体演员摄于新亚酒店大礼堂，指挥赵梅伯，钢琴伴奏吴乐懿。

5 月 24 日

晚，出席在新亚酒店大礼堂举行的第 8 次学生演奏会。[注　演出节目主要有：佘甫磋夫指挥的乐队合奏亨德尔的《弦乐小协奏曲》、格里格的《夜曲》《侏儒进行

新亚酒店大礼堂学生演奏会后合影，左起第 6 人为萧友梅。

曲》，陈韶琵琶独奏朱英的《一个血战的纪念》，亨德尔合唱清唱剧《犹太·马克白》中的《英雄凯旋》《来吧！永远的微笑》，斯义桂独唱威尔第歌剧《厄尔南尼》中的《残酷的命运》、歌剧《麦克白》中的《天昏地黑》，何端荣钢琴独奏柴可夫斯基的《F大调变奏曲》，最后是赵梅伯指挥的罗家伦词李惟宁曲的《玉门出塞》以及古诺歌剧《浮士德》中的《回旋曲与合唱》、贝里尼歌剧《梦游者》中的《万岁》等。]（《音》第63期）

5月25日

上午 10 时，主持第 88 次校务会议。[注 会议内容：萧友梅报告男生宿舍和体育馆建筑状况，李兴业会计报告特别财务委员会杂项收入情况。会议议决：1、通过教务会议提交的自1937年度起加设洋管、巴松管、打击乐器免费学生各 1 名；2、修正学则中第 16 条己项为"各组免费学额经教务主任及校长认为必要时得各设若干名提交校务会议决定之"；3、国乐除原有 2 名外，自1937年度起加设 1 名；4、暑期学生如需住校，应由家长来函申请经认可后才行。]（《音》第63期）

6月1日

发布第 308 号布告，通告本校文牍事务员廖辅叔先生因事辞职，特请何达安先生兼任该项工作。（《音》第63期）

6月13日

作《对于各地国乐团体之希望》。[**注** 文章认为：中国近千年来音乐没有进步的原因在于习乐者只偏重技术而未在理论上科学上加以研究，音乐教育机构只有官办的，且目的只是培养乐工，不是为发展音乐艺术。文章希望各地国乐团体"时时借镜西方音乐，理论技术两方面均有系统的研究，将来改良旧乐创作新乐均非难事，甚望海内音乐同志多发愤努力，以期与西乐有并驾齐驱之一日"。该文今仅留存手稿，是否发表及发表在何种报刊，有待查考。](《萧友梅音乐文集》第446页)

6月14日

下午 3 时，主持校务、教务联席会议。[**注** 出席会议的有黄自、朱英、李惟宁、陈能方、龙榆生、赵梅伯（萧代）、梁就明（朱代）。会议议决事项有：1、通过教务会议提出的"本校学生主副科及所选修的技术学科，不准同时在外再自请先生学习，违者取消学籍"的提议；2、学生操行分数不到 70 分者，暑假内不得在校寄宿；3、根据训育处提议，对缺席纪念周和救护法课超过四分之一的 8 名学生做记过处分；4 给予乙种免费生免收琴室费；5、本校注册学生在校外演奏，如非在校内所学习之科目，一律不准（但经本校专科教员许可者，不在此内），违者予以处罚；6、根据朱英提议，今后正科生不准改为选科生，但因学期平均分数不及格，而主科分数甚优者，且此项主科为本校所需要者，或主科分数比选科新生优异者例外。以上议决于次日向全校公布。](《音》第63期)

6月16日

出席是日在青年会礼堂举行的音专第五届毕业典礼及毕业音乐会。[**注** 本届毕业学生有胡然（本科声乐组），陈玠、杨体烈、洪达琦、陈绍、何惠仙（本科师范组），黄廷贵、张舍之、张昊（师范组），过拉（选科高级修了），何汉心、林文桂（选科中级修了）等 20 人。音乐会上胡然演唱海顿清唱剧《四季》中的宣叙调和咏叹调、舒伯特的《谁是塞尔维亚》，过拉钢琴独奏圣-桑的《钢琴协奏曲》op.22 第二、三乐章等。](《音》第63期/《1937年国立音乐专科学校一览》)

6月20日

应中国文化建设协会之请，为《十年来的中国》一书作《十年来的中国音乐研究》。[**注** 撰写该文时，萧友梅因正值学校大考学年结束期间，各事均待办理，本来不想答应，后因该会屡函催索，又觉得责无旁贷，于是只好勉强答应。因是在百忙中草成此文，而且所发出的调查表，还没有一张寄回，故文章声明，"这样的潦草交卷，本来很不满意，但为期限所迫，实在无法可想，他日如有机会，再当设法补充"。该文首先简要介绍了我国周、唐两个朝代对音乐的重视，以及西乐传入中国和清末民初直至民国16年（1927年）止的音乐教育情况。接着从音乐专门人才、音乐创作及著作、音乐演奏会、定期音乐刊物等四个方面的重要事项做了介绍。文章最后向政府提出奖励音乐创作的建议，并为作曲家创作过程的艰辛作了说明。文中说，"外行人不知道，以为作曲和写字一样的容易"，"这完全是一种误会"。假如作曲家生活问题尚未解决，就去应酬替人报效作曲，结果必至饿死。"从前欧洲有一个时期，贵族富人嗜好音乐的常出重金聘请作曲师为其作新曲供演奏之用，那个时期作品非常之多。在今日优良乐曲缺乏的吾国，最好由政府聘请作曲师数人，给他们充分的生活费，令其专门作曲，同时聘请擅长作歌词人，令其创作民歌，这样一来，我敢说不到五年必有小成，进行十年必大有可观，……这是我预祝未来十年能办到的一件事"。《十年来的中国》由商务印书馆于本年7月发行。]（《音乐与音响》杂志社编《萧友梅先生之生平》第66页，1982年4月14日出版）

仲夏

接受黄自请辞教务主任职务，决定请陈洪[2]为继任者。

> **陈洪回忆** 1937年仲夏，我在广州突然接到萧友梅先生自上海音专的来信，征求我的意见，是否愿意去上海音专工作；7月下旬我第二次接到他的来信并附聘书，聘我当音专教授兼教务主任。我和他素昧平生，他从何知道我的？何人介绍的？我至今还不了解，也从来没有去追问过。（《萧友梅纪念文集》第61-62页）

7月14日

向教育部呈报国立音专组织大纲及行政组织系统图（乐字第1168号）。[注 在修正的组织大纲第一条中规定："本校定名为国立音乐专科学校，以教授音乐理论及技术，养成音乐专门人才及中小学音乐师资为宗旨。"经教育部发来指令，准予备案后，在7月21日发布的第314号布告中向全校公布。]（《音》第63期）

7月21日

发布第315号布告，公告学校人事变动事项。[注 有4项变动：1、陈能方因亲老回籍奉养恳请辞职，事务主任一职由裴金继任；2、黄自请下学期辞去教务主任兼职，该职将由陈洪继任；3、奉教育部令修正组织大纲，文牍事务员改为校长室秘书，聘何达安担任；4、庶务员兼男生指导员欧阳治期满解聘，下学期该职由李荣寿（即李华萱）担任；5、聘李惟宁兼理论作曲组主任。](《音》第63期)

[**按**：关于音专曾聘李荣寿担任男生指导员一事，在所见介绍李荣寿生平事迹的文章中，似均未提及，但未有资料证实到任。]

7月

音专教职员在是月按工资比例的"捐薪一日"中，萧友梅捐13.33元，黄自为10元。[**注** 全校共捐102.74元，作为援助华北将士的慰劳金。此项捐款于7月15日送交新华银行100元，取回上海各大学联合会慰劳金收据1张；于9月25日送交大同大学2.74元，取回各大学联合会会计处收据一张。](《音》第64期)

7月，接教育部第9564号训令，内决定：1、艺术专科学校经教育部批准可添设高中部，加设艺术科目，或添设艺术师范科，或高级艺术科或职业学校以养成艺术师资、工业艺术人才，并为升入专科之基础训练；2、大学艺术科及音乐系入学考试科目应量予变更，不宜与其他科系入学考试科目完全一致，俾有特种艺术天才者易于录取。3、大学艺术音乐专修得比照修正专科学习规程，招收与高中毕业同等学力学生，但不得超过录取总额五分之一。4、大学艺术专科音乐系及艺术专科学校酌收选科生。(《教育部公报》第9年第23、24期/《音》第63期)

7月末

应萧友梅之聘，陈洪抱着试一试的心情，在7月底经香港乘船赴沪，按期于8月1日到达。(《萧友梅纪念文集》第61页)

8月1日

陈洪到达当天，就到"市中心"的国立音专去报到。

[**注** 对于音专新建校舍的印象，陈洪作了如下的描述："这里环境优美，人烟稀少，空气新鲜。如果加上歌声和琴声，那的确有点像所传闻的'象牙之塔'了。但我到达的第一天，什么声音也没有，一片寂静。我急步走进大门，便看见一座三层主楼，面对着大门的主楼前，竖立着一支高高的旗杆，旁边有青翠的松柏，树下一块石碑刻着'蔡元培先生手植'。主楼是办公室和大大小小的教室，右边连着一个演奏厅，厅中有一个矮

陈 洪

矮的舞台，结构也颇精致。楼里似乎没有人，我却找到了我的办公室，因为门上已贴上我的名字，只是没有钥匙进不去。我便走出这座楼去找萧先生的寓所，楼外的学生宿舍和琴房等则无暇参观了。这是我第一次进入音专在江湾的校园，也是最后一次，因为不久它就被日寇占领了。"］（《萧友梅纪念文集》第61页）

　　[按：萧友梅与陈洪会见后，自此开始，陈先生便成了萧先生的得力助手，教学骨干，学校的台柱子；两人齐心协力、同甘共苦，支撑着在孤岛上风雨飘摇的国立音专。]

　　陈洪回忆　萧先生在他的客室中会见我。他约五十出头，中等身材，瘦削，头盖显得大而下巴尖，额骨突出，戴黑框眼镜，双目炯炯，胸部扁平，不时咳嗽，一望而知他身体欠佳，可能有肺病。他说一口流利的普通话，而当他发现我普通话说得不好时，便改用广东话和我交谈。寒暄之后，话题立即转入搬场。他说："一切都已准备就绪，明天就搬。搬场是音专的家常便饭。话题转到我的工作问题，他嘱我暂住法租界亲友家里，明天搬家后在新校址会面再详谈，我便向他告辞。这次他给我留下的一个印象是：说话坦率、不事掩饰；虽健康欠佳，但有魄力，对时局并不胆怯。我被他这种精神所鼓舞，对音专的前途也就乐观起来。（《萧友梅纪念文集》第61-62页）

8月2日

　　音专由"市中心"江湾搬到法租界的徐家汇路。（陈洪《萧友梅纪念文集》第62页）

[按：戴鹏海先生刊误，认为是肇家浜路。]（《萧友梅纪念文集》第499页）

　　陈洪回忆　徐家汇原有一家私人的骨科医院，停业了，音专租下它的房子作为避难校舍。这里是法租界的西南隅。隔一条小河浜就是"中国地界"。音专这时只有一百多学生，全部走读，房子勉强够用。我同注册科凌宝珩先生（女）把课表排出来，文化课和专业课都能开，只停开了政治课和体育课。（《萧友梅纪念文集》第62页）

8月5日

　　是日音专准备转移保存重要档案及设备。[注　"七·七"事变后，音专接教育部密电，于次日（6号）将学生成绩、照片、重要账簿及贵重而又便于搬动的设备，转移到徐家汇862号保存，并在该地办公，筹备下学期开学。]（《上海音乐学院大事记·名人录》第53页）

8月8日，由上海53个歌咏团体联合组成的国民救亡歌咏协会成立，冼星海、何士德、沙梅、周巍峙、麦新、孙慎、孟波、周钢鸣等任干事会干事。协会于10月组织宣传队，赴浙江、江西从事抗日宣传工作。《上海文化艺术志·第4篇音乐舞蹈歌剧·第1章音乐·第1节社团机构》

8月8日

音专新校舍之正座、女生宿舍及操场遭日机轰炸；次日学校被迫从江湾迁至市区。这是抗日全面爆发后音专第 1 次搬家；也是音专成立以来的第 5 次。（《上海音乐学院大事记·名人录》第 54 页）

淞沪战争中，闸北地区遭日军轰炸后之情景。

8 月 9 日，学生杜刚得悉学校已搬家，便专程去市京路新校舍察看，事后写道："这些可爱的东西，都因敌人的凶残，不得不和我们分开了"。"我追悔没有像萧邦珍藏波兰的国土一样，藏在我的书箱里！我应该对这块泥土发誓，必有一天，要把她归还于市中心的土地！"（《音专素描》，《音乐月刊》第 1 期）

8月12日

上午 9 时，在音专临时办公处主持第 91 次扩大校务会议。[注 出席会议的有陈洪、黄自、裴金、梁就明、朱英、周淑安等。萧友梅在会上报告本校暂将重要仪器图书家具等迁移到徐家汇路 852 号临时办公处。会议讨论开学及临时校舍与宿舍问题，议决按期开学，租赁徐家汇路骨科医院做校舍，发通知给本市学生，本学期确定来校与否，望于三日内答复，以便研究校舍问题。] （上音档案 520-37（3）-35）

陈洪回忆：骨科医院与战场仅一浜之隔，在楼上可望见两军对垒情景。日寇还向法租界开枪，打死了在河浜沿岸水塔上看热闹者。骨科医院已处于危险地带，音专乃不得不作战时第二次搬场。这次搬到离"中国地界"稍远的马斯南路，租下一所较大的住宅作为校舍，虽勉强能上课，但比起骨科医院来就更局促了。（《萧友梅纪念文集》第 63 页）

8月13日

日寇海军陆战队向驻守上海的中国军队进攻，淞沪战争爆发。[注　是日起，音专新校舍陷于日本侵略军的炮火之下；萧友梅只得率全校师生搬迁到租界上课。时萧先生虽"年逾五旬，而勇气倍增"，"对于指挥搬场也特富经验，所以一搬进租界，立即安顿妥当"。](《萧友梅纪念文集》第27页/上海音乐学院大事记·名人录第54页)

王浩川回忆　这样频繁的搬家，对一般学校来说，简直是受不了的，可萧先生对指挥搬家特别有经验：他收集了不少装香烟的木箱，有桌子那么大。一到搬家，就把图书、乐谱、文件、设备等放到箱子里面，搬起来就走。当然音专时期不像现在东西多。1937年，日本帝国主义轰炸江湾，江湾校舍也被击中，师生们看到侵略者的暴行，联想到学校的前途，心里乱得什么似的。幸亏萧先生临危不乱，每次指挥大家将图书、乐器、设备安全转移到法租界，带领着师生在风雨飘摇中继续办学，才把老音专这个中国第一所音乐学校坚持下来。(《萧友梅纪念文集》第189页)

龙沐勋回忆　我见他因了为学校省钱，自己刻苦到了极点；同时对于同事和学生们的要求，也就不肯随便的通融过去。就是对我的友谊，虽然非凡之好，但我"八一三"逃难到辣斐德路寄住在那间空着没用的汽车间内时，他一样要我缴纳房租。我知道他的为人，是属于公私之辨的，所以对这丝毫没有什么意见。(《萧友梅纪念文集》正文第20页)

白石回忆　大约在8月中旬，一个酷热的午后。踏进852号的大门是一个走廊，转弯再转弯，便达到办公室的门外，我看见里面几位先生正忙着，大概是准备入学考试的事情。萧校长适从里面走出来，我赶快让在一边向他致礼，在他微笑的答礼中，我窥见他老人家精神奕奕，态度可亲，在患难之中，益令我肃然起敬。

"神州大地蟠东方，沉沉数千载，典乐复职宏国光。"这是校歌开头的一句，在往日，这于我本是极平淡的，现在这旋律突然令我忆起我们的市中心，我们的草地，我们的旗杆，我们的杨柳！一股热泪涌上我的眼睛来。(白石《音专素描——从8月到10月的学校片断史》《音乐月刊》第1期)

8月，上海沦陷前夕，何士德与孟波等组织抗敌后援会上海歌咏界国内宣传团，到内地宣传。

初秋

陪同陈洪一起去谒见蔡元培。[注　其时蔡先生虽已不过问音专的校务，但先生仍是国立音专的精神支柱。](《萧友梅纪念文集》第65页)

9月2日

上午 9 时，在徐家汇路 852 号临时办公处主持第 92 次扩大校务会议。[注 出席会议的有裴金、龙榆生、黄自、周淑安、朱英、陈洪、黄国良，纪录何达安。萧友梅报告了教育部管辖各校情形，各大学联合会开会经过和到会的 22 所大学的情况及各大学联合会慰劳金收支经过（此前曾召开过各大学的联合会议）。黄国良教官在会上报告新校舍毁坏状况。会议讨论议决：1、在法租界当局未允许本校上课之前，招考在临时办公处进行，个别课在各教员家上课；2、本月 13、14 日为新生考试日期，15 日非正式开学及旧生注册；3、在法租界适当地点另租房屋一间备用。]（《音》第 64 期）

9月4日

音专按计划如期进行招生。[注 是日，推选龙榆生（沐勋）、梁就明、黄自、陈能方、赵梅伯、李惟宁、苏石林、查哈罗夫、拉查雷夫、佘甫磋夫等 14 人为 1937 年度入学试验委员会委员。]（上音档案 520-37（3）-8）

邓尔敬回忆 "八一三"抗战爆发。学校自江湾迁入法租界租了几处民房，化整为零，不挂校牌，但仍坚持招生、开学、上课。（《萧友梅纪念文集》第 111 页）

龙沐勋回忆 "八一三"事变起来，萧先生督率所属职员，在兵慌马乱的最短时间，把所有的乐器图书，和教室及宿舍内的一切家具扫数运入法租界；接着在马斯南路租了一座小楼，在炮火连天中，依然弦歌不辍。他常在一间小屋子里，亲自整理所有的图书，有时连饭都不回家去吃。他屡次计划着把学校搬到香港或桂林去，可是终于没有实现。（《萧友梅纪念文集》第 19-20 页）

9月14日

在敌机不断在附近低空盘旋扔下炸弹的形势下，于徐家汇临时校址照常进行招生考试。（《音乐月刊》第 1 期及陈传熙口述，转引自《上海音乐学院大事记·名人录》第 54 页）

9月15日

据前教务主任黄自的报告，以校长名义，发出第 319、320、321 号布告，公布本年度学生学籍变动情况与本年度得奖学生名单。[注 其中有准予升本科者潘美波（钢琴）、杨树声（声乐）等 4 名，贺绿汀等自请退学者 6 名，陆仲任等自请休学，张昊给师范证书停止学习，以及勒令退学或改入额外选科者 3 名，留级者 4 名。得奖学生为何端荣、梁雪姬得甲奖；陈韶、陈玠、胡然得乙奖。]（《音》第 64 期）

449

高芝兰

9月16日

发布第322号布告，公布本届入学考试录取名单。[注 其中高中部有高芝兰[3]（声乐）、杜刚（低音提琴）等10名；师范科有莫桂新（声乐）、刘文秀（钢琴）等8名；选科生有张权（声乐）、杨耀庭（理论）等7名，共录取20名。]（《音》第64期）

[注 据张权回忆，是周淑安辅导她考上音专。录取时，她已回老家，因交通中断，去不了上海，便随家人西迁。]（《张权纪念文集》第230页）

9月17日

是日发出布告，公布本年度公费、免费生名单。[注 他们是：曹天漫（国乐组）、钱仁康（理论作曲组，限10月1日前到校，否则由黄国梁递补）、章彦（乐队乐器组，限10月10日前补交清贫证，否则由谢绍曾递补）；甲种免费生2名：黄国梁、谢绍曾；乙种免费生3名：何其超（理论作曲班）、杜刚（即杜矢甲，低音提琴班）、孙振成（笙箫班）]（《音》第64期）

9月

致函教育部王世杰部长，报告沪上各国立学校校长集议所定的发薪办法。[注 信中说："此次抗战，有关吾国及全民族之存亡，故政府与人民均决心长期抵抗，以期得到最后之胜利。而战费浩大，非从各方面下手，极力撙节，无以维持。近日各机关公务员之薪俸，已不能如数发给。日前沪上各国立学校校长曾集议一次，暂定发薪办法如下：1、从9月起已聘定之教员，如无钟点者，8月份发足一个月薪水，即行停发；2、已聘定之教员，从9月起有课务者其薪额一律依授课钟点计算，科目每班不足10人者，一律合班上课，但所领得经费如不能发足时仍当按照成数发给；3、职员离校者9月7日以前不返校者，即行停薪。信中还对最近收到转来的行政院关于紧缩开支的密令中关于分八成和四成两种发薪办法请求详示。]（原件存南京第二历史档案馆）

10月1日

因徐家汇校舍不敷应用，又将学校迁至法租界马思南路58号。[注 这是音专抗日战争期间第2次搬家，也是音专成立以来第6次迁校。从是日起，所有个别课及合唱课都正式开课，但因时局动荡，课程表几乎每日变动。]（《音乐月刊》第1期/9月27

日《致教职员函》转引自《上海音乐学院大事记·名人录》第 54 页)

10 月 4 日

是日，向美洋洗染公司桑姓承租高恩路（今高安路）为校舍。（《上海音乐学院大事记·名人录》第 54 页）

10 月 5 日

电告教育部：本校于 10 月 1 日迁至第二特区马思南路 58 号办公并在该处正式开学上课（18 日举行开学典礼，详后）。又在高恩路 432 号另租一民房一所，为存放校具乐器及职员住宿之用。（原件存南京第二历史档案馆）

> **陈洪回忆** 萧友梅因怕学生练琴影响周围居民休息，同时考虑到过度集中则容易引起敌伪的注意而被一网打尽。因此又提出"化整为零"的方案，实行战时第 3 次搬场，也是建校以来第 7 次，迁校至法租界西边一条僻静的马路高恩路。在这里租了一座三层楼的洋房作上课用，另在福履里路（今建国西路）租一层楼房供总务部门使用；又在西爱咸斯路租一层楼房，用以储藏图书和唱片。萧友梅每天在图书室中办公，兼任图书管理员，（我）每天到这里向他汇报工作。这样度过了 1938 年和 1939 年的大半年。（《萧友梅纪念文集》第 63、73 页）

451

[**按**：西爱咸斯路即今永嘉路 418 弄 2 号。当年萧友梅的家就在楼下；新聘教务主任陈洪住楼上（即左下图中有窗户的）。图书馆就在楼下先生家的隔壁。所以陈洪很方便地每天向萧先生汇报，先生也很方便地兼任图书管理员。1938 年 8 月陈洪从香港接夫人、儿女回上海后，在这里住了好几年。]

10 月 6 日

发布第 324 号、325 号布告，规定学生姓名一律按部颁"国音注音符号"内所注罗马字母拼注，以昭划一。

[**注** 前一布告通知学生今后用

萧友梅与陈洪故居现貌。摄于 2007 年 9 月 4 日（陈比纲摄）

陈洪全家在居所门前。摄于 1937 年

罗马字拼注姓名务须按照部颁《国音注音符号》拼注，并不得参用西名，以昭划一。后一布告宣布聘汪亚尘[2]先生为艺术概论兼任教员，周寿祥先生为救护法兼任教员。]

[按：从是日公布的照部颁罗马字拚注的 67 位（该名单共 68 名，有一人重复）学生名单，再加随后新招即第 2 次入学考试录取的人数（如果全部入学的话），可知抗战全面爆发后，1937 学年度音专在校学生共计 87 人。]（《音》第 64 期）

10 月 10 日

发布第 328 号布告，公布本届第二次入学考试录取 19 人名单。[注　其中有陆洪恩[注]（师范科）、章彦（由选科生改考入高中部）等。]（《音》第 64 期）

10 月 13 日

为加强教学管理，依据 6 月 14 日校务教务联席会议决定，发布第 329 号布告。[注　布告再次重申，凡参与校外一切演奏会未得本校技术教员暨教务主任、校长签字许可者，扣学期考试总平均分 10 分及总平均操行分 2 分；无故不出席播音者，扣学期总平均操行分 2 分。]（《音》第 64 期）

1937 年先后由第二、第三任教务主任黄自与陈洪以及校长萧友梅签署的校外演奏申请书

10 月 16 日

发布第 330、331 号布告。[注　前者宣布：为传播学术精神，自本年 10 月起，于校刊外再编辑出版《音乐月刊》，每月 1 日出版；后者宣布：本校在出版音乐刊物之外，更组织一乐队，定名为"国立音乐专科学校管弦乐队"，并推定佘甫磋夫先生为正指挥，陈洪先生为副指挥，章彦为干事。

后一布告还附乐队章程及队员名单。章程说明乐队宗旨为：1、增进学生管弦乐知识及合奏经验；2、丰富本校团体生活；3、介绍世界名曲于社会；4、使国人管弦乐作品多得表演机会；5、造成国人自组乐队之基础；6、促进中国新音乐运动。章程还规定，本校校长为乐队的当然队长，队员以本校学生为基本队员，必要时得向校外征求特约队员。正副指挥由队长于本校教员中聘任，干事由队长于本校学生中聘任。队长及副指挥均不支薪，干事每月酌给津贴，基本队员概尽义务，特约队员酌送车马费。

乐队暂定每周练习一次，每次二小时。每月或每季举行音乐会一次，播音若干次。因演奏员人数不足，另征求特约队员 6 人，总共 20 人。队员名单如下：第一小提琴陈又新（首席）、窦立勋、章彦、陈中*、马维鲤*；第二小提琴陈洪、许绵清、何漂民、邓昭仁；中提琴黄贻钧*；大提琴张贞黻（首席）、潘莲雅；低音提琴爱文义甫*（Auonieff）；长笛韩中杰；洋管萨利车甫；笙簧秦鹏章*；小喇叭丕且纽克（Pecheniuk）；钢琴李惠芳；风琴何端荣；旋转鼓谭小麟（有*者为特约队员）。乐队演出节目计划为：1、多演奏中国作曲家的作品；2、注意有系统的有教育性的节目；3、用中文写节目单及乐曲解说。

由于战争时期环境恶劣，排练有时在晚上进行，最先练习的曲目是海顿的《第二交响乐》，后还练习莫扎特的《第四十一交响乐》。]（《音》第 64 期）

[按 当时已进入全面抗战时期，萧友梅随着形势的变化，已开始考虑如何使国立音专的教学适合战时需要的问题（详见 12 月 14 日条）。]

同日，发布第 332 号布告，公布续录取的新生名单。[注其中有高中部借读生程卓如等 2 名；选科生韩中杰[5]（长笛）、黄贻钧[6]（小号）等 2 名，选科借读 1 名。]（《音》第 64 期/《音乐月刊》第 1 期）

10 月 18 日

在马思南路校舍主持补行开学典礼。[注 在典礼上，萧友梅怀着对遇难同胞的深情，殷切希望师生，不要灰心，树立信念，鼓起勇气，他说："我们不要悲观！……今年 11 月是我们音专建校 10 周年纪念日期，回想以往十年中各种困苦艰难的情形，本来要在今年举行一次规模较大、较深刻的会来纪念它，但这件事目前自然谈不上了。我们的校舍虽在炮火之下，可是我们已把大部分设备和全部的图书、乐器都安全搬出来了。现在能够在这里开学上课，依

韩中杰

黄贻钧

453

然有不少同学，这未始不是在患难之中我们应该引以为慰的事情。现在 10 周年纪念虽不能隆重举行，我们仍筹备在 11 月举行一次音乐会，一方面纪念学校，一方面以售票所得，救济遇难同胞。此外我们组织了一个乐队，现已开始训练，希望能够时常举行音乐会，把收入尽数献给慈善机关。我们又重新创办了一个音乐月刊；以前我们办过《乐艺》和《音乐杂志》，都中途停刊，不能继续，但我们绝不可因此灰心。我们应该再接再厉，有一份的可能，做一份的事业，所以现在我们又来办《音乐月刊》，以应学术上的需要。总之我们不要悲观，我们要积极准备，我们要建设一个更伟大的音专"。]（《音乐月刊》第 1 期）

[又　萧友梅在开学典礼上的讲话博得全体师生的同感和尊敬。有一同学在文章中说"今年也居然有开学典礼，真是意料不到的事！……校长告诉我们：'我们不要悲观'，……最后的几句话像春雷一样贯我的耳朵，我看见站在礼坛上的校长像一位巨人！"]（见白石《音专素描——从 8 月到 10 月的学校片断史》《音乐月刊》第 1 期）

10 月 19 日

根据教育部要求，致函王世杰部长，报告音专被敌军摧毁的实情形[注　信中说，"本校系于 8 月 9、10 两日由市中心迁出，其时以搬场汽车不易雇得，除将学生成绩照片重要帐簿册籍，学校贵重而易于移动之设备搬出外，其余如图书、乐器、校具教具留置校中者，为数尚多，估计价值约二万元左右。今因我军退出市中心区，是项损失，势所难免"；"9 月 2 日据本校军训教官黄国良报告：本校正校舍已中炮弹二处，女生宿舍已中炮弹一处，而男生宿舍及东西练琴室则尚未查明"。"以上所述，为本校在我军未退出市中心以前之损害情形，至于以后本校损害之程度如何，则须探明后补报，相片以不易摄得，故未附呈"。]（原件存南京第二历史档案馆/《音》第 64 期）

10 月中旬

托人带信给丁善德来音专面谈回母校任教。[注　此信主要征求丁善德意见，能否在音专任半专任教员，教 7 个学生，但作为钢琴助教，月薪只有 74 元（丁在天津任教时月薪达 240 元），丁当即允诺，在音专兼课达 4 年。]（《丁善德年谱长编》第 43 页）

10 月 27 日

致函管理中央庚款董事会杭立武，报告 8 月以来国立音专因受战争影响的情况。[注　信中报告设备毁损，估计价值为 171，632 元。学生因敌机轰炸受损严重者

有王棣华、黄永、邓丽蓉、张贞黻等人。](《上海音乐学院大事记·名人录》第 55 页)

10 月 30 日，上海各界救亡团体开展"保卫大上海"宣传周活动，有 113 个团体的 930 个宣传队，共 4590 人参加，是上海各界救亡团体第一次大规模的统一行动。（上海地方志）

11 月 1 日

在十分困难条件下创办的《音乐月刊》第 1 期，于是日由本校自己出版。

[注　萧友梅在月刊发刊词中，简要总结了过去先后出版发行《乐艺》《音乐杂志》的经验后指出：办刊物的主旨除致力于阐述音乐原理、研究音乐技术、提倡音乐生活和普及音乐教育之外，特别强调："在此非常时期，必须注意利用音乐唤起民众意识与加强爱国心。"《音乐月刊》总编辑为陈洪，文字稿件审查员为龙榆生，专业稿件审查员为黄自、李惟宁、赵梅伯。]

[按：《音乐月刊》于 1938 年 2 月停刊，仅出 4 期。1939 年 6 月又改出不定期刊《林钟》。]

11 月 2 日，就日本帝国主义破坏我国教育机关事，教育界 102 位校长联合发表事实声明。（《大公报》1937 年 11 月 6 日，转引自《蔡元培年谱长编》下册（2）第 408 页）

11 月 15 日，丁善德、劳景贤、陈又新等开设"上海音乐馆"，次年 9 月改为私立上海音乐专科学校，1945 年抗战胜利后停办。

11 月 20 日

在"庆祝总理诞辰纪念慰劳前线将士雨衣捐"活动中，萧友梅捐助雨衣 3 件，合款 4.8 元。在该项活动中音专教职员共捐雨衣 14 件，合 22.4 元。（《音》第 64 期）

11 月 27 日

音专校庆 10 周年纪念音乐会因上海沦陷而未能举行；决定改为编辑出版《国立音乐专科学校一览》，以示纪念，后又因故延期。[注　据《音乐月刊》第 1 期报道，原拟在北京路丽都大戏院举行音乐会，音专教师学生都将参加演出，音专管弦乐队也将演奏韦伯的《序曲》和海顿的《第 2 交响曲》；除资纪念外，并拟将收入拨归救济难民之用。]（《上海音乐学院大事记·名人录》第 56 页）

本月某日

与陈洪一起去拜会工部局管弦乐队指挥梅帕器[7]，交涉聘请教员及请他允许音专学生免费去听乐队排练等事宜。（《萧友梅纪念文集》第65页）

12月1日

发表《十年来音乐界之成绩》一文。[注　文章以翔实的数据资料，从音乐教育、音乐出版物、演奏会、电影音乐、音乐播音、旧乐器之改造、歌咏团等七个方面实事求是地总结了十年来（1927—1937）音乐界的成绩，同时也指出不足和需要进一步努力之处。文章在谈到电影音乐时赞扬了留法归国的任光，音专教员黄自，中央大学的马思聪，音专出身的贺绿汀、刘雪庵、冼星海等在电影主题曲创作，配乐方面取得的成绩；在谈及歌咏团活动的成就时，对"这两三年来吾国歌咏团的勃兴"感到由衷的高兴。认为"音专出身的何士德[8]、吕展青（即吕骥）、胡然等及其他各校音乐科出身诸君纷纷组织歌咏队，犹如雨后春笋，不计其数，这真是最近音乐界最好的现象"。（《音乐月刊》第1卷第2号）

吕骥于1937年

何士德

12月14日

致函王世杰，报告近两周来学校的情况。[注　该信介绍的主要内容有：1、工部局教育处再次约谈，促学校早日迁居，理由是免得敌伪组织成立后有所干涉。2、借用美术专科学校该校课堂四五间，用作全班上课及办公之用；个别课则分散到各教师住宅去上。如此办法，不独不露痕迹，且可安全无险。3、经费至少四成，仍可勉强维持。如果骤然停发，对付一群西籍教员，必甚困难。4、如学校内迁，届时只有照新方案办理（新方案理由及办法另纸录上）。因大多数外籍教员、学生不能到内地，故只能新招两班学生，办理应时需要的科、班。5、大同、光华二校处境困难，敌军在愚园路一带到处检查，并在公共租界到处捕人（详见附录一之8）。]

同日，在致王世杰信中附有一份题为《国立音乐专科学校为适应非常时期之需要拟办集团唱歌指挥养成班及军乐队长养成班理由及办法》（以下简称《理

456

由及办法》)的铅字打印稿，即信中提到的"另纸录上"的"新方案"。[注　这是萧友梅为适应时局突变而制订的新的办学方针及具体措施。《理由及办法》首先开宗明义地指出，教育必需适应时代变化的需要，在面临民族危亡的大变动时代，音乐教育也不能再像太平盛世那样，以培养高深的专门人才为目的，而必须成为精神上的国防建设者。认为"国防不单是有了飞机大炮便可成功，有了这些武器，还要靠忠心的壮士来使用它，而民族意识之觉醒，爱国热忱之造成，实为一切国防之先决条件"。"历史昭示我们，不只要建设一道巩固的物质上的国防，并且须建设一道看不见，摸不着，而牢不可破的精神上的国防；即民族意识与爱国热忱的养成"。在"非常时期并不是可以忽略音乐教育，也许须要更加注重音乐教育，不过非常时期的音乐教育应该和平时有点不同，或竟完全两样"。

[接着，《理由及办法》结合当时音乐界的现实，从消极方面提出了打破传统的超然观念、打破技术万能观念、废弃作为奢侈品的音乐、废弃一切个人主义的音乐等 4 点；从积极方面，提出了提倡集团歌唱，实行音乐到民间去、军队里去，音乐人才普遍化、合时化，救亡作品巨量产生，从服务中建立中国的国民乐派，跟随中华民族的解放而获得中国音乐的出路等 11 条主张。并强调"音乐教育应该迅速改变方针，以能适应目前伟大的需要为依归；以维系民众信念，团结全国人心，强调民族意识，激发爱国热忱为己任，努力迈进。□只有如是，才可希望找到那二十年来无处寻觅的中国音乐的新生命"。

[根据以上理由，提出了拟先办集团歌唱指挥养成班及军乐队队长养成班各一班的具体要求、经费来源、办学地点以及如何妥善安排本校原有学生及教授等问题。详见"附录一之 7]（原件存南京中国第二历史档案馆）

刘再生论评　《理由及办法》是我国近代音乐史上一份极为珍贵的历史文献。这实在是萧友梅一生的爱国思想以及在中国进入全面抗战时期成熟的音乐教育思想之集中体现，他对中国音乐教育发展的深思熟虑所达到的时代高度，举国无第二人。这一重要文件，以确凿事实证明了在中华民族的危亡时刻，萧友梅以音乐服务于抗日救国的思想是走在时代最前列的，他为中国音乐教育事业鞠躬尽瘁的精神已经和国家、民族的命运完全融为一体。一切故意贬低"学院派"和诋毁萧友梅的不实之词，遇之皆不攻自破。（《中国音乐史简明教程》上册第 171 页）

居其宏论评　《理由及办法》反映了一位爱国音乐家主动承担的民族责任感和历史使命感，以及不尚空谈、在自身能力可及的范围内为抗战做一些实际工作、献一份肝胆热肠的赤

457

萧友梅留胡子像

子之心。其中所论及的音乐美学思想和音乐教育思想，为廓清中国近代音乐史研究中一些长期聚讼纷纭的问题，提供了一份极可宝贵的思想材料。它之从历史尘封中被发现，是我国现代音乐史研究中一个具有重要意义的事件。*（中国音乐学）2006 年第 2 期第 15-18 页）*

12 月 31 日

接张道藩[9]函复。[注：传达部长之意，学校不可内迁。经费可照发，但汇款方法盼见告。]*（原件存南京第二历史档案馆）*

12 月，由创办人蔡继琨为主任的福建省第一期音乐师资训练班正式开办上课。

本年

为国立音专创作校歌，易韦斋词，刊于《音乐专科学校一览》。

本年

音专成立十年来，已有 699 名学生曾入学该校，各科毕业生共计有 54 名。（据朱英在本月出版的《音乐月刊》第一卷第二号上发表的《音专十年的回忆》一文统计）

本年底起

日寇和汉奸不断制造恐怖事件，暗杀和绑架事件时有发生。[注 沪江大学校长刘湛恩就是在马路上被暴徒杀害的。从此时开始，上海的几所没有迁入内地的国立学校负责人，每月举行一次碰头会，以交流情况，研究对策。音专总是由萧友梅和陈洪去参加，有时陈洪一个人去。]*（《萧友梅纪念文集》第 64 页）*

本年，陕甘宁边区在延安创办鲁迅师范学校，课程有：政治课、军事课、教育课、普通文化课（国语、算术、历史、地理、自然、音乐、新文学）等。上述四类课的比例为 3：1：3：4，修业年限为一年。1938 年该校与边区中学合并为边区师范学校。（《陕

甘宁边区教育资料/苏区教育资料选编》)

多所音乐学校和大学音乐系因受抗战影响，教学停顿。据《音乐月刊》报道：北平各校音乐系完全停顿；天津河北省立女子师范学院校舍被炸毁，音乐系亦停顿；南京中央大学音乐系停顿；金陵女子文理学院音乐院停顿；当时继续上课者只有上海的国立音专和杭州的国立艺专音乐系。

陈洪回忆 自"八·一三"事变后萧友梅开始留起胡子，并自称这是"纪念胡子"。（《萧友梅纪念文集》第 28 页）

萧淑娴回忆 叔父的正直严谨、高风亮节，是有口皆碑的。他非常喜梅花，抗日战争爆发后，有年隆冬，他对俞述诚说："现在打仗，不知道无锡梅园和苏州香雪海的梅花怎样了？"他想念梅花不是偶然的，他就是一位像梅花一样有骨气的爱国知识分子。当时，他留了胡子。（我保留的抗战期间他的相片都是留髭的。）我表弟问他为什么留胡子，他说："那是不妥协，不投降的意思。抗战胜利后，我就剃掉！"可惜，叔父 1940 年底就去世了，没有看到抗日战争的胜利。（《萧友梅纪念文集》第 98 页）

459

丁善德回忆 萧先生对教师的教学、学生的学习也抓得很严。前者主要是抓教学成绩，后者则主要是抓所得学分及考试成绩。抗战初期，我在学校兼课，一次学期考试，七个同学的钢琴考试成绩都不错。查哈罗夫（当时是钢琴组主任）的意见是用不着个别打分，都打 90 分就行了。但是萧先生坚决不同意，说"五个指头都有长短"，反对"一刀切"。查哈罗夫只好放弃自己的意见。当时音专因为萧先生把关严，各科学分都卡得很紧，所以直到萧先生去世以前，历届的本科毕业生都很少。但是毕业一个就算一个，如喻宜萱、裴复生、李献敏、戴粹伦等，个个都是高质量的。（丁善德《纪念前人学习前人——萧友梅纪念文集代序》《萧友梅纪念文集》第 5 页）

陈传熙回忆 萧先生办学极为认真严格和丝毫不徇私情是出了名的。当时学校采用学分制，每门功课都须经考试及格才能取得应有的学分；达到一定的总学分才能毕业。记得某同学主科是出类拔萃的，就因英文未修满学分而未取得毕业文凭。《萧友梅纪念文集》第 184 页）

【注释】

[1]欧阳予倩（1889-1962）湖南浏阳人。早年创导新剧运动。30 年代主持广东戏剧研究所。1949 年后任中央戏剧学院院长。

[2]陈洪（1907— 2002）广东海丰人。1923 年入上海美术专科学校学习美术和音乐。1926 年赴法国国立音乐院南锡分院学习。1930 年回国后与马思聪共同创办单管制的管弦乐队和音乐学校，兼任校长。后又与马合作建立私立广州音乐院，任副院长，后任代理院长，并主编出版《广州音乐》共 10 期。1936 年秋因经济困难被迫停办。1937 年 8 月受聘为国立音专教授兼教务主任。汪伪政府接管后，辞

去一切行政职务，专心教学。抗战胜利后，任南京国立音乐院教授兼管弦系主任。1949 年后任南京大学音乐系教授兼系主任。1952 年起，任南京师范学院（南京师范大学）音乐系主任直至 1983 年，后任名誉系主任直至 2000 年。

[3]高芝兰（1922—　　）浙江杭州人。1937 年考入国立音专，先后师从周淑安、苏石林。1941 年结束音专学业后，继续在苏氏门下学习。1943 年在上海兰心剧场举行首场独唱音乐会。曾在苏氏开办的音乐学校任教，同时从事演唱活动。1947 年赴美深造，在朱丽亚特音乐学校学习。1949 年回国，先后在中央音乐学院华东分院、上海音乐学院声乐系任副教授、教授，并不断参加艺术演出实践。

[4]汪亚尘（1894—1983）浙江杭县人。1912 年与刘海粟等创办上海美术学校。1917 年入东京美术学校学习西洋画。1922 年毕业归国后任上海美专教授。1927 年赴法致力于油画创作，还去意、德、英、比、瑞士及苏联等国考察。后任新华艺专教务主任兼教授、新华艺术师范校长、中国画会常务理事等职。

[5]韩中杰（1920—2004），上海人。入音专选修长笛，1942 年毕业后留校任教。1944 年赴重庆国立音乐院任教，并任中华交响乐团首席长笛；1947 年后历任上海音专、上海音乐学院副教授、上海交响乐团首席长笛；1951 年在世界青年联欢节长笛比赛中获奖。1954 年任中央歌舞团指挥；1956 年后任中央乐团指挥；1957 年至 1961 年入列宁格勒音乐院指挥系读研究生。回国后继任中央乐团指挥。

[6]黄贻钧（1915—1995）湖南浏阳人。自幼随父学小提琴，又自学二胡、风琴等多种乐器。1934 年在百代唱片公司国乐队任演奏员，同时随黄自学作曲并开始创作。1937 年经陈洪批准免试入音专学习，主科为小号，还学过大提琴、中提琴；在读期间的 1938 年，考入工部局乐队任演奏员。音专毕业那年正值太平洋战争爆发，离开乐队，从事电影、话剧配音和教学。1949 年起先后任上海（市政府）交响乐团副指挥、团长及首席指挥。

[7]梅帕器（Mario Paci 1878—1946 年）或译作梅百器，意大利人。7 岁开始在拿不勒斯音乐学校学习钢琴，11 岁即登台演出。14 岁去罗马随钢琴家李斯特关门弟子斯加姆巴蒂习钢琴。1895 年曾获"李斯特钢琴比赛"大奖。次年在音乐大师普契尼的推荐下，考入米兰音乐学院学习作曲及音乐理论。学成后被米兰著名的三大歌剧院聘为副指挥，使其有机会向托斯卡尼等音乐大师学习技艺。1902 年开始在世界各地巡回演出。1919 年 9 月来华，被工部局聘为乐队指挥直至 1942 年乐队解散。

[8]何士德（1910-　？）广东阳江人。1931 年考入上海新华艺术专科学校，曾向黄自、苏石林学习作曲理论与声乐。1935 年任校音乐系指挥，抗战时期先后任上海国民救亡歌咏会、南昌抗战歌咏协会主任兼总指挥。1949 年起任文化部电影局音乐组长、音乐出版社辞典编辑部主任等职。

[9]张道藩（1897—1968）南京人。1916 年加入中华革命党。1919 年留法，攻美术。1926 年回国后历任广东省政府农工厅秘书、南京市政府秘书长等职。1929 年 3 月当选为国民党中央候补执行委员。后历任中央组织部副部长、交通部次长、教育部次长等职。1939 年起，先后任中央政治学校教务长、副校长，中央宣传部长等职。1949 年去台湾。

1938 年(民国 27 年　54 岁)

3 月 28 日，南京伪中华民国维新政府成立。

9 月，北平伪临时政府与南京伪维新政府合流，在北平组成伪中华民国联合委员会。

10 月 25 日，武汉在经历了四个月的保卫战后失陷。

12 月 25 日，中华全国音乐界抗敌协会在重庆正式成立，陈立夫为名誉会长，唐学咏任常务理事，另外还选出贺绿汀、盛家伦等理事 39 人，监事 17 人；唐学咏赴滇后，由胡彦久继任。

12 月 18 日，汪精卫潜离重庆叛国投敌，飞抵河内后于 29 日发表"艳电"，公开拥护日本侵略中国。

1 月 4 日

以快邮代电向长沙教育部办事处报告音专迁校、上课、放假、开学等事项。[注　电文告知音专已迁至法租界台拉斯脱路(今永嘉路)217 弄 5 号办公，在高恩路(今高安路)432 号照常上课；音专又遵令寒假不放假，大考完后停课数日，办理学期结束及缴费注册；下学期定于 1 月 24 日开始上课。并请将学校经费电汇至蒲石路 962 号楼上 B4 号萧友梅手收，以期安全。](原件存南京第二历史档案馆)

1 月 8 日

函告上海租界华人教育处音专新的办公和上课地点。(《上海音乐学院大事记·名人录》第 57 页)

2 月 1 日

应《音乐月刊》记者要求，在是日出版的第 1 卷第 4 期上发表《关于我国新音乐运动》一文。[注　文章署名"萧友梅答"，并有《音乐月刊》编者的按语，说明发表此文的意义。萧先生共回答了记者 10 个问题，其基本观点如下：

1、我国旧音乐大约可分雅乐（古代宗庙之乐）和俗乐（包括昆曲、皮黄等等）两种，现代西洋音乐与前者比较相差约一千五六百年，与后者比较相差有七八百年。雅乐已成历史古迹，俗乐尚有迷醉民众的力量，而最新的西洋现代音乐，从我国普通民众听来，则有格格不入之感。

[**按**：由此可见萧友梅对西方音乐的介绍和提倡是有选择和重点的。]

2、我国到民国前250年，算已尽了在字谱记法的能事，以后再无较进步的发明，所以可以说从那时起（昆曲之后）[音乐]已停止进步。

3、把西洋音乐全盘接受过来，使它与我国文化发生接触，从而产生一种以我国精神为灵魂，以西洋技术为躯干的新音乐是一种很好的试验。[**按**：这里的所谓"全盘接受"，是要"产生一种以我国精神为灵魂"为目的，与盲目照搬、拜倒在洋人脚下的"全盘西化"毫无共同之处。]

4、与其说复兴中国旧乐，不如说改造中国音乐，就是要采取其精英，剔去其渣滓，并且用新形式表出之，一切技术与工具须采用西方的，但必须保留其精神，方不致失去民族性。

5、选择一种进步的音乐来学，不管它是中是西，也不必抱有中西的观念，以这种见解去学音乐技术是可以的，但如有意改造旧乐或创作一个国民乐派时，就不能把旧乐完全放弃。

6、为顾及民众领略音乐的程度，最好采取渐进主义，一面使其领略较好的旧乐，一面使其有机会听到最浅近的西乐，逐渐提高他们的程度。

7、对于我国的民众音乐，作者建议：一是搜集旧民歌，去其鄙俚词句，易以浅近词句，谱以浅近曲谱并配适当和声;二是搜集民曲，整理后配以和声，三是整理好的旧剧，四是征求新作民歌并配以曲谱并给其中的佳作以奖励。

8、我国作曲家不愿意投降于西乐时，必须创造出一种新作风，足以代表中华民族的特色而与其他各民族音乐有分别的，方可以成为一个"国民乐派"。

9、目下中国音乐教育应顾及三个方面，即一面培养音乐师资，一面奖励音乐天才养成专家，一面鼓励合唱和小规模的合奏等音乐活动及比赛。

10、国难时期应尽力多创作爱国歌曲，训练军乐队队长及集团唱歌指挥，发挥音乐的作用，以证明音乐不是奢侈品。]

居其宏论评　在这里，萧友梅高扬"国民乐派"的旗帜，态度如此斩丁截铁，语义如此明白无误，目标如此坚定不移，胸怀如此恢宏博大，一个伟大音乐革新家和战略家的形象跃然纸上！（《萧友梅纪念文集》第 354 页）

2月1日

音专为避免纠纷及维持学生学业，召开校务扩大会议，决定将国立音专暂时改称为"私立上海音乐院"。［注　教育部曾指示允许上海各校采用任何方式，继续维持校务。音专于是决定暂时该改名并于次日函告各科主任："本校奉令办理结束，请将所有国立音专案卷名册、印信点齐汇交校长室以便移交。"］（上音档案 520-37-（3）-35）

陈洪回忆　音专迁至租界后未挂过牌子，对外用"私立上海音乐院"的名义，还刻了个假图章。萧先生自称"萧思鹤"，又叫我改名为"陈白鸿"。学校需在法租界工部局注册，否则不准开办。先生同我去工部局找到了华人教育处处长格罗布阿（Grosbois），先生介绍我时说："这位是私立上海音乐院的负责人陈白鸿先生，是留法回来的，能讲法语，以后有事请与他联系。格罗布阿能用一只假手拉小提琴的人，对音乐院的设立戒心较小，同意注册，事情就这样糊弄过去了。"　（《萧友梅纪念文集》第 65 页）

2月4日

将 2 月 1 日校务会议的决定函告各学生家长。［注　信中说，"本校因环境关系，不能再用国立音乐专科学校名义继续上课，决定自即日起，办理结束。但为维持学生学业起见，已由本校同仁发起另组织一私立上海音乐院，以收容本校学生。所有章则一仍其旧。现因从事部署，暂行停课一星期，一俟部署就绪，即正常上课。"］（《上海音乐学院大事记·名人录》第 57 页）

［按　据戴鹏海提供的资料，"私立上海音乐院"的名称实际上并没有正式对外公开；登报招生时仍用上海音乐院名义。］（《萧友梅纪念文集》第 74 页）

2月12日

萧友梅退入幕后主持校务,对外由陈洪负责。［注　学校决定聘黄兆鸿为常务董事兼主席（黄兆鸿是梁就明的丈夫，董事长一职实为虚设），萧思鹤、李健为常务董事，邝富灼、胡永骐、吴子琳、谭亦鸿为董事。推定陈白鸿、萧思鹤、裘金、朱英、周伟玲、李仲宁、梁就明为私立上海音乐院院务委员，陈白鸿为常务委员兼主席，裘金、朱英为

常务委员。一切部署就绪后，于当日函请法租界公董局备案。］（《上海音乐学院大事记·名人录》第58页）

2月14日

致函教育部王世杰部长，呈送"1937年度短收概算书"、"1936年度岁入岁出决算书"、"1936年度6月份决算书"。［注　信中还说明因受时局影响，收入锐减，又因停办宿舍，宿杂费一项，全无收入，故特重行编造"短收概算书"呈上。］（原件存南京中国第二历史档案馆）

2月，满谦子在广西创办桂林艺术师资训练班，内分音乐、美术两组，满谦子、吴伯超先后任班主任，先后聘徐悲鸿、胡然、刘式昕、姚牧等在此任教。1940年8月训练班改名为广西艺术师资训练班。

3月1日

致函章友三[1]司长，告知与音专的联系地址及办法。［注　信中说明此间自3月2日起实行检查信件，以后与本校通讯，请寄至香港，转信地址问秘书郭子杰便知；又在战区不能办到之公文，最好不必寄来；又汇款一层，请电汇至上海霞飞路浙江兴业分行第17—19号鸿兴记收最妥（此即音专之户名）。在汉口托兴业银行汇最妥。余由朱章赓先生面详。"］（原件存南京中国第二历史档案馆）

3月7日，陈立夫就任国民政府教育部长。针对当时教育界在教育方针上所谓"战时教育"和"平时教育"的争论，他在就职讲话中称：在理论上，无所谓战时教育，因为平时教育实际上包含着战时准备，今后之教育根本方针需德智兼顾，文武合一，农工并重，教育与政治设施、经济计划等尤需贯通，男女教育应有区别等等。

3月17日，延安鲁迅艺术学院宣布正式成立，任命沙可夫为副院长。3月10日第一届学员开始上课，4月10日举行开学典礼。学院设戏剧、音乐、美术三个系，吕骥任音乐系主任，教员有向隅等。音乐系的专修课有作曲、和声、视唱、指挥等；选修课有外语或其他系的专修课。（《鲁艺史话》/《抗日时期解放区的学校》）

3月24日

致函教育部张道藩次长，提出迁校到九龙的设想。［注　信中说："前奉钧示，辱承过奖，愧弗克当，梅只有尽吾人维护艺术之天职，竭力做去而已。自本学期起，本校为避免纠纷计，虽暂用上海音乐院名义办理，唯新迁校址（法租界高恩路 432 号）以属住宅区范围，邻居西人仍然反对有声音之功课，以致捕房有促本校再迁他处之举。但现在沪地房屋因四处迁来难民甚多，业已住满，虽欲再迁，亦无适当之地。同人等以此种情形，如暑假前战事未能结束，下学期恐难维持下去，加以环境关系，不能教授爱国歌词，致无法发挥爱国情感，此为精神上最大之苦痛，谅先生亦表同情。故暑假前战事如未能了结，同人颇有提议下学期暂迁至九龙办理，以该处交通方便，聘请外籍教员及报考新生均易办到。俟战事结束后校址仍当追随首都。未知尊意以为如何？便中希与部长一谈，并祈　赐复为盼。"此信是托人带交，信封上写："敬烦　荣便交汉口汉景街德华里 114 号教育部办事处　张次长亲启　沪萧缄"。信封背面又写有"复示请寄香港九龙深水埠福荣街 7 号四楼卢碧伦[2]先生转"。张道藩阅后在信函上有批语："交社会教育司提出部务会议"字样；信封上还有批语："张次长嘱速复告萧校长，勿迁，并电告。"〔全文见附录一之 9〕〕（*原件存南京第二历史档案馆*）

465

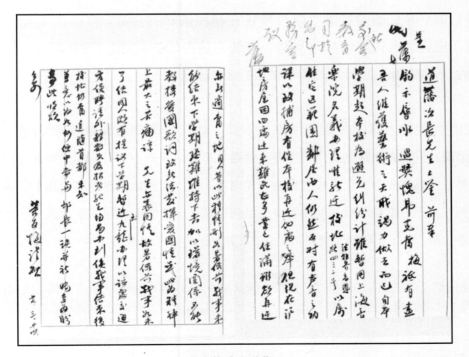

萧友梅致张道藩函

3 月，原国立杭州艺术专科学校与国立北平艺术专科学校奉教育部命令合并改组而成的国立艺术专科学校在湘西阮陵成立，由滕固任校长，唐学咏为音乐组主任。

4月2日

奉教育部令，国立音专将本科师范改称师范专修科。（《上海音乐学院大事记·名人录》第58页）

4月7日

致函于右任，寄去音专征集爱国歌曲、歌词办法。[注　先生从报上得知于右任组织民族诗坛，出版诗刊，以韵文发扬民族精神，激发抗日情绪，于是将国立音专征求爱国歌词及歌谱办法寄去，并附言：希望"加作口语化的爱国歌词，将来密切合作披诸管弦，收效当更宏大"。]（《上海音乐学院大事记·名人录》第58页）

4月7日，沪江大学校长，上海文化救亡会会长刘湛恩[注]因拒绝担任日伪政府教育部长并向国际舆论界揭露日军暴行而惨遭日伪特务暗杀。

4月14日

是日晚，参加留沪各国立学校校长在褚民谊家的会晤，教育部代表蒋建百（复璁）出席，商讨如何应对局势，继续在沪办学的问题。（1938年4月23日萧友梅致教育部次长张道藩函，原件存南京中国第二历史档案馆。）

4月中旬

绕道香港去当时国民政府所在地汉口，就迁校事向教育部请愿。[注　因战争交通阻隔，只能由海路到香港再经粤汉铁路才可到达汉口。此行目的是申述拟将音专迁往桂林或在桂林先办一个分校的理由，但未获同意。在返回香港的粤汉路上，途中曾遭日寇轰炸，还好幸免于难。回到香港后因病滞留了一段时间，期间致函陈洪，要他暑假去香港会面。]（《萧友梅纪念文集》第66页/《音乐世界》第一卷第1、2期）

陈洪回忆　萧先生在香港病了，滞留在妹妹家中，写信叫我暑假去香港会面，共商对策，并要我带学生分数簿，他仍非常关心学生的考试成绩。（《萧友梅纪念文集》第171页）

4月20日

乘船到香港。（1938年4月23日萧友梅致教育部次长张道藩函）

4 月 22 日

去九龙察看拟租赁的准备在此办学房屋。（*出处同上*）

4 月 23 日

为迁校事，再次致函教育部张道藩次长。[注　信中首先汇报了上海各国立学校校长本月 14 日晚在褚民谊处会晤商讨的情况。接着说明如果上海暗中组织成立一所仍有各校长幕后主持的私立大学，除中法工学院不能加入外，于音专亦不合适。因音专是一个由小孩到成人组成的混合学校，高中未毕业之学生占了四分之三，绝对不能编入大学文学院之音乐系。故梅认为有独立办理之必要。然后报告了在九龙寻觅房屋校舍的经过以及如何办学和留沪学生的安排问题，强调"此机会实不可失。偿盖既可维持学校（音专）之生命，不使中断，更可放胆训练学生爱国工作，于政府抗战教育方针亦相符合。故极望先生将此意转达陈部长，并望于十日内（一星期内更佳）飞函示复，以便即行定租房屋。盖此机会一失，即极难再寻得也"。（详见附录一之 10）] （*原件存南京中国第二历史档案馆*）

4 月 25 日

教育部张道藩次长来函，对萧友梅两次请求迁校作答。[注　信中说："经转陈，奉嘱仍望勉力支持，暂勿迁校为宜。再，本届毕业生得由部统筹出路，望即将毕业生名单详细报部。"张同时又发电给时在香港九龙半岛饭店的顾一樵次长："萧校长叠函请将音专暂迁九龙，因将与兄面商，奉嘱转告，勿迁"。] （*原件存南京第二历史档案馆*）

5 月 7 日

利用在港短暂逗留期间，赴澳门探望故旧。（*廖辅叔《萧友梅与澳门》，《人民音乐》2000 年第 1 期*）

1938 年 5 月 7 日澳门白鸽巢花园留影。

5 月 9 日

音专专任教员黄自患伤寒症医治无效不幸病逝，次日下午在万国殡仪馆入殓。原黄自的教学工作由陈洪接替。

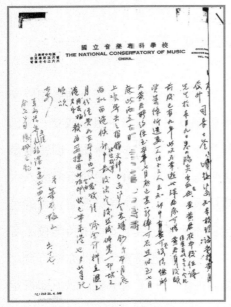

萧友梅为黄自抚恤金事致教育部亲笔函

5月17日

在香港得悉黄自先生病逝消息,是日亲自致函教育部高教司,请求设法抚恤,薪俸按聘约发至7月底。[注 后接本月31日教育部复信,谓"贵校黄教授逝世,殊深惋惜,查恤金条例,黄君之服务年龄尚不足,……以该教授对于音乐作曲贡献甚多,抚恤金可由该校从优支拨"。]（1938年5月17日萧友梅致教育部友三、俊升司长函及教育部复函,原件存南京第二历史档案馆）

5月24日,武汉各界300余人,在汉口青年会礼堂举行黄自追悼会;田汉代表设在武汉的国民政府军事委员会政治部第三厅致词。

6月6日

就政府如何汇款给音专致函教育部总务司。[注 先生从报上得知在汉口金融会议的决定中,有限制现款汇至被占区域一项,想到以后汇现款至上海将难得到通融,同时又接校中来函,兑各外籍教员对支票不能兑现,发生恐慌,欲与校方为难。为此,特专函请求司长章友三将款汇至香港,由萧本人签收后再转沪。信中言辞恳切地请求设法援助,"务使能办到,则感激不尽矣"。信中另有附语"张次长函希烦转交,费神,谢谢"。信由香港九龙寄往教育部驻汉办事处。6月12日教育部回复说:"经费已商妥,财政部汇沪照交现款,兹改汇香港,因外汇限制,反不易办到。三四月份经费已于昨日由中央银行汇出。"]（原件存南京中国第二历史档案馆）

萧友梅从香港发出致教育部函的信封

6月21日

就教育部指令暂勿印招生简章问题,致函吴俊升[3]司长。[注 信中说明音专在聘任教员及招收学生中的一些与一般学校不同之处，希望教育部在规定统一招生办法时能考虑到本校的特点，并且还对将沪上各校拟合并办一联合大学的传闻，表达了自己的意见，希望无论用何名义，音专一部分仍旧保持原形（参见 4 月 23 日条）。信中还提到为适应抗战时期的特殊环境，曾拟过一个计划（指举办集团歌唱指挥养成班和军乐队队长养成班，见 1937 年 12 月 14 日条），但此计划在沪上目前断难实现，在内地办理又不容易聘请教员，故日前有在九龙办理之议，希望教育部考虑。（详见附录一之 11）]

（原件存南京中国第二历史档案馆）

6 月 21 日

致函总务司司长章友三，请示薪俸究竟是发六成还是发八成，并告知在香港的住地。*（原件存南京中国第二历史档案馆）*

6 月 24 日

接陈立夫来函转达行政院长批示，谓国立音专"无庸迁移"，"对于应付环境由部决定办法。[注　教育部决定的办法有四点：1、各国立院校应遵院令继续在沪撑持；2、如敌伪横加干涉，使学校无法办理或不能保持光荣的存在时，应即电本部，俟准后即在沪宣告暂行结束；凡敌伪机关要求学校登记或更换课程，均应拒绝，不得迁就；3、宣告结束后，其员生可分别由沪迁出；4、各院校图书、仪器、设备，要妥谋保存办法。]*（《上海音乐学院大事记·名人录》第 59 页）*

6 月 28 日

接教育部总务司司长章益来电（经部长陈立夫、次长顾毓琇、张道藩审阅），告知音专发薪办法。[注　从三月份起经费实支六成，教职员俸薪实发几成可由校长酌情办理。时萧友梅正居住在九龙佐顿道东昌行 12 号 3 楼。]*（原件存南京中国第二历史档案馆）*

暑假初

亲自到香港码头迎接带着学生成绩册从上海来的陈洪先生，次日两人便开始认真磋商音专如何维持的对策。[注　磋商开始时，颇觉前途渺茫，在闻听陈洪在轮船上遇见大批上海文艺界人士和电影明星逃离孤岛，奔赴内地的情形后对陈洪说："音专是我们唯一的音乐学府，有不少优秀的师资和学生，历来成绩卓著。目前遇到重大困难，师生嗷嗷待哺，我是校长，责无旁贷，你是教务主任，也不容松劲。你必定要在开学前回到学校，我因身体不好，迟走一步，但我答应你，入秋我必定回校。我们要有和音专共存亡的决心！"根据萧校长的要求，陈洪于 7 月下旬携带家眷离港返沪。]（《萧友梅纪念文集》第 171 页）

7月13日

致函吴俊升司长，请求补寄一份《战区学生贷金办法》，以便按照部颁办法办理，并将本校办理情形具报。（原件存南京中国第二历史档案馆）

7月

为本科小提琴高级班陈又新签发毕业证书。（《培养能独立思考独立工作的人——小提琴教育家陈又新》，《中国近现代音乐家传》②第 345 页）[编者：因其时萧先生陈洪先生均正在香港，如何签发毕业证书？是否由陈洪带回？待考。]

8月，柯政和在日伪北京师范学院设立音乐本科，自任科主任、教授和训育长。1942年该院与女子师范学院合并为北京师范大学，由李恩科继任科主任。（日伪时期《教育公报》第 1 卷第 3 期））

8月

在港会见赵元任。[注　当时赵先生正在出国途中，8 月 6 日抵港，停留两周，准备行装，购买书籍与探访亲友。时蔡元培也在香港养病。]（《赵元任年谱》第 234 页）

8月 26 日，教育部训令各省市教育厅局，要求把初高中的音乐课一律改为每周二小时，"以鼓励抗战情绪，适应非常时期的需要"。（《教育部公报》第 10 年第 8 号）

9月1日

学校在高恩路新校址开学。（《上海音乐学院大事记·名人录》第 60 页/《音乐世界》1 卷 2 期）

9月13日

就上年度结存经费如何使用，致函教育部章友三司长。[注　信中说明一部分需归还给建筑费筹募委员会，另一部分需弥补本年度所减少的收入，希章司长能于审查时设法使其获得通过。信中又说明本年度经费至今尚未领到分文，而本校外籍教员大多不容拖欠，其它如房租水电等费亦不得不付现金，故经校务会议议决，暂从 1936 年度临时费项下借拨 9,000 千元应用，待今年 7 月份经费收到后再拨回。另外，1936 年临时费余额本应上缴国库，但因本校校舍被占，将来战后必须修理或另外新建，故拟请部转咨财政部保留该款，以作战后修筑之用。] *(原件存南京中国第二历史档案馆)*

9 月

抱病从香港回到上海，送给陈洪一尊贝多芬的石膏像。

9 月

开始为学生讲授新开设的"朗诵法"及"旧乐沿革"等新课程；同时勉力完成了编写此二门课程的讲义。[注 "朗诵法"一课的讲义手稿今已佚失；"旧乐沿革"的讲义今仅存手稿，当时的油印本已佚。1990 年出版的《萧友梅音乐文集》中收录的《旧乐沿革》是由编者根据手稿整理而成的。

在《旧乐沿革》这一著作的开始，有近千字的"卷头语"，说明治史的目的在于"把每件重要事项的起止和它的进化或退化情形忠实地记载起来，以供后人的参考"。"至于后人读历史者，读到某一个时代的历史，应该拿同时代的别国历史去比较比较，方可知道那一件事在同一时代在我国是比在别国进化了呢．还是退化了呢。我们断断不能拿现代文化国家的情形去较量我们古代的陈迹，不能拿现代文化做标准，去批评我们过去的历史而认为在那个时候就已经退化了。必定要拿同时代的外国历史去较量，方可知道我国历史的真地位。尤其是读文化史应该拿定这种态度"。"音乐史也就是文化史的一部分。吾人研究我国音乐史，当然要有现代的眼光；但去批评吾国某时代音乐时，必定要拿同时代的西洋音乐进化情形来比较，方可得到一个公平的结论"。"我国的音乐，在某一时代，虽然有过一点小名誉，但是在本国的立场上看来，

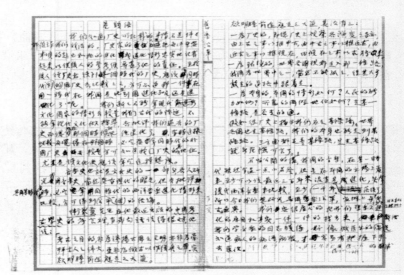

《旧乐沿革》手稿

471

至少可以说最近三百年来没有什么进化"。"所以今日我们想研究吾国旧乐沿革,实际上与"考古"无异。我们除要很虚心的把我们旧乐的特色找出来之外,也要把它的不进化的原因和事实,一件一件的找出来,教给我们学音乐的同志作参考"。

讲义分上古、中古、近古三章论述。每章都有言简意赅的结论。在第 1、3 两章后面,还附有 40 个问题,这对学生理解音乐史的发展脉络,掌握基本知识都有好处。讲义的最后联系实际,与"卷头语"相呼应,从结论中自然地引申出六条教训,这是"我国历代均未有实行过"的。这就是:

1、想音乐的兴盛非有正式音乐教育机关不可,象教坊那种制度是断不能令音乐作有系统的学习的;2、想音乐普及必须从中、小学入手,才易培养成一个好的音乐基础;3、想得到良好的音乐教员,必须在音乐院或音乐师范科时教以适当的音乐理论、优良的技术和丰富的常识;4、想音乐的深入于民众,必须常举行各种公开演奏会、大合唱、音乐比赛及多发刊音乐刊物;5、想得到特殊的作曲或技术人才,必须注意培养音乐天才,不要叫他们耽搁了光阴;6、想得到超等的音乐作品,必须用悬赏征求之法。]《萧友梅音乐文集》第 529 页。

[**按**:萧友梅在这里提出的六点教训,既是他对西方音乐历史经验的借鉴与自己多年实践经验的总结,又是他追求的理想目标,现在已经成为现实,且也是极普通极普通的事情。然而在先生那个时代,由于受当时政治、经济、文化尤其是社会制度所制约,即使付出了大半生的艰辛劳动,也难于实现;对此,先生生前是未能意识到这一点的。]

钱仁康忆评 我于 1941 至 1942 年致力于宋《白石道人歌曲》中 17 首旁谱的译解,将其翻成五线谱,并以调式和声为各曲配上钢琴伴奏,就是在《旧乐沿革》课上受到萧先生的教益和启发,才这样做的。(《萧友梅纪念文集》第 392 页)

廖辅叔论评 本书的一个特点是有许多乐曲表,对于过去传统说的如伶伦"制十二筒,以之阮瑜(名山)之下,听凤凰之鸣以列十二律,其雄鸣为六,雌鸣亦六"之类,过去有些书认为信史,类似的判断还有对〈白虎通〉关于宫商角徵羽的判断,他认为"未免过于荒唐,令人难于相信"。在音乐哲学方面,对〈乐记〉也有相当的分析。另一个特点是对于"俗乐",也就是所谓"新声"的重视。这无疑是突破了传统的儒家音乐理论的框架的。(《萧友梅专》第 62-63 页)

472

乔建中论评 萧友梅在"近古时代"一章中，以"乐谱演进"为题，详说了中国自古以来的"指法谱"、"律吕谱"、"宫商谱"、"宫尺字谱"、"宋俗字谱"等五类谱式的形成年代，用于何种乐器、乐队、基本表达方式等，并一一举出实例，使读者从中了解中国记谱法的发展、沿革，又获得不同谱式的知识。这是我国历史上第一次对传统记谱法文献的归纳。（《萧友梅纪念文集》第 392 页）

梁茂春论评 这部中国音乐发展简史，与 1926 年童斐的《中乐寻源》、1926 年和 1934 年郑觐文、王光祈的音乐史相比较，具有注重音乐实践、重视民间俗乐、重视音乐思想发展和音乐发展的文化背景等特点。在治史方法上注意"比较音乐学"的方法。（《萧友梅纪念文集》第 266 页）

9 月，广西省艺术师资训练班在桂林设立，音乐教师主要有吴伯超、陆华伯、胡然、甄伯蔚、郭可诹（薛良）等。该班原为本年春满谦子所创办的夜校性质的"艺术师范班"；是月，奉省教育厅令正式开办。（《第二次中国教育年鉴》/《新华日报》1942 年 8 月 10 日第 4 版）

10 月 13 日

致函友三司长，说明因交通不便，1937 年 7 月至 1938 年一、二月收入凭证难以邮递送达，准备将来有便人赴港即当托其带往邮寄。（原件存南京中国第二历史档案馆）

10 月 27 日，改组后的教育部音乐教育委员会召开第一次会议，陈立夫、顾毓琇、郑颖荪、卢冀野、唐学咏、李抱忱、应尚能、吴俊升、顾树森、陈礼江等十余人出席。由教育部长陈立夫主持。陈在会上报告音乐与抗战建国的关系，教育部设立该委员会的主旨及其所负的重大使命。教育部次长顾毓秀报告委员会成立经过及教育部民众歌咏活动的各事项。会议决议案有：1. 审查各级学校现有音乐教唱并编定订新的音乐教材，公开征求歌曲作品，以适应抗战建国的需要；2. 举办音乐推广人员训练班；3. 由教育部派员视察各省音乐教育的实况，以资改进；4. 厘订音乐通用名词，编辑音乐词典；5. 搜集民间歌曲，改良民众音乐；6. 推定由卢冀野、应尚能、李抱热忱、唐学咏四委员负责审核各校校歌；7. 推定由郑颖荪、卢冀野、胡彦久三委员负责搜集中国音乐史料；8. 确定国乐标准音。（《新华日报》1938 年 10 月 29 日）

11 月 3 日，冼星海应鲁艺音乐系的聘请，来到延安任教，担任作曲、指挥、音乐史等课程，同时还进行创作，1939 年 5 月 15 日任音乐系主任。（《鲁艺史话》）

11月11日

奉教育部令，音专将高中部改称职业高中部。(《上海音乐学院大事记·名人录》第60页)

11月中旬

就学校经费使用问题致函教育部陈立夫部长。[注　信中要求将1937年度余款拨还建筑费筹募委员会，代垫付1930年经费及弥补本年度短收之数，并请转咨财政部保留廿五年度（1936）临时费结存数，为战后本校修筑校舍之用（参见本年9月13日条）。](原件存南京中国第二历史档案馆)

12月7日，教育部训令各艺术专科学校，今后应注重本国音乐艺术的教育与研究，以发扬民族精神，今后在教授延聘、课程设置、教材选择、学生课外研究、组织艺术展览、举办音乐会及平日训导各方面都应以适合该原则为依据。(《教育部公报》第10年第12期)

应　时

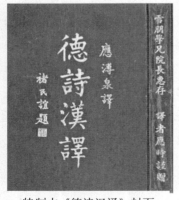

特制本《德诗汉译》封面

12月21日

为应时[4]《德诗汉译》作序。[注　序言说，本人原来一向认为把外国歌曲的歌词（尤其是德文诗）译成中文是不可能的。但在读了王光祈的《西洋音乐和诗歌》及胡宣明的《模范歌曲集》后，并联系到在英、法等国也有英译、法译的德文诗歌这一事实，由此改变了看法。现在认为只要曲谱是著名作曲家所制，用译成本国语言的歌词唱觉得也很好，不过不如用原文唱出来较为有神罢了。序言进而提出：在欧洲各国尚且努力彼此互相吸收其文化，何况在今日的我国，不独物质的文明须尽量采用，即精神的文明亦须尽量吸收。因此，选译西方名家诗歌介绍我国，不能不认为是急务之一。序言对译者用纯古诗体译并能不失本意，且所译之诗离开乐谱朗诵出来，亦觉得淋漓尽致，声调铿锵，表示佩服。]

[**按** 应时为表示对萧氏为其作序的感激，特意专门制作了一册精装本，赠予萧友梅。这是独一无二的珍本。该书原存中央音乐学院图书馆，后转赠上海音乐学院图书馆收藏。]

12 月 23 日，国民政府教育部训令各小校学，今后要加强音乐教育，用以激发国民的团结进取的精神。(《教育部公报》第 10 年第 12 期)

12月24日

遵照上海各大学第 5 次联合执行委员会的议决，音专师生自是月起，到次年 3 月止，教师按月薪 1%，学生每人 3 角，逐月缴纳节约救难月捐。(《上海音乐学院大事记·名人录》第 61 页)

本年

自香港返沪后，除给学生授课外，每天在西爱咸斯路办公，听取教务主任陈洪的工作汇报，并兼做图书管理员。[注 每月偕陈洪一起与几所同在"孤岛"中生存的国立学校负责人(交通大学的黎照寰校长，复旦大学的杜佐周教务长，医学院的颜福庆教务长，以及暨南大学和商船学校等代表们)举行一次秘密碰头会，交流情况，商讨对策。这时音专的经费按月由国民政府从汉口(后来从重庆)通过地下钱庄汇来，公文则通过国民党的地下组织传递。](《上海音乐学院大事记·名人录》第 60 页/陈洪《萧友梅纪念文集》第 64 页)

王浩川回忆 为了节省资金，萧友梅自己还兼了图书管理员。一清早，他先办理借书手续，然后再办他校长的事。校长如此节约，是一般人难以想象的。(《萧友梅纪念文集》第 187 页)

1938 年萧友梅夫妇及子女摄于上海寓所

本年，华南音乐院在九龙正式招生。马思聪任院长，马国霖任教务主任。任课教师有林声翕、武伯龙、马思荪、马思宏等，还有几位西籍教师。(《战歌周刊》第 2 卷第 1

期，1938年9月30日）

本年，贺绿汀发表《从"学院派"、古典派、形式主义谈到目前救亡歌曲》一文，对有人把国立音专说成是"学院派"提出不同意见。（见武汉出版的《抗战文艺》第1卷第8期/《贺绿汀全集》第4卷文论一）

邓尔敬回忆 在一个寒冷的冬天早晨，我便亲眼见到萧先生健步在福履里路上，而且还叮嘱我说："天冷了，应当戴顶帽子，以防感冒。"（《萧友梅纪念文集》第112页）

陈洪回忆 上海的救亡歌咏运动早已被租界当局禁止了，许多热血的人设法进入内地，富商巨贾乘船逃往海外，上海周围的炮声也早已愈去愈远，"孤岛"上出现一种反常的空虚寂寞、令人窒息的感觉，物价上涨，生活日益困难。日本人和汉奸不但在租界外无恶不作，迫使大量难民流入租界，而且在租界内也不断制造恐怖事件，暗杀和绑架的事时有所闻。而最令人难受的是对于抗战的真实消息简直一无所闻，报纸不敢报道，我们也都缺少"于无声处听惊雷"的高度政治远见。学校处于蛰伏状态，等待天明。（《萧友梅纪念文集》第67页）

邓尔敬回忆 萧先生早年出任过孙中山先生的秘书，和汪精卫等人有过一些交往，并与汪精卫的左右手褚民谊私交甚笃。据说萧先生一家曾借住在亚尔培路褚民谊的公馆。汪、褚即将粉墨登场，与萧先生相知的人中，投伪者大有人在。为了应付复杂而险恶的环境，萧先生不得不深居简出。偶尔到校办事也是来无影去无踪。这样便使自己的行踪带上了一定的神秘性。（《萧友梅纪念文集》第112）

【注释】

[1]章友三（1901—1986）安徽滁县人。1922年毕业于复旦大学后赴美留学。1927年回国后在复旦任教。抗战前期曾在教育部任司长。1949年后历任复旦教育系主任、教务长、校长等职。1952年调山东师范大学任教。

[2]卢碧伦（1914-2006）广东中山人，陈洪先生夫人

[3]吴俊升（1901—？）江苏如皋人。早年入巴黎大学文科习教育学和社会学，获文科博士。回国后任北京大学教育系教授兼系主任。抗战期间任教育部高教司司长；胜利后在南京中央大学任教。1949年赴香港，任职于新亚书院。退休后定居美国，从事著作。

[4]应时（1886 一？），字溥泉，浙江吴兴人。1907年末赴英国伯明翰大学选修理科，因生活刻苦染上肺病，在同学资助下赴德疗养；稍愈后即进修德文。1911年春回上海，翻译德诗就在这段时期。

1939 年(民国 28 年　55 岁)

9 月 1 日，希特勒下令进攻波兰，第二次世界大战爆发。

2 月 10 日，教育部决定在重庆市郊小龙坎举办音乐教导人员训练班，共录取学员 37 人，同年 7 月 7 日举行毕业仪式。(《新华日报》1939 年 3 月 15 日 /《教育通讯》第 2 卷第 29 期)

3 月 1-9 日

出席在重庆召开的第三次全国教育会议。[注　各地代表(包括从沦陷区来的) 160 多名与会。1 日上午 9 时举行开幕式，出席者有孔祥熙、张群(代表蒋介石)、居正、张继(代表林森)、何应钦、陈立夫、王惠宠、张伯苓、宋美龄、蒋梦麟、朱家骅、王世杰、吴贻芳、黄炎培、罗家伦、竺可桢、梅贻琦、唐学咏、晏阳初、丘昌渭、蒋复璁……等来宾及代表包括萧友梅先生在内共 200 余人。

会上，先生提出了"改革现行中学音乐课程"的提案并获通过。原案认为：1932 年 11 月教育部颁布的中学课程标准，关于音乐一科，似嫌观点未尽正确。盖纯以中学之音乐科为一门学术功课，而未知根据美育原理，应用音乐以陶冶学生之德性也。其次，就学术功课之立场言，亦嫌课程内容之过于复杂，而上课时数过于有限，该课程内容涉及看谱、练声、独唱、分部合唱、器乐、乐理、和声、曲体学、音乐史、音乐美学等等，几等于音乐专科之全部课程，而上课时数极其有限，"以如此有限之时间，教学上述浩繁之课程，事实上绝对不能办到"。

提案建议：1、根据美育原则，利用音乐之感化力量，以美化学校生活，陶冶学生德性(特别注重爱国心之发扬)，并规定以此为音乐功课之第一目标，而以学习音乐技能为第二目标，以利用歌唱激励抗战热情为第三目标。2、增加音乐上课时数：初中各学年至少每周三小时，高中各学年至少每周二小时。3、通令各校每日举行朝会或其他集会时加入合唱节目，养成团结习惯。4、聘专家重新订定适用之中学音乐课程标准（注重固定唱名法）公布施行。5、造具各级学校最低限度音乐科设备表，通令各校切实置备。6、全国设音乐师范学校若干所，专门培养中小学音乐师资；目前为划一办法及节省经费起见，令国立音乐专科学校在若干适当地点开办音乐师资训练班，以期速效。

会上议决的与音乐教育有关的其他议案还有：1、高等教育阶段在原有的三年制专科学校外，另设立五年制专科学校，招收初中毕业生入学，暂以艺术、音乐科为主案（教育部提）。2、推进实用艺术教育以利建设案（赵畸、滕固提）3、改善艺术学校学制案（滕固提）；4、改进艺术教育案（唐学咏、赵畸、滕固提）。5、编订倡导战时乐典以振奋民心激励士气案（内政部提）。6、音乐教育改进案（唐学咏提）。大会要求"改进大学研究所应以民众立场与科学方法研究整理本国固有文化，专科以上学校的各种教学应尽量有关于中国之材料，学校应予从事该项研究者以充分课时的便利。"](《中国近现代艺术教育法规汇编》/《第三次全国教育会议报告》1939年4月/《中央日报》1939年3月2日《教育通讯》第2卷第22、44、45期合刊）

[**按** 《中央日报》、桂林《扫荡报》3月2日报道中列出了所有到会代表的姓名；凡本人不能出席而委托他人赴会或请他人代表者，在姓名后括号内都写明代表者的名字。从公布的名单看，萧友梅名字之后，无任何说明，似为亲自出席；但仅据此尚不能定论。]

3月15日

音专函告上海难民救济协会，将为难民募捐的款项共计 273.30 元解缴上海银行。（《上海音乐学院大事记·名人录蒂62页）

3月，重庆市举行中小学生歌咏比赛，贺绿汀等15人任评委，35所学校参加，南开中学与巴蜀小学分别获取中学组与小学组的第一名，4月14日举行优胜者及专家演唱会。（《新华日报》1939年3月29日、4月1、4、15日《乐风》第1卷第1期）

4月，教育部音乐教育委员会进行改组，张道藩任主任，陈礼江任副主任，胡彦久任秘书，李抱忱任教育组主任，杨仲子任编订组主任，应尚能任社会组主任，郑颖荪任研究组主任。（《教育通讯》第2卷第18期）

4月10日，鲁迅艺术学院举行成立周年纪念大会，在纪念音乐会上演出了星海创作的《黄河大合唱》，受到毛泽东等党中央领导的热烈欢迎和赞扬。一说在5月11日公演（《鲁艺史话》）

5月1-3日，广西省举行国民基础学校抗战歌咏比赛。吴伯超、陈玠、陆华伯、谢绍曾任评委，各依发声、呼吸、音准、节奏、咬字、表情等 10 个方面进行评分。5 月 7 日举行颁奖演唱会，观众逾万。（《扫荡报》桂林版副刊《抗战音乐》，1939 年 5 月 11 日）

5 月 4 日

音专举办音乐会，筹款救济重庆难童。[注　闻讯日机在重庆狂轰滥炸，死伤平民无数；于是决定是日假贝当路（今衡山路）美国教堂举行"救济难童音乐会"；因外界有阻力，公开的名称用"纪念贝多芬音乐大会"。赵梅伯担任指挥。此次音乐会听众满座，售票所得除去开支及教堂分成外，余下 274.26 元捐赠难民救济会，救济因日寇轰炸重庆市区而遇难的难童。]（《上海音乐学院大事记·名人录》第 63 页/《音乐世界》2 卷 5 期）

6 月 17 日，国民政府教育部通令各省教育厅，提出专科学校可采用五年制，招收初中毕业生或同等学历学生，自本年度起先在音乐、艺术、兽医、蚕丝等专科试行。（《教育部公报》第 11 年第 4-6 期合刊）

6 月

在由陈洪主编的音专不定期刊物《林钟》（仅出一期）上发表《复兴国乐我见》（署名"思鹤"）、《键盘乐器输入中国考》（署名"雪朋"）和《给作歌同志一封公开的信》（署名"萧友梅"）等三篇文章。[注　《复兴国乐我见》一文开宗明义指出"欲复兴国乐，须先彻底认识国乐之定义"。接着，文章提出应根据音乐的因素及历史的辩证来定义"国乐"。文中指出音乐有"三个因素：（1）音乐之内容，即思想、情绪与曲意等；（2）音乐之形式，即节奏、旋律、和声与曲体等；（3）音乐之演出，即乐器及演奏技术等。此三个因素之中，以第一个（音乐之内容）为最重要"。"音乐之三个因素之中，最易受外来之影响，且亦必须随时代潮流而改良者，为音乐之演出"。文章以二胡、琵琶、笛、唢呐等先后从外国传入中国的乐器为例，说明国人利用这些乐器为演奏工具，"国乐之形式虽未免稍受影响，唯内容未曾因运用外来工具而蒙受损失。中国音乐用外国乐器演出，依然为中国音乐"。文章由此而推断，"音乐之生命绝对不寄系于音乐之形式及演出，而仅寄系于其内容，则可知国乐与非国乐之分，应以内容为唯一的标准"。文章进一步提出了"国乐"的定义为"能表现现代中国人应有之时代精神、思想与情感者，便是中国国乐"。"至于如何表现，应顺应时代与潮流，音乐家个性的需要，不必限定用何种形式，何种乐器"。文章还认为若仅抄袭昔人残余之腔调及乐器，与中国之国运毫无关涉，则仅可名之为"旧乐"，不配称为"国乐"。

基于上述认识，文章结合音专的教学实际对复兴国乐之计划提出了7条具体措施：

1、确定国乐之定义，并确定复兴之步骤。

2、训练学生，使之切实认清国乐之三个因素，区别其轻重；并教以如何将第二及第三因素隶属于第一因素，作为其躯壳与工具。

3、训练学生，使之深切了解我国固有之德性及目下国情，培养其作为中国现代音乐家必具之精神、思想与情绪。

4、训练学生，使之明了现代音乐形式，并教以如何将其精料，思想与情绪发挥于相当形式之中。

5、训练学生，使之获得演奏乐器或唱歌之技术，并教以如何应用技术以表现其精神、思想与情绪。

6、训练学生，使之明了现代之中国国乐与旧乐之不同，并启发其创造新国乐。

7、训练学生，使从旧乐及民乐中搜集材料，作为创造新国乐之基础。

文章还对于改良乐器及整理旧乐提出了看法。针对当时有人以"西洋乐器价值不赀，漏厄堪虞"为理由，反对我国采用西洋乐器的意见，萧友梅提出了"自行仿制"的主张，并建议"由政府派遣留学生若干人，出洋专攻各种乐器制造术，归国后即可积极制造"，以解决"漏厄"问题。]

[**按** 这一建议的实质就是要培养乐器制造这方面的专业人才，建立发展我国自己的乐器制造业。但建议书正如陈洪所说"仅在档案中充作蠹鱼的口粮而已"。]

陈聆群论评 这七条计划涉及到了音专的教学方向和学生的培养目标，以及对各科学生的教学内容与教学方法，可以说是萧友梅对中国专业音乐教育的完整构想。它是立足于中国国情和民族音乐基础之上的，又是面向着世界和中国音乐之未来的，而且顾及到了从音乐的内容到形式与表演，从音乐表现的精神、思想与情绪到技术手段，对学生进行全面的训练。(《萧友梅纪念文集》第406页)

[**注** 《键盘乐器输入中国考》一文节选自《旧乐沿革》第三章第28款，原名"键盘乐器输入中国之经过"。文章较为详细考证了管风琴、钢琴及五线谱传入中国的历史经

过。]

[**按**：关于键盘乐器何时输入中国的问题，20世纪二、三十年代我国学界人士一般认为是意大利传教士利玛窦于1600年（明万历二十八年）到北京时献给神宗皇帝的。萧氏根据丰富的历史文献资料，首次打破陈说，提出键盘乐器早在元代就已传入中国；他的考证，从一个侧面反映萧友梅对理论研究的重视，对传统文化遗产悉心挖掘与整理的求实精神。]

俞玉姿论评 这篇"输入考"，说明萧友梅既有丰富的中国古代文献知识，掌握我国传统史学重考证的方法，同时又借鉴近代科学方法，从浩繁的文献典籍中，进行系统的专题纂集和分析，从而获得了这项具有历史价值和学术价值的研究成果。后来我国音乐史学家沈知白、廖辅叔、杨荫浏、蓝玉崧等都持此一说，日本著名学者田边成雄也持同样见解，由此我越发感到这篇考证，确是一笔珍贵的精神财富。（《萧友梅纪念文集》第278-279页）

[**注** 在《给作歌同志一封公开的信》一文中，作者大力提倡在写作歌词的时候应注意的四个问题：1、用"国音做歌韵"；2、不用发音不响亮的字作韵；3、最好用浅近的词句；4、每首每句不宜过长。文章还附有作者编订的1万6千多字的《国音歌韵》及使用说明；该附录按教育部在1931年公布的《国音常用字汇》编成，按字的归韵编排，其中收录了大量的古异体字。]

[**按**：据陈洪于1990年6月进京参加中央音乐学院建院40周年庆典期间，在向他的学生俞玉姿介绍自己的学术见解时，说到《复兴国乐我见》一文可以代表他的音乐思想，并透露此文是由他执笔交萧友梅审定后发表的。陈先生是位不爱张扬、十分谦虚的学者，当俞玉姿说要写文章介绍此事时，陈先生当即表示没有必要，并希望她不要宣传，自己知道就可以了。]

陆仲任回忆 音专办有校刊《林钟》。萧先生鼓励我写文章、作曲，在校刊发表。又举办评奖，让入选作品在音乐会上演奏、演唱。他对同学们在社会上为报刊、唱片、电影、话剧写文章，搞演唱演奏，作曲配音，办业余音乐学校等只要没有坏影响，他从不干涉阻挡。（《萧友梅纪念文集》第101页）

7月5日

就校舍的租金问题，致函教育部吴俊升、章友三两位司长。[注 因学校校舍分为三处，在办事上固相当感不便，学生管理上亦非常困难；得悉高恩路校舍邻近拟建四层洋房一栋后，欲将该楼长期租下。于是就向两位主管司长写信，要求将本年度建设费暂作该处房屋长期租金之用，并提出即便将来有固定校址时，亦可将该房屋转租他人，每月收取租金可供购买校具、乐器图书之用。〕（*原件存南京中国第二历史档案馆*）

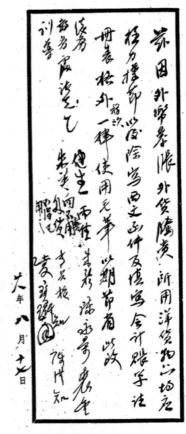

萧友梅致本校同人的便函

7月7日，华北联合大学在延安成立。成仿吾任校长，文艺部由沙可夫任部长，吕骥任副部长。7月12日学校由延安出发，到晋察冀敌后根据地办学，11月7日在阜平举行开学典礼，1940年各部改为学院，文艺部改为文艺学院。

7月20日，陶行知先生创办的育才学校在重庆北碚开学，学生均从保育院、孤儿院中选来。学校设有音乐、戏剧、美术、文学、社会科学五组。课程除语文、数学、英语、哲学、常识等文化必修课外，并根据学课时组设有特修课。学校实施陶行知所倡导的"生活教育"。当时的社会著名人士郭沫若、翦伯赞、马寅初、李公朴等曾前往讲学。学校音乐组由任虹（即音专校友常学墉）协助筹设创办，教员有贺绿汀、姜瑞芝等。

8月17日

就节省开支、少用外货，致便函给总务、教务、训导处诸先生。〔注 便函说："兹因外币暴涨，外货腾贵，所用洋货物品均应极力撙节，以后除写西文函件及填写会计账单注册表格外，务须一律使用毛笔，以期节省。"陈洪等有关人士阅后都在便函上签了名；朱英还注明"向不喜用外货，不得已用之"。〕（*上音档案 520-37（2）-28*）

8月21日，胶东鲁迅艺术学校成立，设有音乐系。（*《大众日报》1939年8月23日*）

8月26日

学校阅览室被盗，报警追查。〔注 图书管理员发现阅览室书橱门锁被撬，西乐书谱133册被窃，原价257.74元；按当时外汇价格折算，价值578.94元。翌日即报请贝

当路法工部局警务所，要求严加查究。](《上海音乐学院大事记·名人录》第63页)

9月6日

音专继续招收新生。[注　由于学校在困难环境中坚持

办学，这次报名人数大增，尤以学习乐队乐器人数较多；经考

试录取新生26名。陆仲任、司徒海城、马思琚[1]等于此时入学。]

（《上海音乐学院大事记·名人录》第63页／《乐风》第1卷第1号）

马思琚

9月14日

以音专名义致函教育部俊升、友三二司长，报送

1939年度建设费使用计划及预算分配表，同时具体反映

了目前最急需的校舍问题，并请转陈立夫部长审阅。[注　继7月5日函后，该信

进一步说明：上海自抗战以来，人口激增，对于整幢房屋，非有巨资，不易租得。音专

因经费支绌，只好向人分租，一处不敷使用，又分租二处，总共大小房屋19间；而大合

唱之教室尚无着落，且三处房屋相隔甚远，在办事和学生管理上均甚感困难。兹已向高

恩路432号房东美洋公司商议，允于该处房屋邻近空地，由美洋公司出资建造四层洋房

一幢，大小23间，租用时期以自签合同日起三年为限，租金共一万元。如能用本校建筑

费充作租金，则经常费中可减省房租的支出费用，将节省下来的款项保存，未来可作扩

充设备之用。目前学校最急需者为校舍问题，乐器图书之添购，在房屋未扩充前，无存

放之地。故当前唯一急需即如何以谋校舍之扩充。](原件存南京第二历史档案馆)

9月14日

就会计李兴业往银行解款时支票不慎被窃一事呈报教育部。[注　总务主任

兼会计李兴业被窃支票为4163.34元，事后李本人愿先赔1363.34元，其余分28个月逐

期还请。此事案发当日即向部呈报，高教司于24日批示照准。](《上海音乐学院大事记·名人

录》第64页)

9月，教育部音乐教育委员会再次改组，张道藩离任，由陈立夫任主任。后又增聘

陈田鹤、江定仙、缪天瑞、熊乐忱、张洪岛等为歌曲及杂志编辑。（《乐风》第1期）

10月10日

是日萧氏夫妇邀约陈洪夫妇俩，到亚尔培路雅利餐馆共进午餐。[注　今天

为"双十节"，但街上冷清，国旗也没有人敢挂。进餐时先生对陈洪说，这次聚会虽也算

是庆祝"国庆"，实际上是庆祝我们两家的"家庆"(结婚纪念日)，更实际地说，是因为近来营养不良，借此机会大家吃一顿罢了。] (陈洪《萧友梅纪念文集》第67页)

11月，教育部召开歌曲编审会，商讨各种歌曲选集事宜，与会者除音乐教育委员会委员外，还有熊乐忱、缪天瑞、江定仙、陈田鹤、刘雪庵、贺绿汀、常任侠等人，会议由陈立夫主持。会上决定第一批拟编的曲集有8种：1.中国典礼歌曲选集 (江定仙负责)；2.中国现代歌曲选集 (陈田鹤负责)；3.中国军歌选集 (刘雪庵负责)；4.中国历代歌曲选集 (杨仲子负责)；5.中国各学校校歌选集 (李抱忱负责)；6.中国民谣选集 (贺绿汀负责)；7.中国乐曲选集 (熊乐忱负责)；8.世界名歌选集 (应尚能负责)。(《教育通讯》第2卷第47期)

11月，华文宪奉命在重庆复兴关中央训练团开办音乐干部训练班，师资大多来自上海的国立音专；华逝世后由吴伯超主持。

11月，由熊佛西创办的四川省立戏剧音乐专科学校开学。音乐科主任为任志嵘，教师有王云阶、姜希、尤宝珊等。

12月6日

由国立音专学生和上海几所著名大学主办的沪学社，为救济难民，在贝当路万国教堂举办慈善音乐会。[注 音乐会由赵梅伯担任音乐顾问。](《现代中国音乐先驱赵梅伯》第41页)

冬

音专又一次搬家。[注 因传说日本人有可能先拿下法租界，对公共租界还不敢遽然下手。经音专教师梁就明介绍，率音专师生将校舍搬迁到公共租界的爱文义路(现北京西路)原崇德女中校址。这是战时音专从市中心迁往租界后的第4次搬家，也是成立以来第8次。这里环境异常嘈杂，门外的有轨电车终日车声隆隆，严重妨碍上课，音专处境每况愈下，萧友梅的健康状况也日趋恶化。](陈洪《萧友梅纪念文集》第63页)

本年，江西省推行音乐教育委员会举办的音乐教师培训班(每期三个月)前后共办两期。(《中国第二次教育年鉴》转引自《中国近现代音乐教育史纪年》)

【注释】

[1]马思琚(1920-   )，广东海丰人，1939年以同等学历考入国立音专，1944年起先后在西北音乐院、重庆国立音乐院及分院任教，1945年在上海市府管弦乐队任演奏员，后在南京国立音乐院教大提琴，中央音乐学院成立后一直在该院任副教授、教授。

1940 年(民国 29 年　56 岁)

3 月 21 日，国民党中央常委会决定尊称孙中山先生为**国父**。

9 月 6 日，国民政府明令定重庆为陪都。

1 月末

不幸得病；身体虚弱，感到乏力。但没有请假，仍坚持工作。*（上音档案 520-37 (2) -28）*[**按**　据陈洪回忆和我们的分析，这是由于长期劳累和营养不良所致。]

陈洪回忆　萧友梅的健康状况日趋恶化，"常见他着呢长袍，戴毡帽，裹围巾，架一副黑边眼镜，挟黑皮包，顶着北风，飘飘然从静安寺路向爱文义路踱来。他跨进办公室坐下来，第一个动作便是掏出手帕揩鼻涕，他好像整年在感冒中；嘴唇失去了红润，假门牙在黑胡子下显得更白，脸上的神色也显得更憔悴，肺结核在酝酿中爆发，潜伏已久的营养不良，导致了他 1940 年的死亡。"（《萧友梅纪念文集》第 67-68 页）

廖辅叔回忆　音专的局面是在风雨飘摇中稳住了. 当事人的苦心孤诣不是身历其境是难于想像的。长年累月应付这样的内忧外患的局面，即便是一个健康的人也会心力交瘁的，何况萧友梅本来就是病弱的身体。他常常说每天夜里躺在床上，耳边总还是叮叮当当，咿咿呀呀的响个不停，一直要闹道深夜才能够朦胧入睡。他知道自己是肺结核的老病号，上海沦陷之后，生活水平急剧下降，营养日见缺乏，身体当然是日见衰弱。（《萧友梅传》第 67 页）

2 月 3 日

在极端困难的条件下，萧友梅仍坚持办学，经招生考试录取戴谱生、李天铎等新生 13 名入学。*（《上海音乐学院大事记·名人录》第 65 页）*

2 月 19 日

在贝当路（今衡山路）美国教堂举行优秀生与作曲奖颁奖仪式。[注　根据

陆仲任

教务主任和乐曲审查委员会提供的名单，为陈玉露（德智体兼优学生奖，奖金 50 元）、陆仲任[**注**]、钱仁康[**注**]（分别获第一第二名作曲奖，各得奖金 30、20 元）颁发奖金。]（参见 1939 年 6 月陆仲任回忆。）（《上海音乐学院大事记·名人录》第 65 页）

2 月 22 日，福建省立音乐专科学校在永安成立，内设音乐师资训练班。分"调训"、"招训"两种，小学师资、社会音乐教育师资为半年制，中学师资为一年制。1942 年该校改为国立，设五年制专科 。设有理论作曲、键盘、弦乐、管乐、声乐、国乐六组，另设三年制和五年制师范专修科及幼年班。蔡继琨、卢冀野、萧而化等先后担任校长，缪天瑞任教务主任。（《福建音专校友回忆录》）

3 月 5 日

是日 9 时 45 分，原国立音乐院院长，创办人之一，著名教育家、中央研究院院长蔡元培先生在香港逝世。[注 3 月 7 日毛泽东发出唁电，高度评价蔡元培，称颂先生为"学界泰斗，人世楷模"。]

[按：蔡元培从 1918 年改组北大音乐会为乐理研究会，1919 年又改组为音乐研究会，至 1922 年组织音乐传习所，到 1927 年与萧友梅一起创办国立音乐院，他创建了中国现代专业音乐教育事业，初步确立了中西兼容的音乐教育体制。蔡先生在中国现代音乐文化史上，开创了一代新风，酿成一大潮流，影响到全国，收果于后世；先生是当之无愧的现代专业音乐教育事业的开拓者和奠基者之一。他与萧友梅的不同之处在于：他更多地从近代文化建设的宏观上，从科学与艺术的并重上，从美育上来考虑音乐事业的发展；他不在音乐实践的第一线，音乐并不是他的专业，但他在文化教育界的地位更高，作用更大，影响更广；他培育了一代人（包括萧友梅在内），影响了几代人。先生的思想理论至今仍有现实意义。（详见《论蔡元培与中国近代音乐》，1998 年第 3-4 期《中央音乐学院学报》）]

蔡元培去世前不久的题词

3月6日

致函教育部,附送 1939 年度战区贫寒学生棉衣费贷款办法及申请者名册。

（原件存南京第二历史档案馆）

3月11日

出席音专假贝当路美国教堂举行蔡元培先生追悼大会。（《上海音乐学院大事

记·名人录》第 65 页）

[**按**：萧友梅自己已得病,但仍坚持上班,直至 3 月底才请假。5 月丁善德结婚,先

生抱病参加。志同道合、共事多年的老上级蔡先生的追悼会,恐怕不会缺席。记之备考。]

3月29日

因病向教育部请假三个月,入医院治疗,并致函校务委员会各委员。[注　信

中说："自前月杪（读 **miao**,末尾的意思）病后,身体顿觉虚弱,当即每日就医打补血针,

以冀早日复原。无奈注射已届四周,尚觉无甚进步。据校医云,系心脏及神经衰弱,非

长期休养恐难收效。兹已于本日电部请假三个月。在请假期内特委托诸先生代理一切校

务,凡事之属于一处一室者即由处主任解决,其与各处室有关系者,亦可由常务会议决

定办法。至比较重要者,由全体会议解决之。如有向教部建议时亦即用本校校务委员会

名义,毋须友梅签署盖章。正盼诸先生和衷合作,共济时艰,不独学校前途受益非浅,

即友梅病体将来得以复原亦诸先生之赐也。专此奉托余容销假后再行面谢。"]（上音档案

520-37（2）-28）

3 月 30 日,中华民国伪国民政府在南京成立,汪精卫任伪政府代主席兼行政院长,

同年 11 月 29 日就任伪国民政府主席。

廖辅叔忆评　汪精卫早年参加同盟会,在日本主编《民报》。萧友梅留学日本,与汪精卫

同是同盟会会员,可以说是老朋友。汪精卫三十年代窃踞南京国民党政府高官厚禄的时候,

萧友梅也曾找他为音专帮帮忙,虽然事实上毫无结果（参见 1932 年 2 月 24 日条）。现在汪精

卫摇身一变,成为卖国求荣的第一号大汉奸,却想起了老朋友萧友梅,妄图拉他下水,替他

撑撑门面。当时抗日战争已经进入第四个年头,物质生活越来越艰苦,一些留在上海的文

人,即使九·一八以来写过慷慨激昂的文章或诗词的,也陆续落水。传到大后方来的消息,

也有关于萧友梅的,有的还有眉有眼地说汪精卫已经准备给他教育部长的职位。但是他始终

站稳民族立场。为了安定人心,鼓励同人坚守岗位,他报请重庆国民政府给在音专工作满十

年的教职员工发给奖状,具体做法不知道,我只是在大后方的报上看到这条消息,名单上有

查哈罗夫、佘甫磋夫、黄梁就明等许多人的名字。（《萧友梅传》第66页）

3月，重庆教育部成立筹设国立音乐院委员会，由顾毓琇教育次长主持工作，参加者还有胡彦久、应尚能、王宗虞等。（《教育通讯》第3年第47期）

4月4日

教育部就萧校长因病请假事，给国立音专回电，拟予照准。[注 据教育部电文指令称："惟校务未便由校务委员会主持，应由教务主任陈洪代理。但该校现在进行实际情况不甚详悉，拟先电蒋复璁专员复查再行核办。"]（上音档案5-2851号，参看《上海音乐学院大事记·名人录》第66页)）

4月，吕骥回延安鲁艺任教务处长，并接替即将赴苏联的冼星海，再次任音乐系主任。（《鲁艺史话》）

5月

抱病出席由丁善德、陈又新主持的"上海音乐馆"在兰心大戏院举行的音乐会。这是萧友梅去世前最后一次公开露面。（《丁善德年谱长编》第45页）

6月3日

抱病为赵梅伯《合唱指挥法》一书作序。[注 序文首先介绍了德国国立音乐院乐正班（乐队指挥班）严格的入学条件，即"须修毕理论作曲全部课程（如读谱、和声、对位、作曲、乐曲解剖、乐器学、配器法及音乐史），方有资格进去"。"因为做一个有资格的乐队指挥或乐正，不独要有锐敏的节奏感觉，一目数十行的读谱能力，并且要通晓各种乐器之组织，各种乐器的用法和配合法，随时能够编制或改编合奏曲谱，还要对各派作家作风分辨清楚，这样到指挥时方可把乐曲的精神表现出来。所以器乐或声乐学生，如果未修毕上述音乐理论功课，在德国音乐院是不许进乐正班的"。序言回忆了在德国留学期间学习指挥及回国后在北大音乐传习所担任乐队指挥的经过，为"最近几年来，音乐学子对于指挥一门发生兴趣的很不少"感到可喜，但又为其中有部分人"对于学习指挥的资格不甚了了，以为能够应节击拍，便可以做指挥，于是竟是随便登台指挥歌队或乐队之举"而感到忧虑。因此文章在肯定该书是"一部空前的良好的教科书"的同时，特别强调"希望学习指挥的同志，不要以为单看完这本书，就可以做指挥家，不要忘记学习指挥以前的音乐修养，比击拍技术更重要。因为一个歌队或乐队的指挥，不独要有做音乐团体领袖的资格并且还要有做各种乐师各歌队队员的导师的资格"。该书后在 1946 年 7 月由商务印书馆出版发行。]

6 月 29 日

病假期满，虽身体仍未复原，但因时值学期结束，公务繁忙，不得不力疾从公，写信向教育部销假。（《上海音乐学院大事记·名人录》第 66 页）

初夏

由于时局的关系，萧友梅审时度势，当机立断，决定高年级学生（如章彦等）提前毕业。

陈洪忆评 萧友梅鉴于时局日趋恶化，朝夕都可能出现不测风云。为了便于高年级学生早日离开学校，乃决定于学期中途，提前举行毕业考试，发给文凭，让这一批（有数十人）高年级学生得以及早去参加抗日工作。从音专日后的遭遇看来，这一决定是完全正确和必要的，而且是具有一片苦心，令人难忘的。日后实践证明，他们大多成为我国音乐界的骨干人才。这是萧先生临终之年报效祖国最有成效的一举，值得大书特书。（《萧友梅纪念文集》第 72、176 页）

7 月 4 日

萧友梅爱校如家，为避免在突发事件中音专财产遭受损失，决定将 9 箱图书及 6 件铜管乐器寄放于谭小麟家中。

（《上海音乐学院大事记·名人录》第 66 页）

7 月 4 日

寄送重庆教育部 1940 年度上学期招收本科、师范科补缺生简章。[注 简章规定 8 月 11 至 25 日在法租界高恩路 432 号校舍报名，8 月 30、31 日举行考试。]（原件存南京中国第二历史档案馆档案）

谭小麟

8 月 1 日

致函俊生、友三、蔚人、逸民，告知"本校近以第二特区情形改变，不日将另觅校舍于第一特区，嗣后寄本校文件请暂寄大部驻沪办事处收转。"（原件存南京中国第二历史档案馆）

8 月 5 日

致函教育部吴俊升司长,告知本校教员已完稿正待出版的可作为教材用的书目。[注 信中说:"本校对于发扬吾国文化向所注意,故自民十九年起曾发起编辑音专丛书与商务印书馆订立出版合同,先后出版书谱三十种。惟自'一·二八'以后,该书馆以遭受损失太大,不肯再继续出书,而友梅所编之和声学以需用正急,不得不自费出版。然因此项印刷费过钜,至今尚未能收回成本五分之一。同事中虽有专门编著,然皆有鉴于此,不敢再冒昧从事,自己印行。""现本校教员编著已成之稿正待出版者已有下列四种之多,其中多适用作音乐专门课本,祇以书局不肯接受以至无法出版。为此敬恳大部向编译馆或者音教委员会设法代为印行(或采用版权让与法或给以版税),俾音乐学子广有专门课本阅读,于文化之推广或不无裨益也。"信末附录了四本书的书名及编著者:《曲式与乐曲》(陈洪编著 约 400 页)、《音乐园地》(陈洪编著 论文集约 200 页)、《音乐小史》(sholes 原著,陈洪编译 约 600 页)、《合唱指挥法》(赵梅伯编著 约 10 万言)。] *(原件存南京中国第二历史档案馆/上音档案 520-37(2)-28)*

7 月 15 日

是日,将本月音专教职员捐薪一日援助华北将士慰劳金 102 元 7 角 4 分送交新华银行;得"上海各大学联合会慰劳金"收据一纸。其中萧友梅为最高,13 元 3 角 3 分。*(《音》第 64 期)*

8 月 19 日

是日起,国立音专改用化名"奚亚欧"。从此以后,凡与国立音专及萧友梅校长的往来邮件均用此名。*(《上海音乐学院大事记·名人录》第 66 页)*

8 月 19 日

因病在家休养,但始终心系学校的教学。[注 是日,为某些学生新旧学制改变过程中学分的核算及其他事项,致函教务主任陈洪。信中写道:"查 XXX 系旧制本科毕业,已修了分组必修科目五十学分,未知核算新制,该得多少?今欲再入本科,须照新制办理。渠在学已满五年,将来如不能修了高级,亦可修了中级,如认为无须交教务会议解决,可以准其入本科。至选科生照章须候正科有缺额而本校需要时方可取录,但不妨先准其报名选科(不妨对其声明不一定录取)。前日所谈之被改入额外选科者准其再来考一节,系指上学期英文或国文无班可入或不及格者言,其完全因无希望(如无故一律

缺席等）被处分者不在此例。"](《萧友梅纪念文集》第 30 页）

入秋

因染感冒，发烧一直不退，卧病期间，依然尽力关心学校事务，常以书函形式，指导教务处的工作。（《萧友梅纪念文集》第 72 页）

9 月 4 日

经考试录取李德伦[1]等新生 13 名入学。（《上海音乐学院大事记·名人录》第 66 页）

9 月 12 日

分别致函俊生、友三、逸民，告知音专 "已在第一特区爱文义路（卡德路口）租妥 626 号房屋为校舍,定本月 14 日迁入，嗣后致本校文件勿书校名，径写交爱文义路（卡德路口)626 号奚亚欧(即雪朋在沪化名)收为妥。"](原件存南京中国第二历史档案馆）

李德伦

[**按**：这是音专抗战开始以后第 5 次、成立以来第 9 次搬家。]

9 月，重庆青木关国立音乐院成立；中旬在重庆招生，10 月底又为远道而来的学生补考一次，共录取 80 人，11 月 1 日起正式上课。（《教育通讯》第 3 卷第 7 期，1940 年 12 月）

10 月 5 日，李抱忱在《教育通讯》上发表调查报告《抗战期间全国中小学音乐教育概况》。此报告系作者组织力量，于 1938 年向全国各地发出调查表，10 个月后收到一千多份答卷，又经 3 个月的统计整理而成。报告反映：全国音乐师资严重缺乏，经费严重不足，教材、设备严重困难，对现行的音乐课程标准意见不少。作者建议：应设立全国性的音乐机构、普及爱国歌曲、整理国乐、提倡课外音乐活动、加强音乐师资的培养、利用民歌民族音乐等建议。（《教育通讯》第 3 卷第 37、38 期合刊）

10 月 12 日

为方便学生到兰心大戏院听工乐队排练挪动课时一事，致函教务主任陈洪。[注　信中说："星期六上午有课之学生如每周许其往兰心戏院听乐队练习，似与缺课有关系。但查是日有课者颇多高级生（尤其是理论学生),抑设法将上午功课移往下午？

如何办法请酌定可也。"］(*《萧友梅纪念文集》第 31 页*)

11 月 21 日

为出版国立音专丛书事致函陈洪。［注　信中说："顷见大著，后面末页尚有空白，忽想起何不利用此地位，将本校丛书书目排列入，借资宣传。但细查三十二种中忽发见 XXX 先生著的《诗学概要》已为商务印书馆编入国学小丛书内，自不便再编入本校丛书，故实际上少了一种，好在大著甚多，可否选出一种编入第三十二种或第三十种，便可不致漏缺（或即用《乐音和乐器》如何？）兹将书目送上，即候刻安。弟鹤手启。"］(*《萧友梅纪念文集》第 31 页*)

11 月 23 日

为节约电煤费用，大礼堂不宜作个别课教室及教务处印章等事，致函陈洪。［注　信中说："昨日接 X 先生电话，据言：'欲在校授课而先生对他说已无空闲教室，但礼堂除外。故欲征求弟的同意，可否以礼堂作为 X 君授课之用'等语。今晨来校见总时间表内第三号课室星期三、六两日只有琵琶一小时，似可设法挪开，足够排 X 君个别授课十三小时之用。弟意礼堂只宜于全班上课之用，如用作个别教授，则电灯煤炭定必增加许多。值兹经费拮据之际，在可以撙节范围内似应尽力节省，谅先生必以为然也。……再：X 君不日离校，新聘之职员现因患流行感冒症未能即日来校，在 X 君离校后新职员未到校前拟请 XXX 君暂代办借书事项，特此奉闻。……顷见教务处通告仍用盖有校名之图章，谅系书记所误用。如无'教务处'图章时，可即饬人做一个，于发通告时以期划一如何？"］(*《萧友梅纪念文集》第 31 页*)

［按　从这一便函可看出，萧友梅对待工作多么认真、细致，极力撙节、勤俭办学的精神始终如一。这是先生最后一次到校视事，也是先生留下的最后一则处理校务的便条。］

深秋某日

病体不见好转，不得已住院治疗，住进比较廉价的私人开设的体仁医院。［注　有一天先生忽患感冒，发热不退，起初疑心是"上海病"；但热度退去复来，来而复去，不久复来，因此只能住院治疗。为节约开支，只能选择了一家比较廉价的私人开的体仁医院，住在三层楼一间朝东北的病房。但身在医院，心却仍系学校，每天总盼望音专同人向他提出各种报告，还每天坚持读报。医院虽有护士，却更愿意让音专的工友王浩川来陪伴。初入院时，很乐观，曾对工友王浩川说："这里就是原来我们学校的图书馆，我这次不是住院，是住到学校图书馆来了。"] *（陈洪《忆萧友梅先生与抗战初期的上海国立音专》/王浩川《在与萧友梅校长相处的日子里》载《萧友梅纪念文集》第72页/第191页）*

体仁医院旧址，门牌号码未变。

右图为原体仁医院院内
（王勇 2006 年摄）

12 月 19 日

因物价飞涨，音专教职员包括先生在内普遍入不敷出，为此致函教育部章友三、吴俊升、吴慰人三司长，拟请酌给公费，以资弥补。[注 信中说，据本校教务、训导、总务三主任函，略谓由于本校校址迁移靡定，每日上下午赴校办公所费车资正钜，加以薪水折扣，物价高涨，所入殊不足开支，拟请酌给公费，以资弥补，这确系实情；可否于编 1941 年度预算时酌各增列公费。又说，本校校长办公费，从前所领数额较目下为多，而目下生活指数较从前何止高涨十倍；溯友梅自去年 8 月至本年 10 月，入不敷出，每月达二百余元。长此下去，眼看破产在即，目前究能维持多少时间，实毫无把握。大部所颁大学及独立学院教员聘任待遇暂行规程，对任何等别之教员尚有年功晋级之规定，而专科以上学校校长年俸应否晋级独未计及。兹事有关政体，友梅自不应多所希冀。惟请大部俯鉴友梅之处境，请先酌加办公费，以资调剂。在信稿上有"较密，此函请先生亲笔缮写为荷 梅"的字样。] *（上音档案 520-37（2）-28）*

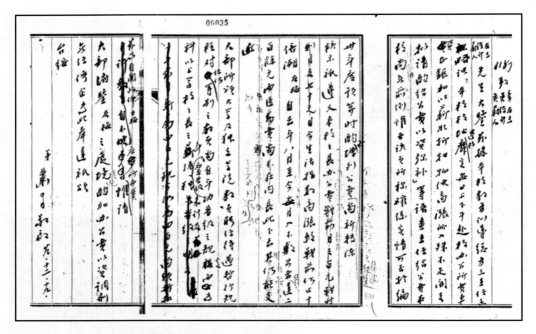

萧友梅致教育部最后一封信的手稿

494

12月下旬

医生禁止萧友梅看报。*(《萧友梅纪念文集》第72页）*

12月26日，国民党政治部文化工作委员会举办音乐演奏会，邀请育才学校学生及教师黎国荃、张贞黻、胡然、范继森等参加演出。周恩来、邓颖超、冯玉祥夫妇、叶剑英、郭沫若等出席观看。场间休息时陶行知报告创立育才学校的动机，贺绿汀报告音乐组的学习情况。周恩来还为演出题词："为新中国培养新的音乐人才。" *(《新华日报》1940年12月27日/《重庆文史资料》）*

12月岁末

遵照朱英先生的嘱咐，学生邓尔敬[2]、陆仲任[3]代表音专同学去医院探望萧先生。[注 两位同学在花店买了一枝梅花，并设法找到松、竹各一枝，配成"岁寒三友"，去医院探望。先生其时病已垂危，身体极度衰弱，只能用极其疲惫的嗓音说了句："你们很有心。"并询问了学校上课和同学的情况，但声调已低沉得听不清楚了。] *(邓尔敬《萧友梅纪念文集》第112页）*

邓尔敬回忆 萧先生的病房不大，陈设简陋。病床东西向，横放在仅有的一扇西窗下。窗外的阳光被外墙所遮挡，室内很阴暗，一片微弱的光线映在萧先生清癯的脸上，卧病在床的萧先生面容显得越发苍白。没料到这竟是我们见到萧先生的最后一面。（《萧友梅纪念文集》第113页）

12 月 29 日或 30 日

先生病情恶化，小便大量出血，高烧不退。深夜，先生进入昏愦状态，不断喘息，喉咙里不时发出鸦鸦之声。[注 见此状况，在医院陪伴的工友王浩川，急忙把已入睡的陈洪叫醒，奔至医院看望。这也是萧友梅先生离开人世之前，最后一次与共患难的同事见面。此时，萧夫人在旁泣不可抑。在病床上，先生仍然无微不至地关怀着学校的师生，时刻把教学放在心上；他怀念着天气那样寒冷，学生们如何考钢琴。他记起了考试用的钢琴旁边有一个外通天井的门户，门户有一条长缝，北风可飒飒地吹进来，吹着弹琴者的手，使之动弹不得。于是先生关照必须用硬纸裁一纸条，把那条门缝封闭。这件事竟成了他的遗嘱，但没有一个字是关于他家庭的。要说遗嘱，留下的就是两袖清风和两个未成年的孩子。]（《萧友梅纪念文集》第113页、第29页）

[按 陈洪先生在不同年份（1946、1982、1992）写过三篇缅怀萧友梅的文章，在具体日子上略有差异，但所讲事实完全相同。]

萧淑娴回忆 叔父晚年最大的不幸，是他的家庭生活不够美满。粹真姊母坚持宗教信念，经常喋喋不休地劝他信教，而叔父却是一个坚定的无神论者。他在临终前曾对我的表弟俞述诚说："我是学哲学的，是个无神论者，我一生做学问，结论是不要相信任何宗教迷信！"在他弥留之际，姊母找来了牧师，预备跟他祈祷，但叔父支撑着说："我无愧于人间，不用祈祷，无需忏悔，也无悔可忏！"再三示意我表弟，要牧师出去。（《萧友梅纪念文集》第97-98页）

12 月 31 日

是日为农历十二月初三，星期二；萧友梅因肺结核病菌侵入肾脏，引起肾出血，医治无效，于凌晨5时30分病逝于辣斐德路（今复兴中路）1325号体仁医院，终年56岁。离57周岁生日（1941年1月7日）仅一周。

先生身后遗下夫人及其子萧勤（时年6岁），女萧雪真（时年4岁）。

[注 当日上午，音专教务处贴出讣告："萧故校长痛于本月31日上午5时30分病

逝，定于 1941 年 1 月 2 日在海格路（今华山路）万国殡仪馆大殓。凡我同学于 2 日午后 12 时 30 分齐集本校，预备哀乐，前往致祭为要。"]（《上海音乐学院大事记·名人录》第 67 页）

[按　大殓，安葬，追悼会，是人去世后丧礼中三种不同的祭奠仪式。据记载，大殓在 1941 年 1 月 2 日下午；追悼会在 1 月 15 日下午（详见"身后记事"部分 1941 年 1 月条）；安葬的日子不详。]

萧勤回忆　家父死时我才 5 岁，故对父亲说不上什么深刻印象，只记得他是瘦瘦高高，很严肃的长者，做事很有规矩。在我的印象中，父亲过世时，家里非常穷困，母亲不得不卖家具以维生。父亲的著作，许多珍贵的书籍也都论斤卖给收破烂的。（《萧友梅先生之生平——中国近代音乐教育之父》序言）

萧淑娴回忆　二叔在上海工作那十三年间，是国事最艰难之时。他的婚姻生活不够美满，二婶不能在工作上成为他的贤内助，反而使他的音乐事业，在创作和著述上不能有个安静场所便利工作。记得八姑福媛对我说过，二婶是位虔诚的基督教徒，而二叔是个无神论。为了躲避二婶无休止地在耳边劝诱入教，他需要找个清静地方写书写文章备课，他不得不经常住在八姑家，一住便是二三周。比较起来他在上海阶段的著述及乐曲创作，远不如在北京那七年间那样多，这不能说不是个遗憾和损失！

某年

萧先生曾应邀与沪上一些名人，为著名的上海关勒铭自来水笔公司推广产品的小册子题词，以显示关勒铭钢笔适用于写中国字；先生题的是明代将领于谦（1398—1457）的《石灰吟》："千锤万击出深山，烈火焚烧若等闲。粉骨碎身全不惜，要留清白在人间。"[注：这一题词，也正体现了萧友梅一生的高尚品格与为事业而奋斗的坚忍不拔的精神。就这首词而言，一般人在引用时，往往把"粉骨碎身"写作"粉身碎骨"，殊不知这是不符合诗的平仄格律的。先生却一字不错地写成"粉骨碎身"，足见他平时读书时一丝不苟的精神。]（廖辅叔《萧友梅纪念文集》第 54 页）

龙沐勋忆评　萧先生严于律己，天性是近于我国古来所谓"狷者"的。他对音乐院的经营和发展，是称得上"鞠躬尽瘁，死而后已"！这决不是我个人"阿私所好"，实在是"天下之公言"，后来必定有人来论定的（《萧友梅纪念文集》第 18 页）

赵梅伯忆评 我与友梅师长共事 5 年。他在临死前还关怀学生期考成绩，他那热情、诚恳、慈祥使我非常感怀于心。他生活朴素，待人热心与亲切。凡与其接近者莫不知其工作认真、正直、无私。因他不善于手腕，引起少数人士妒视他的成就。(《萧友梅纪念文集》第 357-358 页)

李焕之忆评 萧友梅是一位可尊敬的开拓创业者，他为专业的正规音乐教育奠定了向前发展的良好基础。如果说，1927 年蔡元培和萧友梅创办的国立音乐院是一只老母鸡的话，那么她哺育的小鸡成长壮大了。随着历史的前进，一代又一代地成长为中国音乐文化建设的栋梁材。我回想当年延安鲁艺音乐系的老师们，他们绝大多数是国立音专的校友，从两位先后担任系主任的吕骥、冼星海，到七位教员：向隅、唐荣枚、杜矢甲、张贞黻、郑律成、任虹和我。(《萧友梅纪念文集》第 148 页)

钱仁康论评 萧先生为培养复兴民族音乐专门人才而办学，毕生惨淡经营，用心良苦。新中国成立以来，我国高等音乐教育事业蓬勃发展，人才辈出，正在不同岗位上担负起复兴民族音乐的重任，我们饮水思源，不能忘记萧先生是我国高等音乐教育事业的、劳苦功高的奠基人。(《萧友梅纪念文集》第 468 页)

居其宏论评 对于萧友梅一生的所作所为，尽管可以有种种不同的评价，但整个 20 世纪中国音乐发展进程已经表明并将继续表明，他的音乐美学思想、变革理想以及所从事的大量实际工作，尤其是他在创建国立音乐院这一开拓性和根本性的卓越事业中所做出的努力和所取得的伟绩，整整影响了我们大半个世纪，并且也使中国音乐受惠了大半个世纪，而这种影响必将继续发挥其决定性作用，必将使我们和后人继续受其惠赐。(《萧友梅纪念文集》第 357-358 页)

【注释】

[1]李德伦（1917—2001）北京人。回族。自小受到家庭音乐启蒙。1946 年毕业于国立音专。随后任延安中央管弦乐团指挥。建国后，先后任北京人民艺术剧院、中央歌剧舞剧院指挥。1953 年到苏联莫斯科音乐学院阿诺索夫指挥班上做研究生。1957 年回国后长期任中央乐团交响乐队首席指挥，曾与许多国际著名演奏家合作演出。多年来还一直致力于交响乐的普及与发展。

[2]邓尔敬（1918— ？）原籍湖北京山，生于武昌。自幼喜爱音乐与文学，能演奏多种民族乐器。1934 考入武昌艺专音乐科，1937 年入国立音专理论作曲祖师从黄自。1941 年上海沦陷后，自动退学随弗兰克尔学完作曲课程。后赴重庆国立音乐院分院任教。1949 年起历任中央音乐学院华东分院副教授，上海音乐学院副教授、教授、作曲指挥系主任。

[3]陆仲任（1912—   ），浙江鄞县人。1934 年考入音专，主修作曲，1941 年毕业。先后任教于南京中央大学音乐系、国立福建音乐专科学校、北平国立艺术专科学校。1948 年在香港永华电影公司任专职作曲，并兼任香港音乐院院长。建国后历任华南歌舞团副团长、广州乐团团长、广州音乐专科学校副校长、广州音乐学院副院长、星海音乐学院教授等职。

身 后 记 事

萧先生虽然离开我们几十年了，但他的崇高思想与品德以及他呕心沥血、坚忍不拔的办学精神，至今仍然闪耀在我们的心中，永远值得我们深深怀念和好好学习。

——贺绿汀《萧友梅博士逝世40周年纪念会上的讲话》

我们应当饮水思源。没有萧先生为之含辛茹苦、百般操劳的"老音专"，就不可能有解放后的上海音乐学院，更不可能由目前活跃在国内外，使我国的音乐文化在世界上大放光彩的、各方面杰出的音乐人才。愿萧友梅音乐教育促进会成立后，继承萧友梅的遗志，为我国音乐教育事业的发展，为社会主义精神文明的建设，办点实事，做点好事。

——贺绿汀《萧友梅音乐教育促进会的成立很有意义》

萧友梅身后记事

编者按：这一部分内容，除适时交待萧友梅的后事与家庭成员的变化及自用的钢琴、图书等极少家私财物的去向外，主要记述先生生前播下的音乐教育"种子"，发芽、成长、壮大的基本轮廓和萧氏逝世后由他含莘茹苦创办、建设起来的国立音专变化、发展的基本脉络，以及后人对萧氏进行的缅怀、纪念与研究等学术活动，从而体现萧友梅对后世音乐文化建设事业的积极而又久远的影响。

1941 年

1月1日

国立音专电请教育部高教司，请拨萧友梅校长治丧费 5000 元。校务由教务主任、秘书及教师代表组成之校务委员会维持。*（《上海音乐学院大事记·名人录》第68页）*

1月2日

是日萧友梅遗体在万国殡仪馆大殓；午后 12 点 30 分，音专同学，齐集本校，预备哀乐，前往致祭。

1月9日

国立音专向高教司报送《国立音乐专科学校校务委员会组织大纲及委员会委员名单》。大纲规定委员会由教务主任、训育主任、总务主任、校长能够室秘书、会计师主任及本国籍专任教员三人为委员，推一人为主席，代行校长例行职务，重要校务及 50 元以上之开支需经会议决定。

委员会委员名单如下：陈洪为主席委员，李兴业（总务主任）、刘慎若（会计师主任）、李惟宁（理论作曲组主任）、赵梅伯（声乐组主任）、梁就明（专任教员）为委员。

1月11日

重庆《新华日报》第二版，刊出"中央社香港电"沪讯的消息，标题为"国立音专校长萧友梅在沪病逝"，全文如下：国立音乐专科学校校长萧友梅近在沪病逝。萧氏早年受知国父，加入同盟会。30年来教授音乐，诲人不倦。抗战军兴，国立音专毁于炮火，奉教部命在沪继续兴办，虽环境艰苦，萧氏迄未稍息。近日敌伪在沪横行，环境日恶，忧劳成疾，终致不起。萧氏身后萧条，几无以为葬。闻该校师生，将请求中央与教育部，优予抚恤。

1月15日

下午2时，萧友梅追悼会在贝当路（今衡山路）举行。追悼会按宗教仪式在美国教堂举行。首先是奏前奏曲，牧师诵读《圣经》与合唱《校歌》，然后是主持人李惟宁讲话，治丧委员陈洪做报告，音专教员朱英和交通大学校长黎照寰致辞。

陈洪在讲到萧校长的办学精神时，举例说了一件小事：即在萧校长临死的那一天，已达昏迷状态，但还教人把音专礼堂的门缝用纸糊起，为的是怕同学考试时伤风。这种体贴学生的校长，在上海恐怕很难找到。朱英在讲话中更指出萧先生的特异之点是：第一他很俭朴，据说他的一件夏布长衫还是十年前做的，现在还年年穿在身上，他的西装从未超过二十元；第二是不趋富贵仕途，萧先生曾参加过同盟会，革命成功后他很可以在国民政府里当大官，但他始终要忠于他的音乐事业，以致身后萧条；第三是爱好读书，他曾把校长办公室和图书馆搬在一起，一天到晚手不释卷。由此可知，任何一个学问家和音乐家的成功，决不是靠出风头爱虚荣，投机取巧所能成的。孤岛上有志的大学生，应当以萧友梅先生的求学态度为模范。

会后还有音乐节目，其中有佘甫磋夫的大提琴独奏，查哈罗夫的钢琴独奏肖邦的杰作《送葬进行曲》，原来还有苏石林的独唱因伤风而临时取消，最后是赵梅伯指挥音专学生演唱舒伯特的四部合唱弥撒《慈悲经》和《荣耀经》。节目中震撼人心的是演唱萧先生遗作《问》，当唱到"你知道今日的江山，有多少凄惶的泪"时，在场的人们，触景生情不禁真的流下了凄惶的热泪。

1月20日

陈洪、朱英、赵梅伯、梁就明、丁善德等11人及外籍教师10人联名向教育部推荐李惟宁继任校长一职。（《上海音乐学院大事记·名人录》第68页/原件存第二历史档案馆）

1月21日

教育部电复陈洪等人，同意由李惟宁暂时代理校长。（《上海音乐学院大事记·名人录》第68、69页）

1 月 23 日

妹夫王世杰（时任中央宣传部长、国民参政会秘书长及中央设计局秘书长）1 月 9 日得悉萧友梅逝世，是日向戚粹贞女士发出唁电。*（《王世杰日记》，1990 年台湾中央研究院近代史研究所出版）*

1 月

萧友梅灵柩安葬在虹桥万国公墓。学校仿照国葬的命意举行校葬，用以表彰逝者献身音乐教育事业的功德。墓碑大书"国立音乐专科学校校长萧友梅博士之墓"。旁书"国立音乐专科学校立石"。碑文是叶恭绰的手笔，是具有文献与艺术意义的纪念品。*（廖辅叔《萧友梅传》第 69 页*

[按一：萧友梅下葬的确切日子不详。廖辅叔记为"追悼会开过是下葬"。但咏江的《记萧友梅追悼会》一文，没有记载有关下葬的事。]（*廖辅叔《萧友梅传》第 69 页/咏江《中国新音乐运动者萧友梅——记萧友梅先生追悼会》，《萧友梅纪念文集》第 471 页）*

[按二：令今人可惜的是，萧友梅的坟墓，在上海市区扩建计划实施时（未知何年，待考），萧、戚两家的亲属都没有见到报上登载通知各墓主迁葬的公告，未能及时迁葬。如今墓碑不知去向，后人无缘凭吊，实在遗憾。]（*廖辅叔《萧友梅传》第 69 页）。*

[按三：为了弥补这一缺憾，中央音乐学院萧友梅音乐教育促进会 2006 年 6 月得悉萧家在京郊有一私家墓园后，于 2006 年 11 月倡议，经相关部门批准，联合几家相关单位，在北京西山萧氏祖坟地上，为萧友梅立一自然石纪念碑，已于 2007 年 8 月竣工（详见）。

1 月

某日，廖辅叔在广东乡下从报上得知萧友梅病殁的消息，当天深夜写成挽词《水龙吟·悼亡词》一阕致哀，并邮寄萧师母。*（《北京音乐报》1980 年 12 月 20 日）*

词文如下：

"海涯老却成连，白头无命迟羝乳。忧时肠热，望京眼瞑，还乡心碎。弱指危弦，分明当日，海翁深意。独仓皇急劫，阴阳短景，轻付与东流水。

信是精金纯色，此情芳，秋荼如荠。辛勤卅载，披荆只手，乘风万里。满路豺狼，满天霜雪，满门桃李。有羊昙未醉，低徊前事，洒西州泪。"*（《萧友梅纪念文集》第 1 页）*

[按：“悼亡词”中的“辛勤卅载，披荆只手，乘风万里。满路豺狼，满天霜雪，满门桃李”这 24 个字，生动、形象而又高度艺术化地概括了萧友梅先生所处的时代、所遇到的困难和所做出的成就与贡献。]

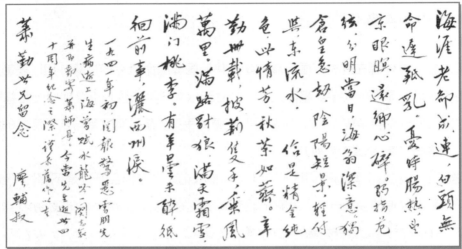

廖辅叔悼亡词手迹

2月7月

奉教育部电令：“萧校长逝世，请李惟宁代理校长。” 17 日，举行就职典礼。

戚粹真感谢陈洪之赠言

3月15日

《海珠》半月刊登载署名咏江的文章《中国新音乐运动者萧友梅》，详细记叙了“萧友梅先生追悼会”情况。

4月1日

萧友梅遗孀戚粹贞为感谢陈洪先生对病中的先夫无微不至的照顾，特将侄女萧淑娴在留学比利时布鲁塞尔时（1933 年 3 月）寄回的馈赠转赠给陈洪，并在上留下赠言：“追忆先夫病中承先生尽心照拂，奔走劳神，体贴入微，情谊之深，犹胜同胞，真铭感寸衷，永志不忘，谨以此卷赠予白鸿先生留念。萧戚粹贞卅年四月一日。”

4 月 14 月

代理校长李惟宁办理接受事宜。由教育部顾某督学监视。所有印信、款产契据、卷宗、器具、图书等均经各处室主任、秘书点交，除缮具各种清册分别存交外，移交卷册共 8 种，供教育部备查。(*上音档案 520-37（2）-28（3）*)

4 月

熊乐忱在重庆出版的《乐风》新 1 卷第 4 期上发表《悼萧友梅先生》一文。

5 月 8 日

教育部拨发萧友梅抚恤金 5000 元，特恤 3000 元及行政院褒扬令（由何伯丞先生转交其家属）。褒扬令全文如下："国立音乐专科学校校长萧友梅一生尽瘁乐教，成才甚众。迩年在沪维持校务，艰苦奋斗，积劳成疾，弥堪悼惜，应予褒扬，并特发恤金伍千元，以旌贤良。"

5 月

文艺奖助金管理委员会赠萧友梅家属赙仪 1000 元（*《乐风》1 卷 5-6 期合刊*）（*《上海音乐学院大事记·名人录》第 69 页*）

12 月 7 日

太平洋战争爆发，翌日，日寇占领租界，上海全面沦陷，音专面临存亡决择。

本年

萧夫人戚粹真经人介绍，在市政府谋得文书员一职，薪俸低微。在通货膨胀、物资十分匮乏的战争年代里，要抚育一对儿女，并非一般人所能想象与承受。为了生活，不得不忍痛变卖先生留下的有限财物；先是大件的家具器物，然后是先生最心爱、最宝贵的三角钢琴，接着是林林总总的管、弦乐器，再就是各式乐谱、图书，一件件先后卖出了家门。后来实在别无长物，竟不得已连先生毕生心血与智慧结晶而成的手稿、谱稿、文稿都成了废纸商论斤收购的对象，以换取寒碜的费用求个温饱。(*参见《另类萧勤》第 56 页*)

"萧夫人为了维持家用，亦只得忍痛将先生所著之《和声学》数百册论斤头卖给旧纸商。其他遗书也陆陆续续卖掉不少"。(*1945 年 4 月《杂志》4 月号发表王简的文章《忆萧友梅先生及其遗族》《萧友梅纪念文集》第 22 页*)

1942 年

3 月

刘雪庵在重庆出版的《音乐月刊》上，以晏青为笔名，发表《纪念中国新音乐的保姆萧友梅先生》。

6 月

南京汪伪政府接收原国立音乐专科学校，改名"国立音乐院"，任命李惟宁为院长。

10 月

教育部接收中央训练团音乐干部训练班（参见 1939 年 11 月第 2 条），归属国立音乐院组织系统，改名为国立音乐院分院，聘国立音专 1935 年毕业生（参见 1935 年 3 月 26 日条）戴粹伦任院长；戴就职后即着手筹备。

12 月

应尚能在重庆出版的《青年音乐》第 2 卷第 4 期（休刊号）上发表《纪念萧友梅》一文。

1943 年

1 月

国立音乐院分院在重庆复兴关正式成立，戴粹伦宣誓就职，教育部长陈立夫亲临主持。后分院迁至松林岗。

秋

汪伪政府催请赵梅伯出任南京国立音乐院院长，赵婉拒，携妻女离上海至西安，得到吴宗南之助，创办私立西北音乐院。

1944 年

3月26日

龙沐勋在"清明前十日徘徊寓园小桃花下口占"绝句一首，深情缅怀萧友梅："东风吹上小桃枝，又是家家上冢时。欢逝忧生情自苦，黄泉难报故人知。"（《萧友梅纪念文集》第14页）

6月2日

龙沐勋撰写《乐坛怀旧录》，怀念萧友梅与易韦斋。文章刊载在南京《求是月刊》第1卷第2、第3号上。（《萧友梅纪念文集》第14页）

12月26日

易韦斋在上海逝世，享年68岁。

1945 年

2月27日

萧友梅夫人戚粹真病逝。在患病进手术室开刀前，曾在专用于记录儿女成长过程中大小事件的小笔记本上，殷殷叮咛萧勤说："小勤你要懂事，照顾妹妹……成年以后，要带着妹妹回家乡祭祖坟……。"萧勤时年11岁，妹雪真9岁，孤苦无依的兄妹俩，短暂寄宿于赵在明任教的华美小学里。不久，又投奔三姨妈戚问竹家。

[**按**：赵是一位热心人，时任该校教务主任，他曾呼吁各界乐助善款，义助萧家后代安家费和教育费。]（《另类萧勤》第57页、60页）

萧勤与萧雪真兄妹

"备忘录"是萧友梅夫妇记录子女成长过程中大小事件的小笔记本。

4 月

《杂志》4月号发表王简的文章《忆萧友梅先生及其遗族》。文中写到先生逝世后家庭经济的困难状况，说：萧先生"惟一留给后嗣的那座钢琴，也因维持家用而早已转归别人"。"萧夫人为了维持家用，亦只得忍痛将先生所著之《和声学》数百册论斤头卖给旧纸商。其他遗书也陆陆续续卖掉不少"。（《萧友梅纪念文集》第22页）

8 月 1 日

重庆的国立音乐院分院由于多数教师来自原在上海的国立音专或音专毕业生，故教育部将其更名为上海音乐专科学校，戴粹伦继续担任校长。

8 月 15 日

日本无条件投降，8 年抗战取得最后胜利。

8 月—9 月

抗战期间在上海的由李惟宁任院长的国立音乐院，由国民政府教育部京沪联合办事处接收，编入临时大学补习班第三分班，由戴粹伦任主任，陈又新任教务主任。

12 月 31 日

《世界日报》发表李世钊《纪念中国近代音乐之父萧友梅先生》

1946 年

1 月

陈洪以笔名鸿倪在《文章》杂志创刊号上发表《萧友梅先生五年祭》，内容分传略、音专素描、黯淡的一页、为人一瞥、作品和思想等 5 部分；以自己的亲身体验，记写了萧友梅的为人和艰苦的办学经历。该文脱稿于 1945 年 12 月 22 日，是新中国成立前有关纪念萧友梅的文章中内容最充实、丰富的一篇，为后人留下了极有史学价值的研究材料。（《萧友梅纪念文集》第 25 页）

8 月

东北大学文艺学院音乐系成立。国立音专校友吕骥、向隅分别任院长和音乐系主任

秋

国立北平艺专复校。西北音乐院并入，赵梅伯出任音乐系主任。

10 月

重庆的上海国立音乐专科学校复员沪上，上海的临时大学补习班第三分班并入；由戴粹伦任校长。

本年

萧勤、萧雪真兄妹移居南京，兄随在国民政府任职的姑父王世杰夫妇，妹随六姑萧慕兰一起生活。

1947 年

8 月

国立音专 1935 年毕业生满谦子毅然离开教学设备良好的上海国立音专，出任1946 年 2 月成立的广西省立艺术专科学校校长。

9 月

国立音专 1937 年毕业生歌唱家胡然创办的湖南省音乐音乐专科学校开学，国立音专校友喻宜萱、巫一舟、劳冰心、胡静翔、夏之秋等在校任教。

1949 年

春

萧勤随姨父去了台湾。萧雪真留在大陆继续随六姑一起生活。

上图：萧雪真摄于 1948 年
左图：萧雪真 1950 年摄于家门前

7 月 2—19 日

中华全国文学艺术工作者代表大会（即第一次文代会）在北平举行。会议期间，代表们（其中好多位是国立音专的校友如贺绿汀、吕骥等）酝酿建设新的艺术教育事业。

8 月 5 日

中共中央宣传部致电东北局，决定调曾就读于国立音专的吕骥、向隅等来北平筹办艺术学校。

8 月 13 日

时任文联党组书记对周扬提出调整全国艺术院校的具体意见。建议"以华大三部、东北鲁艺音乐系及南京国立音乐院为基础成立国立音乐院，由马思聪、吕骥、贺绿汀分任正副院长，校址设在北平或天津"。

8 月 17 日

周恩来批示同意，同时提出院址以设在南京为好，并建议将上海音专改为国立

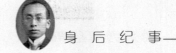

音乐院上海分院，由贺绿汀任院长。

8月30日

党中央正式发出筹办国立音乐院的通知。

9月初

吕骥、李凌、李元庆、李焕之等（除李凌外均曾为国立音专学生）开始在天津负责筹办建立音乐院的工作。

9月1日

华东军政委员会文教部正式决定将上海的国立音专改名为国立音乐院上海分院。

10月17日

政务院（即中央人民政府）命名筹建中的音乐学院为国立音乐院。

11月17日

国立音乐院正式上课。

12月18日

政务院将国立音乐院正式定名为中央音乐学院，并任命马思聪为院长，吕骥、贺绿汀为副院长。

1950 年

1月28日

文化部向上海发出指令，将国立音乐院上海分院改名为中央音乐学院上海分院。

4月

计划中合并组建为中央音乐学院的六个音乐教育单位（南京国立音乐院、东北鲁艺音乐系、华大三部音乐科、北平艺专音乐系、上海及香港的中华音乐院）全部到达天津。

6月17日

中央音乐学院举行（实际应为补行）成立典礼。*（见《中央音乐学院成立于哪一年？》，载黄旭东《弄斧集》第287页）*

8月

原国立福建音专并入中央音乐学院上海分院。

本年

萧勤定居台北，读中学。翌年考入台北师范艺术科。

萧雪真随六姑家的工作调动来到北京后，由在京的伯父萧柏林抚养。正巧萧淑娴是年夏自德回国，从此雪真由她抚养。

上图：后排右 1 萧雪真，右 2 萧淑娴，左 1 萧淑芳，左 2 吴作人，中坐抱小孩的是萧友梅庶母胡瑞莲。

下图：萧勤在姑父王世杰府邸。

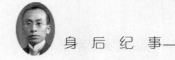

1952 年

8 月

抗战前期与萧友梅一起决心与国立音专共存亡的陈洪出任南京师范学院音乐系主任，该系由原南京大学音乐系及金陵女子大学音乐系合并组成。

10 月

中央音乐学院上海分院改名为中央音乐学院华东分院。

11 月

中南音乐专科学校成立，程云任校长，国立音专校友夏之秋、巫一舟任副校长。该校于 1958 年与武汉艺术师范学院合并成为湖北艺术学院。1985 年音乐部独立并扩建升格为武汉音乐学院。

1953 年

2 月

东北音乐专科学校成立；1958 年改制升格为沈阳音乐学院。

1954 年

3 月

中央音乐学院民族音乐研究所在京成立，国立音专校友李元庆为负责人之一。

1955 年

10 月

台湾举行去西班牙留学考试，萧勤录取。翌年 7 月离台出国，由此开始了他在欧洲的艺术生涯。

1956 年

8月26日

　　文化部和中国音协在北京联合举行的第一届全国音乐周（8月1—25日）闭幕后，出席音乐周的原国立音专（1927–1937）的60多位学生，是日欢聚在全聚德，这是值得纪念的一个日子。据现有资料，这很可能是萧友梅逝世以后国立音专早期的肄业生、毕业生人数最多、心情最欢畅、感觉最幸福而又是惟一的一次在京大聚会，这既体现了这批音专校友不忘母校、不忘往日同窗的情谊，又充分显示了萧友梅培养的英才在新中国音乐建设事业中所起的作用。第二年，"反右斗争"来临，其中有多位被戴上"右派"帽子，有的受尽冤屈。

第一届全国音乐周期间国立音专校友欢聚一堂合影留念

11月

中央音乐学院华东分院奉命改名为上海音乐学院。

[**按**：此前不管校名如何称谓，上海音乐学院始终是一个独立的教育、教学实体，在行政管理、教学业务、经费收支等等一切方面，与中央音乐学院无隶属关系。]

本年

西安音乐专科学校成立；1960 年升格为西安音乐学院；1971 年改组为中专；1980 年恢复"学院"建制。

1957 年

1 月

香港《乐友月刊》第 33 期发表彭虹星《音乐教育家萧友梅博士年谱》。

本年

国立音专校友陆仲任，在省音协的支持下，筹备广州音专，并任副校长兼作曲系主任。

1958 年

本年

中央音乐学院迁京，留下部分师生成立河北音乐学院，翌年该校更名为天津音乐学院。

1962 年

本年

萧友梅女儿萧雪真有志继承家学，学习钢琴，就读于北京师范大学音乐系，是年不幸患精神分裂症，入住北京安定医院，后转院至回龙观医院治疗；当年正是青春花季，如今（截止 2007 年 10 月）已年逾古稀，入住医院 40 多年，可说是大半辈子在医院度过的；实在令人同情。

1964 年

本年

中国音乐学院成立。

1977 年

8 月 1 日

香港《新观察》创刊号发表方丹的《中国现代音乐教育之父—萧友梅先生》。

1979 年

4 月

钱仁康在《上海歌声》4 月号发表《"五四"以来的歌曲作家萧友梅》。

5 月

《人民音乐》第 5 期发表廖辅叔文章《回忆萧友梅》。

[**按**：钱、廖两位先生的文章，是我国大陆改革开放后最早也是新中国成立后最早公开介绍、肯定萧友梅为人、成就和历史地位、历史贡献的重要文献。从 1949–1979 年这三十年间，萧友梅这个名字，在大陆音乐界基本上没有被人提起，更无纪念文章的发表；即使提及也是以否定、批判的眼光与言辞来对待。]

1980 年

6 月

上海音乐学院《音乐艺术》第 1 期发表廖辅叔撰写的《萧友梅先生传略》。这是继去年 5 月之后廖先生又一篇扼要论述萧友梅生平事略的文章。指出："音专课程主要是西洋音乐，民族音乐只有琵琶、笙、笛、二胡等等。但是萧友梅的本意并不是全盘西化，他反对的是民族音乐的因循守旧。"

《音乐爱好者》第4期发表丛雪的《开拓者的足迹—记音乐教育家萧友梅》

12月20日

廖辅叔撰写的《萧友梅先生逝世四十周年祭》在北京《音乐周报》发表。

12月27日

在邓小平"解放思想，实事求是"等一系列思想理论和方针政策的指导下，中国音乐家协会、中央音乐学院在中山公园中山堂联合举行纪念萧友梅逝世40周年纪念大会。会议由中国音协副主席孙慎主持，首都音乐界二百多人出席。中央音乐学院院长、中国音乐家协会副主席赵沨在会上作题为《纪念萧友梅先生》的主题发言，首次以大陆半官方的身份肯定了萧友梅在中国近代音乐史上的历史地位和贡献。发言认为：萧友梅是"中国近代音乐教育的先驱"，"是我国专业音乐教育工作最主要的奠基人"，并提出"要充分肯定萧友梅先生在我国近代音乐事业上的贡献"，"让我们认真地开展一个'从孔夫子到孙中山'，在近代音乐史上'从萧友梅到聂耳'的研究运动吧！这对于我们建设社会主义的民族的新音乐文化，是有着极其重大的意义的"。接着，曾任萧友梅秘书的中央音乐学院教授廖辅叔以自已的亲身经历介绍了萧先生的生平事迹；萧先生侄女中央音乐学院教授萧淑娴也作了发言。

专程回国参加纪念活动的萧友梅长子、旅意著名画家萧勤满怀深情地发表了讲话，他说："我父母虽然都已不在人间，但祖国仍然是我的父母，大陆仍然是我的故乡。"也曾是萧友梅学生、时任中国音协主席吕骥也即席发言。纪念会后，中央广播合唱团、中央音乐学院教师演唱了萧友梅的作品。这也是1949年后在中国大陆上第一次公开演出萧友梅的音乐创作。同时还首次举办了萧友梅生平图片展。

中共中央机关报《人民日报》于12月29日第二版对这次纪念活动作了报道。

12月30日

上海音乐学院与中国音乐家协会上海分会在上海联合举行萧友梅逝世40周年纪念大会。上海音乐界人士与上海音乐学院师生六百余人参加。会议由上海音乐学院副院长丁善德主持，贺绿汀院长致词。会后演

（左起）廖辅叔、丁善德、贺绿汀、萧勤在萧友梅逝世40周年纪念大会上。

唱、演奏了萧友梅的作品。

12 月 31 日

上午，在由萧友梅创办的上海音乐学院小礼堂，举行了由学院教师、老校友以及亲友等数十人参加的"回忆座谈会"。会上，萧勤将其先父在 1916 年 12 月在德国为纪念黄兴、蔡锷两位先烈而创作的管弦乐《哀悼引》的总谱、分谱捐献给上海音乐学院。

声乐系教师在纪念音乐会上演唱萧友梅的作品

本年

广州音专升格为广州音乐学院，陆仲任担任副院长兼作曲系主任。

专程回国出席萧友梅逝世 40 周年纪念活动的萧勤拜访著名学者朱光潜，图为在朱寓所合影。

1980 年萧勤与刘开渠合影于米兰家中

1981 年

？月

中国音协主办的《儿童音乐》第一期发表余力的《音乐教育家萧友梅》

6 月

原广州音专升格为广州音乐学院；1985 年改名为星海音乐学院。

4 月

上海音乐学院学报《音乐艺术》第一期发表贺绿汀《萧友梅博士逝世四十周年纪念会上的讲话》、谭抒真《萧友梅与北大音乐传习所》、萧淑娴《怀念叔父萧友梅先生》、梁茂《中国近代专业音乐创作的开端》等文论。

1982 年

4 月 14 日

由张继高、许常惠、萧勤主编，正题为《萧友梅先生之生平》、副题为"中国近代音乐教育之父"一书，由香港《音乐与音响》杂志社编辑、亚洲作曲家联盟台湾总会于是日出版。内有许常惠的《中国近代音乐教育之父—萧友梅先生》、吴心柳的《北大—现代中国音乐的火种》、周凡夫的长篇传记《中国近代音乐之先驱—萧友梅》、萧淑娴的《怀念叔父萧友梅先生》；同时还选发了萧先生的几篇文论以及萧友梅简略年表、文字著作目录和乐曲目录索引。这是萧友梅 1940 年逝世后出版的第一本图文并茂、内容相当丰富的学术纪念册。大陆没有发行，故很珍贵。港、台对萧友梅的研究及其成果的出版走在大陆的前头。

《萧友梅先生之生平》封面

9 月

《音乐艺术》第 3 期发表丁善德的文章《难以忘却的回忆——怀念萧友梅先生 》。

11 月 27 日

在上海音乐学院建院 55 周年之际，由萧友梅的学生、著名雕塑家刘开渠设计雕塑的萧友梅半身铜像落成，于是日在校园内揭幕。这是当代中国为国民政府时期在国统区工作的音乐家铸造的第一尊铜像。音乐家丁善德致词，贺绿汀揭幕剪彩。萧勤专程回国出席，并在揭幕仪式上致答词。上音学生铜管乐队在仪式上演奏了萧友梅创作的国立音专校歌。萧勤和萧淑娴在铜像两旁亲手植了两棵柏树以示纪念。来宾两千多人冒着濛濛细雨参加了这次具有历史义意的活动。

坐落于上海音乐学院校园内的萧友梅铜像，由雕塑大师刘开渠塑制。

张雄拍摄于 **2007** 年 **9** 月

丁善德副院长在萧友梅铜像落成典礼上讲话

萧勤在萧友梅铜像落成典礼上讲话

前排：**1** 姜瑞芝、**3** 朱琦、**4** 唐荣枚；后排：**1** 李士钊、**2** 常文彬、**3** 贺绿汀、**4** 巫一舟、**5** 萧勤。张甫柏、王雪梅摄。

1983 年

2 月

《文化史料》第 5 期发表廖辅叔《我国现代音乐教育的开拓者萧友梅先生》和萧淑娴的《回忆我的叔父萧友梅》，比较全面、细致、具体地介绍了先生的生活、思想、业绩和为人。

3月

《音乐艺术》第一期，刊载刘雪庵的文章《闻上海音乐学院师生为萧友梅先生树立铜像有感》。1982年11月10日，居住在北京的萧友梅学生刘雪庵，闻讯母校将为萧友梅树立铜像，心情十分激动，当即由自己口述，其子刘学苏纪录整理成文，并于本月发表。

本年

自上海音乐学院树立了萧友梅的铜像后，是年起每当萧友梅先生的忌日，总有一位老人在塑像前献上一大束线香，而且按萧友梅逝世的那年算起，每过一年增加一支香。这位老人就是当年国立音乐院最早的工友王浩川。他以这种朴素的传统方式表达对老校长萧友梅的崇敬与缅怀，报答老校长创建音乐院的业绩、贡献和对他本人的尊重及友情。（《在与萧友梅校长相处的日子里》，见《萧友梅纪念文集》第186页）

1984 年

3月

《音乐艺术》第1期重刊萧友梅1923年撰写的《音乐传习所对于本校的希望》，同时发表陆仲任的文章《怀念老师萧友梅先生》。

6月8~9日

中国音协上海分会、上海音乐学院联合举办萧友梅诞辰一百周年、黄自诞辰80周年纪念活动。（《上海歌声》1984年第8期）

6月

为纪念萧友梅诞辰100周年，萧淑娴应《音乐研究》之约，撰写了《萧友梅业绩一二》发表在该刊第2期。

12月11日

下午，首都音乐界数百人在中央音乐学院举行萧友梅诞辰100周年暨黄自诞辰80周年纪念会。中国音乐家协会副主席孙慎、李焕之，中央音乐学院名誉院长赵沨、院长吴祖强、副院长江定仙等出席。会上，中央乐团，中央音乐学院演出了萧友梅与黄自的作品，指挥家严良堃、歌唱家叶佩英等参加演出。

1988 年

9 月 15 日

廖辅叔先生应上海音乐学院院长贺绿汀之邀,将萧友梅在 1916 年向莱比锡大学哲学系提交的博士论文《十七世纪以前中国管弦乐队的历史的研究》德文原文译成中文,全文在 1989 年《音乐艺术》第 2-4 期上发表。

1989 年

4 月

《中国大百科全书·音乐舞蹈卷》出版,在中国近现代音乐史部分音乐家条目中有"萧友梅"这一词条,但释文仅仅写了不足 1500 字的篇幅;对此,音乐界是有不同意见的。(见 1990 年 11 月条)

1990 年

夏

《中央音乐学院学报》编辑部倡议、得到时任院长兼主编于润洋教授的大力支持,学院开始筹备萧友梅逝世 50 周年系列纪念活动。

11 月 3 日

苏虞民致信侨居意大利的萧勤先生,向他通报中央音乐学院将在 12 月隆重纪念萧友梅逝世 50 周年,并附寄了将要在《学报》发表的文章清样。

11 月

苏虞民在《中央音乐学院学报》第 4 期发表《我国现代专业音乐教育的先驱者、开拓者、奠基者—为萧友梅逝世 50 周年而作》。文章主要以事实为依据,就萧友梅条目的撰写,对《中国大百科全书·音乐舞蹈卷》编者提出商榷意见。作者在统计分析了全卷中国近现代著名音乐家的词条后,认为该书编者限定撰稿人在编写萧友梅词条时只能写一千多字是不合适的，这样的篇幅根本不能反映萧友梅一生的音乐成就及对音乐事业所做出的重大贡献，与他的实际历史地位极不相称。

11 月 17 日

萧勤给苏虞民回信说：大函及学报上您纪念家父的文章均已收悉。拜读之后，对您立论之客观，中肯，务实，大胆，对文化艺术提倡之重视及对历史之"远见"，使我非常钦佩与感动！我不仅站在个人的立场，更站在中国音乐教育及发展的立场上，向您致我最高的敬意及衷心的感谢！更期望您这篇大作，能引起国内有良知的音乐史研究者们的注意，俾以纠正过去多年"左"的偏差，还历史真面目！我是暂时无再国的打算，但目前为了中央音乐学院纪念家父的活动及您的大文，决定回国参加此项活动。（原件存中央音乐学院萧友梅音乐教育促进会）

12 月 26~27 日

萧友梅逝世 50 周年系列纪念活动在中央音乐学院隆重举行，内容有萧友梅半身铜像揭幕式、纪念大会、作品音乐会、学术研讨会以及生平事迹图片乐谱著述展览会等五项。活动得到政府有关部门的重视和关心，费孝通、钱伟长、李赣骝、周巍峙、陈昌本、吕骥、李焕

出席纪念活动的萧氏亲属们在萧友梅塑像前合影

（左起）萧勤、江定仙、萧淑娴、喻宜萱、吕骥在萧友梅塑像前合影。

于润洋（左1）、吕骥（右1）在塑像揭幕后

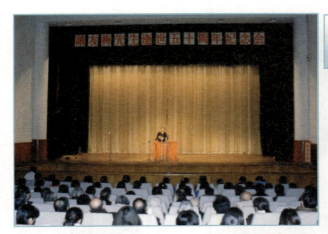

中央音乐学院举行萧友梅逝世 50 周年系列纪念活动大会现场。

下图：在萧友梅逝世 50 周年系列纪念会上发言者（左起）中国音协主席李焕之、中央音乐学院院长于润洋、廖辅叔、萧淑娴、萧勤。

在学术研讨会上发言的有：（左起）廖辅叔、喻宜萱、江定仙、易开基、沈湘、赵沨、段平泰、姜夔等。

（左上起）段平泰、喻宜萱、江定仙、易开基、沈湘、赵沨先后在研讨会上发言。

纪念音乐会后中央音乐学院领导与贵宾、来宾们上台合影。前排坐者右起：**1** 于润洋、**2** 吴祖强、**3** 廖辅叔、**4** 陈振铎、**5** 孙慎、**6** 赵沨、**17** 吕骥、**8** 萧淑娴、**9** 江定仙、**10** 萧勤、**12** 陈自明。

音乐会演出剪影：
（上左）合唱
（上右）四重奏
（下左）女声三重唱

吴作人为系列纪念活动所作的题词。此为吴大师的封笔之作。

萧淑芳赠送给中央音乐学院纪念萧友梅逝世 50 周年系列活动的画作君子兰《高洁》

前排右起：1 萧勤、2 钱伟长、4 李焕之、5 周巍峙、6 吴祖强。

左起：1 李焕之，右起：费孝通、萧勤、钱伟长

之、孙慎、赵沨、于润洋等许多部门领导和萧友梅当年的学生喻宜萱、江定仙、易开基、陈振铎等出席。参加活动的还有中国文联、文化部、中国音协、兄弟学校、音乐研究机构的人员以及十多位萧友梅的在京亲属。著名画家吴作人、萧淑芳夫妇抱病特为这次纪念活动题词、作画。吴先生的题词是："艺术首先有民族性才有世界性"，以此概括总结了萧友梅的音乐艺术观。萧淑芳画的是一幅君子兰，题名为《高洁》，以此表达萧友梅一生的为人与品德。萧勤专程从意大利回国参加这次活动，在大会上发言中说："我感到举办这样规模的纪念活动，在旧中国不可能，在解放后的十七年里也不可能，更不用说在文化大革命中了。我想强调的是，只有在中国政府十多年来一再重申并坚持改革开放、坚持实事求是、重视发展民族音乐文化这样的大环境下，中央音乐学院才能举办这样内容的纪念活动。"他还建议：由中央音乐学院和上海音乐学院一起筹备一个民间性的学术团体————萧友梅研究会，以推动对萧友梅进行系统的科学的研究和总结，以利于中国社会主义的民族的新音乐文化的建设。（仇时《尊重历史 实事求是—中央音乐学院隆重举办萧友梅逝世50周年纪念活动述评》，见《中央音乐学院学报》1991年第一期）

居其宏论评 《萧友梅音乐文集》是一本有着极可宝贵的历史价值和学术价值的重要文献，从中可以窥见20世纪上半叶我国乐坛所面临的现实状况以及当时音乐家们为振兴中国音乐所做的种种努力，窥见各种音乐思潮之间的碰撞、交融、冲突，而且更可听见萧友梅这位中国新音乐运动的先驱者为改造旧乐、创造新乐所发出的激愤呐喊和深情呼唤。"文集"中的一篇篇文字，闪耀着理性光芒的丰富思想，鞭辟入里的分析、深刻的美学思考和雄辩的逻辑力量；我敢说，"文集"正是萧友梅——我国新音乐运动这位伟大先驱者美学宣言。（《萧友梅纪念文集》第72、176页）

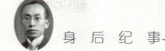
12 月 28-29 日

上海音乐学院隆重举行萧友梅逝世 50 周年纪念，内容包括纪念会、《萧友梅音乐文集》首发式、作品音乐会与学术研讨会。（上海《文汇报》1990 年 12 月 29 日第二版）12 月戴鹏海在《音乐爱好者》第六期发表《萧友梅和中国近现代音乐史上的第一——纪念萧友梅逝五十周年》。

在上海音乐学院举行的萧友梅作品音乐会

1990 年萧勤与贺绿汀、戴鹏海合影

1991 年

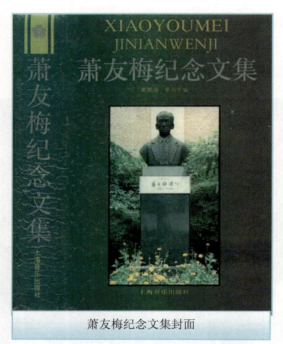

萧友梅纪念文集封面

1 月 23 日

中央音乐学院收到上海音乐学院寄来的关于成立萧友梅音乐研究会向上海市委宣传部的报告稿以及研究会章程、编辑出版《萧友梅全集》、《萧友梅纪念文集》等六个附件，希望两院合作做好这项工作。后研究会于 1993 年正式成立（详后）、由戴鹏海与黄旭东合编完成了纪念文集；全集的编辑工作因种种原因，延至新世纪初才启动。

4 月 24 日

萧友梅女儿萧雪真入住北京回龙观精神病院近 30 年。

1991 年 4 月 24 日萧雪真在病房楼前摄

11 月 26 日

萧友梅侄女、中央音乐学院教授萧淑娴因病猝然逝世，享年 86 岁。

本年

是年起，廖辅叔先生开始动笔撰写《萧友梅传》。

1992 年

9 月

《中国音乐学》第三期发表魏廷格《回顾萧友梅的中西音乐观》和罗愿《略论萧友梅中西音乐比较观》。

1993 年

11 月 27 日

萧友梅音乐研究会在上海音乐学院正式宣告成立。贺绿汀任名誉会长。廖辅叔、谭抒真、陈洪、江定仙、喻宜萱任顾问。会长丁善德,副会长江明惇、徐士家、林润洪;石林、黄旭东为正副秘书长。[**按:**研究会成立后筹备举办了翌年 1 月的纪念萧友梅诞辰 110 周年活动。此后"上音"领导班子换届,不知何故音乐研究会也不再有活动,名存实亡。世纪末以来连名也没有了。这是件憾事。]

廖辅叔著《萧友梅传》,封面由萧勤设计。

11 月

廖辅叔著《萧友梅传》由浙江美术学院出版社正式出版。

1994 年

1 月 7~9 日

由中国音协、上海音乐学院、中山市文局等单位联合举办的萧友梅博士诞辰 110

周年学术纪念活动在中山市隆重举行。（本年《人民音乐》第四期发表徐冬的《一代宗师　业绩不朽》，副题是"萧友梅博士诞辰110周年纪念会"述评）

萧友梅博士诞辰110周年学术纪念活动参加者合影。

1997 年

2月7日

在中央音乐学院党政领导全力支持下，萧友梅音乐教育促进会于是日下午三点在学院第一会议室宣告成立。出席会议的有前两届院党委书记陈自明、徐士家，在任副书记郭淑兰以及廖辅叔、杨儒怀、张建华、方堃、方承国、吴元、祝盾、袁静芽、谢嘉幸、王凤岐、杨洸、逢焕磊、周耘、侯子华、苗颖、方京、吴旭、赵世民、刘文义、岳凤云等 20 余人，会议由黄旭东主持。是日正好为丁丑年春节，学院部分教职工，打破常规，放弃休假，出席倡议人召集的会议，并在会

春节（**1997 年 2 月 7 日**）下午 **3** 点在中央音乐学院第一会议室萧友梅音乐教育促进会宣布成立。（方京摄）

上热烈发言，支持促进会的成立并提出了许多宝贵建议。会议出席者这种关心学院建设的精神难能可贵。

2-3月

促进会宣布成立后做的第一件实事，就是起草《学习先辈，建设现在，开辟将来——关于设立萧友梅音乐教音建设奖的倡议书》。几易其稿，在两个多月内共征得两岸三地音乐艺术界著名人士喻宜萱、江定仙、廖辅叔、李焕之等34人以及费孝通、雷洁琼、钱伟长、何鲁丽、丁石孙、李赣骝等民主党派负责人和海外知名学者顾毓琇等签名支持；还有北京大学、全国高校音乐教育学会等14家单位赞同。

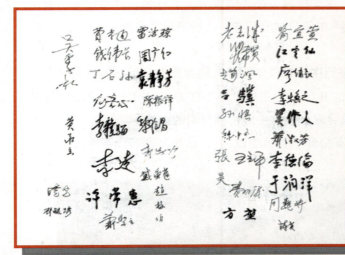

倡议书封面及签名者

3月6日

《中央音乐学院学报》第一、二期，发表魏廷格的《萧友梅音乐思想及其现实意义 有罪还是有功》一文.。

3月8日

促进会正式写信（发传真）给上海音乐学院名誉院长、中国音协副主席贺绿汀，聘请他任名誉会长。3月10日贺老亲笔签名"同意"。还发来了祝贺信说，"北京要成立'萧友梅音乐教育促进会'，这是件很有意义的事。萧友梅先生是我国近现代音乐文化的开拓者。……他为我国现代音乐文化事业的开创与建设，披荆斩棘，历尽艰难困苦，奋斗终生。我们应当饮水思源，没有萧先生为之含辛茹苦、百般操劳的'老音专'，就不可能有解放后的上海音乐学院，更不可能有目前活跃在国内外、使我国的音乐文化在世界上大放异彩的各方面杰出的音乐之人才"。"要请我当名誉会长，我同意。也想趁此再一次向音乐界的朋友们重申我对萧友梅先生的崇敬。愿促进会成立后，继承萧友梅先生的遗志，为我国音乐教育事业的发展，为社会主义精神文明建设，办点实事，做点好事"。

4月4日

钱学森同志在收到关于设立"萧友梅音乐教育建设奖"的倡议书后，于是日以办公室名义致信促进会说了三点意见：一、由于多种原因，不便在倡议书上签名；二、这不等于说他不支持这件事。他认为，设立"萧友梅音乐教育建设奖"是一件有意义的事，特别是在中央做出关于加强社会主义精神文明建设的今天，更应该学习和弘扬先辈的爱国主义精神，鼓励年轻人积极向上，钻研业务，为积极发展社会主义文化事业而努力奉献；三、他支持蒋英在《倡议书》上签名，并希望签名者能为推动"萧友梅音乐教育建设奖"的设立做些实事，尽快把这件音乐界的大事办成。

4月19日~20日

在北京国门路大饭店隆重举行中央音乐学院萧友梅音乐教育促进会首届会员大会暨"建设奖"管委会成立典礼。中国音协主席李焕之在发言中指出："在当前改革开放的新时期，党和政府大力倡导建设社会主义精神文明的大好形势下，'萧友梅音乐教育促进会'成立并设立"萧友梅音乐教育建设奖"，这是我国音乐事业上具有特殊意义的创举。"

大会主席台（本图及以下 **9** 幅照片均为姜永兴拍摄）

促进会名誉会长贺绿汀特派代表上海音乐学院院长江明惇宣读贺老致辞

北京大学常务副校长王义遒代表萧友梅音乐教育建设奖倡议单位发言

民革副主席李赣骝（右 2），中国文联主席周巍峙（右 3）在会上发言。

专程回国出席大会的萧勤在会上发言，右 1 为中山市代表程锡铭。

促进会会牌揭幕，执牌者王次炤，右为吕骥，左为江明惇。

前中央音乐学院院长于润洋宣读设立萧友梅音乐建设奖倡议书

音协副主席赵沨发言

音协主席李焕之（右），指挥家、萧友梅学生李德伦（左）先后发言

5月21日

促进会在院美食楼召开会员大会，讨论并原则通过会章、民主选举理事会、报告 1997～1998 年活动纲要。促进会领导成员是：贺绿汀、吕骥为名誉会长；费孝通、周巍峙等七人为名誉顾问；赵沨为常务顾问；王次炤为会长，黄旭东为常务副会长，周海宏等八人为副会长[1]。

时任中国民主促进会中央委员、作曲家、学院校友王立平发言

5月

《人民音乐》第5期在"纪念与启迪"栏题下，发表一组文章：晓晨的《中央音乐学院萧友梅音乐教育促进会成立》、周巍峙的《以成立萧友梅音乐教育促进会为契机更好地展开中国近现代音乐史的研究》、贺绿汀的《萧友梅音乐教育促进会的成立很有意义》。

6月17日

是日为学院成立 47 周年纪念，下午 4 点半"中央音乐学院萧友梅音乐教育促进会"在学院图书馆正式会挂牌。

7月

《人民音乐》第 7 期在"专论"栏题下发表了在萧友梅音乐教育促进会成立大会上李焕之《光辉的业绩万世流芳》、赵沨《和睦团结的大会》、丁石孙《发扬萧友梅执着追求、奋斗不息的精神》的发言。

10月

中央音乐学院萧友梅音乐教育促进会绘制了一幅《蔡元培萧友梅与近代中国新音乐发展示意图》，该图突出了蔡、萧在中国近代音乐史上的地位与影响，读者可以一目了然地明白近代中国音乐发展的基本脉络及代表性音乐家之间的相互关系。

"中央音乐学院萧友梅音乐教育促进会"在学院图书馆正式挂会牌。左为当时主持全院工作的副院长兼党委副书记王次炤，右为副书记郭淑兰

右起李续、刘康华、黄旭东、王次炤、郭淑兰、吴旭、赵海

1999 年

2月25日

国务院副总理李岚清《在同文化部领导和部分音乐家座谈艺术歌曲创作问题时

的讲话》中的结语部分，就进一步推动美育教育和艺术歌曲的创作与普及，提出了几点意见，其中第五点为："明年是萧友梅逝世 60 周年纪念，为了缅怀这位杰出的音乐家和音乐教育家，建议为他举办纪念音乐会。今后，还要通过各种方式，对我国有突出贡献的杰出音乐家进行宣传和纪念。"

[**按**：这是新中国成立后党和国家领导人在正式场合，就一位在国民政府时期从事音乐教育事业做出杰出贡献的非共产党员音乐家，第一次做出肯定性的历史评价。]

同年 4 月，李岚清在参观吴作人画展见到萧淑芳（萧友梅侄女、吴作人夫人）时，又将 2 月 25 日的建议当面讲了一遍，使萧淑芳十分欣慰，也深为感动并代表萧家亲友表示感谢。

4 月

《人民音乐》第四在"书评"栏发表李岩的《20 世记中国人编写的第一本小提琴数科书》一文，认为萧友梅于 1926 年 10 月编辑、1927 年 11 月由上海商务印书馆出版的《小提琴教科书》，"对研究中国小提琴发展史的学者而言，是值得去重新一读的"。

10 月

根据李副总理的建议，是月起由中央音乐学院萧友梅音乐教育促进会具体筹备萧友梅逝世 60 周年纪念音乐会，得到各界人士的支持。

12 月 15 日

《音乐周报》头版头条，用《以音乐的名义纪念萧友梅》为题，报道即将举办两场纪念音乐会，同时刊有半身图像一幅。第 8 版又刊登了眉眉编发的《萧友梅在中国近代音乐史上的"第一"》，文章列举了 15 条"第一"的内容。

[**按**：有的提法并不确切。]

12 月 22 日

《音乐周报》第 3 版刊发了黄旭东撰写的《学习先辈 开辟未来——萧友梅 60 周年祭》。

12 月 29 日

《音乐周报》第 3 版发表记者采访廖辅叔的文章《萧友梅没有大悲大喜》一文。

[**按**：有的地方记者没有表述清楚，如说"1938 年日本人大举进攻上海，萧友梅去了香港"，未写清为何去、什么时候回，给人错觉是抗战开始后萧先生离开了内地。]

12月29日

　　是日晚七点半，由中央音乐学院牵头联合上海音乐学院、中国音乐学院、中国音乐家协会、北京大学等10家单位主办的萧友梅博士逝世60周年首场纪念音乐会，在中央音乐学院音乐厅举行；李岚清副总理以及文化部、教育部、财政部、国家计委等领导出席。萧勤专程回国参加并受到李副总理的接见；在交谈中，李岚清充分肯定萧友梅的业绩与历史贡献，他以萧友梅身在病榻还叮嘱相关人员要把透风的教室门缝封住、以防冻坏寒冬时节参加考试的钢琴生的手为例，赞扬萧友梅对学生无微不至的关怀。

王次炤院长在颁奖前发表热情洋溢的讲话，祝贺为音乐事业作出重大贡献的前辈们获奖。

　　演出的作品有萧友梅的歌曲《问》《落叶》、钢琴曲《哀悼进行曲》、《弦乐四重奏》、合唱《春江花月夜》以及先生北京时期的同事或好友刘天华、赵元任，音专时期的弟子贺绿汀、陈田鹤、江定仙等人的作品，演出人员包括老、中、青、少几代人，其中年岁最长者为我国第一代钢琴家，曾为刘天华、聂耳弹过伴奏、

王次炤院长向前院长赵沨、音乐学家廖辅叔等颁奖

是年90高龄的老志诚（1910-2006）教授，他演奏了自己创作的、在萧友梅主持举办的"中国风"钢琴曲比赛中的获奖作品《牧童之乐》。

　　在音乐会开始前，宣布了首届"萧友梅音乐教育建设奖"获奖者名单，他们是：赵沨、廖辅叔、喻宜萱、黄源澧、黄飞立、戴世铨、黄源澧、洪士[1]、陈培勋、吴元芳等。

老志诚在音乐会上演奏他创作于20世纪30年代的获奖作品《牧童之乐》

2001 年

1 月 11 日

晚七点半，纪念萧友梅逝世 60 周年第二场音乐会在北大百年大讲堂举行。是日正巧为蔡元培先生诞辰 133 周年纪念日，此时此地举办这场音乐会又具有特殊的意义。

1 月 19 日

《音乐周报》第 6 版发表记者的《北大师生感受萧友梅》，具体报道了第二场音乐会的演出情况。

萧友梅逝世 60 周年音乐会在北大演出时的海报。

2002 年

12 月中旬

在举办萧友梅学生江定仙诞辰 90 周年暨逝世 2 周年之际，中央音乐学院萧友梅音乐教育促进会将学院保存的萧友梅先生遗物(两个玻璃书柜和 10 多个装书用的小木箱)，全部赠送给了上海音乐学院图书馆。现放在"上音"图书馆资料室。

[按：这批书，最初由吴伯超接收，并保存在南京的国立音乐院图书馆。新中国建立后，这批图书几经周折，从南京搬到天津，后又搬到北京。上世纪 50 年代，由萧淑娴出面，以萧友梅子女的名义将这批书捐赠给中央音乐学院图书馆。为表示感谢，赵沨院长就以学院的名义购买了一台钢琴，回赠给在正在北

萧友梅的藏书书箱和书柜（张雄拍摄）

京师范学院学习音乐的萧雪真。20 世纪 80 年代，中央音乐学院又将此转赠给上海音乐学院图书馆。]

2004 年

1 月 7 日

是日下午，由促进会倡议，中央音乐学院与中国音乐学院联合召开学术座谈会，以萧友梅的《复兴国乐我见》一文体现的思想、结合民族音乐发展的现状进行讨论，以纪念萧友梅诞辰 120 周年。

同日，上海音乐学院在校园内萧友梅铜像前，举行隆重的纪念仪式，播放了专为此次活动制作的专题纪录片。

5 月

黄旭东、汪朴联手合作启动编撰《萧友梅编年纪事》。

11 月 26 日~28 日

由上海音乐学院承办，中国音乐家协会、中央音乐学院、中山市文化局等单位联合举办萧友梅诞辰 120 周年、黄自诞辰 100 周年学术纪念活动。促进会受委托，请中国文联主席周巍峙为活动题词，关于萧友梅的内容是：

建立具有时代精神的中国国乐是先辈的早年心愿

弘扬富有民族特色的先进文化是今人的神圣使命（见本书扉页后）

2004 年 11 月萧勤送雪真生日礼物

11 月

《萧友梅全集》第 1 卷由上海音乐学院出版社出版发行。由于粗疏编校，结果错误百出。对此，有人专门撰文，摆出具体事实，进行严肃批评。（见《人民音乐》2006 年第 10 期）。

12 月 10 日

《音乐周报》第 5 版发表《萧友梅黄自留下了什么？》，报道了纪念音乐会与学术研讨会的具体情况

2005 年

中山美术馆大门

11 月 8 日

广东中山市文化广电新闻出版局主办的"萧勤1954—2004 归源之旅"画展，在中山美术馆楼下展厅隆重开幕。配合画展，中央音乐学院萧友梅音乐教育促进会倡议并提供资料，在美术馆楼上协助举办了"萧友梅生平图片展"；楼上楼下交相辉映，展现了父子两代不同的学术经历与成就，颇有历史意义。

本年

在新建成的中山市艺术交流中心前厅正面墙上，塑制有中山籍著名艺术界人士萧友梅、吕文成、郑君里、阮玲玉的头像，表达了家乡人民对前辈文艺家的尊敬、缅怀和纪念。

中山市艺术交流中心内大厅墙上的萧友梅塑像

2006 年

1 月

《人民音乐》第一期重刊由汪朴发现刊登在 1917 年 3 月 20 日《教育公报》第 4 年第 4 期上的《本部留德学生萧友梅学业成绩报告及请予研究期限一年理由书（摘录）》；同时发表的还有汪朴撰写的《唤醒沉睡史料　还原先辈全貌》。

4 月 15 月

《中国音乐学》第二期在"史料与述评"栏题下，刊登了新发现的萧友梅写于 1937 年 12 月的一份给教育部的办学报告《国立音乐专科学校为适应非常时期之需要拟办集团唱歌指挥养成班及军乐队长养成班理由及办法》，同时刊出的还有《中国现代音乐史研究的重要新发现》（黄旭东）、《事实胜于雄辩——新见萧友梅珍贵历史文献读后》（戴鹏海）、《萧友梅"精神国防"说解读——兼评贬抑"学院派"成说之历史谬误》（居其宏）等三篇文论。

8 月 7 日~9 日

由促进会倡议，中央音乐学院、中国艺术研究院音乐研究所、中国音乐家协会理论委员会、南京艺术学院音乐学研究所联合主办的"萧友梅与当代音乐文化建设"全国性学术研讨会在京举行，到会代表近 40 人。会议得到中宣部文艺局的支持。(《音乐周报》2006 年 8 月 25 日发表了《弘扬先贤思想　拓宽研究空间》的研讨会综述)

"萧友梅与当代音乐文化建设"学术研讨会与会者合影（王勇供稿）

11 月 18 日

中央音乐学院与上海音乐学院联合向中共中央统战部呈送为萧友梅在北京西山祖坟地建衣冠冢的请示。

[**按**：不久，即得知部主要负责人的批复。后在北京市委和海淀区委的支持与协调下，改为以祖坟地为依托，立一自然石纪念碑，栽种 8 株翠柏，以象征纪念蔡元培、萧友梅创办的国立音乐院即今上海音乐学院成立 80 周年、北大音乐传习所成立 85 周年。]

2007 年

10 月

庄中央音乐学院萧友梅音乐教育促进会倡议，由上海音乐学院、北京大学、广东中山市人民政府、北京音乐家协会、中央音乐学院联合建立的萧友梅纪念碑，在西山公主坟村落成[2]。

10 月

由黄旭东、汪朴编撰的《萧友梅编年纪事稿》由中央音乐学院出版社出版。

10 月 24 日

《萧友梅全集》第 2 卷（上海音乐学院出版社）、《萧友梅编年纪事稿》（中央音乐院学出版社）首发式与萧友梅纪念碑揭幕式，先后在北京中央音乐学院、海淀区公主坟村隆重举行[2]。

纪念碑正面右边镌刻着"纪念中国专业音乐教育的开拓者奠基者萧友梅博士（1884-1940），居中刻的是"跟随中华民族的解放而获得中国音乐的出路——萧友梅一九三七年"。反面刻萧友梅的座右铭"岂能尽如人意，但求无愧我心"。

【注释】

[1] 担任顾问的有：李焕之、喻宜萱、江定仙、廖辅叔、李德伦、韩中杰、李赣骝、瞿希贤、黄飞立、于润洋、蒋英、萧淑芳、江明惇（上音）、王义遒（北大）、萧勤、姚本棠（中山市）、张昊、吴季札（以上两位为台湾）。担任副会长的还有：袁静芳、郭淑珍、陈子明、王立平（校友）、郑集思（中山市）。

[2] 2006 年秋，中央音乐学院萧友梅音乐教育促进会了解到京郊西山山麓公主坟村，萧家有一私家墓园，萧友梅之父亲、哥嫂、弟弟、侄女等多位亲人都安息在此。于是促进会提出了在这里为萧友梅建一衣冠冢的倡议，并得到中央音乐学院与上海音乐学院校领导的赞同，还领衔于同年 11 月联合北京大学、广东中山市人民政府、北京音乐家协会向中央相关部门呈交了请示函；不久即获批复。2007 年春，在北京市委、海淀区委相关部门的支持与协调下，又决定改为以萧家祖坟地为依托，建一自然石纪念碑，既可弥补上述缺憾，又有一永久性的不同于塑像与墓碑的象征物，以供后人瞻仰与缅怀。同年 7 月动工兴建，9 月落成。

萧氏私家墓园，是萧友梅父亲萧煜增（字焱翘）于 1919 年购买的，原占地四亩。1919 年 11 月萧公辞世，1921 年安葬于此。墓园建立后，萧家专门请当地村民刘玉山常住看守，其守墓房屋，至今犹在（即进大门右边靠西园内坐北向南的几间小平房），其后代如今仍在该院居住并协助照看墓地。至于墓地的使用权问题，2005 年去世的萧友梅侄女、著名画家、原中央美术学院教授、吴作人先生夫人萧淑芳，曾于 1994 年 8 月致信中央相关领导反映情况，同年中央相关部门曾认真作过调查并确认了墓地状况后，答复萧淑芳教授：如果萧家欲使用这块墓地，须事先同政府有关部门协商。这次建纪念碑即按此精神办理。

[3] 参见《音乐周报》10 月 31 日、《人民音乐》2007 年第 12 期，《音乐研究》2007 年第 4 期

附　　录

明年是萧友梅逝世六十周年纪念，为了缅怀这位杰出的音乐家和音乐教育家，建议为他举办纪念音乐会。今后，还要通过各种方式，对我国有突出贡献的杰出音乐家进行宣传和纪念。

——一九九九年二月二十五日国务院副总理李岚清

《在同文化部领导和部分音乐家座谈

艺术歌曲创作问题时的讲话》

附录一：信函选编

（1）本部留德学生萧友梅学业成绩报告及
请予研究期限一年理由书（摘录）

　　说明： 本文在《教育公报》刊出时，德文字母有误植；2006 年 1 月《人民音乐》重刊时完全按抄录的原文刊载，未加改正。今据孙海《萧友梅留德史料新探》（2007 年第一期《音乐研究》）一文所作订正，将其排在方括号内。当年地名、人名的译文有与今译不同者，也将今译以楷体字排在方括号内。

——编者

　　友梅自民国元年十月二十九日由天津启程，经由俄国来德。于十一月十日抵德京柏林，预备语学三个月。民国二年一月八日因前教育总长蔡子民先生之劝告，由柏林转学索逊王邦莱不齐府（Leipzig）[今译撒克逊和莱比锡]。同年四月先后进该府之王立大学[即国立莱比锡大学]哲学科及王立音乐学校（Konigh Konsurnatorium der Musik）[Königliches Konservatorium der Musik][即国立莱比锡音乐学院]之理论科。民国四年七月，先在音乐学校毕业。考试成绩二等甲（该校考试评点分四等），勤课评点一等，品行评点一等。

　　毕业该校后，即预备应大学毕业考试。友梅在大学所习专科，本为哲科大学内之教育科（前在日本东京帝国大学毕业亦然）。嗣因大学校考试定章（凡应考者须报主科一，副科二），凡以教育学为主科者，须以西洋哲学及哲学史为副科之一。唯预备此科，需费时日，总在两年以上。而友梅于欧战发生后，报部预定毕业期限只至民国五年九月止。以一年之时日，自四年八月至五年八月，预备此种艰深之学科，自问脑力薄弱，断难达到目的。遂改报乐学 Musikuisskehapt [Musikwissenschaft] 及音乐史为主科，而以教育史及人类学为口述试验副科。（在大学所修了之讲义，另纸开列。）友梅提出之论文，为《中国乐队史至清初止》（Geschedthshe untersurhung uber das chinesche Cerchester bis zum 17Jahrhun dert）。[在《萧友梅音乐文集》中博士论文题为 Eine geschichtliche Untersuchung über das chinesische Orchester bis zum 17. Jahrhundert]查大学考试例，须由教授二人阅卷。正阅卷曰 Refereut [Referent]，副阅卷曰 Conpereut[Coreferent]。友梅之论文，初由大学校副校长派定乐学主任李门（Ruimam）[Riemann][今译里曼（Karl Wilhelm）Julius Hugo Riemann Ruimam 1848-1919）]

（三阅卷）与佘龄（Sehering）[Schering][今译舍龄或谢林]（副阅卷）（佘龄是否定是下一段的事雷）全看。嗣由佘教授有兵役未能如期返校（此事已于去年报告监督），而该大学之汉文教授孔拉底（Conrady）[今译康雷弟]向大学副校长要求参与阅卷，副校长遂允其所请，改派孔教授为为副阅卷。友梅之论文于民国五年六月二十七日提出，先由李门教授阅看，至七月十七日阅毕。孔教授因当时事冗，只略阅一遍，即云论文及格有余，但详细评点，仍须俟暑暇时细阅，始能发表。而李门教授所定之论文评点为 admodum landabils [admodum laudabilis]。

论文既已通过，照章应可受口述试验，并定于七月二十六日举行。由副校长派定试验委员三人，李门教授问乐学，史怕冷格[今译施普朗格]教授问教育史，事雷[现译作阿诺尔德·舍林（Arnold Scherin）]教授问人类学。不意于试验前一星期，史教授忽得重病，入院疗养，教育史一科遂不能举行。乃从副校长之忠告，改报东方语学及东亚历史为副科，并由孔教授考问。试验之日，由各教授轮流每人问一小时之久。问毕，即由副校长发表口述试验评语。其评语为 Magna Cum lande [magna cum laude]，与论文评语之 Admodum landabilis 均在最优等与优等之间。据拉丁字面，似可译为"大优等"式［疑为"或"］"大褒奖"之意。闻我国留德学生，得过此种评语者极少，故翌日全国报章，即遍载此事，并有多处画报编辑人，函索相片，亦物罕为奇耳。逾数日，素不相识之德人及荷兰人来函定购论文者十余起。并有将校二人，由战地发函，要求赠予论文者。以此项论题，向未经人研究故也。

考证既毕，于八月赴东海避暑一个月。九月返柏林，十月进柏林大学之哲学科，十一月进斯天些士音乐学校（Stem'schs Kousunatorium der musik）[Stern'sches Konservatorium der Musik][今译斯特恩音乐学院]之乐正科及作曲科，学习指挥及作曲（此二科前岁在莱府时因考大学毕业试，未及修了，故补习之）。[抄录者按：此处似有所删节]一俟莱府大学发回论文原稿，即当与书店商酌印刷。友梅自转学柏林后，已二次函催莱府大学从速发回论文。至腊月底始得新副校长回片。据称该论文尚在孔教授处，一俟阅毕，即当发还等语。究竟何时可以发还，回片并未提及。故本月三日，特正式递禀。托词将于春假返国，请该大学促孔教授从速阅看，并要求于三月以前，将原稿发还，以便付印等语。唯已过十日，尚未见正式批示，究竟孔教授何时可以阅毕，尚难预知。唯据大学考试定章有"毕业生于口述试验及格后于一年内，须将论文印本二百部呈缴大学，方得正式领凭"一条。则论文原稿，至迟于本年七月中当可发出。本报告迟延至今日始呈寄者，职是之故。以上为自入学

至毕业考试之实在大概情形也。

至于成绩品之可言者，除毕业论文《中国乐队史》（约百五十页，插图六十五幅，乐谱十余页）可作单行本出版外，乐曲之已作成者如下：

一、小夜乐一部（Serenade）（太簇硬调，乐统四部合奏用）

二、雪中行军进行曲一首（无射硬调，军乐队及洋琴用）

三、冬夜梦无词曲一首（仲吕软调，大提琴用洋琴伴奏）

四、哀悼引（Tranerrnarsek）[Trauermusik]一曲，追悼黄、蔡二先生（黄钟软调，洋琴军乐队及大乐队用）。

以上四曲，均去年所作。其民国四年以前，在莱府作成者尚有二声理想小曲（muentior）[疑为意大利语 Minuetto 或德语 Menuett 之误。]四首、二声赋格曲（Fugaa 2 voei）[Fuga 2 voice]四首、三声赋格曲（Fugaa 3 voei）[Fuga 3 voice]八首与四声赋格曲（Fugaa 4 voei）[Fuga 4 voice]五首，共二十一曲。现拟作者，尚有平和大乐一部（Firaden Syuphonie）[Friedenssymphonie]，作为音乐学校毕业成绩之作，预定本年五六月可以脱稿。以上各曲，均属乐器乐曲，以皆有声无词也。

此外，已经着手编著之专门书籍，尚有六种：

一、泰西音乐史略

二、中国音乐史略

三、西乐合声系统

四、曲体学（以上四种均已编成三分之一或四分之一）

五、对位法（Kontrapuukt）[Kontrapunkt]

六、人类学纲要（此二种现正搜集材料）

此六种编著，非再费三四年不能脱稿。非有巨大图书馆与专门博物馆之补助不能达到美满目的。人类学一门，尤须多次旅行，方可集得正确材料。且查外国大学毕业生，欲报名在大学充当讲师之职者 Habilitiar[habilitatus]，于毕业之后，非再认真研究四五年不可得之。区区一博士学位，不过证明其人有独立研究科学之眼光与能力，决非证明其人之学业已成熟也。至于优等文凭及各种褒状，不过用以愧励不热心向学之徒。在认真求学者，只知向前研究，从未计及此等奖励也。友梅原意，本欲请教育部再予研究期限三四年，俾所编著书籍可以脱稿。然部章既定研究期限为一年，则于未改章以前，此议自不能提出。拟请教育部仍照章给予研究期限一年，至民国七年九月止。以研究图书馆、博物馆、通俗大学（或名国民高等学校）与科学戏一[原文为竖排，此处为一短竖。"科学戏"，即 Wissenschaftstheater，是科学和戏剧的结合，目的是用艺术的形式表现科学内容。这种戏剧形式至今尚存，尤其在各类学校中。]之组织办法为主。拟自本年四月起即先在德国研究，并以五个月为限，至本年八月止。九、十两月，拟赴瑞士，研究兼视察其国民学校。（瑞士亦共和国，而用三国语，但其教育方针与美德迥异，可为我国参考之处甚多，友梅前年八月往避暑时，仅窥其一二，九月学校再开课，当可畅观一切。但现值中立国金价腾贵之时，仍未便久留，故只请以二月为限。）本年十月至明年三月，拟由瑞士赴法国研究。民国七年四月至六月赴英，七月至九月赴美研究，至七年十月，然后由美返国。庶几见闻，不至限于一隅，且既有所比较，自可收择善从之之效。（查日本文部省所派遣之海外留学生，其指定留学国，率在两国以上，以欧美各国教育，确各有所长也。）友梅久欲计划人类学修学旅行一次，徒为战局所阻，如本年内和议可成，当欲实行之。但当缩小旅行范围，且仅以六星期至两个月为度。拟先经由奥匈遍游巴尔干各国，至土耳其京城—[原文为竖排，此处为一短竖，不识此为何字。]然后转由海道，经由希腊、意大利回法国。以此区域，为欧洲人种杂处之地，可以观察各族之特性，并搜集人类学材料也。人类学书所载，属臆说者甚多，且著者眼光，各有不同，究竟百闻不如一见也。此旅行路线虽短，所需旅费，仍属不少，如能得教育部有所补助，则尤当感激无涯矣。至于论文印费，豫计虽在千马克以上，友梅已于此一年内极力搏节，贮蓄有三百马克，若售去皮外套，尚可得三百马克之谱。其余半数只可于年内或教授汉文，或为人翻译文件，竭力筹之。诚以此种款项，无例可援，更不敢妄请部津贴矣。以上理由，希代达教育部核办。

在莱府大学修了之讲义如下：

伦理原理

二、伦理学之根本问题

三、道德统计与教化统计

四、伦理学之根本事实

五、普通美学

六、普通心理学

七、民族心理学

八、儿童心理学

九、儿童心理学实验

十、现今之宗教问题

十一、教育史概论

十二、卢梭之教育学

十三、卢梭以后之教育制度学理论

十四、实验教育学初阶

十五、实验教育学演习

十六、宗教改革以后之学者教育史

十七、学校编制问题

十八、现今之德国教育

十九、学校法制史学校组织史与精神上文明之关系

二十、学校病与学校卫生

二十一、十七十八世纪德国音乐史

二十二、音乐美学概论

二十三、康得以后之德国音乐美学

二十四、歌曲之节奏法与分韵法

二十五、泰西古乐谱乐

二十六、乐曲体裁原论

二十七、和声学及实习

二十八、对位法实习

二十九、德国歌剧史自 Mozart 至 Wagner

三十、音乐史概论

三十一、乐经家 Bach 传与著作

三十二、乐经家 Beethoven 传

三十三、Mensuial[mensural]乐谱翻译

三十四、在十八、十九世纪美术与世界观光线下之戏曲大家 Wagner

三十五、十六世纪著各乐曲之解释

三十六、对位法史

三十七、乐经家 Mozart 传及其歌剧 Figars[Figaros]法阶式之解释

三十八、乐器学

三十九、1871 年至 1914 年之德国内部发展

四十、比较人类学（经济社会风俗习惯）

实验教育研究科

乐学研究科

人类学研究科

在以上三科均曾充会员并曾担任讲演数次。

（原载 1917 年 3 月 20 日出版之《教育公报》第 4 年第 4 期）

（汪朴 2004 年 9 月 8-10 日抄录，9 月 20 日初校于首都图书馆期刊阅览室）

(2)1929 年 7 月 20 日致立法院胡汉民院长函

　　展堂先生：同志欠违，馨亥岂盼。刻闻诸教部中人以大学组织法前经政治会议议决，删去关于艺术音乐等学院得单独设立之一项，惟该案仍送交贵院审查等语，查音乐一门，英美各国大学学制类有分科设立之规定，如英之 oxford 及 Dublin 等，美之 Penusyluaina 等大学均有音乐分科大学，并有音乐学博士学位之给予，其为专科大学性质例至显明；又如德国柏林之 Holschule der Musik 大学则完全为音乐单科大学，且附有研究院之设（此外英美各大学咸有音乐学系一门，与文理法工诸学系并列，并无歧视之规定）。诚以音乐一门理论技术兼重，而乐器种类尤属繁多，一艺之精，习之累八九年，犹恐未及，与其他科学迥不相侔，自有单独设立之必要。而我国音乐在历史上固早列于六艺之林，而数千年来湮没不彰，理论研究固所未遑，技术失传尤为可惜，不及此时输入欧西技术，以精研国乐之理发扬而光大之，岂非后人之责。前大学院学制原规定音乐一门得单独设院研究，故有国立音乐院之设。此已为我国学术机关破天荒之作，虽限于经费，规模仅具，而办理期年，成绩著於社会。倘并此根基锄而去之，毋乃可惜！

　　查此次大学组织法草案精神，系采各国大学学制之长镕冶一炉，原非规仿某某一国制度者可比，自宜参考欧美各国规制折衷取长，以免贻讥于世。方今大乱之后国民道德正待涵濡，美的教育实为必要，尤不宜置之度外，使民精神靡所寄托，是岂国家创制之本意？想贵院立法务持其平，必不如此。友梅以数十年之致力于此门，粗有所知，用敢挈其大要略陈左右，敬希代转贵院诸公，于审查此案时仍于维持原案，俾音乐大学仍得单独设立。至以为幸。尚此即颂，勋祺不一。十八年七月二十日。

（上音档案520-37（1）-59）

（3）1930 年 12 月 19 日致中华教育文化基金董事会

　　径启者：查我国对于音乐专门教育，向为当局所蔑视，故无丝毫之设备，数年前北京大学虽附有音乐传习所，北平女子大学及艺术专科学校亦间有专科或音乐系之设，亦均视为附庸之科，而当局中竟无一人亦无分文的款以图建立一规模完备之独立的音乐教育机关者，其可概叹何可胜言。

一国文化之高下，胥以其艺术教育之发展与否为衡；音乐一道，为专门艺术之一，其涵镕国民德性，变化气质之力为最巨。东西各国，对于音乐专门教育，无不有专门设备，亦无有不视美的教育为必要者；独我国则放任之而不置之意，此真一国之最大憾事也。

中西音乐乐器技术迥然不同，吾国古来音乐祇重天才而无科学之组织，故千余年来音乐一道几至绝响。然吾国音乐之发明最古，在四五千年前已有伟大的发明，而精深微妙之处，亦至足为后人景仰，惜无人以科学的方法为之研究整理探寻其记谱法，及其源流系统而输入西欧音乐之最新的技术，以为之改革者，故迄无进步可言。然则由音乐之本体言，实有改进之必要；而建设一规模完备之音乐专门教育机关尤为必要中之最必要者，其理至显明，无俟烦言。由此可见此种重大的责任，断非在一二大学附设专科所克胜任，尤为浅而易见之事实。

敝校自民国十六年十月由前大学院长蔡元培创办，即为负此项重大责任而设之唯一的音乐专门教育机关，当时即由蔡院长兼任敝校校长，藉示提倡我国千余年已废将绝之音乐教育，亟谋输入欧西音乐技术，以为科学的研究整理旧乐之预备。其用意甚深，惜彼时适在国民政府最初成立之际，经费困难万分，故敝校开办时，只领得三千零六十元（原文如此）之开办费，中间虽以三数热心音乐教育专家努力进行，勉强获济。然一切设备，均未能完备。在主事之人，虽极力撙节常费，以为扩充设备之需，终以经费有限，而聘用外国教授有 **13** 人之多，其所能撙节之款，亦属有限。抑在此数年内，学校声誉日隆，学生来求学者亦渐多，而学校以经费所限及设备未周，琴室无多，未能多收学生，实为憾事。因此敝校虽有分年扩张计划，而卒未获实现。敝校今以扩充设备之故，拟请求贵会拨款五万元，补助扩充设备之用。依敝校计划，拟以该款之二万元，设备一比较完美之音乐图书馆，其它之三万元，拟用之于音乐堂内部之设备及添购练习及教授用之钢琴及管弦乐器之用。敝校兹正规划建筑事宜，一切设备实为目前急须解决之重要事项，用特提出请求书，敬请贵会议决照拨，至纫公谊，再者敝校概况，附述于次，并希鉴察察，又附送敝校一览两册，《乐艺杂志》三册，并希查收为荷。此致
中华教育文化基金董事会

1930 年 12 月 19 日
（《音》第 10 期）

（4）1931年9月致立法院院长邵元冲函

翼如先生惠鉴：暌违教益，动增企仰炎酷，想道履清和以为至颂。兹有请者敝校自大学组织法颁布后，由前国立音乐院改组成立，忽忽数载，虽标名有殊而因缘旧规模，程度内容与前音乐院并无若何差异，徒为大学组织法所限，以一'院'字之靳，遂屏之于大学之外，此靡特弟个人为之怅叹。凡属国内外艺术学人，靡不一致感愤，故复院运动自北平上海杭州诸校先后发起历年未已。诚以艺术、科学；理宜并重，审美的精神，道德之陶冶，既不可废，即艺术科学固不能薄之为不值一钱，吾国学制独于此处表示弱点，在一般批评，容或以为立法技术之未周，然亦盍不博，考欧美诸邦学制以为之镜。查德国之（1）Die Staatliche Akademische Hochschule fuer Musik Zu Charlottrnbrng；（2）Hochschule fuer Musik Zu muenchen；（3）Hochschule fuer Musik Zu Sondershausen；以及匈牙利之Hochschule fuer Musik Zu Budapest；均系采单科大学制度，柏林之音乐大学且附设有研究院。英国爱丁堡（Edinburg）伯明罕（Birmingham）Dublin各大学均有音乐院之设，其他如牛津、剑桥、伦敦、满车士打、爱尔兰、Wales各大学及美国之欧柏林、耶鲁、西北各大学且有音乐学士、博士学位之颁，自非音乐科学技术理论均极精微，有非深湛研究，未足以极其造诣者，则此诸先进国家讵无专门教育家宁能厕之于大学之林，其中固有卓见可知也。颇闻吾国大学组织法教育部提出草案，对于音乐艺术原无歧视，其后不知以何因缘遽至于此，可为扼腕。素仰先生与贤内助对于音乐艺术凤所重视，敝校及杭州艺专学校同人现正联合一致，以向贵院请愿修改大学组织法，俾音乐艺术两科得复与其他科学厕于平等地位，想先生对于此种不平等之待遇必具同情，同人等拟恳鼎力赐予援助，用先函达，敬请示以周行，不胜企幸，专颂议祺。

1931年9月

（《音》第16期/上音档案520-37（1）（2）-27）

（5）1932年4月21日与杨仲子、林风眠

联名呈文教育部函

"窃我国民政府自奠都南京以来，上秉总理遗教，下体兆民舆情，既积极为物质之建设，尤努力为精神之教养。于是先后在上海、杭州创设国立音乐、艺术学院，北平艺校。亦扩充范围改为艺术学院。足征我政府仰体总理心理建设之明训，培植民族德性之至意。

属校等奉命办理以来，方孜孜于教学之努力，学科之扩充，以期无负政府提倡艺术教育之盛意，人民希冀文艺复兴之期望。不图于民国十八年秋，乃忽奉命改为专科学校。属校等再四思维，固一面为艺术教育前途惜，一面为我中华民族德性危矣！

夫科学者，无论其为声、光、电、化、动植物、飞潜，要皆格物致知，开物成务，理性之事也，其功效在物质。艺术者，无论其为绘画、雕塑、音乐、戏剧，要皆明心见性，修德怡情，感情之事也，其功效在精神。尚精神忽物质不可也，尚物质略精神其可乎？今也以科学为主体之国立大学、学院比比皆是，犹嫌其少，以艺术为教学之国立学院伶仃孤立，竟以为多，此属校等为艺术前途惜者一。

科学者，飞潜、动植物、声、光、电、化各学之总名也。艺术者，绘画、雕塑、音乐、戏剧、建筑、工艺各系之合称也。遍考各国，从无科学专科学校之名，独于我国竟有艺术音乐专科学校之实，名实所在，文野所关，此属校等为艺术前途惜者二。

我国民政府尝孜孜于古物之保管，藏书之处理矣，考其用意，岂非以为书物者，五千年历史之遗迹，古今来文化之所系乎？然古物者何？古今雕塑、乐器、书画也，藏书者何？古人之文艺作品也，管理古人之艺术，以为现代民众之自信力计，善策也。忽略现代艺术，不为将来民众之自信力计，危政也。此艺术有关与民族德性者一，不可不察也。

人类具有感情，民族应具德性，孔子立信之说，孟子手足之论，齐以政令，动以感情之谓也。周重宗法，以尊彝为祭赠之仪；汉重名节，以图象为鼓励之法，诗为五经之首，画为六艺之一，盖艺术不特为文化线索之所寄，亦且为世道人心之所存。三民主义之共信须立也，移情易性之艺术可鄙乎？此艺术有关民族德性之二，不可不图也。

民族进化，固有赖于物质，亦有赖于知识；知识传受，固有赖于识字，亦有赖于艺术，盖识字每夫于枯燥，艺术则常易于动情也，有知识而后可称为健全之国民，有艺术而后能得其深切之进化，此艺术有关民族德性者三，不可不取也。

犹有进者，提倡科学者，动谓其有裨于民众生活；鄙艺术者，辄斥其徒尚虚文，此殆片面之谈，一偏之见，独不见充斥市场之洋货，其所以销行特畅者，未必以质地胜我，每多以装饰过人乎？国货果能使尽善尽美，洋货未必为国人喜用，此工艺艺术之有关社会经济者又其一，不可不求也。

综上理由，属校等认为提高艺术教育，恢复学院组织，教养民族德性，完成心理建设，实为当务之急。纠正既往，获效将来，百年树人，在此一举。为此缕晰会陈，伏乞钧部俯念艺术教育，关系国家文化，民族精神，至深且钜，准于恢复属校等学院组织。俾莘莘学子得资深造，而宏教育，艺术前途，实深利赖！谨呈教育部。

国立北平大学艺术学院子

国立音乐专科学校校校长萧友梅

国立杭州艺术专科学校校长林眠

（《音》第20-22合刊/上音档案520-37（1）-59）

（6）1933年5月24日与林风眠联名致函教育部

窃查属校等原名国立音乐院，国立艺术院，民国十八年冬改订大学组织法，未将艺术、音乐两科列入，奉命改为专科学校。属校等自从奉令改专以来，范围狭隘，精神教养不克尽量实施，艺术教育亦苦无由发展，殊深痛惜！查艺术、音乐两科，为陶冶民族德性，启发民族精神之要素，工艺美术，尤可提高国民生产，关系国家文化民族民生者至深至钜。当兹训政时期，提高艺术教育，教养民族德性，完成心理建设，实为当务之急。属校等鉴于艺术、音乐教育之重要，曾于上年七月钧部召集国立专科以上学校校长会议，缮具提案，请予修改大学组织法，将艺术、音乐两科列入大学范围，并请将属校等即予恢复学院组织，俾宏教育，提请大会讨论。经上年7月12日第二次会议议决："大学组织法第5条第2项删除'得分两科'四字，增订同条第三项，文曰，凡教授艺术及音乐之学校，如其程度与大学程度相等者，亦得称为独立学院。"查属校等招收新生资格，及学科程度，实与大学程度资格相等，毫无差异，自应依照修正大学组织法恢复学院组织，以正名实。现在学年将届终了，下年度招生在即，用敢联衔会呈 钧部俯赐案核，准予恢复学院组织，改称独立学院，俾正名实，而宏教育，艺术前途，实深利赖。

谨呈教育部

国立音乐专科学校校长萧友梅
国立杭州艺术专科学校校长眠
上音档案520-37（1）-59

（7）国立音乐专科学校为适应非常时期之需要
拟办集团唱歌指挥养成班及军乐队长养成班理由及办法

　　在这回的大变动中，所有的制度和组织，理论和方法，都将跟随着客观条件和需要的转移，大大地起了变迁，这是当然的事。歌德说："没有亘古不变的真理。"何况是制度组织，理论方法！更何况是在大变动的时代！

　　教育也当然要能适应目前的变动的环境，才有存在的可能。教育的制度，组织，理论和方法之应当怎样改变，来适应现下的国情，这是现阶段教育界一个最严重的问题。

　　单就音乐教育来说，高深专门人材的养成，现在不是时候了。养成一个专门人材，动辄需要五年十年的时间，而这种专门人材，在太平盛世固然是可宝贵的，在非常时期，则未必能在音乐上有所贡献于国家。但是非常时期的国家之需要音乐，未必不及太平盛世，也许过之；换一句话说，就是非常时期并不是可以忽略音乐教育，也许须更加注重音乐教育，不过非常时期的音乐教育应该和平时有点不同，或竟完全两样。

　　在非常时期，音乐究竟有什么贡献呢？非常时期究竟需要什么音乐呢？能解答这两个问题，便可以确定非常时期的音乐教育的方针，而音乐教育机关的制度和组织，音乐学程①的理论和实施等问题，也都可以迎刃而解了。

　　音乐到底有什么贡献于非常时期呢？我们不妨具体地说：音乐是精神上的国防的建设者。

　　国防不单是有了飞机大炮便可成功，有了这些武器，还要靠忠心的壮士来使用它；而民族意识之醒觉，爱国热忱之造成，实为一切国防之先决条件。倘民众有必死之心，虽徒手，亦可与敌人周旋一两回合；若皆存苟安之念，有了飞机大炮，也还要拱手而让诸敌人。历史昭示我们，不只要建设一道坚固的物质上的国防，并且须建设一道看不见，摸不着，而牢不可破的精神上的国防：即民族意识与爱国热忱的养成。

　　音乐可以说是激发情感，强调空气，维系信念，和团结人心的无上法宝。曾闻

559

大邮船遇险将沉，全船骚动，卒由唱国歌使秩序恢复，各人从容就难的壮烈故事；亦曾读法兰西革命史，知道马赛革命歌在法兰西大革命的进展中，所担任的重大使命。举一个比较新近的史实：民十五年国民革命军北伐的进展中，国民革命军歌在前敌和后方所收获的效果，是举国皆知的。"打倒列强，打倒列强，除军阀！……"的歌声，当时在无论农工商学兵，以至于乡愚孺子的口中都响亮着，活跃着，工作着；革命情绪能够那样迅速地普及于全民，北伐能够那样光荣地成功，军事上和政治上的力量固然是主要的条件，而这首短短的军歌的功绩，也是万不容抹杀的。

关于音乐对于集体生活的功用，恐怕没有比海军的军人知道得更清楚的了。我国的海军，设备上可算是顶不周到了，可是每一只兵舰上，都有一队军乐队，欧美各强国的兵舰更不必说了（美国的海军军乐队在上海很闻名，常在市内开音乐会）。这并不是用音乐来点缀门面，或仅供操演时齐步之用（海军根本少作步兵操演，齐步也不一定需要整队的军乐），而是为了另外一种目的。试设身于茫茫大海里的一叶扁舟之中，过着累月经年的飘泊生活，有时暴雨飓风都来临了，海也啸了，在船里的人，简直是处于四面楚歌的境地，而那单调的波涛击船的嘶声，便是他们的灵魂的永远的侵蚀者！他们不伤感吗？不恐惧吗？不乡愁吗？不欲迅速了结海上生涯，再投身于大地的怀抱吗？不！因为音乐救了他们。军乐队是那苦涩的海上生活的救星：升降国旗的国歌，检阅时的进行曲，每天午后的演奏，那和谐而庄严的乐音，把热情，安慰，达观，信念和意志，给予了各人，他们不再因风雨波涛的不断的袭击而寒心丧志，这里面便有许多音乐的功劳。海军军人都承认这句话："一个军乐队是一艘兵舰的灵魂。"我们也可以说：不仅是海军需要音乐的鼓舞和慰藉，陆军和其他的各种集团也都需要它。如果陆军的每一团或每一营，能够有一个军乐队，同时在士兵当中组织起合唱班来，不特营伍生活可以减少枯燥，而集体精神因而发扬，爱国情绪因而加强，影响作战能力之大，可以想见。

严格地说来，凡艺术都是实用的。打开一部世界艺术史，一页一页地翻下去，艺术的实用表白得很清楚：埃及人造金字塔，完全为了保全佛罗②的木乃伊，其被现代人称为庄重的美的金字形，当日不过藉以巩固塔基，抵抗尼罗河的泛滥；希腊的雕像起源于奥林比亚竞技会，为要给胜利的运动家们造像，雕刻术才兴盛起来；罗马人的凯旋门是为纪念战胜而造的；中世纪的哥狄克③尖塔，为的不过要钟声去得远些。到了文艺复兴期，因为社会经济的进步和个人主义的逐渐发展，才有所谓"自我表现"的艺术，自拟古主义一直到唯美主义，虽然艺术家们都相信为了"自我表现"而努力，可是他们的艺术到底是各个时代的意识形态的反映或表现，直接或间接在替某种思想或主义作宣传，就是那高呼着"艺术全无作用"的王尔德④之流，其艺术既是某时代某社会的必然产物，便不能超脱时代社会而"全无作用"，而

其享乐的，颓唐的，不负责任的色彩，正和最近美国的 Jazz 音乐⑤，前后晖映着某种社会制度之行将崩溃，启示我们走向另一个方向。

音乐——和别的艺术一样——无论在实际上或理论上，都应该，并且的确是实用的。文艺复兴期以后的艺术家，因昧于个人主义，他们效力于人类是非意识的，我国近来的音乐之效力于国家，也是非意识的，现在既然到了一个大转变的时代，音乐应该即刻从非意识的境界苏醒过来，回到意识的境界，意识地替国家服务。

从非意识到意识的醒觉，可以说是在目下的大转变里头的音乐的转变。转变后的音乐教育的方针，也可以根据这个原则，大约这样定下来：

（甲）消极方面：

1、打破传统的超然观念

2、打破技术万能观念；

3、废弃作为奢侈品的音乐；

4、废弃一切个人主义的音乐。

（乙）积极方面：

1、提倡服务的音乐；

2、提倡集团歌唱；

3、提倡军乐队；

4、实行音乐到民间去；

5、实行音乐到军队里去；

6、音乐人材普遍化；

7、实用音乐人材巨量产生；

8、音乐作品合时化；⑥

9、救亡作品巨量产生；

10、从服务口建立中国的国民乐派；

11、跟随中华民族的解放而获得中国音乐的出路。

总之，在这回大变动之后，民众和国家对于音乐的需求是格外的热烈，因为音乐是建设精神上的国防的必需的工具。音乐教育应该迅速改变方针，以能适应目前伟大的需要为依归；以维系民众信念，团结全国人心，强调民族意识，激发爱国热忱等工作为己任，努力迈进。为国家应如是，为音乐本身，亦只有如是，才可希望找到那二十年来无处寻觅的中国音乐的新生命。

兹谨拟办法六条如下；是否有当，敬候裁夺：

1、适应目前需要拟先办集团歌唱指挥养成班及军乐队队长养成班各一班，共招生八十名。

2、集团唱歌指挥养成班分为甲乙两组：

甲组二年毕业，乙组一年毕业；乙组毕业后得升入甲组继续修业。入学资格须高中毕业及十八岁以上。男女兼收，其出路为充任各集团歌唱指导及中小学校音乐教师。

3、军乐队长养成班二年毕业。入学资

格须高中毕业及十八岁以上。仅收男生。其出路为充任各军乐队队长或教练。

4、经费由本校原有经常费中支付之。

本校原有各组班额概行尽量缩少或暂停，以所节省之经常费为办集团唱歌指挥养成班，及军乐队长养成班之用，不必另加经费。

5、拟在广西或四川举办。

6、原有各组各班之不欲停顿者，因学

生及教员关系不能迁往内地，拟继续在沪办理，惟一至环境不容许时，则一律暂停，以全部经费办理上述二养成班。

————————————————

① 学程，这里是指音乐学习的规则、章法等。②佛罗，即 Pharoh 的译音，今译作法老。③哥狄克，即 Gothic 的译音，今译作哥特式。④王尔德（Oscar Wilde, 1956～1900）英国作家，是19 世纪欧洲唯美主义文艺家的代表人物之一，主张"为艺术而艺术"，反对文艺的社会作用。⑤Jazz 音乐，即爵士音乐。⑥合时化，符合时宜，适合现实的需要。

（8）1937 年 12 月 14 日致教育部长王世杰函

"雪艇吾兄如见：昨日商学院长裴君转来秘书处真密电备悉——，兹将本校最近两周情况略述如下：

1、法工部局暗示本校迁移，前月底法租界曾藉口现在校址之邻居不喜练习音乐，[？]吾校另觅地址并称此事系发自该属警务处，后经向警务处保安处政[ ]部询问，处处钧不接头，乃直向邻居葡人某疏通，经已寻得其谅解，平安无事。但本月六日法工部局教育处复请梅去谈话，促本校仍以早日迁居为佳，其意盖防伪组织成立后有所干涉，不如早为之处置，故七日电文有'事业恐难维持'之语。

2、迁移后仍可维持。经数次讨论之后，以另租用有大花园之洋房，租价总在七八百元以上，无法付租，乃与美专商定，从明年起借用该校课堂四五间，为全班上课及办公之用，其个人教授之技术功课，则分散在各教员住宅上课，如此既可不挂

校牌，又省去一笔房租一面将校具存放在高恩路 432 号（用职员陈君为名义租用）今晨并与震旦大学商量，遇必要可否将本校暂时不用之钢琴及书谱寄存该校（大概可希望其答应）。如此办法，不独不露痕迹，且可安全无险。

3. 经费至少尚有四成仍可维持。经费一层亦曾详细考虑，假如政府确无法筹足七成，即有四成发出，亦可勉强对付。若骤然下令停办不发经费，则对付一群西藉教员，必甚困难。（梅或届时有逃避之必要）故不如设法能发四成较可使他们易于谅解也。

4. 如迁内地，须照新方案办理。假如政府因政局权限之关系全战区各校一律迁入内地时，本校当然不能例外，届时只有照新方案办理（新方案理由及办法另纸录上）因为照现在办法日下在内地绝对办不到，不独发七成办不到，[ ]发足十成亦办不到。盖大多数外籍教员不能入内地，在战局未定之前，大多数学生亦不能赴内地也。故只有照新方案新招两班学生，办理应时势需要的音乐科班，对于旧生只有按暂时作为休学，俟战后方可讲求善后之法。迁内地后如有四成经费亦可维持，至廿五年度未用完之临时费（重点号为原文所有）两万一千余元仍拟保留作为在内地建造校舍之用，此点谅必可蒙同意也。

5. 附告 大同 光华两校被禁之后，大同仍在科学图书馆及某小学上课，光华则在愚园路歧山村租房开学，今早闻光华已被工部局通知即时迁离，以愚圆路为越界筑路，司法权仍属华方，近日敌军在愚园路到处检查，并在公共租界到处捕人，故工部局有此举云。至法租界截止本日尚无此种时间发生，差堪告慰。七妹等谅已到早到衡山，将来未知尚须西迁否念念。余容再述即侯近佳。 友梅手启十二月十四日

（函件上有用毛笔批语："不可迁内地 杰"）

（9）1938 年 3 月 24 日致教育部次长张道藩函

前奉钧示，辱承过奖，愧弗克当，梅只有尽吾人维护艺术之天职，竭力做去而已。自本学期起，本校为避免纠纷计，虽暂用上海音乐院名义办理，唯新迁校址（法租界高恩路 432 号）以属住宅区范围，邻居西人仍然反对有声音之功课，以致捕房有促本校再迁他处之举。但现在沪地房屋因四处迁来难民甚多，业已住满，虽欲再迁，亦无适当之地。同人等以此种情形，如暑假前战事未能结束，下学期恐难维持下去，加以环境关系，不能教授爱国歌词，致无法发挥爱国情感，此为精神上最大

563

之苦痛，谅先生亦表同情。故暑假前战事如未能了结，同人颇有提议下学期暂迁至九龙办理，以该处交通方便，聘请外籍教员及报考新生均易办到。俟战事结束后，校址仍当追随首都。未知尊意以为如何？便中希与部长一谈，并祈 赐复为盼。专此顺颂

　　台安

萧友梅谨启 1938 年 3 月 24 日

（10）1938 年 4 月 23 日致教育部张道藩次长

　　道藩次长先生大鉴：前月曾上一函，询问部中对于本校拟下学期迁九龙办理是意见，谅邀垂览。在沪因通信不自由，异常沉闷。14[日]晚始在褚民谊先生处晤及部中代表蒋建百先生，到者除各国立校长外尚有刘海粟及陈梦□二君。始知陈部长决意维持各校经费，并允以后按照现在所发数目，依时发放，至为欣慰。唯是晚商谈结果，众意均以为下学期如仍在沪办理，除交通、通讯、言论、教授、表演等等不自由外，尚有被接收或生命之危险。故如各该校不能自己设法迁移，不如请部中于暑假前下令办理结束，较为妥善。继又有人提议，不如在各校未结束前，先由部派人来沪，暗中推定商界要人若干名组织一个私立 XX 大学董事会，而令国立各校长亦改一名字加入为董事或为秘书。一面组织起来，先行招生，而暗中由各校令各生于各该校停办后转入该新私立大学之各院。在表面上不过多了一私立大学，事实上仍由各校长幕后主持。至经费则以原有者充作补助费等等。但此办法除中法工学院不能加入外，于音专亦不合适。因音专是一个由小孩到成人组成的混合学校，高中未毕业之学生占了四分之三，绝对不能编入大学文学院之音乐系。故梅认为有独立办理之必要。适在九龙认识一同乡，向来办理经租及承建房屋者，曾电询其有无适当办理学校用的房屋，竟不期得到一个四幢相连的房子（地点在九龙学校区），房价与沪上相仿佛。一面探悉顾次长不日来港出席文化基金董事会并嘱各校推代表到港面述沪上各校实在情况。故于 20 日乘轮来沪（港），昨已往九龙看过上述之房屋，尚属合用，且要六月底方可完工交房。此时沪上正办理结束，即行运载校具教具之一部来九，固不致多垫房租，又不致延误招生日期，且九龙亦系租界，既可在沪法租界办理，在九龙暂时续办至战事结束为止，亦何尝不可。至于迁移由沪至港有直达轮船，至为便利，运费不致多化，时间又极经济，非在内地迁移者可比。唯旧有

之白俄教员，或者多数不能南来，然此亦无妨，尽可在港另聘一部分西籍导师，一面多聘请本国人担任。学生愿留沪从旧有西籍教员学习技术者，听其自由。将来亦可由该教员证明其成绩，于返校时补给该科目学分。故梅以为此机会实不可失。尝盖既可维持学校（音专）之生命，不使中断，更可放胆训练学生爱国工作，于政府抗战教育方针亦相符合。故极望先生将此意转达陈部长，并望于十日内（一星期内更佳）飞函示复，以便即行定租房屋。盖此机会一失，即极难再寻得也。除再向顾次长面陈外，谨先奉恳敬候回示。祗颂

均安

萧友梅谨白 1938 年月 23 日

复示请寄香港西环吉直街 21 号威化公司杨佩芝君转。信从香港以航空挂号快信寄出，署名萧雪朋。]

（11）1938 年 6 月 21 日致高教司司长吴俊升函

俊升司长先生大鉴：今早接奉六月三日通告嘱"暂勿印招生简章，所有下年度招生日期、地点及名额将由部中统筹支配，以期适应抗战时期之特殊环境与需要"等语．自当遵命．查本校每学年终所聘专任及兼任教员人数，均视学校下学年拟设各学科重点数目而定，如遇某项乐器预料学习人数不多时（如军乐器之类）更须先探明有无教授此项乐器之人才。然后招生，俟取录新生缴费后，方发聘书．如此办法，不至招了学生请不到教员或请了教员招不到学生．下学年招生分配办法既由部中规定，故在此项规定未发表之前，本校月终发聘书，颇感困难。又本校系专门音乐学校，学生入学年龄与程度标准，不能与大学各学院一律，因学音乐技术以年轻者容易入手，故本交历年所招新生（除师范类外年龄均以十六岁以下初中毕业者为合格，选科生如有天才，虽只满八岁亦可收录；至于本科及师专学生，开办以来未曾招收过一个新生 以吾国音乐教育落后，校外未有合格之音乐本科预备学校也．（钱琪之能入师专，亦系曾在本校选科预备）

又关于入学试验之学科，本校一年注重音乐乐理、技术、听觉、视唱与中西文，本国历史；算术只考至比例分数，其余如代数、几何、物理、化学、博物、地理等科均不试验．盖长于此者即属于彼，唯物理学内之声学大意（acourtics），仍由本校辅授．以上数点希望于规定招生办法时，予以考虑。

顷又闻部中有将沪上各校院合并办一联合大学之意．如果是事实的话，音专一部分，无论用何名义，希望仍旧保留原形．因为假如采用德国大学或美国哈佛大学

学制，只在哲学院或文学院设一音乐系，便侧重音乐理论和音乐史两方面，于音乐技术及音乐师资付缺如；假如采用中央大学教育学院或北平大学女子文理学院之音乐科办法，便侧重音乐师资，于高级理论及技术两方面均未顾及．故最好采用如美国 ceferlin 大学学制，于大学之内设一音乐院 conservatory of music（本来音乐院系一自儿童至成年混合学校，与大学之各学院不同）庶几理论、技术、师资三方面均可顾到．查本校现在除毕业者不计外，尚有学生八十一人，其主科分配如下：以理论作曲为主科者八人，习师范者三十人，以技术为主科者四十三人．其余年龄籍贯之统计表，请参看昨寄上之概况表．

　　至关于适应抗战时期之特殊环境与需要，本校原拟定了一个计划，不过此计划在沪上目前断难实现．在内地办理又不容易聘请教员，故日前有将此一部分在九龙办理之议，作为音专分校也可，作为音专第二部也可。兹仍将该办法呈阅并祈就便转呈部长以备参考．如蒙采用当即将具体办法续呈，余不一，祇颂大安

弟　萧友梅启 1938 年 6 月 21 日

附录二：节目单

（1）本校附设音乐传习所第一次演奏会秩序单

日期：［一九二二年］十二月十七晚七点半　　地址：马神庙第二院大讲堂

	作曲者	演奏者
1. 管弦六部合奏 Overture "Poet and Peasant" ［《诗人与农夫》序曲］	Fr. v. Suppe ［弗朗茨·冯·苏佩］	本所导师
2. 管弦八部合奏 a) Venezianisches Gondellied ［威尼斯船歌］ b) Frühlingslied ［春之歌］	Mendelssohn ［门德尔松］	同上
3. 钢琴独奏		杨仲子先生
4. 管弦八部合奏 Troika-Fahrt ［雪橇］	P. Tschaikowsky ［彼得·柴科夫斯基］	本所导师
5. 提琴独奏		赵年魁先生
6. 管弦八部合奏 Deutscher Siegesmarsch ［德意志胜利进行曲］	Franz Liszt ［弗朗茨·李斯特］	本所导师
7. 中国弦乐五部合奏 虞舜薰风操 （Variations on the Theme of Yu-Shun HsuinFengChao）		刘天华先生等
8. 三弦拟唱 a) 辕门斩子 　　　　 b) 彩楼配		刘天华先生

9. 钢琴独奏

Rigoletto-Paraphrase   Franz Liszt   Mr. Gartz

[《弄臣》音乐会释义曲]   [李斯特]   [嘉祉先生]

10. 管弦八部合奏

a) American Intermezzo   Leon Jessel

[阿美利加间奏曲]   [莱昂·耶塞尔（德），

                     1871—1942]   本所导师

b) Rakoczi-Czardas   Gustav Michiels

[拉科西-恰尔达什]   [古斯塔夫·米歇尔斯]

[原载《北京大学日刊》（以下简称《日刊》）民国十一年（1922 年）12 月 17 日（星期日）第四版]

568

（2）国立北京大学附设音乐传习所
第三次演奏会秩序单

日期：[一九二三年] 一月十九晚七点半　　地点：马神庙第二院大讲堂

作曲者及曲目   演奏者

1. J. S. Bach (1685—1750) [约翰·塞巴斯蒂安·巴赫]：

a) Aria from the Cantata No. 68   本所导师

[康塔塔 No68《上帝热爱世界》（1725）中的咏叹调]

b) Bourree.（古舞曲）[布雷舞曲]

2. J. Haydn (1732—1809) [约瑟夫·海顿]：

Die Himmel erzählen die Ehre Gottes（天述神之名誉）

[《天国正在吐露上帝的荣耀》]

(Chorus from the Oratorio "Die Schöpfung")   同上

[清唱剧《创世纪》中的合唱]

3. H. C. Lumbye (1810—1874)：[汉斯·克里斯蒂安·卢姆比，

丹麦指挥、舞曲作曲家]

提琴独奏 Phantasie（幻想曲）   赵年魁先生

4. W. A. Mozart（1756—1791）［莫扎特］：
a）Ouverture "Don Juan"   本所导师
　（歌剧 "Don Juan" 之引子）［《唐璜》（《唐乔瓦尼》）序曲］

b）Menuett from the Sinfonie in E^b.

（大^{b}E调大乐第三段）［^{b}E大调交响乐第三乐章小步舞曲］

5. L. v. Beethoven（1770—1827）［贝多芬］：
Andante from the V. Symphonie.［第五交响乐第二乐章行板］   同上

6. Fr. Schubert（1797—1828）［舒伯特］：
小歌二曲［艺术歌曲］
a）Leise flehen meine Lieder!   同上
（我的歌低声祈愿）［《天鹅之歌》之四］
b）Horch, Horch!（听！听！）［听！听！云雀］

7. Fr. Chopin（1810—1849）［肖邦］：   Mr. Gartz.
钢琴独奏 Ballade in g minor op. 23.［g小调叙事曲，Op. 23］   ［嘉祉先生］

8. G. Meyerbeer（1791—1864）［贾科莫·迈耶贝尔］：
Triumphmarsch.（凯旋进行曲）   本所导师

9. R. Eilenberg［里夏德·艾伦贝格］：
a）Petersburger Schlittenfahrt.（彼得堡的橇游）   同上
b）Sourire de bonheur.（幸福的微笑）

　　本晚演奏者本校导师之外尚有第一小提琴师那全立，小铜角师王广福，法国铜角师
连润启，低音提琴师徐玉秀四君临时加入。

秩序单之说明

　　此次演奏之乐曲大概分三种：（一）模范派音乐（Klassische Musik）［古典主义音乐］，（二）自由派音乐（Romantische Musik）［浪漫主义音乐］，（三）酬应音乐（Salon Musik）［沙龙音乐］。模范派乐曲长处在大组织致密，章法严谨（其中以 Bach 著作为最）

词藻丰富，可以为后代之模范，故此派作曲家有模范作曲家之名（Klassiker）；自由派之作曲家（Romantiker）反此，注重用音乐描写感想与外界之现象，惟对于习惯上之法则，往往不甚留意，故两派比较各有长短。至于酬应音乐（原名有客室音乐之意），其意味本甚浅薄，不过专为逍遣应酬之用，故对于音乐有研究者多不爱听之，惟社会一般人士仍甚欢迎（在欧洲音乐发达之国尚且如此），以其乐曲浅白且易动人也。秩序单之（1），（2），（4），（5）号皆模范派音乐，（6），（7），（8）号皆自由派音乐，（3），（9）号皆酬应音乐，兹将各作曲家略传列下：

（一）Johann Sebastian Bach(1685—1750)德国理论作曲大家，所作多寺院乐曲[教堂音乐]，声乐乐曲及风琴乐曲，与 Händel [亨德尔] 齐名；有老模范作曲家之称（alte Klassiker.）

（二）Joseph Haydn(1732—1809)奥国作曲家，所作以钢琴大曲（Sonaten）[奏鸣曲]及"创造"(Die Schöpfung)与"四季"(Die Jahres Zeiten)两部祭神乐曲(Oratorium)[清唱剧]最著名。

（三）Wolfgang Amadeus Mozart(1756—1791)亦奥国作曲家，所作以钢琴大曲，音乐会曲（Concert）[协奏曲]，大乐（Sinfonie）[交响乐]歌剧及各种细乐乐曲最著名。

（四）Ludwig van Beethoven(1770—1827) 德国人，模范作曲家之最著名者，亦有人称他为乐圣，以其能集大成也。著作甚多，其中以九套大乐（Symphonie）及钢琴大曲，音乐会曲等最为著名，本晚演奏其第五套大乐之第二段。

（五）Franz Schubert(1799—1828)奥国歌曲及钢琴作曲家，所作以歌曲为最著名。

（六）Giacomo Meyerbeer(1791—1864)德国自由派作曲家，所作以歌剧为最著名。

（七）Frédéric Franc,ois Chopin(1810—1849)十九世纪波兰钢琴作曲大家，所作能别开生面，为前人所无。

（八）Hans Christian Lumbye(1810—1874)丹麦前世纪的著名舞曲作曲家。

（九）Richard Eilenberg 1848 年生于德国 Merseburg [梅泽堡]，所作舞曲，小乐队用乐曲及军乐曲颇多。

[原载《日刊》民国十二年（1923 年）1 月 16 日（星期二）第二、三版]

（3）本校附设音乐传习所第四次演奏会预告

日期：三月十日晚七时半　　　地点：马神庙第二院讲堂

票价　红票（限于各校学生用）　大洋二角
　　　白票（校外人用座位在楼上）　大洋四角
　　　　　以上两种本校教职员适用
　　　黄票（限于本校学生用）　大洋一角

售票处 本校第一二三院号房

附"第四次演奏会秩序单"

第一部

作曲者及曲目	演奏者

1. Kélèr Béla（1820—1882）
　［贝拉·凯莱尔，匈牙利作曲家］：
Ungarische Konzert-Ouverture
匈牙利音乐会引［匈牙利音乐会序曲］　　　　　　　　　　　本乐队乐师

2. W. Balfe（1808—1870）［迈克尔·威廉·巴尔夫，爱尔兰作曲家］：
Cavatine "Das Herz vom Kummer tief gebeugt"
懊侬曲［谣唱曲《忧伤的心》］　　　　　　　　　　　　　　同上

3. Fr. Schubert（1797—1828）［舒伯特］：
Marche militaire No.3 第三军队进行曲　　　　　　　　　　同上

4. Fr. Neruda（1843）：
　［弗朗茨·内鲁达，1843—1915，摩拉维亚大提琴家］
大提琴独奏 Reverie 空想　　　　　　　　　　　　　　　　李廷贤先生

5. G. Meyerbeer（1791—1844）［卒年错］：
Fackeltanz No.1 第一套燎舞［火炬舞之一］　　　　　　　　本乐队乐师

6. Eduard Strauss
　［爱德华·施特劳斯，1835—1916，小约翰·施特劳斯之弟］：
Bettelstudent Quadrille 乞食学生的方舞
　［轻歌剧《乞丐学生》中的方阵舞曲］　　　　　　　　　　同上

7. 休息十分钟

第二部

8. G. Lortzing（1801—1851）
　［古斯塔夫·阿尔贝特·洛尔青，德国作曲家］：
Ouverture "Der Wildschuetz" 歌剧"盗猎"之引子［《偷猎者》序曲］　　同上

9. M. Moszkowski(1854)：

[莫里茨·莫什科夫斯基，1854—1925，波兰-德国钢琴家、作曲家]

Malaguena 西班牙舞曲 [马拉加舞曲] 　　　　　　　　　　　　同上

10. W. Popp：[W·波普]

长笛独奏 Walzer Rondo 回旋舞曲 [圆舞曲-回旋曲] 　　　　　李廷桢先生

11. Beethoven(1770—1827)：

Trauermarsch 执绋进行曲 [葬礼（或哀悼）进行曲] 　　　　　本乐队乐师

12. Fr. Chopin(1810—1849)：

钢琴独奏 Polonäse in A major 波兰舞曲 　　　　　　　　　　嘉祉先生

[A 大调波兰（波洛奈兹）舞曲] 　　　　　　　　　　　　　　Mr　Gartz

13. K. Komzàk [卡尔·科姆扎克，1850—1905，捷克指挥家，作曲家]：

2 Volksliedchen 民歌二阕 　　　　　　　　　　　　　　　　本乐队乐师

14. Johann Strauss(1825—1899) [小约翰·施特劳斯]：

An der Wolga(Polka-Mazurka)临窝路戛河

[伏尔加河上（波尔卡-马祖卡）] 　　　　　　　　　　　　　同上

本晚演奏者本校导师之外尚有第一小提琴师那全立，大提琴李廷贤，低音提琴师徐玉秀，小铜角师王广福，法国铜角师连润启五君临时加入。

[原载《日刊》民国十二年（1923 年）3 月 8 日（星期四）第三版]

（4）本校附设音乐传习所第五次演奏会预告

日期：三月二十四日（星期六）晚七时半起　　　地点：马神庙第二院大讲堂

票价红票（限于各校学生用）大洋二角

白票（校外人用座位在楼上）大洋四角

以上两种本校教职员均适用

黄票（限本校学生用）大洋一角

售票处本校第一二三院号房

演奏会秩序单

第一部

作曲者及曲目 演奏者

1. Auber（法人 1782—1871）[丹尼尔·奥柏，法国作曲家]：

Ouverture "Fra Diavolo" 歌剧 "Fra Diavolo" 的引子

[《魔鬼兄弟》序曲] 本乐队

2. Händel（德人 1685—1759）[亨德尔]：Largo 慢板 同上

3. Fr. Lehár：（匈牙利人 1870）[弗朗茨·莱哈尔，1870—1948，匈牙利作曲家]：

Ungarischer Marsch a. d. Operette "Zigenerliebe"

歌舞剧 "流氓恋爱" 的匈牙利进行曲

[轻歌剧《吉卜赛爱情》] 同上

4. B. Godard（法人 1849—1895）：

[本杰明·戈达尔，法国作曲家、小提琴家]

小提琴独奏 Pensée èlégiaque 忧思 [原拼写看不清] 赵年魁先生

5. Antonio Tosca [安东尼奥·托斯卡]：

Russische Wachtparade 俄国拱卫军阅操 [俄国卫兵仪仗队] 本乐队

6. 钢琴大小提琴三部合奏：

a) Gluck（奥人 1714—1787）[克里斯托弗·维·格鲁克]：

Air d' Orpheus　歌剧 Orpheus 的一阕 杨仲子先生等

[《奥尔菲斯》中的咏叹调]

b) Mozart（1756—1791）：Larghette a. d. Krönungskonzert

加冕音乐会曲的第二段

[《加冕》协奏曲（No. 26，K537）第二乐章小广板]

c) Beethoven（德人 1770—1827）：Adagio 慢板 Op. 13

[《悲怆》奏鸣曲 Op. 13 第二乐章]

7. R. Vollstadt [罗伯特·福尔施塔特]：

箪箫独奏 Sorgenfrei 无忧（管弦乐伴奏） 穆金仆先生

休息十分钟

第二部

8. A. Adam（法人 1803—1856）
　　[阿道夫·亚当，法国作曲家，]：
Ouverture "Die Nurnberger Puppe"
歌剧 "Nurnberg 傀儡" 的引子 [《纽伦堡的木偶》序曲]　　　　　本乐队

9. Ch. Beriot（比国人 1802—1870）：
　　[夏尔-奥古斯特·德贝里奥，比利时小提琴家、作曲家]
Air Varie No. 7 第七套变体曲　　　　　　　　　　　　　　同上

10. G. Lemaire（法人 1854）[G·勒梅尔]：
Pizzicati 拨复挑 [拨奏]　　　　　　　　　　　　　　　　同上

11. M. Moszkowsky（波兰人 1854）：Serenata 夜曲 [小夜曲]　　同上

12. Ed. Elgar（英人 1857）
　　[爱德华·埃尔加，1857-1934，英国作曲家]：
Salut d' Amour 寄情 [爱的致意]　　　　　　　　　　　　同上

13. 王维：琵琶独奏 "郁轮袍"（即霸王卸甲）　　　　　　　　刘天华先生

14. Mozart（奥人 1756—1791）：
Turkischer Marsch 土耳其进行曲　　　　　　　　　　　　本乐队

此次演奏本校导师之外尚有第一小提琴师那全立，大提琴师李廷贤，低音提琴师徐玉秀，小铜角师王广福，法国铜角师连润启五君临时加入。

[原载《日刊》民国十二年（1923 年）3 月 22 日（星期四）第三版]

（5）本校附设音乐传习所第六次音乐会秩序单

Symphonie Konzert 大乐音乐会
日期：四月五日下午八点起　　　地点：马神庙第二院大讲堂

第一部

作曲者及曲目　　　　　　　　　　　　　　　　　　　　演奏者
1. Fr. v. Suppé（奥人 1820—1895）：

Ouverture "Boccaccio" 歌剧 "Boccaccio" 之引子
[《薄伽丘》序曲]　　　　　　　　　　　　　　　　　　　　本乐队

2. Schaeffer [舍费尔]:
小铜角独奏 Die Post im Walde 消息在林中[林中邮车](管弦乐伴奏)　刘天华先生

3. Fr. Schubert(奥人 1797—1828):
Die unvollendete Symphonie in b minor
未完成的大乐 [b 小调未完成交响乐]　　　　　　　　　　　　本乐队

4. G. Meyerbeer(德人 1791—1861):
Fackeltanz No.3　第三套跳舞 [火炬舞之三]　　　　　　　　　同上

休息十分钟

第二部

5. Beethoven(德人 1770—1827):
Ouverture "Egmont". [《爱格蒙特》序曲]　　　　　　　　　　同上

6. Ed. Grieg(那威人 1843—1907) [爱德华·格里格]:
Peer Gynt-Suite I 裴尔斤连曲 [《培尔·金特》第一组曲]　　　同上
a) Morgenstimmung 晨声 [晨景]
b) Ases Tod 欧氏死 [奥塞之死]
c) Anitras Tanz 阿妮特拉之舞
d) In der Halle des Bergkoenigs. 在山王殿内 [在山神殿内]

7. Weber(1786—1826) [卡尔·玛丽亚·冯·韦伯]:
钢琴独奏 Aufforderung zum Tanz. 请求跳舞 [邀舞]　　　　Mr. Gartz

8. J. A. SÖ derman(瑞典人 1832—1876)
[约翰·奥古斯特·瑟德曼,瑞典作曲家]:
Broellopsmarsch. 歌剧 "农人嘉礼" 之一进行曲
[《乌尔法沙的婚礼》(Bröllopet påUlfåsa)(1865)中的婚礼进行曲]　本乐队

9. 琵琶独奏: 宋玉悲秋　海军操演　　　　　　　　　　　　殷伯海先生

10. Schubert:
Ungarische Melodien 匈牙利曲调 [或作 "匈牙利旋律"]　　　本乐队

11. Eilenberg（德人 1848）：

Die Schoenen von San Ta Fé

南美洲山他非之美人

[圣菲的美人（圣菲 Santa Fe 在美国，不是南美洲）]　　　　　　同上

12. Ziehrer（奥人 1843）[齐勒尔]：

Nervoes. 牢骚　　　　　　　　　　　　　　　　　　　　同上

　　本晚演奏者本校导师之外尚有琵琶专家殷伯海，第一小提琴师那全立，大提琴师李廷贤，低音提琴师徐玉秀，小铜角师王广福，法国铜角师连润启六君临时加入。

秩序单说明

　　此次演奏曲目之重要者为 Schubert 的 Symphonie（大乐）与 Grieg 的第一套 Suite（连曲）Peer Gynt，兹分别说明如下：

　　（一）"Symphonie" 即希腊语之 "Symphonia"、意语之 "Sinfonia"，字面上原有 "和谐" 之意，后转用以名复音的器乐乐曲。自十七世纪以来 Symphonie 逐渐发达，Haydn（1732—1809）作了一百〇四套，W. A. Mozart（1756—1791 均奥国模范作曲家）作了四十一套，然不过粗具形式而已；至 Beethoven（德人 1770—1827）作的（共九套）出现之后，此种乐曲始告大成，其后作 Symphonie 者颇不乏人，然至今尚无出其右者。此种乐曲分四大段，首段快板，次段慢板，第三段或为轻板，或为快板，末段多用急板，盖乐曲之最大者，故译为 "大乐"。本晚演奏者乃 Schubert 作的小 B 调大乐，原曲只有二大段（作者未及完篇而死），故又名未完成的大乐。顾此曲极有名，虽未完成，其内容实不让 Beethoven 所作也。

　　（二）Ibsen 伊布仙 [易卜生]（1828—1906）作的剧诗 dramatic Poem 诗剧《Peer Gynt》《斐尔斤》[《培尔·金特》] 乃那威 [挪威] 诗家最著名作品中之一。裴尔斤（原为那威某故事中之伟人名）乃假定为一种幻想过度之人。本剧诗之裴尔斤乃一农人子，其父母初甚富裕，其后耗尽家资，只余母子二人，贫乏几不能自活。裴尔斤终日幻想，每思得一计，必以告其母，其母虽屡为所愚，然每次必信其计之能行也。裴之性质向来大胆自负，一日某处举行婚礼，竟夺其新妇，负之入山，置于山中，不顾而去，终夜与榨乳女等徘徊于山间，卒行抵一山 [中] 王国，见国王之女而爱之。国王逐之出境。然裴不得已，仍返故里，及至家，其母 Aase 欧氏已垂死。然裴之天性尚未改变也。自是以后乃改业航海，不数年竟成一富商，行抵摩洛哥，在沙漠中遇 Beduin 卑杜阴 [贝都因] 酋长之女 Anitra 阿妮特拉而又恋之，然彼此皆知不能为夫妇。裴尔斤且常梦见其少时所爱之女子 Solvejg 娑路歪 [索尔维格]，其人在本国日盼裴之归来。后裴返回时，年已不少，然尚能与娑路歪相见而完成其终身之爱。

　　Grieg 古力 [格里格] 用两套连曲 [组曲] 描写此段故事，博得世界的大喝采，本晚演奏其第一套。此曲分为四大段，本为演此故事之用，均以管弦乐奏之，故又名管弦乐连曲 Orchester-Suite。其第一段曰《晨声》，乃牧歌性质，第二段 "欧氏死" 为全诗

中最能感动人之一段，描写裴母欧氏死时，彼尚不知之，坐于其床侧，一味幻想而已；第三段为"阿妮特拉之舞"，描写裴在摩洛哥时遇阿之情景；第四段"在山王之殿内"描写山鬼把夜游下界之裴尔斤逐出情景。

[原载《日刊》民国十二年（1923年）4月5日（星期四）第三版]

（6）北大附设音乐传习所第七次音乐会秩序单

日期：四月二十一 [日] 晚八时　　地点：第二院大讲堂

第一部

作曲者及曲目　　　　　　　　　　　　　　　　　　演奏者

1. Rossini（意人 1792—1863）[罗西尼]：
Ouverture "La gazza ladra"
歌剧"如盗的鹊"的引子 [《贼鹊》序曲]　　　　　　本乐队

2. 钢琴及大、小、低音提琴合奏夜歌二阕
a）W. Rossbach [W·罗斯巴赫]：　　　　　　　　　杨仲子先生等
Serenata de Lucia [露西亚的小夜曲]，
b）E. Toselli [恩里科·托塞利，1883—1926，
意大利钢琴家、作曲家]：
Celebre Serenata [著名的《小夜曲》].

3. W. Popp [W.波普]：
Le Rossignol. 黄莺 [夜莺]（长笛独奏，管弦乐伴奏）　　李廷桢先生及乐队

4. G. Meyerbeer（德人 1791—1864）：
Schattentanz a. d. Oper "Dinorah"
歌剧"迪娜拉"中之阴影舞 [《迪诺拉》之《影子舞》]　本乐队

5. Balfe（1808—1870）：
觱栗独奏 Satanella [小恶魔]　　　　　　　　　　　穆志清先生

6. F. Poliakin [F　波利亚金]：
小提琴独奏 Le Canari 黄鸟 [金丝雀]（管弦乐伴奏）　赵年魁先生及乐队

休息十分钟

第二部

7. L. Herold(法人 1791—1833)

　[路易·埃罗尔，法国作曲家]:

Ouverture "Zampa". 歌剧 "三怕" 的引子

　[《泽姆帕或大理石新娘》序曲]　　　　　　　　　　　本乐队

8. 独歌二阕 a) C. W. Cadman(美人, 1881):

　[查尔斯·韦克菲尔德·卡德曼，1881—1946，美国作曲家]

Memories, "记忆"　　　　　　　　　　　　　　　　　丁克琴夫人

　　　　　　　　　　　　　　　　　　　　　　　　　Mrs　Tinkham

b) Gertrude Ross [格特鲁德·罗斯]:

The Open Road. "大道"

9. Depret [德普雷]:

Sourire d' Avril 四月笑（回旋舞曲）[四月的微笑，圆舞曲]　本乐队

10. H. Wieniawski(俄人 1835—1880)

　[亨雷克·维尼亚夫斯基，波兰小提琴家、作曲家]:

小提琴独奏 Obertasse. 杯　　　　　　　　　　　　　赵年魁先生

11. E. Waldteufel(德人 1837—1915)

　[埃米尔·瓦尔特费尔，法国作曲家、钢琴家]:

Nuée d' Oiseaux 雁群　　　　　　　　　　　　　　　本乐队

　　　本晚演奏者本校导师之外尚有美国独唱家丁克琴夫人，第一小提琴师全书萌，那全立，第二小提琴师孟范泰，大提琴师李廷贤，低音提琴师徐玉秀，第二觱栗师王广福，法国铜角师连润启，低音细管喇叭师潘振宗九君临时加入。

　　　　　　[原载《日刊》民国十二年（1923 年）4 月 20 日（星期五）第三版]

（7）本校附设音乐传习所第八次音乐会秩序单

日期：十二年五月五日晚八点起　　　地点：景山东街第二院大讲堂

SYMPHONIE　KONZERT　大乐音乐会

第一部

作曲者及曲目 演奏者

1. L. van Beethoven(1770—1827):

Ⅵ Symphonie(Pastorale)

第六套大乐（牧歌大乐）[第六交响乐《田园》] 本乐队

（a）Erwachen heiterer Empfindungen bei der Ankuft auf den Lande.

抵乡时快感之兴起［来到乡间后愉悦心情的复苏］

（b）Scene am Bach. 溪边景象

（c）Lustiges Zusammensein der Landleute. 乡人欢聚

（d）Gewitter, Sturm. 大雷［雷雨］·景风［风暴］·

（e）Hirtengesang.（牧歌）

　　Frohe and dankbare Gefuehle nach dem Sturm.

　　暴风雨后愉快而感谢的感想［暴风雨过后，欢乐和感恩的心情］

休息十分钟

第二部

1. Kèlér Bela(1820—1882):

Jubilaeumsfeier(Fest Ouverture) 纪念会引

[纪念会序曲] 本乐队

3. 小提琴独奏（曲目未定） 全书荫先生

4. R. Wagner(1813—1883) [瓦格纳]:

Le Murmure dela forêt de "Siegfried"

歌剧 "Siegfried" [《齐格弗里德》] 中之 "森林之声" 本乐队

5. 琵琶独奏：汉宫秋月 刘天华先生

6. A. Seifert [A. 赛费特]:

Lieder Marsch 叙情进行曲 [爱的进行曲] 本乐队

本乐队乐师姓名

（有△号者为临时加入演奏员）

钢琴嘉祉	第二小提琴甘文廉	第二大提琴傅松林	第二觱栗王广福△
第一小提琴赵年魁	第一小提琴孟范泰△	低音提琴徐玉秀△	小铜角刘天华
同上那全立△	中音提琴乔吉福	长笛李廷桢	法国铜角连润启△
同上全书荫△	第一大提琴李廷贤	第一觱栗穆志清	低音细管喇叭潘振宗△

指挥萧友梅

579

秩序单说明书

乐曲之种类甚多，若从音乐性质上区别之，可分为两大类：

（一）绝对的音乐（Absolute Musik）［纯音乐］借音乐符号发表人类的内部生活，其乐曲无一定之题，故演奏者与听者可各有一种之解释；

（二）说明的音乐（Program musik）［标题音乐］与前者正相反，有一定的题目，用音乐描写出来，无论何人须依其题目所标示而解释，故此两种音乐亦可以"主观的"，"客观的"名之。

十八世纪以前西洋乐曲多属主观的，其间虽有作客观的音乐者（如法之 Couperin ［弗朗索瓦·库普兰］1668—1733，Rameau［拉莫］1683—1764，德之 Pachelbel［帕赫贝尔］1653—1706，Kuhnau［库瑙］ 1660—1722）然不多见，自乐圣贝吐芬 Beethoven 的第六套大乐出现之后，努力作说明的音乐者日见增加，至前世纪末二十世初达于极点，如法之 Berlioz［柏辽兹］(1803—1869)，匈之 Liszt(1811—1886)，德之 Wagner(1813—1883）及 R. Strauss(1884)［里夏德·施特劳斯，1884—1949］皆此类作曲之代表者。

贝氏的第六套大乐描写乡间风景，分五大段：第一段写抵乡时快感之发生；第二段溪边景象，描写溪景，水流声，而以黄莺及布谷鸣声完结之；第三段快板，描写村人欢聚舞蹈景象；第四段以低音提琴及大提琴描写雷声及风声；第五段为牧歌体，描写风息雨止之后一种愉快而感谢的感想。末三段接连演奏，全曲需五十余分钟方可演完，为模范曲中最佳作品之一。以模范作曲家之贝吐芬而作说明的音乐，可称为双美者也。

第四号之《森林之声》为 Wagner 作的音乐剧《Der Ring der Nibelungen》［系列歌剧《尼伯龙根的指环》］第二日［演出的］的《Siegfried》中的第二幕，描写风声，泉声及各种大小鸟之声，乃新自由派所作最著名说明的音乐作品之一，与贝氏的牧歌大乐相伯仲者也。

［原载《日刊》民国十二年（1923 年）5 月 5 日（星期六）第三版］

（8）北大附设音乐传习所第九次音乐会

日期：五月十九日晚八时　　地点：景山东街第二院大讲堂

第一部

作曲者及曲目 演奏者

1. Fr. v. Suppé（奥人 1820—1895）：　　　　　　　　　　本乐队
Ouverture "Leichte Kavallerie"
歌舞剧"轻骑"的引子［轻歌剧《轻骑兵》序曲］

2. O. Hackh [O. 哈克]：

Souvenir d'Espagne, No. 2. Aubade Espagnole.　　　　　同上

西班牙纪念曲之一 [西班牙的回忆之二] "西班牙之曙光"

3. E. Gillet [E. 吉莱]：

小提琴独奏 Serénade de Pierrot 滑稽家的夜歌

[彼埃罗（白衣小丑）的小夜曲]　　　　　　　　　　　赵年魁先生

4. G. Meyerbeer (1791—1864)：

Gnaden Air a 　 d. Oper "Robert der Teufel".　　　　本乐队

歌剧 "魔鬼罗别特" [《恶魔罗勃》] 中之赦歌

5. J. Ivanovici：

[J. 伊凡诺维奇，应是圆舞曲

《多瑙河之波》的作曲者]

Roses de l'Orient. 东方玫瑰　　　　　　　　　　　　同上

休息十分钟

第二部

6. Kèlér Béla（匈人 1820—1882）：　　　　　　　　　同上

Franzoesische Lustspiel Ouverture

法国喜剧的引子

7. A. Calvini [A. 卡尔维尼]：

On Commence (Polonaise) 开始（波兰舞曲）　　　　　同上

8. 秦汉子（隋朝）：　　　　　　　　　　　　　　　　刘天华先生

琵琶独奏 "十面埋伏"

9. M 　 Moszkowski (1854)：Valse d'amour 　 爱舞

[爱的圆舞曲]　　　　　　　　　　　　　　　　　　本乐队

10. R. Eilenberg (1848)：　　　　　　　　　　　　　同上

La chass au bonheur. 猎福 [追逐幸福]

　　　本晚演奏者本校导师之外尚有第一小提琴师全书荫，那全立，第二小提琴师孟范泰，大提琴师李廷贤，低音提琴师徐玉秀，第二觱栗师王广福，法国铜角师连润启，低音细管喇叭师潘振宗，八君临时加入。

[原载《日刊》民国十二年（1923 年）5 月 17 日（星期四）第三版]

581

（9）北大附设音乐传习所第十次音乐会

Symphony-Concert

日期：六月二日（星期六）晚八时　　　地点：景山东街第二院大讲堂

第一部

作曲者及曲目　　　　　　　　　　　　　　　　　　　演奏者

1.Mendelssohn(1809—1847)［门德尔松］：　　　　　本乐队

A Midsummer Night's Dream：夏夜梦

［《仲夏夜之梦》（戏剧配乐）］

a)Overture，引子［序曲，Op　21(1826)］

b)Scherzo，嬉戏的快板曲［谐谑曲］

c)Intermezzo，插曲［间奏曲］

d)Nocturno，夜曲

e)Wedding March，嘉礼进行曲［婚礼进行曲］

f)A Dance of Clowns，村人舞

g)Finale.末段［终曲］

休息十分钟

第二部

2. K. M. Weber(1786—1826)：　　　　　　　　　　本乐队

Ouverture "Der Freischuetz"

歌剧"自由射手"的引子

［《自由射手》（或《魔弹射手》）序曲］

3.琵琶独奏四曲：

（a）思春，(b)昭君怨，(c)泣颜回，(d)傍妆台　　　刘天华先生

4. A. Glazounow(1865)

［亚历山大·格拉祖诺夫，1865—1936，俄国作曲家］：　本乐队

Serenade 夜歌

5. A. Francis［A·弗朗西斯］：

Liberty for all (March) 众生自由（进行曲）　　　　同上

本乐队乐师姓名

钢琴嘉祉　　　　小提琴甘文廉　　　大提琴傅松林　　　霪栗王广福△

小提琴赵年魁　　　小提琴孟范泰△　　低音提琴徐玉秀△　　小铜角刘天华
同上那全立△　　　中音提琴乔吉福　　长笛李廷桢　　　　法国铜角连润启△
同上全书荫△　　　大提琴李廷贤△　　觱栗穆志清　　　　低音细管喇叭潘振宗△
　　　　　　　　　　　　　　　　　指挥萧友梅

有△号者为临时加入演奏员

秩序单之说明

　　本晚演奏《夏夜梦》之音乐，为德人棉爹尔士孙 Mendelssohn（1809—1847）所作，欲知其音乐之性质，须先将此套滑稽剧《夏夜梦》之大意略为说明于下：

　　此剧英文原名应译为《仲夏夜梦》为莎士比亚 Shakespear 的名作（1590），所演乃一种幻想的故事，而以梦境描写之。其事假定仙界之王与其后不和，因而分居，但两人均在希腊雅典附近之仙林，在此仙林中有二男二女互相恋爱——黑莲娜 Helena[海伦娜]恋狄米特律师 Demetrius [迪米特里厄斯]，狄米特律师恋黑迷亚 Hermia [赫米亚]，黑迷亚恋利三德 Lysander [莱桑德]，利三德恋黑莲娜——但均不能适其愿。仙界之王欧伯龙 Oberon [奥伯龙] 闻而怜之，乃命其侍人柏克 Puck 施用一种魔药令此四人各遂其所愿。

　　是时雅典之公爵地休十 Theseus [忒修斯] 将举行婚礼，有一工人团体组织游艺会，预备于公爵举行婚礼之日演出祝贺，彼等在此森林内练习时为柏克所驱逐。欧伯龙知此工人团体中有一人甚诚实，乃利用之，令其对其后提檀尼亚 Titania [泰坦尼亚] 演一恶剧，授[柏克]以丁香花液，令滴入其后之眼中，同时[将]该工人之头变作一驴首，而提檀尼亚因受了魔液之力，反尊此驴首之工人为爱神。其后欧伯龙以百合之棒解除一切魔术及纷扰。雅典公爵举行婚礼时，工人团体依照计划演做彼等的奇剧，黑莲娜嫁狄米特律师，黑迷亚与利三德结婚，欧伯龙自己亦与其后言归与好。

　　棉氏作此套音乐之引子时，年仅十七岁。起首用筚篥、长笛等乐器奏奇妙的和声，令人闻之，心神若在仙林之内，且见妖精仙女在月光之下嬉戏者然。第二段为月光与花香组织成的快板曲，第三段之插曲以极热之感情奏之，继以极恬静而有浓厚丁香花气之夜曲，[即]第四段，第五段为极雄壮华丽之嘉礼进行曲，第六段为村人之滑稽舞曲，至末段再用曲首之和声以回应全曲。

[原载《日刊》民国十二年（1923 年）5 月 31 日（星期四）第三版]

（10）北大附设音乐传习所第十一次音乐会秩序单

SYMPHONY-CONCERT

日期：十月七日晚八时　　　地点：景山东街第二院大讲堂

第一部

作曲者及曲目 演奏者

1. Kèlér Bela（匈牙利人 1820—1882）：

Ouverture romantique Op.75.传奇的引子 [浪漫的序曲] 本乐队

2. Ed.Grieg（那威人 1843—1907）：

Peer Gynt-Suite 裴尔斤连曲第一套 同上

a) Morgenstimmung，晨声

b) Ases Tod，欧氏死

c) Anitras Tanz，阿妮特拉之舞

d) In der Halle des Bergkoenigs 在山王殿内

3. Beethoven（德人 1770—1827）：

Trauermarsch Op.29 哀悼进行曲 同上

4. J.Strauss（奥人 1825—1899）：

Zigeunerbaron（Quadrille） 流氓男爵方舞

[轻歌剧《吉卜赛男爵》的方阵舞曲] 同上

休息十分钟

第二部

5. Mendelssohn（德人 1809—1847）：

A Midsummer Night's Dream 夏夜梦 同上

a) Overture 引子

b) Nocturno 夜曲

6. MacDowell（美人 1861—1908）

[爱德华·麦克道尔，美国作曲家、钢琴家]： 嘉祉先生

钢琴独奏 Witch Dance 巫舞 [女巫之舞] Mr.Gartz

7. Gastaldon [加斯塔尔顿]：

Verbotener Gesang 禁乐 本乐队

8. P.Siegfried [P·齐格弗里德]：

Unter Palmen（Boston Valse）椰子树下（波士顿旋转舞）

[波士顿圆舞曲] 同上

本乐队乐师姓名

钢琴嘉祉　　　　小提琴甘文廉　　　大提琴傅松林　　　小铜角王广福

小提琴赵年魁　　小提琴孟范泰△　　低音提琴徐玉秀△　小提琴那全立△

中音提琴乔吉福　长笛李廷桢　　　　法国铜角连润启△　小提琴全书荫△

大提琴李廷贤△　觱栗穆志清　　　　低音细管喇叭潘振宗△

指挥萧友梅

有△号者临时加入为演奏员［此处乐师未按声部排列］

秩序单之说明

此次演奏曲目之重要者为 Grieg［格里格］的第一套 Suite（连曲）［组曲］Peer Gynt，兹说明如下：

Ibsen 伊布仙［易卜生］（1828—1906）作的剧诗［诗剧］dramatic Poem《Peer Gynt》斐尔斤乃那威［挪威］诗家最著名作品中之一。裴尔斤（原为那威某故事中之伟人名）乃假定为一种幻想过度之人。本剧诗之裴尔斤乃一农人子，其父母初甚富裕，其后耗尽家资，只余母子二人，贫乏几不能自活。裴尔斤终日幻想，每思得一计，必以告其母，其母虽屡为所愚，然每次必信其计之能行也。裴之性质向来大胆自负，一日某处举行婚礼，竟夺其新妇，负之入山，置于山中，不顾而去，终夜与榨乳女等徘徊于山间，卒行抵一山王国，见国王之女而爱之。国王逐之出境。裴不得已返故里，及至家，其母 Ose 欧氏已垂死。然裴之天性尚未改变也。自是以后乃改业航海，不数年竟成一富商，行抵摩洛哥，在沙漠中遇 Beduin 卑杜陰［贝都因］酋长之女 Anitra 阿妮特拉而又恋之，然彼此皆知不能为夫妇。裴尔斤且常梦见其少时所爱之女子 Solvejg 娑路歪［索尔维格］，其人在本国日盼裴之归来。后裴返回时，年已不少，然尚能与娑路歪相见而完成其终身之爱。

Grieg 古力［格里格］用两套连曲描写此段故事，博得世界的大喝采，本晚演奏其第一套。此曲分为四大段，本为演此故事之用，均以管弦乐奏之，故又名管弦乐连曲 Orchester-Suite［管弦乐组曲］，其第一段曰《晨声》，乃牧歌性质，第二段《欧氏死》为全诗中最能感动人之一段，描写裴母欧氏死时，彼尚不知之，坐于其床侧，一味幻想而已；第三段为《阿妮特拉之舞》，描写裴在摩洛哥时遇阿之情景；第四段《在山王之殿内》描写山鬼把夜游下界之裴尔斤逐出情景。

第二部之《夏夜梦》为 Mendelssohn 的杰作，原曲甚长，本晚只演奏其引子及夜曲二段而已。

第六号为美国最著名作曲家之作品。

［原载《日刊》民国十二年（1923年）10月6日（星期六）第三版］

（11）北大附设音乐传习所第十二次音乐会秩序单

SYMPHONY CONCERT

日期：十月二十一日晚八时　　地点：景山东街第二院大讲堂

第一部

作曲者及曲目	演奏者

1. J. Strauss（奥人 1825—1899）：

Ouverture zur Operette "Carneval in Rom"　　　　　　　本乐队

歌舞剧"罗马快乐节"的引子

［轻歌剧《罗马狂欢节》序曲］

2. Ed. Grieg（那威人 1843—1907）：

Peer Gynt-Suite II　裴尔斤连曲第二套

［《培尔·金特》第二组曲］　　　　　　　　　　　　同上

a) Der Brautraub 夺新妇，［诱拐新娘和英格丽特的哀歌］

b) Arabischer Tanz 亚剌伯舞，［阿拉伯舞］

c) Peer Gynts Heimkehr 裴尔斤回国，［培尔·金特还乡］

（Stuermischer Abend an der Kueste 大风雨之夕抵岸）

d) Solvejgs Lied 娑路歪之歌，［索尔维格之歌］

3. Josef Haydn（奥人 1732—1809）：　　　　　　　　　同上

Die Himmel erzaehlen die Ehre Gottes 天述之神之名誉

（Chorus from the Oratorio "Die Schoepfung"）.

（祭神乐"创造"内之合唱曲）

休息十分钟

第二部

4. Mendelssohn（德人 1809—1848）：　　　　　　　　同上

Konzert Ouverture No. 3 "Meeresstille and glueckliche Fahrt"

第三音乐会引子"静海安航"。

［音乐会序曲《平静的海洋与幸福的航行》］

5. J. Gungl（匈牙利人 1810—1880）：

［约瑟夫·贡格尔，匈牙利作曲家、军乐队指挥］　　　　同上

Les cloches du soir（Valse）　暮钟（旋转舞）。

6. Rob. Vollstadt　　　　　　　　　　　　　　　穆立清先生

觱栗独奏 Sorgenfrei（Polka brillante）　　　　　　管弦乐伴奏

无忧（快活舞曲）［活泼的波尔卡］

7. L. van Beethoven(德人 1770—1827)：
Andante from the V. Symphony 本乐队
第五套大乐第二段［第五交响乐第二乐章行板］

8. J. Ivanovici(俄人)：
Kaiserreise-Marsch 巡狩进行曲 同上

秩序单之说明

　　剧诗《裴尔斤》之说明已见前次（第十一次）音乐会秩序单（参看本月六日日刊）兹不再赘。古力 Grieg 用两套连曲描写此段故事，前次已演奏其第一套，本晚演奏其第二套。此曲亦分四章：第一章曰《夺新妇》，描写裴氏之放荡不羁及被辱者之诉苦情形；第二章为《亚剌伯舞》，描写亚剌伯女子欢迎裴氏情景；第三章为《裴尔斤返国》描写将抵岸时适遇大风雨情形；第四章为《娑路歪之歌》，描写裴氏返国时再遇娑路歪，喜出望外，娑路歪乃唱歌安慰之。

　　第七号之大乐第二段亦极著名之曲。大乐 Symphonia(希腊语)一语字面原有"和谐"之意，其后转用以名复音的管弦乐乐曲。自十七世纪以来 Symphonia 逐渐发达，Haydn(1732—1809)作了一百零四套，W. A. Mozart(1756—1791)作了 41 套，然不过粗具形式而已，至 Beethoven 作的（共九套）出现之后，此种乐曲始告大成，其后作大乐者颇不乏人，然至今尚无出其右者。此种乐曲分四大段，首段快板，次段慢板，第三段或为轻板，或为快板，末段多用急板，蓋乐曲中之最大者，故译为大乐。演奏全套大乐常费时至一句钟之久，故本晚只选演 Beethoven 所作最著名的第五套大乐之第二段。

　　　　　　［原载《日刊》民国十二年(1923 年)10 月 20 日（星期六）第三版］

（12）北大附设音乐传习所第十三次音乐会秩序单

SYMPHONY CONCERT

日期：十一月四日晚八时　　　地点：景山东街第二院大讲堂

第一部

作曲者及曲目 演奏者

1. W. A. Mozart(奥人 1756—1791)：
Ouverture "Don Juan"。歌剧 "段元" 的引子 本乐队

2. Fr. Schubert(奥人 1797—1828):

Die unvollendete Symphonie 未完成大乐　　　　　同上

3. A. Calvini:

Les Lanciers de la Couronne(Quadrille)　　　同上
枪骑兵方舞

4. Ivanovici(俄人):

La Reine du bal. 跳舞会女后　　　　　　　　同上

休息十分钟

第二部

5. Adam(法人 1803—1856):

Ouverture "La Poupee de Nuremberg".　　　同上
歌剧 "纽伦陌傀儡" 的引子

6. W. A. Mozart:

管弦乐四部曲 Quartett No. 29. ［第 29 首弦乐四重奏］　　本所导师

7. J. Sibelius(芬兰人 1865)［西贝柳斯，1865—1957］:

Valse triste 悲舞 ［悲伤圆舞曲，Op. 44(1903)］　　本乐队

8. 琵琶独奏：文板四曲 （a）飞花点翠 （b）美人思月，
（c）梅花点脂，（d）月儿高。　　　　　　　　刘天华先生

9. Fr. Schubert:

Marche militaire No. 3. 第三军队进行曲　　　本乐队

［原载《日刊》民国十二年 11 月 3 日(星期六)第三版］

（13）北大附设音乐传习所第十四次音乐会秩序单

SYMPHONY CONCERT 大乐音乐会

日期：十二年十一月十八日下午三时　　　地点：景山东街第二院大讲堂

第一部

作曲者及曲目 演奏者

1. Beethoven(德人 1770—1827)

Ⅱ. Symphony 第二套大乐 ［第二交响乐］ 乐队全体

a) Adagio molto, Allegro conbrio；甚柔板，有元气的快板

b) Larghetto；小慢板

c) Scherzo(Allegro)；嬉戏曲（快板）

d) Finalo(Allegro molto)。末乐章（甚快板）

休息十分钟

第二部

2. Kèlér Béla(匈牙利人 1820—1882)：

Ungarische Konzert Ouverture 同上

匈牙利音乐会引子

3. H. C. Lumbye(丹麦人 1810—1874)：

小提琴独奏 （管弦乐伴奏） 赵年魁先生及乐队

Traumbilder Fantasie，梦幻

4. M. Moszkowski(波兰人 1854)：

Lieberswalzer. 爱舞［爱的圆舞曲］ 乐队全体

5. P. Tschaikowsky(俄人 1840—1893)［柴科夫斯基］：

Troika Fahrt. 三马驾车出游

［《四季》中的十一月《雪橇》］ 同上

6. Ed. Strauss：

Flocon de Neige(Polka fran　aise)雪花

（法国式快板舞曲）［法国波尔卡］ 同上

秩序单之说明

  德国模范作曲家贝吐芬 Beethven 亦有人称为乐圣，以其能集大成也。贝氏著作甚多，其中最著名而最大者为九套大乐。第十二次音乐会所演奏者不过其第五套大乐之第二章，本日特演奏其第二套大乐全套。此套大乐乃贝氏 1802 年所作，赠与 Lichnowsky［利奇诺夫斯基］公爵者。

  至于贝氏所作大乐之说明，诚如 Arthur Elson［阿瑟·埃尔森，1873—1940，美国音乐学家］之言"虽罄字典内之形容字不足以描写之"。此种伟大著作之说明，非看专书不可，此处不过略述此套大乐各章之大概而已：

  首章分两大段，首段为慢板极华美总冒，次段转到快板，其中分三个主题，首题有

活泼性质，次题略同首题，唯带武勇性质，第三题转到小调结束之。

次章之性质如"歌"，其主题贝氏曾用以作歌。

第三章有小步舞曲（Minuet）之形式，唯所用之快较快于小步舞曲。贝氏特用 Scherzo［谐谑曲］之名代之。末段快板，性质活泼，收时用雄壮广大之和声。

第三号为丹麦著名的舞曲作曲家。本日演奏之《梦幻》亦是由各种舞曲组成者。第五号为俄国的名作，《三马驾车出游》乃蔡氏（Tschaikowsky）所作四季曲（The Seasons）集内之一曲。

第二第四两号均为匈牙利，波兰两国的名作。

［原载《日刊》民国十二年（1923 年）11 月 17 日（星期六）第三版］

（14）北大附设音乐传习所第一次学生演奏会

（传习所成立一周年纪念）

秩序单

日期：十二年十二月十二日晚七时半　　　地点：北河沿本校第三院大礼堂

开会词

曲目	演奏者	作曲者
1. 合歌"祝音乐教育中兴"（二部）	歌队全体	萧友梅

2. 钢琴独奏：

2 Valses 旋转舞二曲	a）师范科杨没累女士（杨先生组）	
	b）选科　汤树人女士（杨先生组）	Bayer［拜耳］

3. 同上：

Fr hlicher Landmann

快乐的农夫	师范科余子慧女士（杨先生组）	Schumann［舒曼］
		（德人 1910—1856）

4. 琵琶胡琴合奏：

"满江红"　　　　　吴伯超，储振华，孙耀祖，

王骋，吴益泰，张埙，张瑜七人

5. 钢琴联弹：

Rondo 轮旋曲［回旋曲］　　选科张星云女士（杨先生组）Diabelli（意人 1781—1858）

师范科吴立卿女士　　　　　［安东尼奥·迪亚贝利，

奥地利作曲家音乐出版商］

6. 小提琴独奏：

Berceuse de Jocelyn 摇床歌［摇篮曲］　　选科周学昌君（赵先生组）　B. Godard

（法人 1849—1895）

7. 合歌（a）"晨歌"，

（b）"种菊"（二部）　　　　歌队全体　　　　　　萧友梅

8. 钢琴独奏：

Elsas Brautzug zum Muenster Elsa　选科欧阳爱女士　　　　Richard Wagner

入庙举行嘉礼时的进行曲　　　　　（嘉先生组）　　　　（德人 1813—1883）

（见歌剧 "Lohengrin"）

［《罗恩格林》的婚礼进行曲］

9. 同上：Chaconne

法国古舞曲［夏空舞曲］　　　选科佟席珍君　　　　Durand（法人 1830—1909）

（嘉先生组）　　　　［奥古斯特·迪朗，法国青年评

论家、作曲家、出版商］

10. 琵琶独奏：

"汉宫秋月"四曲 师范科吴伯超君　　见 "瀛洲古调"

休息五分钟

11. 钢琴独奏：

Venetian Gondellied

温涅池的櫂歌［威尼斯船歌］　　师范科储振华君（嘉先生组）　Mendelssohn

（德人 1809—1847）

12. 钢琴独奏：

Barcarolle aus

"Hoffmanns Erzaehlungeh"　　选科刘怡顺女士　　　J. Offenbach［奥芬巴赫］

歌剧 "何夫门的故事"中之一阕　（嘉先生组）　　（德人 1819—1880）

［《霍夫曼的故事》中的船歌］

13. 合歌（a）"归鸦"，

（b）"雪后"（二部）　　　歌队全体　　　　　　萧友梅

14. 钢琴独奏：

Troika Fahrt　　　　　　　　选科萧妙珍女士　　　　Tschaikowsky

三马驾雪橇出游［雪橇］　　　　（嘉先生组）　　　　（俄人 1840—1893）

15. 琵琶独奏：
a) 月儿高，b) 小银枪，　　　　储振华君　　　　见"瀛洲古调"
c) 晴蜓点水，d) 寒雀争梅，
e) 狮子滚绣球，f) 凤凰展翅。

16. 钢琴独奏：
Chanson Russe 俄人之歌　　　　吴伯超君（嘉先生组）　　　　Sidney Smith
　　　　　　　　　　　　　　　　　　　　　　　　　　　　［西德尼·史密斯］
　　　　　　　　　　　　　　　　　　　　　　　　　　　　（英人 1839-1889）

17. 同上：
Albumblatt für Elise 赠爱理氏曲　师范科吴立卿女士　　　L. v. Beethoven
［献给爱丽丝］　　　　　　　　　（杨先生组）　　　　　（德人 1770—1827）

18. 琵琶胡琴合奏："花花六板"　储振华，吴伯超，吴益泰，王骋四人。

19. 钢琴联弹：
Spanish Dance A moll 西班牙舞曲　刘怡顺，欧阳爱女士　　　Moszkowski
　　　　　　　　　　　　　　　　　　（嘉先生组）　　　　　（波兰人 1854）

20. 合歌：（a）"晚歌"
（二部），（b）"尽力中华"　　　歌队全体　　　　（a）萧友梅（b）採佛经调

本校附设音乐传习所启事

启者：本月十二日（星期三）为本所成立一周年纪念日。兹定于是晚七时三十分起在第三院大礼堂开第一次学生演奏会，以资纪念，并聊表学生成绩。届时务希教职员诸先生驾临指教。所有入场券随本月十二日日刊分送（如未收到者请向送日刊人索取可也）。

［原载《日刊》民国十二年 12 月 11 日（星期二）第四版］

（15）北大附设音乐传习所第十五次音乐会秩序单

日期：十二年十二月十七日下午三时　　地点：北河沿本校第三院大礼堂

第一部

1. Kèlér Bèla：纪念会引子 　　　　　　　　　　乐队全体

2. Beethoven： 　　　　　　　　　　　　　　　同上
第二套大乐　Ⅱ. Symphony
(a) 甚柔板，有元气的快板；
(b) 小慢板；
(c) 嬉戏曲（甚快板）；
(d) 末章（甚快板）；

第二部

3. Fr. v. Suppè：凯旋引子 　　　　　　　　　　同上

4. B. Godard：小提琴独奏：忧思 　　　　　　　赵年魁先生
　　　　　　　　　　　　　　　　　　　　　　杨仲子先生伴奏

5. M. Moszkowski：Malaguena. 西班牙舞 　　　乐队全体

6. C. Lemaire：拨复挑 　　　　　　　　　　　同上

7. 萧友梅：新霓裳羽衣舞 　　　　　　　　　　同上

8. Mozart：土耳其式进行曲 　　　　　　　　　同上

秩序单之说明

　　此次演奏的乐曲约分四种：（一）引子，凡音乐会或歌剧未开幕前常演奏者（1、3两号）；（二）大乐 Symphony，为乐曲中之最大者；（三）舞曲，5、7 两号皆是，但两曲性质不同；（四）进行曲，此次只演奏两拍子快板者（第八号）；4、6 两号皆法人极轻细的作品。

　　德国模范作曲家贝吐芬 Boothovon 亦有人称为乐圣，以其能集大成也。贝氏著作甚多，其中最著名而最大者为九套大乐。第十二次音乐会所演奏者不过其第五套大乐之第二程［乐章］，本日特演奏其第二套大乐全套。此套大乐乃贝氏 1802 年所作，赠送与 Lichnowsky 公爵者。

　　至于贝氏所作大乐之说明，诚如 Arthur Elson 之言"虽罄字典内之形容字不足以描写之"。此种伟大著作之说明，非看专书不可，此处不过略述此套大乐各章之大概而已：首章分两大段，首段为慢板极华美的总冒，次段转处［原文如此，"处"应是"为"］快板，其中分三个主题，首题有活泼性质，次题略同首题，惟带武勇性质，第三题转到小调结束之。

次章之性质如"歌"其主题贝氏曾用以作歌。

第三章有小步舞曲（Minuet）之形式，惟所用之板较快于小步舞曲。贝氏特用 Scherzo 之名代之。

末章快板，性质活泼，收时用雄壮广大之和声。

至于霓裳羽衣舞一曲本为唐代之名作，然而失传久矣，惟其曲之组织大体尚可从白居易之霓裳羽衣舞歌中忖度得一二。歌内有言"散序六奏未动衣"足见此曲之有序（Introduction），又云"中序擘初入拍，秋竹竿裂春冰坼；飘然旋转回雪轻，嫣然纵送游龙惊"，足见散序奏完始入舞拍，且其舞为旋转舞（Valse）矣；又云"繁音急节十二遍，……唳鹤曲终长引声"，足见此曲散序之后，有十二段，且其尾声为慢板长声，故此曲慢散序之后，始入舞拍，分十二段，各段曲调均有变化，惟俱用快板，尾声用慢板长声以结此曲。惟白氏所云散序六奏之"六奏"，如作六次解，为近代作曲家所不用（西乐曲每段至多复奏三次），故本曲散序只用六乐句，且不反复演奏。惟曲调内容以用五声音阶为主，表示追想唐代之音乐也。

[原载《日刊》民国十二年（1923 年）12 月 15 日（星期六）第四版]

（16）音乐传习所第十六次音乐会秩序单

日期：[一九二四年] 四月十九 [日] 晚八时　　地点：第二院大礼堂

作曲者及曲目　　　　　　　　　　　　　　　　演奏者

1. Rossini（意人 1792—1863）：

Ouverture "Il Barbiere di Seviglia".　　　乐队全体
歌剧"塞维雅之理发匠"之引子
[《塞维利亚理发师》序曲]

2. Gastaldon,

Musica Proibita. 禁乐 [此处用意大利文]　　同上

3. J. Haydn（奥人 1732—1809）：

London Symphony 伦敦大乐 [《伦敦交响乐》，No. 104]　　同上

a) Adagio, Allegro；首章　柔板之后快板；

b) Andante；次章　行板；

c) Menuetto Allegro；三章　快板的小步舞；

d) Finale Allegro spiritoso. 末章　存精神的快板。

4. F. Waldteufel（德人 1837—1915）:
Nuee d' oiseaux 雁群　　　　　　　　　　　　　　　同上

第二部

5. O. Nicolai （德人 1810—1849）
［奥托·尼古拉，德国作曲家、指挥］:
Overture "Merry Wives of Windsor"　　　　　　　　同上
歌剧 "Windsor 的快活妇人" 的引子
［《温莎的风流娘儿们》序曲］

6. Depret（法人）:
Sourire d' Avril 四月笑（回旋舞）　　　　　　　　　同上

7. Mendelssohn（德人 1809—1847）:
Concert-piece "Capriccio brillant" Op. 22　　　　　嘉祉先生及乐队
钢琴独奏：音乐会演奏曲 "快活杂感"（管弦乐伴奏）
［《辉煌随想曲》］

8. L. Sinigaglia（意人 1863）
［利昂纳·西尼加利亚，1863—1944，意大利作曲家］:
Dance of Piemontesi.　　　　　　　　　　　　　　乐队全体
意大利舞［皮埃蒙特舞曲］

9. G. Meyerbeer（德人 1791—1894）:
Krö. nungsmarsch. 加冕进行曲　　　　　　　　　　同上

595

秩序单之说明

　　西洋独奏乐曲之最长者为 "Sonata"（译为 "大曲"），在 Haydn 以前 "大曲" 之形式尚无一定，有长至五六章者，有仅由两章组成者；形式既无定，作品亦不多，至 Haydn 始完成大曲之形式，用三个乐章组成之。其后 Mozart，Beethoven 两模范作曲家均依此式作成许多大曲。音乐史家逐称此三人为大曲作曲家。

　　Haydn 更扩张大曲之形式为四章，制谱用管弦乐演奏，名之曰 "Symphony"，乐曲之大无过于此，吾人译名 "大乐"。Haydn 作的大乐有一百十九套之多（尚有数套不在内，传说非 Haydn 的手笔），本晚演奏者乃其最著名作品之一，本为伦敦而作，故有伦敦大乐之名，英美人士甚欢迎之。

　　第四号曲用各种乐器描写群雁之鸣声。

　　第七号曲为 Mendelssohn 杰作之一，以钢琴为主体，管弦乐伴奏之；此曲节奏甚急，独奏者须有极敏捷轻快之技术与快活之表情，方可发挥尽致。伴奏者须有尖锐的节奏感觉，务使节拍丝毫不错，方不失此曲之精神。

第八号用意大利 Piemontesi ［皮埃蒙特］的民歌曲调谱成舞曲。

第九号曲见歌剧 "Prophet"（预言者）［《先知》］，曲虽甚短，惟节奏甚新奇，为进行曲中之不可多得者。

［原载《日刊》民国十三年（1924 年）4 月 19 日（星期六）第三版］

（17）音乐传习所第二次学生演奏会秩序单

［一九二四年］六月五日晚八点　　　北河沿第三院大礼堂

作曲者及曲目　　　　　　　　　　　　　　演奏者

1. 合歌

a) 刘斐烈：三民歌

b) 萧友梅："歌"与"春及花"（二重音）　　　师范科学生

2. 钢琴独奏

a) Forster ［福斯特］："Tom' boy"［顽皮女孩］　　　同上王骋

b) Forster："Strolling musician"［流浪音乐家］　　　同上储振华

3. 钢琴独奏

A. Kennedy ［A. 肯尼迪］：

"Star of the sea"［海之星］　　　选科汤树人女士

4. 琵琶独奏二曲：

a) 美人思月，b) 月儿高（见瀛洲古调）　　　王骋

5. 钢琴独奏：Oesten ［厄斯滕］：

"Sunset on the Alps"［日落阿峰］　　　选科欧阳爱女士

6. Ryder ［赖德］：

"Blue Bell of Scotland"［苏格兰风铃草］　　　选科李光华女士

7. 琵琶二胡合奏：梅花三弄　　　　　吴伯超，储振华，吴益泰，张堉，王骋五人

8. Kileinnickel ［基莱因尼克尔］：

"All' Ongarese"［匈牙利风格］　　　罗炳之，吴伯超

9. Richards [理查兹]：
"Warblings at Eve" [小鸟晚唱] 选科刘怡顺女士

10. Kuhnau："Sonatine" Op. 88. No. 3 [小奏鸣曲] 师范科吴伯超

11. 合歌
a) 萧友梅："听"
b) 同上：燕蝶
c) 同上：春华篇四折（三重音） 师范科学生

12. Neumann [纽曼]：
"Cheerfulness" [兴高采烈] 师范科王骋，储振华

13. Becucci [贝库奇]：
"Last Hope" (Nocturne) [夜曲《最后的希望》] 选科萧妙珍女士

14. 琵琶独奏：快板九曲（见瀛洲古调） 储振华

15. Lefébure Wély [勒费比勒-韦利]：
"Les cloches du Monastere" [修道院的钟声] 师范科吴立卿女士

16. 二胡合奏
刘天华："病中吟" 吴伯超储振华

17. 钢琴独奏
Ivanovici："Flots du Danube" [多瑙河之波] 师范科余子慧女士

18. 琵琶独奏
王维：霸王卸甲 吴伯超

19. Favager [法瓦热]："Faust" Fantasia
["浮士德" 幻想曲] 选科罗炯之

20. 合歌
a) 萧友梅：古歌者赞（三重音）
b) 萧友梅：饯春（二重音） 师范科学生

[原载《日刊》民国十三年（1924 年）6 月 5 日（星期四）第三版]

（18）音乐传习所第十七次演奏会秩序单

Symphony Concert

十三［1924 年 12 月 13 日］　　　　　晚八时在第二院大讲堂

第一部

作曲者及曲目	演奏者
1. L. van Beethoven（德人 1770—1827）：	
The V. Symphony［第五交响乐］	乐队全体
a) Allegro con brio, b) Andante con moto,	
c) Allegro, d) Allegro, Presto.	

休息十分钟

第二部

2. Keler Bela（匈牙利人 1820—1882）：	
Jubilaeumsfeier(Fest-Ouverture)［纪念会序曲］	同上
3. M. Moszkowski（波兰人 1854）：	
Valse d'amour［"爱的圆舞曲"，此处用法文］	同上
4. 琵琶独奏：玉玲珑（集瀛洲古调）	刘天华先生
5. Mendelssohn（德人 1809—1847）：	
a) A Dance of Clowns,	
b) Wedding March	乐队全体

说　明

　　德国模范作曲家贝吐芬（Beethoven,）亦有人称为乐圣，著作甚多，其中最著名而最伟大者为九套大乐。本晚所演乃其第五套，北京外国人所开音乐会向来未曾演过，本所自本年暑期起练习至今，几及半年，始可开演，其技术之难可以想见。

　　至于贝氏所作大乐内容之佳，诚如 Arthur Elson 所谓"虽罄字典内之形容字，不足以描写之。"此种伟大著作之说明，非看专书不可。此处不过略述此套大乐各章之大概：

　　首章主眼只由两节组成，而此两节之内只有四个音（以简谱表示之为 0 3 3 3｜1— ｜），全章曲调均由此四音变化而成。

　　次章组织为贝氏杰作之一好例，全章由两个主题组成，第一个主题性质和平而静，而声调如歌曲，第二个主题性质雄壮。

598

第三章为一种神秘不可思议的滑稽曲，音调忽隐忽显，时重时轻。

末章为一种快乐凯旋的性质，中间回忆第三章之一部分，末尾描写万众欢呼之声，至于无止境。

有人以作首章主眼之四音，比拟敲门警告之声，以次章之第一主题比拟心平气和提倡之声，以次章之第二主题比拟奋勇前进之声，以第三章之曲调比拟一种神秘滑稽之行动，以末章比拟凯旋欢呼之声；又有人批评此曲为描写从黑暗世界逐渐奋斗达到光明世界的感想。果尔则此套大乐直描写吾国三十年来革命史的音乐矣。

（19）音乐传习所第十八次秩序单

[一九二五年] 一月十七日下午四时　　地点第二院大讲堂
Symphony Concert

第一部

作曲者及曲目	演奏者
1. G. A. Lortzing: Ouverture zur Oper "Wildschütz"	乐队全体
2. G. A. Lortzing: [此行似乎重复]	
3. J. Haydn: Military Symphony [《军队》交响乐，No 100] a) Adagio, Allegro, b) Allegretto, c) Menuetto, d) Finale, Presto	同上

第二部

4. Kélèr Béla: Ouverture Comique [喜剧序曲]	同上
5. Ed. Grieg: Peer Gynt Suite I a) Le matin, b) La mort d' Ase c) La danse d' Anitra, d) Danse la halle du roi de montagne. [此处小标题用法文]	同上
6. W. Balfe: Cavatine tiree de l' Opera "Bohemienne" [歌剧《波希米亚女郎》中的谣唱曲]	同上
7. Mozart: Alla Turca [《土耳其进行曲》，此处用法文]	同上

说明

　　Ibsen（1828—1906）作的剧诗 "Peer Gynt" 乃那威诗家最著名作品中之一。裴尔斤乃假定为一种幻想过度之人。本剧诗之裴尔斤一农人子，其父母初甚富，其后耗尽家资，只余母子二人，贫乏几不能自活。裴尔斤终日幻想，每思得一计，必以告其母，其母虽屡为所愚，然每次必信其计之能行也。裴之性质向来大胆自负，一日某处举行婚礼，竟夺新妇，负之入山，置于山中，不顾而去，终夜与榨乳女等徘徊于山间，卒行抵一山王国，见国王之女而爱之。国王逐之出境。裴不得已乃返故里，及至家其母欧氏已垂死。然裴之天性尚未改变也。自是以后乃改业航海，不数年竟成一富商，行抵摩洛哥，在沙漠中遇 Beduin 酋长之女阿尼特拉而又恋之，然彼此皆知不能为夫妇，裴尔斤且常梦见其少时所爱之女子娑路歪，其人在本国日盼裴之归来，后裴返国时，年已不少，然尚能与娑路歪相见而定其终身之爱。

　　Grieg 用两套连曲描写此段故事，博得世界大喝采，本晚演奏其第一套。此曲分为四大段，本为演此故事之用，均以管弦乐奏之，故又名管弦乐连曲 Orchester Suite。其第一段曰"晨声"，乃牧歌性质；第二段"欧氏死"为全诗中最感动人之一段，描写裴母欧氏死时，彼尚不知之，坐于其床侧，一味幻想而已；第三段为"阿尼特拉之舞"，描写裴在摩洛哥遇阿之情景；第四段"在山王之殿内"描写山鬼把夜游下界之裴尔斤逐出情景。

　　附注：军事大乐第三章作法有许多 Syncopation，此种节奏译名变强弱［切分音］，吾国乐界称为腰板或腰眼。第四章作法与裴尔斤连曲第一段的后半段有许多地方，各弦乐器先后加入，非同时演奏，骤听之以为节拍不齐，其实两曲作法原来如是，前次演奏之"爱舞"亦然，特再声明几句，以免听者误会。

　　　［原载《日刊》第 1617 号，民国十四年（1925 年）1 月 17 日（星期六）第一版］

（20）音乐传习所第十九次演奏会

（纪念孙中山先生大乐音乐会）

　　　［一九二五年］三月二十八日下午八时在景山东街第二院大讲堂

秩序单

1. L van Beethoven（德人 1770—1827）：

Sinfonia Eroica［《英雄》交响乐］

"Composta per festeggiare il sovvenire d' un grand' uomo"

［"为纪念一位伟人而作"］。

a)Allegro con brio，b)Marcia funebre.Agadio assai，
c)Allegro vivace，d)Finale.

2. L. van Beethoven:Overture "Egmont".

3. 萧友梅："悼孙中山先生"op.24(哀悼进行曲)

4. Gastaldon:Musica Proibita.

5. Chopin(波兰人 1810—1849)：Marcia funebre Op.35 [葬礼进行曲]

6. A.Francis:Liberty for all(March)

说　明

　　贝吐芬（Beethoven）为模范作曲家之领袖，所遗下乐曲多不朽之著作，后代作曲家几无不视为最好的模范者。贝氏品格极高尚，且酷爱民治主义，1804 年当其作第三套大乐时，因倾慕拿破仑之主张民权主义，特作一美丽封皮，上面书明"大乐一套，贝吐芬谨呈与拿破仑 1804 年 8 月"字样，预备俟有相当之机会正式送去巴黎。待至翌年五月，拿破仑称帝之消息传到奥京维也纳，其弟子 Ries［里斯］即报知贝氏，贝氏闻之大怒，立将封皮撕下，盖深恶拿破仑之诈伪也（当日撕下之封面尚在奥京图书馆保存）。其后贝氏另题此套大乐为"英雄大乐"，并注明"为纪念一伟人而作"字样。即此一端足见贝氏人格之高尚与所抱主义之坚定矣。拿破仑因所抱之民权主义不能贯彻，以至失去领受贝氏大乐之机会，可知欲得此套"英雄大乐"者非有相当之人格不可。使贝氏生在今日而知有坚持民权主义始终不改变其宗旨如孙中山先生其人者，当必以拟赠拿破仑之大乐转赠与中山先生矣。吾人今日为纪念孙中山先生故，特奏此曲。

[原载《日刊》民国十四年（1926 年）3 月 27 日（星期五）第二版]

601

（21）音乐传习所第二十次演奏会秩序单

（Symphoy-Concert 大乐音乐会）

　　日期：（一九二五年）四月二十五日晚八时　　地点：第二院大讲堂
演奏者　乐队全体

作曲者及曲目
1. L. van Beethoven(1770—1827)：

The VI. Symphony(Pastorale)第六套大乐（牧歌大乐）

a)Allegro ma non troppo,首章快板但不太过,

Awakening of joyous feeling at the arrive in the country.抵乡时快感之兴起.

b)Adante molto moto,次章颇快的行板,

Scene by the river.溪边景象,

c)Allegro,三章 快板,

Gay meeting of the peasants.乡人欢聚。

d)Allegro,四章 快板,

Thunder storm.大雷雨, Tempest.暴风雨。

e)Allegretto,末章 小快板

Shepherd's song.牧歌

Gay and thankful feelings after the Tempest.暴风雨后愉快而感谢的感想。

2.0.Nicolai(德人 1810—1849)：

Overture "Merry Wives of Windsor."

歌剧 "Windsor 快活妇人" 的引子

3.Depret：

Sourire d' Avril 四月笑（旋转舞）

4.K Mill cker(奥人 1842—1899)［卡尔·米勒凯，奥地利作曲家、指挥家］：

Quadrille.方舞［方阵舞曲］

5.K.Komzak：

2 Volksliedchen 民歌二阕

6.C.M.Ziehrer(奥人 1843)：

Nervoes.牢骚

秩序单之说明

乐曲之种类甚多，若从音乐性质上区别之，可分为两大类：

（一）绝对的音乐（Absolute Musik）借音乐符号发表人类的内部生活，其乐曲无一定题目，故演奏者与听者可各有一种之解释；

（二）说明的音乐（Program Musik）与前者正相反，有一定的题目，用音乐描写出来，无论何人须依其题目所标示而释之，故此两种音乐亦可以 "主观的""客观的" 名之。

十八世纪以前西洋乐曲多属主观的，其间虽有作客观的音乐者（如法之 Couperin

1668—1733，Rameau 1683—1764，德之 Pachelbel 1653—1706，Kuhnau 1660—1722）然不多见。自乐圣贝吐芬 Beethoven 的第六套大乐出现之后，努力作说明的音乐者日见增加，至前世纪末二十世初达于极点，如法之 Berlioz(1803—1869)，匈之 Liszt(1811—1886)，德之 Wagner(1813—1883) 及 R. Strauss(1884)皆此类作曲家之代表者。

贝氏的第六套大乐描写乡间风景。分五大段：第一段写抵乡时快感之发生；第二段溪边景象，描写溪水流声，而以黄莺及布谷鸣声完结之；第三段快板描写村人欢聚舞蹈景象；第四段以低音提琴及大提琴、旋转鼓［定音鼓］描写雷声，以小提琴描写风声；第五段为牧歌体，描写风息雨止之后一种愉快而感谢的感想，末三段接连演奏。全曲约需五十分钟方可演完，为模范曲中最佳作品之一，以模范作曲家之贝吐芬而作说明的音乐，可称为双美者也。

[原载《日刊》民国十四年（1925 年）4 月 25 日（星期六）第一版]

（22）音乐传习所第四次学生演奏会秩序单

[一九二五年] 五月三十日晚八时　　　　　第三院大礼堂

第一部

作曲者及曲目　　　　　　　　　　　　　演奏者

1. 合歌

萧友梅：a) 燕歌辞

　　　　b) 大明湖月夜　　　　　　　　歌队全体

2. 钢琴独奏

Beethoven: 3 Valses

旋转舞三曲 ［圆舞曲三首］　　　　　选科许存孝君（杨先生组）

3. 钢琴独奏

Oesten: Alpine Songs Op. 50，No. 6. 山歌 ［阿尔卑斯山歌］

　　　　　　　　　　　　　　　　师范科骆淑英女士（杨先生组）

4. 琵琶独奏

瀛洲古调：快板六曲　　　　　　　师范科王骋君（刘先生组）

5. 钢琴独奏

Richards: Warblings at Eve 小鸟晚唱　　　选科汤树人女士（杨先生组）

6. 钢琴独奏

A. Goria [A. 戈里亚]：Mazurka　Op. 5. 波兰踏曲 [马祖卡]

师范科张星云女士（杨先生组）

7. 二胡独奏

刘天华：空山鸟语　　　　　　　　　　师范科储振华君（刘先生组）

8. 钢琴独奏

Oesten: Sunset on the Alps. 日落阿峰　　师范科王骋君（嘉先生组）

9. 琵琶独奏

瀛洲古调：汉宫秋月　　　　　　　　　师范科储振华君（刘先生组）

10. 二钢琴合奏

Clementi [穆齐奥·克莱门蒂，1752—1832，英国钢琴家、作曲家]：

Sonata in Bb major 大曲（大下B调）[^{b}B大调奏鸣曲]

师范科余子慧吴立卿女士（杨先生组）

604

第二部

11. 合歌

萧友梅：a)"歌"歌

b) 杨花　　　　　　　　　　　　　　歌队全体

12. 钢琴独奏

Chopin: Valse Op. 69, No. 1　　　　师范科余子慧女士（杨先生组）

旋转舞

13. 二胡独奏

刘天华：病中吟　　　　　　　　　　预甲二年级徐炳麟君（刘先生组）

14. 钢琴独奏

Mendelssohn: Song without Words Op. 19, No. 3.

猎歌（无词曲）[无词歌]　　　　　　选科袁慧熙女士（嘉先生组）

15. 琵琶独奏

瀛洲古调：十面埋伏（大套）　　　　吴伯超君（刘先生组）

16. 钢琴独奏

Chopin:NocturneOp.9, No.2.

夜曲　　　　　　　　　　　　　　师范科吴立卿女士

17. 钢琴独奏

Schubert:ImpromptuOp.90, No.4.

即席作［即兴曲］　　　　　　　　师范科吴伯超君（嘉先生组）

18. 钢琴管弦六部合奏

E.Toselli:Serenata

夜歌　　　　　　　　　　　选科袁慧熙女士与本所导师（嘉先生组）

19. 钢琴独奏

Weber：Aufforderung zum Tanz.

请求跳舞　　　　　　　　　　　　选科罗炯之君（嘉先生组）

20. 丝竹合奏

刘天华编：变体新水令　　　张星云女士吴伯超君储振华君王骋君张埆君吴益泰君
　　　　　　　　　　　　　徐炳麟君邓文辉君李光涛君张林君等（刘先生组）

21. 二钢琴合奏 Mozart:Sonata in D major I part.D 调大曲首章
　［D 大调奏鸣曲第一乐章］

　　　　　　　　　　　　选科罗炯之君,师范科吴伯超君（嘉先生组）

［原载《日刊》民国十四年（1925 年）5 月 29 日］

605

（23）本校附设音乐传习所师范科毕业音乐会

一九二六年六月八日　　　　　　　本校第二院大讲堂

票价一元（一律无折扣）售票处一、二院东西斋号房

北大音乐会演奏单

第一部

作曲者及曲目　　　　　　　　　　演奏者

1. Kèlér Bela:Italienische Schauspiel-Ouverture

意大利戏剧引子　　　　　　　　　钢琴选科罗炯之及乐队（嘉先生组）

2. 二胡合奏

刘天华：病中吟   师范科储振华君选科吴益泰君

3. Depret: Sourire d'Avril

四月笑（旋转舞）   师范科吴立卿女士及乐队（杨先生组）

4. 合歌二阕

a)Ed. j.Walt［埃德·J.沃尔特］：

Lassi O' Mine［我的姑娘］

b)Zo Elliott［佐·埃利奥特］：

There's a Long, Long Trail［长长的小路］   师范科学生

5. Mozart: Minuetto of the Symphony in E^b

下 E 调大乐内之小步舞

［^{b}E大调交响乐的小步舞曲］   师范科余子慧女士及乐队（杨先生组）

6. 二胡独奏

刘天华：月夜   选科徐炳麟君

7. 钢琴独奏

Mendelssohn: Rondo Capriccioso Op.14.   师范科吴伯起君

幻想轮旋曲［随想回旋曲］   （嘉先生组）

8. Mozart: 9th Concerto for Pianoforte in E^b Major Finale

第九套钢琴音乐会曲末章

［^{b}E大调第 9 钢琴协奏曲（K271）末乐章］   钢琴选科袁慧熙女士及乐队（嘉先生组）

休息十分钟

第二部

9. C. Binder［卡尔·宾德，1816—1860，奥地利作曲家、指挥家，根据非法传入维地纳的声乐谱为奥芬巴赫的轻歌剧配器］：

Ouverture "Orpheus in der Unterwelt"

歌剧"阿佛士入地狱"引子［奥芬巴赫轻歌剧《地狱中的奥尔菲斯》序曲］

                                  钢琴选科萧福媛女士及乐队

10. 合歌

O. Speaks［奥利·斯皮克斯，1874—1948，美国男中音歌唱家、作曲家］：

On the Road to Mandalay［通往曼德莱之路（作曲家最著名的两首歌曲之一）］

吴伯超，王骋，张埙三君

11. 钢琴及弦乐四部合奏

a) Mozart:Larghetto of the Kr　nungskonzert　　余子慧女士及导师

加冕音乐会曲中之中段

b) Toselli：Serenade 夜歌　　　　　　　　骆淑英女士及导师（杨先生组）

12. 丝竹合奏

集曲巧玉连环　　　　　　　　　　　　　吴伯超张埙吴益泰徐炳麟王骋

徐义衡张林林棠华储振华九君

13. Gastaldon: Musica Proibita　禁乐　　　师范科吴伯超君及乐队

14. 合歌

萧友梅：a) 汤山　b) 杨花

15. 觱栗独奏　　　　　　　　　　　　　　穆志清先生

Vollstadt:Sorgenfrei 无忧　　　　　　　吴立卿女士及乐队伴奏

16. 琵琶独奏

李芳园编：平沙落雁师范科　　　　　　　吴伯超君

17. 钢琴独奏曲

a) Chopin:Valse Op.70.No.1 旋转舞

　［圆舞曲 Op.70 No.1］　　　　　　　钢琴选科罗炯之君（嘉先生组）

b) Ed. Grieg:Sonata Op　7I Part.第七模范大曲首章［第 7 奏鸣曲第一乐章］

18. Mozart:23th Concerto for Pianoforte in A Major

Finale 第二十套钢琴音乐会曲末章

　［A 大调第 23 钢琴协奏曲末乐章］　　钢琴选科萧福媛女士及乐队（杨先生组）

本乐队乐师姓名

钢琴嘉祉　　　　　小提琴孟范泰*　　　低音提琴徐玉秀*　　觱栗王广福*

小提琴赵年魁　　　中音提琴乔吉福　　　长笛李廷桢　　　　法国铜角连润启*

小提琴那全立*　　　大提琴李廷贤　　　　洋管李延生*　　　细管喇叭潘振宗*

小提琴全书荫*　　　大提琴张恩元*　　　觜栗穆志清　　　　旋转鼓甘文廉
　　　　　　　　　　　　　　　　　　　指挥萧友梅

有*号者为临时加入演奏员

［原载《日刊》民国十五年（1926 年）6 月 8 日
（星期二）第二版，音乐会消息原载同一份《日刊》第一版］

（24）本校钢琴教员嘉祉先生告别音乐会预告

嘉祉先生来华教授音乐已经七载，历任北大、女大、艺专等校教职，成绩卓著，有口皆碑，无庸赘述。兹先生应南美智利音乐院院长之聘，不日离京，特奏其生平得意之 Beethoven Concerto［贝多芬协奏曲］与都人士告别，届时并有中外音乐名家及嘉先生之高足多位参加。兹将简单节目摘录如下：

嘉祉先生告别音乐会

日期　［一九二七年］五月二十九日下午三点　地点　东长安街平安电影院

第一部
为纪念 Beethoven 而作

作曲者及曲目　　　　　　　　　　　　　　　　　演奏者
1. Beethoven Egmont Ouverture　　　　　　　　Mr. Gartz 及乐队

2. Beethoven
钢琴独奏 Sonata Pathetique［《悲怆》奏鸣曲 Op. 13］　吴伯超君

3. Beethoven
Concerto in C minor［C 小调钢琴协奏曲（No. 3, Op. 37）］
Piano Solo［钢琴独奏］　　　　　　　　　　　　Mr. Gartz

第二部

女大中乐组为嘉先生送别而作

1. 琵琶合奏
花三弄   韩权华，潘君方女士等

2. 丝竹合奏
混江龙   同上

第三部

1. Chopin
钢琴独奏 Polonaise   韩权华女士

2. Schubert
钢琴独奏 Impromptu［即兴曲］   李淑清女士

3. Chopin
钢琴独奏 Valse   潘君方女士

4. Weber
Invitation to danse［《邀舞》，此处用英文］   岳德秀女士

5. Liszt
钢琴独奏 Rapsodie［狂想曲］   萧淑娴女士

第四部

Duoiak［德沃夏克］
New World Symphony［"自新大陆"交响乐］   Mr. Gartz 及乐队
票价一元（本院学生减半凭入学证至平安购票）

［原载《日刊》民国十六年（1927年）5月27日（星期五）第一版］

整理者说明：
附录二为音乐传习所师生演奏会的节目单、乐曲说明和其他通告，原载《北京大学日刊》。
因当时条件所限，其中外文拼写错误较多，中文和标点符号也有个别错误，这次发排时，
整理者已作了校订。文中方括号内的楷体字是整理者所加。

附录三：影集说明

《萧友梅自编影集》说明之一

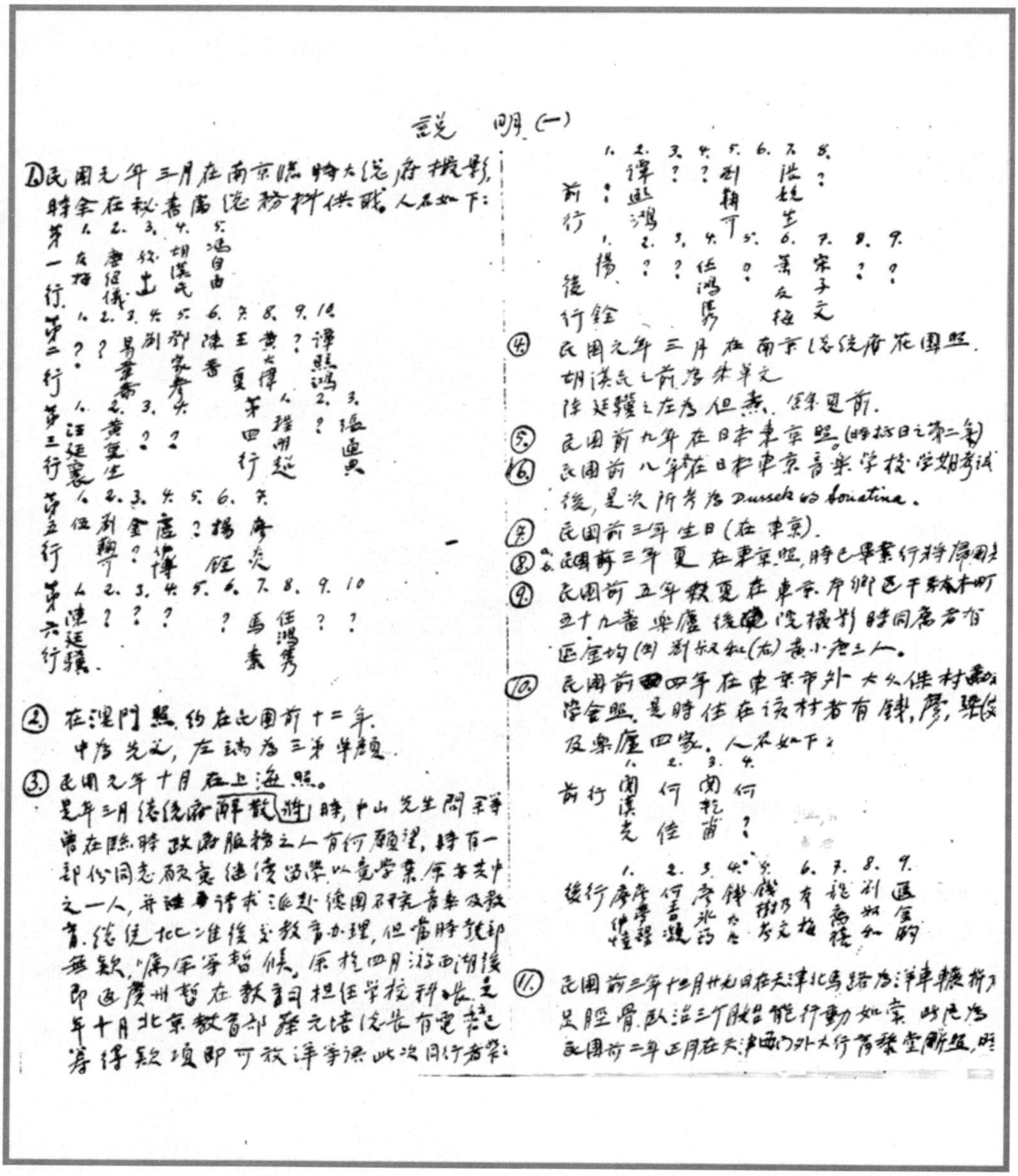

《萧友梅自编影集》说明之二

说明 (二)

大足为院长。

(12.) 与 剧藹可(封)△△△ 两君 旺於 相片 時式 围元年十二月也。

(13.) 民國 前四年 照於 東京。

(14.) 民國元年 十一月許照, 時 抵德之 第二月也。

(15.) 民國 式年 六月 攝於 德國 莱城 (Leipzig) 時 已 在 該地 用之 大學 及 音樂 院 某 畢業 一學期。

(16.) 民國 三年 柏林 中國學生 新年会

前排 ...

中排 ...

後排 ...

(17.) a. b. c. 民國 三年夏 攝於 莱城 哈同公園 Pension Hartung 此公園離音樂院僅 數分鐘, 所寓有音樂學生 十四人 之多, 其撰 園 可 以 推見。余在 此 居 約 一年有半。

(18.) 民國四年 生日 攝於 莱城;

(19.) 民國四年 七月 與 宋君 照於 莱城公園

(20.) 民國五年 八月 在 德國 東境 Graal 避暑 時所攝 時 已 畢業矣。
　　a. 與 鋼琴教授 Teichmüller;
　　b. 與 Fräulein Lieto 的七七

c. 與 Prof. Teichmüller 及 Fräulein Lieto.

(21.) a. b. 民國 五年 十二月 照於 柏林。

(22.) 民國 六年 新年 照於 柏林 中國學生 会館

前排 ...

中排 ...

後排 ...

(23.) 民國 六年 四月 在 伊波南 Posen 在 Buschdorf 馬轮 莊 用上 坚。

(24a.) 民國六年 八月 在 波南 Posen 在 Gostyn 縣. Sandberg 村 Maryein 巷 前 與 建德 中學校 之 Lange 一家 及 同國 入 肉 廖 三月。

(24b.) ...

(25a.) 民國七年 三月 與 Sandberg 之 ...

(25b.) 仝上 夏 ...

《萧友梅自编影集》说明之三

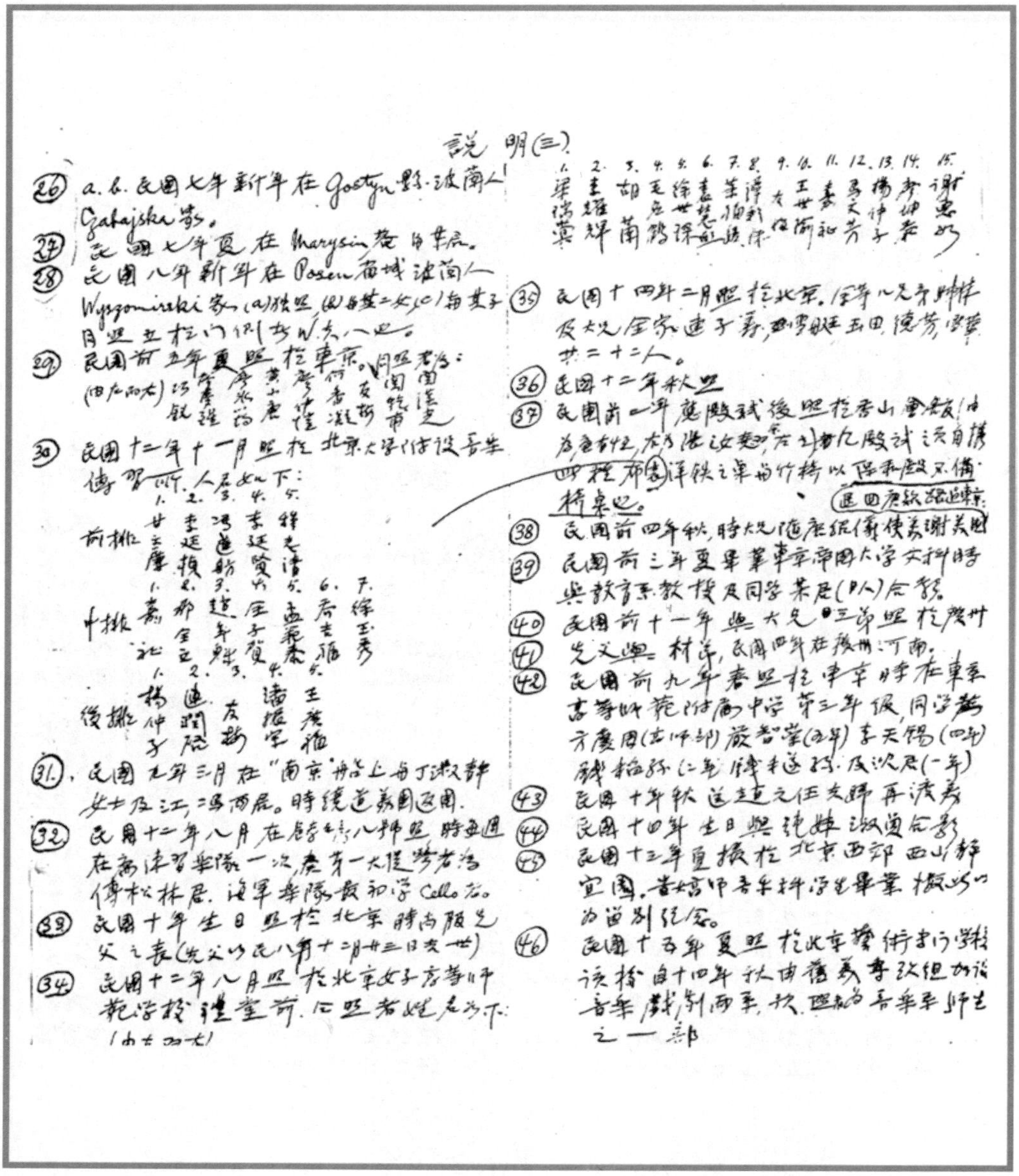
説明(三)

㉖ a. b. 民国七年新年在Gostyn縣·波蘭人Gabajska家。

㉗ 民国七年夏在Marysin卷白朱店。

㉘ 民国八年新年在Posen省城波蘭人Wyszomirski家。(a)独照 (b)與其二女 (c)與其子同照 五柱门(?)例如W.夫人也。

㉙ 民国前五年夏照於東京。同照者為：(由左而右) 張繼 廖仲恺 黄兴 李书城 何香凝 胡汉民 ……

㉚ 民国十二年十一月照於北京大学附設音樂傳習所。人名如下：

前排：1. 甘文廉 2. 李廷禎 3. 馮(?)熾(?)舫 4. 李廷賢 5. 穆志清

中排：1. 萧友梅 2. 劉全(?) 3. 趙年(?)魁 4. 王子賢 5. 孟範(?)泰 6. 喬吉福 7. 徐玉秀

後排：1. 楊仲子 2. 蓮(?)潤(?)隆 3. 友(?)… 4. 潘振宇 5. 王廣福

㉛ 民国九年三月在“南京”船上與丁淑静女士及江、馮兩君。時緩道義國返國。

㉜ 民国十二年八月在碧雲寺八字照。時每週在寺練習樂隊一次，奏第一大提琴者為傅松林君。後軍樂隊教和習Cello者。

㉝ 民国十年生日照於北京。時尚服先父之表(先父於民八年十二月廿三日去世)

㉞ 民国十二年八月照於北京女子高等師範學校禮堂前。同照者姓名如下：(由左而右)

1. 梁瑞蘭 2. 李耀娟(?) 3. 胡蘭 4. 王廉(?)鴿 5. 徐世(?)保 6. 袁慧(?)熙 7. 章伯(?)芝 8. 譚(?)… 9. 大… 10. 王世英(?) 11. 李秀和 12. 馬文芳 13. 楊仲子 14. 李伯(?)嘉 15. 謝惠如

㉟ 民国十四年二月照於北京。全年八兄弟姊妹及大兄全家連子孫，細雪(?)眼(?)玉田、德芳、雪華共二十二人。

㊱ 民国十二年秋照

㊲ 民国前一年廷(?)殿試後照於香山會館(?)。由右至左…張汝楚(?)、左起為九殿試之與自携(?)四種布(?)洋鉄之桌與竹椅以[?]和座及又備椅桌也。(退回廣東改為(?)…)

㊳ 民国前四年秋，時大兄隨唐紹儀使美謝美國(?)

㊴ 民国前三年夏畢業東京帝國大學文科時與教育系教授及同学某君(?人)合影。

㊵ 民国前十一年與大兄、三弟照於廣州

㊶ 先父與村洋(?)，民国四年在廣州河南。

㊷ 民国前九年春照於東京，時在東京高等師範附屬中学第三年級，同学為方慶周(高師部)、藏智棠(五年)、李天錫(四年)、戚鶴(?)…(二年)、韓(?)樹…及沈君(一年)

㊸ 民国十年秋送趙元任夫婦再渡美

㊹ 民国十四年生日與韓(?)妹淑道(?)合影

㊺ 民国十三年夏攝於北京西郊西山靜宜園。當時(?)音樂科學生畢業，攝此以為留別紀念。

㊻ 民国十五年夏照於北京藝術專門學校。該校自十四年秋由舊美專改組加設音樂、戲劇兩系，於是為音樂系師生之一部

《萧友梅自编影集》说明之四

附录四：主要参考书目

一、专著

《澳门教育史》刘羡冰著，北京人民教育出版社，2002

《北京大学史料》第二卷（1912～1937）王学珍、郭建荣主编，北京，北京大学出版社，2000

《北京高等教育史料 第一集 （近现代部分）》吴惠龄、李塈编，北京，北京师范学院出版社，1992

《北京师范大学校史1902-1982》北京师范大学校史编写组编，北京，北京师范大学出版社，1984

《蔡元培年谱长编》高平叔撰著，北京，人民教育出版社，1996，1998

《蔡元培全集》中国蔡元培研究会编，杭州，浙江教育出版社，1997

《蔡元培书信集》蔡元培著，高平叔，王世儒编注，杭州，浙江教育出版社，2000

《蔡元培影集》郑勇编撰，北京，新世界出版社，2001

《蔡元培纪念集》中国蔡元培研究会编，杭州，浙江教育出版社，1998年4月

《蔡元培与胡适(1917～1937)》张晓唯著，

《曹安和音乐生涯》 山东文艺出版社 2006年1月

《曹聚仁传》李伟著，郑州，河南人民出版社，2004

《春雨集》（江定仙音乐研究文论选）中央音乐学院萧友梅音乐教育促进会编，北京，人民音乐出版社，2002

《尘封的珍书异刊（书海遨游 寻珍觅宝）》张伟著，天津，百花文艺出版社，2004

《陈鹤琴教育文集》陈鹤琴著;北京市教育科学研究所编，北京，北京出版社，1985

《重庆抗战大事记》罗传勤主编，重庆，重庆出版社，1995

《丁善德年谱长编》戴鹏海著，北京，中央音乐学院学报社出版，1993年8月

《法规汇编（全国教育会议报告）》中华民国大学院编，1928年8月

《福建音专校友回忆录》（内部发行）

《国立音乐院一览》（内部发行）

《国立音乐专科学校五周年纪念刊》

《国立音乐专科学校校舍落成纪年特刊》

《胡适日记全编(3)1919～1922》[胡适著]曹伯言整理，安徽，安徽教育出版社，2001

《胡适日记全编(4)1923～1927》[胡适著]曹伯言整理，安徽，安徽教育出版社，2001

《贺绿汀传》史中兴著，上海，上海音乐出版社，2000

《贺绿汀全集》（第四卷·文论一），上海音乐出版社，1999年3月

《拒俄运动 1901-1905》杨天石、王学庄编，北京，中国社会科学出版社，1979

《抗日时期解放区的学校》

《黎锦晖与黎派音乐》孙继南著，北京，人民音乐出版社，2007

《李四光年谱》马胜云、乌兰编著，北京，地质出版社，1999

《鲁迅全集》（日记）第14卷，人民文学出版社，1981

《鲁艺史话》贺志强等著，西安，陕西人民出版社，1991

《老照片中的大清王府》谷长江、沈弘主编，北京，文化艺术出版社，2006

《留学教育》（近代中国教育史料丛刊）王焕琛编著，台北，国立编译馆，1980

《另类萧勤》谢佩霓著，时报文化出版企业股份有限公司，2005年10月

《民国音乐史年谱》陈建华，陈洁编著，上海，上海音乐出版社，2005

《聂耳日记》聂耳著 李辉主编，郑州，大象出版社，2004

《清华大学史料选编第2辑》清华大学校史研究室编，北京，清华大学出版社，1991

《陕甘宁边区教育资料·苏区教育资料选编》

《上海市地方志·上海音乐志》 钱仁康主编，《上海文化艺术志》编纂委员会
    《上海音乐志》编辑部主编，上海市新闻出版局，2001

《上海音乐学院大事记·名人录（征求意见稿）》常受宗、戴鹏海、吴毓芳、
    赵节明编，上海，上海音乐学院，1977

《上海音乐学院简史1927——1987》丁善德主编，上海，上海音乐学院，1987

《晚清学部研究》关晓红著，广州，广东教育出版社，2000

《我的父亲贺绿汀》贺逸秋、贺元元著，杭州，浙江摄影出版社，2003

《王世杰日记》，台湾中央研究院近代史研究所出版，1990年

《萧友梅传》廖辅叔著，杭州，浙江美术学院出版社，1993年11月

《萧友梅纪念文集》戴鹏海、黄旭东编，上海，上海音乐出版社，1993年12月

《萧友梅全集》（1） 第一卷，文论专著卷 上海 ：上海音乐学院出版社，2004

《萧友梅先生之生平》张继高、许常惠、萧勤主编，台北，亚洲作曲家联盟中华民
    国总会，1982

《萧友梅音乐文集》陈聆群、齐毓怡、戴鹏海编，上海音乐出版社，1990年12月

《辛亥革命在广东［中英文本]》广东省中山图书馆编，广州，广东教育出版社，2001

《乐人之都——上海（西洋音乐在近代中国的发轫)》（日)榎本泰子著， 彭谨译，
    上海，上海音乐出版社，2003

《乐苑谈往》（廖辅叔文集）廖崇向编，北京，华乐出版社，1996

《严修年谱》严修自订;高凌雯补;严仁曾增修，济南，齐鲁书社，1990

《张曙传》黄吉士著，北京，团结出版社，1994

《张元济日记》张元济著 张人凤整理，石家庄，河北教育出版社，2003

《赵元任年谱》赵新那、黄培云编，北京，商务印书馆，1998

《知堂回想录》周作人著 石家庄：河北教育出版社，2002

《中等学校美术教学法》蒋荪生主编，南京，江苏教育出版社，1987

《中国高等艺术院校简史集》蔡子人、郭淑兰总编；中华人民共和国文化部教育科
    技司编. 杭州 浙江美术学院出版社，1991.5.

《中国近代教育大事记》陈学恂主编，上海，上海教育出版社，1981

《中国近代学制史料》朱有瓛，高时良主编，上海，华东师范大学出版社，1993

《中国近现代学校音乐教育》伍雍谊主编，北京，教育出版社，1999

《中国近现代（1840-1989）音乐教育史纪年》孙继南编著，济南，山东友谊出版社，
    2000

《中国近现代音乐家传》第一、第二卷，向延生主编，1994年4月

《中华民国教育法规汇编》宋恩荣，章咸主编；中央教育科学研究所教育史研究室
    编 南京：江苏教育出版社，1990

《中华民国教育史》熊明安著，重庆，重庆出版社，1990

《中华民国史》第三编 第二卷 从淞沪抗战到卢沟桥事变 李新主编 周天度著，
    北京，中华书局，2002

《中华民国国父实录》罗刚编著，台北，罗刚先生三民主义奖学金基金会出版，1988

《中西音乐交流史稿》陶亚兵著，北京，中国大百科全书出版社，1994

《中日音乐交流史》张前，北京，人民音乐出版社，1999年10月

《中央音乐学院学报》1981-1998

《周作人年谱 1885-1967》张菊香，张铁荣编著，天津，天津人民出版社，2000

二：期刊

《晨报副镌》[期刊]，北京，晨报[发行]， 192?-192?

《大学院公报》大学院公报编辑处编，南京，公报经理处发行，1928

《东方杂志》月刊 上海：商务印书馆，1904-1948

《教育部公报》1929-1948 南京教育部总务司编辑

《教育公报》月刊 1912-1927 教育部编审处编纂股编辑 北京

《教育通讯》半月刊 1938-1949上海正中书店编辑 汉口(湖北)

《教育杂志》月刊 上海商务印书馆 1909-1948

《乐风》乐风社编，重庆，打东书局，1940-1944.

《乐艺》乐艺社编，1930年4月-7月

《临时政府公报》日刊 南京临时政府编辑 广陵(江苏)：江苏人民出版社，1981

《新乐潮》北京爱美学社，第一卷第一号，1927年6月

《新文化史料》1999年第2期

《学部官报》旬刊 学部图书局编辑　北京：学部[发行]，1906-1911

《音乐院院刊》，1928，1929

《音》（国立音乐专科学校校刊）黎青主等人编，上海，该校发行，1929-1937

《音乐教育》缪天瑞主编　江西省推行音乐教育委员会 南昌 该委员会[发行]，
　　　1933-1937

《音乐杂志》北京大学音乐研究会编辑，　北京，北京大学音乐研究会发行，
　　　1920-1921

《音乐杂志》国乐改进社编辑，北京，　该社，1928-1932

《音乐杂志》易韦斋主编，国立音乐院音乐艺文社，上海，良友图书印刷公司发行，
　　　1934

《中国教育音乐促进会会报》

《中华教育界》上海中华书局1912-19500

《文史资料》第3、5、31辑，全国政协文史资料研究委员会编，北京文史资料出版
　　　社1982 /1983/1986年

《近代史资料》总105号，李学通主编中国社会科学院近代史研究所近代史资

《近代史资料/总105号》李学通主编，北京，中国社会科学院近代史研究所近代史
　　　资料编辑部编2003

《近代史资料》总105号李学通主编中国社会科学院近代史研究所近代史资

《文化史料第3辑》中国人民政治协商会议全国委员会文史资料研究委员会编

三：报纸

《北京大学日刊》（1917,11-1932,9,影印本）北京大学主办，北京：人民出版社，
　　　1981

《晨报》（1918-1928）北京晨报社编，北京，1921-1928

《大公报》天津：曹谷冰(发行人)，1902-1949

《民国日报》影印本 [北京]：人民出版社，1981

《扫荡报》（桂林）1939年3月

《申报》（1872-1949）上海：影印本 上海：上海书店影印，1987

《新华日报》影印本 1938, 1, 11-1947, 2, 28 北京：北京图书馆，1963

《中央日报》南京 1928, 2, 1-1949, 4, 24影印本 上海：上海书店出版社；江苏：江苏古籍出版社，1993

四：文论

李少军、卢勇《民国初年的稽勋留学生述论》湖北社会科学 2005年第7期

廖辅叔《萧友梅与澳门》，人民音乐，2000年第1期

刘再生《音乐界的一桩历史公案》《音乐艺术》2007年第三期

王勇《萧友梅在莱比锡的留学生涯》，《音乐艺术》2004年第1期

孙海《萧友梅留德史料新探》，《音乐研究》2007年第1期

杨志明《近代名家易孺》《岭南文史》，1999年第1期

朱京生《一空依傍 变化从心——谈近代印家易大厂》《中国书画》2004年第12期

张海珊《孙中山与民国史》 《学术研究》 1986年第6期

五：工具书

《第一次中国教育年鉴》教育部中国教育年鉴编审委员会编，上海，开明书店，1934

《第二次中国教育年鉴》教育年鉴编纂委员会编，上海，商务印书馆，1948

《教育大词典·中国近现代教育史》教育大辞典编纂委员会编，上海 ，上海教育出版社，1991.7

《中国近代史词典》陈旭麓等主编，上海，上海辞书出版社，1982

几代人集体的劳动收获

——编后记

　　《萧友梅编年纪事稿》的撰写、编辑、出版工作，已进入核红阶段，按惯例是该写一篇"编后记"的时候了。一般说，在"后记"的结束语中，往往会讲到某某指导、帮助的感谢话。而对本书而言，我们觉得不仅应该如此写，且一定要以"感谢"为"后记"的主题，所写内容绝不是客套话、应景话，而是由衷的实实在在的真心话。

　　在这里，我们首先要感谢我院音乐出版社总编辑兼副社长俞人豪教授；是他，出于对中国近现代音乐史史料建设和萧友梅研究的重视，为本书的出版工作给予了全方位的支持，否则"纪事稿"就不可能于今年 10 月问世。下面，想主要谈谈本书之所以能编成的几个因素。

　　第一，如果没有音乐界的先贤们写下的一系列关于萧友梅真实而又丰富的史实、史料，没有前辈与当代一些音乐家们对萧友梅音乐思想与实践所进行的研究及客观公正、实事求是的论评，我们就茫无头绪，无从下笔，更不能也不敢在行文中妄加"按语"。在纪写生平事迹的正文中，我们还引用穿插了某些过世或健在学人的回忆和评说，加起来所占篇幅不少，对这些回忆和评说的学人，我们除了感谢外，还应承认他们实际上也是本书的作者之一，因为这些内容是"纪事稿"不可或缺的组成部分。

　　第二，在我们看来，社会是一个富有鲜明形象的人生大舞台，每个人都在表演；且每个人也都有一张大小不同的社会关系网。一本年谱，实际上就是记写一个人在社会大舞台上的所言（思）、所行、所为以及在这个"关系网"上所处的地位、所起的作用和所生发的影响；如果在用文字记述的同时，又能把文字所表达的内容即相联系的某些人、事、物的图像一起编排，不但丰富了内容，具体地展示谱主的社会关系，且还能更真实、更生动地反映历史原貌，加深读者印象，增添阅读趣味。这就是我们撰写本书时所确定的"图文并重"的指导思想。萧友梅在文化教育界的人际关系极广，与之联系、交往、相识的人士相当多，可图像从哪里来？过去虽也积累了一些，但按内容需要所缺甚多。我们解决的办法，一是自己从图书、资料上去找，从网上找；二是求请"纪事稿"中所记到的人物后代，或萧友梅学生或学生的子女设法为我们提供；三是委托热心的朋友、同事帮助查找，通过他们的关系，或扫描或复印给我们。有时要牵动和麻烦许多人，辗转相托素不相识的人，但他们都伸出援助之手；四是请人到现场拍摄，有时还须请当事人专程赴外地去拍。我们之所以能基本实现"图文并重"的编撰思想，完全是与大家无私出力、热情相助分不开的。

很清楚，没有上述两个因素，"纪事稿"就编不成或不可能编成目前这个样。众多学界人士为本书提供了文字材料和图像资料，我们是不会忘记的（有的已在书稿中注明）。现把他们的芳名（排名不分先后）一一写在这里，记在心上。

故世的有：蔡元培、赵元任、杨仲子、龙沐勋、吴伯超、萧淑娴、赵梅伯、陈洪、廖辅叔、黄自、朱英、贺绿汀、谭抒真、应尚能、熊乐忱、陈振铎、洪潘、刘雪庵、易开基、丁善德、李焕之、邓尔敬、杜矢甲、张贞黻、王浩川。

健在的、曾就读于20世纪30年代国立音专的前辈：喻宜萱、陆仲任、钱琪、陈传熙、钱仁康、马思琚、韩中杰、汪启璋。

为本书程度不同地出力贡献的人士：缪天瑞、赵新那、黄培云、王震亚、孙继南、段平泰、戴鹏海、刘再生、俞玉滋、姜夔、居其宏、丁东诺、丁芷诺、蒋巽风、曹汉琦、王玉泽、常受宗、赵节明、奚曙瑶、张甫柏、柴本善、倪瑞霖、陈比刚、陈比维、陈世埌、陈聆群、张前、乔建中、张静蔚、王安国、向延生、梁茂春、瞿晓星、张锦岳、郑祖襄、张雄、朱天纬、朱纪辉、陈建华、谢佩霓、杨忠极、陈俊辉、欧阳美伦（旅美）、孙海（旅德）、彭伟（旅澳）、李毅飞、安宝娥夫妇（李华萱子、媳）、

李　岩、王　勇、孟　酋、祁彬彬、宋　歌、方　瑞。

再有萧氏的亲友：萧勤、萧惠（萧淑芳之女）、曾鸣（萧淑庄之子）、台湾王秋华（王世杰之女）。尤其是萧勤，提供了大量图片资料；直至今年9月，还找到一份极富史料价值、极其珍贵的清学部颁发给萧友梅的"文科举人"证书，且将其捐赠给中央音乐学院。

在此，我们要特别感谢山东艺术学院孙继南教授在本书编辑过程中所给予的具体帮助。他不但提供手边已有的图片资料，且亲自去实物所在地现场拍摄，还及时把孙海和自己新发现的资料供我们使用；又一丝不苟地阅看了本书的部分内容，提出了不少宝贵的修改意见，指出了在史料引用和表述上的某些病疵。

第三，"纪事稿·附录一"北大音乐传习所时期的音乐会节目单中有不少人名、曲名都是外文，这方面的翻译、今译、校对全赖我院学报编辑部的欧阳蕴，由她一手"包办"和负责，付出了相当的劳动。

第四，本书为三年多来我俩刻意搜集资料，学习研究切磋，埋头写作，不断补充，反复修改的结果；所化的时间与精力，是相当大的。只有从这个意义上说，我们才算是作者，更确切地说是领衔编著者。至于"纪事稿"的得失成败，当由学界来评说；而在内容上的失误差错，全由我俩负责。我们之间的合作情况，在前面"寄语"中已说，这里不再重复。

从以上所列人士今年的年龄结构来看，最长者为98岁，最轻的为19岁。如按15年算一代的话，至少有六代人不同程度地为本书付出过劳动。逝者已不得而知，有些健在者也许还没有发现自己的劳动成果为我们所用或并不在意（乎）。但作为引用者的我们，则必须尊重他们的劳动，真诚向他们表示感谢。

此外，本书的编务和某些辅助性工作，由萧　琳、周建都、王天红分担。汪的贤内助全力支持"纪事稿"的编写，为汪之得力帮手，有些史料的发现，也有她的一份功劳。黄的老伴承担一切家庭事务，且无微不至地照顾，使黄全身心地投入。

综合以上诸多方面，我们完全可以说，"纪事稿"是几代人集体的劳动收获。

在结束这篇"后记"之时，我们很自然地想到一位先辈，他就是陈洪先生。在 1937-1940 年艰苦的抗日战争前期，他和萧友梅一起，在敌占区里坚持办学，决心与国立音专共存亡。萧、陈共事虽不足 4 年，但结下了生死之交。在"寄语"开头我们曾提到 1945 年他写《萧友梅先生五年祭》时，曾希望有人来给萧友梅"写一本详细的传记"。今年是陈先生百年冥诞、逝世 5 周年；我们怀着崇敬的心情，谨以这本自认为还算"详细的传记"，敬献给陈洪先生，告慰先生的在天之灵。

黄旭东　汪朴
2007 年 10 月 10 日

图书在版编目（ＣＩＰ）数据

萧友梅编年纪事稿.1 / 黄旭东　汪朴编著——北京

中央音乐出版社，2007.10

ISBN 978-7-81096-207-0

Ⅰ.萧… Ⅱ.①黄…②汪… Ⅲ.萧友梅（1884~1940）—
生平事迹 Ⅳ.K825.76

中国版本图书馆 CIP 数据核字（2007）第 147347 号

萧友梅编年纪事稿

编　　者：	黄旭东　汪　朴
出版发行：	中央音乐学院出版社
经　　销：	新华书店
开　　本：	787×1092 毫米　1/16 开　印张：41　字数：897千
插　　图：	456 幅
印　　刷：	北京京都六环印刷厂
版　　次：	2007 年 10 月第 1 版　2007 年 10 月第 1 次印刷
书　　号：	ISBN 978-7-81096-207-0
定　　价：	118.00 元

中央音乐学院出版社　　北京市鲍家街 43 号　　邮编：100031
发行部：010-66418248　　传真：010-66415711